KB068777

聽江解語 (1)
論語

권성 풀어 씀

청강해어

논어

박영사

영국 런던의 빅 벤(Big Ben)

논어가 고대 동양 문화의 빛이라면
빅 벤은 현대 서구 문화의 상징이 아닐까

聽江解語 獻詞

6. 25 전쟁을 전후한 격동의 시절,

존함마저 잊고 만 서울 남대문국민학교의 1, 2, 3학년 때의 여자 담임선생님 두 분,

충남 전동초등학교 4, 5학년 때의 이은규 담임선생님 그리고 장래왕, 김동호 두 분 선생님,

대전 대흥초등학교 6학년 1학기 때의 담임선생님,

충남 부여초등학교 6학년 2학기 때의 담임 김영천 선생님과 임순교 선생님,

부여중학교 1학년 1학기 때의 담임선생님,

공주중학교 1학년 2학기와 2학년 때의 담임 임달순 선생님과 3학년 때의 담임 이건호 선생님,

그리고 서울 경기고등학교 1학년 때의 담임 심여택 선생님, 2학년 때의 담임 박종철 선생님, 3학년 때의 담임 김영진 선생님 그리고 서장석 선생님!

어렸던 저를 가르치고 기특히 여겨주신

아스라이 그리워지는 여러 선생님들께

무심이 때때로 부끄럽던 喜壽의 제자가 삼가 이 책을 바칩니다.

2017년 세한에 權 誠 올림

聽江 解語

제 1 권

———

論 語

머리말

책을 쓴 이유를 생각해 본다.

첫째, 기억을 보존하려 함이다. 마음에 더욱 지지(識之)하는 방법이다.

읽을 때는 알았다고 생각했는데 조금 지나면 슬그머니 잊어버린다. 다시 읽어도 그때 기억이 돌아오지 않는다. 안타깝다. 책을 쓰는 것이 기억을 보존하는 가장 좋은 방법이라고 생각했다.

둘째, 궁리(窮理)를 가까이 하게 되었다. 근사(近思)가 절로 이루어진다.

여러 주해서를 읽으면서 내 나름의 한글 번역을 써나가자니 생각을 거듭하지 않을 수 없었다. 고치고 또 고치니 저절로 생각을 가까이 하게 된다. 그 일이 싫지 않았다.

셋째, 생각의 점검을 받고 싶다. 절문(切問)의 방편이다.

전공자(專攻者) 아닌 내가 선택한 견해나 내놓은 의견 그리고 그 이유로 제시한 주장이 과연 말이 되는지 묻고 싶다.

넷째, 평생의 지기(知己)와 친지(親知)들께 드리는 작은 정표(情表)를 만들고 싶다. 보잘 것 없으나 감사의 마음을 여기에 담고자 했다.

끝으로, 은연중 쓰는 일이 즐거워져 낙재기중(樂在其中)으로 일을 마쳤다.

2017. 11. 12.

聽江 권 성

일러두기

1. 원래 「노자」를 별책으로 먼저 만들려고 하였는데 출판이 어려워 부득이 「논어」의 탈고를 기다려 두 개를 하나로 합본하여 출판하게 되었다. 그래서 책의 제목도 「청강해어 논어·노자」가 되었다. 제목 때문에 이 책이 논어와 노자의 관계를 논하는 내용으로 오해되기 쉬운데 결코 그런 것은 아니다. 양해를 바란다.

책의 제목 중 청강해어라는 말은 「청강(필자의 호) 내가 이해하는 경전의 내용」이라는 뜻이다.

2. 표지에 나오는 한자 중 論語는 한석봉 선생의 글씨를, 老子는 김정희 선생의 글씨를 각기 집자한 것이다. 청강해어는 중국인 智永과 蘇軾 두 사람 글씨의 집자이다. 집자는 필자의 친구 배화승 회장께서 고맙게 해주셨다. 감사를 드린다.

3. 본문의 한글 풀이 맨 앞에 나오는 <予解> 라는 말은 '나의 이해' 라는 뜻이다. 내 나름의 이해를 바탕으로 한 한글 해석이다. 해석의 첫머리에 ▶(予解) 라고 표시하고 이를 소개하였다.

4. <予解> 다음에 <解語> 라는 표시 아래에 나오는 글들은 공자의 말에 대한 내 나름의 이해를 보충적으로 설명한 내용이다.

5. 이 책의 저본은 '논어의 문법적 이해'(류종목 지음, 2000, 문학과 지성사) 라는 책이다. 한문 원문은 모두 이 저본을 따랐다.

6. 참고한 책을 본문에서 인용할 때에는 책 이름 대신 저자의 이름을 쓰고 그 다음 ( ) 속에 인용되는 책의 페이지 숫자를 적었다. 예컨대 저자의 이름 뒤에 (48) 이라고 한 것은 그 저자의 책 48페이지의 내용을 인용 또는 참고함을 의미한다. (1−135) 라고 한 것은 그 저자의 책 제1권 135 페이지 라는 뜻이다. 참

고한 책의 목록은 다음다음 페이지에 적어놓았다.

7. 참고로 인용한 책의 내용은 주로 그 책 저자의 주장일 경우가 대부분이지만 일부는 그 저자가 인용하고 있는 다른 사람의 주장일 경우도 있다. 그 구별을 일일이 표시하기가 번거롭기도 하고, 또한 그 책의 해당 부분을 읽어 보면 누구의 주장인지 바로 알 수 있기 때문에 그 구별의 표시를 많이 생략하였다. 주자의 논어 집주나 다산의 논어 고금주를 인용할 때 이런 예가 많다.

8. 책의 내용을 인용하면서 책 이름 대신 그 저자의 이름을 쓸 때에는 저자에 대한 존칭을 모두 생략하였다. 양해를 빈다. 다만, 인용되는 책의 저자 자신을 본문에서 직접 호칭할 경우에는 선생이라고 존칭하였다.

9. 지금으로서는 알기 어려운 고대의 제도나 잘 모르는 인물의 사적(事蹟)과 관련된 原文은 해석을 생략하였다. 공자의 말씀과 직접 관계되지 않는 제자들의 독자적인 언급이라고 생각되는 原文도 해석을 생략하였다.

10. 각 章의 첫 머리에는 (3−5) 식으로 각 편의 차례 수자와 장의 차례 수자를 적었다. 예컨대 (3−5)는 제3편 제5장이라는 뜻이다.

11. 각 장에 붙인 제목은 내가 임의로 정하였다. 되도록 그 장의 내용을 표시할 수 있는 말들을 原文에서 골랐다. 그렇게 하기 어려운 경우에는 원문의 처음에 나오는 글자들을 골라 썼다.

12. 자주 나오는 용어의 뜻이나 내 생각을 대충 정리해 둘 필요가 있는 경우에는 ● 표시를 하고 이어 그 제목을 붙인 뒤에 설명을 적었다.

13. 띄어쓰기를 맞춤법과 달리 한 경우가 있다.

「..................라는」, 또는 「..................라고」 하는 경우에 나는

「..................✓라는」, 또는 「..................✓라고」 띄어쓰기를 하였다. 그래야 인용되는 부분의 구별이 더 분명해진다고 생각해서이다.

다만, 개별 단어의 뒤에서는 원칙대로 붙여 쓰기를 했다.

참고한 책

1. 논어신역, 이가원 지음, 4289, 통문관

2. 한글 논어, 최근덕 역주, 1995, 성균관

3. 논어의 문법적 이해, 류종목 지음, 2000, 문학과 지성사

4. 분논어, 박기용 지음, 2003, 월인

5. 사서집주언해 논어, 주희 집주 임동석 역주, 2004, 학고방

6. 논어고금주 1~5, 정약용 지음 이지형 역주, 2010, 사암

7. 논어징 1~3, 오규 소라이 지음 이기동 외3 옮김, 2010, 소명출판

8. 집 잃은 개 1, 2. 리링 지음 김갑수 옮김, 2012, 글항아리

9. 논어, 세 번 찢다, 리링 지음 황종원 옮김, 2013, 글항아리(리링 3으로 인용한다)

10. 유일한 규칙(손자병법), 리링 지음 임태홍 옮김, 2013, 글항아리(리링 4로 인용한다)

11. 도덕경에 대한 두 개의 강의, 여배림 지음 박종혁 편역, 1998, 서해문집. 대부분 '노자'라고 약칭하였다.

12. 등대, 자크 아탈리 지음, 이효숙 옮김, 청림출판

13. 순자론, 신동준 지음, 2007, 인간사랑

14. 순자, 김학주 옮김, 2011, 을유문화사

15. 안자춘추, 임동석 역주, 1997, 동문선

16. 사기 1~7, 사마천 지음 정범진 외 옮김, 1995, 까치

17. 한문입문, 한용득 저, 1999, 홍신문화사

18. 흥망유수, 권성 지음, 2016, 청람

19. 시경, 이원섭 역, 1967, 현암사

20. 예기, 지재희 해역, 2000, 자유문고

21. 주역, 남만성 역, 1967, 현암사

22. 주역해의Ⅲ, 남동원 저, 2001, 나남출판

23. 논어 백 가락, 황병기 지음, 2013, 풀빛

24. 서경, 김관식 역해, 1982, 한림출판사

25. 공자가어, 이민수 역, 1972, 을유문화사

26. 논어집주 부안설, 주희 집주, 성백효 저, 2013, 한국인문고전연구소

27. 불경 맛지마 니까야, 전재성 역주, 2009, 한국빠알리성전협회

28. 삼국지 2, 황석영 옮김, 2003, 창작과 비평사

29. 관자, 김필수 외 옮김, 2007, 소나무

30. 백가쟁명, 이중텐 지음 심규호 옮김, 2013, 에버리치 홀딩스

31. 칸트와 헤겔의 철학. 백종현 지음, 2010, 아카넷

차례

제3편 八佾 / 84

제19편 子張 / 460

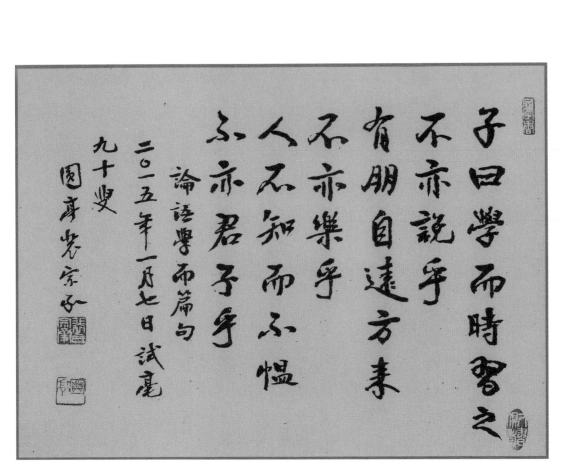

子曰學而時習之
不亦說乎
有朋自遠方來
不亦樂乎
人不知而不慍
不亦君子乎

論語學而篇句
二〇二五年一月七日試毫
九十叟
圍辛裵宗文

본 작품은 裵和承 회장의 소장품이다.

제1편

學而

(1-1) 學而時習

> ▶(予解) 공자께서 말씀하셨다. "옛 성인(聖人)들이 자기를 수양하고 백
> 성을 편안하게 해주던 그 방법(소위 先王之道)을 배우고, 기회가 와서 그
> 배운 바를 실천하면 또한 기쁘지 않겠는가? 먼 데서 친구나 제자가 찾아
> 오면 또한 즐겁지 않겠는가? 다른 사람이 나를 알아주지 않아도 섭섭해
> 하지 않으면 또한 군자답지 아니한가?"

〈原文〉

子曰: 學而時習之 不亦 說乎 有朋自遠方來 不亦樂乎 人不知而不慍 不亦君
子乎

〈解語〉

① 學而에서 學의 대상은 무엇인가? '옛 聖人들이 자기를 수양하고 백성을
편안하게 해주던 방법' 즉, 소위 先王의 道라는 것이다. 그 선왕이란 공자가 존
경하던 옛 성인 즉 요, 순, 우, 탕, 문, 무, 주공을 이른다. 공자에 의하면 이들
선왕의 도는 한마디로 말하여 仁이고 인을 배우는 방법은 시, 서, 예, 악, 춘추
(역사), 주역을 공부하는 것이다. 군자가 이를 공부하여 우선 자기의 행동을 편
안히 하고 이를 확장하여 가족과 이웃을 편안히 하고 더 나아가 천하의 백성을
편안하게 해주는 것이 인을 실천하는 일이다.

이 선왕의 도를 현대식으로 표현하여 덕이라고 설명하기도 한다. 백종현 교
수(37)는 여기의 덕이란 실천적인 도덕적 큰 힘이든, 이론적인 학술적인 큰 힘
이든, 이를 본(本)받아 배우고 스스로 묻고 따지는 연습을 통해 체득되는 것이

라고 설명한다. 이런 의미의 덕으로 이해하면 논어에 대한 접근이 우선은 평이
해진다.

② 學而時習之하고 有朋自遠方來하고 人不知而不慍 하는 것은 나를 기쁘
게 하고 즐겁게 하고 만족케 하는 방법이다. 황병기 선생(32)은 이를 공자의 세
줄 짜리 행복론이라고 불렀다. 공자만의 행복론에 그치지는 않으리라. 모든 사
람들에게 적용이 되는 행복론일 수 있다. 다만, 배움의 대상을 공자와 같이 선
왕의 도로 할 것이 아니라 각자의 능력에 맞고 그 즐거워하는 바에 맞는 그런
일로 조정하여야만 하리라.

③ 學而時習之를 보통은 "때맞추어(또는 때때로) 복습하다." 로 새긴다. 習은
익히다, 거듭하다 라는 뜻이 원래 있긴 하다.

그러나 孔子가 가르친 것이 무엇인가? 그것은 聖人의 道이고 구체적으로는
詩, 書, 禮, 樂, 易, 春秋이다.

詩와 書 그리고 易과 春秋는 그 속에 내재하는 道理, 義理, 理致가 문제이므
로 이는 복습의 대상이라기 보다는 실제의 적용 즉 실천의 대상이다. 그러므로
'時'를 실천이 필요한 때를 만나면, 혹은 실천을 해야 할 경우가 되면, 이라고
해석하고 '習'은 實習 즉 實踐이라고 해석해야 앞뒤가 맞을 것이다. 時에는 원
래 機會, 適期 라는 뜻도 있다.

學의 대상이 禮와 樂이라면 "때맞추어 복습하다." 라고 해석해도 크게 잘못
될 것이 없으리라. 그러나 예와 악의 복습이 그렇게 마냥 기쁘기만 하기야 하겠
는가 라는 데 생각이 미치고 보면 필요한 때에 맞추어, 제때에, 예와 악을 실현
하는 활동이 오히려 기쁨과 보람이 더 크지 않겠는가.

그러므로 詩, 書, 易과 春秋 즉 도리(道理)의 경우나 예악(禮樂)의 경우나 모
두, "그 실현이 필요한 기회를 갖게 되어 이를 실천한다면 기쁘지 않겠는가" 라
고 해석함이 더 합당하다.

나는 종전에는 時를 '틈틈이' 또는 '적당한 때' 라고 이해하고 習은 '익히다',
'복습하다' 라고 내 나름 이해하였고 이것이 종전의 보통 해석 즉 '때때로 복습
하다' 보다는 낫다고 이해하고 있었다. '때때로'나 '때맞추어'는 좀 애매하고 막
연하기 때문이었다. 어느 때를 말하는지 너무 불분명하다. 주자(성백효 34)는

'時'를 '항상' 으로 보았다. 그러나 이는 좀 지나치지 않을까?

그런데 몇 년 전 자크 아탈리의 '등대'라는 책의 孔子 편에 나오는 "배우고, 때가 오면 배운 것을 실천에 옮기는 것이 즐겁지 아니한가?" 라는 해석을 발견하고 그의 해석이 내 풀이보다 훨씬 낫다는 것을 알았다. 그래서 ▶(予解)와 같이 해석하게 되었다.

④ 有朋自遠方來의 朋을 소라이는 제자라고 본다. 「나의 배움이 이루어지고 남에게 믿음을 받아 먼지방의 선비들도 나를 찾아와 노니는 자가 있어서 내가 그들을 가르쳐 기르니 이를 朋이라 한다(소라이 1-61).」 성백효(37)는 朋은 친구와 제자를 함께 가리킨다고 말한다.

그런데 과연 朋이라는 글자에 제자라는 뜻이 있을까. 옥편에 의하면 朋은 패거리 라는 뜻에서 시작하여 무리, 친구라는 뜻으로 발전하고 나아가 同門受學하는 사람을 포함하는 의미가 되었다. 그렇다면 朋을 조금 더 넓게 이해하면 여기에는 제자라는 뜻도 포함될 수 있다고 본다. 더구나 공자와 같이 평생을 제자들을 거느리고 가르치는 생활을 해온 사람이라면 그와 제자들 사이에는 師弟의 情을 넘어 親舊 내지 同志 사이의 애정과 유사한 감정 관계가 형성되었으리라 추측된다. 顔回나 子路가 죽었을 때 공자가 크게 울며 몹시 애통해 하였다는 기록을 보면 대략 짐작이 간다. 또한 이름이 알려진 제자 가운데에서만도 그 나이가 공자에 가까운 사람들이 적지 않았다. 안회의 아버지 안무요는 공자보다 6살이 적었고 염무우는 7살이 적었으며 자로는 9살이 적었다. 이런 정도의 나이라면 제자이면서 동시에 친구도 될 수 있었으리라.

논어를 보면 천하 곳곳에서 몰려온 제자들이 공자와 나누는 대화들이 수록되어 있지만 공자가 그의 친구라고 일컬을 만한 사람들과 담론하는 장면은 소개되지 않고 있다. 친구와 관계된 언급이라고 볼 만한 곳은 네 군데 밖에 없다 (5-24, 10-22, 14-32, 14-43).

이런 여러 점으로 미루어 보건대 여기의 朋에는 제자가 포함된다고 풀이하는 것은 충분히 일리가 있다고 생각한다. 그래서 나는 ▶(予解)와 같이 朋을 친구나 제자라고 해석하게 되었다.

⑤ 또한 공자나 그의 門人들처럼 학문을 닦아 조정에 出仕하여 높은 관리

가 되어 治國에 참여하기를 사명으로 하는 사람들이 자기를 알아주기를 바라는 제일차적 상대방은 그들을 높은 자리에 등용할 수 있는 권력과 지위를 가진 君主나 그에 비근한 권력자들이었다. 따라서 공자의 경우에 원망할 상대방도 그런 권력이 있음에도 불구하고 공자를 등용치 않은 그런 군주들이다. 그러므로 人不知而不慍에서의 人은 공자나 그 제자들을 등용할 수 있는 권력이 있는 군주 등의 높은 사람이라고 하겠다. 이런 취지에서 소라이(1-58)는 人不知而不慍의 人을 윗사람이라고 풀이하고 慍을 억울해하다 라고 풀이하고 있다.

공자는 천하를 주유하면서 열국의 제후들을 만났으나 아무도 공자를 알아주지 아니하였다. 공자를 등용하려는 생각을 품었던 제경공이나 초소왕 마저도 중신들의 반대로 공자의 등용을 포기하고 말았다. 제경공은 재상 晏嬰(晏平仲)의 반대로 포기하였고 초소왕은 영윤(令尹) 자서(子西)에게 설득되어 공자의 등용을 단념하였다. 공자로서는 그들을 원망하거나 그들에게 노여움을 품을 만한데도 논어에는 그런 이야기가 전혀 나오지 않는다. 그야말로 人不知而不慍이다.

이런 상황을 종합하여 보면 소라이의 해석이 공자의 그 당시 내심(內心)에 가장 근접한 해석이 아닐까 싶다.

그러나 다시 생각해보면 이 제1장 전체의 취지는 공자 개인의 특수한 경험에 대한 단순한 회고(回顧)의 발언이 아니라 자기의 경험을 통하여 깨달은 바를 일반화하여 이를 제자들에게 가르침으로 전해주는 말이라고 보는 것이 더욱 합당하다. 실제로도, 관리로 등용되기를 바라는 사람뿐만 아니라 모든 사람들이 대체로, 다른 사람이 자기의 재능이나 인품을 알아주기를 바라면서 이를 알아주지 아니하면 섭섭하게 느끼게 마련이다. 그러므로 여기의 人을 군주라고 풀이하는 소라이의 견해는 지나치게 좁은 해석이라고 생각한다. 여기의 人은 '내가 아닌 다른 사람 일반'을 가리킨다고 보아야 옳을 것이다. 선거의 경우라면 국민이 이에 해당한다. 오늘의 민주주의 시대에 정치를 하는 사람들로서는 국민이 선거에서 자기를 뽑아주지 않을 경우가 바로 人不知에 해당한다. 이 때 군자라면 국민을 원망하지 않고 항심을 유지하면서 때를 기다리는 것이 올바른 태도이지 그동안 대중에 대한 아첨이 부족했다고 생각하여 혹시라도 더욱 더 아첨하는 길을 모색한다면 이는 소인이라고 하겠다. 그래서 나는 ▶(予解)와 같이 해석하게 되었다.

⑥ 人不知라도 군자만이 실망하지 않을 수 있다. 소인은 실망하기 마련이다. 군자가 실망하지 않는 이유는 무엇일까? 그것이 천명(天命)임을 군자는 알기 때문이다.

천명을 안다는 것은 무슨 말인가? 세상에는 되는 일도 있고 안 되는 일도 있지만, 현재 닥친 그 상황에서는 달리 어떻게 해볼 도리가 없는 일도 있는데 그것은 마치 운명이 이미 정해 놓은 대로 진행되는 현상처럼 보일 때가 있다. 이런 움직임의 방향을 아는 경지가 知天命이다. 바꾸어 말하면 나아갈 때와 물러날 때, 하여야 할 때와 하지 말아야 할 때를 알아 즉, 時勢나 時流의 흐름과 변화를 알고 그에 따라 처신을 조정하는 지혜가 있음을, 천명을 안다고 일컫는다. 시세나 시류는 世上事의 커다란 흐름이다. 한 사람 힘으로 좌지우지 할 수 없는, 혼자서 당장 어떻게 그 방향을 바꿀 수는 없는 힘의 흐름이다. 이는 運命과 같다. 그래서 천명이라고 부르는 모양이다. 다른 사람이 나를 알아주지 않는 것이 천명 때문임을 군자는 안다. 그러므로 군자는 그 다른 사람에 대하여 섭섭한 마음이 자연 들지 않게 된다. 대체로 이런 뜻이 아닐까?

천명에 대하여는 뒤에 나오는 위정편 (2-4) 및 요왈편 (20-3)에서 더 설명할 것이다.

⑦ 이렇게 당시의 사정을 이해하면서 이 구절을 다시 읽어보면 매우 단순하고 자연스럽다.

『공자께서 말씀하셨다. "성인의 도를 배우고 기회가 와서 배운 바를 실천에 옮기니 기쁘지 않은가. 친구나 제자들이 먼 지방으로부터 찾아오니 또한 즐겁지 않은가? 다른 사람이 알아주지 않아도 天命임을 알아 실망하지 않으니 또한 군자답지 않은가?"』

(1-2) 君子務本

> ▶(予解) 유자가 말하였다. "그 사람됨이 부모에게 효성스럽고 형에게 공손한데 그러면서도 윗사람을 거스리기를 좋아하는 사람은 드물다(鮮). 윗사람을 거스리기를 좋아하지 않는데 그러면서도 난동을 일으키기를 좋아하는 사람은 아직 없었다. 군자는 근본에 힘쓰니 근본이 서야만 도를 배울 수 있기 때문이다. 효제라는 것은 바로 仁의 始初이리라!"

〈原文〉

有子曰: 其爲人也孝弟而好犯上者 鮮矣 不好犯上而好作亂者 未之有也 君子務本 本立而道生 孝弟也者 其爲仁之本與

〈字解〉

有子―공자의 제자. 이름은 若, 字는 子有, 공자보다 43(혹은 33)세 연하.

〈解語〉

君子務本 本立而道生은 옛날부터 있던 말을 유자가 인용한 것이다.

여기의 道는 뒤이어 나오는 말로 보아 仁이다.

本은 '始初'라는 뜻이다(소라이 1―77). 다른 주해들은 모두 '근본'이라고 풀이하지만 이렇게 되면 孝弟＝仁이라는 느낌을 주는데 그렇지는 않다고 본다. 효제가 바로 인 자체는 아니고 인으로 나아가는 출발점이라고 보기 때문에 나는 소라이의 견해를 따랐다.

仁은 논어에 모두 59번 등장하는데 그 의미에 관하여는 다음 적당한 곳에서 종합적으로 내 생각을 정리해 보겠다. 후술 (4―3), (17―6) 및 (21―마) 참조.

(1-3) 巧言令色

> ▶(予解) 공자께서 말씀하셨다. "예쁘게 꾸며서 말하고 얼굴색을 부드럽게 꾸미는 사람치고 어진 이가 드물다."

〈原文〉

子曰: 巧言令色 鮮矣仁

〈解語〉

유명한 말이고 누구나 쉽게 이해할 수 있다.

다만, 다음 세 가지를 유의할 일이다. 첫째는 절대권력 아래에서 살아남기 위하여 많은 사람이 권력자나 그 수하의 비위를 맞추어야만 했던 시절이 있었으니 당시에 비록 그렇게 했다고 하여도 그들의 천성이 원래 그러했노라고 단정까지 할 일은 아니다.

둘째는 천성이 총명하여 혼란의 와중에도 사태의 핵심을 꿰뚫어 보거나 상대의 심중을 정확히 짚을 줄 아는 사람도 있는 법인데 그런 사람의 촌철살인의 말을 교언과 혼동해서는 안 된다.

셋째 미국이나 서 유럽을 여행하다 보면 늘 얼굴에 미소를 띄고 친절하게 낯선 사람을 대해주는 순박한 사람들을 자주 보게 된다. 순박한 사람들의 이런 친절한 말과 행동을 교언영색과 비교해서는 큰 망발이다.

(1-4) 日三省吾身

> ▶ (予解) 증자가 말하였다. "나는 날마다 세 번 나를 살핀다. 남을 위하여 일을 도모하면서 혹시 진실하지 못하지는 않았는가? 친구와 사귀면서 혹시 신뢰에 어긋나는 일을 하지는 않았는가? 스승으로부터 전수받은 것을 혹시 익히지 못하지는 않았는가?"

〈原文〉

曾子曰: 吾日三省吾身 爲人謀而不忠乎 與朋友交而不信乎 傳不習乎

〈解語〉

앞의 두 구절은 이해에 별 문제가 없다. 다만, 셋째 구절이 문제다.

傳을 불습했는가? 아니면 불습을 전했는가?

傳이 명사로서 不習의 목적어인가 아니면 傳이 동사로서 不習을 목적어로 갖는가 하는 문제이다.

두 가지 해석이 모두 가능하다. 실제로 종래의 모든 해석이 둘로 나뉜다. 내 생각에는 傳은 목적어이다. 스승에게서 전해 받은 교육 내용이 傳이고 이 傳을 不習 즉, '제대로 익히지 못하지' 않았는가 하는 뜻이다. 그렇게 보는 이유는 앞의 두 구절은 모두 다른 사람과의 관계에서 나를 살피는 관점이다. 즉, 위인모이, 여붕우교이는 문장 자체가 남과의 관계를 바로 지적하고 있다. 그러나 셋째 구절은 이런 남과의 관계를 지적하고 있지 않다. 나 자신 만의 일이다. 만일 내가 다 익히지 못한 바를 제자에게 전하지 않았을까를 걱정하는 반성이라면 첫째와 둘째의 구절에서 '人'과 '朋友'를 표시했듯이 셋째 구절에서도 他人에 해당하는 '제자'를 표시하는 말이 그 문장에 등장하였을 터이다.

그래서 나는 '傳의 不習' 여부를 반성한다는 뜻으로 이해한다.

"전수받은 것을 혹시 익히지 못했는가?"라고 반성한다는 말이다.

참고로 말하면 經과 傳을 구별하여 傳은 賢人의 말한 바를 수록한 책이나 가르침이고 經은 聖人의 말을 수록한 책이나 가르침을 가리킨다고 한다.

三省을 주자(32)와 다산(1-91)은 세 가지 條目이라고 풀이한다.

소라이(1-82)와 리링(1-53)은 세 번이라고 풀이한다. 한용득(210)은 三은 三回의 뜻이 아니라 여러 차례(누차)의 뜻을 갖는다고 한다. 크게 논란할 일은 아니라고 생각한다.

(1-5) 道千乘之國

▶ (予解) 공자께서 말씀하셨다. "말 네 마리가 끄는 전차 천대를 가진 큰 제후의 나라라고 해도 이를 다스림에 있어서는 일을 함부로 벌이지 말고 삼가 하여 백성의 신뢰를 얻고, 비용을 절약하고 사람을 사랑하며, 백성에게 일을 시킬 때 적절한 시기를 골라서 해야 한다."

〈原文〉

子曰: 道千乘之國 敬事而信 節用而愛人 使民以時

〈解語〉

천승지국은 제후 중의 큰 나라를 가리킨다.

道는 대부분의 책이 '나라를 다스린다'는 뜻이라고 해석한다.

그러나 소라이(1-86)는 天子가 巡幸을 하거나 사냥을 나갈 때 천승의 나라에다 길을 내는데, 이 때 작은 나라는 인력과 물자를 대느라 괴로움을 겪는다고 하면서 '길을 낸다, 길을 닦는다' 라고 해석한다. 그러나 천자가 순행을 하거나 사냥을 나길 때 길을 내야 할 때와 장소가 물론 있겠지만 그런 부담이 꼭 천승의 나라에만 생기는 것은 아니므로 이 해석은 적절치 않다. 그 뒤에 나오는 주의사항들은 나라를 다스림에 있어 일반적으로 유의하여야 할 사항들이고 꼭 도로공사 같은 데에만 요구되는 주의사항은 아니다. 큰 나라나 작은 나라나 모두에게 해당되는 사항인데도 굳이 천승지국을 지목한 것은 큰 나라의 경우에 재력이 풍부하고 백성이 많다 하여 자칫하면 함부로 일을 벌이고 재물을 낭비하고 백성을 혹사하기가 쉬우므로 특히 이를 경계하여 말한 것이라 이해된다.

敬事는 일을 신중히 생각하여 계획하고 시행에 있어서도 항상 조심하고 견실하게 하여 백성들이 나라의 조치를 신뢰할 수 있게 하여야 한다는 뜻이다.

節用은 사치와 낭비를 없애 백성에게 결국 돌아가는 그 부담을 줄이라는 뜻이다. 비용이 많이 나서 백성을 수탈하는 일이 없도록 하라는 말이다.

愛人은 백성들의 안전과 복지, 후생에 힘을 쓰도록 하라는 뜻이다.

以時는 예컨대 농번기를 피해서 농민들을 부역이나 전쟁에 동원하는 식으로 백성을 부릴 때에는 항상 그 시기를 잘 선택하여야 한다는 뜻이다.

(1-6) 弟子入則孝

▶ (予解) 공자께서 말씀하셨다. "젊은이는 집에서는 효도하고, 밖에서는 공손하며, 몸가짐을 삼가고 미덥게 하며, 널리 백성을 사랑하되 어진

사람과 친해야 하며, 이러고도 형편에 여유가 있으면 글을 배워야 한다."

〈原文〉

子曰: 弟子入則孝 出則弟 謹而信 汎愛衆 而親仁 行有餘力 則以學文

〈解語〉

弟子는 마을의 젊은이 혹은 학생을 가리킨다.

衆은 民 즉 백성을 가리킨다.

文은 詩, 書, 禮, 樂, 易, 春秋의 六藝를 가리킨다는 설과 단순히 글을 지칭한다는 설이 있다. 후자가 맞을 듯하다. 모든 젊은이에게 신분과 재주를 가리지 않고 六藝를 배우라고 권할 만큼 공자가 막힌 사람은 아니라고 보기 때문이다.

(1-7) 賢賢易^이色

▶ (予解) 자하가 말하였다. "아내의 어진 덕을 현명하구나 하고 제대로 알아주고 첩실의 미색을 가벼이 여기며, 부모를 섬김에 능히 그 힘을 다하며, 임금을 섬김에 능히 자신의 몸을 바치며, 벗과 사귐에 능히 믿음이 있으면 비록 배우지 못하였다고 할지라도 나는 반드시 그를 배운 사람이라고 말하겠다."

〈原文〉

子夏曰: 賢賢易色 事父母 能竭其力 事君 能致其身 與朋友交 言而有信 雖曰未學 吾必謂之學矣

〈解語〉

子夏는 공자의 제자이다.

賢賢易色이 해석상 문제이다.

첫째는 현명한 사람을 좋아하기를 안색이 바뀔 정도로 좋아한다 라고 하는 해석(易을 '바꿀 역'으로 읽고 色을 안색으로 본다),

둘째는 현명한 사람을 좋아하고 여색을 가벼이 여긴다는 해석(易를 '쉬울 이'로 읽고 色을 여색으로 본다),

셋째는 현명한 사람을 좋아하는 것으로 여색 좋아하는 것을 대체한다는 해석(易을 '바꿀 역'으로 읽고 色을 여색으로 본다),

넷째는 아내의 현덕을 현명하게 귀중히 여기고 첩실의 미색을 가벼이 여긴다는 해석(易를 '쉬울 이'로 읽고 色을 여색으로 보면서 賢賢에서 앞의 賢은 현명하게 귀중히 여긴다, 또는 현명함으로 여긴다는 뜻의 동사로, 뒤의 賢은 正室 아내의 賢德을 의미하는 명사로 본다) 등 네 가지이다.

네 번째의 해석은 류종목 교수의 견해인데(류종목 25) 나는 이것이 합당하다고 생각한다.

왜냐하면 이 구절의 문장 구조가 그런 해석을 유도하기 때문이다. 이 문장은 두 번째 구절에서 事父母 관계를, 세 번째에서 事君 관계를 그리고 마지막으로 네 번째에서 與朋友交 관계를 말함으로써 인간관계의 3개 국면을 차례로 언급하고 있다. 그렇다면 인간관계의 또 하나의 국면인 부부관계에 대하여는 어디에서 언급하고 있는가. 바로 첫 번째 구절에서 이를 언급하고 있다. 賢賢易色이 바로 부부관계에 대한 언급이고 이 부부관계는 사실 가장 중요한 관계이므로 다른 관계에 대한 언급에 앞서 이 문장의 첫째 구절에서 맨 처음으로 언급하고 있다고 볼 수 있다. 이는 아주 자연스러운 접근이라고 하겠다.

당시의 사회에서는 사대부 이상의 계급에서 대개는 正室과 妾室을 두고 있었고 정실에 대해서는 賢德을, 첩실에 대해서는 美色을 각기 위주로 한다고 겉으로는 표방하면서도 실제로는 정실의 현덕은 내팽개치고 첩실의 미색만 애지중지하여 가정이 파탄되는 일이 허다하였다. 나아가 이로 인하여 가정파탄이 정치문제로 그리고 사회문제로까지 비화되는 일 또한 비일비재하였다. 이런 점을 고려하여 子夏는 이 문장의 첫 구절에서 ▶(予解)와 같은 뜻으로 이 말을 하였다고 추측된다.

(1-8) 君子不重則不威

> ▶(予解) 공자께서 말씀하셨다. "군자는 중요한 일이 아니면 위엄을 부리지 않고 배움에 있어서는 고집하지 않는다. 진실과 믿음을 주로 하며 자기보다 못한 이를 벗 삼지 말며 허물이 있으면 고치기를 꺼리지 말아야 한다."

〈原文〉

子曰: 君子不重則不威 學則不固 主忠信 無友不如己者 過則勿憚改

〈解語〉

① 君子不重을 많은 책이 '중후하지 못하다', 내지 '신중하지 않다'라고 풀이한다.

그런데 오규 소라이만은 '일이 중요하지 않은 경우'라고 달리 해석한다(소라이 1-95).

내 생각에는 소라이의 견해가 합당하다. 왜냐하면 뒤이어 나오는 不威는 無威나 未威 즉 위엄이 없다 라고 하는 경우와는 다르기 때문이다. 不威는 위엄을 부리지 않는다 라는 뜻으로 보아야 한다. 군자는 물론 위엄이 있다. 그러나 그 위엄은 정신적인 내면의 수양이 쌓여서 나타나는 조용하면서도 범접하기 어려운 분위기이지, 중요한 행사나 중요한 의식의 경우에 남들에게 과시하는 외양의 과장 또는 주변의 부풀림 같은 것은 아니다. 평소에는 오히려 노자의 和光同塵 처럼 온화하고 겸손하고 부드러울 뿐이다. 공자 자신도 다른 곳에서 말하였다. "군자는 태연하되 교만하지 않다. 君子泰而不驕"(자로편 13-26) 라고. 아무 때나 늘 위엄을 부린다면 즉, 늘 근엄하고 장중, 중후하다면 군자가 아니다.

이러한 뜻의 不威와 연결시켜 생각하면, 군자는 중요한 때가 아닌 평상시에는 위엄을 부리지 않는다 라고 不重則不威를 해석하여야 합당하다.

② 學則不固도 마찬가지다. 대부분이 '배워도 굳건하지가 않다, 견고하지 못

하다'라고 풀이한다. 그러나 소라이는, 널리 배워 국한된 방향이 없다 라는 뜻으로 보고 '배움에 있어서는 고집하지 않는다'라고 해석하였다. 공자의 제자 자공은 "선생님께서는 어디에서인들 배우지 않겠습니까? 그리고 또 어찌 정해진 스승이 있었겠습니까." 라고 말하였다(자장편 19-22 끝 머리). 배우는 과정에 있을 때는 자기가 이미 알고 있는 지식이나 경험 또는 좋아하는 어떤 분야나 스승만을 고집하지 않는다는 뜻이다. 역시 이 해석이 합당하다고 생각한다.

③ 過則勿憚改는 널리 회자되는 가르침이다.

④ 無友不如己者에 대하여는 자장편 (19-3)에 나오는 자장의 말을 함께 생각해 볼 일이다.

「子夏의 문인이 子張에게 사람을 사귀는 일에 대하여 물어보자, 자장이 "자하는 무어라고 하던가?" 라고 했다. "자하께서는 '가히 사귈 만한 사람이면 사귀고 불가한 사람은 거절하라'라고 하셨습니다." 하고 대답했더니 자장이 말했다. "내가 들은 바와 다르다. 군자는 어진 사람을 존중하되 뭇 사람을 포용하며, 뭇 사람 중에 잘하는 사람을 아름답게 여기되 무능한 사람은 불쌍히 여겨야 한다(嘉善而矜不能). 내가 크게 어질다면 다른 사람의 무엇을 용납하지 못하겠느냐(於人何所不容). 그리고 내가 어질지 못하다면 다른 사람이 장차 나를 거절할 것인데 어떻게 내가 다른 사람을 거절하겠느냐."」

여기의 嘉善而矜不能에서 善은 不能에 대칭되는 말이므로 '착하다'라는 뜻이 아니라 '잘하다'라는 뜻의 能과 같다.

於人何所不容은 "다른 사람에게 어찌 용납받지 못할 바가 있겠는가." 라고 풀이 하는 견해와 "다른 사람에 대하여 그의 무엇을 용납하지 않겠는가." 라고 해석하는 견해로 갈린다. 앞에서 이미 君子容衆이라고 말하였으니 이 말과 맥을 같이 하려면 후자의 견해가 옳다고 본다.

子夏의 말과 子張의 말이 이렇듯 조금 다르다. 후세의 주해자들 의견도 자하가 옳다는 사람과 자장이 옳다는 사람으로 갈린다. 次元과 相對에 따라 달라질 수밖에 없지 않을까 싶다. 친구로 삼을 수 없다 하여 반드시 거절까지 할 일은 아니라는 생각도 들고 다른 한편으로는 타인으로부터 나쁜 물이 들지 않기 위해서는, 또는 손해를 보지 않기 위해서는, 또는 체면을 상하지 않기 위해서는,

거절이 필요한 때도 있지 않을까.

사실 無友不如己者 라는 말은 생각해보면 문제가 많다.

소동파는 이렇게 문제를 제기했다. "만약 나보다 나은 사람과만 친구로 사귄다면 나보다 나은 그 사람 역시 나와는 친구로 사귀려고 하지 않을 것이다."(리링 1−69)

나보다 나은 사람은 스승으로 삼고, 나와 같은 사람은 친구로 삼고, 나와 같지 않은 사람은 스승도 아니고 친구도 아니니 따라서 친구로 사귈 수 없다는 뜻이라는 설명도 있다고 한다(리링 1−70).

平等 爲主의 人權論에서 보면 공자는 너무 솔직하고 정직하게 말한 사람이라고 하겠다.

노자는 이렇게 말하였다. "성인은 선한 사람은 선하게 대하고 선하지 않은 사람도 선하게 대하니 모두가 선하게 될 수 있네. 미더운 사람은 미덥게 대하고 미덥지 못한 사람도 미덥게 대하니 모두가 미덥게 될 수 있네. 聖人 善者吾善之 不善者吾亦善之 德善 信者吾信之 不信者吾亦信之 德信"(여배림 49−223) (德善과 德信에서 德은 得을 뜻한다.) 또 이렇게도 말하였다. "성인은 사람이 선하지 않다 하여 어찌 포기하는 일이 있었던가. 聖人 人之不善 何棄之有"(위 책 62−273)

공자와 노자는 많이 다르다. 공자는 배움의 단계에 있는 凡人인 제자들에게 한 말이고 노자는 聖人의 경지에 대하여 한 말이라고 생각하면 그 차이를 이해 못할 바는 아니다.

(1-9) 愼終追遠

> ▶(予解) 증자가 말하였다. "부모의 장례를 조심스럽게 치루고 먼 조상의 제사까지 정성스럽게 모시면 백성의 덕이 두터움으로 돌아올 것이다."

<原文>

曾子曰: 愼終追遠 民德歸厚矣

<解語>

曾子는 공자의 제자이다.

시대의 潮流는 장례와 제사의 간소화 내지 생략으로 흐르고 있다. 어쩔 수 없는 현상이다.

문제는 이 흐름의 부작용이다. 이 흐름이 혹시 民德의 각박함과 暴虐함을 가져오고 있지는 않은 것인지 걱정스럽다. 형식은 간소화하되 슬픔과 추모의 마음은 더욱 간절하게 지녀야 하지 않을까.

(1-10) 子禽問: 생략

(1-11) 父在觀其志

> ▶(予解) 공자께서 말씀하셨다. "<그의 아버지가 살아 있을 때에는 그 자식의 뜻을 살피고 그의 아버지가 죽은 뒤에는 그 자식의 행동을 살핀다.> 라는 말이 있는데 삼년 동안 그 아버지의 도를 고치지 않아야 효도라고 말할 수 있다."

<原文>

子曰: 父在 觀其志 父沒 觀其行 三年無改於父之道 可謂孝矣

<解語>

① 父在 觀其志 父沒 觀其行은 공자 자신의 말이 아니라 당시 전해져오던 옛 말을 공자가 인용한 내용이라고 한다. 그 뒤의 구절과 대비하여 보면 일리가 있다.

觀其志와 觀其行에서 其를 父라고 보는 견해와 子라고 보는 견해가 있다.

父沒이면 父의 行을 볼 수 없으니 여기서는 父가 아니고 子임이 분명하다. 그렇다면 父在 觀其志에서도 其는 아들이라고 봄이 자연스럽다. 하나의 문장에서 其라는 글자 두 개를 각기 다른 뜻으로 보는 것은 특별한 사정이 없는 한 자연스럽지 못하기 때문이다.

觀其志는 아들된 자가 어떤 일을 지향할 때 먼저 그 아버지를 염두에 두고 있는지 여부를 제3자가 살핀다는 뜻이다(주자 43). 觀其行은 아들의 행적이 아버지의 가르침에서 벗어나는지 여부 또는 아버지의 생전에 그 아들이 하던 행동과 같은지 여부 등을 제3자의 입장에서 살핀다는 뜻이다.

② 三年無改於父之道에서 3년을 오직 3년을 뜻한다고 보기보다는 장기간을 의미한다고 보기도 한다. 無改를 父之道의 잘잘못을 따지지 말고 고치지 말아야 한다 라고 보는 견해와 잘못이 있으면 고칠 수 있다는 견해가 있다. 잘못이 있다면 물론 고칠 수 있어야 하겠지만 효자의 마음으로 차마 그렇게 결단하지 못하고 유예하는 바가 있을 수 있음을 고려한 가르침이라고 하겠다. 긴급한 경우라면 어찌 고치지 않을 수 있겠는가.

여기의 父之道는 아버지가 가정을 이끌어 가던 방식과 지향점 등을 말할 것이다.

(1-12) 禮之用和爲貴

> ▶(予解) 유자가 말했다. "예의 운용에서는 조화를 귀하게 여긴다. 선왕의 도는 이 조화를 아름답게 여겼다. 작고 큰 일이 이 예를 따르지만 조화가 없기 때문에 그 예만으로는 안 되는 일도 있다. 그러나 조화가 귀한 줄 알아 조화에만 힘쓰고 예로써 和를 다시 절제하지 않는다면 이 역시 올바르지 않다."

〈原文〉

有子曰: 禮之用 和爲貴 先王之道 斯爲美 小大由之 有所不行 知和而和 不以禮節之 亦不可行也

有子는 공자의 제자이다. 그는 禮와 和의 관계를 언급하고 있다. 禮만 있고 調和가 없어도 그 禮를 실행하기 어렵고, 和만 있고 예로써 절제함이 없으면 그 和 또한 제대로 실행할 수 없다고 한다.

禮는 무엇으로 조화하는가. 생각컨대 적용 대상인 사람의 많고 적음과 지식의 수준, 지역의 풍속과 경제력 등에 따라 그 종류와 강도 그리고 내용을 조절하여야 한다. 王室의 禮를 士大夫의 집에 적용하거나 士大夫 집안의 禮를 平民의 집에 적용하려면 상당한 조절이 필요하지 않겠는가. 너무 절차가 까다롭고 복잡하며 비용이 많이 들고 勞力이 많이 필요한 禮라면 사대부나 평민이 지키기 어렵기 때문이다.

和는 무슨 禮로써 절제하는가. 예컨대 和氣靄靄함이 너무 지나치고 정도가 넘으면 질서가 무너진다. 그러므로 夫婦有別, 君臣有義, 朋友有信 등 禮의 근본 테두리를 和氣가 무너뜨리지 않도록 和를 예로써 다시 절제한다. 대체로 이런 취지가 아닐까 나는 짐작한다.

(1-13) 信近於義: 생략

(1-14) 君子食無求飽

▶ (予解) 공자께서 말씀하셨다. "군자는 먹는 데 배부름을 구하지 않고 거처하는 데 편안함을 구하지 않고 일하는 데 민첩하고 말하는 데 신중하다. 그러면서도 도를 터득한 사람(有道)에게 (다시 더) 나아가(就) 자기 잘못을 바로잡기(正)를 배운다면 가히 배움을 좋아한다고 이를 수 있다."

〈原文〉

子曰: 君子食無求飽 居無求安 敏於事而愼於言 就有道而正焉 可謂好學也已

(1-15) 貧而無諂

> ▶(予解) 자공이 말하였다. "도를 배우는 사람이 가난해도 아첨하지 않고 부유해도 교만하지 않으면 어떻습니까?"
>
> 공자께서 말씀하셨다. "괜찮다. 그러나 도를 배우는 사람이 가난해도 음악을 좋아하고 부유해도 예를 좋아하는 것만 같지는 못하다."
>
> 자공이 말하였다. "시경에 이르기를 '자르는 듯하고 가는(磋) 듯하며 쪼는 듯하고 닦는 듯하도다' 라고 했는데 이것을 말한 것입니까?"
>
> 공자가 말씀하셨다. "사(=자공)는 비로소(始) 더불어 詩를 말할 만하다. 먼저 내가 한 말을 듣더니 그 유래까지를 알아내 대답하는구나."

〈原文〉

子貢曰: 貧而無諂 富而無驕 何如 子曰: 可也 未若貧而樂 富而好禮者也 子貢曰:「詩云 如切如磋 如琢如磨 其斯之謂與 子曰: 賜也始可與言詩已矣 告諸往而知來者

〈解語〉

① 子貢은 공자의 제자이다. 이름은 단목사(端木賜)이다.

貧而無諂 富而無驕는 정치를 잘해서 그 효과를 보는 백성들이 貧而無諂하고 富而無驕하게 되면 어떻겠는가 라고 자공이 물은 것으로 소라이(1-118)는 해석한다. 그러나 이 문답이 정치의 백성에 대한 효과를 논의하는 내용이라고 한정해서 볼 근거는 어디에도 없다. 그렇게 볼 근거가 특별히 없다면 당연히 이것은 도를 배우는 사람들의 그 배움의 효과에 대한 문답으로 보아야 자연스럽다. 그러므로 나는 "사람들이 도를 잘 배워 貧而無諂 富而無驕하게 되면 어떻겠습니까." 라는 질문으로 이해함이 옳다고 생각한다. 대부분의 책도 소라이와 같이 해석하지는 않는다. 驕는 안이 텅 비어 밖에다 허세를 부리는 것임에 반하여 泰란 안이 가득 차서 밖에서 구하지 않는 것이다(다산 3-565). 泰와 驕는 외견상으로는 모두 여유로워 자랑하는 듯한 모습이지만 그 내심을 보면 위와 같

은 차이가 있다.

② 대부분의 책이 貧而樂을 "가난해도 즐거워 한다." 라고 새긴다. 그러나 소라이(1−119)는 '樂'을 '악'으로 읽으면서 이를 음악의 뜻으로 해석한다. 그리하여 "가난해도 음악을 좋아한다." 라고 해석한다. 樂의 앞에 好가 빠졌다고 본다. 擁也편 (6−11)에서 락(樂)이 즐거움을 의미했는데 후세 유학자들이 이 章에서도 똑 같이 樂이 즐거움을 의미한다고 오해하고 그렇다면 好가 필요 없는 글자라고 여겨 好를 뺏다고 본다(소라이 1−119).

생각컨대 공자가 가르치는 도는 예와 악을 위주로 한다. 그러므로 바로 뒤에서 富而好禮 라고 하였으니 그 앞에서는 音樂에 대하여 말했다고 보는 것이 자연스럽다. 따라서 富而好禮 라고 말하기에 앞서 貧而好樂 이라고 말했음 직하다. 또한 아무리 道를 배우는 사람이라고 해도 貧而樂 하기는 실제로 대단히 어려운 일이지만 貧而好樂 하기는 오히려 그보다 쉬우리라는 점을 생각하면 소라이의 해석이 일리가 있다. 도를 배우지 않는 사람 가운데에도 貧而好樂 하는 사람을 우리는 실제로 많이 본다. 貧而樂의 다음에 '道'자가 빠진 것으로 보는 견해도 있다(다산 1−137). 그러나 貧而樂道 하기는 성인이 아닌 다음에는 정말 어려운 일이다. 好보다 樂는 훨씬 높은 경지라고 하기 때문이다. 공자는 "어떤 사실을 아는 사람은 그것을 좋아하는 사람만 못하고 좋아하는 사람은 즐기는 사람만 못하다. 知之者不如好之者 好知者不如樂之者" 라고 말하지 않았는가?(옹야편 6−20)

이 문장에서 聖人의 경지를 논하고 있다고까지 볼 일은 아니다.

그러므로 나는 貧而樂道 라고 하기 보다는 소라이를 따라 貧而好樂의 뜻으로 해석한다.

③ 如切如磋는 骨角을 다루는 자가 '자르고 다시 가는' 행동을 말하고 如琢如磨는 玉石을 다듬는 자가 '쪼고 난 뒤에 다시 문질러 닦는' 짓을 말한다. 이미 정밀한 상태를 더욱 더 정밀하게 한다는 뜻이다(주자 49).

告諸往而知來에서 諸는 之於의 합성어로서 음은 '저'이고 여기의 之는 賜 즉 子貢을 가리킨다. 이 구절을 직역하면 '그에게 지나간 일을 말해주니 뒤에 올 일을 안다' 라는 뜻인데 소라이는 '往'을 효과라고 풀고 '來'를 유래라고 푼다(소라이 1–121). 孔安國은 '往'을 공자가 貧而樂 이라고 먼저 말한 일을 가리키고 '來'는 자공이 나중에 如切磋琢磨 라고 대답한 일을 가리킨다고 해석한다(다산–137).

나는 공안국의 해석이 이 문장 자체의 흐름에 비추어 가장 近理하다고 생각한다. 하나를 말해주면 두, 셋을 안다 라는 뜻이리라.

④ 如切如磋 如琢如磨는 詩經 衛風 淇奧의 첫 부분이다. 참고로 이 시의 번역문(이원섭 90)을 옮겨 적는다.

「   〈淇水라 저 물구비〉

기수라 저 물구비   푸른 대 우거졌네.
어여쁘신 우리 님은   뼈와 상아 다듬은 듯(如切如磋)
구슬과 돌, 갈고 간 듯(如琢如磨).
엄하고 너그럽고   환하고 의젓한 분!
어여쁘신 우리 님을   끝내 잊지 못하겠네.

기수라 저 물구비   푸른 대 무성했네
어여쁘신 우리 님은   귀걸이 돌 찬란하고
관엔 구슬, 별 같다네.
엄하고 너그럽고   환하고 의젓한 분!
어여쁘신 우리 님을   끝내 잊지 못하겠네.

기수라 저 물구비   푸른 대 들어섰네.
어여쁘신 우리 님은   금인 듯 주석인 듯
규옥인 듯 벽옥인 듯.
너그럽고 점잖으셔   수렛대에 기대셨네
우스개는 하시어도   사나움은 없으신 분!」

이런 시들을 읽어보면 공자에 대한 인상이 많이 바뀐다. 얼핏 느낌에 공자는 속칭하는 도덕군자라는 선입관 때문에 매우 엄격하고 딱딱한 분위기의 사람일 것이라고 느껴진다. 그러나 그가 인용하거나 제자들과의 대화 주제로 삼은 詩들은 대부분 남녀 사이의 사랑을 읊은 내용이어서 공자가 매우 다정다감하고 따뜻한 마음을 지닌 사람임을 알게 한다. 어찌 보면 아주 로맨틱한 사람이 아닌가 싶다.

절차탁마 라는 말도 인간의 도덕적 수양을 위한 피나는 각고의 수련을 의미하는 말로만 여겨지는데 실은 여자가 자기의 사랑하는 남자를 그리워하면서 그 엄하면서도 너그럽고, 환하고 의젓한 모습을 묘사하는 말임을 알게 되어 뜻밖이라는 생각마저 든다.

(1-16) 不患人之不己知

> ▷ (予解) 공자가 말씀하셨다. "나의 훌륭함을 남이 알아주지 않을까 근심하지 말고 남의 훌륭함을 내가 알아보지 못할까 근심하여라."

〈原文〉

子曰: 不患人之不己知 患不知人也

〈解語〉

훌륭함은 인격일 수도 있고 재능일 수도 있다.

지식인은 명성(名聲)을 가장 좋아하며 특히 허명(虛名)을 좋아한다. 명성을 단념할 수 있는 사람은 거의 없다. 공자도 마찬가지 아닐까(리링 1-89). 공자는 "군자는 평생을 마치도록 그 이름이 나지 못함을 괴로워한다. 君子疾沒世而名不稱焉"(위영공편 15-20) 이라고 말하였다. 또 "아무도 나를 알아주지 않는구나! 나를 알아주는 자는 하늘이리라. 莫我知也夫 知我者其天乎"(헌문편 14-35) 라고도 하였다.

그렇다면 사실은 군자도 남이 자기를 알아주지 않음을 근심한다. 다만, 자기를 알아주는 사람이 군자가 아닐까봐 더욱 근심할 뿐이다. 자기를 알아주는 그 군자 아닌 사람과는 같이 할 수 없기 때문이다.

제2편

爲政

(2-1) 爲政以德

> ▶(予解) 공자께서 말씀하셨다. "정권을 잡고 德 있는 사람을 등용하여 정치를 하는 것은 비유하자면 북극성이 제자리에 머물러 있으면 뭇 별이 이를 향하여 함께 받드는 것과 같다."

〈原文〉

子曰: 爲政以德 譬如北辰^진 居其所而衆星共之

〈解語〉

爲政以德을 대개는 '덕으로 정치를 한다'라고 해석한다. 다만 소라이 (1−126)는 '정권을 잡아 덕 있는 사람을 등용한다'라고 해석한다.

정권을 잡고 있는 군주가 스스로 덕으로 정치를 하는 일은 기대하기도 어렵고 실제로 있지도 않다. 군주가 덕으로 정치를 한다면 그가 실제로 하는 일은 덕 있는 사람에게 정사를 맡기는 조치뿐이다. 공자도 덕으로 정치를 하여야 한다고 그렇게 강조했음에도 불구하고 군주 자신에 대한 덕의 교육 자체는 별로 언급하지 않고 있다. 그것은 사실 불가능하고 효과도 없기 때문이었다고 생각한다. 오직 가능한 일은 덕이 있는 군자에게 정사를 맡기는 조치뿐이었다. 조선시대에는 임금과 세자에 대한 유교식 덕의 교육을 시행하는데 힘을 썼는데 사실 이런 조치는 실제로는 소용없는 일을 한 셈이었다. 실제로 가능하고도 효과를 볼 수 있는 일은 많은 사람들 가운데 덕 있는 군자를 찾아내 그에게 정사를 맡기는 조치뿐이었다. 이렇게 보면 소라이의 해석은 실제에 부합하는 풀이라고 하겠다.

한편 이런 공자의 가르침은 그의 덕치주의 사상에 입각한 주장임은 분명하다. 그러나 정치를 덕 있는 이에게 맡겨야 하는가 아니면 능력 있는 사람에게 맡겨야 하는가 하는 점은 일찍부터 크게 논란되는 문제였다.

조조 같은 사람은 "더러운 이름을 덮어쓰고 남의 비웃음을 사는 행동을 하거나 혹은 어질지도 못하고 효도도 못하더라도 治國과 用兵의 기술만 있으면" 발탁의 대상으로 삼았다고 한다(리링 1 - 93).

다른 한편 北辰 居其所而衆星共之 라는 이 공자의 말은 漢, 魏, 晉의 시대에 이르러 마치 북극성은 자리만 지키되 뭇 별이 이를 떠받들 듯, 군주는 無爲로써 그저 君臨만 하면 된다는 사상으로 일부 발전하기도 하였다. 老子의 無爲說을 끌어온 셈이다. King reigns, but not controls. 라는 영국 말이 생각난다.

권력자가 덕으로 정치를 한다는 爲政以德은 현실에서는 실현될 수 없는 불가능한 생각에 불과할지 모른다. 가능한 것은 권력자가 법으로 정치를 하는 것뿐이다. 덕치를 부르짖는 우리 국민과 정치인들 그리고 언론은 이 문제에 대하여 좀 더 솔직하여야 하지 않을까.

(2-2) 詩思無邪

▶ (予解) 공자께서 말씀하셨다. "詩經의 詩 三百편을 총괄하는 한 마디의 말은 '생각에 거짓이 없음' 이다."

〈原文〉

子曰: 詩三百 一言以蔽之 曰思無邪

〈解語〉

思無邪를 이가원(15)은 '생각에 거짓이 없다' 라고 해석하였다. 대개는 邪를 간사, 사악 등으로 보아 거짓과 같은 취지의 의미로 풀이한다.

다만, 리링(1-96, 97)은 思를 바란다 라는 뜻이고 無邪를 無疆, 無期를 의미한다고 보아 이 구절을 '끝이 없기를 바란다' 라고 해석한다.

나는 思無邪를 '생각의 표현에 거짓이 없고 솔직하다'는 의미라고 이해한다. 詩라고 하는 것이 원래 그래야 하지 않는가.

(2-3) 道之以德

> ▶ (予解) 공자께서 말씀하셨다. "법으로 명령하여 따라오게 하고 형벌로써 규제한다면 백성들은 처벌을 모면하면 그만이라고 여길 뿐 부끄러움을 느끼지 않는다. 덕으로써 인도하고 예로써 규제한다면 부끄러움도 느끼고 감화도 받게 된다."

〈原文〉

子曰: 道之以政 齊之以刑 民免而無恥 道之以德 齊之以禮 有恥且格

〈解語〉

공자의 덕치사상의 표현이다.

道는 인도한다는 뜻. 齊는 가지런히 한다, 규제한다는 뜻. 格은 감화하다 라는 뜻.

道之以政에서 政은 法治를 말한다고 나는 이해한다. 그 뒤에 따라나오는 齊之以刑으로 보아 그렇다.

道之以政과 상대되는 것은 道之以德이다.

德은 人倫에 독실한 것을 두고 命名한 것이니 孝, 弟, 慈가 그것이다 라고 설명하기도 하고 도덕을 말한다고 하기도 한다(다산 1 – 161). 노자에 의하면 도를 통한 사람이 몸에 체득하여 갖춘 겸손하고 따뜻한 품성이 덕이다.

나는 노자의 이 설명이 덕에 대한 설명으로는 비교적 제일 타당하다고 생각한다. 다만, 여기에서 말하는 도가 공자와 노자에 따라 서로 다른 것이 문제일 뿐이다.

道之以德에서 덕은 군주의 그것을 의미하지 않고 덕 있는 관리의 그 덕을 말한다. 바꾸어 말하면 덕 있는 사람을 등용하여 그로 하여금 백성을 다스리게 함을 의미한다. 이 부분은 소라이(1-133)의 해설이다. 덕 있는 사람을 등용하여 그로 하여금 백성을 다스리게 한다는 조치는 실제에 부합할 수 있는 最大限의 '德治'라고 생각하므로 이 말 자체는 옳다고 생각한다.

● 德治와 法治

여기서 근본적인 문제에 봉착한다. 덕치가 옳은가 아니면 법치가 옳은가 하는 문제 말이다. 말로서는 덕치가 옳다. 그러나 실제로서는 법치가 옳다. 동서양의 모든 역사를 보면 법치를 실행한 나라는 흥했고 덕치를 내걸은 나라는 모두 실패했다. 덕치가 실패한 주된 이유는 그 덕치라는 것이 말로만 하는 거짓 덕치 내지 속임수 덕치였기 때문이다. 법치 또한 그것이 거짓 법치 내지 속임수 법치일 때에는 반드시 실패함은 역시 마찬가지이다.

차이점은 법치보다는 덕치에 더 속임수가 많고 속임수가 더 잘 통한다는 데 있다.

이런 차이점이 생겨나는 이유는 절차의 公開性 내지 투명성의 보장이 덕치보다 법치에서 훨씬 더 용이하다는 데 있다.

한편 진짜 덕치라면 어떻게 될까. 진짜 덕치라고 해도 그것은 실행 불가능이다. 인간 본성의 한계 때문이다.

(2-4) 四十而不惑

> ▶ (予解) 공자께서 말씀하셨다. "나는 열다섯 살에 선왕의 도를 배우기로 뜻을 세웠고, 서른에는 예를 제대로 행할 줄 알아 세상에 떳떳이 나설 수 있게 되었고, 마흔에는 선왕의 도를 배우는 일에 더 이상 의혹이 없게 되었고, 쉰에는 시세의 흐름과 변화를 알게 되었고, 예순에는 남의 말에 담긴 속 생각을 절로 알게 되었고, 일흔에는 마음내키는 대로 하는 행동이 모두 법도에 어긋나는 바가 없게 되었다."

〈原文〉

子曰: 吾十有五而志於學 三十而立 四十而不惑 五十而知天命 六十而耳順

七十而從心所欲不踰矩

〈解語〉

　73세에 생을 마친 공자가 이 구절에서 70세 이후의 이야기까지를 하는 것을 보면 이 구절은 공자가 70을 넘은 때로부터 73세에 죽기 얼마 전 까지의 사이에 한 말로 보아야 한다. 그렇다면 이 구절은 공자가 죽기 전에 자기의 일생을 회고하면서 자기의 학문과 수양의 발전단계를 언급한 내용이라고 보아야 한다. 따라서 공자의 실제 경험, 공자만이 체득할 수 있었던 학문과 수양의 높은 경지 등에 맞추어 그가 표현하고자 한 의미를 추리하여 그 말을 해석하여야 한다. 나는 이러한 관점에서 내가 이해한 바를 앞에서 이 구절의 해석으로 제시하였다.

　또한 공자의 이 말은 그 자신의 일생에 대한 회고담이므로 이를 바로 다른 사람들에 대한 직접적인 충고 내지 권고라고 볼 일은 아니다. 간접적인 충고는 물론 될 수 있으리라.

　공자의 이 말 가운데 우선 처음 첫 구절 즉, "吾十有五而志於學"이라고 한 데까지는 그 해석에 약간의 차이는 있지만 큰 문제는 없다.

　그러나 그 다음부터는 그 해석에 상당한 차이가 있다. 하나씩 살펴본다.

(가) 十五而志于(於)學

　여러 해석이 있지만 모두 동일한 취지라고 이해된다.

　배움이란 무엇을 배운다는 말인가? 그냥 학문이라고 하기에는 좀 막연하다. 공자가 평생 배우고 가르친 것은 요, 순, 우, 탕, 문, 무, 주공 등 선왕이 백성을 편안하게 만들려고 애쓴 그 도 즉, 선왕의 도이었으니 이를 역으로 추적하면 15세에 뜻을 오로지 하여 배우기로 한 것은 바로 선왕의 도임에 틀림없다. 구체적으로는 시, 서, 예, 악, 춘추, 주역 등이 그 과목이라면 과목일 것이다.

(나) 三十而立

여러 견해가 있다.

① 류종목(49): 서른이 되어 자립했다.

② 주자(59): 서른에 바르게 섰다.

③ 다산(1-167): 몸이 안정되어 있어 동요하지 않는다.

④ 리링(1-105): 자립이란 지식과 예의를 갖추고 세상 물정에 대하여 잘 아는 것이다.

⑤ 아탈리(32): 서른 살에는 학문의 기반을 획득했다.

아탈리의 해석이 올바른 의역이라고 처음에는 생각했다.

공자가 평소에 늘 가르친 것은 詩經, 書經 및 執禮 라고 하지 않았는가(술이편 7-18 참고). 공자의 오십 이전까지의 일생은 오로지 학문을 중심으로 돌아가는 삶이었다. 그러므로 그 삼십대에는 학문의 기반과 방향이 확립되었을 터이다. 따라서 아탈리처럼 표현함이 적절하다고 이해하였다.

그러나 이런 이해는 무언가 좀 미흡하다는 느낌이 늘 남아 있었다. 그러다 논어의 마지막 章(20-3)을 읽으면서 불현듯 三十而立이라는 이 구절에 생각이 미쳤다. 공자는 요왈편 20-3에서 말하였다. "不知禮 無以立也(예를 모르면 설 수 없다.)" 그렇다! 나이 삼십에 예를 제대로 알게 되어 비로소 자신 있게 세상에 나설 수 있었다 라는 뜻 아니겠는가? 남과 부딪히지 않으면서도 당당하게 세상에 나가 행동할 수 있었다는 뜻이리라. 그래서 나는 "서른에는 예를 제대로 행할 줄 알아 세상에 떳떳이 나설 수 있게 되었다." 라고 풀이하였다. 요왈편 (20-3) 참조.

(다) 四十而不惑

이 유명한 말에 대하여도 여러 견해가 있다.

① 류종목(49), 주자(59): 마흔 살에는 미혹되지 않았다.

② 소라이(1-136): 마흔 살에 의혹하여 어지러운 바가 없다.

③ 다산(1-167): 이치를 보는 것이 명확하여 미혹됨이 없다.

④ 아탈리(32): 더 이상 의혹이 없었다.

⑤ 리링(1-105): 그는 그저 체념한 듯이 학문에 전념했다. 35세 이후부터 50세 이전까지 그는 줄곧 집에서 책을 읽고 예를 익히고 사람을 가르쳤다. 40

여 년 동안 그는 전력으로 배웠고 배울수록 분명해졌을 것이니 불혹 즉 흔들리지 않게 되는 것도 당연하다.

⑥ 최근덕(34): 사물의 도리를 판단할 때 혼란을 일으키지 않았다.

나는 네 번째의 해석이 가장 마음에 들었다. 공자는 열다섯 살 이후 詩, 書, 禮, 樂, 春秋, 易 등 六藝의 학문에 전념하여 三十에 이르러 예를 제대로 행할 수 있게 되었고 四十에 이르러는 그 동안 先王의 道를 닦아온 데 대하여 아무런 후회가 없었으며 그 뒤로도 계속 그 길로 나아가는 데에 아무런 의심이나 흔들림이 없게 되었다고 이해하였다. 그는 자기의 학문이 이런 단계에 이르렀던 것을 말하고자 했으리라고 생각하였다.

그러나 앞에서 말한 것처럼 논어의 마지막 장을 읽고는 생각이 더 단순하고 분명하게 되었다. 선왕의 도를 배우고 실천함에 대하여 전혀 의혹이나 후회가 없게 되었다는 뜻으로 이해한다.

(라) 五十而知天命

知天命이라는 말을 알기 어렵다.

① 류종목(49), 주자(59): 쉰 살에는 천명이 무엇인지를 알았다.

② 다산(1-167): 上帝의 법칙에 순응하여 궁하거나 통함에 대하여 의심하지 않는다. 요절하거나 장수함에 대하여 의심하지 않고 몸을 닦아 천명을 기다릴 줄 알았다(孟子 盡心 上).

③ 소라이(1-136): 쉰에 大夫가 되어 하늘이 나에게 명하여 先王의 도를 후세에 전하라고 하는 것을 알았다.

④ 리링(1-106): 天命을 알았다는 것은 무엇일까? 자기의 역량이 어느 정도인지, 도대체 무엇을 할 수 있는지, 무엇을 하도록 운명지어졌는지 등을 아는 것이다.

⑤ 아탈리(32): 하늘의 조처를 이해했다.

나는 이렇게 이해한다.

세상에는 되는 일도 있고 안 되는 일도 있지만, 현재 닥친 그 상황에서는 달리 어떻게 해볼 도리가 없는 일도 있는데 그것은 마치 운명이 이미 정해 놓은 대로 진행되는 현상처럼 보일 때가 있다. 이런 움직임의 방향을 아는 경지가 知天命이다.

바꾸어 말하면 나아갈 때와 물러날 때, 하여야 할 때와 하지 말아야 할 때를 알아 즉, 時勢나 時流의 흐름과 변화를 알고 그에 따라 처신을 조정하는 지혜가 있음을, 천명을 안다고 일컫는다. 시세나 시류는 世上事의 커다란 흐름이다. 한 사람 힘으로 좌지우지 할 수 없는, 혼자서 당장 어떻게 그 방향을 바꿀수는 없는 힘의 흐름이다. 이는 運命과 같다. 그래서 천명이라고 부르는 모양이리라.

리링(1-106)은 이 점에 관하여 이렇게 말한다.

「공자는 천명을 알지 못하면 군자가 될 수 없다고 말했다. 그는 학습의 목적은 군자를 육성하는 것이고 군자의 사명은 관리가 되는 것이며 책을 읽고 나서는 반드시 관리가 되어야 한다는 것에 대해서는 토론의 여지가 없지만 언제 벼슬길에 나아가고 누구의 수하에서 일을 할 것인가 하는 것 등은 전적으로 천명이 어떠한가를 보아야 한다고 생각했다.

공자의 知天命은 易을 배운 것과 관련이 있다고 한다.

공자 나이 47세 때 양화가 그에게 벼슬길에 오를 것을 제안했지만 그는 응하지 않고 양화가 다른 나라로 도망갈 때까지 기다렸다가 51세 때 비로소 벼슬에 나아가는 것을 승낙했다. 그는 역을 배웠기 때문에 자기가 관직에 나아가야만 할 때를 알고서 관직에 나아간 것이다.」

공자에 의하면 군자는 천하를 다스리는 데 동참하는 사명을 지녔으니 시세의 흐름과 변화를 몰라서는 안 되었으리라.

(마) 六十而耳順

말은 쉬우나 그 진정한 뜻을 이해하기가 쉽지 않다. 여러 설명이 있다.

① 주자(주자 59): 예순에 귀로 들으면 순하게 깨닫게 되었다.

② 정현(주자 59): 그 말을 들으면 그 깊은 데 숨어 있는 뜻, 즉 隱密 내지 隱

微한 뜻을 알았다.

③ 류종목(49): 귀가 뚫려 한 번 들으면 곧 그 이치를 알았다.

④ 다산(1−165): 말이 귀에 거슬리지 않았다. 귀에 거슬리면 마음에 거슬리게 된다. 화순함이 마음속에 쌓이면 비록 이치에 맞지 않는 말이라도 귀에 거슬리는 바가 없다.

천명을 안다는 것은 天德에 통달한 경지이니 그 수준이 지극히 높은데, 여기에다 이른바 耳順이라는 것은 또 그 위의 단계에 있으니, 어찌 이순을 쉽게 말할 수 있겠는가? 비방과 칭찬, 영화와 오욕이 초래하는 귀에 거슬리는 말이 그 마음에 거슬리지 않을 수가 없는데, 만약 깊이 천명을 알아 이것이 몸에 베어 혼융 순숙해지면 비방과 칭찬, 영화와 오욕은 그 마음을 더 이상 흔들리게 할 수 없다. 그 마음을 흔들리게 할 수 없으면 곧 그 귀에 거슬리게 할 수 없다. 이를 두고 이순이라 한다.

⑤ 소라이(1−137): 예순 살에 귀가 순해졌다. 천하에 자기 귀에 거슬리는 말이 없어졌다는 말이다. 그러나 어찌 귀에 거슬리는 말이 없겠는가? 내가 거슬린다고 생각하지 않는 것이다. 그러므로 귀가 순해졌다고 말했다. 성인은 사람의 본성을 다할 수 있기 때문에 남이 비록 귀에 거슬리는 말을 하더라도 마음속으로 그 사람의 허물(나에 대한 허물인지 또는 그 사람 자신의 허물 내지 잘못인지를 소라이는 분명히 하지 않았다)이 역시 당연하다고 인정하지 않겠는가?

⑥ 리링(1−108): 60여 세의 사람은 세상 경험이 이미 많기 때문에 비난이나 칭찬에는 관심을 두지 않고 자기가 좋아하는 것을 하게 되는데 어쩌면 그것이 이순 즉 귀가 순해지는 것인지도 모르겠다.

⑦ 아탈리(32): 예순 살에는 내가 듣는 것의 깊은 의미를 간파했다.

⑧ 이가원(17): 모든 일을 들으매 저절로 알게 된다.

⑨ 최근덕(34): 귀로 듣는 대로 모든 것을 이해한다.

나는 이렇게 생각한다.

첫째로 耳順과 耳逆을 대비해서 보아야 한다. 그러므로 남이 하는 소리가 귀에 거슬림이 없는 耳順의 경지는 비유하자면, 과녁을 향해 날아오는 화살을 일

일이 막고 어쩌고 하여야 하는 위치(耳逆)를 벗어나 아예 과녁에서 높이 벗어나 있음과 같다. 남들이 생각하고 노리는 이해득실을 벗어난, 차원이 다른 곳에 있는 경지이다.

둘째로 이순은 남이 무슨 마음으로 그런 말을 하는지를 안다, 즉 말하는 자의 본심을 바로 안다는 뜻이다.

그 말을 들으면 그 사람이 무슨 마음으로 무슨 생각으로 그런 말을 하는지를 바로 안다. 그렇게 되면 그 사람의 그런 마음, 그런 생각에서는 그런 말밖에 나올 수 없음을 또한 바로 알게 된다. 그러니 자연 그 말을 하는 사람이나 그 사람의 말에 대하여 불쾌하고 어쩌고 할 거리가 없게 된다. 그런 상태를 초월하기 때문이다.

결론적으로 위 두 번째의 해석이 옳다고 생각한다. 가장 쉽고 단순한 의미이다. 정현의 주해나 아탈리의 견해와 비슷한 생각이다.

소라이나 리링의 해석은 그저 웬만큼 수양이 된 사람이 할 법한 얘기 수준으로 공자의 말을 이해하는 셈이다. 그러나 이런 해석은 공자 같이, 웬만한 정도의 수양 단계 보다는 좀 더 높은 수양의 경지에 이른 사람이 할 법한 얘기는 아니다. 누가 뭐라고 하든 마음이 흔들리지 않고 자기 할 일을 하는 자세는 보통의 君子라면 가질 수 있는 마음가짐이고 행동이다. 그러나 공자의 이 말은 이 단계보다는 좀 더 깊은 경지에 이른 데서 나오는 말일 것으로 나는 추측한다. 그러고 보니 남의 무슨 말을 들으면 별 어려움 없이 바로 그 사람의 본심, 즉 무슨 생각으로 무슨 의도로 그런 말을 하는지를 분명히 안다는 뜻으로, 공자가 이런 표현을 한 것임을 나는 깨닫게 되었다. 내 생각이 절대 옳다고는 할 수 없겠으나 나는 내 이해가 정확하리라는 믿음은 상당한 정도로 갖고 있다.

오늘 논어의 마지막 장을 읽으면서 위와 같은 나의 이해를 좀 더 깊이 할 수 있었다. 堯曰편 (20−3)에서 이에 대하여 내가 생각한 바를 여기에 참고로 옮겨 적는다.

【● 공자는 위정편 (2−4)에서 六十而耳順 이라고 말했다. 耳順은 말과 관계가 있다. 말은 마음에 있는 뜻을 표현하는 수단이다. 그러나 그 뜻을 제대로 완벽하게 표현할 수는 없다. 어차피 말과 뜻 사이에는 간격이 있게 마련이다.

노자가 말했다. 명가명비상명(名可名非常名)이라고.

뿐만 아니라 사람은 경우에 따라서는 마음속에 있는 뜻과는 일부러 다르게 말하는 수도 있다.

그래서 이런 두 가지 사정 때문에 사람의 말만 들어서는 그 사람의 마음속을 정확히 꿰뚫어 알기가 보통사람으로서는 매우 어렵다. '열 길 물속은 알아도 한 길 사람 속은 모른다'는 속담도 있지 아니한가?

그렇다고 관상에 의지할 수도 없고 점술에 의지할 수도 없다. 결국은 그 말에 의하여 알아내는 수밖에는 없다. 공자는 나이 육십에 이르러 이것이 가능했던 듯하다. 다른 사람의 말을 들으면 그 사람이 무슨 속셈으로 그 말을 하는지 저절로 알게 되었다는 뜻으로 六十而耳順 이라고 말했다고 나는 이해한다. 어떻게 그것이 가능하였을까? 생이지지(生而知之)는 물론 아니다. 공자가 평생 게을리 하지 않은 것은 배움이었다. 배움을 거듭하여 60에 이르러 이런 경지에 달하였다고 할 것인데 그렇다면 무엇을 배운 것일까?

공자의 도는 忠과 恕로 以一貫之 하였다고 하니 그 해답은 忠과 恕인가? 忠은 마음을 다하는 것이고, 恕는 내 마음을 미루어 다른 사람의 마음을 이해하는 것이다.】

그래서 공자는 不知言 無以知人也 라고 말했다고 생각한다.

(바) 七十而從心所欲不踰矩

류종목, 주자, 다산, 소라이 등 모두 '일흔 살에는 마음속으로 하고 싶은 대로 하여도 법도에서 벗어나지 않았다. 법도를 넘지 않았다' 고 풀이한다.

다만, 아탈리(32)는 조금 다르게 '내 마음이 원하는 것을 따라도 중용을 넘지 않았다' 라고 해석한다. 그러나 큰 차이는 없으리라.

나는 道와 心과 行, 이 셋이 合一된 경지라고 본다.

우리네 보통 사람은 나이 들어갈수록 고집과 분노만 날로 늘어가고 말과 행동이 따로 노는데 이런 현상과는 사뭇 다르다. 범인들이 함부로 그 말을 흉내낼 일이 못 된다.

또한 七十而從心所欲不踰矩라는 이 구절은 자한편(9-4)에 나오는 "공자는 네 가지 일이 전혀 없었다. 사사로운 뜻이 없었고, 그래서 그 사사로운 뜻을 반드시 이루겠다고 다짐하는 일도 없었고, 그러니 그 사사로운 뜻에 대한 반대나 장애에 맞서 이를 이룩하려 고집하는 일도 없었으며, 그러니 그 사사로운 이익을 끝내 얻어내는 일이 없었다."(子絶四 毋意 毋必 毋固 毋我) 라는 구절과도 연결되지 않을까 싶다. 이런 絶四의 상태라면 마음속으로 하고 싶은 대로 하여도 법도에서 벗어나지 않는다는 것이 결코 무리한 얘기는 아닐 것이다.

(2-5) 孝則無違

> ▶ (予解) 맹의자가 효에 관하여 여쭈어 보자 공자께서 말씀하셨다. "어기지 않는 것입니다." (중략) 수레를 몰던(御) 제자 번지에게 이를 일러 말씀하셨다. "살아 계실 때에는 예로써 섬기며 돌아가시면 예로써 장사 지내고 예로써 제사를 모시는 것이다."

〈原文〉

孟懿子問孝 子曰 無違 (중략) 樊遲御 子告之曰: 生事之以禮 死葬之以禮 祭之以禮

〈字解〉

孟懿子—노나라의 대부 중손씨. 樊遲—공자의 제자로 이름은 須, 자는 子遲.

〈解語〉

어기지 않는다는 무엇을 어기지 않는다는 뜻인가? 어버이의 말씀인가, 命인가, 마음인가, 禮인가?

번지가 무슨 뜻입니까 라고 물은 데 대한 답변이 "예로써 섬기며 예로써 장사지내고 예로써 제사를 모시라"는 것이었다. 그렇다면 예를 어기지 말라는 뜻으로 보인다.

(2-6) 父母唯其疾之憂

> ▶ (予解) 맹무백이 효에 관하여 여쭈었다. 공자께서 말씀하셨다. "부모는 자식이 병들지나 않을까 오직 그것만을 걱정한다."

〈原文〉

孟武伯問孝 子曰 父母唯其疾之憂

〈解語〉

"부모는 자식이 병들지나 않을까 오직 그것만을 걱정한다."라고 해석하는 것은 부모가 그런 걱정을 하지 않도록 자식이 부모의 마음을 헤아려 자기 몸을 잘 관리하여 병에 걸리지 않는 것이 효라고 하는 말이다.

그런데 여기서 한 걸음 더 나아가 자식이 병에 걸리지 않을까 하는 걱정만 부모가 하도록 하고 다른 걱정은 일체 하지 않게 자식이 처신하는 것이 효이니라라고 해석하는 것도 있다. 또 반대로 부모가 병에 걸리지 않을까 자식이 걱정하는 것이 효라고 풀이하는 것도 있다고 한다(소라이 1-141). 小儒들의 지나친 논란이라는 생각이 든다. 실제 부모들의 마음 씀씀이를 보면 "부모는 자식이 병들지나 않을까 오직 그것만을 걱정한다."라고 풀이함이 가장 무난하다.

(2-7) 不敬則不孝

> ▶ (予解) 자유가 효에 관하여 여쭈니 공자가 말씀하셨다. "오늘날에는 부모를 능히 부양하기만 하면 그것을 효라고 이른다. 그러나 개나 말까지도 모두 능히 먹여 살리고 있는 터이니 만일 부모를 공경하는 마음이 없다면 그것과 무슨 다름이 있겠는가."

〈原文〉

子游問孝 子曰 今之孝者 是謂能養 至於犬馬 皆能有養 不敬 何以別乎

〈解語〉

子游는 제자 言偃의 字이다.

부모를 공경하는 마음이 효의 핵심이라는 뜻이다.

공경하는 마음과 효의 관계를 공자는 대비를 통하여 가르친다. 자식이 부모에게 식사와 거처를 제공하고 병을 치료해드려 봉양하는 것과 사람이 개와 말을 기르면서 밥을 주고 쉴 곳을 마련해주고 병이 나면 치료해주는 보살핌 사이의 결정적인 차이점은 무엇인가? 자식의 부모에 대한 관계에서는 자식이 부모를 공경하는 마음을 가졌지만, 가축에 대해서는 주인이 공경하는 마음이 없다는 데 있다. 가축의 주인이 개와 말을 애정으로 보살필 수는 있다. 하지만 그 애정이라는 감정은 공경하는 마음과는 성질이 다르다. 그러므로 이런 대비를 통하여 효를 설명하는 방법은 매우 알기 쉽다.

그러나 한편 개가 그 주인을 위하여 집을 지켜주고 말이 그 주인을 등에 태워주거나 수레를 끌어주는 등의 행위를 한다고 하여 이것을 개나 말이 주인을 부양하는 행위라고 해석하는 견해도 있다. 하지만 이는 매우 부적절하다. 개나 말이 주체적으로 자기 뜻에 따라 사람에게 행하는 봉사가 아니기 때문이다. 나아가 主體的 인식이 없는 개나 말에게 공경심까지를 요구하는 셈이 되어 어불성설이 되고 만다. 그러므로 개나 말이 주인을 위하여 그 소용에 맞게 수고하는 행위는 자식의 부모에 대한 봉양행위와 애당초 대비할 거리가 되지 못한다. 따라서 "개와 말도 모두 사람을 봉양할 수 있으니, 공경하지 않으면 무엇으로 구별하겠는가?"라고 해석하는 것(다산 1−177, 소라이 1−141)은 그 대비가 적절치 않다.

(2-8) 色難

> ▶(予解) 자하가 효도에 관해 여쭈어 보자 공자께서 말씀하셨다. "얼굴빛을 부드럽게 하기가 어렵다. 일이 있으면 제자들이 수고로움을 대신하고 술과 음식이 있으면 선생에게 차려 대접(饌) 하는데 일찍이(曾) 이런 경우를 보고 효라고 여긴 적이 있던가."

<原文>

子夏問孝 子曰 色難 有事 弟子服其勞 有酒食 先生饌 曾是以爲孝乎

<字解>

食 － 밥 사. 曾 － 일찍이(주자 66). 다산(1－185)은 어조를 완만하게 하는 어조사라고 한다.

<解語>

  대개는 제자(弟子)를 자식이라 풀이하고 선생(先生)을 부모라고 풀이한다. 그러나 이는 잘못이다. 문자 그대로 제자는 제자이고 선생은 선생일 뿐이다. 자식을 제자라고 부르는 일은 없고 부모를 선생이라고 부르는 일도 없기 때문이다. 제자를 젊은이로, 선생을 웃어른이라고 풀이하는 정도는 가능하겠다.

  부모 앞에서는 항상 유순하고 기쁜 표정을 지어 이들을 모셔야 효라고 할 수 있는데 이것이 사실은 매우 어렵다. 그래서 色難이라 하였다.

  이와 달리 부모의 안색을 살피는 일이 어렵다 라고 하는 해석도 있다(다산 1－183 포함).

  그 다음 구절들은 부모가 아닌 웃어른을 모시는 것과 효의 차이를 설명한다. 즉, 웃어른을 모심에 있어서는 힘든 일을 대신 해드리고 먹는 자리에서는 어른이 먼저 드시도록 하면 일단 그것으로 예를 차린 것이라 할 수 있지만 부모에 대한 효라면 이것으로는 불충분하고 더 나아가 얼굴빛을 부드럽게 가져 부모로 하여금 "자식에게 무슨 어려운 일이 생겼나" 하고 걱정을 하지 않도록 까지 해드려야 한다는 의미라고 하겠다.

(2-9) 回也不愚

▶ (予解) 공자께서 말씀하셨다. "내가 안회에게 말을 하는데 그는 종일토록 질문 없이 듣고만 있어 마치 어리석은 사람 같았다. 물러간 뒤 (내가) 그 사생활을 살펴보니(省) 과연(亦) 나에게 배운 바(以)를 제대로(足)

실천(發)하고 있었다. 회는 어리석은 사람이 아니다."

〈原文〉

子曰: 吾與回言 終日不違 如愚 退而省其私 亦足以發 回也不愚

〈解語〉

노자가 "아는 자는 말하지 않고 말하는 자는 알지 못한다. 知者不言 言者不知(노자 56)"라고 말한 것이 생각난다. 顔回는 공자보다 30세가 어린 제자로서 공자가 가장 아끼고 항상 칭찬한 제자였다. 안회는 아마도 道에 근접해 있었던 모양이다.

(2-10) 視其所以 觀其所由 察其所安

▶(予解) 공자께서 말씀하셨다. "그 사람이 현재 하고 있는 것을 보고 그가 과거에 걸어온 길을 보고 그가 일상 편안히 여기는 것을 살펴보면 그가 어디에(焉) 숨겠는가(廋)."

〈原文〉

子曰: 視其所以 觀其所由 察其所安 人焉廋哉 人焉廋哉

〈解語〉

所以는 '현재 하고 있는 바'라는 뜻이다. '현재'라는 글자는 없지만 그 앞의 '視'라는 글자가 '지금 본다'는 뜻이므로 視其所以는 '현재 하고 있는 바'라는 뜻으로 풀수 있다. 所由는 '과거에 걸어온 길'이라는 뜻이다. 所安은 '장래에 하고자 하는 바'라는 뜻으로 보기도 하고 '즐기는 바'라고 풀기도 한다. 그러나 단순하게 '편안히 여기는 바'라고 보면 될 듯하다.

소라이는 人焉廋哉에서 人을 君主라고 해석하는데 이는 비약이 지나치다.

공자는 그 당시 군주들의 사람 됨됨이를 이리 저리 뜯어보는 방법 같은 것을 제자들과 이야기하는 그런 류의 사람이라는 느낌을 논어에서 전혀 주지 않기 때문이다. 그가 君主를 人이라고 부를 리도 없다. 그저 사람 일반을 가리켜 한 말이라고 보면 충분하다. 人焉廋哉는 사람이 자기의 본색을, 사람 됨됨이를, 어디에 감추겠는가 라는 뜻이다.

視其所以 觀其所由 察其所安, 이 세 구절의 말은 공자가 한 말 가운데 사실 가장 중요한 가르침의 하나인데 그 동안 의외로 사람들의 주목을 받지 못하였다. 후세의 유학자들이, 공자가 가르치지도 아니한 性이니 天命이니 理니 氣니 陰陽이니 五行이니 하면서, 어찌 보면 실생활과 유리된 공리공론에 빠져 세월을 보냈기 때문이 아닌가 생각한다.

군자는 仁을 갖추고 나라의 정사에 참여하여 세상을 안정시키고 백성을 편안케 하는 것을 그 사명으로 하여야 한다고 공자는 생각하였다. 그럴려면 군자는 사람을 볼 줄 알아야 하는데 그 방법은 무엇인가. 그 방법으로 공자가 가르친 해답이 바로 視其所以 觀其所由 察其所安이라고 나는 생각한다. 즉, "그 사람이 하고 있는 것을 보고, 그가 걸어온 길을 보고, 그가 편안히 여기는 것(또는 즐기는 것)을 살펴보면, 그가 어떤 사람인지 정확히 알 수 있다는 것이다. 사람의 능력과 인품을 판단하는 방법으로서 이 이상 가는 방법은 없다(권성 27). 그렇지 아니한가.

(2-11) 溫故知新

> ▶ (予解) 공자께서 말씀하셨다. "옛것을 배워 알고 새것을 찾아 알면 스승이 될 수 있다.

〈原文〉

子曰 溫故而知新 可以爲師矣

〈解語〉

　유명한 말인데 실은 이 간단한 한 구절을 둘러싸고도 해석상 논의는 꽤나 많다. 예를 들면 可以爲師矣를 "(옛것을 따뜻하게 익히고 새것을 알게 되니) 스승은 할 만한 것이다." 라고 하여 스승이란 직업은 사람이 할 만하다는 뜻으로 새기는 주해도 있다(다산 1-191).

　일일이 소개할 만한 의미는 없다.

　수학이나 자연과학에서 본다면 이 의미가 제대로 살아난다. 간단한 수학적 公理나 定理에서부터 시작하여, 과거에 발견되어 집적된 지식들을 토대로 하고, 그 위에 새로운 연구 성과가 계속 쌓여서, 새로운 진리가 발견된다. 내가 지금까지 기억하는 이름만 동원한다 하더라도, 아르키메데스로부터 뉴턴에 이르고 다시 아인슈타인의 $E = MC^2$ 에다가 파인만에 이르기까지 溫故와 知新은 끝없이 이어진다.

　수학과 자연과학 분야에서는 溫故而知新은 두드러지게 드러난다. 유명한 수학적 천재들이 새로운 진리를 발견한 일은 아무런 지식도 없는 상태에서, 갑자기 새로운 진리가 하늘에서 뚝 떨어지듯, 이를 발견하지는 않았다고 한다. 그들은 이미 어린 나이에 벌써 과거에 발견된 수학적 지식을 배워서 꿰뚫고(溫故)난 뒤에 거기에 새로운 영감을 보태어 위대한 발견을 하기(知新)에 이르렀다고 한다.

　예외는 물론 있지만 인문학 분야는 그렇지 않다. 溫故는 많이 해도 진짜 知新은 별로 없다. 왜 그럴까? 순수한 학문이나 예술을 빼고 나면, 인문학은 속성상 권력지향적(權力指向的)이다. 권력은 속성상 체계적 독점을 지향한다. 독점한 자는 자기의 체계 안에 들어오지 않는 '새로운 일어남'을 권력에 대한 도전이나 잠재적 위협으로 여겨 싹을 자른다. 권력이 모든 것을 의미하는 후진국의 인문학일수록 이런 현상은 더욱 두드러진다. 인문학은 溫故而知新이 아니라 溫故而折新(온고이절신)이다. 새 싹을 자른다 라는 말이다. 공자의 말씀은 고금의 이런 폐단을 경계하는데 그 의미가 있다고 하겠다. 종교분야의 이단 논쟁도 그런 사례에 속하는 경우도 있을 터이다. 조선의 유학이 성리학 계수 후 그것만을 정통이라 하고 양명학을 배척한 일도 知新을 못한 경우이리라.

(2-12) 君子不器

> ▶ (予解) 공자께서 말씀하셨다. "군자는 사람을 기르는 덕을 가지고 사람을 부리는 사람이다. 그러므로 일정한 기능이 있어 그 기능에 따른 용도로만 쓰이는 사람이 아니다."

〈原文〉

子曰: 君子不器

〈解語〉

주자(71)는 "군자는 한 가지 용도로만 쓰이는 그릇이 아니다." 라고 해석한다. 군자는 단 한 가지 재주나 기예만을 가진 자가 아니기 때문에 그렇게 말한다고 한다.

그러나 소라이(1-154)에 의하면 그릇이란 모든 관료이고 군자란 임금과 경(卿)이다. 그러므로 그는 "군자는 백성을 기르는 덕을 가지고 '그릇'을 사용하는 사람이므로 그릇 노릇을 하지 않는다." 라고 해석한다. 결국 군자는 그릇 노릇을 하지 말고 그릇을 잘 쓰는 사람이 되어야 한다는 가르침이라고 한다. ▶ (予解)는 이 견해를 따랐다.

그동안 여기까지 글을 쓰는 동안, 주자의 해석을 비판하는 소라이의 견해 중에 탁월한 내용이 의외로 많았음을 알았다. 일본 유학(儒學)의 수준을 어떻게 보아야 하나?

다산은 이렇게 말하였다. "이제 그들의 글과 학문이 우리나라를 훨씬 초월했으니 부끄러울 뿐이다."(소라이 1-37)

어쩌다 이런 탄식이 나오는 사태가 초래되었을까? 해답은 바로 이 앞의 구절(2-11)에 있다. 즉, 인문학에 종사하는 사람들이 그동안 溫故而知新이 아니라 溫故而折新해 온 데 있다.

(2-13) 先行其言

> ▶ (予解) 자공이 군자에 관해 여쭈어 보자 공자께서 말씀하셨다. "말에 맞을 행동을 먼저 하고 그런 뒤에 말이 뒤따라야 한다."

〈原文〉

子貢問君子 子曰 先行其言 而後從之

〈字解〉

子貢 — 공자의 뛰어난 제자. 이름은 端木賜이고 字가 子貢이다.

〈解語〉

先行其言 而後從之를 先行, 其言而後從之 라고 떼어 읽어야 뜻이 분명해진다.

"자신의 말을 스스로 먼저 실행하고 그 뒤에 다른 사람으로 하여금 자기를 따르게 한다." 라고 해석하기도 한다(류종목 58).

(2-14) 周而不比

> ▶ (予解) 공자께서 말씀하셨다. "군자는 친밀하게 지내되 사익을 위하여 파당을 짓지 아니하고 소인은 사익을 위하여 파당을 지면서도 친밀하게 지내지는 않는다."

〈原文〉

子曰: 君子周而不比 小人比而不周

〈解語〉

周는 忠信으로 친밀하게 지낸다는 뜻이고 比는 편파적으로 무리를 짓는다는 뜻이다.

周를 '두루 친밀하게 지낸다' 라고 새기는 것은 옳지 않다. 두루 사귀면서 동시에 모두와 忠信으로 사귈 수는 없기 때문이다.

후진국의 일부 정치인들이 벌이는 이합집산(離合集散)이 比而不周하는 그런 例이리라.

(2-15) 思而不學則殆

> ▶ (予解) 공자께서 말씀하셨다. "배우기만하고 스스로 생각하지 않으면 깨닫는 것이 없고, 생각만하고 배우지 않으면 위험하다."

〈原文〉

子曰: 學而不思則罔 思而不學則殆

〈解語〉

배우기만하고 스스로 생각하지 않으면 아무 것도 터득하는 바가 없게 된다. 배운 지식들의 상호 관계되는 이치를 모르니 체계가 없고 전적(典籍)에 나오는 단편적인 말에 그대로 속아 넘어가기 쉽다.

學而不思則罔은 자료 검색에 치중하거나 시험준비에만 골몰한 나머지 궁리를 소홀히 한 학생들이 빠지기 쉬운 함정이다.

한편 혼자서 생각만 하고 배우지 않으면 다른 사람들이 이미 알아내고 생각해온 바와 자기의 생각을 비교·검증하지 못하여 독단에 빠질 위험이 크다. 思而不學則殆는 비밀결사에 참가하거나 지하운동에 종사하는 젊은이들이 빠지게 되는 늪이다.

뒤에 나오는 위영공편 (15-31) 그리고 자장편 (19-6) 참조.

(2-16) 攻乎異端

> ▶ (予解) 공자께서 말씀하셨다. "이단을 공격하는 것은 해로울 뿐이다 (也已)."

〈原文〉

子曰: 攻乎異端 斯害也已^이

〈解語〉

① 주자(75)의 해석은 이렇다. "이단에 매달려 공부하게 되면 손해만 따를 뿐이다."

異端은 異端邪說 즉, 正統과는 다른 학설이라 하고, 攻은 專治 즉, 매달려 공부한다는 뜻으로 풀이한다.

② 황병기(131)는 "이단에 대해 공격하는 것, 이것은 해로울 뿐이다." 라고 해석한다. 攻을 공격한다는 뜻으로 푼다. 소라이(1-158), 리링(1-130)의 해석도 같다.

다만, 이단에 대하여 리링은 '그저 군자가 행하지 않는 小道'를 가리킨다고 하고 소라이는 「사람들이 다른 마음을 품은 것을 말한다. 다른 마음을 품은 사람은 갑자기 공박을 당하면 반드시 격변하는 데 이르기 때문에 공자가 경계한 것이다.」 라고 풀이한다.

③ 생각컨대 황병기 선생의 설명이 설득력이 있다. 이를 인용하면 다음과 같다. 「공자는 남이 자기를 알아주지 않는 것을 걱정하지 말고 자기가 남을 알아보지 못하는 것을 걱정하라고 한 사람이다. 그런데 어떻게 자기의 생각만이 정통이고 자기와 다른 남의 생각은 이단이라고 몰아붙일 수 있겠는가. 또 공자는 학문의 목적은 어디까지나 자기 자신의 완성을 위한 것이며 자신의 변혁을 통해 다른 사람을 포용하는 것이라고 하였다. 따라서 남을 이단이라고 공격하는 것은 곧 자신의 모자람을 드러내면서 仁을 해치는 행위인 것이다. 이단에 대한 공격은 서양의 중세기에 기독교 교회에서 공인되지 않은 교의를 핍박한 것으로 유명하다. 그것이 극단으로 치달아 '마녀사냥' 같은 어처구니없는 비극도 낳았다. 세상의 모든 위대한 책 즉, 經이나 사상에는 정통이 있고 이러한 정통은 자기네와 다른 이론을 이단으로 배척한다. 하지만 논어에는 이단을 공격하지 말라는 특이한 말씀이 나오니 참으로 놀랍다.」(황병기 130)

④ 주자학을 정통으로 여긴 조선시대의 유림이 양명학을 이단이라고 공격한

것도 학문과 사상의 자유로운 발전과 전개를 가로 막은 큰 폐단에 속한다. 중세 시대의 기독교 세계와 이슬람 세계 사이에 벌어진 십자군 전쟁은 엄청난 규모의 크기로 확대된 이단투쟁 아닌가? 사상이나 교리에 대한 논란은 피할 수 없는 일이긴 한데 그렇다면 그 바람직한 모습은 어떤 것일까? 참으로 어려운 일이다. 이천오백 년 전에 이미 그 위험을 지적한 공자의 혜안은 참으로 놀랍다.

(2-17) 知之爲知之

> ▶ (予解) 공자께서 말씀하셨다. "유(자로)야! 너(女)에게 안다는 것이 무엇인지 가르쳐줄까? 아는 것을 안다고 말하고 모르는 것을 모른다고 말하는 것, 이것이 아는 것이다."

〈原文〉

子曰: 由 誨女知之乎 知之爲知之 不知爲不知 是知也

〈字解〉

由－공자의 제자로 성은 仲, 이름이 由이고 字가 자로 또는 계로이다.

〈解語〉

공자가 학문의 도를 말한 것이다. 순자는 이렇게 말했다. "겉으로 아는 체하고 유능한 체하는 자는 소인이다. 그러므로 군자는 아는 것이면 그것을 안다 하고 모르는 것이면 그것을 모른다고 하는데 그것이 말하는 요령이다."(순자 977)

한편 장자는 이런 말을 했다. "내가 모른다는 것을 내가 어떻게 알겠는가." 이것은 말장난이다.

이와 달리 학문의 도를 말한 것이 아니라 사람을 아는 방법을 공자가 말한 것이라고 보는 설(소라이 1－161)도 있으나 그렇지는 않다고 생각한다.

다만, 사람을 알아보는 방법에 관한 공자의 말씀이라고 생각되는 부분에 대하여 앞에서(2－10) 나는 이렇게 말하였다. 【군자는 仁을 갖추고 나라의 정사에 참여하여 세상을 안정시키고 백성을 편안케 하는 것을 그 사명으로 하여야 한다고 공자는 생각하였다. 그럴려면 군자는 사람을 볼 줄 알아야 하는데 그 방법은 무엇인가. 그 방법으로 공자가 가르친 해답이 바로 視其所以 觀其所由 察其所安 라고 나는 생각한다.】

(2-18) 多聞闕疑

> ▶(予解) 자장이 관직을 수행하는 자세에 대하여 배우고자 하자 공자께서 말씀하셨다. "많이 듣고 나서 의심스러운 것은 일단 비워두고(闕) 그 나머지만 신중하게 이야기 하면 허물(尤)이 적을 것이고, 많이 보고 나서 미심쩍은 것(殆)은 일단 보류하고 그 나머지만 신중하게 실행하면 후회가 적을 것이다. 말에 허물이 적고 행동에 후회가 적으면 녹봉은 바로 그 가운데 있다."

〈原文〉

子張學干祿 子曰: 多聞闕疑 愼言其餘 則寡尤 多見闕殆 愼行其餘 則寡悔 言寡尤 行寡悔 祿在其中矣

〈解語〉

宋代의 유학자들은 이것을 학문을 하는 방법에 관한 가르침으로 보았는데 이는 비약이지 싶다.

이 말은 오늘날로 치면 공무원 수칙(守則) 제1조 라고 할 만하다.

(2-19) 擧直錯諸枉

> ▶(予解) 노나라 임금 애공이 "어떻게 하면 백성이 잘 따르겠습니까?" 하고 묻자 공자께서 대답하셨다. "곧은 사람을 들어서 굽은(枉) 사람 위에 놓는다(錯)는 말이 있는데 그렇게 하면 백성들이 잘 따를 것이고 굽은 사람을 들어서 곧은 사람 위에 놓는다고 했는데 그렇게 되면 백성들

> 이 따르지 않을 것입니다."

〈原文〉

哀公問曰: 何爲則民服 孔子對曰: 擧直錯諸枉 則民服 擧枉錯諸直 則民不服

〈字解〉

'錯'는 '조'라 읽고 '諸'는 '저'라 읽는다.

〈解語〉

　바르고 곧은 인재를 높은 자리에 등용해야 한다는 뜻이다.

　이것이 통치의 요령이다. 그러나 이렇게 하면 아래에서는 불평과 불만이 나온다. 못살게 들볶는다고. 그리고 가진 험담과 모략까지도. 이것을 참고 겪어내야 한다. 진효공이 상앙을 등용하여 변법을 시행할 당시 엄청난 반발이 있었던 사실을 상기하게 된다.

　그러나 다른 한편으로는 이런 반발을 적당히 무마하거나 돌파하는 정치력이 필요할 것이다.

　안연편 (12 – 22) 참조.

(2-20) 使民敬忠以勸

> ▶ (予解) 계강자가 물었다. "백성들로 하여금 공경하고 충성하도록 권하려면 어떻게 해야 합니까?" 공자께서 말씀하셨다. "장중한 태도로 임하면 그들이 공경하게 되고 효성과 자애의 태도로 임하면 그들이 충성스럽게 되고 능력 있는 사람을 기용하여 그에게 능력 없는 사람을 가르치게 하면 그것이 권하는 것이 됩니다."

〈原文〉

季康者問 使民敬忠以勸 如之何 子曰: 臨之以莊則敬 孝慈則忠 擧善而敎不

能則勸

(2-21) 子奚不爲政

▶ (予解) 어떤 사람이 공자에게 말했다. "선생님께서는 어찌(奚) 정치를 하시지 않습니까?" 공자께서 말씀하셨다. "'서경에 효성스럽도다! 효하며 형제에게 우애가 있고 이것을 정사에 베푼다' 라고 하였으니 이 또한 정치를 하는 것입니다. 무엇이 정치를 행하는 것이겠습니까?"

〈原文〉
或謂孔子曰: 子奚不爲政 子曰: 書云 孝乎 惟孝 友于兄弟 施於有政 是亦爲政 奚其爲爲政

〈解語〉
書云의 書는 書經이다.

爲政과 有政을 다른 뜻으로 보기도 하는데 굳이 그렇게 할 이유는 없다고 생각한다. 같은 뜻을 표현을 달리 하여 나타낸 것일 뿐이라고 본다. 위정이나 유정이나 모두 정치를 한다, 정사를 담당한다, 정사를 베푼다 등으로 같은 뜻이다. 문맥에 따라 뜻이 달라질 뿐이다.

부모를 효성으로 모셔 편안하게 하고 형제간에 우애를 돈독히 하여 집안을 편안하게 하는 그 마음과 백성을 편안하게 하는 그 마음은 같은 마음이다, 그러니 孝와 友의 마음으로 집안을 편안하게 하는 것도 정치를 하는 것이다, 어찌 꼭 관직을 가지고 있어야만 정치를 한다고 하겠는가 라는 뜻이라고 본다. 조금 이해가 될 듯도 싶지만 흡족하지는 않다.

좀 더 생각해보면 논어에는 위정이란 말 이외에 종정이란 말도 나오는데 이 두 가지는 어떤 차이가 있을까? 대체로 종정하면 관직을 가지고 정사에 참여하는 것, 즉 벼슬을 하는 것이고 위정이라 하면 벼슬을 하는 것 이외에도 다른 방법으로 정치에 영향을 끼치는 것까지도 포함하는 뜻으로 사용되고 있다(이중텐

71). 예컨대 군주에게 유세를 한다든지 교육이나 교화를 통하여 정치에 영향을 끼치는 것까지 모두 위정에 해당한다. 이렇게 종정과 위정을 차이가 있는 것으로 생각하면 제법 이해가 된다. 공자도 아마 이런 차이점을 염두에 두고 이 말을 하지 않았을까 싶다.

(2-22) 人而無信

▶(予解) 공자께서 말씀하셨다. "사람이 만약 신의가 없다면 그것이 과연 옳은지 모르겠다. 큰 수레에 소의 멍에걸이가 없고 작은 수레에 말의 멍에걸이가 없다면 장차 무엇으로 그것을 운행하겠는가."

〈原文〉

子曰: 人而無信 不知其可也 大車無輗(예) 小車無軏(월) 其何以行之哉

〈解語〉

輗(예)와 軏(월)은 수레와 牛馬를 연결시키는 도구이고 信은 나와 남을 연결시키는 끈이다.

(2-23) 百世可知: 생략

(2-24) 見義不爲

▶(予解) 공자께서 말씀하셨다. "자기가 마땅히 제사를 모실 귀신이 아닌데도 제사를 지낸다면 이는 아첨이다. 의로운 일을 보고서도 하지 않는 것은 용기가 없음이다."

〈原文〉

子曰: 非其鬼而祭之 諂(첨)也 見義不爲 無勇也

〈解語〉

언뜻 생각하면 非其鬼而祭之는 公私間에 제사가 점점 없어지는 오늘의 시대에는 별 관계가 없는 일이 되었다. 그러나 꼭 그렇지만도 않다. 예를 들면 다음과 같은 주장도 있기 때문이다.

만주국의 황제 부의가 일본의 아마테라스 오미카미(天照大神)를 참배했고 중국인을 죽인 일본 관병을 위해 제사를 지냈는데 이런 것들이 바로 '자기네 귀신이 아닌데도 제사를 지내 아첨하는' 예에 속한다고 하는 중국인 교수의 설명이 그렇다(리링 1-146). 이 점은 여진족과 漢族의 관계를 보는 관점에 따라 견해가 다를 수도 있다.

그건 그렇다 치고, 국가가 주관하는 전몰장병 추모식 행사에 유족이 아닌 일반 시민이 참여하여 헌화하고 분향한다면 그것도 남의 귀신을 제사하여 아첨하는 행위라고 할 수 있는가? 외국을 방문한 사람이 그 나라의 국립묘지를 방문해서 헌화, 분향한다면 그 행위도 남의 귀신을 제사하여 아첨하는 짓이라고 할 수 있는가? 더구나 그 외국이 우리의 동맹국으로 공동의 전선에서 함께 싸운 경우라면 어떨까? 이런 경우들은 남의 귀신을 제사하여 아첨하는 짓이라고 하여서는 안 된다. 이들은 일반적으로 승인된 국가적 또는 국제적 의례나 의전에 따르는 행위가 아닌가.

공자는 왜 이렇게 말했을까? 추측컨대 당시는 周나라의 말엽으로 모든 禮가 붕괴되고 있던 시대였다. 아마도 周의 天子만이 할 수 있는 하늘에 대한 제사를 제후들이 외람되게 지낸다든지 어느 제후국이 다른 제후국의 조상제사를 대신 지내주는 등 예법에 어긋나는 일이 자주 있었다고 한다. 그래서 공자는 이를 비난하는 뜻으로 이런 말을 하지 않았을까.

아첨한다는 것은 누구에게 아첨한다는 것인가. 귀신에게? 또는 그 귀신의 후손에게? 공자는 怪力亂神을 말하지 않았고 귀신은 敬而遠之하라고 가르친 사람이었다. 그러므로 귀신에게 아첨한다는 따위의 생각은 하지도 않았을 것이다. 당연히 후손인 사람 또는 그 나라에 대한 아첨을 의미했을 터이다.

見義不爲 無勇也는 논어 이외에서도 자주 듣는 말이므로 여기서 더 특별히 설명을 보태지는 않는다.

제3편

八佾

(3-1) 八佾舞: 생략

(3-2) 三家者: 생략

(3-3) 人而不仁

> ▶(予解) 공자께서 말씀하셨다. "사람이 어질지 않다면 예를 행한들 그에게 무슨 소용이 있으며 樂을 행한들 그에게 무슨 소용이 있으랴?"

〈原文〉

子曰: 人而不仁 如禮何 人而不仁 如樂何

〈解語〉

　仁이 없는 예악은 공연히 형식만 갖추는 것일 뿐이다 라는 의미이다. 이 때의 人은 특정한 부류의 사람을 가리키지 않는다.

　그러나 소라이(1－195)는 여기의 人은 백성을 다스리는 윗사람을 말한다고 본다. 즉, 예와 악으로 백성을 다스리는데 막상 그 다스리는 윗사람이 어질지 못하면 예와 악을 행하여도 다스림에 아무 효과가 없다는 뜻이다 라고 본다.

　생각컨대 예와 악을 행하고 또 즐기는 것이 어찌 백성을 다스리는 윗사람에게만 한정되겠는가? 또한 예악이 어찌 백성을 다스리는 데에만 쓰이겠는가? 공자가 이 말을 할 때 아마 그 마음속으로는 백성을 다스리는 윗사람을 생각했을지도 모르지만 이 말 자체는 누구에게나 해당될 수 있는 말이라고 하겠다. 仁은 예악의 기본이고, 仁은 모든 사람에게 적용되는 문제라고 주장하는 사람이 공자 아닌가. 그러므로 소라이처럼 좁게 해석할 일은 아니다.

(3-4) 禮與其奢寧儉

▶(予解) 임방이 예의 기본에 관하여 여쭈어보자 공자께서 말씀하셨다. "크도다 이 물음이여! 예는 사치스러운 것보다는 차라리 형편에 맞게 검소해야 하며 상례는 형식을 제대로 지켜 잘 치르려 하기보다는 차라리 슬픔을 다해야 한다." 라고 말씀하셨다.

〈原文〉

林放問禮之本 子曰 大哉問 禮與其奢也 寧儉 喪與其易^이也 寧戚

〈字解〉

林放 — 노나라 사람. 공자의 제자인지 여부는 不明.

與其~寧~ 은 '~하기 보다는 차라리 ~하는 편이 더 낫다'는 뜻이다.

易^이는 다스리다, 처리하다, 잘 치르다 라는 뜻이다.

〈解語〉

禮의 기본은 공경하는 마음이다. 그러므로 부자라고 하여 예를 행함에 사치를 부리면 공경하는 마음이 엷어지고 오만하게 되어 예를 해치게 되고 결국 仁을 해친다. 가난한 사람이 부자가 하는 짓을 따라 사치를 부리면 빚을 지고 생활을 어렵게 만드니 禮가 生을 해치게 되고 결국 仁을 해친다. 순자는 말한다. 禮라는 것은 꾸밈이고 장식이다. 삶의 기쁨을 장식하고, 죽음의 슬픔을 장식하고, 조상에 대한 존경을 장식하고, 軍隊의 위엄을 장식하는 것이 예이다(김학주 664. 19 – 15). 그러니 꾸밈에 있어서는 부자는 부자대로, 가난한 사람은 가난한 대로, 각기 형편에 맞도록 재물의 사용을 절제하여 검소하게 예를 행하여야 한다.

"가난한 사람은 재물로써 예의를 표하지 않으며, 노인은 근력으로써 예를 행하지 않는다. 貧者 不以貨財 爲禮 老者 不以筋力 爲禮." 라는 말이 禮記에 있다(지재희 45).

　상례의 기본은 사랑하던, 또는 공경하던 사람을 잃은 슬픈 마음의 적절한 표현이다. 지나치게 슬퍼하면 건강을 해치게 되고 너무 무심하면 사랑과 공경의 마음이 없음을 드러내 각박해진다. 그러므로 상례는 너무 절차에 형식적으로 매이는 것보다는 공경하고 사랑하던 마음을 살려 슬픔을 자연스럽게 드러내야 한다. 다만, 지나치지 않아야 한다.

　리링(1－155)은 이렇게 설명한다. 일반적인 禮는 차라리 간결한 것이 낫지만, 상례는 차라리 몹시 비통해하는 편이 더 낫다.

(3-5) 夷狄之有君

▶(予解) 공자께서 말씀하셨다. "오랑캐들이 설령 군주를 가지고 있다 해도 중국에 군주가 없는 것보다 못하다."

〈原文〉

子曰: 夷狄之有君 不如諸夏之亡也

〈解語〉

　諸夏는 중국, 中原을 가리키고 亡은 無와 같다.

　여러 해석이 있다. 크게 보면, 오랑캐라고 무시해서 한 말로 보는 견해와 그 반대로 보는 견해, 이렇게 두 가지이다.

　먼저 무시하는 쪽의 견해를 보자.

　「이적에 비록 군장이 있기는 하지만 원래 예의가 없고, 중국에서는 비록 우연하게도 周公·召公이 공화정치를 할 때처럼 임금이 없었던 때에도 예의가 폐지되지 않았다. ('周公·召公이 공화정치를 할 때' 라 함은 주나라 여왕이 실정 끝에 민란이 일어나자 체지방으로 도주하여 왕의 자리가 비었는데 이 때 周公·召公 이라는 두 현명한 대신이 힘을 합쳐, 달아난 주여왕의 아들이 장성하여 주선왕으로 왕위에 오를 때까지, 14년간 나라를 잘 다스렸는데 이 시기를 共和의 시기라고 한다. 사마천 사기 1−92 참조) 그러므로 "이적에게 임금이 있는 것이 중국에 임금이 없는 것만 못하다."고 말씀하였다.」(다산 1−289, 형병)

위 견해와 비슷한 입장으로 "오랑캐의 도를 써서 군주의 자리를 보전하느니, 중국의 올바른 법을 쓰다가 군주의 자리를 보전하지 못하는 것이 낫다."라고 하는 해석(다산 1−287)도 있다.

그러나 군주의 자리를 둘러싼 투쟁에서 음모와 유혈이 낭자한 처참한 사태가 벌어지는 일이 中原과 夷狄 사이에 아무런 차이가 없이 끊임없이 발생했던 역사적 현상을 본다면 중원의 道든, 夷狄의 道든, 그런 道와 이런 사태와는 필연적인 관계가 없음을 알 수 있다. 그러니 이 설명은 옳지 않다.

이적을 무시함이 아니라는 반대의 견해는 이렇게 말한다. 「공자는 九夷에 살고자 하였으니 夷狄은 천한 바가 아니다. 더구나 죄가 밝혀지지 아니하였는데 아무 까닭 없이 이를 배척하여 이르기를 "너희들 임금 있는 것이 우리들 임금 없는 것만 못하다."라고 한다면 어찌 의미 있는 말이 되겠는가. 주공 · 소공의 共和정치는 이것이 천 년이나 백 년 만에 겨우 한 번 있을까 말까 한 일이다. 그런데 공자가 이에 근거해서 스스로 중국을 찬양하였겠는가. 그럴 리가 없다.」 이런 견해는 이적에도 또한 君長이 있으니, 중원이 참람하고 어지러워 도리어 상하의 구분이 없는 것보다 낫다는 뜻이다(다산 1−289).

이와 비슷한 해석으로는 문화적으로 앞서는 중국이 정치적으로 오히려 오랑캐만도 못하다는 탄식으로 보는 견해(류종목 81)를 들 수 있다.

오랑캐를 무시함이 아니라는 이런 설명들은 그 자체로는 맞는 말이지만, 중원을 문화세계, 이적을 야만세계로 구별하는 공자의 기본인식을 이 설명은 제대로 짚어내지 않는다.

생각해보면 이 구절의 '君'은 君主를 가리키고 君主는 권력적 지배체재를 상징한다. 중원의 문화와 이적의 야만은 권력적 지배체재의 있고 없음에 의하여 구별되는 것은 아니다. 다시 말하면 권력적 지배체재가 작동한다고 해서 문화세계가 되는 것이 아니고 마찬가지로 권력적 지배체재의 작동이 일시적으로 사라졌다고 해서 바로 야만이 되는 것도 아니다. 결국 이적이 군주를 가지고 있다고 해서 문화세계의 일원이 되는 것이 아니고 중원의 여러 나라가 때로 군주가 없는 상황이 되었다고 하여 야만으로 바로 떨어지는 것은 아니다.

역으로 말하면 중국도 권력적 지배체재의 작동이 있다고 해도 야만이 될 수 있고, 이적도 비록 권력적 지배체재의 작동은 없어도 문화는 가질 수 있다.

공자는 이런 뜻을 말하였다고 이해할 수 있다. 결코 이적의 사람들을 무시하거나 천시한 것은 아니다.

공자를 이 구절 때문에 이적을 무시하는 편협한 인물로 여긴다면 이는 잘못이다. 그 시대의 현실적인 문화의 우열 상황을 기초로 하여 공자는 문화와 야만 사이의 차이의 일단을 설명했을 뿐이다.

그러나 문화의 先進과 後進은 언제고 뒤바뀔 수 있는 법이다. 먼저 좀 앞서 깨었다 하여 오만해서는 안 된다. 큰 나라와 작은 나라도 언제든지 형세가 역전될 수 있는 법이다. 큰 나라라고 하여 너무 교만해서는 안 된다.

다만, 이런 逆轉의 법칙은 후진의 나라 또는 작은 나라가 부끄러움을 알고 분발할 줄 아는 경우에만 적용된다.

고대의 그리스가 마케도니아를 얼마나 야만이라고 흉보았는가. 중원의 漢族은 몽고족과 여진족을 미개하다고 얼마나 무시했었는가.

분하구나, 小國 됨이여! 슬프구나, 깨이지 못함이여!

(3-6) 季氏旅於泰山: 생략

(3-7) 君子無所爭: 생략

(3-8) 巧笑倩兮

> ▶(予解) 자하가 "웃으면 보조개 아름답구나! 예쁜 그 눈매 초롱초롱하구나! 흰 바탕에 채색을 베푼 것이로다! 라고 한 것은 무엇을 말합니까?"하고 여쭈어보자 공자께서 "그림을 그리는 일(繪事)은 먼저 흰 바탕(素)을 마련해놓고 난 뒤에 한다는 말이다."라고 하셨다.

자하가 "예가 나중이라는 말씀입니까?" 라고 하자 공자께서 말씀하셨다. "나를 일깨워주는 사람은 상(자하)이로구나. 비로소(始) 그와 함께 시를 이야기할 수 있게 되었다."

〈原文〉

子夏問: 巧笑倩兮 美目盼兮 素以爲絢兮 何謂也

子曰: 繪事後素 曰: 禮後乎

子曰: 起予者 商也 始可與言詩已矣

〈字解〉

倩 — 보조개 천, 예쁠 천. 盼 — 눈 예쁠 반. 絢 — 무늬 현. 繪事後素 — 繪事後(於)素의 준 말. 商 — 공자의 제자 卜商의 이름. 그의 字가 子夏.

〈解語〉

巧笑倩兮 美目盼兮는 詩經 위풍(衛風)의 석인(碩人)이라는 詩의 구절들이다. 참고로 그 전문을 여기에 옮겨 적는다.

「   〈그이는 헌칠하니〉

그이는 헌칠하니 키가 크시고   비단에 걸친 홑옷 곱기도 곱네.
齊侯의 따님이요,   衛侯의 부인.

동궁의 누이요,   邢侯의 처제.
그리고 아 譚公은 처형

손은 고와 부드러운 띠싹 같고   살결은 윤이 흘러 엉기인 기름.
목은 나무 좀. 이는 박 씨.
매미 이마에 아 나방이 눈썹.

웃으면 보조개巧笑倩兮.   예쁜 그 눈매美目盼兮.

그이는 헌칠하니 키가 크시고   서울이라 성밖에 수레 대시면
숫말은 늠름하여 말이 네 마리   찬란한 붉은 빛깔 재갈 고운데
수레에 덮개하여 궁으로 든다.   우리 임금 행여나 고단케 말라.
대부여 대궐에서 빨리 물러가

황하는 아득하여 넓기도 한데   북으로 콸콸대고 흐르는 물결.
강물이라 한가운데 그물 던지면   걸린 것은 팔딱이는 잉어 청새치.
물가엔 길이 넘게 갈대풀 우거지고   모시는 하녀님들 곱기도 곱고
따르는 무사들 씩씩도 하네.」(이원섭 92)

(3-9) 夏禮吾能言: 생략

(3-10) 禘吾不欲觀: 생략

(3-11) 或問禘: 생략

(3-12) 祭如在: 생략

(3-13) 獲罪於天

▶(予解) 왕손가가 여쭈었다. "'아랫목(奧)神에 아첨(媚)하느니 차라리 부뚜막(竈)神에 아첨하는 편이 낫다' 라는 속담은 무엇을 말합니까?" 공자께서 말씀하셨다. "그렇지 않습니다. 하늘에 죄를 지으면 빌(禱) 데가 없습니다."

〈原文〉

王孫賈問曰: 與其媚於奧^미 寧媚於竈^조 何謂也

子曰: 不然 獲罪於天 無所禱也

〈字解〉

與其~寧: ~하느니 차라리 ~하다.

〈解語〉

奧^오와 竈^조에 대하여 주해서에는 이런저런 설명이 있으나 소개는 생략한다.

류종목(92)은, 공자가 위나라에 가서 임금 영공을 만나자 실권자이자 군사를 맡고 있던 대부 왕손가(헌문편 14 − 19 참조)가 속담을 들어 자기에게 잘 보이는 것이 어떠냐 하고 떠본 데 대하여 공자는 군주를 하늘에 비유함으로써 따끔하게 일침을 가한 것이다 라고 설명한다.

왕손가가 말한 비유가 구체적으로 누구와 누구를 의미하는가에 대하여는 여러 설이 있지만 의미상으로 큰 차이는 없으므로 소개는 생략한다.

(3-14) 吾從周: 생략

(3-15) 子入大廟: 생략

(3-16) 射不主皮: 생략

(3-17) 我愛其禮: 생략

(3-18) 事君盡禮

> ▶(予解) 공자께서 말씀하셨다. "임금을 섬김에 있어 예를 다하는데 사람들은 이를 아첨이라고 여기는구나."

〈原文〉

子曰: 事君盡禮 人以爲諂也

〈解語〉

　소라이에 따르면 이 말은 공자가 노나라의 상황을 두고 한 말이라고 한다. 즉, 당시 노나라는 三家 즉, 三桓은 강하고 公室은 약해서 사람들이 모두 삼가에 붙고 공실을 무시하여 그것이 습관이 되어 일상이 되었다(삼환이라 함은 노나라 환공의 세 아들인 맹손씨, 숙손씨, 계손씨의 가문으로 노나라의 실권을 장악하고 있었다). 그러나 공자는 공실에 예를 다하였다. 이를 두고 공자를 아첨한다고 여기는 사람이 있었지만 공자는 습속을 어기면서 반드시 공실에 예를 다하였으니 이는 또한 공실을 펴고 삼가를 억누르고자 한 것이다(소라이 1-254).

(3-19) 君使臣以禮

▶(予解) 노나라 임금 정공이 "임금이 신하를 부리는 것과 신하가 임금을 섬기는 것은 어떻게 해야 합니까?"라고 묻자 공자께서 대답하여 말씀하셨다. "임금은 예로써 신하를 부리고 신하는 충성으로써 임금을 섬겨야 합니다."

〈原文〉

定公問: 君使臣 臣事君 如之何 孔子對曰: 君使臣以禮 臣事君以忠

(3-20) 樂而不淫

▶(予解) 공자께서 말씀하셨다. "관저라는 시는 즐겁되 음란하지는 않고 슬프기는 하되 마음을 상하게 하지는 않는다."

〈原文〉

子曰: 關雎 樂而不淫 哀而不傷

〈解語〉

　關雎(관저)는 詩經에 첫 번째로 나오는 민요조의 詩 이름이다.

　'아리따운 아가씨는 사나이의 좋은 짝'(이원섭 26) 이라는 뜻의 '요조숙녀 군자호구(窈窕淑女 君子好逑)' 라는 유명한 말, 그리고 '잠 못 이뤄 뒤척이네' 라는 뜻의 전전반측(輾轉反側)이라는 일상용어가 된 말이 원래 이 詩에서 모두 나왔다. 공자는 절제된 감정의 아름다운 조화를 칭송하였는데 남녀 간의 戀心을 인간의 순수한 본성으로 받아들이고 있음을 알게 한다(황병기 266). 후세에는 이 시를 너무 도덕과 결부시켜 설명하여 오히려 부자연스럽다.

　참고로 이 시를 옮겨 싣는다.

「　　　　　　〈징경이 우네(關雎)〉

운다 운다 징경이　　　　　섬가에서 징경이.
아리따운 아가씨　　　　　　사나이의 좋은 짝.
(窈窕淑女)　　　　　　　　(君子好逑)
올망졸망 조아기풀　　　　　이리저리 찾고요,
아리따운 아가씨　　　　　　자나 깨나 그리네.

그리어도 안되기　　　　　　자나 깨나 이 생각.
끝없어라 내 생각　　　　　　잠 못 들어 뒤척여.
　　　　　　　　　　　　　(輾轉反側)
올망졸망 조아기풀　　　　　이리저리 뜯고요,
아리따운 아가씨　　　　　　거문고로 즐기리.

올망졸망 마름풀　　　　　　이리저리 고르고,
아리따운 아가씨　　　　　　북을 치며 즐기리.」(이원섭 26)

(3-21) 成事不說

> ▶(予解) (전략) 공자께서 이를 듣고 말씀하셨다. "완성된 일은 거론하지 않고 끝난 일은 간언하지 않고 과거는 탓하지 않는 법이다."

〈原文〉

(전략) 子聞之 曰: 成事不說 遂事不諫 既往不咎^구

〈解語〉

　(노나라 임금 애공이 공자의 제자 재아에게 '社'에 대하여 물었다. 社는 地神의 神主 즉 社主를 가리킨다. 나무로 만든 위패를 사주로 사용했다. 재아가 대답하기를 ....(생략) 라고 하였다. 그 대답이 틀렸다고 생각한 공자가 이를 탓하지는 않겠다는 뜻으로 말씀하셨다. 그 내용이 成事不說 遂事不諫 既往不咎이다.)

　그런데 이 세 구절은 결국 같은 뜻을 반복한 것이 아닌가?

　그래서 그랬는지 리링(1－189)은 "성공할 것 같은 일은 발설하지 않고, 원하는 대로 되어가는 일은 그만두게 하지 않고, 이미 지난 일은 불평하지 않는 법이다." 라고 풀이하여 같은 뜻이 아니라고 보았다.

　이지형(다산 1－371)은 '說'은 말하다 라고 보고, '諫'은 그만두게 하다의 뜻으로 이해하고, '咎'는 탓하다로 보아 "이루어진 일이라 말하지 않겠고, 제 마음대로 한 일이라 간하지 않겠으며, 이미 지난 일이라 탓하지 않겠다." 라고 풀이하였다.

　주자(117)는 '遂事'라 함은 그 일이 아직 이루어지지는 않았으나 형세로 보아 능히 그만둘 수 없는 경우를 말한다고 보았다.

　소라이(1－257)는 '遂事'를 끝난 일로 보았고, 최근덕(74)은 되어버린 일이라고 풀이하였다.

　成事, 遂事, 既往의 사이에 과연 어떤 의미의 차이가 있는지 또 不說, 不諫, 不咎의 사이에 무슨 차이가 과연 있는지 알기 어렵다.

　류종목(100)은 '이 세 구절은 같은 의미의 말을 표현을 달리하여 반복함으로써 공자가 자신의 생각을 강조한 것'이라고 설명한다. 이 설명이 이해하기에는 가장 쉽지 않을까.

(3-22) 管仲之器小哉

▶ (予解) 공자께서 말씀하셨다. "관중의 기량은 작도다!"
어떤 사람이 말하였다. "관중은 검소하였습니까?"
공자께서 말씀하셨다. "관씨는 집을 세 군데(三歸)나 가지고 있었고 그의 가신들은 수가 많아 관직을 겸직하지 않아도 되었는데(官事不攝) 어떻게 검소할 수 있었겠습니까?"
"그렇다면 관중은 예를 알았습니까?"
"임금(邦君)이 가림벽(塞^색門)을 세우자(樹) 관씨도 역시 가림벽을 세웠고 임금이 반점(反坫^점)을 설치하자 관씨도 반점을 설치했습니다. 이러한 관씨가 예를 알았다고 한다면 그 누구를 예를 모른다고 말하겠습니까?"

〈原文〉
子曰: 管仲之器小哉 或曰: 管仲儉乎 曰: 管氏有三歸 官事不攝 焉得儉 然則管仲知禮乎 曰: 邦君樹塞門 管氏亦樹塞門 邦君爲兩君之好有反坫 管氏亦有反坫 管氏而知禮 孰不知禮

〈解語〉
三歸에 대하여는 다섯 가지 학설이 있다. 그 중에는 세 여자를 아내로 맞아들였다 라고 풀이하는 설도 있다.
塞門은 집안이 들여다보이지 않게 하기 위하여 대문 안쪽에 막아 세우는 가림벽이다.
反坫은 두 나라 임금이 회견할 때 술잔을 엎어놓는 잔대를 설치하는데 이 잔대를 일컫는 말이다.
공자가 어질다고 칭찬한 사람은 매우 적은데 관중에 대해서만은 어질다고 매우 높이 칭찬하였다. 칭찬한 곳은 세 곳(헌문편 14-9, -16, -17)이고 비판한 곳은 오직 이 곳뿐이다. 관중의 정치적 역량과 업적(九合諸侯, 一匡天下)을 공자는 위대하다고 보았다. 현세에 우리나라에 관중이 살아서 그와 같은 정치적 능력과 업적을 보였다면 우리 論者 중에 몇 사람이나 그를 그렇게 높이 평가할까?

주자(119)는 관중이 사치하고 예를 모르므로 그릇이 작다고 공자가 말한 것은 그 뜻이 깊다고 말한다. 깊은 뜻은 무엇인가?

그러나 생각해보면 중국 역사상 관중은 최고의 정치가이다. 전설상의 인물을 제외하면 말이다. 실재했던 최고의 정치가를 그릇이 작다고 한다면 주자가 말하는 그릇이 큰 정치가는 현실의 세계에는 결국 존재할 수 없는 셈이고 그런 점에서 주자의 말은 현실을 도외시한 말일 뿐이다.

중국 前漢 때의 유학자인 劉向은 그의 저서 '新書'에서 "관중이 제환공을 잘 만났는데도 王道를 실현하지 못한 것이 애석해서 공자가 이 말을 한 것이다(다산 1-389)."라고 풀이한다. 오히려 나는 이 유향의 말이 공자의 본심을 제대로 읽어냈다고 생각한다.

제환공이 제후의 신분임에도 불구하고 참람하게 삼귀와 반점을 두어 백성들의 비방을 받자 관중이 고의로 같은 짓을 하여 군주의 비행을 덮어주고자 하였다고 설명하는 주장도 있다.

(3-23) 樂其可之

> ▶(予解) 공자가 노나라 태사에게 음악에 관하여 이야기했다. "음악은 알 수 있다. 처음 시작할 때에는 잘 화합한 듯하며 이어질 때에는 순수한 듯하고 밝은 듯하고 계속되는 듯하여 이루어진다."

〈原文〉

子語魯大師樂 曰: 樂其可知也 始作 翕如也 從之 純如也, 皦如也, 繹如也, 以成

(3-24) 夫子爲木鐸

▶ (予解) 儀라는 곳의 국경 관리(封人)가 공자를 뵙기를 청하면서 "군자가 이곳에 오면 내가 아직 만나지 못한 적이 없었소." 라고 했다. 시종하는 제자가 그를 뵙게 하자 나와서 말하였다. "여러분(二三子)은 어째서 공자가 관직을 잃은 것(喪)을 걱정하시오? 천하에 도가 없어진 지 오래라 하늘이 장차 그대들 스승을 목탁으로 삼을 것이오."

〈原文〉

儀封人請見曰: 君子之至於斯也 吾未嘗不得見也 從者見之 出 曰: 二三子何患於喪乎 天下之無道也久矣 天將以夫子爲木鐸

〈字解〉

木鐸 – 세상을 일깨워줄 유용한 인물을 비유하는 말.

(3-25) 盡美盡善

▶ (予解) 공자께서 '소(韶)'에 대하여는 아름다움의 극치이고 좋은 것의 극치이다 라고 평하였고, '武'에 대하여는 아름다움의 극치이기는 하지만 지극히 좋은 것은 되지 못 한다 라고 평하였다.

〈原文〉

子謂韶: 盡美矣 又盡善也 謂武: 盡美矣 未盡善也

〈解語〉

韶는 순임금을 찬양하는 음악이고 武는 주나라 무왕을 찬양하는 음악이다. 善은 착하다 라는 뜻이라기 보다는 좋다 라는 뜻으로 봄이 적절하다.

순임금은 선양에 의해 천하를 얻었지만 무왕은 정벌에 의해 천하를 얻었다고 하여 공자는 소를 무보다 더 높이 평가하였다고 풀기도 한다. 그러나 음악이 그렇게까지 도덕 문제와 연결되지는 않을 듯하다.

여기의 盡美盡善이, 완벽하다는 의미로 오늘날 관용되는, 盡善盡美의 유래라고 한다.

공자는 韶를 듣고서는 석 달 동안 고기 맛을 알지 못했다고 스스로 말한다(술이편 7-14). 얼마나 좋았으면 그랬을까. 이 곡은 秦漢 및 魏晉 시기까지도 연주되었다는데(리링 1-198) 지금은 失傳되어 들을 수 없다고 한다(황병기 254). 한 번 들어보고 싶다.

'韶'에 대한 글(황병기 257)을 술이편 (7-14)에 옮겨 실었으므로 참고하기 바란다.

(3-26) 居上不寬

▶ (予解) 공자께서 말씀하셨다. "높은 자리에 있으면서 너그럽지 않고 예를 행함에 공경스럽지 않고 남의 상례에 임하여 슬퍼하지 않는다면 내가 더 이상 무엇으로 그 사람의 잘잘못을 평가하리오?"

〈原文〉

子曰: 居上不寬 爲禮不敬 臨喪不哀 吾何以觀之哉

〈解語〉

「윗자리에 있으면 남을 사랑하는 데에 중심을 두어야 한다. 그러므로 관용이 本이 된다. 예를 실행함에는 敬이 本이 되며 喪에 임해서는 哀가 本이 되어야 한다. 이미 그 本이 없다면 그 행하는 바의 得失을 무엇으로써 살펴볼 수 있겠는가.」(주자 125)

지나간 일을 되돌아 살펴보면 官에서 居上할 때 좀 더 寬하지 못하였음이 후회된다. 당시에는 성실히 일해서 좋은 성과를 올려 책임을 다한다는 생각이 主가 되고 本이 되었었는데 이래서는 아래 사람들로부터 원망을 더 많이 산다. 약은 사람들은 반대로 행동하는 경우가 많다. 두 가지를 겸할 수 있다면 최선이겠다. 드물기는 하지만 두 가지를 겸하고 있는 훌륭한 사람도 본 일이 있다.

제4편
里仁

(4-1) 里仁爲美

▶(予解) 공자께서 말씀하셨다. "어진 이와 이웃하여 지내는 것은 아름다운 일이다. 어진 이와 더불어 머무름(삶)을 택하지 않는다면 어찌 지혜롭다 하겠는가?"

〈原文〉

子曰: 里仁爲美 擇不處仁 焉得知

〈解語〉

해석이 조금씩 다른 여러 견해가 있다. 크게 보면 그게 그것 같기도 하지만.

① 朱子(129): 「마을에서는 仁을 아름다운 것으로 여기는 법이다. 택하되 仁에 거처하지 않는다면 어찌 지혜롭다 하겠는가?」

이것은 里, 仁爲美로 읽는 방식이다.

② 退溪, 栗谷(주자 130 언해): 「마을이 仁함이 아름다우니….」

③ 鄭玄(주자 129): '里仁'은 어진이가 사는 마을이다.

④ 리링(1-202): 「어진 사람이 있는 곳에 사는 것이 좋다. 어진 사람이 있는 곳을 가려 살지 못한다면 어떻게 지혜롭다 할 수 있겠는가?」

이것은 里仁과 處仁을 같은 것으로 보고 둘 다 어진 사람과 함께 사는 것으로 해석한 것이다.

⑤ 茶山(1-401): 「마을은 仁이 아름다운 것이 된다. 선택을 하되 仁에 거처하지 않으면 어찌 지혜롭다 하겠는가?」

이것도 역시 里, 仁爲美로 읽는 방식이다.

⑥ 소라이(1－279):「“仁에 거처하는 것이 아름답다.” 라고 하는 말이 있다. 仁을 선택하여 거기에 거처하지 않는다면 어떻게 지혜롭다고 할 수 있겠는가.」

里仁爲美는 孔子 이전의 옛날에 쓰이던 말이라고 한다. 里仁을 공자 시대의 말로 바꾸어 쓴 것이 處仁이라고 한다. 다만, 擇仁不處로 읽는 사례가 있는지 의심이 없지 않으나 의미상으로는 그럴 듯 하다.

⑦ 나는 이렇게 생각한다.

里에는 이웃하여 지낸다는 隣(린)의 뜻이 있다. 그러므로 里를 이웃하여 지낸다로 해석하고 處仁의 處는 里와 같은 의미이되 里보다는 좀 더 지속적인 의미, 즉 머물다의 뜻을 가진 것으로 해석한다. 里仁爲美는 里仁과 爲美로 띄어 읽고 이 때 里仁은 主語, 爲는 自動詞, 美는 補語가 된다. 仁은 仁者(어진 사람)를 가리킨다. 擇不은 不擇의 倒置로 이해한다.

이렇게 보면 「어진 이와 이웃하여 지내는 것은 아름다운 일이다. 어진 이와 더불어 머무름(삶)을 택하지 않는다면 어찌 지혜롭다 하겠는가?」 공자가 (3－25)에서 “子謂韶: 盡美矣 又盡善也” 라고 말한 것과 비슷한 형식의 말로 볼 수 있을 것이다.

내 해석이 맞을 듯하다. 다만, 擇不을 不擇의 倒置로 보는 사례만 확인할 수 있다면 틀림없이 내 해석이 옳을 듯하다.

소라이 식으로 ‘仁에 거처한다’ 고 지나치게 추상화하여 해석하는 것 보다는 仁을 어진 사람으로 이해하고 그런 사람과 이웃하여 지낸다 라고 해석하는 편이 좀 더 실제에 근접한 이해라고 하겠다. 나의 이해는 리링의 그것과 가장 유사하다.

(4-2) 仁者安仁

> ▶(予解) 공자께서 말씀하셨다. “어질지 못한 사람은 오랫동안 곤궁(約)에 처할 수 없고 오랫동안 즐거움에 처할 수 없다. 어진 사람은 인을 편안하게 여겨서 인을 실행하고 지혜로운 사람은 인을 이롭게 여겨서 그것을 실행한다.”

〈原文〉

子曰: 不仁者不可久處約 不可以長處樂 仁者安仁 知者利仁

〈解語〉

　　仁者安仁하고 知者利仁하므로 비로소 可久處約하고 可以長處樂할 수 있는 것이 아닌가 나는 생각한다. 그렇다면 仁이 무엇이고 왜 그것이 安하고 利한지에 대한 깨달음이 선행되어야 하겠다.

　　이런 것은 혹시 아닐까?「仁者는 스스로의 마음으로 仁을 편안하고 즐겁게 생각하기 때문에 비록 곤궁에 처하여도 억지로 여기에서 벗어나려 하지 않고 편안히 지낸다. 한편 知者는 천하 사람 모두가 仁을 좋아하고 편안히 여겨 仁한 사람을 도와주고 존경함을 알기 때문에 仁을 택하고 거기서 오래 즐거이 지낼 수 있다.」

　　仁이 무엇인가에 대하여는 다음 章의 ●仁是敬恕明 부분을 참고하기 바란다.

(4-3) 仁者好人惡人

> ▶(予解) 공자께서 말씀하셨다. "오직 어진 사람만이 사람을 좋아 할 수 있고 사람을 미워할 수 있다."

〈原文〉

子曰: 惟仁者能好人 能惡人

〈解語〉

　　사람을 좋아하고 사람을 미워한다는 것이 무슨 의미일까? 왜 좋아하고 왜 미워할까? 누구를 좋아하고 누구를 미워할까?

　　① 주자 집주의 설명은 대체로 다음과 같다.

　　사람을 좋아하고 미워함이 公正해야 이치에 합당한데 어떻게 해야 공정할까? 인을 기준으로 해야 공정하다. 인을 기준으로 할 수 있는 사람은 오직 어진 사람뿐이다. 왜냐하면 어진 사람만이 私心이 없기 때문에 인을 기준으로 삼을 수 있다.

인을 기준으로 하면 어떤 사람을 좋아하고 어떤 사람을 미워하는가? 선한 사람을 좋아하고 악한 사람을 미워한다.

왜 선한 사람을 좋아하고 악한 사람을 미워하는가? 그것이 천하의 같은 정서이기 때문이다(好善而惡惡 天下之同情).(주자 132)

② 소라이는 이렇게 본다.

인한 사람은 백성에 대해서 온화한 바람과 단 비와 같아서 사람을 좋아하고 미워하는 것이 모두 백성에게 보탬이 된다. 좋아하는 사람은 쓰고 미워하는 사람은 물리치는데, 쓰면 백성들로 하여금 그 은택을 입게 하고, 물리치면 백성들로 하여금 그 해로움을 면하게 한다. 이것이 좋아하고 싫어함이 백성에게 보탬이 되는 바이다. 사람을 좋아할 수 있고 미워할 수 있다고 말하는 것은 바로 이것을 의미한다(소라이 285).

③ 다산은 이렇게 설명한다.

仁者는 그 마음이 仁하기 때문에 仁者를 보면 심히 그를 좋아하고 不仁者를 보면 심히 그를 미워한다. 무릇 마음 쓰는 것이 모두 그러하다. 德이 같은 이를 보면 그 기쁨을 감당할 수 없거니와, 그렇지 못한 부류를 보면 그 증오를 감당할 수 없다. 오직 감당할 수 없는 마음이 있고 난 뒤에야 능히 좋아하고 미워할 수 있게 된다(다산 1-421).

④ 내가 보기에는 모두 일리가 있다. 주자의 것이 비교적 이해하기에 편하다. 다만, 好善而惡惡 天下之同情이라고 하는 것이 무슨 근거에 터잡아 나오는지에 대한 설명이 없다.

소라이의 설명은 仁者가 통치권을 가진 君主인 경우를 두고 한 설명으로 보인다. 통치권이 없는 仁者에 대한 설명은 어떻게 될까 궁금하다.

다산의 경우는, 기쁨과 증오가 감당할 수 없는 정도가 되어 좋아하고 미워할 수밖에 없다고 설명하는데, 仁者가 과연 이런 극도의 감정에 터잡아 행동하는 것인지 다소 의아하다.

⑤ 여기서 老子의 말이 생각난다.

「선한 사람은 나도 선하게 대하고

선하지 않은 사람도 나는 선하게 대한다(善者吾善之 不善者吾亦善之 노자 49장).

사람이 선하지 않다 하여 어찌 포기하는 일이 있었던가(人之不善 何棄之有 노자 62장).」

공자와 노자는 어떻게 이렇듯 다른가?

노자는 "聖人은 천하 사람들을 대할 적에 있는 그대로 받아들인다(聖人在天下 歙歙焉 노자 49장)." 라고 말하는데 그러면서도 "성인은 어질지 않아 백성을 추구로 여긴다(聖人不仁 以百姓爲芻狗 노자 5장)." 라고 또 말한다. '추구' 라 함은 풀로 엮어 만든 개이다. 제사 때 쓰고 난 뒤에 아낌없이 버리는 물건이다.

공자는 仁으로 천하를 바로잡으려 하여 이런 차이가 나오는 것일까?

⑥ 나는 이렇게 생각한다.

공자는 仁으로 천하를 바로잡으려 하는데 왜 그러는가. 천하에는 악인이 있고 악인은 사람을 해치기 때문이다. 그러므로 한편으로는 사람들에게 仁을 권장하게 되고 그에 따라 인한 사람을 좋아하게 된다. 다른 한편 악을 없애기 위하여 악한 사람을 꾸짖고 경계하지 않을 수 없으니 자연 악인을 미워하게 된다. 공자는 노나라의 대사구가 된 뒤 정사를 문란케 한 죄목으로 대부 소정묘를 주살하였다(사마천 4−430). 다만, 사람이 인한지, 또는 악한지는 매우 알기 어렵다. 겉만 보아서는 잘못 판단하기 쉽다. 그러므로 오직 인한 사람 즉, 어질면서도 아주 명철한 사람만이 이를 알 수 있다. 대체로 이런 뜻이 아닐까 생각한다.

● 仁是敬恕明

⑦ 仁의 뜻을 간단히 한, 두 마디의 말로 집어낼 수 없을까? 오늘까지 논어의 解語작업을 하다 보니 그런 바람 내지 그렇게 말하지 못하는 아쉬움이 있다. 그래서 생각해 보니 이런 것은 아닐까?

仁은 '삼가고, 베풀고, 똑똑함'이다. 한자로 쓴다면 敬하고 恕하고 明함이다. 敬은 자신의 몸과 마음을 낮추어 남을 공경하는 것이다. 恕는 남을 헤아려 베푸는 것이다. 明은 사물의 이치를 알아 헷갈리지 않는 것이다. 결국 자신을 낮추고 남을 헤아려주고 그리고 이치에 밝은 것이다. 明에 대하여는 안연편 (12-6) 참조.

공자는 위정자의 입장에서 말할 때가 많지만 이렇게 仁을 이해하는 것은 위정자의 입장에서든 위정자가 아닌 개인의 입장에서든 모두 타당하지 않을까?

여기에 한 가지 추가할 것이 있다. 仁에 이르는 방법은 무엇인가?

공자는 옹야편 (6-30)에서 다음과 같이 말하였다. "어진 사람은 자신이 나서고 싶은 자리가 있으면 다른 사람을 그 자리에 내세우고 자신이 도달하고 싶은 곳이 있으면 다른 사람을 그곳에 도달하게 한다. 가까운 것을 통하여 깨달음을 얻을(近取譬)수 있다면 그것이 바로 仁의 경지에 이르는 방법이라고 할 것이다."

'近取譬' 즉, 가까운 것을 통하여 깨달음을 얻는 것이 인의 경지에 이르는 길이다.

이것이 인의 모든 것일까? 아니다. 인(仁)에는 이면(裏面)이 있다. 공자가 말하지 않은 것이 있다. (제 21장-마) 별론에서 말한다.

(4-4) 苟志於仁

▶ (予解) 공자께서 말씀하셨다. "참으로(苟) 인에 뜻을 둔다면 악한 짓을 하지 않는다."

〈原文〉

子曰: 苟志於仁矣 無惡也

(4-5) 富與貴

▶ (予解) 공자께서 말씀하셨다. "부유함과 고귀함은 사람들이 원하는 바이지만 道에 합당한 방식으로 얻은 것이 아니면 군자는 거기에 머물지 않고, 가난과 천함을 사람들이 싫어하지만 정당하게 도를 행하다가

얻게 된 빈천이라면 군자는 이를 버릴 바가 아니다. 군자가 인을 떠난다면 어디서(惡乎) 명예를 이루겠는가. 군자는 밥 한 끼 먹는 짧은 시간에도 인을 어김이 없으니 다급해져도(造次) 반드시 인에 처하고 넘어지는 순간(顚沛)에도 인에 처해야 한다.”

〈原文〉

子曰: 富與貴 是人之所欲也 不以其道得之 不處也 貧與賤 是人之所惡也 不以其道得之 不去也 君子去仁 惡乎成名 君子無終食之間違仁 造次必於是 顚沛必於是

〈字解〉

不去 – 去에는 떠나다 라는 뜻 이외에 ‘버리다’, ‘제거하다’ 라는 뜻도 있다.

惡乎(오) – 어디서, 造次 – 초차라고 읽는다. 아주 급한 순간을 말한다. 顚沛(전패)는 넘어질 때와 같이 다른 것을 생각할 겨를이 없을 정도의 다급한 상황이다. 대부분의 책이 위 해석과 같은 입장이지만 구체적 설명은 많이 다르고 복잡하다.

〈解語〉

나는 다음과 같이 생각한다.

① 공자가 말하는 여기의 道는 仁이다. 그렇다면 富與貴 不以其道得之 不處也는 이해하기에 별 어려움은 없다.

② 문제는 빈천이다. 이 때의 道도 역시 仁이다. 그렇다면 不以其道得之한 빈천은 어떻게 해서 만나게 된 빈천일까? 그것은 도박 같은 나쁜 짓을 하다가 빠진 상황이거나 공금 횡령 같은 죄를 짓고 처벌을 받아 당하게 된, 바꾸어 말하면 不仁한 짓을 한 결과로 당하게 된 빈천이다. 이런 빈천은 마땅히 감수해야 되니 떠나려고(去) 해서는 안 될 터이다. 이렇게 이해한다면 이 또한 별 문제가 없다.

③ 그러나 이런 이해는 凡人에 대한 관계에서는 타당하지만 君子에 대한 관계에서는 어울리지 않는다. 공자는 여기서 군자를 두고 이런 말을 하였다고 보이는데 군자는 일반적으로 도박이나 횡령 등의 나쁜 짓은 하지 않는 사람이기 때문이다. 군자가 만일 불인한 짓을 한 결과로 빈천해졌다면 당연히 그 벌로 이것을 감수하여야 하니 빈천에서 벗어나려고 해서는 안되리라. 그러나 이미 말했듯이 군자는 불인한 짓을 하지 않으니 애당초 이런 말은 할 필요가 없다. 무의미한 말이 되고 만다.

그렇다면 빈천을 떠나려고 하지 말라고 말하는 것이 의미가 있으려면 "貧與賤 是人之所惡也 不以其道得之 不去也"에서 '不以其道得之'는 '以其道得之'에 '不'자가 잘못 들어간 것이라고 보아야 한다.이런 견해가 일찍부터 있었다고 한다(최근덕 87, 리링 1 – 209). 그에 따른다면 군자가 정당하게 도를 행하다가 얻게 된 빈천, 예를 든다면 군주의 비행을 간하다가 처벌을 받아 당하게 된 빈천이라면 이런 빈천은 버릴 바가 아니고 받아들여야 한다 라는 뜻이 된다. 이 편이 이해하기가 간단하다. 이 때의 빈천은 군자가 되는 데 해가 되지 않기 때문에 버리려고 할 일이 아니라는 뜻이다.

④ 또 하나, 일반적인 해석에서와 같이 "가난과 천함은 합당한 사유로 즉, 나쁜 짓을 하여, 만난 바가 아니라도 (즉, 가난한 집에 태어나서 당하게 된 빈천이라 하여도) 굳이 박차고 떠나버리지 않는다." 라고 풀이 하는 것은 安貧樂道라는 뜻인데 그 앞의 말과 잘 어울리지 않는다.

道를 따라 얻은 부귀가 아니라면 이를 받아들이지 말아야 하지만 도를 따라 얻은 부귀라면 이를 받아들여도 좋다는 뜻을 이 구절의 앞 부분은 내포하고 있다. 마찬가지로 도를 따르다가 얻은 빈천, 예를 들어 군주의 비행을 간하다가 관직을 잃고 천민이 된 경우라면 이를 받아들여야 하지만 그렇게 해서 얻은 것이 아닌 빈천, 예컨대 타고난 가난이라면 굳이 이를 받아들일 필요는 없고 떠날 수 있다면 떠남(去)이 옳다고 보아야만 할 터인데 이 구절의 뒷 부분에서 왜 떠나지 말라고 공자가 말하는가? 그 이유를 알 수 없다. 그래서 어울리지 않는다고 생각한다.

⑤ 굳이 생각한다면 가난한 집에서 태어나 생래적으로 맞게 된 빈천이라면

仁에 어긋나지 않는 범위내에서 열심히 부지런히 노력하여 빈천에서 벗어나야
하는 것이 아닐까? 이 점에서도 일반적인 해석은 잘 납득이 안 간다.

소라이는 이 부분에 대하여 다음과 같이 설명한다. 「不仁의 도를 쓰지 않고
서도 가난함과 천함을 얻는 것은 구하지 않았어도 저절로 이르러 온 것이므로
(天命이므로) 떠나지 않는다.」(소라이 1 – 291)

그러나 앞에서 이미 말한 대로 이런 견해는 옳지 않다.

이상의 설명을 종합해 보면 결국 予解와 같이 이해함이 타당하다.

⑥ 君子無終食之間違仁 造次必於是 顚沛必於是. 이 말은, 적과 싸우다가
관이 벗겨지자 칼을 놓고 관을 바로 쓰다가 적의 칼에 찔려 죽은 공자의 애제자
자로를 생각하게 만든다.

(4-6) 我未見好仁者

▶ (予解) 공자께서 말씀하셨다. "나는 아직 인을 좋아하는 사람과 불인
을 싫어하는 사람을 보지 못하였다. 인을 좋아하는 사람에게는 이보다
(세상에) 더 좋아할 것(尙之)이 없다. 불인을 싫어하는 사람은 인을 행함
으로써, 불인한 자로 하여금 내게 불인한 것을 더하게(加) (나를 오염시키
도록) 놓아두지 않는다. 하루 동안 자신의 힘을 인에다 쓸 수 있는 사람
이 있었는가? 나는 힘이 부족해서 인을 다 행하지 못하는 사람을 보지
못했다. 힘이 부족해서 더 이상 인을 행할 수 없을 정도로 최선을 다하여
인을 행하는 그런 사람이 아마 있었을 테지만 나는 아직 보지 못했다."

〈原文〉

子曰: 我未見好仁者 惡不仁者 好仁者 無以尙之 惡不仁者 其爲仁矣 不使不
仁者加乎其身 有能一日用其力於仁矣乎 我未見力不足者 蓋有之矣 我未之
見也

(4-7) 過也各於其黨

> ▶(予解) 공자께서 말씀하셨다. "사람의 과실은 각각 그 부류에 따라 다르다. 과실의 내용을 살펴보면 곧 그 사람이 仁한지 여부와 그 정도를 알 수 있게 된다."

〈原文〉

子曰: 人之過也 各於其黨 看過斯知仁矣

(4-8) 朝聞道夕死可

> ▶(予解) 공자께서 말씀하셨다. "아침에 훌륭한 말씀을 듣고 도를 깨달을 수만 있다면 그날 저녁으로 바로 죽어도 괜찮다."

〈原文〉

子曰: 朝聞道 夕死可矣

〈解語〉

① 이곳에서 말하는 道란 무엇일까?

「주자(139): 도란 사물의 당연한 이치이다.

최근덕(90): 도는 사물의 당연한 이치이다. 진리, 올바른 도리, 바른 길.

이가원(52): 진리.

리링(1-213): 진리.

소라이(1-297): 文王과 武王 즉, 先王의 道이다.」

② 우선 소라이의 설명은 옳지 않다. 先王의 道는 예와 악인데 공자는 周나라의 文物을 공부하여 이미 그 禮樂을 잘 알 수 있었고 또 실제로도 누구보다도 잘 알고 있었으므로 그것이 행하여지지 않음을 안타깝고 슬프게 생각은 하였을망정 그것을 알지 못하여 아침에 들으면 저녁에 죽어도 좋다고 할 정도로 간절히 더 알고자 하는 심정은 아니었을 상황이라고 짐작하기 때문이다.

나머지 다른 설명은 오늘날 우리가 일반적으로 짐작하는 도에 대한 설명으로는 타당하지만 당시의 공자가 '아침에 들으면 저녁에 죽어도 좋다'고 할 정도로 간절히 알고자 하는 그런 도에 대한 설명으로는 좀 미흡하다.

③ 결국 공자가 평생 추구한 바 즉, 말하고 가르친 바에 따라 짐작할 수밖에 없는데 그렇다면 그것은 선왕의 도(즉 예와 악)에 내재하는 '仁'의 본질과 작용, 그리고 그 실천방법에 관한 문제가 아니었을까?

④ 聞道는 들어 깨닫는다는 뜻이다. 혼자서 참선해서 깨닫는 그런 의미는 아니고 널리 듣고, 간절히 묻고, 생각을 가까이 하여 (博學切問近思) 깨닫는다는 그런 의미로 이해한다. 즉, 공자가 평생 강조한 '學'을 통해서 깨닫는다는 뜻이라고 생각한다.

(4-9) 恥惡衣惡食

▶ (予解) 공자께서 말씀하셨다. "선비로서 도에 뜻을 두고도 나쁜 옷과 나쁜 음식을 부끄럽게 여기는 사람은 더불어 의론하기에 부족하다."

〈原文〉

子曰: 士志於道 而恥惡衣惡食者 未足與議也

〈解語〉

士는 벼슬하는 자이다. 士·農·工·商의 士이다. 道를 수업하는 자는 장차 벼슬을 하기 위한 것이다. 그러므로 비록 벼슬하지 않더라도 또한 그를 士라고 이른다(다산 1-441). 士는 바로 君子이고 귀족 중의 하층에 대한 일반적인 호칭이었다(리링 1-214).

공자는 제자 子路를 칭찬하여 "낡고 헤어진 솜옷을 입고도 여우의 모피로 만든 좋은 옷을 입은 사람과 함께 서 있으면서 부끄러워하지 않을 사람은 아마도 자로이리라." 라고 말하였다(자한편 9-27).

道에 뜻을 둔 사람은 美食과 fashion 등 外物에 마음이 흔들리지 않아야 한다.

(4-10) 無適無莫

> ▶(予解) 공자께서 말씀하셨다. "군자는 세상일에 대하여 꼭 이래야 한다(適)고 고집하는 것도 없고 이래서는 안 된다(莫)고 고집하는 것도 없으며 義와 함께 하는 편(與)을 따를(比) 뿐이다."

〈原文〉

子曰: 君子之於天下也 無適也 無莫也 義之與比

〈解語〉

適, 莫에 대하여는 견해가 나뉜다. 適을 親 또는 厚로, 莫을 疎 또는 薄으로 보는 견해가 있는가 하면 適을 可로, 莫을 不可로 보는 견해도 있다(다산 1−443). 나는 후자를 따른다.

義之與比는 義로운 사람과 친하다는 說과 義로움을 따른다는 것의 두 가지가 있다(다산 1−443). 나는 후자를 따른다.

그러므로 適과 莫은 可와 不可로 해석하고 義之與比는 '義와 함께하는 편(義之與)을 따른다(比)'라고 해석한다(다산 1−443 참조). 與에는 '편드는 사람, 쪽, 무리'라는 뜻도 있다.

(4-11) 君子懷德懷刑

> ▶(予解) 공자께서 말씀하셨다. "군자는 덕을 생각하고 소인은 땅을 생각한다. 군자는 법을 생각하고 소인은 혜택 받기를 생각한다."

〈原文〉

子曰: 君子懷德 小人懷土 君子懷刑 小人懷惠

<解語>

여기의 군자는 벼슬자리에 있는 사람이고 소인은 백성을 가리킨다.

백성은 재물과 국가의 혜택을 바라니 군자는 덕과 법으로 백성 다스리기에 힘써야 한다는 뜻일까. 지금 말로 하면 백성의 富(땅)와 복지(惠)의 증진에 힘쓰라는 말이겠다.

● 德과 法

공자가 여기서 德만 말하지 않고 法(刑)까지 말한 것이 주목된다. 보통 생각하기에는 공자는 덕치만을 주장한 듯한데 실은 그렇지 않다. 그런데 왜 그렇게 생각하게 되었을까? 주로 맹자의 영향이 아닌가 싶다. 사실 공자는 덕치와 법치를 함께 말하였고 이런 입장은 순자에게 그대로 전승되었다. 그런데 순자의 제자 중 유명한 한비자와 이사가 모두 유명한 법가가 되었고 그들이 모두 나쁜 평판을 받은 데다가 한편 후세 송나라 때부터 공자의 적통 후계자로 평가 받은 맹자가 법치를 맹렬히 비난하면서 덕치만을 숭상하였기 때문에 공자마저 덕치만을 주장한 듯이 되어버리지 않았나 생각한다(신동준 167 참조). 후술하는 (21) 별론—나의 소회(라) 참조.

(4-12) 放於利而行

▶ (予解) 공자께서 말씀하셨다. "이익에 따라 행동하면 원망이 많다."

<原文>

子曰: 放於利而行 多怨

<字解>

放은 依이다.

(4-13) 禮讓爲國

▶ (予解) 공자께서 말씀하셨다. "예와 겸양으로써 나라를 다스릴(爲) 수

있는가? 무슨 어려움이 있겠는가? (아무 어려움도 없다.) 예와 겸양으로써 나라를 다스릴 수 없다면 예를 어디에 쓰겠는가?”

〈原文〉

子曰: 能以禮讓爲國乎 何有 不能以禮讓爲國 如禮何

(4-14) 不患無位

▶(予解) 공자께서 말씀하셨다. “지위가 없음을 걱정하지 말고 그 자리에 설 수 있는 기량이 없을까를 걱정하여라. 나를 알아주는 사람이 없음을 걱정하지 말고 다른 사람이 알아줄 만한 능력 갖추기를 추구하여라.”

〈原文〉

子曰: 不患無位 患所以立 不患莫己知 求爲可知也

〈解語〉

실력을 갖추라는 당연한 말씀인데 실력을 갖추었음에도 불구하고 합당한 자리에 쓰이지 못할 때에는 어떻게 하여야 하는가?

옛날 같으면 군자로서는 때를 만나지 못하면 그 몸이 조용히 사라질 뿐이다라고 말할 것이다(君子 如其不遇 歿身而已).

그러나 공자는 자기를 알아주는 제후를 찾아 14년간 천하를 轍環(철환)하였고 그 뒤 고향에 돌아와서는 제자들을 가르쳤다.

후술 (21) 별론―나의 소회(나) 참조.

현대라면 어떻게 하여야 하나? 보통 사람들은 어찌 하여야 하나?

지속적인 대규모의 해외진출이 필요하리라(권성 439). 또한 대규모 산업 이외에 勞使 관련 법규의 적용을 배제하면서 감세 혜택을 주는 소규모의 가족 단위 기업이나 작업장을 정부가 아울러 계속적으로 육성해야 하리라.

(4-15) 忠恕而已

> ▶(予解) 공자께서 말씀하셨다. "삼아! 나의 도는 처음부터 끝까지 하나로써 관통되어 있다." 라고 하시자 증자가 "예" 하고 대답하였다.
> 공자가 나가시자 문인들이 물었다. "무엇이라고 말씀하셨습니까?"
> 증자가 말하였다. "선생님의 도는 충과 서일 뿐이다."

〈原文〉

子曰: 參乎 吾道以一貫之 曾子曰: 唯 子出 門人問曰 何謂也 曾子曰: 夫子
之道 忠恕而已矣

〈解語〉

參은 曾子의 이름이다.

① 忠은 자기의 정성과 힘을 다 함이고 恕는 자기의 마음을 미루어 남의 처지를 이해함이다.

② 吾道는 무엇인가? 소라이(1−310)의 설명을 인용한다.

「공자의 도는 선왕의 도이다. 선왕의 도는 선왕이 백성을 편안하게 하기 위하여 세운 것이다. 그러므로 그 도에는 인도 있고 지도 있고 의도 있고 용기도 있고 검소함도 있고 공손함도 있고 신묘함도 있고 사람도 있고 자연과 같은 것도 있고 거짓과 같은 것도 있고 근본도 있고 말단도 있고 가까운 것도 있고 먼 것도 있고 예도 있고 음악도 있고 兵도 있고 刑도 있어서 제도와 언행이 하나로 다할 수 없어서 어지러이 섞여 있어 궁구하기 어렵다. 그러나 그 會通하는 곳을 요약해 본다면 백성을 편안하게 하는 것으로 돌아가지 않음이 없다. 그러므로 공자의 문하에서 사람을 가르칠 적에 仁에 의지한다고 했다.」

요컨대 공자의 도는 선왕(요, 순, 우, 탕, 문, 무, 주공)의 도이고 선왕의 도는 백성을 편안하게 하는 것이고 이것은 인에 의지한다는 것이다. 그러므로 공자의 도는 인이다.

③ 以一貫之의 一은 무엇인가? 「공자는 말하지 않았는데 이는 말을 가지고

는 분명하게 설명하기 어려웠기 때문이다. 이것은 배우는 자들이 스스로 터득하기를 바란 것이다.」(소라이 3-173)

공자는 스스로 그 一이 무엇인지에 대하여는 말하지 않았다. 다만, 증자가 그 일은 忠과 恕 라고 문인에게 설명하였을 뿐이다.

주자(146)는 "자기 자신에게 다하는 것을 忠이라 하고, 자신을 미루어 추측하는 것을 恕라 한다. 혹자는 中心을 忠이라 하고 如心을 恕라 한다 하였는데 (이는 破字 풀이임) 이는 의미에 있어서 역시 통한다." 라고 설명한다.

程頤(주자 146)는 "忠이란 體요 恕란 用이다. 吾道以一貫之는 오직 증자만이 이런 경지에 통달할 수 있었으므로 공자가 (그에게만) 일러준 것이다." 라고 설명한다(그러나 아래에 언급하는 것과 같이 공자는 또 다른 제자 자공에게 평생토록 실행할 만한 말 한마디를 恕라고 일러주고 있다. 그러니 증자에게만 공자가 공자가 恕를 일러주었다는 정이의 설명은 좀 생각할 바가 없지 않다).

④ 증자와 주자 그리고 정이는 以一貫之의 '하나'에 대하여 모두 '충과 서', 이렇게 두 개를 말하였다. 그렇다면 충과 서는 하나임을 전제로 한 말들인가?

다산(4-267)은 그 '一'은 恕일 뿐이라고 한다. 그러면서 그것은 다른 사람과 사귀기를 잘하고자 하는 노력이고 이를 한 글자로 총괄한다면 곧 恕가 되는 것이라고 설명한다.

다산(4-271)은 이어 다음과 같이 말한다. 「충서는 곧 서이니 둘이 아니다. 先儒들은 자기의 마음을 다하는 것을 충이라 이르고 자기를 미루어 남에게 미치는 것을 서라 이른다고 하였다. 서가 근본이 되고 이를 행하는 것이 충이니 충서는 곧 서가 아니겠는가?」

⑤ 以一貫之의 '하나'는 恕 하나일 뿐이라고 나도 생각한다. 왜냐하면 공자 자신이 위영공편 (15-24)에서 「자공이 "평생토록 실행할 만한 말 한마디가 있습니까?" 라고 여쭙자 공자께서 말씀하셨다. "아마도 恕이리라! 자기가 당하기 싫은 일을 남에게 하지 말아라." 」라고 말하였기 때문이다. "평생토록 실행할 만한 말 한마디"와 공자의 '吾道'는 결국 같은 것을 두고 이르는 말이라고 생각하는 까닭이다.

恕는 仁을 깨닫고 실천하는 한 방법이다. 己所不欲을 勿施於人이라는 말은

恕의 한 형태이다. 위영공편 (15-3)을 아울러 참조할 것.

(4-16) 君子喩於義

▶ (予解) 공자께서 말씀하셨다. "군자는 의에 밝아야 하고 소인은 이익에 밝다."

〈原文〉

子曰: 君子喩於義 小人喩於利

〈字解〉

喩(유) — 밝다, 밝히 알다, 깨우치다, 깨닫다, 비유하다.

〈解語〉

① 군자는 착한 사람을 가리키고 소인은 악한 사람이다. 먼 옛날에는 벼슬자리에 있는 자가 반드시 착한 사람이었기 때문에 貴한 사람을 군자라 하고 천한 사람을 소인이라 하였는데 후세에 와서는 꼭 그렇지는 않기 때문에 착한 이를 군자라 하고 악한 자를 소인이라 한다(다산 1-463).

군자는 윗자리에 있는 사람이다. 비록 아랫자리에 있더라도 윗자리에 있는 사람의 덕을 가졌다면 또한 군자라고 말한다. 소인은 일반 백성이다. 비록 윗자리에 있더라도 일반 백성의 마음을 가졌다면 또한 소인이라고 말한다(소라이 1-314).

② 義는 옳은 것, 마땅한 것이다. 利는 재물이다.

③ 주자(147)는 "군자는 義에 대하여 밝고 소인은 이익에 대하여 밝다." 라고 풀이한다.

④ ▶ (予解)는 주자의 해석을 따르되, 다만 군자의 경우에는 마땅히 그러해야 한다는 당위의 뜻을 첨가하여 풀이하였다.

(4-17) 見賢思齊

> ▶(予解) 공자께서 말씀하셨다. "현명한 사람을 보면 그와 나란히 될 것 (齊)을 생각하고 현명하지 못한 사람을 보면 속으로 자신을 돌아본다."

〈原文〉

子曰: 見賢思齊焉 見不賢而內自省也

〈解語〉

"세 사람이 함께 길을 가면 거기에는 반드시 나의 스승이 있다."(술이편 7−22) 라고 함과 같은 맥락이다(류종목 131).

(4-18) 事父母幾諫

> ▶(予解) 공자께서 말씀하셨다. "부모를 섬김에 있어서는 부모에게 잘못이 있으면 부드럽고 완곡하게(幾) 간하며, 내 말을 따르지 않는 부모의 뜻을 보더라도 또한 공경하여 부모의 뜻을 어기지 않으며, 그래서 힘이 들더라도 원망하지 않아야 한다."

〈原文〉

子曰: 事父母 幾諫 見志不從 又敬不違 勞而不怨

〈解語〉

幾諫은 幾微를 보이는 정도로 은근히 간하는 행동이다.

見志不從에 대하여 다산(1−469)은 '부모를 따르지 않는 나의 뜻을 보이다' 라고 해석하고 주자(149) 등 다른 주해들은 '나를 따르지 않는 부모의 뜻을 보더라도' 라고 해석한다.

간하는 말을 비록 부모가 듣지 않더라도 공경하는 태도에 변함이 없어야 한다는 데 공자의 뜻이 있다고 이해한다면 주자의 해석이 옳을 듯하다.

(4-19) 遊必有方

▶ (予解) 공자께서 말씀하셨다. "부모가 살아계시면 멀리 여행을 떠나서는 안 된다. 놀러 나갈 때에는 반드시 가는 곳을 알려드려야 한다."

〈原文〉

子曰: 父母在 不遠遊 遊必有方

(4-20) 無改於父之道

▶ (予解) 공자께서 말씀하셨다. "돌아가신 후 삼년 동안 아버지의 도를 고치지 않아야 효라고 할 수 있다."

〈原文〉

子曰: 三年無改於父之道 可謂孝矣

〈解語〉

父之道는 아버지가 가정을 이끌어 나가던 방식이나 방침을 의미한다.

三年無改於父之道에서 3년을 오직 3년을 뜻한다고 보기보다는 장기간을 의미한다고 보기도 한다. 無改를 父之道의 잘잘못을 따지지 말고 고치지 말아야 한다 라고 보는 견해가 있는가 하면, 잘못이 있으면 고칠 수 있다는 견해도 있다. 잘못이 있다면 물론 고칠 수 있어야 하겠지만 효자의 마음으로 차마 그렇게 결단하지 못하고 유예하는 바가 있을 수 있음을 고려한 가르침이라고 하겠다. 긴급한 경우라면 어찌 고치지 않을 수 있겠는가?(학이편 1－11 참조)

(4-21) 父母之年

▶ (予解) 공자께서 말씀하셨다. "부모의 연세는 알고 있지 않으면 안 된다. 오래 사시니 한편으로는 기쁘지만 늙어 가시니 한편으로는 두렵기

때문이다."

子曰: 父母之年 不可不知也 一則以喜 一則以懼

(4-22) 言之不出

▶ (予解) 공자께서 말씀하셨다. "옛사람이 말을 함부로 하지 않은 것은 행동(躬)이 자신의 말을 따르지(逮) 못함을 부끄러워했기 때문이다."

〈原文〉

子曰: 古者言之不出 恥躬之不逮也

〈字解〉

逮 — 미칠 체, 따를 체.

(4-23) 以約失之者鮮

▶ (予解) 공자께서 말씀하셨다. "언행을 절제하면 과실을 범하는 일이 드물다."

〈原文〉

子曰: 以約失之者鮮矣

〈解語〉

約을 주자(성백효 193)와 다산 등(다산 1 – 475; 소라이 1 – 320)은 절제함, 단속함 등으로 보았고, 공안국은 검약이라고 풀이했다.

失之를 '道를 잃음'으로 보는 견해도 있지만(성백효 193) 이는 좀 과도한 느낌이 들어 오히려 '과실을 범하는 일'이라고 좀 평이하게 풀이하는 쪽을 택한다.

한편 새로운 해석으로는 "옛날에 군자는 약속을 해놓고 지키지 못하는 사람이 드물었다."라고 하는 견해도 있다(리링 1−233).

그러나 '옛날의 군자'에 대한 이야기라고 볼 근거가 제시되지 않고 있다.

(4-24) 欲訥於言

> ▶(予解) 공자께서 말씀하셨다. "군자는 말에는 어눌하고자 하고 행동에는 민첩하고자 한다."

〈原文〉

子曰: 君子欲訥於言而敏於行

(4-25) 德不孤

> ▶(予解) 공자께서 말씀하셨다. "덕이 있는 사람은 외롭지 않고 반드시 이웃이 있다."

〈原文〉

子曰: 德不孤 必有隣

〈解語〉

隣에는 뜻을 같이 하는 동지나 추종자들이 포함된다. 도움을 뜻할 수도 있겠다. 그러나 隣이 반드시 있지는 않다. 공자의 말씀은 격려하고 위로하는 데 그 뜻이 있다.

(4-26) 事君數斯辱

> ▶(予解) 자유가 말했다. "임금을 섬기면서 간언을 자주 하면 곤욕을 당

하게 되고 친구와 사귀면서 충고를 자주하면 사이가 소원해진다."

〈原文〉

子游曰: 事君數^삭斯辱矣 朋友數^삭 斯^사疎矣

〈解語〉

子游는 공자의 제자 言偃의 字이다.

數^삭은 번거롭게 자주 한다는 뜻인데 대부분은 그것을 간언이나 충고에 한정하여 적용, 해석했다. 그러나 다산(1−477)과 리링(1−236)은 그렇게 한정하지 않고 무슨 일이든 모두 적용되는 것으로 보았다.

이치로 보아서는 數^삭의 폐단은 무슨 일이든 모두에 있을 수 있다고 봄이 옳다. 다만, 군신의 사이와 붕우의 관계에서 특히 간언과 충고의 數^삭이 폐단을 가져오는 일이 많다. 그러므로 이 문장 자체의 해석으로는 ▶(予解)와 같이 풀이함이 마땅하다.

제5편
公冶長

(5-1) 公冶長: 생략

(5-2) 南容: 생략

(5-3) 子賤: 생략

(5-4) 女器也

> ▶ (予解) 자공이 "저는 어떤 사람입니까?" 하고 여쭈어보자 공자께서 "너는 그릇이다." 라고 하셨다. "무슨 그릇입니까?" 라고 하자 "호련이다." 라고 하셨다.

〈原文〉
子貢問曰: 賜也何如 子曰: 女器也 曰: 何器也 曰: 瑚璉也

〈解語〉
　瑚璉은 귀중한 그릇이라고 하지만 가장 귀중한 그릇은 아니라고 한다(리링 1-247).
　「瑚璉은 종묘에서 쓰는 제기로 공자의 이 말 이후 훌륭한 인재를 비유하는 말로 쓰였다. 군자는 기물이 아니다(위정편 2-12) 라는 공자의 말에 비추어 이것은 썩 높은 평가는 아니다.」 라고 한다(류종목 145).
　그러나 내가 보기에는 자공은 공자의 제자 중에 가장 뛰어난 인물이 아니었나 생각한다. 공자와의 대화, 열국을 주유하면서 벌인 그의 외교 행적과 정치적 능력, 사업적 성공, 공자 사후의 분묘시봉(다른 제자들은 3년상을 마치고 모두 떠났으나 자공만은 무덤 옆에 여막을 짓고 6년을 더 지키다가 떠났다. 사마천 4-453) 등 다방면에 걸친 뛰어난 재능과 인품을 보면 그가 만일 때를 얻었다면 관중 못지 않은 위대한 업적을 쌓았으리라 보이기 때문이다. 공자가 이상으로 생각하는 군자 즉, 덕과 능력을 겸비한 최고의 인물이었다. 높이 평가해주면 제자가 자만하지 않을까 염려한 스승의 입장에서 조금 낮추어 말했으리라는 점을 고려한다면 호련에 비유한 평가는 거의 최고의 평가라고 할 만하다.

참고로 爲政편 2-12에서 내가 밝힌 견해를 옮겨 싣는다.

【공자께서 말씀하셨다. "군자는 한 가지 용도로만 쓰이는 그릇이 아니다."

주자의 주해에 따르면 군자는 단 한 가지 재주나 기예만을 가진 자가 아니기 때문에 공자가 이 말을 하였다고 한다. 그런데 소라이에 의하면 그릇이란 모든 관료이고 군자란 임금과 경(卿)이다. 그러므로 그는 "군자는 백성을 기르는 덕을 가지고 '그릇'을 사용하는 사람이므로 그릇 노릇을 하지 않는다." 라고 해석한다. 결국 군자는 그릇 노릇을 하지 말고 그릇을 잘 쓰는 사람이 되어야 한다는 가르침이라고 한다.

그동안 여기까지 글을 쓰는 동안, 주자의 해석을 비판하는 소라이의 견해 중에 탁월한 내용이 의외로 많았음을 알았다. 일본 유학(儒學)의 수준을 어떻게 보아야 하나?

다산은 이렇게 말하였다. "이제 그들의 글과 학문이 우리나라를 훨씬 초월했으니 부끄러울 뿐이다(소라이 1-37)." 어쩌다 이런 탄식이 나오는 사태가 초래되었을까? 해답은 바로 이 앞의 구절(2-11)에 있다. 즉, 인문학에 종사하는 사람들이 그동안 溫故而知新이 아니라 溫故而折新해 온 데 있다.】

(5-5) 焉用佞

▶(予解) 어떤 사람이 "옹은 어질지만 말재주가 없다." 라고 하자 공자께서 말씀하셨다. "말재주(佞)가 무슨 소용이 있는가? 그럴듯한 말재주(口給)로써 다른 사람을 대하면 자주(屢) 다른 사람의 미움을 사게 된다.

그가 어진지 어떤지는 모르겠으나 말재주가 무슨 소용이 있겠는가?"

〈原文〉

或曰: 雍也仁而不佞 子曰: 焉用佞 禦人以口給 屢憎於人 不知其仁 焉用佞

〈字解〉

禦 – 대하다, 대처하다. 給 – 말 잘할 급. 口給 – 말재주, 구변.

雍(옹) – 공자의 제자 冉擁이다. 자는 仲弓이다.

(5-6) 子使漆雕開仕: 생략

(5-7) 乘桴桴於海

▶ (予解) 공자께서 말씀하셨다. "도가 행하여지지 못하고 있으니 뗏목(桴桴)을 타고 바다로 갈까 보다. 그러면 나를 따를 자는 유(자로)라고나 할까?" 자로가 이를 듣고 기뻐하였다.
공자가 말씀하셨다. "유는 용맹을 좋아하는 면에서는 나를 능가하지만 뗏목 만들 재료를 구할 데가 없다."

〈原文〉

子曰: 道不行 乘桴桴於海 從我者其由與 子路聞之喜 子曰: 由也好勇過我 無所取材

〈解語〉

① 천하에 어진 임금이 없음에 상심하여 한 말이다(주자 169).
바다는 동쪽 바다 건너의 우리나라를 뜻한다고 보는 견해도 있다.
材의 뜻에 대하여는 여러 가지 다른 해석이 있지만 여기에 소개하지 않는다.
② 이 말의 뒷 부분은 道不行을 탄식하는 공자의 은미한 뜻을 알지 못한 자

로에게 공자가 농담으로 한 말이라고 한다(류종목 148; 주자 169). 그러나 자로는 어린 아이가 아니고 또 공자가 일찍이 그를 칭찬하여 천승이나 되는 큰 나라의 군사를 맡길 수 있다(공야장편 5-8) 고 하였는데 어찌 자로가 공자의 은미한 뜻을 몰랐겠는가? 공자는 구이의 나라에 가서 살고 싶다고도 말하지 않았는가?(자한편 9-14) 가고 싶어도 실제로는 갈 수 없는 어쩔 수 없는 현실의 처지를 '뗏목을 만들 재료가 없음'에 비유하여 한탄한 것뿐이라고 보아야 할 것이다.

③ "도가 행하여지지 못하고 있으니 뗏목(桴桴)을 타고 바다로 갈까 보다." 라는 공자의 말을 읽으면서는, 1620년 영국의 청교도들(pilgrims) 102명이 종교적 핍박을 피하여 Mayflower호를 타고 대서양으로 나가 미국 땅으로 이민한 사실이 생각난다. 지금 전 세계에 퍼져있는 중국 화교의 조상들은 무슨 생각으로 배를 타고 바다로 나갔을까? 그들은 대륙의 기아(飢餓)에서 벗어나려는 생각만을 했을까? 혹시 대륙(大陸)의 도불행(道不行)에서 벗어나고 싶어 한 공자와 같은 생각은 없었을까?

(5-8) 子路仁乎

▶ (予解) 맹무백이 물었다. "자로는 어집니까?"

공자께서 말씀하셨다. "모르겠소."

다시 묻자 공자께서 말씀하셨다. "자로로 하여금 전투용 수레 천대를 가진 큰 나라의 군사(賦)를 다스리게 할 수는 있으나 그가 어진지 어떤지는 모르겠소."

"구는 어떻겠습니까?"

공자께서 말씀하셨다. "구로 하여금 千戶 되는 읍의 읍장과 전투용 수레 백 대를 가진 경대부 집안의 가재가 되게 할 수는 있으나 그가 어진지 어떤지는 모르겠소."

"적은 어떻습니까?"

공자께서 말씀하셨다. "적이 관복을 입고 조정에 선다면 그로 하여금 빈객과 이야기하게 할 수는 있으나 그가 어진지 어떤지는 모르겠소."

孟武伯問: 子路仁乎 子曰: 不知也

又問 子曰: 由也 千乘之國 可使治其賦也 不知其仁也

求也何如

子曰: 求也 千室之邑 百乘之家 可使爲之宰也 不知其仁也

赤也何如

子曰: 赤也 束帶立於朝 可使與賓客言也 不知其仁也

〈解語〉

　孟武伯－노나라의 실권자.

　才能과 仁은 다른 것이다. 비록 재능은 있어도 인의 성취는 매우 어렵다.

(5-9) 聞一知十

▶(予解) 공자께서 자공에게 그를 평하여 말씀하셨다. "너와 안회 가운데 누가 더 나을까?"

자공이 대답하였다. "제가 어떻게 감히 회를 바라보겠습니까? 회는 하나를 들으면 그것으로 미루어 열을 알고 저는 하나를 들으면 그것으로 미루어 둘을 압니다."

공자께서 말씀하셨다. "그만 못하다. 나와 너는 그만 못하다."

〈原文〉

子謂子貢曰: 女與回也孰愈

對曰: 賜也何敢望回 回也聞一以知十　賜也聞一以知二

子曰: 弗如也 吾與女弗如也

〈解語〉

　吾與女弗如也의 해석은 둘로 갈린다.

제1설: 류종목((151), 리링(1-257), 소라이(1-342), 다산((1-511)은 "나와 너는 그만 못하다."라고 해석한다.

제2설: 朱子(주자 171), 이가원(68), 최근덕(110)은 與를 허여하다, 동의하다로 보아, "네가 그만 못하다는 말에 나는 동의한다."라고 해석한다.

생각컨대 논어 전편에 흐르는 안회에 대한 공자의 지극한 칭찬을 보면 그것은 단순한 칭찬이 아니라 거의 찬탄에 가까운 것임을 느끼게 한다. 이런 점에서 공자에게는 스승인 자기보다 제자인 안회가 더 뛰어나다는 인식 내지 바람이 있었음에 틀림이 없다고 나는 생각하게 된다. 그러므로 나는 제1설의 견해를 따랐다.

(5-10) 朽木不可彫

> ▶(予解) 재여가 낮잠을 자자 공자께서 말씀하셨다. "썩은 나무는 조각을 할 수 없고 더러운 흙으로 쌓은 담장은 흙손질(杇)을 하여 매끈하게 할 수 없다. 재여(予)에 대하여 무엇을 꾸짖겠는가?"
>
> 공자께서 또 말씀하셨다. "처음에 나는 다른 사람에 대하여 그의 말을 듣고는 그의 말대로 그가 행동하리라 믿었는데 지금 나는 다른 사람에 대하여 그의 말을 듣고 또 그의 행동까지를 살펴본다. 재여로 인하여 이것을 바꾸었다."

〈原文〉

宰予晝寢 子曰: 朽木不可雕也 糞土之牆不可杇也 於予與何誅

子曰: 始吾於人也 聽其言而信其行 今吾於人也 聽其言而觀其行 於予與改是

〈字解〉

宰予 – 공자의 제자로 이름은 予, 字는 子我.

於予與라는 말이 두 번 나오는데 予는 宰予의 이름인 予이고 그 다음에 나오는 與는 음절을 조정하고 어기를 고르는 어기조사이다.

〈解語〉

晝寢에 대하여는 說이 구구하다.

古代에는 寢과 寐를 구별하여 寢은 누워있는 것이고 寐가 잠자는 것이다 라고 하는 說, 寢은 침실에 있는 것 이라는 說, 寢은 房事라는 說, 晝는 畫의 오기라고 하여 晝寢은 침실에 그림을 그려 놓는 등 화려하게 꾸미는 것이라는 說 등이다.

재여는 공문 10哲의 한 사람으로 변설에 능통하여 子貢과 같은 급에 속하는 우수한 제자인데 낮잠을 자는 정도를 가지고 왜 이렇게 욕설에 가까운 심한 꾸지람을 했을까 하는 의문이 든다. 그래서 여러 가지 서로 다른 해석이 나온 듯하다.

그가 평소에 말은 화려한데 실천이 부족하여 이를 마땅치 않게 생각했던 공자가 낮잠을 구실로 크게 꾸짖지 않았을까 하는 추리(리링 1-262)도 이런 의문에서 비롯되지 않았을까?

(5-11) 吾見未剛者: 생략

(5-12) 我不欲人之加諸我

▶(予解) 자공이 "다른 사람이 저에게 가하는 것을 원하지 않는 그런 짓은 저도 다른 사람에게 가하지 않으려고 합니다." 라고 하자 공자께서 말씀하셨다. "사야, 너의 힘이 미치는 일이 아니다."

〈原文〉

子貢曰: 我不欲人之加諸我也 吾亦欲無加諸人 子曰: 賜也 非爾所及也

<字解〉

賜－자공의 이름. 諸－之於의 줄임 말. 저 라 읽는다.

〈解語〉

　자공이 공자에게 "평생토록 실행할 만한 말 한 마디가 있습니까"라고 여쭈어보자 공자는 "아마도 恕이리라! 자기가 원하지 않는 일을 남에게 하지 말아라. 其恕乎 己所不欲 勿施於人"이라고 다른 곳(위령공편 15－24)에서 말한 바 있다. 그런데 이 恕는 참으로 행하기 어려운, 자공도 미치지 못하는, 높은 수준의 仁으로서 최고의 덕목이라 하겠다.

　그러나 朱子는 仁과 恕를 구별하여 仁은 無加諸人으로서 자연히 그렇게 되는 것이고, 恕는 勿施於人으로서 금지하는 말이니 힘써 노력해야 되는 것이다 라고 하였다. 그러나 無와 勿은 통용되는 바임에도 불구하고 이 둘을 다르게 보고 이를 전제로 無加와 勿施를 구별하고 이를 전제로 다시 仁과 恕를 구별하는 것은 무리라고 생각한다.

(5-13) 言性與天道不可得聞

> ▶(予解) 자공이 말했다. "선생님의 문장에 대한 설명은 들을 수가 있었으나 인간의 본성과 천도에 대하여 언급하시는 말씀은 들을 수가 없었다."

〈原文〉

子貢曰: 夫子之文章 可得而聞也 夫子之言性與天道 不可得而聞也

〈解語〉

　文章은 무엇을 말하는가. 우선 공자가 직접 쓴 문장을 말하는 것은 아니고 문장에 대한 설명을 의미한다.

　공자가 설명하는 그 문장이란 詩書禮樂을 말한다는 설, 글로 쓰여 후세에 전해오는 것이라는 설, 덕이 밖으로 나타난 것이니 엄숙하고 장중한 모습(威儀)과 문장(文辭)이라는 설. 예악을 말한다는 설 등이 있다.

생각컨대 한 쪽에는 공자가 '언급하지 않는다' 고 하는 '性과 天道'가 있고, 다른 한 쪽에는 공자가 '언급한다' 고 하는 '文章'이 있어 서로 대비된다. 공자가 제자들에게 가르친 것은 시, 서, 예, 악, 춘추, 주역 등 육경이었고 이들은 모두 글(文)로 전해지고 있었으니 결국 여기의 문장은 이들 육경의 문장에 대한 설명과 가르침이었다고 보는 것이 합리적이다.

또한 공자는 스스로 글을 써서 책을 지은 일은 없다(述而不作) 라고 하지 않는가. 그러니 공자가 쓴 무슨 글을 얻어 볼 수 있었겠는가.

또한 글로 쓰여 후세에 전해오는 것이라는 설도, 공자가 직접 쓴 것이 아니고 과거부터 전해 내려오는 글을 의미하는 듯한데 그런 글이라면 공자가 가르친 육경의 글이 주가 될 터이다. 그렇다면 이 說은 '문장'이 육경의 글을 말한다는 說과 다를 바가 없다고 하겠다.

'性'에 대한 언급은 이 곳 이외에 "사람의 본성은 비슷하지만 습성은 서로 현격하게 다르다(양화편 17−2)." 라고 말한 한 곳이 더 있을 뿐이다.

'天道'에 대하여 언급한 곳은 이 곳 이외에는 없다.

'性'은 사람의 본성을 가리킨다.

'天道'가 무엇을 가리키는 말인지는 별도로 논의하여야 할 문제이다. 주자는 "천도란 천리자연의 본체" 라고 말한다. 역시 별도의 논의가 필요하다.

不可得而聞에 대하여는 과거에는 전혀 들어본 바 없었다는 뜻은 아니고 설명이 비교적 적었을 뿐임을 의미한다고 註解하기도 한다. 그러나 논어 자체에는 실제로 性과 天道 이 두 가지에 대하여는 언급이 없지 않은가.

● 性과 天道

性과 天道 이 두 가지에 대하여 언급이 없음은 무엇을 의미하는가?

공자는 당시로써는 처음으로 사람의 도를 하늘의 도로부터 분리하여 별개로 취급한 사람이었다고 한다. 그러니 그가 천도를 언급하지 않은 이유를 짐작할 만 하다. 중요한 것은 사람의 도이지 천도가 아니기 때문이다. 천도를 얘기하는 것은 사람에게 아무런 도움이 안 되고 유익함이 없기 때문이라는 것이 아마도 그 이유였으리라고 나는 생각한다.

性은 어떤가. 본성은 타고 난 성품이므로 더 이상 그 자체를 분석하고 따져보아야 어떻게 하겠는가. 성품은 행동으로 드러나니 그 드러난 행동을 忠과 恕로 이끌도록 배우고 실천하는 것이 중요하다고 여겼던 것이 아닐까. 그렇게 함으로써 성품도 자연히 忠과 恕로 닦여진다고 여긴 것이 아닐까. 공자는 性善인가, 性惡인가를 결코 논하지 않았다. 후세에 맹자와 송나라 유학자들이 그렇게 열심히 성에 대하여 논란한 것이 이상할 정도이다.

佛經(전재성 715)에는 독화살의 비유가 있다. 『부처님이 말씀하셨다. 어떤 사람이 독화살을 맞아서 의사가 그 화살을 빼려고 하자 이를 거부하면서 "나를 쏜 사람이 왕족계층인지 사제계층인지 평민인지 노예인지 알아야 하겠다. 나를 쏜 사람의 키가 큰지 작은지 중간인지 알아야 하겠다. 나를 쏜 사람이 어떤 마을이나 부락이나 도시에서 왔는지 알아야 하겠다. 나를 쏜 사람의 피부색이 검은지 파란지 노란지 알아야 하겠다. 그 활이 보통의 활인지 석궁인지 알아야 하겠다. 그 활의 활줄이 섬유인지 갈대인지 힘줄인지 마인지 유엽수인지 알아야 하겠다. 그 화살대가 거친 갈대인지 잘 다듬어진 갈대인지 알아야 하겠다. 그 화살의 깃털이 독수리의 것인지 까마귀의 것인지 콘도르의 것인지 공작새의 것인지 황새의 것인지 알아야 하겠다. 그 화살대가 어떠한 힘줄로 감겨져 있는지 소인지 물소인지 사슴인지 원숭이 힘줄인지 알아야 하겠다. 그 화살이 보통의 화살인지 뾰족한 화살인지 굽어진 화살인지 가시가 있는 화살인지 송아지의 이빨 모양의 화살인지 협죽도 나뭇잎 모양의 화살인지 알아야 하겠다. 이런 것을 먼저 알아야만 화살을 뽑겠다." 라고 말했다고 하자. 이 사람은 그러한 것을 알기도 전에 죽을 것이다. 나는 이러 이러한 것은 설명했고 이러 이러한 것은 설명하지 않았다. 내가 왜 그것을 설명하지 않았는가? 그것은 유익하지 않고 청정한 삶과는 관계가 없으며, 멀리 여의고 사라지고 소멸하고 멈추고 삼매에 들고 올바로 원만히 깨닫고 열반에 이르는 데 도움이 되지 않기 때문이다.』

공자는 성과 천도에 대한 논의를 독화살의 비유가 암시하는 바와 같다고 생각하지는 않았을까.

(5-14) 未之能行

> ▶(予解) 자로는 가르침을 들으면 그것을 미처 실천하기 전에 또 새로운 가르침을 듣게 되면 어쩌나 하고 그것만 걱정했다.

〈原文〉

子路有聞 未之能行 唯恐有聞

〈解語〉

　자로는 武人으로서 용기만으로 유명한 줄 알았는데, 이렇듯 배운 바의 실천에도 용감하였으니 참으로 감탄스럽다. 史記에 의하면 자로가 위나라에서 벼슬을 하다가 정변이 일어나 적군과 싸우다가 부상을 입고 갓끈이 끊어졌다. 이에 자로가 외치기를 "군자는 설사 죽더라도 관은 벗지 않느니라." 하고 드디어 갓끈을 다시 매고나서 싸우다 죽었다(사마천 5-65). 자로의 예를 실천함이 이와 같았으니 참으로 놀란 만하다. 그가 공자의 가르침을 얼마나 열심히 실천하려고 했는지 알 수 있다. 그야말로 목숨을 걸고 예를 실천한다는 것이 바로 이런 것인가.

(5-15) 不恥下問

> ▶(予解) 자공이 "공문자는 무엇 때문에 文이라고 불립니까?"라고 여쭈어보자 공자께서 말씀하셨다. "그는 영민하고 배우기를 좋아하며 자기보다 못한 사람에게 묻는 것을 부끄럽게 여기지 않았다. 이 때문에 그를 文이라고 부른다."

〈原文〉

子貢問曰: 孔文子何以謂之文也. 子曰: 敏而好學 不恥下問 是以謂之文也

<解語>

　　孔文子는 衛나라 대부 공어의 시호이다. 그의 행적이 아름답지 못하였기 때문에 그에게 文의 시호가 붙은 것을 자공이 의아하게 여겨 공자에게 물은 것이라 한다(류종목 157). 다른 불미한 행적이 있다 하여도 敏而好學 하고 不恥下問한 훌륭한 점이 있으면 그런 시호가 가능하다는 대답이다.

(5-16) 君子之道四

> ▶(予解) 공자께서 자산에 대하여 말씀하셨다. "그는 군자의 도 네 가지를 지니고 있었다. 자신의 몸가짐을 공손하게 하였고 윗사람을 공경으로 섬기었고 백성의 생활을 도와 은혜를 잘 베풀었고 백성을 부리는 것이 의로웠다."

<原文>

子謂子産: 有君子之道四焉 其行己也恭 其事上也敬 其養民也惠 其使民也義

<解語>

　　子産은 鄭나라의 재상이다. 공자가 매우 칭찬한 인물로 현명하기로 이름나 있었다.

　　敬은 상대에 대하여 언행을 삼가고 존경하는 것이다.

　　백성을 義로 부린다 함은 법에 따라 공정하게 부림을 의미한다.

(5-17) 晏平仲善交

> ▶(予解) 공자께서 말씀하셨다. "안평중은 다른 사람과 잘 사귄다. 오래되어도 사람들이 그를 함부로 대하지 않고 존경하였다."

〈原文〉

子曰: 晏平仲善與人交 久而人敬之

〈解語〉

　안평중은 제나라의 재상이다. 현인으로 유명하다. 키가 매우 작고 기지가 넘치고 말을 매우 잘 하였다. 史記와 소설 列國志에는 그에 관한 많은 이야기가 나와 있다. 그의 행적을 다룬 晏子春秋라는 책이 있다.

　久而人敬之에서 人이 없는 판본도 있다. 즉, 久而敬之 라는 것인데 그렇게 되면 안평중이 敬이란 말의 주어가 되어 "오래되어도 사람들을 함부로 대하지 않고 존경하였다." 라고 해석하게 된다(류종목 159). 이것도 충분히 말은 된다.

　그러나 앞에서 善與人交라고 평가한 공자가 그 善與人交 라는 행동의 결실을 이어서 말했다고 보이는데 그렇다면 "그렇게 다른 사람과 잘 사귄 결과로 오래도록 사람들이 그를 존경하였다. 久而人敬之"라고 말했으리라고 추측된다. 그런 추측이 보다 이치에 맞아 자연스럽다고 생각한다.

　안평중과 공자의 관계에 대하여는 자한편 (9-13)을 참조.

(5-18) 臧文仲: 생략

(5-19) 忠矣未知仁: 생략

(5-20) 三思後行

> ▶(予解) 계문자는 세 번 생각하고 난 뒤에 실행에 옮겼다고 하는데 공자께서 이 말을 듣고 말씀하셨다. "두 번이라면 그럴 수 도 있겠지."

〈原文〉

季文子三思而後行 子聞之曰: 再斯可矣

생각이 깊은 것은 좋지만 너무 지나치면 私意가 일어나 도리어 미혹하게 되니 좋지 않다는 뜻으로(류종목 165; 주자 188) 세상에 알려져 있다.

이것은 三思를 좋게 보는 전제하에 나온 말이라고 함이 통상의 견해이지만, 나쁘게 보는 견해도 있다.

季文子는 노나라의 정권을 장악한 이른바 三桓 중에서도 가장 세력이 큰 가문의 대표자이다. 季文子는 바르지 못한 짓을 많이 하였다고 비판을 받고 있었다. 이런 비판을 토대로 하여 "季文子가 바르지 못한 짓을 한 것을 보면 어떻게 세 번씩이나 생각한다는 사람이 그런 짓을 할 수 있는가. 아마 두 번 생각했다면 그럴 수도 있겠지." 라고 폄하의 뜻으로 보는 쪽도 있다(다산 1-565; 소라이 1-367).

당시는 三桓이 노나라 公室을 허수아비로 만들고 실권을 장악하여 멋대로 권력을 남용하는 시대였다. 이런 사태에 몹시 분개하여 공실의 권위 회복을 추구하던 공자의 입장을 생각한다면 아마도 후자의 이해가 더 정확하지 않을까 생각한다. 세상에 알려진 통상의 이해와는 많이 다르다.

(5-21) 其愚不可及

> ▶(予解) 공자께서 말씀하셨다. "영무자는 나라에 도가 있으면 지혜롭게 행동하고 나라에 도가 없으면 어리석게 굴었다. 그의 지혜로움은 따라갈 수 있지만 (나라가 어지러울 때 자기 몸을 돌보지 않고 충성을 다하는) 그의 어리석음은 따라갈 수 없다."

〈原文〉

子曰: 甯武子 邦有道則知 邦無道則愚 其知可及也 其愚不可及也

〈解語〉

위나라의 대부 영무자는 나라가 다스려질 때에는 지혜롭게 편안히 이름을 드러내지 않고 삶을 즐기었고, 나라가 어지러울 때에는 어리석게도 몸을 돌보지 않고 충성을 다하여 나라를 안정시켰다. 나라가 다스려질 때 그가 처신했던 지혜로움은 가히 따라갈 수 있지만 나라가 어지러울 때 충성을 다한 그의 어리석음은 참으로 따라가기 어렵다. 나라가 어지러울 때 자기 몸을 돌보지 않고 충성을 다하는 어리석음의 훌륭함을 찬탄하는 말이다.

(5-22) 歸與歸與: 생략

(5-23) 不念舊惡

> ▶ (予解) 공자께서 말씀하셨다. "백이와 숙제는 다른 사람이 과거에 자기에게 했던 나쁜 짓을 마음에 담아두지 않았다. 이로써 (是用) 남을 원망하는 일이 드물었다(希)."

〈原文〉
子曰: 伯夷叔齊 不念舊惡 怨是用希

〈字解〉
是用 — 이로써. 是以와 같다.

〈解語〉

舊惡은 무엇을 말하는가. 소라이(1–374)는 옛 시절에 있었던 不仁한 사건이라고 이해한다. 주자(191)는 옛날의 원한이라고 이해한다.

'마음에 담아둔다'는 말과 '원망'이라는 말이 연관되어 있으므로 다른 사람이 과거에 자기에게 했던 나쁜 짓이라고 이해함이 옳을 듯하다.

怨은 다른 사람이 백이 숙제를 원망하는 것이라고 해석할 수도 있지만 不念의 주어가 백이 숙제인 만큼 怨의 주어도 백이 숙제라고 볼 것이다. 즉, 백이 숙제가 남을 원망하는 것, 그것이 드물었다는 뜻이다. 구악을 마음에 두지 않는다면 그 不念한 결과로 남에 대한 怨도 자연히 마음에 덜 남아 있지 않겠는가. 그렇게 이해하는 쪽이 더 간단하고 더 자연스럽다.

이 시대의 정치권에서 주장하는 구악일소나 적폐청산이 생각난다.

더 안전하고 더 공정하고 더 발전하는 밝은 사회가 되기 위하여는 현실적으로 필요한 일이긴 한데 정치가나 국민 모두가 백이 숙제 같은 사람들만으로 이루어진 사회가 아닌 데서 어떻게 무엇으로 이를 성취할 수 있을까? 우선 다른 불순한 의도가 없어야 한다. 그리고 德과 法 두 가지가 균형 있게 실행되어야 하지 않을까. 덕과 법의 균형은 말로는 쉽다. 그러나 덕은 갖추기도 어렵고 베풀기도 어렵다. 결국, 남는 것은 법치밖에 없다.

앞에 나온 爲政편(2-3)에서 나는 다음과 같이 말했다.

【여기서 근본적인 문제에 봉착한다. 덕치가 옳은가 아니면 법치가 옳은가 하는 문제 말이다. 말로서는 덕치가 옳다. 그러나 실제로서는 법치가 옳다. 동서양의 모든 역사를 보면 법치를 실행한 나라는 흥했고 덕치를 내걸은 나라는 모두 실패했다. 덕치가 실패한 주된 이유는 그 덕치라는 것이 말로만 하는 거짓 덕치 내지 속임수 덕치였기 때문이다. 법치 또한 그것이 거짓 법치 내지 속임수 법치일 때에는 반드시 실패함은 역시 마찬가지이다.

차이점은 법치보다는 덕치에 더 속임수가 많고 속임수가 더 잘 통한다는 데 있다.

이런 차이점이 생겨나는 이유는 公開性 내지 투명성의 보장이 덕치보다 법치에서 훨씬 더 용이하다는 데 있다.

한편 진짜 덕치라면 어떻게 될까. 진짜 덕치라면 그것은 실행 불가능이다. 인간 본성의 한계 때문이다.】

(5-24) 微生高直

> ▶(予解) 공자께서 말씀하셨다. "누가 미생고가 정직하다고 하였는가? 어떤 사람이 식초(醯)를 얻으러 오자 그는 자기 집에 식초가 없다는 사실을 말하기 싫어서 그의 이웃집에 가서 얻어다 주었거늘."

子曰: 孰謂微生高直 或乞醯^혜焉 乞諸其隣而與之

〈解語〉

　여기의 微生이 尾生之信에 나오는 그 尾生과 동일인인지 여부는 확실치 않다고 한다. 주자는 공자가 미생고를 나무라는 말이라고 하지만 소라이(379)는 공자와 같은 마을에서 살고 공자와 친했던 미생고를 놀리는 말이라고 풀이한다.

(5-25) 匿怨而友其人

> ▶(予解) 공자께서 말씀하셨다. "예쁘게 꾸민 말과 부드럽게 꾸민 얼굴색과 지나친 공손은 좌구명이 부끄럽게 여긴 바인데 나도 그것을 부끄럽게 여긴다. 원한을 감추고 그 사람을 친구로 사귀는 것은 좌구명이 부끄럽게 여긴 바인데 나도 그것을 부끄럽게 여긴다.

〈原文〉

子曰: 巧言 令色 足恭 左丘明恥之 丘亦恥之 匿怨而友其人 左丘明恥之 丘亦恥之

〈解語〉

　足은 주 라 읽고 지나치다 라는 뜻이다(주자 194).

　여기의 左丘明은 문맥으로 보아 적어도 공자 이후의 사람일 수는 없으니 春秋左傳을 지은 그 左丘明은 아니다. 옛날의 현인이라고 보아야 하겠다.

　巧言 令色은 학이편 (1-3)에 나온다. 모두 표리부동한 행동을 경계하는 말이다.

　匿怨而友其人 역시 정직하지 못하여 나쁜 행동이라는 지적인데 그러면 어떻게 해야 하는가. 가령 나를 모략한 사람이 있다면 이를 폭로하여 그와 다툴 것

인가, 아니면 시비를 가린 뒤 용서하고 마음에 두지 말아야 하나? 아니면 묵과한 채 단교함으로써 족한가. 혹은 시비를 가릴 것 없이 혼자 용서하여 마음에 두지 말고 친구 관계를 유지할 것인가? 아니면 따질 것 없이 꾹 참은 채 좋은 척 지낼 것인가?

　세상살이를 일일이 따지고 들면 하루도 편할 날이 없고 평화로울 수가 없다. 그러니 꾹 참고 더 이상 피해를 당하지 않도록 그를 조심해서 대하여야 할 것이다. 평화를 유지하는 것은 또 하나의 중요한 덕목이다. 정직만이 유일한 가치는 아니다. 인내도 중요한 덕목이다. 친구로부터 陰害^{음해}를 당하고도 참고 넘어가는 것이 匿怨而友其人의 한 예이다. 이런 때 참고 넘어가기는 참으로 어렵다. 세월이 가면 잊게되고 결과적으로는 용서한 셈이 된다. 세월이 약이 될 수 있다. 不念舊惡(5-23)이 이런 것일까?

(5-26) 老者安之

▶ (予解) 안연과 계로가 공자를 모시고 있을 때 공자께서 "각각 너희들의 생각을 말해보지 않겠느냐"라고 하셨다.
자로는 "거마와 옷과 가죽옷을 친구들과 함께 쓰다가 그것이 다 못쓰게 되어도 유감이 없기를 원합니다." 라고 하였다.
안연은 "저의 뛰어난 점(善)을 자랑하는(伐) 일이 없고 저의 공로(勞)를 나타내는(施) 일이 없기를 원합니다." 라고 했다.
자로가 "선생님의 생각을 듣고 싶습니다." 라고 하자
공자께서 말씀하셨다. "노인들을 편안히 지내게 하고 친구들이 믿게 하고 젊은이들을 품어주고자 한다."

〈原文〉

顔淵季路侍　子曰: 盍^합各言爾志　子路曰: 願車馬衣裘^구　與朋友共　敝之而無憾
顔淵曰: 願無伐善　無施勞　子路曰: 願聞子之志　子曰: 老者安之　朋友信之　少

者懷之

盍 ― 어찌 ～하지 않는가

　자로는 호방하고 안연은 겸손하다. 공자는 자기를 수양하여 다른 사람을 편안하게 해주는 仁人의 경지를 원한다.

　無施勞를 소라이(1―385)는 '수고로움을 베풀지 않는다' 라고 해석하는데 '수고로움'은 '베풀다'는 동사의 목적어로 삼기에는 뜻이 서로 어울리지 않아 부적절하므로 따르기 어렵다.

　또, 소라이는 '노인이 나를 편안히 여긴다' 라고 해석하는데 이는 之가 노인을 가리킴을 알지 못한 것이다. 어떤 것을 편안하게 만든다는 뜻의 타동사 安의 목적어인 노인을 강조하여 이를 동사 安의 앞에 도치하고 노인을 之로 대신하여 安의 뒤에 목적어로 위치시킨 것이다.

(5-27) 己矣乎

> ▶ (予解) 공자께서 말씀하셨다. "끝났구나! 자기의 잘못을 발견하고 속으로(內) 자신(自)을 책할(訟) 줄 아는 사람을 나는 아직까지 보지 못했으니."

子曰: 已矣乎 吾未見能見其過而內自訟者也

(5-28) 丘之好學

▶ (予解) 공자께서 말씀하셨다. "십 호 정도의 작은 마을이면 그곳에 충성과 신의가 나만한 사람이 틀림없이 있을 터이지만 나만큼 배우기를 좋아하는 사람은 없을 것이다."

〈原文〉

子曰: 十室之邑 必有忠信如丘者焉 不如丘之好學也

제6편

雍也

(6-1) 雍也: 생략

(6-2) 居敬而行簡

> ▶(予解) 중궁이 자상백자에 관하여 여쭈어보자 공자께서 "괜찮다. 소탈하다(簡)." 라고 하셨다.
> 중궁이 "평상시에는 경건하고 일을 할 때에는 소탈한 태도로 백성에게 임한다면 이 또한 좋지 않겠습니까? 그러나 평상시에도 소탈하고 일을 할 때도 소탈하다면 그것은 너무 소탈한 것이 아니겠습니까?" 라고 하자 공자께서 말씀하셨다. "옹(=중궁)의 말이 옳다."

〈原文〉

仲弓問子桑伯子 子曰: 可也 簡 仲弓曰: 居敬而行簡 以臨其民 不亦可乎 居簡而行簡 無乃大簡乎 子曰: 雍之言然

〈字解〉

仲弓－공자의 제자인 염옹의 字. 子桑伯子－노나라 사람. 그 행적은 미상. 無乃~乎－너무 ~하지 아니한가?

〈解語〉

大簡은 태간으로 읽고 지나치게 소탈하다는 뜻이다.

군자가 백성을 다스릴 때는 까다롭게 굴지 않고 소탈해야 하지만 평상시 자신의 몸가짐은 삼가고 조심스러워야지 이런 몸가짐마저 소탈해서는 안 된다 라는 뜻이다.

(6-3) 不遷怒

> ▶ (予解) 노나라 군주 애공이 "제자들 중 누가 배우기를 좋아합니까?" 하고 묻자 공자께서 대답하여 말씀하셨다. "안회라는 사람이 배우기를 좋아했습니다. 그는 화가 나도 다른 사람에게 화풀이를 하지 않고, 같은 잘못을 두 번 저지르지 않았는데 불행하게도 명이 짧아서 벌써 죽었습니다. 지금은 그런 사람이 없습니다. 배우기를 좋아하는 사람이 있다는 말을 듣지 못했습니다."

〈原文〉

哀公問: 弟子孰爲好學 孔子對曰: 有顔回者好學 不遷怒 不貳過 不幸短命死矣 今也則亡 未聞好學者也

〈解語〉

亡은 '무'로 읽고 뜻은 없다(無)와 같다.

여기서 문제는 두 가지이다. 하나는 學은 무엇을 배우는 學인가, 다른 하나는 어떻게 하여야 다른 사람에게 화풀이를 하지 않을 수 있는가 하는 것이다.

첫째 문제에 대하여 살펴본다.

우선 애공이 물은 學과 공자가 답한 學이 서로 다르다고 하는 주해자들도 있으나 이는 지나친 추리라고 생각하므로 그 설명들은 옮기지 않겠다. 안회가 好學했다고 하면서 그 예로 든 것이 不遷怒와 不二過인 것을 보면 이 學은 우선 단순한 지식에 관한 學은 아니고 인격수양과 관련된, 바꾸어 말하면 道에 대한 깨달음과 道의 실천에 관한, 學임이 분명하다. 仁이 무엇이고 어떻게 하면 그것을 깨닫고 어떻게 하여야 仁에 부합하는 행동이 되는가에 관한 배움이다. 禮와 樂도 그 중의 하나이다. 이러한 나의 이해는 다시 仁이 무엇이고 道가 무엇인가 하는 문제로 넘어가게 되는데 그에 관한 상론은 별론이다. 우선 인에 관하여는 이인편 (4-3)을 참조.

두 번째로 어떻게 하여야 다른 사람에게 화풀이를 하지 않을 수 있는가 하는 문제에 대하여 본다.

우선 처음부터 아예 분노를 일으키지 않으면 되겠지만 여기서는 일단 이미 발생해버린 분노를 전제로 하여 그것을 남에게 옮기는 행위 즉 화풀이를 논하는 경우이므로 처음부터 아예 분노를 일으키지 않는 경우는 제외하고 생각한다.

분노의 원인을 제공한 당사자 본인을 직접 공격하는 방법이 있다. 그러나 이것은 화풀이의 개념에 들어가지 않는다. 따라서 이것도 제외한다.

화풀이를 안 하는 방법의 첫째는 화풀이가 아무 소용도 없고 오히려 엉뚱한 다른 사람을 해치게 되어 새로운 문제를 일으킨다는 점을 깊이 깨달아 분노를 풀어버리는 방법이다.

둘째는 인내심으로 화풀이를 억제하는 길이다.

인내심으로 억제하는 방법보다는 분노를 풀어버리는 처사가 더 고차원의 해결책일 터이지만 어떻게 해야 풀 수 있을까?

나에게 일어난 분노가 타인이 내게 가한 공격적 행위 때문이라면 내가 耳順 (위정편 2-4 참조)의 상태가 되어 초월의 경지에 이르면 해결이 되겠지만 사실이 때에는 분노가 원천적으로 발생하지 않는 경우이므로 앞에서 말했듯이 이 경우는 제외된다.

그리고 나면 발생한 분노를 풀어버리는 길은 결국 용서, 이 한 가지 외에는 없지 않나 생각한다(앞에 나온 5-25 참조).

나에게 발생한 또 하나의 분노는 나를 직접으로는 대상으로 하지 아니한 객관적인 사태 가운데 不義하고 不仁하고 無禮한 상황으로 인한 분노이다. 그러나 가만히 생각해보면 이런 객관적인 사태로 인한 나의 분노는 다른 엉뚱한 사람에게 화풀이를 한다고 해서 풀리거나 해결되는 성질이 아니다. 예를 든다면 적국의 침략에 분노했다고 하여 무고한 적국의 시민을 화풀이로 공격한다고 하여 화가 근본적으로 풀리겠는가? 이런 성질의 분노는 개인적인 화풀이의 이유가 되지 못한다. 객관적 사태는 개관적 행위로 풀어야 한다. 예컨대 정치적 행위나 군사적 행위로 해결하여야 한다.

대학생들이 총장실을 점거하고 기물을 부시고 농성하는 짓거리 때문에 총장이 느끼는 분노는 수하 직원들에게나 가족에게 화풀이 한다고 하여 해결되는 것이 아닌 것과 마찬가지이다.

그러나 위에서 본 바와 같은 이런 식의 분석은 분노로 인하여 理性이 흔들린 상태에서는 불가능하다. 평정심과 인내심이 필요하다. 안회는 아마도 이런 평정심과 인내심을 갖춘 군자였던 모양이다. 그래서 공자가 이렇듯 칭찬하지 않았을까.

그렇다면 이런 평정심과 인내심은 어떻게 획득하는가. 공자의 대답은 學이라고 말하는 듯하다. 스승에게서 道를 배워 이를 실천하는 그런 배움을 공자는 제자들에게 요구하였다고 이해된다.

(6-4) 君子周急不繼富

▶(予解) (전략) 공자께서 말씀하셨다. "적(공자의 제자 자화의 이름)은 제나라에 사신으로 갈 때 살찐 말을 타고 가벼운 모피 옷을 입은 호화로운 차림이었다. 내가 들건대 군자는 다급한 사람을 구제하지 부유한 사람에게 보태주지는 않는다고 하더라."

〈原文〉

(전략) 子曰: 赤之適齊也 乘肥馬 衣輕裘 吾聞之也 君子周急不繼富

〈解語〉

전략 부분은 아래와 같다.

자화가 사명을 띄고 제나라에 갔을 때 염자가 남아 있는 자화의 모친을 위하여 공자에게 곡식을 요청하자 공자께서 1부를 주어라 라고 하셨다. 염자가 추가로 더 줄 것을 요청하자 공자께서 1유를 주어라 라고 하셨다. 염자가 그녀에게 곡식 5병을 주었다. 그러자 공자가 이 말씀을 하셨다.

(6-5) 原思爲之宰

> ▶(予解) 공자의 제자 원사가 공자의 가재(가신의 우두머리)가 되었으므로 그에게 곡식 9백 말을 주셨는데 너무 많다고 사양했다. 공자께서 말씀하셨다. "그러지 말아라. 이것을 너의 이웃 사람 그리고 같은 고장(里, 鄕, 黨) 사람들에게 나누어주어라."

〈原文〉

原思爲之宰 與之粟九百 辭 子曰: 毋 以與爾隣里鄕黨乎

〈解語〉

봉록은 직위의 고하에 따라 정해지는 것인지라 빈부의 정도에 의하여 증감될 수는 없으니 원칙대로 받고, 일단 받아서 어떻게 쓰느냐 하는 문제는 자신의 덕망에 달렸으니 이웃을 위하여 쓰라는 뜻이다(류종목 185).

(6-6) 子謂仲弓: 생략

(6-7) 三月不違仁

> ▶(予解) 공자께서 말씀하셨다. "회는 그 마음이 석 달 동안 仁에서 떠나지 않는다. 그 나머지는 하루 또는 기껏해야 한 달 동안 仁에 생각이 미칠 따름이다."

〈原文〉

子曰: 回也 其心三月不違仁 其餘則日月至焉而己矣

〈解語〉

소라이(2-25)만은 유독 "回也"를 "안회야!" 라고 공자가 안회를 이인칭으로 부르고 있다 라고 해석한다. 그러나 이는 잘못이다. "回也"는 "회라는 제자는"이라고 삼인칭으로 부르고 있는 경우라고 해석하여야 한다. 왜냐하면 곧이어 나오는 말이 其心인데 만일 '回也'가 이인칭이면 그 뒤에 나오는 말이 其心이어서는 안 되고 '네 마음'이라는 뜻의 汝心이어야 더 자연스럽기 때문이다. 三月은 꼭 3개월이라기 보다는 비교적 오랜 기간이라는 뜻이다.

(6-8) 仲由可使從政

▶ (予解) 노나라의 실권자 계강자가 물었다. "중유(자로)는 정사에 종사하게 해도 되겠습니까?"

공자께서 말씀하셨다. "중유는 과단성이 있으니 정사에 종사하는 데 무슨 문제가 있겠습니까?"

계강자가 물었다. "사(단목사, 자공)는 정사에 종사하게 해도 되겠습니까?"

공자께서 말씀하셨다. "사는 사리에 통달하니 정사에 종사하는 데 무슨 문제가 있겠습니까?"

계강자가 물었다. "구(염구, 子有)는 정사에 종사하게 해도 되겠습니까?"

공자께서 말씀하셨다. "구는 재주가 많으니 정사에 종사하는 데 무슨 문제가 있겠습니까?"

〈原文〉

季康子問: 仲由可使從政也與

子曰: 由也果 於從政乎何有

曰: 賜也可使從政也與

曰: 賜也達 於從政乎何有

曰: 求也可使從政也與

曰: 求也藝 於從政乎何有

(6-9) 季氏使閔子騫: 생략

(6-10) 伯牛有疾

> ▶(予解) 제자인 백우(冉耕의 字)가 몹쓸 병(문둥병)에 걸리자 공자께서 문병을 가서서 창문(牖)으로 그의 손을 잡고 말씀하셨다. "망했구나! 이 사람을 잃다니 운명이로다. 이렇게 훌륭한 사람인데 이런 병이 생기다니! 이렇게 훌륭한 사람인데 이런 병이 생기다니!"

〈原文〉

伯牛有疾 子問之 自牖執其手曰: 亡之 命矣夫 斯人也而有斯疾也 斯人也而有斯疾也

(6-11) 一簞食一瓢飮

> ▶(予解) 공자께서 말씀하셨다. "어질도다, 회는! 대나무 그릇에 담긴 약간의 밥과 표주박에 담긴 물 한 모금으로 가난한 마을에서 살게 되면 다른 사람들은 그 근심을 견디지 못하게 되는데 회는 그렇게 살면서도 자신의 즐거움을 바꾸지 않으니 어질도다, 회는!"

〈原文〉

子曰: 賢哉回也 一簞食 一瓢飮 在陋巷 人不堪其憂 回也不改其樂 賢哉回也

〈字解〉

一簞食는 일단사라 읽고 一瓢飮은 일표음이라 읽는다.

〈解語〉

其樂은 道를 배우고 실천하는 데서 오는 즐거움이다. 가난 자체를 즐거워 하는 것은 아니다.

(6-12) 力不足也

> ▶(予解) 염구가 "저는 선생님의 도를 좋아하지 않는 것이 아니라 힘이 부족합니다."라고 말하자 공자께서 말씀하셨다. "힘이 부족한 사람은 할 수 있는 데까지 다 하고 쓰러진다. 지금 너는 해보지도 않고 미리 한 계선을 긋고 있다."

〈原文〉

冉求曰: 非不說子之道 力不足也 子曰: 力不足者中道而廢 今女畫
　　　　　　열

〈字解〉

畫－가를 획. 선을 긋다.

〈解語〉

中道而廢를 다산(2－51)은 할 수 있는 데까지 끝까지 다 하고 쓰러진다 라고 해석함에 반하여 주자(218)는 중도에 그만둔다 라고 해석한다. 후세에 와서는 주자의 풀이가 일반에 수용되었으나, 공자의 말 전체를 미루어 보면 다산의 풀이가 합당하다.

(6-13) 女爲君子儒

> ▶(予解) 공자께서 자하에게 이르셨다. "너(女)는 군자다운 선비가 되어야 하지 소인다운 선비가 되지 말아라."

〈原文〉

子謂子夏曰: 女爲君子儒 無爲小人儒

〈解語〉

儒와 君子와 小人에 대한 일부의 설명을 살펴본다.

① (다산 2−55): 儒는 학자를 일컫는 말이다. 군자는 儒가 되면 장차 도를 밝히려 할 것이며 소인이 儒가 되면 그 이름을 자랑하려고 할 것이다.

儒者는 도를 배우는 사람이다. 그 익히는 바의 대상이 詩 書 禮 樂 典章 法度이다. 그 익힘에 있어서 그 마음이 도를 위하면 군자의 儒이고 그 마음이 명예를 위하면 소인의 儒이다.

② (소라이 2−37): 儒는 곧 문학이 있는 자를 일컫는다. 공자는 그가 배운 것이 군자의 일에 베풀어지기를 바랐고 소인의 일에 베풀어지기를 바라지 않았다. 군자의 일이란 꾀를 내고 생각을 펼쳐(出謀發慮) 그 나라가 다스려지고 백성이 편안해지게 함(國治民安)을 말한다. 소인의 일이란 단지 祭器를 다루는 말단에만 힘써 有司의 역할에 이바지함을 말한다.

③ (리링 1−320): 儒는 본래 천한 작업의 하나로서 글을 가르치고 예를 도와주며 남의 혼사와 장례를 처리해주면서 그럭저럭 밥을 먹고 살았다. 소인 같은 儒者는 그럭저럭 밥이나 먹고 살기 위해 기능적인 것을 배우면서 理想이 없다. 군자다운 유자는 그것과는 다르다. 대부분의 경전을 정밀하게 연구하고 수양을 중시하며 예악의 깊은 의미에 대해 진정으로 알고 있는 사람이다.

(6-14) 行不由徑

▶ (予解) 제자 자유가 무성읍의 수장이 되었을 때 공자께서 "너는 여기서(焉爾) 인재를 얻었느냐?" 라고 물으셨다. 이에 자유가 말했다. "담대 멸명이라는 사람이 있는데 길을 갈 때 지름길(徑)로 다니지 않고 공적인 일이 아니면 일찍이 제(焉) 집에 온 적이 없습니다."

〈原文〉

子游爲武城宰 子曰: 女得人焉爾乎

曰: 有澹臺滅明者 行不由徑 非公事未嘗至於焉之室也

담대멸명은 공자의 마지막 제자라고 한다.

子游는 제자 言偃의 字이다.

行不由徑은 사사로이 알현하지 않는다는 뜻이다 라고 보는 견해도 있다(다산 2-55).

(6-15) 奔而殿

▶ (予解) 공자께서 말씀하셨다. "맹지반은 자랑하지(伐) 않는다. 후퇴(奔)할 때 맨 뒤(殿)에 오다가 성문에 막 들어서려고 할 때에 그의 말에 채찍질(策)을 하면서 내가 감히 뒤에 사려고 한 것이 아니고 말이 나아가지 않았기 때문이라고 말했다."

〈原文〉

子曰: 孟之反不伐 奔而殿 將入門 策其馬曰: 非敢後也 馬不進也

〈字解〉

孟之反－노나라의 대부

(6-16) 宋朝之美

▶ (予解) 공자께서 말씀하셨다. "축타와 같은 말재주가 없거나 송조와 같은 미모가 없다면 오늘날은 어려움을 피하기 어렵다."

〈原文〉

子曰: 不有祝鮀之佞 而有宋朝之美 難乎免於今之世矣

鴕^타 — 모래무지 타, 佞^녕 — 재주 녕

〈解語〉

祝鴕^타는 말 재주가 뛰어났던 사람이고 宋朝는 미모로 유명한 남자이었다. 축타는 아첨으로 위 영공의 총애를 받았고 송조는 美色으로 위 영공 부인의 사랑을 받았다. 두 사람 모두 좋은 사람이 아니었고 공자는 이 두 사람의 일 모두를 개탄하였다.

그런데 류종목(198)과 소라이(2-39)는 而有와 不有의 차이를 살려서, "축타의 말재주는 없으면서(不有) 송조의 미모만 가지고 있으면(而有)"이라고 읽은 다음 "오늘날과 같은 난세에서 화를 면하기 어렵다."라고 해석한다. 문자만으로 보면 이런 해석이 타당하게 여겨진다.

그러나 이런 해석은 축타와 송조 모두를 같은 비중으로 공자가 비난한 당시의 상황에 맞지 않아 곤란하다. 이렇게 해석하면, 巧言令色을 미워한 공자가 오히려 축타의 말재주를 사모하고 송조가 재난을 당한 것을 슬퍼했다는 의미가 되기도 하기 때문이다.

그러므로 여기서 而有는 不有와 같은 뜻으로 보아야 한다. 그래서 而有에 대하여 '而'를 '與'로 보거나 '或'으로 보거나 하는 등 고래로 이런 저런 여러 설명이 나오고(다산 2-65) 그에 따라 "축타와 같은 말재주가 없거나 송조와 같은 미모를 지니지 못했다면 오늘날은 재난을 피하기 어렵다."라고 대부분의 주해자들이 해석하고 있다(주자 223). 그러나 나는 이런 결론에는 동의하지만 그 근거는 조금 달리 보고 있다. 而有에 대한 이런 해명은 근거가 부족하다. 나는 '而' 다음에 '不'이 생략되었거나 또는 '而'가 '不'의 誤記였다 라고 추측한다. 그래야만 당시의 상황에 부합되게 이 말 전체의 뜻이 보다 자연스럽게 이해된다.

축타에 대하여는 헌문편 (14-19) 참조.

(6-17) 何莫由斯道

▶ (予解) 공자께서 말씀하셨다. "누가 방안에서 밖으로 나갈 때 방문을 통과하지 않을 수 있겠는가? 그런데 왜 아무도 이 길(공자의 道)을 가지 않는가?"

〈原文〉

子曰: 誰能出不由戶 何莫由斯道也

〈字解〉

由 － 지나다, 통과하다.

(6-18) 文質彬彬

▶ 공자께서 말씀하셨다. "바탕이 꾸밈보다 우세하면 투박하고 꾸밈이 바탕보다 우세하면 浮華하다. 꾸밈과 바탕이 적절히 조화된 뒤라야 비로소 군자답다."

〈原文〉

子曰: 質勝文則野 文勝質則史 文質彬彬 然後君子

〈字解〉

質－바탕 질. 野－촌스러울 야. 史－빛날 사. 彬－잘 갖추어질 빈.

〈解語〉

彬彬은 물건이 서로 섞여 적당히 균형을 이룬 모습이다(주자 225).

彬彬은 큰 허물이 없다는 뜻이고, 곧 지나침이 없다는 의미이다(소라이 2－43).

너무 꾸미다 보면 소박함이 사라져 사람이 겉만 번지르한 느낌을 준다. 한편 소박함만 강조하고 예악을 제대로 익히지 못하면 사람이 투박하고 거칠게 보인다.

質은 本이고 文은 末이라고 하여 本末論으로 이해하는 견해도 있지만 이는 잘못이다.

문명사회에서 꾸밈이 없을 수는 없다. 禮와 樂이 바로 그 꾸밈이고, 이 꾸밈이 바로 문화이다.

禮는 가볍게 말하면 에티켓 같은 것이고 樂은 예술의 상징이다. 그러니 禮樂으로 꾸미기는 하되 소박한 맛도 살려야 한다. 그러기 위하여는 균형과 조화가 필요하다. 그 균형과 조화라 함은 소박한 멋을 내는 fashion과 예절과 예술, 이 三者의 조화가 아닐까? 이 삼자의 조화는 기본적으로는 멋이다.

바탕을 다듬어 知와 德을 이루는 일은 멋과는 일단 별개이다. 그러나 지와 덕을 이룬 바탕에서 풍기는 말 없는 빛은 멋을 더욱 멋스럽게 한다. 멋의 後光을 이루기 때문이다.

뒤의 안연편 (12−8) 참조.

(6-19) 人之生也直

▶ (予解) 공자께서 말씀하셨다. "사람은 정직하게 살아야 한다. 정직함이 없이 속이면서 살아가는 것은 요행히 형벌을 면하는 것일 따름이다."

〈原文〉

子曰: 人之生也直 罔之生也幸而免

〈解語〉

直을 정직으로 보지 않고 德으로 보는 견해도 있다. 悳자의 오기라고 한다 (소라이 2−45).

罔은 속인다는 뜻인데 소라이는 無를 뜻한다고 본다(2−46).

免은 禍를 면하다, 죽음을 면하다, 재앙을 면하다, 형벌을 면하다 등 여러 가지 설명이 있으나 큰 차이는 없다.

"사람의 삶은 정직이다." 라고 말하는 뜻은 그 뒤에, '그렇지 않으면 요행히 형벌을 면하는 것' 이라고 이어 말하는 것을 보면 "사람은 정직하게 살아야 한다."는 뜻이다.

소라이 식으로 해석하면 "사람의 삶은 덕을 가지고 있는데 덕이 없는 사람의 삶은 요행으로 형벌을 면한 것이다." 라고 하게 된다. 좀 무리한 말이 된다.

(6-20) 知之好之樂之

> ▶ 공자께서 말씀하셨다. "아는 것은 좋아하는 것만 같지 못하고 좋아하는 것은 즐거워하는 것만 같지 못하다."

〈原文〉

子曰: 知之者不如好之者 好之者不如樂^락之者

〈解語〉

樂을 즐거울 락으로 읽어야 하지, 즐길 요로 읽지는 말아야 한다고 생각한다. 자기 마음속에 체득하여 즐거워 하는 것이 樂(락)이고, 밖에 있는 外物(외물)을 가지고 즐기는 것이 樂(요)라고 생각하기 때문이다. 그러나 안팎의 구별이 어느 단계에 이르면 사라지는 것이니 너무 이런 구별에 마음 쓸 일은 아니라고 하겠다. 道나 學文에 대한 말이라고 굳이 특정할 일은 아니다.

(6-21) 可以語上

> ▶(予解) 공자께서 말씀하셨다. "중등 인물 이상에게는 높은 것을 말해줄 수 있지만 중등에 미치지 못하는 사람에게는 높은 것을 말해줄 수 없다."

<原文>

子曰: 中人以上 可以語上也 中人以下 不可以語上也

<解語>

　공자는 사람을 上知(가장 지혜로운 사람), 中人, 下愚(가장 어리석은 사람) 이렇게 세 등급으로 나누었다(陽貨편 17-3).

　上(높은 것)은 지극히 지혜로운 자라야 알 수 있는 그런 어려운 수준의 道이지, 지극히 높은 도는 아니다. 도 자체에는 위, 아래가 없기 때문이다(소라이 2-49).

　聖人은 사람들에게 그 지혜가 미치지 못하는 것을 알라고 강요하지 않는다 (상동).

(6-22) 敬而遠之

▶(予解) 제자 번지가 지혜로움에 관하여 여쭈어보자 공자께서 말씀하셨다. "사람이 마땅히 할 도리(民之義)에 힘쓰고, 귀신을 공경하되 그에 매달리지 말고 그를 멀리한다면 가히 지혜롭다고 할 수 있다."
어짊에 대하여 여쭈어보자 말씀하셨다. "어질다 함은 어려운 일은 자기가 먼저 나서서 처리하고, 얻는 일은 다른 이의 뒤에 한다. 이렇게 하면 어질다고 할 수 있다."

<原文>

樊遲問知 子曰: 務民之義 敬鬼神而遠之 可謂知矣 問仁曰: 仁者先難而後獲 可謂仁矣

<解語>

　務民之義에서 務는 타동사이고 그 목적어가 民之義이다. 民之義는 사람의 義이니 사람이 마땅히 해야 할 도리이다. 예컨대 선을 행하고 악을 버리는 일

등이다(주자 229; 다산 2-85). 소라이(2-49)는 백성을 다스리는 도리 라고 풀이 하는데 이는 民이라는 글자에 치우쳐 民을 被治者로만 본 잘못이 있다.

타동사 務의 主語는 民이 아니라, 知와 仁을 배우고자 힘쓰는 사람, 예컨대 여기서 공자에게 질문을 한 번지와 같은 제자들이다. 이 主語가 생략되어 있다.

공자는 怪力亂神을 말하지 않았다고 한다(술이편 7-21). 敬鬼神而遠之는 매우 중요한 대목이다. 어찌 보면 사람을 하늘과 귀신으로부터 분리해낸 획기적인 선언이다. 務民之義 敬鬼神而遠之는 사람을 神으로부터 독립시키고 人道를 종교로부터 분리시키는 위대한 깨달음이다. 사람들이 모두 하늘에 빌고 신에게 매달리기만 하던 기원전 5세기의 당시로써는 이런 분리와 독립은 천재만이 할 수 있는 위대한 분별이요, 聖人만이 도달할 수 있는 꿰뚫음의 경지였다. 칼 야스퍼스가 인류 역사상 소위 軸의 時代의 위대한 사람 가운데 하나로 공자를 내세운 소이가 여기에 있다.

仁者 先難而後獲은 간단히 말해 어려운 일에는 앞장을 서고 이득을 얻는 일에는 남의 뒤에 선다는 뜻이다. 어진 사람이 처신할 도리에 대한 가르침이다.

(6-23) 知者樂水仁者樂山

▶ (予解) 공자께서 말씀하셨다. "지혜로운 사람은 물을 좋아하고 어진 사람은 산을 좋아하며 지혜로운 사람은 활발하고 어진 사람은 차분하며 지혜로운 사람은 인생을 즐겁게 살고 어진 사람은 인생을 길게 산다."

〈原文〉

子曰: 知者樂水 仁者樂山 知者動 仁者靜 知者樂 仁者壽

〈解語〉

지혜로운 사람은 그 재주와 지혜를 운용하여 세상을 다스리는 것이 마치 물이 흘러 그칠 줄 모르는 것과 같아서 물을 즐거워하고 仁한 사람은 (자기가 덕으로 사람을 기르는 것이 마치) 山이 안정되고 견고하여 움직이지 않아도 만물이 생겨나는 것과 같아서 산을 좋아한다는 것이다(소라이 2-55).

생각컨대 공자는 "어진 사람은 인을 편안하게 여겨서 인을 실행하고 지혜로운 사람은 인을 이롭게 여겨서 그것을 실행한다. 仁者安仁 知者利仁"(이인편 4-2) 이라고 말한 바 있다.

물은 그 위치하는 곳의 모양에 따라 수시로 형태를 바꾸어 변화하며, 높고 낮음의 정도에 따라 그 흐름의 기세가 격렬하기도 하고 온건하기도 하며, 항상 낮은 곳으로 흘러 겸손하기 이를 데 없고, 막히면 조용히 머무르고 트이면 움직여 동정을 상황에 따라 자유로이 한다. 이런 성질은 마치 지혜로운 사람이 상황에 따라 천변만화하고 막히면 조용히 기다리다가 트이면 움직이고 기세의 사납고 부드러움이 자유자재한 것이 知者利仁과 흡사하다. 그리하여 큰 공을 이룰 수 있고 그러면서도 그 공을 자랑하지 않는다. 그래서 지혜로운 사람은 물과 같다는 뜻으로 지자요수라고 말을 삼은 것이다. 실제로 智者가 항상 물을 좋아하기 때문에 이렇게 말한 것은 아니다. 지자 가운데 어떤 이는 물을 좋아하기도 하고 또 어떤 이는 산을 좋아하기도 하지 않겠는가?

仁者樂山도 마찬가지이다. 산은 움직이지 않으면서 그 안에 많은 동식물들을 포용하여 살게 하는 모습이 마치 덕이 있는 인자가 뭇 사람을 포용하여 기르면서도 말없이 자랑하지 않는 장중하고 편안한 모습 즉, 仁者安仁과 유사하다. 그래서 仁者의 모습이 산과 유사하다는 뜻에서 인자요산이라고 말을 삼은 것이다. 실제로 인자가 항상 산을 좋아하기 때문에 이렇게 말한 것은 아니다. 인자 가운데 어찌 물을 좋아하는 사람이 없겠는가? 나는 이렇게 이해한다.

그 나머지 말들도 모두 하나의 비유일 뿐이다. 비유가 아니라면 안회와 같은 인자는 어찌 장수하지 못하고 요절하였는가?

(6-24) 齊一變至於魯

▶(予解) 공자께서 말씀하셨다. "제나라가 한 번 변하면 노나라와 같은 나라가 되고 노나라가 한 번 변하면 道 있는 나라가 된다."

<原文>

子曰: 齊一變至於魯 魯一變至於道

<解語>

　　공자 당시에 이웃 제나라는 패도정치의 결과로 나라는 부강했으나 풍속이 급격히 공리(功利)에 빠졌다. 한편 노나라는 국력은 쇠퇴하였지만 그래도 예교를 중시하여 周나라의 문물이 남아 있었다. 그래서 공자는 제나라가 변하여 노나라처럼 예법이 살아나고 노나라는 변하여 주나라의 道가 부흥되기를 바랬다. 복고주의자(復古主義者)로서의 공자의 염원이었다. 그러나 그의 이런 염원은 시대의 흐름에 역행되므로 이루어질 수 없었다.

(6-25) 觚^고不觚

> ▶ (予解) 공자께서 말씀하셨다. "팔아야 할까, 팔지 말아야 할까? 팔아야지! 팔아야지!"

<原文>

子曰: 觚^고不觚 觚哉 觚哉

<字解>

觚^고는 배와 다리 부분에 각기 네 개의 모서리가 있는 제례용 술잔이다.
觚는 沽(팔 고)의 假借字로 본다.

<解語>

　　원래 이 말의 해석을 둘러싸고는 여러 설명이 다르다. 모두 소개할 필요는 없다고 보아 그 중에서 나는 리링의 견해(1－337)를 따랐음만을 밝힌다. 논어 자한편 (9－13)에 보면 자공이 "여기에 아름다운 玉이 있다면 그것을 궤짝에 넣어 보관하시겠습니까, 좋은 장사꾼을 찾아서 파시겠습니까?" 라고 하자 공자가

"팔아야지(沽之哉)! 팔아야지! 나는 살 장사꾼을 기다리는 사람이다." 라고 하였다는 기록이 있다. 리링의 설명이 이와 같은 공자의 처지와 심정에 가장 부합하기 때문이다.

(6-26) 君子可欺

▶ (予解) 공자의 제자 재아가 여쭈었다. "어진사람은 누가 와서 우물 속에 사람이 빠졌다고 하면 어진 이는 그 사람을 찾으러 우물 속으로 들어갈 것입니다."

공자께서 말씀하셨다. "어찌 그렇게 하겠느냐? 군자로 하여금 우물까지 가게 할 수는 있어도 우물에 빠지게 할 수는 없다. 그를 속일 수는 있어도 우롱할 수는 없다."

〈原文〉

宰我問曰: 仁者 雖告之曰: 井有仁焉 其從之也

子曰: 何爲其然也 君子可逝也 不可陷也 可欺也 不可罔也

〈解語〉

宰我는 공자의 제자로 이름은 宰予이고 字는 子我이다.

罔은 이치에 맞지 않는 방법으로 우롱하는 것이다(류종목 207).

여기의 井有仁焉에 나오는 仁자는 人의 가차자(假借字)라고 보아야 한다(주자 234; 리링 1-339). 그래야 사리에 맞다.

그런데 이 말에서 井有仁焉 其從之也 라고 하여 그 끝의 말이 의문 어조사 乎가 아니라 단정의 뜻을 표시하는 어조사 也인 점에서 소라이는 이 말을 의문문 즉, "그 사람을 찾아 우물 속으로 들어갑니까?" 라고 해석하는 것(주자 234; 다산 2-103)은 옳지 않다고 본다(소라이 2-59).

(6-27) 約之以禮

> ▶(予解) 공자께서 말씀하셨다. "군자가 널리 글을 배우고 예로써 자신의 행동을 절제(約)한다면 역시 道에서 벗어나지 않을 수 있을 것이다."

〈原文〉

子曰: 君子博學於文 約之以禮 亦可以弗畔矣夫

〈字解〉

文 − 문헌, 전적, 문물, 詩書禮樂. 弗畔 ＝ 不叛

〈解語〉 안연편 (12 − 15)와 같다.

  '벗어나지 않는다' 함은 무엇에서 벗어나지 않는다는 것인가?

  군자는 선왕의 도 즉, 문과 예를 배우고 실천하는 사람이니 이를 널리 배우고 행동을 절제한다면 그 선왕의 도로부터 벗어나지 않게 되리라는 뜻이다.

(6-28) 子路不說

> ▶(予解) 공자가 南子를 만나자 자로가 기뻐하지 않았다. 이에 공자가 맹세(矢)하여 말씀하셨다. "내가 만약 예에 어긋나는 짓을 했다면 하늘이 나를 미워하지(厭)! 하늘이 나를 미워하지!"

〈原文〉

子見南子 子路不說 矢之曰: 予所否者 天厭之 天厭之

〈解語〉

  南子는 위나라 영공의 부인으로 음란하기로 악명이 높았다. 공자가 위나라에 갔을 때 그녀가 공자에게 만나주기를 청했다. 공자가 거절했지만 그녀가 집요하게 요구하는 바람에 공자는 부득이 그녀를 만났는데 자로가 이를 불쾌하게 생각했다(류종목 209).

스승에게 노골적으로 불쾌함을 표시하는 제자와 이런 제자에게 하늘을 걸어 맹세하는 스승의 모습이 참으로 눈길을 끈다. 不恥下問이 아니라 不恥下矢 라고 할만하다. 孔門의 禮가 형식에 얽매인 경직된 것이 아니었음을 알 수 있다.

(6-29) 中庸之爲德

> ▶ (予解) 공자께서 말씀하셨다. "중용의 덕 됨이 지극하도다. 그런데 백성들이 거기에 오래 머무는 이가 드물어졌다."

〈原文〉
子曰: 中庸之爲德也 其至矣乎 民鮮久矣

〈解語〉
中은 지나치지도 않고 모자라지도 않고 어느 한 쪽에 치우치지도 아니한 이상적인 상태이다(류종목 211).

庸은 平常이다. 변하지 않는 것이다.

民鮮久矣는 백성들 가운데 이런 덕을 지닌 이가 적은지 오래되었다는 뜻이다.

공자는 왜 중용을 지극한 덕이라고 했을까? 왜 도라 하지 않고 덕이라 했을까?

소라이(2-69)는 이렇게 설명한다. 「중용은 바로 사람 사람이 항상 쓰면서 쉽게 행할 수 있고, 심하게 높아 미치기 어려운 덕행이 아니다. 성인의 도는 중용보다 더 광대한 것이 있고 더 정미한 것이 있으며 더 고명한 것이 있다. 그러므로 중용을 도라고 여기는 것은 잘못이다.

천하는 크기 때문에 현명하고 지혜로운 자가 항상 드물고, 어리석고 불초한 사람이 항상 많다. 그러므로 심하게 높지 않아서 행하기 쉬운 일이 아니라면 어리석고 불초한 사람은 이를 할 수가 없다. 그러므로 오직 중용의 덕이라야 천하는 하나가 될 수 있다. 이것이 중용의 덕이 지극히 큰 까닭이다. 군자는 중용을 따라 仁聖의 덕으로까지 나아가지만, 소인이라면 최소한으로 오직 중용을 따를 뿐이다. 그러므로 여기에서는 특히 백성을 가지고 말한 것이다. 백성 가운데 중용을 행할 수 있는 사람이 드문지 오래인 까닭은 예악의 가르침이 폐하여지고 풍속이 무너졌기 때문이다.」

  매우 깊이 있는 이해에 터 잡은 설명이라고 나는 생각하므로 이를 소개하였다. 현대의 공산주의자들이 국민을 이런 저런 명분으로 편 가르기를 하는 현상은 백성을 중용으로 이끌고자 한 공자의 생각과는 크게 다르다. 중용은 그 덕이 지극함에 반하여 편가르기는 그 害가 지극하다. 永久矛盾論에 따르는 연속적인 편가르기는 공산주의자들의 전가보도(傳家寶刀)이다.

(6-30) 能近取譬

> ▶(予解) 자공이 말하였다. "널리 백성에게 은혜를 베풀고 민중을 어려움으로부터 구제해줄 수 있는 사람이 있다면 이 사람은 어떻습니까? 어질다고 할 수 있겠습니까"
>
> 공자께서 말씀하셨다. "어찌(何) 어짊에서 그치겠는가(事)? 틀림없이 성스럽다고 하겠다. 아마(其) 요임금과 순임금도 오히려(猶) 그렇게 하지 못함을 병으로 여기셨다(病). 어진 사람은 자신이 나서고 싶은 자리가 있으면(而) 다른 사람을 그 자리에 내세우고 자신이 도달하고 싶은 곳이 있으면 다른 사람을 그곳에 도달하게 한다. 가까운 것을 통하여(近) 깨달음(譬)을 얻을(取) 수 있다면 그것이 바로 仁의 경지에 이르는 방법이다."

〈原文〉

子貢曰: 如有博施於民而能濟衆 如何 可謂仁乎

子曰: 何事於仁 必也聖乎 堯舜其猶病諸 夫仁也 己欲立而立人 己欲達而達

人 能近取譬 可謂仁之方也己

〈字解〉

譬 — 깨우칠 비, 하나의 사실을 통하여 다른 사실을 미루어 알다(류종목 214).

近取譬 — 가까이서 깨달음을 얻다. 자기 또는 자기 가까이에 있는 것을 보고 남의 입장을 미루어 안다는 뜻이다(류종목 213).

〈解語〉

　人은 상류층 군자이고 民은 하층의 대중을 가리키는 말이라는 점에 주의하여야 한다.

● 仁과 聖

공자는 여기서 仁의 단계와 聖의 단계를 구별하고 있다.

이에 관한 리링(1−347)의 설명을 인용한다.

「仁과 聖에는 어떤 차이가 있을까? 공자는 仁은 자기가 일어서고 싶으면 남을 일으켜주고, 자기가 이루고 싶으면 남을 이루게 해주는 것이라고 말했다. 그것이 강조하는 것은 자기로부터 시작하는 것이며, 마음으로부터 마음을 헤아려 보고, 자기를 위하는 마음을 다른 사람에게까지 확장시켜 보는 것이다. 이것은 주로 개인의 수양에 해당된다. 개인의 수양이 좋다고 해서 꼭 사람에게 널리 은혜를 베풀어 천하의 백성을 구제해낼 수 있다는 것은 아니다. 박애는 그저 사랑하는 마음만으로 실천할 수 있는 것이 아니라 거기에 권력이 추가되어야 한다. 聖은 왕자의 도인데, 공자는 권력도 세력도 없었기 때문에 결코 그것을 달성할 수 없었다. 헌문편 14−42에는 자로의 물음에 공자가 대답한 것이 있다. 자로의 물음은 군자란 무엇인가 라는 것이었다. 공자의 대답은 세 단계로 나뉜다. 첫 번째 단계는 '공경하는 마음으로 자신을 수양하는 것' 즉, 나로부터 시작하는 것이다. 먼저 자기의 도덕 수양에서 시작해 주변 사람을 공경하는 마음을 가져야 한다. 두 번째 단계는 '자기를 수양하여 다른 사람을 편안하게 해주는 것' 즉, 도덕적 수양이 무척 훌륭할 뿐만 아니라 그 仁愛의 마음을 주변 사람을 안정시키는 데까지 확장해 나가는 것 즉, 자기가 일어서고 싶으면 남을 일으켜주고, 자기가 이루고 싶으면 남을 이루게 해주는 것이다. 세 번째 단계는 '자기를 수양하여 백성을 편안하게 해주는 것' 즉, 인애의 마음을 주변 사람뿐만 아니라 하층의 백성을 안정시키는 데까지 확장할 수 있어야 한다. 앞의 두 가지가 仁이고 뒤의 것은 聖이다. 공자는 '자기를 수양하여 백성을 편안하게 해주는 것은 요임금이나 순임금도 어렵게 생각하셨던 것'이라고 다시 말했다.」

仁과 聖의 구별에 대하여는 여러 설명이 있지만 여기 인용한 내용은 실제의 단계에 맞추어 구별을 시도함으로써 비교적 이해하기 쉽다.

제7편
述而

(7-1) 述而不作

> ▶ (予解) 공자께서 말씀하셨다. "나는 내가 터득한 옛것을 그대로 전술
> 하지 창작하지는 아니한다, 옛것을 믿고 좋아하니 나 자신을 은근히(竊)
> 우리 노팽에게 비겨본다."

〈原文〉

子曰: 述而不作 信而好古 竊比於我老彭

〈解語〉

공자는 옛 문헌을 정리하고 편찬하여 이를 제자들에게 전하고 가르치기는 하
였지만 직접 무슨 새로운 저서를 짓지는 않았다고 한다.

옛것이란 옛 날의 道이니 堯, 舜, 禹, 湯, 文, 武, 周公의 道를 말한다.

老彭에 대하여는 설명이 구구하다. 殷나라 대부 노팽이라는 설을 우선 따른
다(류종목 217).

노팽은 아마도 옛날의 성인이었는데 창작은 하지 않고 옛것을 전승하기만 한
모양이라, 공자가 저술은 하지 않고 제자를 가르치는 데 전념한 자신을 노팽에
비유하면서 그가 고대의 성인이었음을 고려하여 '은근히' 라고 겸손한 태도를
취했다고 생각한다. 我老彭이라 한 것은 공자가 殷나라 왕실의 후예인지라 殷
의 대부였던 老彭을 특히 我老彭이라고 불렀으리라 추측하기도 한다(다산
2-141).

(7-2) 誨人不倦

> ▶(予解) 공자께서 말씀하셨다. "묵묵히 마음에 새겨두는 것, 배우는 데 싫증내지 않는 것, 사람 가르치기를 게을리 하지 않는 것, 이런 일이 나에게 무슨 어려움이 있겠는가? (아무런 어려움도 없다.)"

〈原文〉

子曰: 默而識之 學而不厭 誨人不倦 何有於我哉

〈字解〉

識 — 기록할지. 誨 — 가르칠 회.

〈解語〉

默而識之를 류종목(218)은 묵묵히 외운다 라고 하고, 주자(245)는 묵묵히 마음에 담아둔다 라고 하고, 소라이(2-85)는 묵묵히 깨우친다, 스스로 깨우친다 라고 하고, 다산(2-145)과 리링(2-354)은 묵묵히 기억해둔다 라고 각기 풀이한다.

何有에 대한 해석도 구구하다.

① (이가원 101; 최근덕 157; 류종목 218; 주자 244): 이 가운데 무엇이 나에게 갖추어져 있는가? 무엇을 할 수 있겠는가? 제대로 갖추어진 것이 아무 것도 없다. 공자가 겸손하게 말한 것이다.

② (다산 2-145): 이런 것이 어찌 내게 있다 없다 하겠는가? (있다, 없다 하기에는 부족함을 말한다. 역시 공자의 겸손함을 내세운다.)

③ (소라이 2-85): 제자들이 스스로 터득하여, 싫증내지 않고 배우며, 게으름피지 않고 가르치니, 공자 나의 힘이 무슨 소용이겠느냐? 내 힘은 아무 소용이 없다.

④ (리링 2-354): 이런 따위가 나에게 뭐 별 것이겠는가? (아무 어려움이 없

다. 이인 4−13에 나오는 何有와 같은 어법이다.)

⑤ (予解): 나에게 무슨 어려움(문제)이 있겠는가? (아무런 어려움도 없다.)

⑥ 予解는 위 여러 설명 중에서 리링의 설명을 따랐다. 다른 설명들은 공자를 지나치게 도덕적인 면 즉 겸양의 면으로만 부각시킨 느낌이 든다. 한편 소라이의 설명은 배우기를 싫어하지 않고 가르치기를 게을리 하지 아니한 공자의 일관되고 분명한 평소의 생활 태도를 공자 스스로 일부러 뒤집어 말하는 느낌을 주어 자연스럽지 못하다. 리링의 해석이 공자의 심경을 그 중 솔직하고 자연스럽게 표현하는 해석이라고 생각한다. 공자의 배우고 가르치는 생활을 익히 알고 있는 제자들과 공부에 대해 얘기하면서 공자가 무엇 때문에 겸양을 보여 사실과 다르게 낮추어 말하고 또 사실을 뒤집어 말하겠는가?

(7-3) 德之不修

▶ (予解) 공자께서 말씀하셨다. "덕을 닦지 못하는 것, 先王의 道를 다시 밝히지 못하는 것, 의로운 일을 듣고서도 실천하지(徙) 못하는 것, 착하지 않은 것을 고치지 못하는 것, 이것이 나의 근심거리이다."

〈原文〉

子曰: 德之不修 學之不講 聞義不能徙 不善不能改 是吾憂也

〈解語〉

學은 선왕의 도와 예악이다 라고 다산(2−149)은 말하지만 예악은 원래 선왕의 도에 포함되는 것이므로 예악을 선왕의 도와 별개의 대상인 것처럼 설명함은 옳지 않다.

講은 한 때 어두워졌던 것을 다시 밝히는 것이다(다산 2−149).

不修, 不講, 不能徙, 不能改하여 공자를 근심케 하는 행위의 주체는 제자들인가? 공자 자신인가? 아니면 누구인가? 不講이 들어 있는 것으로 미루어 보면 공자 자신인 듯하다. 自省에서 나오는 自嘆이 아닐까?

(7-4) 申申夭夭

> ▶(予解) 공자께서 댁에 한가로이 계실 때면 태도가 느긋하고(申申) 얼굴 빛이 화평한(夭夭) 모습이셨다.

〈原文〉

子之燕居 申申如也 夭夭如也

〈字解〉

燕居－조정에서 퇴근하여 집에서 쉬는 것. 申－펼 신. 夭－얼굴 빛이 화평할 요.

(7-5) 不復夢見周公

> ▶(予解) 공자께서 말씀하셨다. "심하구나, 나의 노쇠함이! 오래되었구나, 내가 더 이상 주공을 꿈속에서 뵙지 못함이!"

〈原文〉

子曰: 甚矣吾衰也 久矣吾不復夢見周公

〈解語〉

周公은 주나라 문왕의 아들이요 무왕의 동생으로 무왕을 보필하고 조카인 성왕의 섭정이 되어 주나라의 예의와 제도를 확정하여 주나라의 정치와 문화의 기반을 다진 사람이다. 제후국 노나라의 시조이다. 공자는 그를 이상적인 인물로 추앙하여 성인으로 떠받들었다(류종목 221).

꿈속에서 더 이상 주공을 볼 수 없음을 한탄하는 것을 보면 공자의 주공에 대한 존경의 마음이 어느 정도였는지 짐작이 간다. '꿈에도 그린다' 라는 경우였는가?

(7-6) 志於道

▶ (予解) 공자께서 말씀하셨다. "도에 뜻을 두고 덕을 지키고 인에 의지하고 藝를 배우면서 노닐어야 한다."

〈原文〉

子曰: 志於道 據於德 依於仁 游於藝

〈解語〉

① 공자는 里人편 (4-8)에서 朝聞道 夕死可矣 라고 말했다. 공자가 이런 정도로 간절하게 뜻을 두었던 道란 무엇일까? 여기서 말하는 도와 里人 (4-8)에서 말하는 도는 필경 같은 도일 터이니 과연 그 도란 무엇일까?

우선 里人 (4-8)에서 내가 도에 관하여 생각했던 부분을 여기에 옮겨 놓는다.

【주자(139): 도란 사물의 당연한 이치이다.

최근덕(90): 도는 사물의 당연한 이치이다. 진리, 올바른 도리, 바른 길.

이가원(52): 진리.

리링(1-213): 진리.

소라이(1-297): 文王과 武王 즉, 先王의 道이다.

우선 소라이의 설명은 옳지 않다. 先王의 道는 예와 악인데 공자는 周나라의 文物을 통하여 이미 그 禮樂을 잘 알 수 있었고 또 실제로도 누구보다도 잘 알고 있었으므로 그것이 행하여지지 않음을 안타깝고 슬프게 생각은 하였을망정 그것을 알지 못하여 아침에 들으면 저녁에 죽어도 좋다고 할 정도로 간절히 더 알고자 하는 심정은 아니었을 상황이라고 짐작하기 때문이다.

나머지 다른 설명은 오늘날 우리가 일반적으로 짐작하는 도에 대한 설명으로는 타당하지만 당시의 공자가 '아침에 들으면 저녁에 죽어도 좋다'고 할 정도로 간절히 알고자 하는 그런 도에 대한 설명으로는 좀 미흡하다.

결국 공자가 평생 추구한 바 즉, 말하고 가르친 바에 따라 짐작할 수밖에 없는데 그렇다면 그것은 仁일 것이다. 즉 仁의 본질과 작용, 그리고 그 실천방법에 관한 문제가 아니었을까?

聞道는 들어 깨닫는다는 뜻이다. 혼자서 참선해서 깨닫는 그런 의미는 아니고 널리 듣고, 묻고, 생각해서 깨닫는다는 그런 의미로 이해한다. 즉, 공자가 평생 강조한 '學'을 통해서 깨닫는다는 뜻이라고 생각한다.】

결국 그 때 생각했던 바의 요지는, 공자가 평생 동안 學을 통해서 깨달은 道는 仁의 본질과 작용, 그리고 그 실천방법에 관한 문제이리라는 추측뿐이었다. 지금도 이런 단계에서 한 걸음도 더 전진하지 못하고 있다.

결국 도는 仁인데 그 내용에 대하여는 아직도 내가 자신 있게 설명할 깨달음이 없다. 다만, 오늘(2017. 7. 19)까지 이 글을 쓰면서 논어를 읽은 바로는 인은 忠과 恕라고 생각하고 있다. 구체적인 내용은 부끄럽지만 뒤로 미룰 수밖에 없다.

② 德은 몸과 마음에 배어있는 올바르면서도 남을 보살피는 따뜻한 기운을 덕이라고 생각한다. 據라함은 지켜서 움직이지 않는 것이다. 그러므로 據於德은 덕을 굳게 지킨다는 뜻이다.

③ 依於仁은 항상 인을 기준으로 하여 판단하고 행동한다, 즉 인을 실행하려고 노력한다는 뜻이 아닐까?

④ 游於藝에서 藝는 당시의 禮, 樂, 射, 御, 書, 數의 재능이나 기능이다. 游는 어떤 기능을 배우거나 즐기면서 노는 것이다.

(7-7) 自行束脩以上

> ▶ (予解) 공자께서 말씀하셨다. "속수의 예 이상을 스스로 행한 사람이면 내가 일찍이 가르치지 않은 일이 없다."

〈原文〉
子曰: 自行束脩以上 吾未嘗無誨焉

<字解>

自-~으로부터 라는 전치사, 또는 스스로.

나는 이 문장에서는 '스스로'라고 이해함이 맞다고 생각한다(박기용 279). 行을 수식하는 부사이다.

속수(束脩)는 육포 묶음으로 처음 사람을 찾아올 때 드리는 예물 가운데 가장 등급이 낮은 것이다. 예물이지 학비는 아니었다.

<解語>

  공자는 제자의 출신을 가리지 않았고 다만, 스승을 뵙는 예물을 가지고 왔는지만 따졌다는 뜻이다.

(7-8) 不憤不啓

▶(予解) 공자께서 말씀하셨다. "알려고 애쓰지(憤) 않으면 가르쳐주지(啓) 않고 표현하지 못하여 더듬거리지(悱) 않는다면 일러주지(發) 않으며 한 모퉁이를 들어 보였을 때 나머지 세 모퉁이를 알 만큼 반응하지 않으면 더는 반복해서 가르치지 않는다."

<原文>

子曰: 不憤不啓 不悱不發 擧一隅不以三隅反 則不復也

<字解>

悱-표현하지 못할 비.

(7-9) 子食於有喪者之側

▶(予解) 공자께서는 상을 당한 사람 곁에서 식사를 하실 때에는 일찍이 배부르게 잡수신 적이 없었다.

〈原文〉

子食於有喪者之側 未嘗飽也

〈解語〉

　왜 그랬을까? 상사에서는 상주나 조문객이나 모두 그 기본 마음가짐이 슬픔이니 슬퍼하는 사람이 어찌 배부르게 먹을 마음이 나겠는가. 자연스런 현상이다.

　또 하나의 이유는 恕에 있다. 仁은 恕를 위주로 하는데 恕는 남의 정상을 잘 살펴 동정하는 마음이다. 상을 당하여 슬퍼하면서 제대로 먹지 못하는 상주의 마음을 잘 살필 줄 아는 사람이 어찌 그 곁에서 혼자 배불리 먹을 수 있겠는가.

(7-10) 是日哭則不歌

> ▶ (予解) 공자께서는 곡을 하신 그 날에는 노래를 부르지 않으셨다.

〈原文〉

子於是日哭 則不歌

(7-11) 暴虎馮河

> ▶ (予解) 공자께서 안연에게 말씀하셨다. "등용하여 써주면 도를 행하고 버리면 그대로 숨어 사는 일은 오직 나와 너만이 할 수 있겠다."
> 자로가 말하였다. "스승께서 삼군을 지휘하신다면 누구와 함께 하시겠습니까?"
> 공자가 말씀하셨다. "무기 없이 맨주먹으로 호랑이를 잡고(暴虎) 배 없이 맨 발로 강을 건너다가(馮河) 죽어도 후회하지 않는 사람과는 나는 함께 하지 않는다. 반드시 일에 임하면 두려운 듯이 신중하며 잘(好) 계획을 세워 성공하는 사람과 함께 하겠다."

子謂顔淵曰: 用之則行 舍之則藏 惟我與爾有是夫

子路曰: 子行三軍 則誰與

子曰: 暴虎馮河 死而無悔者 吾不與也 必也臨事而懼 好謀而成者也

〈字解〉

三軍 - 큰 제후국의 군대 전체.

暴虎 - 포호라고 읽고 무기 없이 맨주먹으로 호랑이를 잡는 것을 말한다. 리링 (1-369)은 '폭호'라고 읽고 사냥용 수레도 타지 않고 호랑이를 잡는 것이라고 풀이한다.

馮河(빙하) - 배 없이 맨 발로 강을 건너다.

暴虎馮河는 詩經 小雅 小旻의 마지막 련에 나오는 말을 공자가 인용한 것이다. 위 시의 전문은 태백편 (8-3)의 ＜解語＞ 끝 부분에 소개하였다.

(7-12) 富而可求也

▶ (予解) 공자께서 말씀하셨다. "벼슬(富)이라고 하는 것이 추구해서 얻을 수 있는 것이라면 비록 채찍을 잡는 천한 미관말직의 일이라도 나 역시 하겠지만 추구해서 얻어지는 것이 아니라면 차라리 내가 좋아하는 바(道)를 따르겠다."

〈原文〉

子曰: 富而可求也 雖執鞭之士 吾亦爲之 如不可求 從吾所好

〈解語〉

富를 문자 그대로 재산이 많은 것으로 대부분 해석한다. 그러나 다산 (2-176)은 그 시대에는 벼슬하지 않으면 부를 얻을 수 없었으므로 오히려 벼슬 즉 '貴'에 중점이 있다는 취지로 말한다. 따라서 執鞭之士는 말단의 관리를 이르는 말이라고 한다.

可求를 다산(2-177)은 벼슬을 할만한 治世를 가리키고 不可求는 난세를 가리킨다고 말한다.

不可求라는 말은 당시에는 부와 귀가 출신과 혈통에 의해 태어나면서 바로 결정되었기 때문에 선택할 방법이 없었고 오직 하늘과 운명에 따를 수밖에 없었으므로 이를 추구해서는 안 되는 것임을 의미한다(리링 2-371) 고 한다.

공자의 吾所好는 무엇인가? 추측할 수밖에 없는데 주자(255)는 '義理'라고 했고 소라이(2-106)는 공안국의 설을 따라 '옛 사람의 도'라고 했고 리링(2-373)은 '도'라고 했다. 공자가 좋아한 것은 선왕의 도라고 할 것이니 여기서도 그것이라고 보아야 하겠다.

이상을 종합해서 나는 다음과 같이 이해한다. "벼슬이라는 것이 열심히 노력한다고 해서 얻어지는 것이라면 비록 미관말직이라도 나 역시 하겠지만 그런 것이 아니라면 나는 차라리 내가 좋아하는 도를 즐기며 숨어 살겠다."

오늘날은 어떤가. 富와 貴가 출신과 혈통에 의해 태어나면서 바로 결정되지는 않는다. 타고 나는 경우도 있지만 재능과 노력에 의해서 얻어질 수도 있는 시대이다. 그러나 가난한 나라의 가난한 집안에서 별다른 재주도 없이 태어난 경우에는 아무리 노력을 해도 富貴란 정말로 얻기 어렵다. 어떻게 해야 하나? 방법은 세 가지이다. 하나는 무리를 지어 무리의 힘으로 살 길을 찾아 나서거나 권력자에게 아첨하여 寄生하는 것, 다른 하나는 혼자서 자기가 좋아하는 일을 하면서 安貧하는 길, 또 하나는 새로운 세상을 찾아 이민을 가는 것 이렇게 세 가지이다. 첫 째는 쉬운 길이지만 十中八九는 패망하는 길이요, 둘 째는 어렵긴 하지만 확실히 성취하는 길이다. 셋 째는 성패가 반반이다. 공자는 둘째와 셋 째의 길을 권하는데(공야장편 5-7 참조) 이것은 현대에도 통한다고 생각한다.

(7-13) 所慎齋戰疾

▶ (予解) 공자께서 조심하신 것은 재계를 하는 일, 전쟁 그리고 질병이었다.

<原文>

子之所愼 齋戰疾

<字解>

齋는 齊와 같다. 제사에 앞서 몸과 마음을 가다듬고 거처를 청결히 하는 일
이다.

(7-14) 聞韶三月不知肉味

> ▶ (予解) 공자께서 제나라에 계실 때 '소'라는 음악을 들으시고 석 달
> 동안 고기 맛을 모르시었다. 그 때 말씀하시었다. "음악이 이런 정도에
> 까지 이르리라고는 생각지(圖) 못하였다."

<原文>

子在齊聞韶 三月不知肉味 曰: 不圖爲樂^악之至於斯也

<字解>

韶 – 태평성세를 구가한 舜임금 때의 음악. 圖 – 예상하다.

<解語>

史記 공자세가에는 '삼월' 위에 '學之' 라는 두 글자가 더 쓰여 있다. 이렇게
되면 三月이 고기 맛을 잃은 기간이 아니라 소라는 음악을 배운 기간이 된다.

공자는 좋은 음악을 듣고 고기 맛을 잃을 정도로 음악 사랑이 지극했다고 한
다. 다산(2-181)에 의하면 천자만이 연주하게 할 수 있는 '소' 라는 음악을 제
후나라에 불과한 제에서 연주하는 것을 보고 공자가 격노하여 고기 맛을 잃었
다고 설명하는 주석도 있다.

참고로 '소'에 관한 음악가(황병기 257)의 글을 소개한다.

「서양음악 중 '소'의 수준에 달한 곡을 꼽으라면 J. S. 바흐의 <무반주 바이

올린 독주곡 파르티타 2번> 중 <샤콘느 Chaconne>를 듣고 싶다. …샤콘느에서는 아무 반주도 없이 바이올린의 단성만으로 약 18분간을 끌고 가는데 그 솜씨에 압도당하고 만다. …공자는 순임금 시대의 '소'와 무임금 시대의 '무'라는 곡을 대비시켜 다음과 같이 말했다. "소는 아름다움을 다했고 선함도 다했다(盡美盡善). 무는 아름다움을 다했으나 선함을 다하지는 못했다."(팔일편 3-25)

어떤 음악이 아름다움을 다했다는 것은 이해하기 쉽지만 善함을 다했다는 것은 무슨 뜻인지 이해하기 어려울 수도 있다. 대개 기교가 뛰어난 연주가들이 자기의 전공 악기를 위하여 작곡한 곡들은 아름다움을 다하면서도 선함이 부족한 느낌이 든다. 예를 들면 사라사테의 유명한 바이올린 협주곡 <지고이네르바이젠>은 현란한 바이올린의 기교를 보여 주어 아름답지만 선함을 다한 음악이라 할 수는 없을 것 같다. 이에 비해 앞서 언급한 바흐의 <샤콘느>는 아름다우면서도 선함을 다한 음악이라 할 수 있다.

샤콘느는 연주 시간이 18분 정도의 대곡으로 …시종 d단조의 느린 3박자로 일관하는데, 처음에 나타난 장중한 주제선율이 다양한 형태로 변주되어 1박이 2분 되고 4분 되고 8분 되면서, 반음계적 상행선율과 하행선율이 대화하듯이 주고받기도 한다. 끝 부분에 나타나는 같은 음 반복이 움직임을 자제하면서 오히려 가슴을 저리게 하지만, 이어서 6분음들로 이루어진 상행선율이 연속적으로 수차례 나타난 후, 여세를 몰아서 8분음으로 급속히 상행했다가 하행하여 정적을 이루면, 문득 최초의 주제선율이 다시 나타나면서 전곡의 대미를 이룬다. 참으로 아름다울 뿐만 아니라 선함을 다한 명곡이 아닐 수 없다.」

(7-15) 夫子爲衛君乎: 생략

(7-16) 飯疏食飲水

▶(予解) 공자께서 말씀하셨다. "거친 밥(疏食소사)을 먹고(飯) 찬 물을 마신 뒤 팔을 굽혀(曲肱) 베개를 삼아(枕之) 누워도 즐거움이 그 가운데

있다. 의롭지 않은 방법으로 얻는 부귀는 나에게 뜬 구름과 같다.”

〈原文〉

子曰: 飯疏食飲水 曲肱^굉而枕之 樂亦在其中矣 不義而富且貴 於我如浮雲

〈解語〉

樂亦在其中의 즐거움은 무엇인가?

주자(261)는 성인의 마음은 천리에 혼연한 바가 있으니 그것이 즐거움이다 라고 본 듯하다.

소라이(2-114)는 天命이라고 보았다.

나는 이렇게 이해한다. 그 해답은 공자의 생활 속에서 찾아야만 한다. 그렇다면 飯疏食飲水 曲肱^굉而枕之하는 생활 그 자체가 즐겁다는 뜻은 우선 아니다. 오히려 그처럼 곤궁한 생활을 비록 할지라도, 仁을 배우고 가르치고 실천하는데는 아무런 지장이 없다. 그렇게 인을 배우고 가르치고 실천하는 일을 공자 나는 즐거움으로 알고 있으니 그런 즐거움은 곤궁한 생활 가운데에도 여전히 있다. 이런 뜻이라고 나는 이해한다.

뜬 구름과 같다 라는 것은 마치 뜬 구름이 뿌리가 없는 것과 같아서 不義한 富貴는 빨리 얻고 빨리 잃는다는 뜻이다.

(7-17) 五十以學易

▶(予解) 공자께서 말씀하셨다. “나에게 몇 년의 나이를 더 보태어주어 주역을 마저 배울 수 있게 한다면 (주역을 잘못 이해하는) 큰 과오가 없게 할 수 있으리라.”

〈原文〉

子曰: 加我數年 五十以學易 可以無大過矣

〈解語〉

(가) 史記 世家의 孔子世家(사마천 4-448)에는 加我數年의 加가 假로 되어 있다. 리링(1-382)에 의하면 加와 假는 통용되었는데 여기서는 假가 맞을 것 같다고 한다.

주해자에 따라 해석이 많이 다르다.

결론 삼아 내 생각을 먼저 적는다.

먼저 다음 세 가지 사실이 전제되어야 한다. 첫째는 공자는 젊어서부터 일찍이 易을 공부하고 가르쳤다는 사실이다. 그가 젊어서부터 평생을 공부하고 가르친 것은 선왕의 도이었고 그 교재는 구체적으로는 시, 서, 예, 악, 춘추, '易'이었으니 그렇게 보지 않을 수 없다. 그럼에도 불구하고 뒤에서 소개하는 바와 같이 대부분의 주해들은 공자가 오십에 가까운 나이에 이르러 역을 공부한 것처럼 전제하고 있는데 이는 잘못이다. 둘째로는 사기의 공자세가(사마천 4-448)를 보면「공자는 말년에 易을 좋아하여 彖(단), 繫(계), 象(상), 說卦(설괘), 文言(문언) 편을 정리하였다. 그는 죽간을 꿴 가죽 끈이 세 번이나 끊어질 (韋編三絶) 만큼 易을 무수히 읽었다. 공자가 말하기를 "만약 나에게 몇 년의 시간을 더 준다면 나는 易에 대해서는 그 文辭와 義理에 다 통달(彬彬)할 수 있을 것이다."라고 하였다.」는 기록이 있다. 이 기록에 의하면 加我數年 若是 我於易則 彬彬矣 라는 말을 공자가 그 말년에 이르러 하였고 그 말 가운데에는 '五十'이라는 글자가 없다는 사실이다. 셋째로 주자 당시에도 이미 '五十'이라는 글자는 없고 그 자리에 대신 '卒'자가 기록된 판본이 존재하였다는 사실이다(주자 262).

이런 세 가지 사실을 종합하여 보면 공자가 이 章에서 한 말은 그가 말년에 이르러 주역을 정리하면서 과거 주역을 공부하던 시절을 회고하고 아직도 역의 공부가 미진함을 아쉽게 생각한 나머지 "지금이라도 몇 년만 더 나이를 빌려 살 수 있다면 주역공부를 더 해서 마칠 수 있을 터인데"라고 탄식한 내용이라고 생각한다. 나의 이런 견해는 '五十'은 '卒'의 오기라고 보는 견해를 따르는 셈이다.

(나) 참고로 다른 견해들을 소개한다.

① 다산(2–203): 나에게 몇 년의 나이를 빌려주어(假) 쉰에 易을 배울 수 있다면 큰 허물은 없을 수 있을 것이다.

加를 假의 뜻으로 본다. 오십이 되기 數年前에 한 말로 본다.

그런데 배우는 장래의 始期를 왜 하필 50세로 보는지에 대하여 설명이 없어 조금 이상하다. 오십이 되기 數年前에 한 말이라면 그 때부터라도 역을 공부하면 되지 왜 오십까지 기다렸다가 해야 하는지 이상하고, 또 왜 몇 년의 나이를 더 빌려야 하는지도 이상하다.

② 임동석(주자 261): 나에게 몇 년 만 더 시간을 주어 쉰 살부터 역을 배울 수 있게 해준다면 큰 허물은 없을 텐데.

위 ①과 같이 오십이 되기 數年前에 한 말로 본다. 그런데 위 ①에서 지적한 이상한 점이 여기서도 드러난다.

③ 이가원(108), 소라이(2–115): (그 동안 주역을 배워보니) 나에게 몇 년을 더 보태주어 오십 살까지 주역을 배운다면 큰 허물이 없게 될 수 있겠다. 역시 오십이 되기 數年前에 한 말로 본다.

오십을 시작점으로 보지 않고 종점으로 본다. 특정 분야를 언제까지 배우겠다는 각오나 계획은 보통 있을 수 있으므로 이렇게 해석하는 것은 별로 이상할 것이 없다. 그러나 오십이 되기 數年前에 한 말이라면 그 때부터라도 역을 공부하면 되지 왜 몇 년의 나이를 더 빌려야 하는지 이상하다.

④ 리링(2–382): 내가 몇 년 동안 틈을 내서 오십 세의 나이로 易을 배워 큰 잘못이 없게 할 수 있었다.

오십이 지난 뒤에 과거를 회상하면서 한 말로 본다. 다만, 여기서 왜 加我數年 이라고 말했는지가 잘 설명이 안 된다.

⑤ 주자(262), 최근덕(167): 나에게 만일 몇 해 만 더 연장해 주어 주역 공부를 마치게(卒) 한다면 큰 허물이 없게 할 수 있을 것이다.

원문의 五十을 卒의 오기라고 한다. 卒을 破字하여 세로 방향으로 읽으면 五와 十이라는 글자가 되고 이는 卒과 모양이 비슷하여 오기했다고 추리하는 것인데 그럴 수도 있으리라.

(다) 無大過의 過는 무엇에 대한 過인가? 소라이(2−116)는 주역의 이해에 있어 큰 오류를 범하는 잘못이라고 설명한다. 맞다고 생각한다. 사기에 인용된 공자의 말 즉, 易에 대하여 통달할 수 있다(我於易則彬彬矣) 라고 한 것과 부합되기 때문이다. 彬彬은 잘 갖추어져 빛나다 라는 뜻이다. 도덕상의 과오나 세상사 일반의 처리에서 범하는 과오는 아니다. 그러나 주자는 "역을 배우면 吉凶消長의 이치와 進退存亡의 도에 밝게 된다. 그 때문에 大過가 없을 수 있는 것이다." 라고 설명한다.

(7-18) 子所雅言

> ▶ (予解) 공자께서 雅(표준어)로 말씀하신 바(과목)는 詩(詩經)와 書(書經)였다. 예를 집행하실 때도 모두 雅를 쓰셨다.

〈原文〉
子所雅言 詩書 執禮 皆雅言也

〈字解〉
雅는 바르다 라는 뜻이니 아언은 바른 말이고 이는 현대어로 말하면 표준말이다. 子所雅言은 '공자께서 雅로 말씀하신 바' 라는 뜻이다.
詩는 詩經으로, 고대의 민요와 송가 등을 모은 책. 書는 書經으로 夏, 殷, 周 三代의 정령을 모은 책.

〈解語〉
이 짧은 말도 해석은 갖가지이다.
予解는 리링(2−385)의 설을 따랐다.
주자(263)는 雅를 '평소에', '항상'의 뜻이라고 했다. 그리하여 "공자께서 평소에 항상 말씀하시던 것은 시경과 서경 및 집례에 관한 이야기였다." 라고 해석한다(다산 2−209, 최근덕 168, 이가원 109도 모두 같은 취지이다).

소라이(2-117)는 雅言을 '정확하게 말하다' 라는 뜻으로 보았고 그 결과 이 말을 "공자가 정확하게 말한 것은 시경과 서경이었고 예를 가르치는 사람(執禮)은 모두 정확하게 말하였다." 라고 풀이한다.

'정확하게 말하다' 라는 것은 피하지 않고 숨기지 않는다는 뜻이라고 한다.

공안국이 "雅言은 正言이다." 라고 말한 바와 같은 취지이다.

리링(2-385)은 雅言을 고대의 표준말 즉, 夏言이라고 본다. 그리하여 "공자가 표준말로 말씀하신 것은 시경과 서경이었고, 예를 집행하실 때는 모두 표준말을 쓰셨다." 라고 풀이한다.

생각컨대 공자가 평소에 늘 詩와 書, 그리고 예악을 가르치고 토론한 사실 그 자체는 새삼 말할 필요가 없는 그야말로 公知의 사실이다. 그런데 무슨 일로 여기서 새삼 이 공지의 사실을 언급하고 있는지 그 이유를 알 수 없다. 주자의 풀이에는 그 이유가 나와 있지 않다.

나는 다음과 같이 생각한다.

아마도 당시에는 중국에 표준말이라고 할 것이 없어서 지방 마다 그 말이 다르고 부족이나 계층에 따라서 그 사용하는 말이 달랐을 터이다. 당시에 夏나라는 고대세계의 문명의 빛이었고 따라서 夏나라의 말 즉, 夏言이라는 것이 바른 말 즉 雅言으로서 문화계층의 공용어 내지 표준어 역할을 했던 모양이다(리링 2-385). 삼천 명이 넘는다고 하는 수많은 공자의 제자들은 전국 각지에서 모여들었고 그들 모두 자기 고국의 방언을 쓰는 사람들이었다. 따라서 이런 제자들을 상대로 강론하는 공자로서는 사용할 말을 선택하지 않을 수 없었으리라. 이런 상황이었으므로 詩書禮를 강론하거나 예를 집전할 때에 공자가 이 아언을 사용했다는 사실이 그 강의를 듣는 제자들서는 중요한 사항이었고 그래서 제자들이 이 말을 논어에 올린 것이 아닐까.

이런 나의 생각에 따르면 '아언은 표준어' 라고 한 리링의 풀이가 가장 합리적이다. 그래서 予解는 리링의 설을 따랐다.

(7-19) 發憤忘食

> ▶(予解) 섭공이 자로에게 공자에 대하여 물었는데 자로가 대답하지 않았다. 이에 공자께서 말씀하셨다. "'그의 사람됨이 분발하면 밥 먹기를 잊고, 음악을 통하여(以) 근심을 잊으며, 늙음이 곧 닥쳐온다는 사실조차도 모르는, 그런 사람이라고 이를 뿐(云爾)입니다'라고 너(女)는 왜(奚) 말하지 않았느냐?"

〈原文〉

葉公問孔子於子路 子路不對 子曰: 女奚不曰 其爲人也 發憤忘食 樂^악以忘憂
不知老之將至云爾

〈解語〉

대부분의 주해자들이 樂^악以忘憂를 樂^낙以忘憂 라고 하여 '즐기느라 근심마저 잊으며' 내지 '즐거움으로 근심을 잊으며' 라고 풀이한다.

그러나 내 생각에는 즐거움과 근심은 동시적으로 존재할 수는 없다. 보통은 그렇다. 즐거움이 생기면 근심은 저절로 사라지고, 근심이 생기면 저절로 즐거움은 사라진다. 그러므로 즐거움으로 근심을 잊는다, 또는 즐기느라 근심을 잊는다 함은 同語反復이라 무의미하다. 의미가 있으려면 무엇을 즐기는지를 함께 말해주어야 한다. 바꾸어 말하면 즐거움을 생기게 하는 원인 또는 근심을 사라지게 하는 원인, 그 원인이 되는 어떤 사물이나 일을 말해주어야 한다. 예컨대 음악을 아주 즐기는 사람 같으면 무슨 근심이 있다가도 자기가 좋아하는 음악을 듣거나 연주하면 근심을 잊게 된다. 공자는 소(韶)라는 음악을 듣고 석 달 동안 고기 맛을 잃어버린 사람이다. 그러니 여기서는 공자가, '자기는 음악을 통하여 근심을 잊는' 사람이라고, 스스로를 평가하는 것이라고 보아야 적절한 풀이가 되지 않을까.

주자(264)는 "아직 얻지 못하면 발분하여 밥 먹는 것조차 잊고, 이미 얻었다면 즐거워하느라 근심을 잊는다." 라고 주해한다. 그러나 얻고자 하는 대상이 무엇인지에 대하여는 설명이 없다. 소라이(2−119)는 주자의 주해가 옳다고 하면서 그 얻고자 하는 대상은 '理致의 깨달음'이라고 덧붙인다. 주자의 주해는 설명이 부족했고 소라이의 덧붙임은 실증적 근거의 제시가 없는 추측이다.

忘憂는 無憂 내지 不憂와는 다르다. 만일 공자가 도를 즐거워하여 아무런 근심이 없다고 말하고자 했다면 樂以忘憂가 아니라 樂而無憂 또는 樂而罔憂라고 혹시 하지 않았을까?

(7-20) 生而知之

▶ (予解) 공자께서 말씀하셨다. "나는 태어나면서부터 곧 알고 있는 사람이 아니라 옛것을 좋아하여 부지런히 그것을 탐구한 사람이다."

〈原文〉

子曰: 我非生而知之者 好古 敏以求之者也

〈解語〉

공자는 자신을 生而知之者가 아니라고 했을 뿐이니 이 말을 가지고 마치 生而知之者도 있음을 긍정한 것으로까지 확장할 일은 아니다.

배우지 않고 어찌 알 수 있겠는가. 배우는 속도, 알게 되는 깊이와 범위에 사람마다 재능에 따라 차이가 있을 뿐이다.

古는 무엇일까? 先王 즉, 요, 순, 우, 탕, 문, 무, 주공 시대의 문물에 관한 문헌과 典籍일 것이다. 先王의 道라고 풀이함은 너무 지나치리라.

敏을 '민첩하게'(주자 265) 라고 풀이하기 보다는 '힘써'(소라이 2−121) 내지 '부지런히'(최근덕 170) 라고 풀이하는 편이 낫겠다.

(7-21) 不語怪力亂神

▶ (予解) 공자께서는 괴이한 초능력(力)과 세상을 어지럽히는 난잡한

귀신에 관한 일은 가르쳐 말씀하지 않으셨다.

〈原文〉

子不語怪力 · 亂神

〈字解〉

亂－悖亂. 神－天神과 人鬼.

〈解語〉

공자는 상식과 합리를 존중하고 질서를 존중하는 사람이었다.

여기의 語는 일상 대화에서의 말이 아니라 제자들을 가르쳐 하는 말이라고 한다(소라이 2－123).

「怪는 초자연적이고 반자연적인 각종 기적을 가리킨다.

力은 포악하고 위세를 부리는 것, 힘으로 사람을 굴복시키는 것 등을 가리킨다.

亂은 도리나 질서를 어지럽히는 것을 가리킨다.

神은 귀신에 대한 일이다.」(리링 1－389)

다산(2－219 이충)은 「힘이 順理를 말미암지 않을 때 이는 怪力이며 神이 바른 것을 말미암지 않을 때 이는 亂神이다. 괴력과 난신은 사악한 것과 관련되어 있어 가르침에 아무 보탬도 없기 때문에 말하지 않은 것이다.」라고 설명한다.

보통은 怪, 力, 亂, 神을 따로 따로 네 개의 것으로 봄에 반하여 다산이 소개하는 이충의 견해는 怪力과 亂神의 두 개로 나누어 보는 점(황병기 245도 같다)에서 특이하다. 나는 오히려 이 견해가 보다 단순하면서 상식에 부합한다고 생각하므로 이 설을 따른다.

(7-22) 必有我師

▶(予解) 공자께서 말씀하셨다. "세 사람이 함께 길을 가면 거기에는 반드시 나의 스승이 있다. 그 가운데 나보다 나은 사람의 좋은 점을 골라 그것을 따르고 나보다 못한 사람의 좋지 않은 점을 보면 나 자신에게 있는 그런 점을 바로 잡는다."

〈原文〉

子曰: 三人行 必有我師焉 擇其善者而從之 其不善者而改之

(7-23) 天生德於予

▶(予解) 공자께서 말씀하셨다. "하늘이 나(予)에게 덕 있는 사람을 기르라고 하는 사명(德)을 부여하였는데 환퇴 그가 나를 어떻게 하겠는가?"

〈原文〉

子曰: 天生德於予 桓魋其如予何

〈解語〉

송나라 司馬 환퇴가 공자를 죽이려 하여 제자들이 공자에게 급히 피하라고 하자 공자가 대답한 말이다. 공자 나이 60세 때의 일이라고 한다(리링 1-392).

天生德於予는 직역하면 '하늘이 나에게 덕을 주었다'는 것인데 어떻게 이것이 '하늘이 나(予)에게 덕 있는 사람을 기르라고 하는 사명(德)을 부여하였다'라고 풀이되는가?

생각해보면 하늘이 공자에게 덕을 주었다고 하여 환퇴가 공자를 해치는 데 이것이 무슨 장애가 되겠는가? 훌륭한 덕을 지녔음에도 불구하고 나쁜 사람에게 무고하게 해를 입는 일이 한둘이 아니지 않은가?

하늘이 공자를 보호하기 때문에 환퇴가 그를 해치려 하여도 성사가 되지 않는다는 것일 터인데 하늘이 그를 보호하는 이유는 무엇일까? 공자가 '天生德'이라고 말한 마당에는 덕과 관련하여 그 이유를 생각해보아야 할 것이다.

그렇다면 하늘의 바람은 무엇인가? 나는 다음과 같이 생각한다.

『앞으로 계속하여 덕 있는 사람이 이 세상에 나와 천하를 편안하게 만들기를 하늘은 바라고 있다. 하늘은 그 바람을 이루기 위하여 공자를 세상에 내보내 덕 있는 사람을 양성하도록 임무를 주었다. 그리고 공자가 그 임무를 성공적으로 수행하도록 보호하고 있다.』

공자는 이런 생각을 하고 있었고 이것이 단순한 생각에 그치지 않고 확고한 깨달음으로 그에게 자리하고 있었다. 공자의 이런 확신이 옳은 것이지 그른 것인지는 사람마다 시대마다 평가가 다를 수 있다. 그러나 공자는 이를 옳은 것으로 확신하여 한결같았고 후세의 사람들은 그런 공자를 성인으로 추앙하고 있으니 이제 와서 누가 그를 시비하겠는가?

나는 궁리 끝에 이렇게 생각을 정리하고 ▶(予解)와 같이 해석하였다. 다른 주석들을 보아도 속 시원하게 이해가 안 되어 찜찜하였는데 이제 이렇게 정리하고 나니 마음이 개운하다.

德을 이가원(111)은 使命이라 풀이 했고 소라이(127)는 덕 있는 사람을 기르라고 하는 사명이라고 풀이했다. 이런 풀이들이 나의 궁리에 단서가 되어주었다.

공자가 匡땅에서 포위되어 고난을 겪을 때 공자가 한 말(자한편 9-5)을 참고할 것.

(7-24) 吾無隱乎爾

▶(予解) 공자께서 말씀하셨다. "너희들은 내가 숨긴다고 생각하느냐? 내가 한 일(行) 중에 너희들과 함께(與) 하지 않은 것이 없다. 이것이 바로 나(丘)라는 사람이다."

<原文>

子曰: 二三子我爲隱乎 吾無隱乎爾 吾無行而不與二三子 是丘也

<字解>

二三子－너희들, 여러분.

<解語>

　공자는 제자들을 가르치는 방식이 "알려고 애쓰지 않으면 가르쳐주지 않고 표현하지 못하여 더듬거리지 않는다면 일러주지 않으며 한 모퉁이를 들어 보였을 때 나머지 세 모퉁이를 알 만큼 반응하지 않으면 더는 반복해서 가르치지 않는다."(술이편 7－8) 라고 하는 식이었다. 그러므로 일부 제자들은 공자가 뭔가를 숨긴다고 생각하였다. 그래서 공자가 이런 말을 하였을 터이다.

　不與의 與를 주자(269)는 보여주다(示)로 해석한다.

(7-25) 文行忠信

> ▶ (予解) 공자는 네 가지로써 가르쳤으니 학문(文), 덕행(行), 충실(忠),
> 믿음(信)이었다.

<原文>

子以四敎 文行忠信

<解語>

　공자의 소위 四敎라고 하는 것이다.

　文은 학문, 行은 덕행을 의미한다.

　忠信에 대하여는 조금씩 설명이 다르다. 소라이(2－24)는 忠은 정치이고 信은 言語라고 풀이한다. 忠은 정치에 필요한 덕목이고 信은 언어에 믿음을 따르게 하는 노력이라는 의미인 듯하다.

다산(2-227)은 남을 향해서 정성을 다하는 것을 忠이라 하고 남과 사귀어서 배신함이 없는 것을 信이라 한다.

참고로 선진편 (11-3)에서는 四科十哲이라 하여 「① 덕행(개인의 수양) ② 언어(말재주와 외교적 능력) ③ 정사(관리로서의 재능) ④ 문학(고대의 인문학으로서 고대 문헌 등에 대한 연구)」을 말하고 있다.

(7-26) 難乎有恒

> ▶(予解) 공자께서 말씀하셨다. "성인을 내가 만나볼 수 없다면 군자라도 만나볼 수 있으면 그것으로 좋겠다."
> 공자께서 말씀하셨다. "선한 사람을 내가 만나볼 수 없더라도 한결같은 (떳떳한) 사람이라도 만나볼 수 있으면 그것으로 좋겠다. 없으면서도 있는 척 하고 텅 비었으면서도 꽉 찬 체하고 가난하면서도 부자인 척 한다면 한결같은(떳떳한) 마음을 갖기 어렵다."

〈原文〉

子曰: 聖人 吾不得而見之矣 得見君子斯可矣
子曰: 善人 吾不得而見之矣 得見有恒者斯可矣 亡(무)而爲有 虛而爲盈 約而爲泰 難乎有恒矣

〈字解〉

亡은 무로 읽고 無와 뜻이 같다.

〈解語〉

리링(2-396)에 의하면 공자는 좋은 사람을 네 가지 등급으로 나누는데 맨 위가 성인, 다음이 선인, 다음이 군자, 다음이 한결같은(떳떳한) 사람(恒人)이라고 한다. 그러나 이런 등급 매김은 의문이다. 성인과 군자의 구별 기준과 선인과 항인의 구별 기준은 각각 다른 것이 아닌가 하는 생각이 들기 때문이다.

성인과 군자와 선인 그리고 한결같은 사람은 어떻게 다른가.

다산(2-229)에 따르면 聖人은 크게 그 도를 행하여 천하를 교화한 사람이다. 君子는 文質을 겸비한 자로서 남을 다스릴 수 있는 덕을 가진 사람이다. 善人은 덕을 이룬 사람으로서 행동함에 아무런 惡이 없는 사람이다. 恒人은 그 덕이 선인보다는 못하지만 虛驕를 부리지 않고 거짓을 꾸미지 않으며 능히 한결같음을 지켜서 변하지 않는 사람이다. 이 설명이 비교적 이해하기에 편하다.

생각컨대, 성인과 군자는 모두 훌륭한 사람이지만 그 덕의 크기와 지위의 고하에서 차이가 난다. 古代에서는 성인은 천하를 교화할 수 있는 큰 덕을 가진 王者이었고 군자는 다른 사람을 다스릴 수 있는 덕이 있으면서 대개는 벼슬을 하는 사람이었다.

선인과 항인도 모두 훌륭한 사람이지만 선인은 바탕이 아름다우나 아직 배우지 못한 사람으로서(주자 415) 악의 자취를 거의 없게 하여 어짐(仁)의 단계에 접근한 사람이고, 항인은 그 자질이 떳떳하고 한결같아 선인이 될 수 있는 사람이다.

훌륭한 사람 되기의 어려움을 탄식하면서 훌륭한 사람 되기의 기본은 떳떳하고 한결같은 마음임을 지적하는 가르침이라고 생각한다.

항심이 없는 자에 대한 공자의 탄식은 자로편 (13-22)을 참조할 것. 선인에 대하여는 선진편 (11-20) 참조.

(7-27) 釣而不綱

▶ (予解) 공자께서는 낚시질을 하기는 했지만 주낙(綱)으로 마구 잡지는 아니 하였고 주살질(弋)로 새를 잡기는 하되 잠자는 새를 쏘지는 아니 하였다.

〈原文〉

子釣而不綱 弋不射宿

<解語>

　대부분의 책이 綱은 網(그물)의 오기라고 한다. 주낙이라고 풀이하는 류종목 (243)의 견해를 나는 따랐다. 주낙은 긴 줄에 여러 개의 낚시를 매달아 놓은 기구다.

　공자가 제자들을 가르친 六藝는 시, 서, 예, 악, 춘추, 역이라고도 하지만 禮, 樂, 射, 御, 書, 數를 말할 때도 있다. 여기의 射는 활쏘기이니 공자도 활을 쏘고 그렇게 하여 새를 잡기도 하고 낚시질도 하였을 것이다. 다만, 주낙으로 물고기 여러 마리를 한꺼번에 잡거나 잠자는 새를 잡거나 하지는 않았다고 한다. 공자는 어진 마음에서 그렇게 한 것이라고 주자(273)는 말한다. 그러나 소라이 (2-135)는 옛날의 禮에 따르면 군자는 그물질과 잠자는 새를 잡는 일을 하지 않았고 이런 짓은 백성들이나 하는 짓이었기 때문에 공자도 그런 짓을 하지 않았다고 설명한다. 리링(1-401)은 古代에도 자원을 절약하는 차원에서 주낙으로 물고기 여러 마리를 한꺼번에 잡거나 잠자는 새를 잡거나 하지는 않았다고 설명한다. 그러나 자원 절약 운운 하는 것은 중국인 특유의 지나친 자기 자랑은 아닐까.

　부처님께서 일체의 살생을 금지하셨던 것과 대비된다.

(7-28) 不知而作之

▶ (予解) 공자께서 말씀하셨다. "아마 잘 알지도 못하면서 책을 쓰는 사람이 있는 모양이지만 나는 그런 일이 없다. 많이 듣고 그 가운데서 좋은 것을 가려서 거기에 따르고 많이 보고서 기억해두는 것은 아는 것의 다음이다."

<原文>

子曰: 蓋有不知而作之 我無是也 多聞 擇其善者而從之 多見而識之 知之次也

<字解>

識 – 외울 지. 기억하다, 기록하다의 뜻.

<解語>

　공자는 述而不作(7–1)한 사람이었다. 여기의 이 말은 술이부작과 서로 통한다.

　知之次也에서 知는 生而知之의 知만은 못하지만 그 다음 단계의 가치가 있는 知에는 해당한다는 뜻이다. 생이지지가 사실상 있기 어렵다는 점을 생각하면 이것은 次가 아니라 최상의 知라라고 하겠다.

　소라이(2–137)는 여기의 知는 智慧의 智라고 풀이한다.

　청문회 때마다 문제가 되는 요즘 일부 정치인들의 표절 행위를 不知而作之하는 행위와 비교하면 어느 것이 보다 더 나쁠까?

　나 자신도 지금 不知而作之한다고 생각하니 좀 민망하다.

(7-29) 互鄕難與言

▶ (予解) 호향 사람들은 (도에 관해) 함께 이야기를 나누기가 어려운데 그곳의 한 아이가 배우기 위하여 공자를 만나 뵈었다. 그러자 문인들이 의아하게 생각했다. 이에 공자께서 말씀하셨다. "나는 사람이 진보하는 일은 찬동하지만 퇴보하는 데는 찬동하지 않는데 어떻게 그 아이를 심하게 거절하겠느냐? 사람이 자기 자신을 깨끗이 하고 진보하려 할 때 그의 깨끗한 면을 받아들이면 되지 그가 떠난 뒤의 행실까지 보장해야 하는 것은 아니다."

<原文>

互鄕難與言 童子見 門人惑 子曰: 與其進也 不與其退也 唯何甚 人潔己以進 與其潔也 不保其往也

<字解>

互鄕－地名. 여기서는 호향의 사람이라는 뜻. 見－뵐 현.

唯－'아!' 등과 같은 발어사. 與－허여하다, 찬동하다.

<解語>

이 말의 배경을 알 수 없어 주해자들의 해석이 갖가지인데 일일이 소개할 만한 일은 아닌 듯하다. ▶(予解)는 내 나름의 추리에 따랐다.

(7-30) 欲仁仁至

▶(予解) 공자께서 말씀하셨다. "인이 멀리 있단 말인가? 내가 인을 바라면 인은 곧 나에게로 이른다."

<原文>

子曰: 仁遠乎哉 我欲仁 斯仁至矣

<解語>

주자(276)의 해석은 다음과 같다.

「仁이란 마음의 덕으로서 밖에 있는 것이 아니다. 풀어 놓은 채 찾지 않으니 그 때문에 먼 것이라 여기는 자가 있으나 돌이켜 이를 찾으면 곧 여기에 있는 것이니 무릇 어찌 먼 것이겠는가?」

소라이(2-141)의 해석은 다음과 같다.

「仁은 천하를 편안하게 하는 것을 일로 삼는다. 따라서 위정자가 아니면 인을 행할 수가 없다. 그런데 공자는 위정자가 아니기 때문에 인을 행할 수 없었다. 그런 의미에서 공자에게 인은 지극히 멀었다. 멀지 않다고 말하는 것은 실제로는 멀기 때문에 그렇게 표현하는 것이다. 만일 공자로 하여금 왕후의 지위에 있게 했다면 인을 행할 수 있었을 것이다(前). 그러므로 내가 인을 행하고자 한다면 이에 인이 이를 것이다(後) 라고 말한 것이다.」 소라이의 이런 해석은

(前)과 (後)의 연결이 자연스럽지 못하고 무리하게 느껴진다.

생각컨대 인이란 얻기 어려운 것 같지만 실제로는 내 마음속에 있는 바를 실천하기만 하면 이룰 수 있는 것이니 먼 것이 아니고 힘써 실천하면 된다는 격려의 뜻이라고 주자는 공자의 말을 풀이한 것이다.

이에 반하여 인은 통치자가 아니면 실현 할 수 없는 것이니 통치자의 지위에 있지 않은 사람에게는 참으로 먼 것이고, 만일 내가 통치자의 지위에 있게 된다면 쉽게 인을 실현(至)할 수 있는데 그렇지 못하여 안타까워 하는 탄식의 뜻이라고 소라이는 공자의 말을 풀이한다. 소라이의 이런 풀이는 차라리 현실의 군주들이 마음만 먹으면 쉽사리 인을 실천할 수 있음에도 불구하고 그렇게 하지 못함을 공자가 안타깝게 생각하여 한 말이라고 풀이하면 오히려 말이 되겠다.

주자는 사람들이 덕의 완성을 이루도록 가르치는 공자의 교육자적 사명에 초점을 맞추었고 이에 따른 그의 풀이가 조금 더 단순하여 이해하기 쉬우므로 ▶ (予解)는 이것을 따랐다.

(7-31) 苟有過人必知之: 생략

(7-32) 子與人歌

> ▶(予解) 공자께서 다른 사람과 함께 노래를 부르는데 그 사람이 노래를 잘 하면 반드시 그로 하여금 다시 부르게 하고 그런 다음 그를 따라 부르셨다.

〈原文〉
子與人歌而善 必使反之 而後和之

〈解語〉
논어에는 음악에 관한 이야기가 많다. 노래도 참 좋아하셨던 모양이다. 음악을 멀리하라고 하신 부처님과 크게 다르다.

(7-33) 躬行君子

> ▶(予解) 힘쓰고 노력함은 내가 남과 같다. 몸소(躬) 군자로서 행동하는 것은 나는 아직 할 수 없다.

〈原文〉

子曰: 文莫吾猶人也 躬行君子 則吾未之有得

〈解語〉

文莫의 해석이 문제이다. 주자(280), 다산(2-249), 최근덕(189)은 '文에 대하여는 나도 남과 같지 않겠는가 만은'이라고 풀이한다.

이가원(116), 리링(2-411), 소라이(2-147)는 문막을 '힘쓰고 노력하다' 라는 뜻이라고 본다. 옛날의 방언(方言)이라고 한다.

▶(予解)는 후자를 따랐다.

則吾未之有得의 해석은 소라이를 빼고는 모두 ▶(予解)와 같다.

소라이는 이를 '몸소 행하는 군자는 내가 아직 보지 못했다' 라고 해석한다.

생각컨대 군자로서 행동하기의 어려움만을 단순히 제자들에게 가르치는 것이라면 소라이의 해석이 옳을 수도 있다. 그러나 공자가 제자들에게 어떤 어려운 일을 설명할 때에는 이를 자신의 부족함에 빗대어 겸손하게 토로하는 형식을 자주 취하였음을 상기할 때 오히려 ▶(予解)처럼 해석함이 자연스럽다.

(7-34) 誨人不倦

> ▶(予解) 공자께서 말씀하셨다. "聖人과 仁者를 내가 어찌 감히 자처할 수 있겠느냐? 그러나(抑) 성인과 인자가 되려고 노력하면서(爲) 싫증내지(厭) 않고, 남을 가르치는 데 게으름피지(倦) 않는 점만은 그렇다고(云) 말할 수 있을(可謂) 뿐이다(爾已矣)." 이에 공서화가 말했다. "이것이 바로(正) 저희가 본받지(學) 못하는 경지입니다(唯)."

<原文>

子曰: 若聖與仁 則吾豈敢 抑爲之不厭 誨人不倦 則可謂云爾已矣 公西華曰:
正唯弟子不能學也

<字解>

抑 ― 그러나, 생각건대. 云爾 ― 이와 같을 뿐이다. 唯 ― ~이다.

<解語>

공자에게 있어서 성인과 인자는 어떻게 다른 것인가? 이에 관한 리링
(2-413)의 설명을 참고로 소개한다. 그러나 그의 설명은 극히 일면적이다. 이
것은 공자의 말이 아님을 유의하여야 한다.

「인은 도덕적 범주에 속하고, 덕을 쌓고 선을 행하는 것이며, 또 다른 사람에
게 베푸는 것으로서 상류층 사람에게만 한정된다. 성스러움은 그것과 다르다.
그것은 절대적으로 총명한 사람이 천하의 정무를 보는 것으로서 정치적 범주에
속한다. 성인이 작용하는 대상은 결코 친척이나 친구 혹은 주변 사람이 아니라
온 천하의 백성이 그 대상이다. 공자는 백성을 편안하게 하고 뭇 사람을 구제하
는 것은 이미 인의 범위를 초월하여 성스러움에 속하고, 그런 일은 말처럼 쉬운
것이 아니라고 하였다. 요임금과 순임금은 성인으로서 권력이 있고 지위가 있
었음에도 그 일을 고민했는데 권력도 지위도 없는 어진 사람은 도저히 어떻게
해볼 수 없는 것이다.」

● 君子와 仁者와 聖人의 구별

「군자는 공경하는 마음으로 자신을 수양하고, 인자는 자기를 수양하여 다
른 사람을 편안하게 하여주고, 성인은 자기를 수양하여 백성을 편안하게 해
준다. 따라서 성인이 가장 높고, 어진 사람이 그 다음이고, 군자가 그 다음 다
음이다.」(리링 2-413)

(7-35) 子路請禱^도

> ▶ (予解) 공자께서 병이 위중하시자 자로가 기도를 드리겠다고 요청했다. 공자께서 "그런 방법이 있느냐?" 라고 하시자 자로가 "있습니다. 기도문에 '그대를 위하여 천상과 지하의 신령님들께 기도하노라' 라고 되어 있습니다." 라고 대답하였다.
> 이에 공자께서 말씀하셨다. "그러한 것이라면 나도 기도를 드려온 지 오래되었다."

〈原文〉

子疾病 子路請禱^도 子曰: 有諸 子路對曰: 有之 誄^뢰曰: 禱^도爾于上下神祇^지 子曰: 丘之禱久矣

〈字解〉

疾病 − 질환이 심해진 것을 病이라 한다(다산 2 − 255).

有諸 − 有之乎의 준말. 諸의 발음은 '저'이다. 誄^뢰 − 귀신에게 복을 비는 기도문. 神祇^지 − 하늘의 귀신을 神이라 하고 땅의 신령을 祇^지라 한다.

〈解語〉

이 구절을 둘러싸고 조금씩 다른 해설들이 있다.

'禱久' 라고 말한 것에 대하여 주자(283)는 「공자는 성인이니 뉘우쳐야 할 잘못이 없고 평소의 행동도 이미 神明과 합치되어 있었으므로 오랫동안 기도를 해온 것과 마찬가지 아니겠는가? 그래서 자로의 청을 거절하였을 것」 이라고 설명한다.

소라이(2 − 156)는 「공자는 하늘이 자기에게 선왕의 도를 가르치라는 사명을 준 것 즉, 天命을 알았기 때문에 자기가 죽지 않을 것임을 알았고 그래서 자로의 청을 간곡히 만류한 것이다.」 라고 설명한다.

아무튼 병이 낫게 기도하자는 것을 공자가 거절한 것은 확실하지만 그 전후
사정은 옛날의 풍속과 관련된 일이어서 확실한 것은 알 수가 없으니 더 이상 따
질 일은 못된다. 다만, 공자가 평소에 怪力, 亂神에 대하여 말하지 않았다(술이
편 7-20)는 점과 기도를 거절한 데에는 상당한 관련이 있지 않을까 하는 생각
이 들기도 한다.

(7-36) 奢則不孫

> ▶(予解) 공자께서 말씀하셨다. "사치스러우면 공손하지 않고, 검소하
> 면 고루한데 공손하지 않은 것보다는 차라리 고루한 것이 더 낫다."

〈原文〉

子曰: 奢則不孫 儉則固 與其不孫也 寧固

〈字解〉

與其~ 寧~--~하기 보다는 차라리 ~이 더 낫다.

〈解語〉

사치스러움과 공손하지 못함이 어떻게 하여 연결되는가? 잘 이해되지 않는
다. 사치스러운 사람치고 공손한 사람이 없더라는 경험칙에서 나온 말일 듯싶
다. 그렇다면 사치하는 사람은 왜 불손하게 행동하게 될까? 주석서에는 별다른
설명이 없다. 다만, 공안국은 이렇게 말한다. 「사치하면 위를 참월하는 행위를
하게 되고, 검소하면 禮에 미치지 못하는 일이 있게 된다.」(다산 2-259)

나는 이렇게 생각해본다. 「사치하는 사람은 절제심이 부족한 사람이다. 그러
므로 윗사람에 대한 조심스러움이나 자기보다 훌륭한 사람에 대한 존경심이 부
족하다. 그러므로 자연 그 태도가 불손해지기 쉽다.」

또 이렇게도 생각할 수 있다. 사치하는 행동은 결국 자기를 뽐내고자 하는
마음으로부터 나오는 행동이다. 그러니 자연 공손하지 못한 행동을 할 수밖에

없다.

(7-37) 蕩蕩戚戚

> ▶(予解) 공자께서 말씀하셨다. "군자는 마음이 너그럽고(坦) 시원시원
> 하며(蕩蕩) 소인은 늘(長) 근심으로 마음이 찌뿌드드하다(戚)."

〈原文〉

子曰: 君子坦蕩蕩 小人長戚戚

〈字解〉

坦－너그러울 탄. 평평할 탄. 蕩－클 탕. 넓을 탕. 평평할 탕. 戚－슬퍼할 척.

(7-38) 子溫而厲

> ▶(予解) 공자께서는 온화하면서도 엄숙하시고(厲) 위엄이 있으시면서
> 도 사납지(猛) 않으시고 공손하면서도 대하기에 편안한 모습이셨다.

〈原文〉

子溫而厲 威而不猛 恭而安

〈解語〉

공자는 예와 악으로 덕을 이루었으므로 이런 모습으로 사람들에게 느껴졌다
고 한다(소라이 2－37).

제8편

泰伯

(8-1) 泰伯至德

> ▶ (予解) 공자께서 말씀하셨다. "태백은 틀림없이 지극한 덕을 지닌 인물이었다고 이를 수 있다. 세 차례나 천하를 양보했으면서도 (은밀하게 자취를 남기지 아니함으로써) 백성들이 알지 못하여 그를 칭송할 길이 없었다."

〈原文〉

子曰: 泰伯其可謂至德也已矣 三以天下讓 民無得而稱焉

〈解語〉

제후국 周나라 太王(周 文王의 할아버지)의 장남인 泰伯(周 文王의 큰 아버지)은 현명한 막내 동생 계력(周 文王의 아버지)에게 王位를 양보하여 마침내 그 조카 昌(周 文王)이 왕이 되도록 한 사실을 들어 공자가 그를 지극한 덕을 가진 사람이라고 칭찬한 말이다. 왕위 양보에 관한 자세한 사실은 사기(사마천 3-7)에 나와 있다(태백은 장남인데도 왕위를 막내 동생 계력에게 양보했고, 계력의 사후에는 그 아들 회창, 즉 주문왕에게 왕위를 양보했고, 주문왕 사후에는 그 아들 주무왕에게 왕위를 승계하게 했다.). 三以天下讓의 三以에 대하여는 해석이 나뉘지만(리링 2-427) 자세한 소개는 생략한다.

당시의 주나라는 중국 서쪽 변방의 작은 제후국에 불과하였고 천하의 주인은 아니었으니 천하를 바로 양보한 것은 아니다. 그러나 결국 뒤에 가서 주문왕과 주무왕 대에 이르러 殷나라의 폭군 주왕(紂王)을 물리치고 천하를 차지하여 왕조를 개창하고 크게 번영하였으니 결과적으로는 천하를 양보한 것과 다름이 없다.

(8-2) 恭而無禮則勞

> ▶ (予解) 공자께서 말씀하셨다. "공손하면서 예가 없으면 힘만 들고, 삼가면서 예가 없으면 소심해지기만 하고, 용맹하면서 예가 없으면 난폭하기만 하고, 정직하면서 예가 없으면 박절하기만 하다. 군자가 친족에게 후하게 대하면 백성 사이에 어진 기풍이 일어나고, 先代 군주의 옛 신하를 버리지(遺) 않으면 백성들이 각박해지지 않는다."

〈原文〉

子曰: 恭而無禮則勞 愼而無禮則葸(시) 勇而無禮則亂 直而無禮則絞(교) 君子篤於親 則民興於仁 故舊不遺 則民不偸(투)

〈字解〉

葸-두려워할 시. 絞(교)-급할 교, 각박할 교. 偸(투)-구차할 투, 각박할 투.

〈解語〉

예의 중요성을 말한 것이다. 예는 중화와 절제의 효능이 있다. 아무리 좋은 미덕이라도 예로써 절제하지 않으면 오히려 큰 폐단이 생긴다. 例를 든다면 정직하기만 하고 禮를 모르면 사람이 융통성이 없고 고집불통이 되어 대놓고 사람을 꾸짖기 좋아하고, 하는 말마다 귀에 거슬리고, 말로 사람에게 상처를 입힌다(리링 2-431).

공자는 자로편 (13-18)에서 父爲子隱 子爲父隱 直在其中矣 라고 말함으로써 羊을 훔친 아버지를 아들이 고발하는 행동은 直이 아니라고 하였다.

君子篤於親이라고 할 때의 君子는 아마도 君主를 가리킨다고 볼 것이다. 왜냐하면 君子의 뒤에 나오는 고구(故舊)라는 말이 앞 군주의 옛 신하를 가리키는 말이기 때문이다(다산 2-275).

한편 이 章의 뒷부분 즉, 君子篤於親 則民興於仁 故舊不遺 則民不偸(투)는 공

자의 말이 아니라 曾子의 말일 것이라는 견해도 있다(주자 291). 일리가 있다. 왜냐하면 이 말은 그 앞의 구절과 별로 관계가 없을 뿐만 아니라(소라이 2-170) 이 말에 뒤 이은 다음 장 즉, (8-3)부터 (8-7)까지 계속 증자의 말이 나오기 때문이다. 잘못 편집되었을 가능성이 높다.

家가 곧 國이었던 봉건시대라면 君子篤於親 則民興於仁은 맞는 말이다. 그러나 민주주의 시대에 권력자가 篤於親 할 경우 큰 폐단이 생기는 것도 주의하지 않으면 안 된다. 우리 현대사에서 자주 벌어지는 일이다.

(8-3) 戰戰兢兢

▶ (予解) 증자가 병이 나서 제자들을 불러놓고 말하였다. "이불을 걷고 (啓) 내 발을 보고 내 손을 보아라. 시경에 말하기를 '두려워하고(戰戰) 삼가는(兢兢) 것이 마치 깊은 연못가에 서 있는 듯하고 얇은 얼음을 밟고 서 있는 것과 같다' 라고 했는데, 지금부터는 내가 이런 신체 훼상의 두려움을 면하게 되었음을 알겠구나. 얘들아."

〈原文〉

曾子有疾 召門弟子曰: 啓予足 啓予手 詩云: 戰戰兢兢 如臨深淵 如履薄氷 而今而後 吾知免夫 小子

〈解語〉

주자(293)는 말한다. 「신체는 부모로부터 받은 것으로 감히 훼상해서는 안되는 것으로 증자는 평소에 여겼다. 그 때문에 죽음에 임해서 제자들로 하여금 이불을 걷고 살펴보도록 한 것이다. 증자는 온전히 보전된 그 모습을 문인에게 보여주어 그 보존의 어려움이 이와 같으며, 장차 죽음에 이른 이후에야 그 훼상의 염려에서 벗어날 수 있음을 알았다고 말한 것이다.」

리링(1-433)은 주자와는 달리 증자가 병들었다가 죽음의 위험에서 벗어나 살아나서 그 기쁨을 생동감 있게 묘사한 것이라고 설명한다.

여기 인용한 詩의 구절은 詩經 小雅 소민(小旻)의 끝 구절이다.

이 시는 어지러운 시국을 걱정한 노래인데 지금 읽어도 그 걱정이 가슴에 와 닿는다. 참고로 그 전문을 옮겨 싣는다.

「   〈저 하늘의〉(小旻)

저 하늘의 사나운 위협   온 따를 뒤덮었나니
정책의 사악함은   아, 언제나 그칠거나?
좋은 뜻 좇지 않고   나쁨만 되려 따라,
그를 보매   내 마음 아프도다.

어울렸다 헐뜯었다   이 무슨 추태이리.
좋은 뜻엔   모두 등을 돌리고
나쁨에는   다 따라가거니,
그를 보매   어떻게 되어 갈지 몰라라.

거북도 싫증을 내   길흉을 안 이르고,
사공이 너무 많기   배가 산 위에 오르니,
말하는 이 조정에 가득하기로   누가 있어 그 허물을 지고 나서리.
행인에게 물어 보나   신통한 대답 못 얻음 같아라.

아, 나라를 도모하며   성현을 본받지도
대도를 따르려도 안하여   눈앞의 말만 듣고
그 만을 다투나니   행인 잡아 집 질 일 의논하나
아무 것 이루지 못함과도 같도다.

나랏 일 안정되지 못하긴 해도   슬기 있고 없는 사람 섞이었으며
백성이 흩어져 많진 못해도   밝은 사람, 지략 갖춘 사람도 있고
공손한 이 점잖은 이 없지 않나니 저기 저 샘물 같아
모든 사람을 다 썩은 양 여기진 말라.

맨 손으로 호랑이 잡지 못하며(不敢暴虎)

걸어서는 황하를 못 건널 줄은(不敢馮河)

그것 쯤은 모두 다 알고 있건만 　　　　도리어 딴 일은 모르는도다.

두려이 여기며 경계하라(戰戰兢兢).

깊은 못 임한 듯(如臨深淵) 　　　　　　엷은 얼음 밟는 듯(如履薄氷)!」

(이원섭 265)

위 詩의 暴虎와 馮河라는 말은 공자가 술이편 (7-11)에서 자로를 훈계할 때에도 인용하고 있다.

(8-4) 鳥之將死其鳴也哀

> ▶ (予解) 증자가 병이 있어 맹경자가 문병을 오니 증자가 말하였다. "새가 장차 죽음에 이르면 그 울음소리가 슬프고 사람이 장차 죽음에 이르면 그 말이 선하다고 합니다. 군자가 귀하게 여겨야 할 도가 셋이 있으니 자신의 용모를 예에 맞도록 하면(斯) 다른 사람이 사납고 오만하게 대하지 못하게 되고, 자신의 안색을 바르게 하면 다른 사람이 믿음에 가까이 오게 되고, 말을 바르게 하고 소리를 바르게 내면 다른 사람이 비루하게 보고 배반하는 일이 없게 됩니다. 제기를 다루는 것과 같은 전문적인 일은 실무 담당자가 있으니 그들이 알아서 처리할 것입니다."

〈原文〉

曾子有疾 孟敬子問之 曾子言曰: 鳥之將死 其鳴也哀 人之將死 其言也善 君子所貴乎道者三 動容貌 斯遠暴(포)慢矣 正顔色 斯近信矣 出辭氣 斯遠鄙倍矣 籩(변)豆之事 則有司存

〈字解〉

斯 - ~하면. 暴(포) - 사나울 포. 慢 - 게으를 만. 辭 - 言語. 氣 - 숨과 소리. 鄙 -

다라울 비, 비천함. 倍 — 배반할 패, 이치에 어긋남.

籩 — 제기 변. 豆 — 제기 두.

〈解語〉

孟敬子는 노나라 대부인 중손첩이다.

여기서 道는 禮이다.

증자가 말한 바의 의미가 좀 명쾌하지가 않다.

죽음이 임박한 상황에서 한 말이라 그런지 아니면 받아 적은 제자가 경황이 없어서 그랬는지 말이 중언부언 하는 듯하고 뜻이 명쾌하지가 않으며 과연 맞는 말이라고 할는지 여부도 석연치 않다.

춘추시대의 제후들이 서로 대면하는 경우는 초빙이나 회담이 아니면 전쟁 터에서 이었으니 경대부의 중요한 업무도 이런 업무와 관련되는 데 이 경우에 상대방이 거칠고 오만하게 굴거나 이쪽을 신뢰하지 않거나 이쪽을 비루하게 보아 배반하는, 그런 행동을 하지 않도록 이쪽의 몸가짐을 무게 있고 바르게 취할 필요가 있었다. 증자는 이런 경우의 예에 관하여 맹경자에게 조언을 한 것 같다.

鳥之將死 其鳴也哀 人之將死 其言也善은 매우 유명한 말인데 그전부터 전해 내려온 말을 인용한 것이라 한다.

(8-5) 曾子曰: 생략

(8-6) 曾子曰: 생략

(8-7) 任重而道遠

> ▶(予解) 증자가 말하였다. "선비는 도량이 넓고 의지가 굳지 않으면 안 되나니 임무는 막중하고 갈 길은 멀기 때문이다. 仁의 실현을 자기의 임무로 여기니 이 또한 막중하지 않으냐? 죽은 뒤에야 이 일이 끝나니 이 또한 멀지 않으냐?"

〈原文〉

曾子曰: 士不可以不弘毅 任重而道遠 仁以爲己^기任 不亦重乎 死而後已^이 不亦
遠乎

〈字解〉

弘－넓을 홍, 규모가 크고 원대함. 毅－굳셀 의.

〈解語〉

　士는 道에 종사하는 사람이다(다산 2－293).

　마치 제갈량의 출사표(出師表)를 읽는 듯한 비장감이 느껴진다. 공자 제자들
의 배움과 그 실천에 대한 의지가 이렇듯 비장하였으니 후세에 공자의 가르침
이 종교로까지 바뀔만한 소이를 이런 데서도 감지할 수 있다.

(8-8) 成於樂

> ▶(予解) 공자께서 말씀하셨다. "시에서 흥기하여 예에서 서며 악에서
> 완성한다."

〈原文〉

子曰: 興於詩 立於禮 成於樂

〈解語〉

　① 詩에서 흥미를 느껴 도를 배우기 시작하고 예를 배워 몸가짐을 제대로 하
고 음악을 통해 조화를 얻어 덕을 완성한다는 의미라고 이해한다. 공자의 가르
침의 세 단계이다.

　시에서 흥미를 얻게 한다는 것은 시경에 수록된 시는 세상의 온갖 풍속과 물
정과 사람의 다양한 감정과 생각을 담고 있어 이들을 통하여 세상의 이치와 변
화 즉, 도에 대한 관심이 자연 일어나게 된다는 의미라고 이해한다.

② 공자가 가르친 것은 詩, 書, 禮, 樂인데 왜 '書'는 이 말에서 빠졌는가?

소라이(2-185)는 대체로 다음과 같은 취지로 설명한다. 「書는 書經을 말하고 서경은 정치에 관한 책이다. 선비는 서를 배워야 관리가 되고 관리가 되어야 정치에 종사할 수 있다. 그러므로 서를 배우는 것은 배우는 자의 본업이다. 시와 예와 악은 이런 의미에서는 본업에 대한 보조수단 격이다. 그래서 여기서는 서를 언급하지 않았다.」

매우 흥미로운 설명이다.

우리의 경우, 조선시대의 과거제도나 오늘날의 국가고시는 관리를 양성하고 선발하는 제도이다. 이것은 공자 식으로 말하면 書經만 배운 사람을 관리로 뽑는 제도가 아닌가? 詩와 禮와 樂은 제쳐놓은 셈이다. 무언가 잘못되지 않았는가 하는 생각이 이 대목을 읽으면서 들지 않을 수 없다. 선발 이후에라도 시, 예, 악을 보완하는 제도가 최소한 있어야 하겠다. 선거로 뽑는 정치인들에게도 모종의 보완책이 필요함은 마찬가지 아닐까? 하다못해 막말하는 의원이라도 없어야 하지 않겠는가. 그러나 이런 시책을 편다 해서 당장에야 무슨 효과가 있겠는가? 장기적 관점에서 보아야 할 터이다.

③ 공자는 成於樂이라고 했는데 다음과 같이 이를 설명하기도 한다.

「"인간은 음악에서 완성된다." 음악을 이렇게까지 극찬한 사람이 인류 역사에 없을 것이다.

공자는 예술작품은 그 무엇보다도 그 정신이 순수해야 한다고 했다. 이른바 사무사(思無邪)여야 한다는 것이다. 위대한 음악은 아름다움을 다할 뿐 아니라 선함도 다하는 것이라고 했다. 예술에서도 중용의 미가 중요하기 때문에 즐거우면서도 지나치지 않고 슬프면서도 마음을 상하게 하지 않아야 한다고 했다. 연정을 그린 시에 대해서 정말 보고 싶으면 당장 뛰어가야지, 멀고 말고가 있을 수 없다는 지행일체를 강조했다. 그리고 무엇보다도 사람은 음악에서 완성된다는 명언을 남겼다.

공자는 철저한 인본주의자이고 생명주의자였다. 예술은 신과 자연에는 없고 인간세계에만 있는데, 예술 중에서도 가장 인간적이고 생명적인 것인 음악이다. 사람은 태어나기 이전 태아 때부터 심장의 맥박 즉 리듬을 지니고 살다가 이 맥박이 그칠 때 자연으로 돌아간다. 그리고 인생은 음악처럼 철저하게 시간적인 흐름인 것이다. 인본주의자이자 생명주의자인 공자가 "사람은 음악에서 완성된다." 라고 한 것은 지언(至言)이라 하겠다.」(황병기 281)

(8-9) 民不可使知之

▶(予解) 공자께서 말씀하셨다. "백성들은 따르게(由) 할 수는 있어도 그 이치를 다 알게 할 수는 없다."

〈原文〉
子曰: 民可使由之 不可使知之

〈解語〉
공자가 愚民化를 지지했다고 자칫 오해할 수 있는 대목이다(리링 2-449). 그러나 그런 것은 아니고 일부 어리석은 백성들까지 모두 이치를 알게 할 수는 없는 노릇이라는 현실론(그렇게 까지는 힘이 미칠 수 없다는 현실)에 바탕하여 한 말일 뿐이다(다산 2- 301).
노자가 우민화를 주장한 것과는 차원이 다르다.
노자(도65)는 이렇게 말한다.

「옛날에 도를 잘 행한 사람은　　　　古之善爲道者
백성을 약게 하지 않고　　　　　　　非以明民
길이 어리석게 만들었다.　　　　　　將以愚之
백성을 다스리기 어려운 이유는　　　民之難治
그 지혜가 많기 때문이다.　　　　　　以其智多」

또 이렇게 말하였다.
「항상 백성을 지식이 없게 하고　　　常使民無知無欲(도3)
욕심이 없게 한다.

배움을 끊으면 근심이 없다.   絶學無憂(도20)」

이것이 진짜 우민화 주장이다. 공자는 이것과는 전혀 다르다. 공자는 어리석은 백성이 많은 현실을 안타깝게 생각하는 데서 출발한다.

(8-10) 好勇疾貧

> ▶(予解) 공자께서 말씀하셨다. "용맹을 좋아하고 가난을 싫어하는 그런 사람은 난을 일으키고, 어질지 못한 부자를 너무(已) 싫어하는 그런 사람도 난을 일으킨다."

〈原文〉

子曰: 好勇疾貧 亂也 人而不仁 疾之已甚 亂也
_이

〈解語〉

공자가 여기서 말하는 '그런 사람들'은, 지금의 시대를 두고 말한다면, 많은 경우 공산주의 혁명운동에 가담했을 것이다.

人而不仁 疾之已甚 亂也에서 亂을 일으키는 자는 누구인가? 불인한 자인가 아니면 불인한 자를 너무 미워하는 자인가?

주자(302), 소라이(2−189), 다산(2−303), 이가원(128) 등 다수의 註解는 불인한 자를 너무 미워하면 불인한 자들이 容身할 데가 없게 되어 결국 난을 일으킨다고 풀이한다.

이와 달리 최근덕(193), 리링(1−451)과 류종목(271)의 풀이는 '불인한 자를 너무 미워하는 자'라고 보는 듯하다.

생각컨대 어질지 못하다는 이유로 남의 미움을 받는다고 해서 부자들이 난을 일으키는 일은 보통 상황에서는 거의 없을 터이다. 이런 일은 실제의 상황에 잘 맞지 않는다. 그러므로 ▶(予解)는 불인한 富者가 아니라, 불인한 富者를 너무 미워하는 자들이 난을 일으킬 수 있다고 보았다. 부자들의 불인한 짓이 너무 과도하여 사회 불안을 폭발지경에 이르게 만들었다 하여도 종내 난을 일으키는 자는 부자를 미워하는 者이지 부자 자신은 아니다.

(8-11) 使驕且吝

> ▶(予解) 공자께서 말씀하셨다. "설사 주공의(周公之) 재주(才) 같은 훌륭함(美)이 있다 하더라도 만일(使) 교만하고 인색(吝嗇)하다면 그 나머지는 족히 볼 것이 없다."

〈原文〉

子曰: 如有周公之才之美 使驕且吝 其餘不足觀也

〈字解〉

周公－주무왕의 동생으로 공자가 추앙하는 성인

使－설사, 가령.

〈解語〉

驕且吝에 대한 아주 엄중한 경계이다.

(8-12) 三年學

> ▶(予解) 공자께서 말씀하셨다. "여러 해 동안 학업을 닦았으면서도 벼슬길에 나아가 봉록(穀)을 받지 못하는 사람은 찾기가 쉽지 않다."

〈原文〉

子曰: 三年學 不至^이於穀 不易得也

〈解語〉

주자(304)는 不至於穀의 至를 志라고 풀이하면서 "삼년을 공부하고 벼슬길에 뜻을 두지 않는 자는 쉽게 얻을 수 없다." 라고 해석한다. 벼슬길에 나아가는 것보다 배움 자체에 또는 도의 깨달음에 더 뜻을 두기는 어렵다는 의미라고 생각되고 다른 대부분 주해도 이와 같다. 그러나 이런 풀이는 제자들이 벼슬길에 나아가는 것을 공자가 반기지 않은 것 아닌가 하는 오해를 자칫 일으키기 쉽다. 공자는 군자의 사명이 벼슬을 하여 사람들을 잘 다스리는 데 있다고 생각하는 사람이 아닌가? 공자는 결코 제자들의 환로(宦路) 진출 자체를 꺼린 사람일 수는 없다.

한편 소라이(2-192)는 이렇게 설명한다. 「'三年 하고 띄어서, 學不至於穀'으로 읽어야 한다. 또는 배워서 재목을 이룸을 말한다. 3년을 배우고도 그 배운 바가 봉록을 받을 만한 재목을 이루지 못했다면 이는 뜻이 크고 배움이 넓은 사람이기 때문이다. 그러므로 얻기가 쉽지 않다고 하였다.」

일리가 있다. 그러나 공자가 그런 뜻을 이렇게까지 어렵게 표현했을까 하는 생각이 든다.

오히려 공자 같이 위대한 스승 밑에서 '3년을 배우고도 그 배운 바가 봉록을 받을 만한 재목을 이루지 못했다면' 이는 그 제자의 재능이 아주 부족하거나 몹시 게을러서 그럴 수도 있으므로, 그렇듯 재능이 아주 부족하거나 몹시 게으른 사람도 쉽게 만날 수 없다 는 뜻으로 공자가 탄식하여 말할 수도 있었을 것이다.

이런 이해는 리링의 해석 즉, '3년을 배우고도 관직에 나아가지 못하는 사람은 쉽게 찾아 볼 수 없다' 라고 하는 바와 같다고 하겠다.

그래서 나는 ▶(予解) 와 같이 이해한다.

하기는, 공자 밑에서 삼년만 배우면 누구든 웬만하면 다 벼슬할 정도가 된다는 은근한 자랑이나 자신감을 토로하는 말로 볼 수도 있을 것이다.

(8-13) 守死善道

▶(予解) 공자께서 말씀하셨다. "① 신의를 돈독히 하면서 배우기를 좋아하면 선과 도를 죽음으로써 지킬 수 있다. ② 위태로운 나라에는 들어

가지 않고 어지러운 나라에는 살지 않아야 한다. ③ 천하에 도가 있으면 나타나 벼슬하고 도가 없으면 숨어야 한다. ④ 나라에 도가 있을 때에 가난하고 천한 것은 부끄러운 일이며 나라에 도가 없을 때에 부유하고 귀한 것은 부끄러운 일이다."

〈原文〉

子曰: ① 篤信好學 守死善道 ② 危邦不入 亂邦不居 ③ 天下有道則見 無道 則隱 ④ 邦有道 貧且賤焉 恥也 邦無道 富且貴焉 恥也

〈解語〉

여러 주해가 조금씩 차이가 있지만 대동소이라고 하겠다. 소라이(2-193)의 것이 조금 더 원문의 뜻에 가깝다고 생각하여 이를 따랐다. 예컨대 善道를 '훌륭한 도' 라고 하기 보다는 善과 道는 일단은 구별될 수 있는 개념이므로 이를 '善과 道' 라고 풀이한다든지, 篤信好學을 守死善道를 가능케 하는 조건으로 본다든지 하는 것 등이 그렇다. 또한 소라이에 의하면 이 章의 말 네 개 중 ① ②③의 세 개는 옛날부터 전해 온 말을 공자가 인용한 것이고 ④만이 공자의 말이라고 한다.

(8-14) 不在其位不謀其政

▶(予解) 공자께서 말씀하셨다. "그 지위에 있지 않으면 그 정치를 도모 하지 않아야 한다."

〈原文〉

子曰: 不在其位 不謀其政

〈解語〉

왜 그래야 하나? 특히 민주주의 국가에서도 그래야 하는가? 국민은 참정권과 표현의 자유 그리고 알 권리가 있는데도 그래야 하는가?

부분적으로는 그래야 하고 부분적으로는 그래서는 안 된다.

첫째, 책임의 문제이다(책임 우선의 원칙). 책임 없는 사람은 책임 있는 사람의 의견을 일단은 존중하고 그 권한을 침범해서는 안 된다. 책임 없는 사람도 일반론을 가지고 주의를 환기시키는 일은 얼마든지 할 수 있지만 구체적인 특정시책의 집행을 강요하거나 압박해서는 안 된다. '謀'는 책임을 진 자가 하여야 하고 책임을 지지 않은 사람은 事後에 책임을 추궁하는 일에 나서야 한다. 先謀와 後責을 구별하여야 한다.

둘째, 전문성의 문제이다(전문성 우선의 원칙). 전문성이 없거나 부족한 사람은 전문성이 있거나 더 깊은 사람의 의견을 존중하고 그에게 한 발 양보하여야 한다. 비유하자면 탑에 올라 갈 때 높이 올라 갈수록 보는 범위가 더욱 넓어지기 때문이다(소라이 2−197).

셋째, 사적인 이해관계를 가진 사람은 공익의 관점에서 일을 처리하는 사람의 의견을 존중하고 그에게 한 발 양보하여야 한다(공익 우선의 원칙). 先公後私의 원칙이 적용되어야 한다.

이런 세 가지 관점에서 생각하면 공자의 시대에서나 현대의 민주주의 시대에서나, 공자의 이 말은 그대로 타당하다고 생각한다. 현대 민주주의 헌법이 보장하는 참정권, 표현의 자유 그리고 알 권리를 보장하면서도 위에서 제시한 원칙은 그 한계로서 여전히 지켜져야 한다. 국민의 여론이나 언론의 비판도 이 원칙은 지켜야 한다.

예컨대 원자력발전소 건설공사의 중단 같은 문제를 누가 연구하고 계획하고 책임져야 하는가?

(8-15) 師摯之始: 생략

(8-16) 狂而不直

▶ (予解) 공자께서 말씀하셨다. "방자하면서도 정직하지 않고, 미련하

면서도 성실하지 않고, 무식하면서도 스승을 믿지 않으면, 나는 어떻게
가르칠지 모르겠다."

〈原文〉

子曰: 狂而不直 侗而不愿 悾悾而不信 吾不知之矣

〈字解〉

侗－미련할 통. 愿－삼갈 원. 悾－무식할 공.

(8-17) 學如不及

▶(予解) 공자께서 말씀하셨다. "배움은 혹시 따라가지 못할까 하여 열
심히 하고 그러면서도 오히려 빠뜨린 것이 있지 않을까 두려워한다."

〈原文〉

子曰: 學如不及 猶恐失之

〈解語〉

무엇을 잃을까 두려워 한다는 것일까.

이미 배운 것을 잃어버릴까 두려워한다는 것(류종옥 274; 리링 2－465), 도를
향해 갈 때 마치 귀중한 보배가 앞에 놓여 있는데 다른 사람이 먼저 그것을 얻
으면 어쩌나 하고 두려워함과 같은 것(다산 2－317), 때와 사람을 잃을까 염려
하는 것(소라이 2－203) 등 여러 풀이가 있다.

내 생각은 이렇다. '잊을 忘'과 '잃을 失'은 일단 다른 것이라고 생각해본다
면 '이미 배운 것을 잊어버릴까(忘) 걱정한다'는 풀이는 '失'과는 맞지 않는다.
'失'은 이미 얻어서 가지고 있는 것 내지 바로 얻을 수 있는 것을 놓치거나 빠뜨
리는 것을 의미하기 때문이다. 그렇다면 배우는 기회에 함께 배울 수 있는 것을
혹시 놓치고 못 배우지나 않을까 걱정한다고 보는 것이 그 앞에 나오는 不及과

자연스럽게 연결된다. 다산의 풀이가 이런 의미에 가장 부합하므로 ▶(予解)는 이를 따랐다. 소라이의 풀이는 조금 비약이 있다고 느껴진다.

다만, 한자는 서로 다른 글자를 같은 뜻으로 통용하는 경우가 많은데 혹시 이 경우에도 忘과 失을 통용하는 관례가 있었다면 얘기가 좀 달라지겠다. 그러나 그렇게 통용될 것 같지는 않다.

(8-18) 舜禹之有天下

> ▶(予解) 공자께서 말씀하셨다. "높고 높도다. 순임금과 우임금께서 각기 천하를 차지하고도 이를 자기 사유물로 여기지 않았으니!"

〈原文〉

子曰: 巍^외巍乎 舜禹之有天下也而不與焉

〈字解〉

巍^외－산 웅장할 외.

〈解語〉

대부분의 주해자(리링 2－466; 주자 311; 이가원 131; 다산 2－317)는 순과 우가 직접 정사에 임하지 않고 유능한 신하의 보필을 받아 무위정치를 한 것을 공자가 찬탄하였다고 설명한다.

그러나 무위정치를 주장하고 칭송한 것은 노자이지 공자가 아니다. 노자 도 3, 10, 17, 19, 29, 37, 48, 57, 60, 64, 72, 75 각 장은 無爲至治에 대한 칭송으로 가득하다. 공자는 결코 무위의 정치를 주장하지도 칭송하지도 않았다. 더구나 위 주해자들은 순과 우가 유능한 신하의 보필을 받아 정치를 한 것을 두고 정사에 관여하지 않았다고 하는데 훌륭한 인재를 뽑아 그들에게 정사를 맡기는 것 이상의 큰 정치관여가 어디에 있겠는가. 이것은 결코 정치에 관여하지 않는 바가 아니다. 그러므로 위 주해자들의 견해에 선뜻 찬성하기 어렵다.

그렇다면 而不與焉은 무슨 뜻인가? 소라이(2−205)는 자기가 천하를 소유하고 있음을 잊었다는 말이라고 설명한다. 취지는 알겠으나 너무 비약이 심하다.

내 생각은 이렇다. 與에는 '더불어 같이 하다' 라는 뜻이 있다. 그러니 不與라 함은 '천하와 더불어 같이 하지 않았다' 즉, 천하를 자기 개인의 것, 사유물로 여기지 않았다 라는 의미라고 이해한다.

이는 최근덕(199)의 '개인적 관심이 없다, 개인의 영리를 염두에 두지 않고 백성을 위해 일했다는 뜻이다' 라는 설명과 같은 취지이다.

(8-19) 大哉堯

> ▶(予解) 공자께서 말씀하셨다. "위대하도다, 요의 임금 됨됨이여! 우뚝하도다, 오직 하늘만이 광대하거늘 유독 요임금만은 그것을 본받았으니(則之)! 넓디 넓도다, 백성들이 무어라 형언도 못했으니! 숭고하도다, 그가 이룩한 공업이여! 빛나도다(煥), 그가 이룩한 문물제도여!"

〈原文〉

子曰: 大哉堯之爲君也 巍巍乎 唯天爲大 唯堯則之 蕩蕩乎 民無能名焉 巍巍乎其有成功也 煥乎其有文章

〈字解〉

文章 – 文物과 典章

(8-20) 舜有臣五人: 생략

(8-21) 禹吾無間然: 생략

　　　　　(間: 나무랄 간)

제9편
子罕

(9-1) 罕言利

> ▶ (予解) 공자께서 이익만 말씀하신 것은 드물었으며 命과 함께 말씀하시고 仁과 함께 말씀하시었다.

〈原文〉
子罕言利 與命與仁

〈字解〉
罕 — 드물 한

〈解語〉

① 利는 재물이고 命은 天命이며 仁은 人倫의 成德이다(다산 2-337).

이 章을 읽는 방법은 두 가지이다. 하나는 罕言利 與命與仁이라고 떼어서 읽는 것이고 다른 하나는 罕言利與命與仁이라고 한 줄로 붙여 읽는 방법이다.

② 주자(319)는 붙여 읽는다. 그리하여 공자는 利와 命과 仁에 대하여는 언급함이 드물었다 라고 새긴다. 그 이유에 대하여는 이익을 계산하면 義가 害를 입고, 命의 理致는 미세하여 알기 어렵고, 仁의 道는 크므로 실행하기가 어려우므로 공자가 그 모두에 대하여 드물게 말하였다고 설명한다. 대부분의 주해도 이와 같다. 그러나 이런 해석은 곤란하다. 우선 공자는 인에 대하여는 무수히 말하였는데 (앞의 2-9에서 본 바와 같이 논어에서만도 59회에 달한다.) 어찌 이를 말한 바가 드물다고 하겠는가?

그러므로 주자처럼 해석하기 위하여는 좀 더 이유를 보충하여 설명하여야 할 것이다. 예컨대 다음과 같은 추가 설명이 부연되어야 할 것이다. 첫째로 공자는 운명을 믿고 운명을 그대로 따라야 한다고 생각하는 사람이 아니었다. 경이원 지의 태도였다. 그러니 명에 대하여 드물게 말한 것은 당연하다. 둘째로 공자는 인을 실천하기가 매우 어려움을 알고 있었다. 그래서 실천도 못하면서 함부로 인에 대하여 가볍게 말하는 것을 싫어하였다. 그러니 실천도 못할 일을 함부로 말하는 것을 꺼려 자연 인에 대하여 가볍게 말하는 일이 드물었다. 셋째로 공자 는 사람을 평가함에 있어서 仁者라고 인정하기를 매우 조심스러워 하였다. 인 자를 최고 경지에 이른 사람이라고 여겼기 때문이다. 그러니 자연 仁 내지 仁 者에 대한 말이 드물 수밖에 없었다.

③ 소라이(2-225)는 띄어 읽는다. 그리하여 ▶(予解)와 같이 풀이한다.

그 이유에 대한 설명(2-226, 227)은 다음과 같다. 「공자가 이익만 말한 것은 아주 드물었다. 이익을 말할 때는 반드시 명과 함께 말하였고 반드시 인과 함께 말하였다. 공자는 "명을 알지 못하면 군자가 될 수 없다(요왈 20-3)."라고 하 였고 또 "군자가 인을 버리면 어떻게 이름을 이룰 수 있겠는가(이인 4-5)?"라 고 하였다. 이 명과 인은 바로 그것으로 군자가 되는 것인데 공자가 어찌 그것 을 드물게 말하였겠는가?」

「성인은 지혜가 크고 생각이 깊기 때문에 참된 이익이 있는 곳을 알 수 있다. 그 있는 곳은 道이다. 성인이 백성을 편하게 하는 道보다 천하에 더 이로운 것 이 없다. 도를 따라 행하면 굳이 이익을 구하지 않아도 이익은 그 가운데 있는 것이다. 만약 혹시라도 이익을 구하는 것을 가지고 마음을 삼는다면 모든 사람 들은 마음이 조급해지고 지혜가 짧아져 보는 것마다 모두 작은 이익일 뿐일 것 이다. 그 마음에 그것들을 이익으로 여겨서 해로움이 뒤따르는 것을 모르기 때 문이다. 그러므로 공자는 "군자는 의에 밝아야 하고 소인은 이익에 밝다."(이인 4-16) 라고 하였고 또 "이익에 의지하여 행동하면 원망이 많다(이인 4-12)." 라고 하였으며 대학에서는 "이익을 이익으로 여기지 않고 의를 이익으로 여긴 다(大學 傳 10章)."라고 하였다.

마음이 조급하면 命을 알지 못하고, 지혜가 짧으면 仁을 알지 못한다. 그래 서 命과 仁을 버리고 오직 이익만 보기 때문에 禍를 겪게 된다. 그러므로 공자는 命과 함께 말하고 仁과 함께 말하면서 방비책을 세웠다.」

命이란 時流 또는 時勢이다(위정편 2-4 참조. 또한 이 책 33 참조). 그러니 시류를 알지 못하고 눈앞의 이익만 따르다가는 오히려 禍를 입기 십상 아닌가? 소라이의 설명은 이치에 맞는다. 그래서 ▶予解는 이를 따랐다.

④ 리링(1-475)이 조사한 바에 의하면 논어 전체에서 공자가 利를 이야기한 것은 여섯 곳, 명을 이야기한 것은 일곱 곳, 인을 말한 것은 59곳이라고 한다(이 책을 기준으로 하면 54개 章에 仁이 나온다). 공자의 말은 논어 이외에도 여러 곳에 수록되어 있어 그 전모는 결코 알 수 없지만 말한 수효만 가지고 공자의 진의를 추단할 일은 아니라고 한다.

(9-2) 博學而無所成名

▶(予解) 달항 고을(黨)의 사람이 말했다. "위대하도다 공자여! 그러나 다방면에 걸쳐 두루 알면서도 어느 것 하나 전문분야에서 명성을 이룬 것은 없다." 공자께서 이 말을 듣고 문하의 제자들에게 말씀하셨다. "내가 무엇을 전공(執)할까? 수레몰기(御)를 전공할까? 활쏘기(射)를 전공할까? 수레몰기나 전공해야겠다."

〈原文〉
達巷黨人曰: 大哉孔子 博學而無所成名 子聞之謂門弟子曰: 吾何執 執御乎 執射乎 吾執御矣

〈解語〉
조금씩 다른 주해가 있긴 하다. 소개는 생략한다.

(9-3) 麻冕禮也: 생략

(9-4) 毋意毋必毋固毋我

> ▶(予解) 공자는 네 가지 일이 전혀 없었다. 사사로운 뜻이 없었고, 그
> 래서 그 사사로운 뜻을 반드시 이루겠다고 다짐하는 일도 없었고, 그러
> 니 그 사사로운 뜻에 대한 반대나 장애에 맞서 이를 관철하려 고집하는
> 일도 없었으며, 그러니 그 사사로운 이익을 끝내 얻어내는 일이 없었다.

⟨原文⟩

子絶四 毋意 毋必 毋固 毋我

⟨字解⟩

毋 — 無와 같다.

⟨解語⟩

① 여기의 毋는 금지한다는 뜻이 아니라 없다는 뜻의 無이다. 사기에도 無로
되어 있다.

② 여러 가지 견해가 있는데 나는 그중 주자의 뜻을 부분적으로 수긍하므로
우선 주자(323)의 풀이를 본다.

그는 "사사로운 생각을 갖지 않으며, 반드시 어떻다는 단정을 하지 않으며,
고집에 얽매이지 않으며, 독선에 치우침이 없다." 라고 풀이한다.

그러면서 「意는 사사로운 생각이다. 必은 꼭 그렇게 되기를 기대함(期必)이
다. 固는 고집스러워 막힌 것이다. 我는 사사롭고 이기적인 것이다. 이 네 가지
는 서로 처음과 끝을 이루고 있어 그 사사로운 뜻(意)에서 일어나 期必함으로
나타나고, 고집함에 머물다가 私我에서 이루어진다. 대개 意와 必은 항상 일이
있기 전에 나타나고, 固와 我는 일이 있고 난후의 결과로 나타난다.」(성백효
309도 대체로 같은 취지로 번역한다)

③ 주자의 설명은 결국 자기를 위하고 자기 것을 아끼고 자기를 내세우는 이
른바 '私心' 하나를 가지고 네 가지 항목 모두를 꿰뚫어 설명하는 셈이다. 나름

대로 一以貫之가 되어 공자의 말뜻을 이해하는 데 큰 도움이 된다. 나는 주자의 이런 취지가 맞다고 생각하고 이를 내 나름대로 이해하여 이 章을 ▶(予解)와 같이 해석하였다.

논어에 나타난 공자의 말과 행적 그리고 史記 공자 世家에 보이는 그의 행적 등을 살펴보면 공자가 그의 사사로운 의견이나 사사로운 이익을 앞세우다가 다른 사람과 충돌하여 고집을 부리고 다투는 일에 관한 기록이 없다. 오히려 예를 든다면 반란을 일으킨 공산불요(17-5)나 필힐(17-7)의 초빙을 받고 이에 응하려다가 제자 자로의 반대를 받고 그 뜻을 접지 않았던가? 이러한 사실 등에 비추어 보면 공자가 자기의 사사로운 의견과 사익에 집착하는 사람이 아니었음을 충분히 알 수 있다.

④ 참고로 다른 주해들을 소개한다.

다산(2-351)은 "억측이 없고, 기필함이 없고, 고집이 없고, 사사로운 내가 없다."고 풀이한다.

리링(1-484)은 "억측을 부리지 않으셨고, 독단을 부리지 않으셨고, 고집을 부리지 않으셨고, 주관적 편견에 사로잡히지 않으셨다."고 풀이한다.

이가원(138)은 "사사로운 의사와 꼭 되어야 한다는 희망과 쓸 데 없는 고집과 사사로운 주장을 갖지 않았다."고 풀이한다.

최근덕(206)은 "사사로운 뜻을 지니지 않으셨고, 기필코 하려는 게 없으셨고, 고집하지 않으셨고, 나를 내세우지 않으셨다."고 풀이한다.

류종목(292)은 意를 자의(恣意)라고 보면서 "자기 마음대로 결정하지 않으셨고, 틀림없이 그렇다고 단언하지 않으셨고, 고집하지 않으셨으며, 따라서 아집을 부리는 일이 없었다." 라고 풀이한다.

성백효(367)는 "사사로운 뜻이 없으셨으며, 기필함이 없으셨으며, 집착함(고집)이 없으셨으며, 사사로움(이기심)이 없으셨다."고 풀이한다.

소라이(2-239)는 意를 의도(意圖)라고 보면서 "의도적인 뜻이 없었으며, 꼭 하고자 하는 것이 없었으며, 고집이 없었으며, 나라는 것이 없었다."고 풀이한다.

⑤ 위에 본 여러 해석 중 소라이의 견해는 따르기 어렵다.

그는 이렇게 설명한다. 「하나의 기예(技藝)에 오묘한 사람들은 모두 변화된 경지를 가지고 있는데 공자는 예의 측면에서 그 변화가 오묘한 경지에 이르렀다. 그러므로 일이 생기면 예로써 응하는데 그 처신함이 저절로 예에 맞아 처음부터 그렇게 하려는 의도를 가지고 움직이지 않아도 그렇게 예에 맞는 경지에 이르렀다.」

또 설명하기를 「일이 변하면 그 일에 맞는 예도 따라서 변하게 된다. 그러니 이런 이치에 통달한 사람으로서는 꼭 하고자 하는 바가 자연 없게 된다(毋必). 또한 미리 정해 놓고 기대하는 것이 있었다 해도 사태가 변하면 그 기대도 적합하지 않게 되니 그 기대에 집착하는 고집도 자연 없게 된다(毋固). 있는 것은 오직 선왕(先王)의 도(道) 즉, 先王의 禮뿐이니 따라야 할 것도 선왕의 예뿐이다. 따라서 선왕의 예에서 벗어난 공자 즉, '나'가 있을 수 없다(毋我).」

무의(毋意)를 나머지 세 항목과 일관되게 설명하는 데 있어 선왕의 도에 의거한 소라이의 이런 설명은 참신하고 나름대로 일리가 있다.

그러나 '일이 생기면 예로써 응하는데 그 처신함이 저절로 예에 맞아 처음부터 그렇게 하려는 의도를 가지고 움직이지 않아도 그렇게 예에 맞는 경지에 이르렀다' 라고 설명하는 것은 옳지 않다. 왜냐하면 공자가 평생을 항상 이런 경지에서 산 것은 결코 아니었기 때문이다. 예를 들면 공자는 나이 70에 이르러 비로소 從心所慾不踰矩(위정편 2−4, 이 책 40) 라고 술회하지 않았던가. 그런데 어찌 '의도를 가지고 움직이지 않아도 저절로 예에 맞는 그런 경지'에 항상 있었던 것처럼 공자 스스로 자처할 리가 있었겠는가? 제자들의 평가라고 해도 마찬가지이다. 그러므로 소라이의 말은 무리하다고 생각한다.

또 하나. 소라이의 말대로 공자는 평생 선왕의 도를 공부하고 그 실현을 위해 노력한 사람이다. 다른 사람들의 비난과 반대에도 불구하고 한결같이 그 길을 걸은 사람이다. 안 되는 일인 줄을 스스로도 알면서 그렇게 한 사람이다. 이런 공자를 가리켜 어찌 "꼭 하고자 하는 것이 없었으며, 고집이 없었으며, '나'라는 것이 없었다." 라고 말할 수 있겠는가? 물론 '선왕의 도'를 빼고 난 나머지의 다른 일에 대하여는 '毋必 毋固 毋我' 하였다는 취지라고 변호할 수도 있겠지만 그렇게 되면 공자는 선왕의 도를 가르치는 일을 뺀 나머지 사생활에서는 아무런 의견도 주장도 없는 鄕原(17-13) 같은 사람이라는 말인가 하는 반론이 있을 수 있어 역시 옳지 않다.

⑥ 다산과 리링처럼 意를 억측이라고 보는 것도 문제가 있다. 억측이란 근거 없는 엉뚱한 추측 같은 것인데 神이 아닌 사람은 누구나 공사간의 여러 경우에 억측을 하면서 살게 마련이다. 그래서 걱정하고 기뻐하고 기대하고 실망하고 후회하고 괴로워하게 마련이다. 그러니 공자라고 해서 어찌 억측하고 실망하고 후회하는 일이 전혀 없었다고 하겠는가? 공자 스스로 70이 넘어서야 從心所慾不踰矩 라고 말씀하지 않으셨던가? 意를 억측이라고 함은 지나친 풀이가 아닐까?

⑦ 그러나 역시 문제는 남는다. 공자의 毋意 毋必 毋固 毋我의 배후에 존재하는 정신은 무엇인가 하는 문제 말이다. 이 문제에 대한 해명은 별론을 기대할 수밖에 없다.

하지만 우선 간단히 생각을 말해본다면 그 배후에 존재하는 불변의 정신은 바로 仁이다. 인은 다른 사람과 상대하고 교유하면서 서로 부딪히지 않고 서로 다투지 않고 서로 도와주고 서로 협력하는 정신이다. 이것은 忠과 恕로 표현된다. 충은 자기의 마음을 다해서 일하는 것이고 서는 남의 사정을 헤아려 이해하는 정신이다. 결국 충과 서의 마음으로 생각하고 행동할 때 무의, 무고, 무필, 무아할 수 있게 되리라.

⑧ 공자가 말하는 毋我와 부처가 말하는 無我는 같은 것일까 혹은 다른 것일까? 내 생각에는 우선 다른 것 같다. 공자의 毋我는 私益을 먼저 앞세우는 그런 私心이 없는 상태를 말한다고 우선 간단히 말할 수 있다. 그러나 부처가 말하는 無我는 實體的 存在로서의 나가 없다는 뜻인데 그 깊은 뜻은 상론하기 어렵다.

(9-5) 子畏於匡

▶(予解) 공자가 광 땅에서 포위되어 구금되었을 때 말씀하셨다. "문왕은 이미 돌아가셨지만 도(文)가 여기(玆) 나에게 있지 아니한가? 하늘이

장차 이 도(斯文)를 없애려(喪) 한다면 뒤에 죽을 나 같은 사람이 이 도에 참여케 하지 않았을 것이다. 하늘이 이 도를 없애려 하지 않는다면 광 땅 사람들이 나(予)를 어떻게 하겠는가?"

〈原文〉

子畏於匡 曰: 文王旣沒 文不在玆乎 天之將喪斯文也 後死者不得與於斯文也 天之未喪斯文也 匡人其如予何

〈解語〉

史記에 의하면 陽虎라는 못 된 자가 일찍이 광 땅에서 포악한 짓을 많이 했는데 마침 이 곳을 지나던 공자의 모습이 양호와 유사했으므로 광 땅 사람들이 공자를 양호로 오인하고 공자 일행을 포위하고 닷새 동안 구금한 일이 있었다고 한다. 이 때 공자가 제자들에게 한 말이다.

文이란 道의 별칭으로 예와 악을 말한다. 그러나 異說도 있다.

後死者는 공자가 문왕과 비교하여 자기를 지칭한 말이다.

공자가 사마환퇴의 살해 위협을 받고 피하면서 한 말(술이편 7-23)을 참고할 것.

(9-6) 大宰問於子貢

▶ (予解) 태재가 자공에게 "선생님께서는 성인이십니까? 어째서 그토록 다능하십니까?" 라고 묻자 자공이 "정말이지(固) 하늘이 장차 성인이 되실 분을 풀어놓았으니 역시 할 수 있는 것이 많으십니다." 라고 대답하였다. 공자께서 이 이야기를 들으시고 말씀하셨다. "태재가 나를 재주가 많다고 여기는구나. 내가 젊었을 때 비천했기 때문에 비천한 일을 잘 할 수 있는 것이 많다. 군자가 잘 하는 일이 많으냐? 많지 않다."

<原文>

大宰問於子貢曰: 夫子聖者與 何其多能也 子貢曰: 固天縱之將聖 又多能也
子聞之 曰: 大宰知我乎 吾少也賤 故多能鄙事 君子多乎哉 不多也

<字解>

大宰 — 국정을 총괄하는 관직의 이름. 태재라고 읽는다. 구체적으로 누구인지
는 불상이다. 吳나라의 백비라고 보는 견해도 있다.

<解語>

　태재는 재주가 많은 사람을 성인이라고 생각하여 자공에게 물은 것이고 공자
는 재주가 많은 여부는 성인과는 관계없다고 말한 것이다.

(9-7) 吾不試故藝

> ▶ (予解) 제자 뢰(琴牢)가 말했다. "공자께서 말씀하시기를 나는 관직에
> 등용되지 않았기 때문에 기예를 익힐 수 있었다."

<原文>

牢曰: 子云 吾不試 故藝

<字解>

試 — 쓰다, 등용하다.

(9-8) 吾有知乎

> ▶ (予解) 공자께서 말씀하셨다. "내가 아는 것이 있는가? 없다. 어떤 비
> 천한 사람이 나에게 묻더라도 그의 뜻이 정성스러우면(空空) 나는 그 질
> 문의 시말을 완전하게 파악한 후 그것을 가르쳐주는 데 힘을 다한다."

<原文>

子曰: 吾有知乎哉 無知也 有鄙夫問於我 空空如也 我叩其兩端而竭焉

<字解>

空空 — ① 성실하다. ② 무지하다, 머리 속이 텅빈 듯하다.
叩 — 두들기다, 묻다.

<解語>

　해석이 다양하다. 예를 들면 空空은 누가 공공하다는 것이냐? 鄙夫가 공공한 것인가? 혹은 공자(孔子)가 공공하다는 것인가? 공공은 그 뜻이 두 가지인데 그 중 어느 것이냐? 其兩端은 누구의 무슨 양단이냐? 등등에 관하여 견해가 구구하다.

　공자는 제자들을 가르칠 때 제자들이 스스로 분발하여 나아오지 않으면 그들이 분발할 때까지 기다려 하나씩 차근차근 가르쳐주는 방식을 취하였다는 점을 고려하고, 또한 여기의 질문자는 제자가 아니라 한 비천한 사람이라는 점을 아울러 생각할 때 이번에 공자가 가르치는 방식은 제자들에게 가르치는 방법과는 상당히 다를 것이라고 추측한다. 우선 그 질문자가 비록 어리석지만 성실하게 질문하는 경우일 것이다. 또 그 질문이 횡설수설하여 무엇을 묻는지도 모를 경우일 것이다. 공자는 물론 질문자 자신도 모르는 수가 많을 것이다. 其兩端에서 其는 공자가 아니라 鄙夫일 것이다. 공자가 자기를 가리키면서 其라고는 하지 않을 것이기 때문이다.

　이렇게 추측해보면 이 章의 해석은 자연 다음과 같이 되리라 본다. 한 어리석은 사람이 무슨 질문을 하는데 도대체 무엇을 묻는지 조차 잘 알 수가 없다. 그럼에도 불구하고 그 사람의 질문 태도가 아주 성실하다면 공자는 그 질문의 시말(始末)을 자세히 물어서(叩) 그 내용을 파악한 후 힘껏 그 해답을 찾아내서 답변한다. 이런 의미가 아닐까. 그래서 나는 ▶(予解)와 같이 풀이하였다.

(9-9) 鳳凰不至

> ▶ (予解) 공자께서 말씀하셨다. "鳳凰도 날아오지 않고 河圖도 나오지 않는구나. 나는 끝났도다!"

〈原文〉

子曰: 鳳凰不至 河不出圖 吾已矣夫

〈字解〉

已 - 끝날 이.

〈解語〉

봉황은 순임금 때 날아온 적이 있고 문왕 때 기산에서 울었다고 전해지는 태평성세의 상징인 새이다.

하도는 복희 때 황하에서 커다란 용마가 팔괘의 기원이 되는 그림을 등에 지고 나온 적이 있다고 전해지는데 이를 하도라고 한다. 하도는 성왕의 출현을 상징한다.

성왕이 나오지 않아서 공자가 자신의 재주를 다 발휘할 수 없었기 때문에 탄식한 것이다.

(9-10) 子見齊衰者

> ▶ (予解) 공자께서는 상복을 입은 사람, 예모와 예복을 착용한 관리 및 음악을 가르치는 장님을 만날 때에는 오는 것을 보면 비록 나이가 적더라도 반드시 일어나고, 곁을 지나가게 되면 반드시 종종걸음으로 빨리 지나가 경의를 표하였다.

〈原文〉

子見齊衰者 冕衣裳者與瞽者 見之 雖少必作 過之 必趨
　　　　　　　　　고　　　　　　　　　　　　　　　　　추

〈字解〉

齊衰 — 상복. 자쵀 또는 재최로 읽는다. 冕衣裳 — 예모와 예복.

瞽 — 장님 고. 여기서는 음악을 가르치는 스승이다. 作 — 일어나다. 趨 — 달릴 추.
고　　　　　　　　　　　　　　　　　　　　　　　　　　　　　　추

〈解語〉

　옛날에 음악을 가르치는 사람은 장님이었다고 한다(소라이 2 — 252). 그러므로 여기의 장님은 다른 사람에게 음악을 가르쳐 그 스승이 된 사람이다. 다른 주해자들은 그냥 장님이라고 풀이한다. 불구자에 대한 단순한 동정심에서 그렇게 한다면, 예를 차리는 게 마땅한 상주와 관리(정장을 한)에다 장님을 하나로 묶어서 함께 거론할 일이 아닐 터인데, 그렇게 함께 묶고 있음을 보면 장님에 대한 단순한 동정심의 발로라고 보기에는 적당치 않다. 소라이의 설명이 맞을 듯하다. 다만 '다른 사람에게 음악을 가르쳐 그 스승이 된 장님'이라고 보는 근거의 제시가 충분치 않음이 흠이다.

　이 장에서 見이 두 번 나온다. 子見과 見之이다. 처음의 것은 '만날 때 일반'을 가리키고 두 번째의 것은 '오는 것을 보게 됨'을 의미한다. 세 부류의 사람에 대한 예로서 그렇게 하였을 터이다.

(9-11) 顔淵喟然歎
　　　　　위

> ▶(予解) 안연이 크게 탄식하며 말하였다. "우러러 볼수록 더욱 높고, 뚫어 볼수록 더욱 견고하다. 쳐다보니 앞에 있다가 홀연 뒤에 있도다. 선생님께서는 사람을 차근차근(循循) 잘 이끄셔서 文으로써 나를 넓혀주시고, 예로써 나를 절제해주시니 그만두려고 해도 그만 둘 수가 없다. 이미 나의 재주를 다 했는데도 선생님이 세우신 것이 앞에 우뚝(卓) 솟아 있

는 것 같다. 비록 따르고자 하나 어디로부터 따라야 할지 모르겠다.”

〈原文〉

顔淵喟然歎曰: 仰之彌高　鑽之彌堅　瞻之在前　忽焉在後　夫子循循然善誘人
博我以文　約我以禮　欲罷不能　既竭吾才　如有所立卓爾　雖欲從之　末由也已

〈字解〉

喟－한숨 쉴 위. 彌－더할 미. 鑽－뚫을 찬. 瞻－처다볼 첨. 卓－높을 탁. 卓
爾－여기의 爾는 접미사이다. 由－따르다, 말미암다.
也已－단정적인 어기를 표시하는 어기조사.

〈解語〉

　공자에게 미칠 수 없음을 탄식한 말이다.

　다만, 夫子께서 '세우신 것'이 앞에 우뚝 솟아 있는 것 같다 라고 하는데 그
'세우신 바'가 무엇일까? 따르고자 하나 어디로부터 따라야 할지 모르겠다는
바로 그것일 터인데 과연 그것이 무엇일까?

　공자가 발견한, 또는 가르친, 道를 말한다고 생각한다. 우선은 선왕의 도라고
할 수 있다. 그러나 그에 그치는 것은 아니다. 선왕의 도에 들어 있는 정신 즉
시, 서, 예, 악, 춘추, 역 속에 들어 있는 정신일 터인데 그것은 천하를 안정시켜
백성을 편안하게 해주는 이치일 터이고 그것은 바로 仁이 아닐까? 그러나 그것
은 군자의 인일 터이니 그러면 백성의 인은 무엇인가? 같은 인일 터이다. 비유
하자면 군자의 인은 보다 넓고 깊을 것이고 소인의 그것은 보다 좁고 얕다고나
할까? 앞에서의 질문 즉, 그 '세우신 바'가 무엇일까 하는 의문에 대하여 주해
자들은, 그것은 당연히 공자의 도라고 생각한 탓인지 별다른 설명이 없다.

(9-12) 子疾病

> ▶(予解) 공자께서 병환이 심해지자 자로가 그 제자를 시켜 가신 노릇을 하게 했다. 병환이 좀 뜸해지자(間) 공자께서 말씀하셨다. "오래 되었구나 由가 거짓을 행한지가! 가신이 없으면서 가신이 있는 체하다니(爲). 내가 누구를 속인단 말이냐? 하늘을 속이겠느냐? 또 나는 가신의 손에서 죽는 것보다 차라리 너희들(二三子) 손에서 죽는 것이 더 낫지 않겠는가? 그리고 내가 비록(縱) 성대한 장례는 못 받는다고 할지라도 길에서 죽기야 하겠느냐?"

〈原文〉

子疾病 子路使門人爲臣 病間 曰: 久矣哉由之行詐也 無臣而爲有臣 吾誰欺 欺天乎 且予與其死於臣之手也 無寧死於二三子之手乎 且予縱不得大葬 予死於道路乎

〈字解〉

疾病－疾이 심해지는 것을 病이라 한다.

與其~ 無寧~－~하는 것보다 차라리 ~하는 편이 더 낫다는 관용어. 縱－비록.

(9-13) 沽^고之哉

> ▶(予解) 자공이 여쭈었다. "여기에 아름다운 옥이 있다면 그것을 궤 속에 넣고 가죽으로 싸서 감추어 두시겠습니까, 아니면 좋은 장사꾼을 찾아서 파시겠습니까?" 공자께서 말씀하셨다. "팔아야지! 팔아야지! 나는 살 장사꾼을 기다리는 사람이다."

〈原文〉

子貢曰: 有美玉於斯 韞^온櫝^독而藏諸 求善賈^고 而沽^고諸 子曰: 沽^고之哉 沽^고之哉 我待

賈者也

〈字解〉

韞 ― 가죽으로 감싸다. 櫝 ― 나무로 만든 보물함, 궤, 賈 ― 장사꾼.
沽 ― 팔다.

〈解語〉

공자는 정치에 대한 미련을 버리지 못하고 있었다. 그는 자기를 알아주는 군주를 기다렸으나 끝내 만나지 못하였다.

공자가 만난 당시의 군주들 가운데 제경공은 단연 가장 훌륭한 사람이었다. 그도 공자를 등용할 생각을 가지고 있었으므로 공자가 그를 만난 것은 가히 천재일우의 좋은 기회였는데 아쉽게도 안영(晏嬰, 안평중, 晏子)의 제지로 등용의 기회가 사라지고 말았다. 안영은 공자도 칭찬한 사람이었는데(공야장편 5 − 17) 그는 왜 공자를 반대했는가? 공자의 도는 현실에 맞지 않아 오히려 혼란을 가져온다는 논리로 제경공을 설득하여 공자의 등용을 저지하였다.

조금 길지만 안자춘추의 말을 옮긴다.

『仲尼가 제나라에 가서 경공을 만나 뵙자 경공이 이를 즐거워하면서 그에게 이계 땅을 봉해주고자 하여 안자에게 그 의견을 물었다. 그러자 안자가 이렇게 반대하였다.

「안 됩니다. 저들은 오만하면서 자기의 뜻만을 고집하여 따르게 하려 하므로, 이로써는 아랫사람을 교화시킬 수 없습니다. 또 악곡(樂曲)을 좋아하여 백성을 늘어지게 하므로, 그들로 하여금 몸소 백성을 다스리게 할 수 없습니다. 게다가 장례에 너무 많은 돈을 들여 백성들의 살림을 망가뜨리고, 나라를 가난하게 하며, 상(喪)을 너무 오래 끌어 슬퍼하느라 세월을 허비하니 백성들을 자애롭게 할 수 없는 자들입니다.

안에는 스스로 실행하기 힘든 것을 감추면서, 밖으로는 그것을 드러내지 않는 것이 유자(儒者)입니다. 그래서 복장을 특이하게 하여 얼굴 꾸미기에만 힘쓸니다. 따라서 무리를 이끄는 것으로써 백성을 길들일 수 없습니다. 훌륭한 현인들이 사라지자 주실(周室)이 쇠퇴하기 시작하였고, 위의(威儀)만을 중시하자 백성의 행동이 천박해지기 시작하였으며, 명성과 즐거움만 번드르 하게 꾸미자 세상의 덕이 점차 쇠미해지기 시작한 것입니다.

지금 공구는 음악을 무성하게 함으로써 세상을 사치에 빠지게 하며, 현(弦)의 가락과 장고와 춤으로 수식하여 무리를 모으고, 등강(登降)의 예를 복잡하게 하여 의표(儀表)의 시범을 보이며, 추상(趨翔)의 예절에 힘써 무리에게 뽐내고 있습니다. 많이 배운다고 하면서 세상의 모범을 보이는 것도 아니며, 많이 생각한다고 하면서 백성을 도와주는 것도 아닙니다. 수명을 두 배로 늘린다고 해도 그들이 요구하는 교육을 다 배울 수 없고, 살아있는 동안에 그들이 요구하는 예를 다 시행해 볼 수도 없습니다. 아무리 재물을 쌓아도, 그들이 말하는 즐거움을 채울 수 없습니다.

번잡하게 꾸미고 사술을 부리면서 세상의 임금들을 현혹시키고, 명성을 풍성히 하여 백성을 우매하게 만들고 있습니다. 그들의 도는 세상에 보일 수도 없는 것이며, 그들이 말하는 교화도 결코 백성을 인도할 수 있는 것이 아닙니다. 지금 그런 자에게 봉읍을 주어 우리 제나라의 풍습을 바꾸게 하신다니, 이는 민중을 인도하고 백성을 안존시키는 도리가 아닙니다.」

경공이 이에 「좋습니다!」 하고는, 그에게 먼저 후한 예물만 주고 봉지의 하사에 대한 일은 유보시킨 채, 공경히 만나면서 그의 治道에 대해서 묻지 않았으니, 중니는 마침내 제나라를 떠났다.』(안자 339)

안영의 말은 옳은가? 과장이 심한 것이 역시 정치가의 말이다. 그의 말은 요컨대 공자의 道의 핵심의 하나는 주나라의 禮인데 그 예는 너무나 복잡하고 시간이 많이 걸리고 비용이 많이 든다. 전문가의 지도와 지휘를 받지 않으면 예를 따를 수가 없다. 바로 "장례에 너무 많은 돈을 들여 백성들의 살림을 망가뜨리고, 나라를 가난하게 하며, 상(喪)을 너무 오래 끌어 슬퍼하느라 세월을 허비하고 … 수명을 두 배로 늘린다고 해도 그들이 요구하는 교육을 다 배울 수 없고, 살아있는 동안에 그들이 요구하는 예를 다 시행해 볼 수도 없다." 는 것이다. 그 예의 폐단을 지적하는 말이다. 한 마디로 속도가 빨라진 시대에 맞지 않는다는 것이다. 옳은 말이다. 그러나 이것은 표면적인 폐단에 대한 지적일 뿐이다. 공자의 도의 근본에 대한 비판은 되지 못한다. 공자와 같이 知天命을 말하는 사람이 시대의 흐름과 변화를 모를 리가 없다. 그에게 기회가 주어졌다면 어찌 예의 변화를 이루어내지 않았겠는가? 안영이란 사람은 비록 자신이 청렴하고 지혜로웠지만 결국은 속세의 처신에 능한 정치인일 뿐이었다. 관중과 같은 治國의 道도 모르는 사람이었으니 어찌 하물며 공자의 平天下의 도를 알 수 있었겠는가? 제경공 정도의 군주면 거의 만나기 어려운 현명한 임금인데 그런 군주와 공자 사이를 끊어놓았으니 참으로 안타까운 일이 아닐 수 없었다. 역사상 위대한 실험의 기회가 영원히 사라지고 만 셈이다.

안자춘추에는 이런 말도 실려 있다.

『중니가 노나라의 재상이 되자 경공이 이를 두려워하며 안자에게 물었다. 「이웃 나라에 성인이 있으면 그 상대 나라에 근심이 된다고 하였습니다. 지금 공자가 노나라의 재상이 되었으니 어떻게 하면 좋겠습니까?」

그러자 안자가 이렇게 대답하였다. 「임금께서는 걱정하지 않으셔도 됩니다. 저 노나라의 임금은 나약한 군주입니다. 상대적으로 공자는 성스러운 재상입니다. 이때 임금께서 슬며시 공자를 높여 주면서, 우리 제나라에 재상자리를 마련해 놓으십시오. 공자는 노나라 임금에게 자꾸 간언을 하다가 먹혀들지 않게 되면 틀림없이 노나라에 대해서 교만하게 보일 수밖에 없고, 결국 그는 우리 제나라에 마음을 두게 될 것입니다. 그때 임금께서는 공자를 받아들이지 않는 것입니다. 그렇게 되면 공자는 노나라에서도 끊어지고 우리 제나라에서도 임금의 도움이 없어져 결국 곤궁에 빠지고 말 것입니다.」

그로부터 1년 뒤 공자는 과연 노나라를 버리고 제나라로 왔다. 그러나 경공이 받아들이지 않자 그는 陳과 蔡 두 나라 사이에서 곤액에 빠지게 되었다.』

예의 폐단을 지적한 안영의 말을 읽다보면 5.16혁명을 일으킨 박정희 대통령이 전통적으로 내려오던 복잡하고 비용이 많이 들던 관혼상제의 예법을 대폭 간소화한 국민의례를 법으로 제정하여 시행한 일이 생각난다.

그때만 해도 나는 예를 바꾼다는 것이 얼마나 어렵고 대단한 일인지를 전혀 몰랐다. 그러다가 이 책을 쓰면서 작년에 내가 우리 집의 제사절차를 대폭 바꾼

일에 생각이 미쳤다. 그때 내가 우리 가족과 친척들 앞에서 설명한 제사절차 변경에 관한 설명문이 남아 있으므로 참고로 이를 부록으로 소개한다.

(9-14) 子欲居九夷

> ▶(予解) 공자께서 오랑캐 땅 구이에 가서 살고 싶어 하시자 누군가 "거기는 누추한 곳인데 어떻게 사시겠습니까?"라고 말했다. 이에 공자께서 말씀하셨다. "군자인 箕子가 살았는데 무슨 누추함이 있겠느냐?"

〈原文〉

子欲居九夷 或曰: 陋 如之何 子曰: 君子居之 何陋之有

〈解語〉

　공자는 중국에 도가 행하여지지 않음을 싫어하여 마음이 실의에 빠졌기 때문에 구이에 가려고 하였다(다산 2-395).

　구이가 어디인가에 대하여는 여러 해석이 있다(리링 1-505). 공자는 뗏목을 타고 바다로 나가고 싶다(공야장편 9-7)고도 말한 바 있었다. 노나라에서 바다로 나간다면 동쪽일 터이니 우리나라나 일본이 아니겠는가? 공자가 현인으로 존경하는 기자(箕子)가 은나라 주왕의 폭정을 피하여 조선으로 망명한 사실에 주목한다면 구이가 우리나라라고 추측할 수도 있다. 류종목(305)은 여기의 군자를 箕子라고 풀이한다. 일본의 진사이는 구이가 일본이라고 추정한다(소라이 2-262).

(9-15) 雅頌各得其所

> ▶(予解) 공자께서 말씀하셨다. "내가 위나라로부터 노나라로 돌아온 뒤에 음악이 바로 잡히어 '아'와 '송'이 각각 제자리를 잡았다."

<原文>

子曰: 吾自衛反魯 然後樂正 雅 頌 各得其所

<解語>

　공자가 위나라로부터 노나라에 돌아온 것은 그의 죽기 5년 전의 일이다. '아'와 '송'은 '國風'과 더불어 시경의 세 편의 편명이다. 이가원(145), 최근덕(215), 소라이(2－265)와 리링(1－507)에 의하면 여기의 아'와 '송'은 樂曲으로서의 아'와 '송'을 말한다고 한다.

(9-16) 不爲酒困

▶(予解) 공자께서 말씀하셨다. "조정에 나가면 공경을 섬기고, 집에 들어오면 부형을 섬기고 상사에는 감히 힘쓰지 아니함이 없고 술주정하지 않는 것, 이 가운데 무엇이 나에게 갖추어져 있겠는가?"

<原文>

子曰: 出則事公卿 入則事父兄 喪事不敢不勉 不爲酒困 何有於我哉

<字解>

公－五爵 즉, 公, 侯, 伯, 子, 男이다. 卿－卿大夫.

<解語>

　주해자들 마다 조금씩 해석이 다르다. 나는 주로 소라이의 해석을 따랐다.

　주해자들의 해석 중 소라이는 禮를 동원하여 이 章 전체를 일관되게 풀이함으로써 비교적 이치에 맞는다. 물론 예를 동원한 것은 근거 없는 비약이라고 비판할 수는 있을 것이다. 그러나 공자의 가르침이 언제나 예를 기본으로 한 것임을 생각하면 이 장에 직접 예라는 말이 나오지는 않았지만 거론된 행동이 모두 예와 관련된 것이므로 소라이가 예를 들고나와 그 행동의 기준으로 풀이한 것은 합당하다고 하겠다.

소라이(2-269)에 의하면 이 章은 공자가 예를 칭찬하여 사람들에게 예를 배우라고 권한 말이다. 나가서는 예로 公卿을 섬기고 들어와서는 예로 부형을 섬긴다. 喪事에 대한 예는 條目이 상세하여 따라서 행하면 자연 힘쓰지 않을 수 없게 된다. 술잔을 올리는 예는 하루 종일 백 번이라도 절을 하면서 올려야 하므로 자연히 술에 빠지지 않게 된다. 이런 것들은 모두 나의 힘에 의한 것이 아니라 예의 힘이다. 그러므로 어느 것이 나에게 있겠는가 라고 하였다는 것이다.

그러나 이 해석 중 '어느 것이 나에게 있겠는가'의 뜻을 '나의 힘이 아니다' 라고 풀이한 부분은 잘 납득이 안 된다. 오히려 류종목(307)과 같이 '이 가운데 무엇이 나에게 갖추어져 있겠는가?' 라고 풀이하여 공자가 겸손한 태도를 보인 것으로 이해함이 낫다고 생각한다.

何有於我哉를 이런 것들이 나에게 무슨 어려움이 있겠는가 라고 풀이하는 견해도 있다. 그러나 이런 풀이는 평소 겸양하는 공자의 자세와는 서로 맞지 않는다.

(9-17) 逝者如斯

▶ (予解) 공자께서 냇가에 계실 때 말씀하셨다. "흘러가는 것이 이와 같구나! 밤낮을 두고 쉬지(舍) 않는구나!"

〈原文〉

子在川上 曰: 逝者如斯夫 不舍晝夜

〈解語〉

① 냇물의 흐름이 빠르고 또 되돌아올 수 없음을 보았기 때문에 이에 느껴 탄식이 일어난 것이다(다산 2-401 형병; 소라이 2-270). 세상사는 한 번 가버리면 다시 회복할 수 없음을 공자가 한탄한 것이다. 逝에는 가버림의 뜻이 있다. 죽음의 뜻도 있다. 젊어서 본 西部映畫에 The River Of No Return 이라는 영화

가 있었다. 며칠 전 DVD로 이 영화를 다시 보았는데 그 주제가의 가사가 인상 깊었다. 젊어서는 무심코 넘어간 대목이었다. 논어의 이 대목에서 그 노래의 가사가 문득 생각난다. 이 영화의 주제가 중에 No Return! No Return! 하고 반복되는 가사가 나오는데 공자의 느낌이 No Return은 아니었을까? 참고로 그 가사를 싣는다.

「　The River of No Return

If you listen, you can hear it call
WAILAREE, WAILAREE.
There is a river, called the river of no return.
Sometimes it's peaceful and sometimes wild and free.
Love is a traveller on the river of no return.
Swept on forever to be lost in the stormy sea.
WAILAREE.
I can hear the river call No return! No return!
Where the roaring waters fall,
I can hear my lover call, come to me!
WAILAREE, WAILAREE
I lost my love on the river
and forever my heart will yearn.
Gone, gone forever down the river of no return.
WAILAREE, WAILAREE
She will never return to me.」

② 주자(339)는 「천지의 변화는, 가는 것은 가고 오는 것은 이어져 잠시 동안의 멈추어 쉼도 없으니, 바로 道體의 본연이다. 그러나 그 중에 가히 지적하여 쉽게 볼 수 있는 것으로 川流만한 것이 없다. 그 때문에 여기에서 이를 펴서 보여주어 배우는 자들이 때때로 성찰하여, 털끝만큼의 間斷도 없도록 하려 한 것이다.」라고 설명한다(주자는 逝 No Return보다는 不舍 No Stop에 더 관심을 둔 듯

하다). 정자(주자 339)는 이렇게 말한다. 「물은 흘러도 쉼이 없고, 만물은 생겨나 다함이 없다. 모두가 도와 더불어 일체가 되어 晝夜로 운행하여 그친 적이 없다. 이로써 군자는 이를 법 받아 自强不息하는 것이다. 그 지극함에 이르면 순수함 역시 끊어지지 않는다. 漢나라 이래로 유가들은 모두 이 뜻을 알지 못하였다. 이는 성인의 마음의 순수함 역시 끊이지 않음을 보인 것이다. 순수함 역시 그치지 않으니 곧 天德이다. 그 요체는 오직 謹篤(홀로 있을 때를 삼감. 愼獨과 같음)에 있을 따름이다.」

③ 그러나 주자 등의 설명(소위 道體論)은 너무 道와 연결지어 풀이하려고 애쓴 느낌이 든다. '흘러가버리다' 라는 逝의 뜻과도 거리가 있다. 한나라로부터 육조시대에 이르기까지 詩와 賦에서 인용한 것이 모두 ①과 같은 No Return의 느낌을 따랐고 다른 異說이 없었다고 한다(소라이 2-270).

"청산리 벽계수야 수이 감을 자랑마라

일도 창해하면 다시오기 어려워라

명월이 만공산하니 쉬어간들 어떠리" 하는 황진이의 시조도 No Return의 느낌을 노래하지 않았는가?

물을 道와 연결짓는 일은 노자가 많이 하고 있다. 예를 들면 上善若水(사람이 물처럼 처신함을 도는 아름답게 여긴다. 노자 도8) 같은 말이다.

(9-18) 好德如好色

▶ (予解) 공자께서 말씀하셨다. "덕 있는 사람 좋아하기를 여색 좋아하듯 하는 사람을 나는 아직 보지 못하였다."

〈原文〉
子曰: 吾未見好德如好色者也

〈解語〉
이것은 보통 사람을 대상으로 하여 하는 말이 아니라 군주를 두고 하는 말이라고 소라이는 풀이한다(2−273). 그러나 보통 사람에 대하여도 전적으로 적용될 수 있는 말임에는 틀림이 없다. 뒤의 위영공편 (15−13)과 중복된다.

(9-19) 譬如爲山

> ▶ (予解) 공자께서 말씀하셨다. "산을 쌓는(爲) 일에 비유할 때 단지 한 삼태기가 부족해서 다 쌓지 못한 데서 그쳤다 하더라도 이는 내가 스스로 중지한 탓이고, 땅을 고름(平)에 비유할 때 비록 한 삼태기의 흙만 쏟아 붓고(覆) 앞으로 나아갔다(進) 하더라도 그 진보함은 내가 스스로 걸음을 옮겨 간(往) 功이다."

〈原文〉

子曰: 譬如爲山 未成一簣 止 吾止也 譬如平地 雖覆一簣 進 吾往也

〈字解〉

簣 − 삼태기 궤.

〈解語〉

다른 주해들을 보아도 이 말의 뜻이 제대로 와 닿지 않는다.

결국 나는 이렇게 생각하게 됐다.

앞 부분은, 거의 다 성공한 일을 미처 마치지 못하여 끝내 실패한 경우에 그것은 나 스스로의 의지와 노력의 부족 때문이니 남을 탓할 일이 아니다 라는 뜻으로 이해한다. 성공과 실패는 자기 책임이다 라는 말이 아닐까?

뒷 부분은, 계획한 일을 조금밖에 해내지 못했더라도 그나마 라도 해낸 것은 내가 노력한 결과이니 중도에 그만두지 말고 의지를 굳혀 계속 나아가라는 뜻으로 이해한다.

(9-20) 語之而不惰

> ▶ (予解) 공자께서 말씀하셨다. "일러주면(語) 게을리(惰) 하지 않는 사람은 아마도(其) 회(안연)이리라."

〈原文〉

子曰: 語之而不惰者 其回也與

〈解語〉

원래 語는 남의 질문에 대답하거나 담론하는 것이고 言은 스스로 말하는 것으로 성질이 서로 다르다. 그러나 꼭 그렇게 구별하여 사용하지 않는 경우도 많이 있다(류종목 337).

(9-21) 見其進未見其止

> ▶ (予解) 공자께서 안연을 평하여 말씀하셨다. "애석하도다! 나는 그가 진보함은 보았지만 멈춰 있음은 보지 못하였다."

〈原文〉

子謂顔淵曰: 惜乎 吾見其進也 未見其止也

(9-22) 苗而不秀

> ▶ (予解) 공자께서 말씀하셨다. "싹이 자라나도 꽃을 피지(秀) 못 하는 것이 있고 꽃은 피었어도 열매를 못 맺는 것이 있다."

〈原文〉

子曰: 苗而不秀者有矣夫 秀而不實者有矣夫

(9-23) 後生可畏

> ▶(予解) 공자께서 말씀하셨다. "나보다 뒤에 태어난 사람들은 두려울 만하다. 그들이 장차 나의 지금보다 못할 줄을 어찌 알겠는가? 그러나 사십세, 오십세가 되어도 명성이 들리지 않으면 그 또한 족히 두려울 바가 없다.

〈原文〉

子曰: 後生可畏 焉知來者之不如今也 四十五十而無聞焉 斯亦不足畏也已

〈字解〉

後生 — 연소자, 젊은이.

〈解語〉

王陽明은 無聞은 道를 듣지 못함이지 명성이 알려짐이 없는 것이 아니다 라고 한다(다산 2 – 413).

(9-24) 法語之言

> ▶(予解) 공자께서 말씀하셨다. "본보기가 되는 훌륭한 말(法語)을 능히 따르지 않을 수 있겠는가? 그러나 고치는 것이 귀중하다. 공손히 찬동하는 말을 능히 기뻐하지 않을 수 있는가? 그러나 깊이 생각하는 것이 귀중하다. 기뻐하되 깊이 생각하지 않고, 따르되 고치지 않는다면 나는 그를 어떻게 할 수가 없다."

〈原文〉

子曰: 法語之言 能無從乎 改之爲貴 巽與之言 能無說乎 繹地爲貴 說而不繹 從而不改 吾末如之何也已矣

〈字解〉

巽 – 공손할 손. 繹 – 실마리를 찾아 새겨듣다, 궁구하다. 末 – 전혀 없다. 無와 같다.

〈解語〉

巽與之言에 대하여는 해석이 구구하다. '공손하고 서로 돕는 말'(다산 2-415)이다, '공손히 찬동해주는 말'(주자 346)이다, '공손하고 정중한 말'(리링 2-519)이다 라는 것과 무슨 뜻인지 자세하지 않다(소라이 2-276)는 것까지 다양하다.

하지만 巽與之言에 대하여 그 말을 들으면 기뻐하지만 거기서 그치지 말고 깊이 생각해야 한다고 공자가 주의를 주고 있음과 연계하여 생각하면, 이는 공손히 찬동해주는 말이라는 주자의 풀이가 합당하다고 생각한다. 사람들은 다른 사람이 자기 말에 공손히 찬동해줄 때 매우 기뻐한다. 그러나 이런 말에 기뻐하기만 하고 잘 생각하지 않고 그 말에 맹종할 때에는 자칫 위험에 빠질 수도 있기 때문이다.

(9-25) 主忠信

▶ (予解) 공자께서 말씀하셨다. "진실과 믿음을 주로 하고 자기보다 못한 자를 사귀지 말며 과오가 있으면 고치기를 꺼리지(憚) 말라."

〈原文〉

子曰: 主忠信 毋不如己者 過則勿憚改

〈解語〉

이 장은 학이편 (1-8, 이 책 18)의 후반부와 중복된다.

(9-26) 三軍可奪帥

▶ (予解) 공자께서 말씀하셨다. "삼군이 호위하는 막강한 사령관이라도 이를 탈취할 수는 있지만 연약한 필부라 하더라도 그 뜻을 빼앗을 수 없는 경우가 있다."

〈原文〉

子曰: 三軍可奪帥也 匹夫不可奪志也

〈解語〉

삼군은 큰 제후나라가 보유할 수 있는 군대의 규모이다. 1군은 12,500명이었다. 필부는 한 사람의 보통 사람이다. 이 말은 임금으로 하여금 필부필부(匹夫匹婦)라고 하여 이를 업신여기지 않도록 하기 위함이다.

(9-27) 不忮不求

▶ (予解) 공자께서 말씀하셨다. "헤어진 헌 솜 옷을 입고도 여우나 담비 모피로 만든 아름다운 외투를 입은 사람과 함께 서 있으면서 부끄러워하지 않을 사람은 아마도 유(자로)이리라! 시경에서 말한 바와 같이 그야말로 '남을 해치지 않고 남의 것을 탐내지 않으니' 어찌 훌륭하지 않은가?" 자로가 항상 이를 외우고 다니자 공자께서 말씀하셨다. "이 도가 어찌 족히 훌륭하겠느냐?"

〈原文〉

子曰: 衣敝縕袍 與衣狐貉者立 而不恥者 其由也與 不忮不求 何用不臧 子路終身誦之 子曰: 是道也 何足以臧

<字解>

敝 − 헤질 폐. 縕 − 헌 솜 온. 袍 − 옷에 솜이 들어간 것. 狢 − 담비 학. 忮 − 해칠 기. 臧 − 착할 장. 用 − 以와 같다.

<解語>

‘이 道가 어찌 족히 훌륭하겠느냐’ 하는 것은 이 道는 남을 해치지 않는 것 뿐이니, 예를 들면 ‘가난하면서도 아첨하지 않고 가난하면서도 도를 즐기는 것만은 못하지 않은가’ 하는 뜻이라고 한다(다산 2 − 423).

공자가 인용한 시구는 詩經 패풍(邶風) 웅치(雄雉)의 마지막 구절이다.

자로가 항상 이 시구를 외우고 다녔다니 그 순진함이 재미가 있다. 스승의 칭찬에 이렇듯 감격할 수 있다니 그 순수함이 어린 아이 같지 않은가?

공자는 늘 詩經의 詩를 가지고 제자들을 교육하였다고 하는데 언뜻 느낌에 그 詩들은 우국 충정을 읊는다든지 도덕을 예찬한다든지 하는 근엄한 내용이거나 아니면 뒷날의 禪詩와 같은, 알 듯 모를 듯한 암시적인 내용이겠지 하는 선입관이 없지 않아 있었다. 그런데 시경에 수록된 이런 시들은 그런 선입관과는 거리가 먼 것이어서 조금 당황스럽기까지 하다. 말하자면 우리 대중가요의 가사와 비슷하다고나 할까.

참고로 이 시의 번역문 전체를 여기에 옮겨 적는다.

「   〈장끼가 날아가네〉

장끼가 날아가네.	날개를 퍼덕이며.
이 마음이라는 것!	제가 저를 괴롭히는.
장끼가 날아가네.	끼룩끼룩 울음 소리
참으로 임께서야	가진 애를 다 태우네.
해와 달 쳐다보며	내 생각은 끝이 없네.
길은 천 리 멀고 머니	그 언제나 임 오실까.
세상의 남정네들	정을 어이 모르는지!
탐심만 곧 아니 내면	不忮不求

무슨 일이 있으랴만.　　　　何用不臧」(이원섭 62)

(9-28) 歲寒

> ▶ (予解) 공자께서 말씀하셨다. "날씨가 추워진 뒤에야 소나무와 잣나무가 다른 나무보다 그 잎이 나중에 시듦을 안다."

〈原文〉

子曰: 歲寒 然後知松柏之後彫也

〈字解〉

彫 — 나뭇잎이 누렇게 되어 떨어짐을 말한다. 凋와 같다.

〈解語〉

　세한은 1년 중 날씨가 가장 추운 계절이다.

　사람들은 송백과 같은 사람이라는 말로 지조 있는 사람을 부른다.

　어려운 때를 만나보아야 비로소 소인과 군자의 다름이 드러난다.

(9-29) 知者不惑

> ▶ (予解) 공자께서 말씀하셨다. "지혜로운 사람은 미혹되지 않고 어진 사람은 근심하지 않고 용감한 사람은 두려워하지 않는다."

〈原文〉

子曰: 知者不惑 仁者不憂 勇者不懼

〈解語〉

　① 이 말은 憲問편 (14−28)에도 나온다.

　知가 仁의 앞에 나왔다 해서 知가 仁보다 우선한다는 의미는 아닐 것이다.

知者不惑은 지혜의 밝음이 事理를 밝힐 수 있기 때문에 의혹하지 않는다는 말이다(성백효 398).

② 「지혜로운 사람의 소견은 분명하므로 사물에 현혹되지 않는다.

인한 사람은 사람을 기르고 백성을 편안하게 하는 덕이 있는 사람이다. 그러므로 인한 사람은 백성을 편안하게 하는 것을 마음으로 삼는다. 백성을 편안하게 하는 것을 마음으로 하는 사람은 하늘을 섬기는 사람이다. 하늘을 섬기는 사람은 하늘을 즐거워하므로 근심하지 않는다.」 이상은 소라이(2-281)의 설명이다.

③ 仁者不憂에 대한 주자(352)의 설명은 다음과 같다. 「이치가 족히 사사로움을 이겨낼 수 있기 때문에 근심하지 않는다.」

④ 소라이의 설명 중 '백성을 편안하게 하는 것을 마음으로 하는 사람은 하늘을 섬기는 사람이다. 하늘을 섬기는 사람은 하늘을 즐거워한다' 라고 하는 부분은 선뜻 이해가 안 된다. 왜 그렇다는 것일까?

백성을 편안하게 하는 것은 공자가 따르는 선왕의 도이고 이것이 바로 仁이다. 이 인에 따라 백성을 편안하게 하는 것은 군자의 사명이다. 군자는 이 사명을 알고 스스로 이를 선택하여 이를 즐겨 행하는 사람이다. 그 기회가 와서 성공하는가 여부는 천명이다. 그러므로 근심하지 않는다. 대체로 이런 뜻이 아닐까 싶은데 아무래도 좀 납득이 잘 안 된다.

⑤ 내 생각에는 仁者는 知天命하니 근심하지 않는다는 뜻으로 이해된다. 인자는 깨달음을 완성한 자로서 천명을 알고 있으니 그런 바에야 무엇을 근심하겠는가?

⑥ 그러나 오늘(2017. 9. 23) 문장을 정리하기 위하여 초고를 살펴보는 도중 안연편 (12-4)에 이르러 仁者不憂의 뜻을 새로 깨달았다. 바로 논어 자체에 그 뜻의 설명이 있는데 그것을 간과(看過)한 채 사방을 헤매었구나 하는 후회가 든다.

안연편 (12-4)에는 다음과 같은 공자의 말씀이 있다.

【사마우가 군자에 관하여 여쭈어보자 공자께서 말씀하셨다. "군자는 걱정하지 않고 두려워하지 않는다."

(사마우가 다시 물었다) "걱정하지 않고 두려워하지 않으면 곧 군자라 할 수 있습니까?"

공자께서 말씀하셨다. "안으로 자신을 돌아보아 꺼림칙한 것이 없다면 무엇을 걱정하고 무엇을 두려워하겠느냐?(內省不疚 夫何憂何懼)"】

바로 內省不疚가 답이었다. "안으로 자신을 돌아보아 꺼림칙한 것(疚)이 없다." 그러므로 근심하지 않는다.

모든 군자가 인자는 아니다. 그러나 모든 인자는 군자이다. 그러므로 적어도 '不憂'하는 점에서는 인자와 군자를 같은 범위로 보아도 옳다.

⑦ 용감한 사람은 두려워하지 않는다는 말은 특별히 설명할 바가 없다.

(9-30) 未可與權

> ▶ (予解) 공자께서 말씀하셨다. "함께 배울 수는 있지만 함께 도에 이를(適) 수는 없으며 함께 도에 이르렀다 해도 다 함께 굳게 지킬(立) 수는 없으며 함께 도를 지킨다 해도 변화에 응하여 도를 적절하게 실현하는 일(權)에는 다 함께 능할 수 없다.

〈原文〉

子曰: 可與共學 未可與適道 可與適道 未可與立 可與立 未可與權

〈解語〉

與는 함께 행동한다는 것인데 그 의미는 함께 행동하여 성취하는 경우도 있지만 그렇지 못한 경우도 있음을 내포한다.

適은 가다, 이르다, 도달하다, 합치하다의 뜻이다. 立은 학문이 완성됨을 말한다.

權은 저울질한다는 뜻이 있다. 무게에 따라 저울의 추를 움직임과 같이 도를 변화에 맞게 운용함을 상징한다. 겨울에는 옷을 두텁게 입다가 여름이 되면 가볍게 입는 것과 같다. 형수가 물에 빠졌을 때 손으로 잡아당긴다고 한 것과 같다.

그러므로 선왕의 道에 뜻을 두어 함께 배우기도 하지만 그렇다고 하여 함께 도에 이르는 것은 아니고 도에 이르는 사람도 있는가 하면 이르지 못하는 사람도 있게 된다.

함께 도에 이르러 이를 터득했다 하여도 그 깨달음이 확실하여 굳게 도를 지키는 사람도 있지만 그 깨달음이 확실치 못하여 이내 그 깨달음을 잊고 이를 벗어나 지키지 못하는 사람도 있다.

도를 굳게 지키는 경우라고 하여도 세상일은 복잡하고 변화가 많은 데 그 변화에 적절하게 대응하여 도를 거기에 알맞게 융통성 있게 실행하는 일은 매우 어렵다. 그래서 도를 변화에 따라 잘 운용하는사람이 있는가 하면 그렇지 못한 사람도 있다. 대체로 이런 의미이다.

(9-31) 唐棣^체之華

▶(予解)「아름다운 자두꽃이
봄바람에 휘날리는구나.
어찌 임이 그립지 않으랴만
당신의 집은 멀고도 멀으시고.」
공자께서 말씀하셨다. "그(之)를 그리워하지(思) 않은 것일 테지, 대체 뭐가 멀단 말인가?"

〈原文〉

唐棣之華 偏其反而 豈不爾思 室是遠而 子曰: 未之思也 夫何遠之有

〈字解〉

唐棣^체 ─ 식물 이름. 최근덕 선생은 자두꽃이라 번역하고 있다.

〈解語〉

　앞의 시 네 구절은 지금은 시경에 없는 사라진 시라고 한다. 그 번역은 최근 덕 선생(226)을 따랐다.

　술이편(7-30)의 '仁遠乎哉 我欲仁 斯仁至矣'와 상통하는바가 있다고 한다 (류종목 321).

제10편

鄕黨

    이 편의 각 장은 모두 예를 중심으로 해서 士君子가 여러 상황에서 무엇을 입고 무엇을 쓰고 무엇을 먹고 무엇을 마셔야 하는지, 입고 눕고 가고 걷는 것, 말하는 것과 행동거지 등을 어떻게 해야만 비로소 가장 적절하다고 할 수 있을까에 대하여 이야기하고 있다. 해석이 어렵고 또 읽는 데 인내심이 필요하다(리링 1-533). 그래서 대부분을 생략하고 오늘날에도 관심이 끌릴만한 몇 곳만을 골랐다.

(10-1) 孔子於鄕黨: 생략

(10-2) 與下大夫言: 생략

(10-3) 君召使擯: 생략

(10-4) 入公門: 생략

(10-5) 執圭: 생략

(10-6) 必表而出之: 생략

(10-7) 必有明衣: 생략

(10-8) 惟酒無量

> ▶(予解) 밥은 곱게 찧은 쌀로 지은 것을 싫어하지 않으셨고 회는 잘게 썬 것을 싫어하지 않으셨다. 밥이 쉬어서 냄새가 나고 맛이 변한 것과 어물이 썩은 것과 육류가 썩은 것을 잡수시지 않으셨고, 빛깔이 나쁜 것을 잡수시지 않으셨고, 냄새가 나쁜 것을 잡수시지 않으셨고, 알맞게 익지 않은 것을 잡수시지 않으셨고, 제때가 아니면 잡수시지 않으셨고, 자른 모양이 반듯하지 않으면 잡수시지 않으셨고, 그 음식에 어울리는 장이 없으면 잡수시지 않으셨다. 고기가 비록 많을지라도 고기 기운이 밥 기운을 능가하게 하지는 않으셨다. 다만, 술은 정해진 양이 없으되 난잡한 지경에 이르지는 않으셨다. 사온 술과 사온 고기포는 잡수시지 않으셨다. 생강을 곁들여 먹는 것을 그만두지 않으셨으나 많이 잡수시지는 않으셨다.

〈原文〉

(전략) 惟酒無量 不及亂 (후략)

〈解語〉

이 章뿐만 아니라 이 편에 나오는 공자의 식생활과 의복 등에 대하여는 당시의 귀족이나 사대부 등의 예법, 풍속, 음식이나 의복의 재료, 위생관념과 조리법, 의복 만드는 기술, 심부름하는 시종과 노예나 하인의 많고 적음 등을 모르고서는 함부로 그 당부(當否)나 시비(是非) 또는 성격의 까다로움 여부 등을 말하기 어렵다. 지금의 생활방식과 기술 수준을 가지고 판단하는 것은 적당치 않기 때문이다. 서양 영화에 나오는 로마 귀족들의 주거와 의복 및 식생활 등의 장면을 보고 그들의 성격을 지레 짐작하는 것이 적당치 않음과 같다.

(10-9) 祭於公: 생략

(10-10) 食不語

> ▶(予解) 밥 먹을 때 얘기하지 않으셨고 잠자리에 누워 말하지 않으셨다.

〈原文〉

食不語 寢不言

〈解語〉

원래 語는 남의 질문에 대답하거나 담론하는 것이고 言은 스스로 말하는 것으로 성질이 다르지만 꼭 그렇게만 쓰이진 않는다(류종목 337).

지금 시대에는 침불언은 또 모르거니와 식불언은 어떤가? 아마도 반대가 많으리라. 때에 따라 달리 보아야 한다.

침불언을 소라이(2−346)는 內寢에서 政事를 말하지 않는 것이라고 풀이한다. 일리가 있다.

(10-11) 雖疏食菜羹: 생략
<small>채 갱</small>

(10-12) 席不正不坐: 생략

(10-13) 鄕人飮酒: 생략

(10-14) 鄕人儺: 생략
<small>나</small>

(10-15) 問人於他邦: 생략

(10-16) 康子饋藥: 생략
<small>궤</small>

(10-17) 廏焚^{구 분}

> ▶(予解) 마구간이 불탔는데 공자께서 퇴조하여 "사람이 다쳤느냐?"
> 라고 물으시고 말에 대해서는 묻지 않으셨다.

〈原文〉

廏焚^{구 분} 子退朝 曰: 傷人乎 不問馬

〈解語〉

   사람의 생명을 더 중시했다는 뜻이다. 요즘 같으면 동물학대론을 들고 나오
는 사람도 있을 것이다.

(10-18) 君賜食: 생략

(10-19) 疾君視之: 생략

(10-20) 君命召: 생략

(10-21) 入太廟: 생략

(10-22) 朋友死

> ▶(予解) 친구가 죽었는데 거두어줄 사람이 없자 "내 집에 빈소를 차리
> 라."고 하셨다.

〈原文〉

朋友死 無所歸 曰: 於我殯^빈

(10-23) 朋友之饋: 생략

(10-24) 寢不尸^시

> ▶(予解) 침실에 앉아 있을 때에는 시동처럼 꼼짝하지 않고 단정히 앉
> 아 있는 것이 아니라 편하게 앉아 있었고, 한가히 거처할 때는 모양을 내
> 지 않았다.

〈原文〉

寢不尸 居不容

〈解語〉

대부분의 주해가 寢不尸^시를 "잠잘 때에는 시체처럼 반듯하게 누워 있지 않았
다."라고 풀이한다. 그러나 대단히 어색하고 쓸모 없는 묘사 같다. 오히려 소
라이(2-365)처럼 침실에 앉아 있을 때에는 尸童처럼 꼼짝 않고 단정히 앉아
있는 것이 아니고 편하게 자세를 취했다 라고 보는 것이 日常의 묘사로서는 이
치에 맞고 자연스럽다.

尸童은 옛날에 제사(祭祀) 때 신위(神位) 대신으로 쓰던 동자(童子)이다. 후
세에는 화상(畵像)을 썼다 한다.

"공자께서 댁에 한가로이 계실 때면 느긋하며(申申) 얼굴빛이 화평한(夭夭)
모습이셨다."라고 하지 않았는가(술이편 7-4, 이 책 142) ▶(予解)는 그래서 소
라이의 풀이를 따랐다.

居不容은 제사를 지내거나 손님을 접대하는 일이 없을 때에는 즉, 한가하게
집에 있을 때에는 모양을 단정하게 꾸미지 않았다는 말이다.

(10-25) 迅雷風烈必變

> ▶(予解) (전략) 갑자기 천둥이 치고 바람이 사납게 불면 공자는 반드시

> 얼굴빛을 바꾸셨다. (후략)

〈原文〉

… 迅雷風烈 必變 …

〈解語〉

이 章의 앞 부분(생략된 부분)에서는 얼굴빛을 바꿈으로써 禮를 표하는 여러 경우에 대한 가르침이 있었다. 예컨대 상복을 입은 사람을 만난 경우라든가 성찬을 대접받는 경우 등이다. 그런데 迅雷風烈의 경우에는 왜 변색을 하였을까? 이것도 禮의 표시라고 공자가 생각하지는 않았을 터이다. 怪力, 亂神을 말하지 않는 합리적인 공자가 왜 그랬을까 궁금하다. 하늘의 怒氣에 경건함을 느끼기 때문이라는 주자(385)의 주해는 선뜻 따르기 어렵다.

갑작스러운 재난이 닥쳐옴을 경계해서 그러지 않았을까 하는 생각이 든다. 경계심의 발동에 따른 긴장감의 표시 아닐까? 신에 대한 또는 하늘에 대한 경외심 내지 두려움 때문에 그런 것은 아닐 것이다.

삼국지(황석영 2-218)를 보면 유비가 자기를 천하의 영웅이라고 지적하는 갑작스런 조조의 말에 깜짝 놀라 젓가락을 떨어뜨리고는 때마침 울린 천둥소리에 놀라 그랬던 것처럼 핑계를 대는 장면이 있다. 조조가 "아니 장부도 천둥소리를 무서워한단 말씀이오?"라고 묻자 유비가 "聖人도 심한 천둥소리와 세찬 바람에 얼굴빛이 변하였다는데, 어찌 두렵지 않겠소이까?"라고 임기응변으로 둘러댄다. 이 때 유비가 인용한 공자의 말이 바로 '迅雷風烈 必變'이다. 유비가 정말로 공자의 이 말을 인용했는지 아니면 작가가 꾸민 것인지는 물론 알 수 없다.

(10-26) 升車: 생략

(10-27) 色斯擧矣: 생략

제11편

先進

(11-1) 先進於禮樂

▶(予解) 공자께서 말씀하셨다. "먼저 입문한 제자들은 예악에 있어서는 질박하기가 야인답고, 나중에 입문한 제자들은 예악에 있어서는 그 세련됨이 오히려 군자답다. 그러나 만일 예악을 기준으로 등용한다면 먼저 입문한 제자들을 나는 선택하겠다."

〈原文〉

子曰: 先進於禮樂 野人也 後進於禮樂 君子也 如用之 則吾從先進

〈字解〉

野人 ─ 본래의 뜻은 郊外에 사는 사람이다.

〈解語〉

해석이 구구하다.

① 먼저 공자가 누구를 상대로 하여 이런 구분을 하였는가를 따져야 한다.

공자가 자기 제자들을 염두에 두고 분류한 것이라고 나는 생각한다. 문장의 뜻도 그렇게 보는 것이 자연스럽다. 더구나 이 篇 전체가 제자들에 대한 인물평을 주로 하고 있다는 점에서 더욱 그렇다.

② 다음으로 先進과 後進의 구분이다. 제자로 먼저 입문한 자가 선진이고 뒤에 입문한 자가 후진이다. 관직에의 등용시기를 가지고 따질 일은 아니다. 관직에의 진출 여부와 진출 시기는 제 각각이기 때문에 그것을 가지고 제자들을 구분하는 것은 의미가 없다. 구분할 수 있는 것은 입문의 先과 後일 뿐이다. 先의

경우는 대개가 노나라의 비천한 집안 출신으로 비교적 질박한 편이고 후의 경우는 전국 곳곳에서 모인 자들로 출신은 각양각색이라, 그 중에는 좋은 가문의 사람도 꽤 있었으리라는 점에서 이런 분류는 의미가 있다.

③ 끝으로 野人과 君子의 구별이다. 군자는 출신이 고귀한 사람이거나 도덕성이 높은 사람이다. 小人 또는 야인은 그와 반대이다. 그러나 출신의 고귀함과 도덕성의 높음은 반드시 같이 가는 것은 아니다. 그 반대인 야인의 경우도 마찬가지이다. 겉보기와 실질이 다를 때 공자는 순박한 실질을 더 좋아하였다.

④ 이상과 같은 기준을 가지고 이 문장을 풀이해 보면 나는 자연 ▶(予解)와 같이 해석하지 않을 수 없다.

(11-2) 從我於陳蔡

> ▶(予解) 공자께서 말씀하셨다. "진나라와 채나라 사이에서 고생할 때 나를 따라 다니던 제자들이 지금은 나의 문하에서 모두 함께 하지는 못하는구나."

〈原文〉

子曰: 從我於陳蔡者 皆不及門也

〈解語〉

천하를 주유하던 공자가 초나라의 초빙에 응하기 위하여 채나라에서 진나라로 들어가는 도중에 불량배들의 포위를 받는 환난을 당하여 급기야는 양식이 떨어지는 위기에 놓이기까지 했다. 이 때 함께 환난을 겪었던 당시의 제자들을 추억하여 한 말이 이 章이라 한다.

不及門에 대하여는 해석이 갈린다. 門을 벼슬 길, 衛 나라의 城門, 공자의 학당, 공자의 학문 수준 이라고 보는 등 여러 가지이다. 그러나 옛날 고생을 함께 했던 제자들이 죽거나 흩어져 지금은 자기의 문하에 있지 않음을 서글피 회상하는 말이라고 단순하게 이해함이 옳을 듯하다. 여기의 及에는 함께 함, 같이

함 등의 뜻이 있가 때문이다.

(11-3) 四科十哲

▶(予解): 생략

〈原文〉

德行: 顏淵(안연) 閔子騫(민자건) 冉伯牛(염백우) 仲弓(중궁)

言語: 子貢(자공) 宰我(재아)

政事: 冉有(염유) 季路(계로)

文學: 子游(자유) 子夏(자하)

〈解語〉

공자의 제자로서 소위 四科十哲의 이름이다. 십철에 대하여 모두 字로 불렀다는 점을 볼 때 이것은 공자의 말이 아님을 알 수 있다. 공자가 직접 이런 분류를 했다면 '子曰' 이라는 등 그런 취지의 표시가 있었을 터인데 그렇지 않은 것을 보면 직접 분류한 것은 아닌 듯하다. 주자(393)는 공자의 말을 근거로 했다고 하지만 근거의 제시는 없다.

① 덕행은 개인의 수양이다(7−25의 行).

② 언어는 말재주와 외교적 능력이다(7−25의 信).

③ 정사는 관리로서의 재능이다(7−25의 忠).

④ 문학은 고대의 인문학으로서 고대 문헌 등에 대한 연구이다(7−25의 文).

술이편 (7−25) 文行忠信 참조.

(11-4) 回也非助我者

▶(予解) 공자께서 말씀하셨다. "안회는 나를 도와주는 사람이 아니다. 내 말에 대하여 그는 기뻐하지 않은 바가 없었으니까."

〈原文〉

子曰: 回也非助我者也 於吾言無所不說

〈解語〉

　겉으로는 안회를 비판하는 것 같으나 속마음으로는 그를 칭찬하고 있다.

(11-5) 孝哉閔子騫: 생략

(11-6) 南容三復

> ▶ (予解) 남용이 백규를 세 번 반복하여 외우자 공자께서 자기 형님의 딸을 시집보내셨다.

〈原文〉

南容三復白圭 孔子以其兄之子妻之

〈字解〉

南容 – 공자의 제자인 남궁괄로 字는 子容.

白圭 – 詩經 大雅 ‘抑’ 제5장에 나오는 ‘白圭之玷 尙可磨也 斯言之玷 不可爲也’ 라는 말이다.

〈解語〉

　여기 인용된 詩經 大雅 ‘抑’이라는 詩는 한 번 읽어볼만한 내용이어서 비록 길긴 하지만 이곳에 인용한다.

「　　　　　　　　　　〈아름다이 빛나는〉/抑

아름다이 빛나는 위의야말로　　　　지닌 덕의 올바름을 이름이어늘

지금 세상 사람들은 모두 말하길　　어진 이도 바보가 다 되었다고.

저 아래 백성들의 어리석음은
어진 이의 어리석게 되어 버림은

사람의 도리를 다한다며는
곧은 덕을 행하여 어질게 굴면
크게 헤아리어 政令 정하고
그 몸의 위의를 삼간다며는

그러함을 지금의 세상에서는
그 몸에 갖춘 덕을 뒤집어 엎고
그대는 향락에 젖는다기로
선왕의 높은 덕을 다시 찾아서

이리하여 하늘도 안 도우시고
멸망의 그 길 함께 가려 하는가.
새벽에 일어나고 밤중에 자며
이래야사 백성의 본이 안되랴.
그대의 수레와 말 잘 다스리고
싸움이 일어날까 대비할지며

그대의 백성을 바르게 하고
뜻하지 않은 환난 막을 것이며,
행여 위의 잃을까 몸을 삼가서
흰 구슬의 그 모가 떨어졌다면
입으로 내인 말의 그릇된 것은
(白奎之玷 尙可磨也 斯言之玷 不可爲也)

생각 없이 쉬웁게 말하지 말며
그 누가 혀를 잡아 막아 주리요?
함부로 입 밖에 말 내지 말라.

본래부터 탈이 아님 아니어니와
이야말로 있을 수 있는 것이랴.

사방이 우럴어 이를 좇으며
온 천하 스스로 그 뒤 따르리.
멀리 생각하여 분부 내리며
이야말로 백성의 본이 되리라.

난동하는 무리를 귀히 여기어
술에 빠져 헤어날 줄 알지 못해라.
조상의 뒤 이을 일 늦게 미루며
밝은 법을 펴려고 어이 않느뇨.

샘의 물이 즐펀히 흘러 나가듯

비질하기 걸레치기 집안을 치고

활과 살 방패와 창 모두 갖추어
오랑캐도 멀리멀리 쫓아 버리라.

임금의 법도를 삼가 지키어
말 하나 내는 데도 조심을 하고
화평하고 착하게 안함 없으라.
다시 갈면 다시 갈 수 없으랴마는
다시 또 어찌 할 도리 없도다.

구차이 「이러니라」 이르지 말라.

어떠한 말이라도 되돌아 오고

어떠한 덕이라도 보답 있는 것.
그 여러 신하들에 은혜 베풀어
자손은 대대로 이어 나가며

사람과 만나서 사귀일 때는
행여 허물 있을까 두려워하라.
그리고, 屋漏에 혼자 있어도
밝은 곳 아니라고 이르지 말며
신께서야 어느 때 어느 곳엔들
더더욱 소홀히 할 줄 있으랴.

그대의 착한 덕을 본으로 하여
그대의 몸가짐을 삼가고 삼가
어그러짐 상함이 없다 하며는
못 들었나, 복숭아를 던져 준다면
양에게 뿔을 내라 조름과 같은

결이 곱고 부드러운 나무는 베어
따스하고 공손한 사람이야말로
그 마음이 총명한 사람을 향해
기꺼하여 덕을 좇아 행하건마는
나를 되려 거짓말 한다 하여라.
사람 마음 다름이 이와 같도다.

아! 젊은이, 그대는 아직
손으로 끌어 다릴 그뿐 아니라
맞대어 가리쳐 줄 따름 아니라
가령 아직 사리를 모른다 해도
백성이 불만을 품고 있는 줄

저 아래 서민까지 미치게 하면
만민은 우럴러 받들 것이리.

그대의 얼굴을 부드러이 해

마음에 부끄런가 살펴 볼지니
보는 이 없다고 말하지 말라.
나타나지 않는다 그 누구 알리

백성을 어질게 교화해 가며
위의에 그르침이 조금도 없고
어느 백성 이를 따라 아니 배우리.
나도 오얏 주겠다는, 떠도는 말을
억지는 그대만 어지럽히리.

휘어서 줄 걸어 활을 만들 듯
큰 덕을 이루어 갈 기초 되도다.
옛적의 좋은 말씀 일러 주며는
어쩔 수 없기는 미련한 무리

좋고 나쁨 가리는 철도 없도다.
사실을 들어서 이를 밝히고
귀라도 잡아 당겨 들려 주고져.
이미 아들 안고 있는 나이 아닌가.
일찍만 깨달으면 되리라마는.

밝고 밝은 저 하늘 이고 있어도 내게는 살 맛이란 전혀 없어라.
그대는 아무 것도 분간 못하매
내 마음 기쁠 줄 어찌 있으랴. 순순히 타일러 보기는 하나
봄바람이 쇠귀를 스쳐 가는 듯 교훈이라 여기는 마음은커녕
도리어 농으로 돌리는 도다. 철이 들지 않았다 하기는 해도
늘어서 망녕이나 든 듯 여긴다.

아! 젊은이 내 말 들으라. 선왕의 옛법을 일러 주리니
만일에 내 말을 따른다면야
뒷날의 후회도 없으리로다. 하늘이 재앙을 세상에 내려
이 나라를 망하게 하려 하시니 먼먼 비유를 말함 아니라
천도에는 망녕됨 없음이어니 어찌하여 그릇된 덕을 지니어
백성을 이리도 괴롭히는다?」(이원섭, 370)

노인이 나라 걱정하는 마음이 이토록 절절 하구나.

(11-7) 弟子孰爲好學: 생략

(11-8) 顔路請子: 생략

(11-9) 顔淵死

> ▶(予解) 안연이 죽자 공자께서 말씀하셨다. "아아! 하늘이 나를 망치는구나! 하늘이 나를 망쳐!"

〈原文〉

顔淵死 子曰: 噫^희 天喪予 天喪予

(11-10) 顔淵死: 생략

(11-11) 顔淵死: 생략

(11-12) 問事鬼神

> ▶(予解) 계로가 귀신 섬기는 일에 관하여 물었다.
> 공자께서 말씀하셨다. "사람도 섬길 줄 모르면서 어찌 귀신을 섬길줄 알겠느냐?"
> 계로가 말하였다. "감히 죽음에 관하여 여쭙겠습니다."
> 공자께서 말씀하셨다. "삶도 모르면서 어찌 죽음을 알겠느냐?"

〈原文〉
季路問事鬼神 子曰: 未能事人 焉能事鬼
曰: 敢問死
曰: 未知生 焉知死

〈解語〉
　귀와 신, 생과 사, 어려운 문제이다. 몇 가지 설명을 소개한다.
　주자(404)의 주해는 다음과 같다.
「誠敬이 사람을 섬기기에 족하지 못하다면 틀림없이 귀신을 능히 섬길 수 없으며, 시작의 근원을 따져 生의 所以를 알지 못한다면 틀림없이 끝의 돌이킴을 따져 死의 所以를 아는 것도 불가능하다.
　대개 幽, 明, 始, 終은 애초에는 두 가지가 아니었으나, 다만 배움에 순서가 있어 단계를 뛰어넘을 수 없는 것이다. 그 때문에 夫子가 이렇게 일러준 것이다.
　程頤는 이렇게 말하였다. "낮과 밤이란 죽음과 삶의 道이다. 生의 도를 안다면 死의 도를 알게 되고 事人之道를 다 한다면 事鬼之道를 다 할 수 있다. 死, 生, 人, 鬼는 하나이면서 둘이며 둘이면서 하나인 것이다. 혹자는 '夫子가 자로에게 일러주지 않은 것이다' 라고 말하는데 이것이 곧 깊이 일러준 것임을 모르고 하는 말이다.」

소라이(2-394)의 주해는 다음과 같다.

「귀신을 섬기는 도에 대해서 공자가 어찌 일찍이 말하지 않았겠는가? "살아 계실 때 섬기기를 예로써 하고 돌아가시면 장례를 예로써 하며 제사 지내기를 예로써 하는 것이다(위정편 2-5)." 라고 한 것이 귀신 섬기는 것에 대해 말한 것이다. 공자가 일러주지 않은 까닭은 자로를 억제하기 위한 것이었다. 자로의 관심이 귀신을 아는데 있었기 때문이다.

대개 죽음이란 말할 수 없는 것이다. 공자가 그것을 말했더라면 자로로 하여 금 믿게 할 수도 없었을 것이고, 자로 역시 믿지 못하였을 것이니 이것은 무익 한 일이다. 그러므로 공자가 말하지 않은 것이다.」

소라이는 이어 말한다.「사람의 지혜란 귀신과 죽음에 이를 수도 있다. 그래 서 다른 날 재아가 "제가 귀신이라는 말은 들었습니다만, 그것이 무엇인지를 모르겠습니다." 질문하였을 때에는 공자가 다음과 같이 말하였다.

"氣라고 하는 것은 神이 盛한 것이요, 魄이라고 하는 것은 鬼가 盛한 것이므 로 鬼와 神을 합해서 말해야만 가르침이 완전할 것이다. 살아있는 모든 사람은 반드시 죽게 마련이고, 죽으면 반드시 흙으로 돌아가는데 이것을 일러 鬼라고 한다. 사람이 죽어 뼈와 살은 땅속에서 썩어 산야의 흙이 되고, 氣는 하늘 위로 떠올라서 밝은 존재 神이 되는 것이다. 그 밝은 존재가 강한 향기를 뿜어 사람 의 마음을 슬프게 하는 것이다. 이는 온갖 것의 精으로서, 신령의 신기한 작용 이 나타나는 것이다."(禮記 祭義, 이 부분 번역은 소라이의 것을 따르지 않고 지재희 下 80에 따름)」

또「易의 大傳에서는 "처음 시작되는 것을 살펴 그로써 마치는 이치를 돌이 켜 보기 때문에 삶과 죽음에 대한 이야기를 알 수 있다. 정밀한 기운은 엉기어 물체가 되고 떠도는 혼은 변하여 흩어진다. 이런 까닭에 귀신의 실상을 알 수 있는 것이다." 라고 하였으니, 또한 성인이 귀신을 모르고 죽음을 몰랐다면 어 떻게 예악을 만들었겠는가? 그러므로 "삶을 알지 못한다면 어떻게 죽음에 대 해서 알겠는가?" 라고 한 것은 삶을 알면 지혜가 죽음을 아는 데에 이른다는 말이다.」

소라이가 말한 주역 대전은 계사(繫辭) 上傳을 말한다. 그 원문은 다음과 같다. 是故知幽明之故 原始反終 故知死生之說 精氣爲物 遊魂爲變 是故知鬼神之情狀

이에 대한 다른 해석 두 가지를 함께 읽어본다.

① 그러므로 유형 무형의 일을 알 수 있다. 사물의 시초를 미루어 사물의 종말을 생각한다. 그러므로 죽고 사는 數를 알 수 있다. 정기가 엉겨 모인 것이 유형의 生物이 되고 변하여진 것이 영혼이다. 그러므로 귀신의 정상을 알 수 있다(남만성 288).

② 이런 까닭으로 幽明의 도리(故)를 알고 始를 찾아(原) 終에 돌아간다(反). 그러므로 사생의 도리(說)를 알고 精과 氣가 物이 되고 魂이 부유해서 變이 된다. 이런 까닭으로 귀신의 실상을 아느니라(남동원 Ⅲ 97).

아무튼 이런 주해를 보면 六經을 중시한 소라이는 귀신 자체에 대해서 그 존재를 믿고 의심하지 않았다고 하겠다(소라이 2-395 각주 42).

그러나 論語古義를 쓴 일본의 진사이는 「예를 기록한 서적에서는 누차 공자가 귀신을 논했다는 말을 싣고 있다. 계사전(繫辭傳)의 글에서도 시작으로 거슬러 올라가면 그 끝을 알 수 있다고 하였다. 그러므로 생사를 안다고 하는 설은 모두 (다른 책에 의거하여 나온 것이지) 성인의 말이 아님을 알 수 있다.」라고 하였다.

진사이는 논어를 중시하는 입장에서, 공자가 논어에서 귀신과 생사에 대해 별로 관심을 갖지 않았음을 근거로 '예기'나 '역경'의 신빙성을 의심한 것이다(소라이 2-395 각주 42).

생각컨대 논어는 그 글이 생생하고 절실하며 말의 흐름이 아주 자연스러움에 비추어 여기 논어에 실린 공자의 말은 다른 곳에 실린 그것보다 훨씬 더 믿을 만하다고 생각한다. 따라서 이 문제에 관한 한 진사이의 설명이 더 합리적이라고 생각한다. 귀신에 대하여 敬而遠之 하라는 공자의 말(6-22)에도 부합한다.

(11-13) 侃侃如也: 생략

(11-14) 言必有中: 생략

(11-15) 未入於室: 생략

(11-16) 過猶不及

> ▶(予解) 자공이 여쭈었다. "사(전손사, 자장)와 상(복상, 자하)은 누가 더 낫습니까?"
> 공자께서 말씀하셨다. "사는 지나치고(過) 상은 조금 못 미친다(不及)."
> "그러면 사가 보다(與) 낫습니까(愈)?"라고 하자 공자께서 말씀하셨다. "지나친 것은 미치지 못하는 것과 같다(猶)."

〈原文〉

子貢問: 師與商也 孰賢 子曰: 師也過 商也不及 曰: 然則師愈與 子曰: 過猶不及

〈解語〉

주자(409)는 「도는 중용을 최고로 삼는다. 그러므로 지나침과 모자람은 중용을 잃은 면에서는 매한가지이다.」라고 설명한다.

다산(3-217)은 「자장의 지나침은 禮에 지나친 것이고 자하의 미치지 못함은 禮에 미치지 못한 것이다.」라고 설명한다.

소라이(2-402)는 주자를 비판하여 "중용이란 것이 어찌 도를 이르는 것이겠는가?"라고 말한다. 자장은 다소 억제할 필요가 있고 자하는 좀 더 격려할 필요가 있어 공자가 이렇게 말은 했지만, 논어의 다른 곳에 "당당하구나, 자장이여!"(자장 19-16)라고 증자가 말한 부분이라든가, "군자는 어진 사람을 존중하되 일반 대중도 포용한다."(19-3)라고 자장이 말한 부분이 실려 있음을 볼 때 공자는 마음속으로는 자장이 더 낫다고 생각하지 않았을까 라고 소라이는 추측하는 듯하다.

(11-17) 季氏富於周公

> ▶(予解) 공자께서 말씀하셨다. "계씨는 주공보다 부유한데도 구(염유)가 그를 위하여 세금을 많이 거두어들여 거기다 더 보태어주니 그는 내 제자가 아니다. 너희들(소자)은 북을 울려 그를 성토하는 것이 좋겠다."

〈原文〉

季氏富於周公 而求也爲之聚斂而附益之 子曰: 非吾徒也 小子鳴鼓而攻之可也

〈解語〉

염유를 구라고 부른 것은 공자가 스승의 입장에서 제자의 이름을 부른 것이니 비록 '子曰'이란 말은 없어도 이 章의 말은 한 가지로 모두 공자의 말로 보아야 한다.

계씨는 노나라의 實權者이고 염유는 그의 家宰였다.

周公은 어느 周公을 말하는지 분명치 않다.

鳴鼓而攻之는 원래 북을 치면서 군사를 들어 치는 것(다산 3−221) 이라고 한다. 공자가 군사를 거느리고 있던 바는 아니므로 이 경우에는 그런 뜻까지는 아닐 것이다.

계씨가 주공보다 더 부유하였으니 염유가 그의 가재가 되었으면 의당 그의 재물을 풀어 백성을 구제함이 급선무였는데 그렇게 하지 않고 오히려 세금을 더 많이 거두어들였으니 이는 공자의 가르침을 어긴 것이고 그래서 그를 비판한 것이다.

(11-18) 參也魯

▶ (予解) 시는 우직하고 삼은 미련하고 사는 극단적이고 유는 거칠다.

〈原文〉

柴^시也愚 參也魯 師也辟^벽 由也喭^언

〈字解〉

柴 – 나무 시, 제자 고시의 이름, 字는 자고. 參 – 제자 증삼의 이름.
魯 – 노둔할 노. 師 – 제자 자장의 이름, 성은 전손^사. 辟 – 치우칠 벽^벽. 由 – 자로
의 이름. 喭 – 거칠 언^언.

〈解語〉

앞머리에 子曰 이라는 말은 없지만 제자들의 이름만을 직접 부르고 성씨를
붙이지 않은 점으로 보아 공자의 말이 틀림없다.

제자들의 성격 중 결점을 한 마디로 지적하였다.

후일 송나라에 이르러 증자라고 존칭하며 성인의 대열에 올린 증삼을 미련하
다고 평한 것이 이채롭다.

「程頤는 이렇게 말하였다. "증삼이야말로 끝내 노둔함으로써 道를 얻었다.
증자의 학문은 誠, 篤뿐이다. 聖人 문하의 제자들은 총명하고 才辯한 이들이
많지 않을 수 없으나 끝내 그 도를 전수한 이는 결국 바탕이 노둔한 사람일 뿐
이었다. 그러므로 학문이란 성실을 귀히 여기는 것이다." 尹氏는 이렇게 말하
였다. "증자는 재주가 노둔하였다. 그 때문에 그의 學問이 확실하였으니 이것
이 능히 道에 깊이 다다를 수 있는 所以이다."」(주자 412)

師의 성격 辟^벽을 '극단적이고', 또는 '輕浮하고', 또는 '겉으로만 꾸미고', 또
는 '편벽되고', 또는 '치우치고' 등 여러가지로 풀이하여 조금씩 다르다.

(11-19) 回也其庶

> ▶ (予解) 공자께서 말씀하셨다. "회(안연)는 자주(屢) 쌀독이 비는(空) 형편에 가까웠다(庶). 한편 賜(자공)는 천명을 그대로 받아들이지 않고 장사를 했는데 예측하는 것이 자주 적중했다."

〈原文〉

子曰: 回也其庶乎屢空 賜不受命而貨殖焉 億則屢中

〈字解〉

庶-가까울 서. 屢-자주 루. 貨殖-돈벌이. 億-헤아릴 억.

〈解語〉

대부분의 주해는 다음과 같이 해석한다.

「회(안연)는 道에 가까웠으나 먹을 것이 자주 떨어졌다. 사(자공)는 천명을 받아들이지 않고 재물을 잘 늘려나갔다. 헤아리면 거의 적중했다.」

① 其庶乎에서 庶를 '가깝다'고 풀이함은 무리가 없다. 그러나 '도에 가깝다'라고 하는 것(주자 413)은 안회의 인품으로 보아서는 맞지만 여기의 문장 자체로만 보아서는 무리이다. 이어지는 누공(屢空)과 道는 연결되지 않는다. 屢空은 쌀독이 자주 빈다는 의미로서 자주 굶는다는 뜻인데, 도에 가까워졌다 하여 그런 이유만으로 자주 쌀독이 비게 되는 것은 아니기 때문이다. 또 그 뒤에 나오는 자공에 대한 언급과도 잘 對應이 되지 않는다.

그러므로 乎는 於의 뜻으로 보아야 한다. 옥편에도 그런 뜻이 있다. 따라서 '안회는 자주 쌀독이 비는 상황에 가까웠다'라고 보는 것이 단순하면서도 실제에 부합되고 문장의 뜻에도 무리가 없다. 다산(3-241 장중유)도 이런 취지를 소개하고 있다.

② 소라이는 「안회는 반드시 명을 받고 일어날 것이지만」이라고 其庶乎를 풀이한다. 그러나 이는 비약이 심하다.

③ 리링은 헤아린다는 뜻의 度(탁)과 庶가 서로 通假字가 될 수 있음을 전제로 하여 其庶乎 屢空을 연결하여 '예측하는 것이 자주 빗나갔다' 라고 풀고 싶다고 한다. 그러나 庶를 탁(度)이라고 보는 전제가 과연 근거가 확실한지 알 수 없어 그대로 따르기 어렵다.

④ 그러므로 나는 ▶(予解)와 같이 '자주 쌀독이 비는 형편에 가까웠다' 라고 其庶乎를 해석하고자 한다. 이런 입장이라면 其庶乎와 屢空을 붙여서 한 줄로 즉, 其庶乎屢空 이라고 읽어야 한다.

⑤ 둘째의 구절에 나오는 命은 공자가 주장하는 天命 즉, 훌륭한 군주를 만나 백성을 편안하게 다스리는 군자의 사명을 말한다. 자공은 가만히 앉아 천명이 올 때를 기다리지 않고 재물을 잘 증식하여 부유하게 되었는데 이것은 그가 총명이 뛰어나서 시세의 동향을 잘 예측하였고 그것이 자주 적중하였기 때문이었다.

안회와 자공은 공자 문하의 가장 총명한 두 제자이었다. 그런데 안회는 그 뛰어난 총명을 재산 증식과 같은 일에 사용함이 없이 오로지 선왕의 도를 배우고 그것을 실현할 때를 기다렸다. 그러나 기회가 오기도 전에 요절하고 말았다. 한편 자공은 공자의 문하에서 공부하면서도 재력이 필요한 현실을 인정하여 재산의 증식에 그 재능의 일부를 활용하였다. 공자가 제자들을 거느리고 천하를 주유할 때 아마도 그 비용의 상당 부분을 자공이 제공하였으리라 추측한다.

공자는 장사를 한 자공을 결코 나무란 것은 아니다. 공자의 실용적인 입장을 엿볼 수 있다.

⑥ 屢空의 空을 마음을 비우는 것이라고 풀이하는 것도 있으나 이는 후세에 불교가 들어온 뒤에 그 영향으로 나온 해석이라고 이해한다.

(11-20) 善人之道

▶(予解) 자장이 선한 사람이 따라야 할 도를 물으니 공자께서 말씀하셨다. "선왕의 도의 자취를 따라 단계를 밟아야 하고 그렇지 않으면 達道의 경지에 들어가지 못한다."

〈原文〉

子張問善人之道 子曰: 不踐迹^적 亦不入於室

〈解語〉

해석이 갈린다.

① 선한 사람인가(주자 415) 혹은 사람을 선하게 만드는 도인가?(다산 3−241) ▶(予解)는 전자를 따랐다.

공자는 이미 술이편 (7−26)에서 善人이란 말을 쓰고 있다. 그곳에서는 善人이 善한 사람을 가리킴은 의문의 여지가 없다. 그렇다면 이곳에서도 善人은 특별히 달리 보아야 할 사정이 없는 이상은 역시 선한 사람이라고 풀이함이 온당하다.

善人은 어떤 사람인가? 바탕이 아름다우나 아직 배우지 못한 사람이다(주자 415). 韓愈(다산 3−243 한유)는 "선인은 성인의 다른 이름이다."라고 말한다. 리링(1−620)은 선인이 성인보다는 조금 낮은 단계의 사람이라고 분류한다. 논어 전체의 취지에서 볼 때 주자의 설명이 비교적 타당하다고 생각한다. 선인에 대하여는 술이편 (7−26) 참조

② 迹^적은 누구의 무슨 자취인가? 공자가 늘 가르치고 권한 것은 선왕의 도이고 그것을 실천하는 사람이 되라는 것이었다. 그렇다면 그것은 당연히 선왕의 도의 자취이고 그것을 실현한 성인의 자취라고 해야 할 터이다.

따라서 道도 선왕의 道이다.

③ 不~亦不~은, ~하지 않으면 ~역시 ~하지 않는다는 뜻이다.

④ 室은 道에 도달한 聖人의 오묘한 경지이다.

⑤ 이상을 종합하면 결국 ▶(予解)와 같이 이해하게 된다. 자장은 호방한 사람인지라 사람을 가르침에 있어서도 어찌 단계를 뛰어넘는 일이 없겠는가를 공자가 염려하여 聖人의 발자취를 차근차근 단계를 밟도록 주의를 준 것이라고 한다(다산 3−243).

주자(415)는 「선인은 성인의 자취를 밟지 않아도 저절로 악한 일은 하지 않

겠지만 또한 배움이 없기 때문에 저절로 성인의 집에 들어갈 수도 없다.」라고 하여 학문의 중요성을 말한 것이라 한다.

(11-21) 論篤是與

▶ (予解) 공자께서 말씀하셨다. "의론함이 독실하다 하여 그가 옳다고 편든다면 그가 과연 군자다운 사람인지, 겉모양만 장중한 사람인지 어찌 알겠는가?"

〈原文〉

子曰: 論篤是與 君子者乎 色莊者乎

〈解語〉

의론이 독실하다고 해서 그것만 가지고 그 사람을 옳다고 편들어서는 안 된다는 의미이다. 말만 그럴듯하게 잘하는 사람도 있기 때문이다.

(11-22) 聞斯行諸

▶ (予解) 자로가 여쭈었다. "이 도를 들으면 곧 그것을 행해야 합니까?"

공자께서 말씀하셨다. "부형이 계신데 어찌 곧 행하겠는가?"

염유가 여쭈었다. "이 도를 들으면 곧 그것을 행해야 합니까?"

공자께서 말씀하셨다. "들으면 곧 행하여야 한다."

공서화가 여쭈었다. "유(자로)가 '이 도를 들으면 곧 그것을 행해야 합니까' 라고 여쭈었을 때에는 '부형이 계신다' 라고 하시고, 구(염유)가 '이 도를 들으면 곧 그것을 행해야 합니까' 하고 여쭈었을 때에는 '들으면 곧 행하여야 한다' 라고 하시니 저 적(赤—공서화의 이름)이 미혹되어 감히 그 까닭을 여쭈어 봅니다."

공자께서 말씀하셨다. "구는 뒤로 물러서기 때문에 그를 전진시켰고 유는 남보다 배는 앞서 가므로 후퇴시킨 것이다."

〈原文〉

子路問: 聞斯行諸 子曰: 有父兄在 如之何其聞斯行之

冉有問: 聞斯行諸 子曰: 聞斯行之

公西華曰: 由也問 聞斯行諸 子曰 有父兄在 求也問 聞斯行諸

子曰 聞斯行之 赤也惑 敢問

子曰: 求也退 故進之 由也兼人 故退之

〈字解〉

諸 — 之於의 준 말. 저라 읽는다. 兼人 — 남의 몫을 겸하다.

〈解語〉

聞斯는 '무엇을 들으면 ' 이라는 뜻인데 여기의 그 무엇은 어느 것을 가리키는가? 주자(418)는 '옳은 것' 이라 하고 다른 주해들도 대개 이와 같다. 좀 다른 것으로는 최근덕(270)이 '착한 것' 이라 하고, 리링(1–624)이 '어떤 모험적인 일, 생명의 위험이 따르는 일' 이라고 하는 것 등이 있다.

聞斯는 보통 같으면 '들으면' 이라고 새기면 충분하겠지만 여기서는 '이 道 즉, 공자의 가르침을 들으면' 이라고 새기는 것이 옳다고 나는 생각한다. 후세의 유가에서 공자의 가르침을 '斯文' 또는 '斯道'라고 부르는 것을 보면 공자의 문인들은 당시에도 공자의 가르침을 "이것" 내지 '斯道' 라고 불렀음직 하기 때문이다.

(11-23) 子畏於匡

▶(予解) 공자가 광 땅에서 포위되어 구금되었을 때 안연이 뒤처져 오자 공자께서 말씀하셨다. "나는 네가 죽은 줄 알았다."

안연이 말했다. "선생님이 계시는데 回가 어찌 감히 죽겠습니까?"

〈原文〉

子畏於匡^광 顔淵後 子曰: 吾以女爲死矣 曰: 子在 回何敢死

〈解語〉

광 땅에서 포위되어 구금되었을 때의 일은 자한(9−5)을 참조할 것.

소라이(2−416)는 이렇게 설명한다. 「그 당시 안회는 일부러 뒤에 처져 있으면서 공자를 보호한 것이니 아마도 싸우고 있었던 것 같다. 그가 싸워서 공자를 보호했다고 말하지 않고 "선생님께서는 염려하지 마십시오. 저는 감히 싸우지 않겠습니다." 라고 하였다. 이는 한편으로는 그의 노고를 자랑하지 않은 것이며, 한편으로는 공자의 마음을 안심시킨 것이니, 참으로 군자다운 말이다.」

그러나 그 당시 공자의 제자들이 실제로 불한당들과 싸움을 벌였다는 기록은 없는 듯하니 아마도 안회가 '뒤에 처져 싸우다가 왔다'는 이 부분은 소라이의 추리가 덧붙여진 것이 아닐까 싶다.

(11-24) 季子然問: 생략

(11-25) 子路使子羔^고: 생략

(11-26) 浴乎沂^기

▶ (予解) 자로, 증석, 염유, 공서화가 공자를 모시고 앉아 있었다. (중략) 공자께서 말씀하셨다. (중략) "만약에 누군가 너희들을 알아준다면 무엇을 하겠는가?"

자로가 대뜸 대답하였다. "천승의 나라가 큰 나라 사이에 끼여 군사의 압박을 받고 연이어 기근으로 허덕이더라도 저 由가 다스린다면 3년 정도면 백성들을 용기가 있고 올바른 길을 알게 만들 수 있습니다.”

공자가 빙그레 웃었다. (중략) 이어 “점(증석)아 너는 어떠냐?” 하고 물으셨다.

증석이 대답하였다. “늦은 봄에 봄옷이 지어지면 어른 대여섯 명과 아이 육칠 명과 함께 기수에서 목욕하고 무우에서 바람을 쐬고 시나 읊으며 돌아오겠습니다.”

공자께서 한숨 쉬며 탄식하여 말씀하셨다. “내 생각에 점으로서는 그럴 만 하지.”

〈原文〉

子路 曾晳 冉有 公西華侍坐 (중략) 子曰: (중략) 如或知爾 則何以哉

子路率而對曰: 千乘之國 攝乎大國之間 加之以師旅 因之以饑饉 由也爲之

比及三年 可使有勇 且知方也 夫子哂之 (중략) 點 爾何如 (중략) 對曰: (중략)

莫春者 春服旣成 冠者五六人 童子六七人 浴乎沂 風乎舞雩 詠而歸 夫子喟

然嘆曰: 吾與點也 (후략)

〈字解〉

曾晳－증삼(증자)의 아버지로 이름은 點이고 字는 晳. 率－가벼울 솔. 攝－낄 섭. 핍박한다는 뜻. 比－이를 至 와 같다. 因－겹칠 인. 哂－웃을 신. 莫－늦을 모. 舞雩－지명. 喟－한숨 쉴 위.

〈解語〉

① 이 장에서는 네 제자의 소견과 그에 대한 공자의 평가가 나온다. 조금 긴 편인 데다가 제일 대조적인 것은 자로의 말과 증석의 말이므로 이 둘을 제외한 다른 제자의 말과 그에 대한 공자의 평가는 번역을 생략하였다.

증석의 이름은 점이고 자는 석이며 증삼의 아버지이다. 논어에는 오직 이곳에만 나온다. 맹자는 그를 狂士라고 했다. 그는 이 장의 글로 볼 때 매우 소탈한 사람 같다.

② 우선 이 장에 대한 리링(638)의 평가를 소개한다.

「증석은 공자가 왜 자기를 칭찬했는지를 전혀 알지 못했다. 사실 그들 네 사람은 그저 문제의 일면만 붙들고 있었고, 모두 맞기도 하고 모두 틀리기도 하다. 주희가 이 장은 증석을 칭찬하고 자로와 염유와 공서화를 폄하한 것이라고 생각했고 따라서 이전에는 증석이 말한 것을 몹시 신비스러운 것이라고 생각했다. 그러나 주희는 만년에 크게 후회하면서 "후학에게 화근을 안겨주었다."고 말했다.」

③ 다음에는 소라이(2−423)의 설명을 본다.

「기수에서 목욕하겠다는 증점의 대답은 은미한 말이다. 증점은 예악으로 다스리는 데 뜻을 두고 있는 사람이었다. 그래서 맹자도 증점을 뜻이 큰 사람이라고 했다. 그 뜻이 지극히 커서 예와 음악을 제작하여 천하를 陶冶하는 데 있었기 때문이다. 앞에서 먼저 대답한 세 제자가 모두 제후의 정치에 뜻을 두고 있었는데 그것을 작은 것으로 여긴 증점이 예악에 관한 자기의 포부를 직접 말하기 어려웠을 것이다. 그러므로 자기의 뜻을 말하지 않고 그 당시의 계절로 돌려 말한 것이다. 이것이 바로 은미한 말이라는 것이다. 공자의 뜻도 예악으로 천하를 다스리는 데에 있다는 것을 증점은 영리하게 깨달았기 때문에 직접적으로 말하지 않았다. 공자의 뜻도 원래 그러하였으므로 공자는 이를 저절로 알 수 있었다. 그래서 공자가 증점의 말에 찬동한다(吾與點也) 라고 한 것이다.」

④ 그러나 나는 좀 의심이 든다.

"만약에 누군가 너희들을 알아준다면 무엇을 하겠는가?" 하는 공자의 질문은 기회가 왔을 때 어떻게 정치를 하겠는가 하는 물음이었다. 이에 대한 증석의 대답은 동문서답식의 엉뚱한 내용이다. 그 내용은 세속을 초탈한 경지이다. 안영이 공자를 비판할 때 말한 바와 같이 '평생을 두고 배워도 다 배울 수 없다'는 그런 예를 배우고, 예를 존중하는 그런 사람의 마음가짐은 아니다. 그런데 그런 그를 두고 예악으로 천하를 다스리는 데 뜻을 둔, 그런 큰 뜻을 품은 자의 은미한 말이라고 어떻게 말할 수 있겠는가? 주자와 소라이의 말은 선뜻 동의하기 어렵다. 공자가 찬동하는, '예와 악으로 천하를 다스리는 데 뜻을 둔 사람'이라면 안회 못지않게 높은 경지에 이른 제자라고 할 터인데, 어떻게 논어에는 이곳한 번만 나올 수 있을까? 의심을 지울 수 없다.

다산(3-285)이 소개하는 주해 가운데에도 「증석의 뜻은 일개 광자(狂者)로서 世俗의 진적(塵跡)에 얽매이지 않으려고 한 것이다.」라는 견해가 있다. 내 생각은 이런 쪽으로 기운다.

공자는 증석의 평소 생각이나 행동이 그런 류의 사람임을 알고 있었기에 더 논란하지 않은 채 한숨을 쉬면서 탄식조로 '그럴만도 하지'라고 말했으리라 본다. 내 추측에는 증석은 공자의 문하를 떠나지 않았을까 여겨진다. 적어도 그 마음은 공자를 떠나 老子에게로 갔을 사람이다. 주자가 만년에 크게 후회하면서 "후학에게 화근을 안겨주었다."고 말했던 이유도 이런 데 있지 않았을까?

제12편

顔淵

(12-1) 克己復禮爲仁

▶ (予解) 안연이 인에 관하여 여쭈어보았다.

공자께서 말씀하셨다. "자기 마음을 꾸준히 수련하여 예를 실천하는 것이 인을 행하는 길이다. 그것이 쌓여 어느 날 혼연 완성되면 천하가 인의 세상으로 나에게 다가온다. 인을 행하는(爲) 것이 자기 마음으로부터 나오는(由) 것이지 남으로부터 나오는 것이겠는가?"

안연이 "청컨대 그 조목을 여쭈어 보겠습니다." 하자 공자께서 말씀하셨다. "예가 아니면 보지 말고 예가 아니면 듣지 말고 예가 아니면 말하지 말고 예가 아니면 움직이지 말아라."

안연이 말했다. "제가 비록 불민하지만 모쪼록 이 말씀(斯語)을 잘 받들겠습니다(事)."

〈原文〉

顏淵問仁 子曰: 克己復禮爲仁 一日克己復禮 天下歸仁焉 爲仁由己 而由人乎哉 顏淵曰: 請問其目 子曰: 非禮勿視 非禮勿聽 非禮勿言 非禮勿動 顏淵曰: 回雖不敏 請事斯語矣

〈解語〉

① 주자(434)에 의하면 己란 私慾이다.

克己는 자기를 이긴다는 말이지만 그 뜻은 자기를 단속한다는 데 있다. 즉, 마음에서 사욕을 없애나간다는 의미이다.

復禮는 예로 돌아간다는 말이지만 그 뜻은 예를 실천한다는 데 있다(소라이

3—12).

克己復禮爲仁은 공자가 처음 한 말이 아니라 이미 左傳에 나오는 말이다(주자 433).

② 爲仁은 극기복례가 곧 仁이라는 말이 아니라 仁을 행하는 것이라는 뜻이다. 仁을 행한다는 것은 백성을 편안하게 하는 도를 행한다는 말이다(소라이 3—8).

③ 克己復禮 天下歸仁을 소라이(3—9)는 「만일 그 몸을 닦지 않으면 비록 仁政을 행하더라도 백성들이 그 仁으로 돌아오지 않음을 말한다. 門人들이 仁에 대해 물었을 때 오직 안자와 자장에게만 공자는 天下와의 관계를 가지고 말해주었다. 그만큼 두 제자의 재질이 뛰어났기 때문이다.」 라고 설명한다.

공자의 이 말은 군주와 같이 백성을 다스리는 자가 극기복례할 경우의 효과를 제자들에게 설명한 것이라고 보아야 무리가 없다. 소라이의 위 설명도 이런 범위 내에서 의미가 있다고 하겠다.

④ 한편 주자(434)는 그러나 天下歸仁에서 歸는 與와 같다 하여 그 뜻은 '천하 사람이 모두 그 인에 함께 할 것이다' 라는 말이라고 주해하였는데 이는 무리이다. 극기복례의 주인공은 개개의 보통 사람인데, 그런 한 사람이 하루를 극기복례한다 하여 어찌 천하 사람이 모두 그 仁에 함께 하게 되겠는가?

⑤ 그래서 그런지 류종목(387)은 天下歸仁에 대하여 "(어느 날 자기를 이기고 예로 돌아가게 되면) 온 천하가 이 사람을 어질다고 할 것이다." 라고 풀이한다.

⑥ 또 다산(3—303)은 이렇게 설명한다. 「공자가 극기복례의 효과를 말하여 "하루아침에 극기하여 예로 돌아가면 천하의 사람들이 인에 귀화하지 않는 이가 없을 것이다." 라고 한 것이다.

여기의 歸는 이른다는 至를 뜻한다. 천하가 인에 귀화한다는 것은 가까이는 일가친척인 九族으로부터 멀리는 백성에 이르기까지 어느 한 사람도 인에 귀화하지 않는 이가 없음을 말한다. 이는, 무릇 천하에 나와 더불어 서로 관계된 자는 누구든 귀화하지 않는 이가 없다는 것이지 普天之下에 어느 한 사람도 귀화하지 않는 이가 없다는 말은 아니다.」

⑦ '하루'라는 것은 하루, 이틀 식의 기간을 말하는 것은 아닐 것이다. 일대

전환의 결심을 하는 어느 순간을 가리킬 것이다. 따라서 류종목(387)과 같이 '어느 날'로 풀이 하는 것이 적당하다.

⑧ 非禮의 기준이 되는 예는 공자가 받들고자 하고 실현하고자 하는 예 즉, 先王이 만든 예일 것이다. 지금의 시대에 와서는 그 내용을 구체적으로 알기도 어렵거니와 아마도 상당 부분이 지금의 사회생활에서는 지키기 어려울 것이다. 하지만 지금의 사회에서도 사회적 상당성이 인정되는 그런 예는 존재하고 또 존중되고 있다. 그러므로 이런 예에 어긋나는 대상은 보지도 말고 듣지도 말고 말하지도 말고 행동하지도 말라는 뜻이라고 이해하면 될 듯하다.

예에 어긋나는 대상을 상대로 하여 보고 듣고 하는 등의 행동을 하지 말라는 것뿐만 아니라 비록 대상이 예에 어긋나지 않는 경우에도 그 대상을 보고 듣고 하는 등의 행동 자체가 예에 맞지 않는 경우도 있을 수 있는데 그런 것도 하지 말라는 뜻이 포함되어 있다고 생각한다. 예의 핵심은 객체인 대상에 있지 않고 주체인 나의 행동에 있기 때문이다.

⑨ 그러나 '예에 맞지 않는 것은 보지도 말고' 하는 식으로 행동하기는 참으로 어렵다. 혼자서만 산다면 또 가능할지도 모르지만 남과 더불어 살고 더불어 행동하는 경우에는 그렇게 하기는 정말로 어렵다. 오죽하면 노자는 和光同塵 하라고까지 말했을까.

리링(2-674)은 '상박초간'의 '君子爲禮'에 다음과 같은 이야기가 있다고 소개한다.

「안연은 공자로부터 "예가 아니면 보지 말고 예가 아니면 듣지 말고 예가 아니면 말하지 말고 예가 아니면 움직이지 말아라." 라는 가르침을 듣고 집으로 돌아가 숨어버렸다. 어떤 사람이 그에게 너는 왜 이렇게 소극적이냐고 물었다. 안연은 이렇게 말했다. "맞아, 맞아. 나는 소극적이야. 왜냐하면 나는 스승님의 가르침을 직접 들었기 때문에 신경 쓰지 않을 수 없어. 스승님께서 말씀하신 대로 하려고 해도 나는 할 수 없고, 스승님께서 말씀하신 대로 하려고 하지 않아도 역시 안 돼. 그러니 소극적일 수밖에 없지."」

리링은 공자의 가르침은 안회마저도 실천할 수가 없었는데 그렇다면 다른 사람은 어떻게 해야 할까 하고 묻는다.

온갖 비례와 비리와 무지가 흘러넘치는 사회에서 정말 어떻게 하여야 하는가?

⑩ 앞에서 본 설명들을 읽어보면 一日克己復禮 天下歸仁焉은 참으로 이해하기 어렵다. 나는 다음과 같이 이해하려고 노력해 보았다. 극기복례의 행동 주체를 천하의 모든 사람 각자라고 생각하고 그 누구든지 각자 극기복례한다면 적어도 그 개인에 대한 관계에서는 '세계를 仁으로 대하게 되는 경지'가 다가온다는 뜻이 아닐까?

석가모니 붓다가 어느날 보리수 아래에서 해탈(解脫)하는 순간 적어도 붓다와 세계 사이의 一對一의 관계에서는 세상은 깨달음의 세계로 변하지 않았을까? 이런 것이 공자가 말하는 천하귀인(天下歸仁)이 혹시 아닐까?

공자가 말하는 극기복례(克己復禮)는 불교에서 말하는 점수돈오(漸修頓悟)에 의한 해탈과 같은 것은 혹시 아닐까? 나는 이렇게 추측해본다.

(12-2) 己所不欲 勿施於人

▶ (予解) 중궁(염옹의 字)이 인에 관하여 여쭈어보자 공자께서 말씀하셨다. "문을 나서면 큰 손님을 만난 듯이 하고 백성을 부릴 때에는 큰 제사를 받들 듯이 하여라. 남에게 당하고 싶지 않은 바를 남에게 하지 말아라. 그렇게 하면 나라에서도 원망이 없을 것이고 집안에서도 원망이 없을 것이다." 중궁이 말했다. "옹 제가 비록 불민하지만 모쪼록 이 말씀을 힘써 행하겠습니다."

〈原文〉

仲弓問仁 子曰: 出門如見大賓 使民如承大祭 己所不欲 勿施於人 在邦無怨 在家無怨 仲弓曰: 雍雖不敏 請事斯語矣

〈解語〉

出門如見大賓 使民如承大祭 라는 두 구절은 좌전에 이미 나온다.

己所不欲 勿施於人도 禮記와 管子에 이미 나오는 옛날의 관용어이다.

공자가 옛날 말을 인용하여 가르친 것이다.

出門如見大賓 使民如承大祭는 敬을 가르친 것이다. 경은 다른 사람을 존중해서 삼가는 몸가짐이다.

己所不欲 勿施於人은 恕를 가르친 것이다. 恕는 내 마음으로 남의 마음을 헤아려 아는 것이다. 이인편 (4-15)에 자세한 설명이 나온다. 아울러 (위영공 15-3) 참조.

敬과 恕는 인을 행하는 두 개의 길이다.

在邦은 조정에서 벼슬할 때를 말하고 在家는 집안에 있을 때를 말한다(다산 3-307).

(12-3) 其言也訒^인

> ▶(予解) 사마우가 인에 관하여 여쭈어보자 공자께서 말씀하셨다. "어진 사람은 그 말을 머뭇거리며 참는다."(다시 묻기를) "말을 머뭇거리며 참기만 하면 그것을 가지고 仁이라 합니까?"
> 공자께서 말씀하셨다. "실천하기(爲)가 어려운데 말을 머뭇거리지 않을 수 있겠는가?"

〈原文〉

司馬牛問仁 子曰: 仁者 其言也訒^인 曰: 其言也訒^인 斯謂之仁矣乎 子曰: 爲之難 言之得無訒乎

〈字解〉

訒^인 — 말 더듬을 인.

제자 사마우는 송나라의 대귀족으로 이름은 耕^경이고 자가 子牛이다. 말이 많고 성질이 조급한지라 공자가 이로써 경계한 것이라 한다(류종목 389). 仁者는 말을 하면 반드시 실천하는 사람인데 말이란 것이 하기는 쉽지만 그 말대로 실천하기가 어려우니 어찌 말을 참지 않을 수 있겠는가 하는 뜻이다.

(12-4) 君子不憂不懼

▶(予解) 사마우가 군자에 관하여 여쭈어보자 공자께서 말씀하셨다. "군자는 걱정하지 않고 두려워하지 않는다."
(사마우가 다시 물었다) "걱정하지 않고 두려워하지 않으면 곧 군자라 할 수 있습니까?"
공자께서 말씀하셨다. "안으로 자신을 돌아보아 꺼림칙한 것이 없다면 무엇을 걱정하고 무엇을 두려워하겠느냐?"

〈原文〉

司馬牛問君子 子曰: 君子不憂不懼

曰: 不憂不懼 斯謂之君子矣乎

子曰: 內省不疚^구 夫何憂何懼

〈字解〉

疚^구－오랜 병 구. 흠, 허물.

〈解語〉

자한 (9－29)을 참조할 것.

(12-5) 四海內皆兄弟

> ▶ (予解) 사마우가 걱정하면서 말하였다. "다른 사람들은 모두 형제가
> 있는데 나만 유독 형제가 없게 되겠구나."
> 자하가 말했다. "나 상(자하)이 듣자 하니 생사는 命에 달려 있고 부귀는
> 하늘에 달려 있다고 하더라. 군자는 매사에 조심스럽고 실수가 없으며
> 다른 사람과 더불어 있을 때 공손하고 예의가 있으면 사해 안에 있는 사
> 람들이 모두 다 형제인데 군자가 어찌 형제가 없다고 걱정하겠는가?"

〈原文〉

司馬牛憂曰 人皆有兄弟 我獨亡 子夏曰: 商聞之矣 死生有命 富貴在天 君子
敬而無失 與人恭而有禮 四海之內 皆兄弟也 君子何患乎無兄弟也

〈字解〉

亡 – 無의 뜻으로 무라 읽는다.

〈解語〉

　사마우는 실제로는 네 명의 형제가 있었는데 그 중 송나라의 재상 사마환퇴
가 반란을 일으켜 이에 연루된 다른 형제들까지 모두 죽고 사마우 혼자 남았다.
이에 사마우가 근심하며 한 말이라고 한다.

　'생사는 命에 달려 있고' 라는 말은 (생사는) 벗어날 수 없음을 말하고, '부귀
는 하늘에 달려 있다'고 하는 말은 (부귀는) 마음대로 구할 수 없음을 말한다
(소라이 3 – 20).

　주자(442)는 無失을 '중단이 없음'이라 해석하고 有禮를 '節文이 있게 한다'
라고 해석한다.

(12-6) 子張問明

> ▶ (予解) 자장이 밝음에 대하여 묻자 공자께서 말씀하셨다. "물이 스며

들 듯 하는 은근한 참소와 직접 피부로 느껴질 만한 절실한 하소연이 통하지 않는다면 밝다고 할 수 있다. 은근한 참소와 절실한 하소연이 통하지 않는다면 가까운 데에 가려짐이 없이 멀리 내다본다고 이를 수 있다."

〈原文〉

子張問明 子曰: 浸^{침윤}潤之讒^참 膚^부受之愬^소 不行焉 可謂明也已矣 浸^{침윤}潤之讒^참 膚^부受之愬^소 不行焉 可謂遠也已矣

〈字解〉

浸^{침윤}潤之讒^참 － 물이 스며들 듯 은근한 참소. 膚^부受之愬^소 － 직접 피부로 느껴지는 절실한 하소연이나 무고 .

〈解語〉

君主의 밝음에 대한 문답이다. 그 내용으로 보아 그렇다.

讒^참이란 남의 행실을 비방하는 것이고 愬^소는 자기의 억울함을 하소연하는 것이다.

여기의 明이란 군주의 총명함이 가까운 사람들에 의하여 가려지지 않음을 말한다.

서서히 젖어드는 참소란 교묘한 참소이고 피부로 받는 하소연이란 군주의 총애를 믿는 자의 하소연이다. 가까운 신하가 은혜가 두터움에도 불구하고 참소를 쓰지 않는 것은 군주의 현명함 때문이다(소라이 22).

遠也는 원대하다(류종목 393; 소라이 3－23; 주자 443), 또는 멀리 내다본다(최근덕 290; 이가원 193)의 뜻이다. 다산(3－325)은 가까운 데에 가려지지 않아 멀리까지 본다 라고 풀이한다. 밝다(明)는 말과 관련시켜 보면 다산의 풀이가 본래의 의미에 가장 가깝다고 생각한다.

(12-7) 兵·食·信

▶(予解) 자공이 정치에 관하여 여쭈어보자 공자께서 말씀하셨다. "식량을 풍족하게 하고 군사력을 충분하게 하고 백성들이 나라를 믿게 하는 것이다."

자공이 물었다. "부득이 해서 한 가지를 반드시 버려야 한다면 이 세 가지 중에 어느 것을 먼저 버려야 합니까?"

공자께서 말씀하셨다. "군사력을 버려야 한다."

자공이 물었다. "부득이 해서 한 가지를 반드시 버려야 한다면 이 두 가지 중에 어느 것을 먼저 버려야 합니까?"

공자께서 말씀하셨다. "식량을 버려야 한다. 옛날부터 누구에게나 다 죽음은 있었지만 백성들의 신뢰가 없으면 국가가 존립할 수 없다."

〈原文〉

子貢問政 子曰: 足食 足兵 民信之矣

子貢曰: 必不得已而去 於斯三者何先

曰: 去兵

子貢曰: 必不得已而去 於斯二者何先

曰: 去食 自古皆有死 民無信不立

〈解語〉

이 章은 마치 국가의 안보에 대한 문답처럼 들린다.

民信之에서 누구에 대한 백성의 믿음인가? 당시로 말하면 군주에 대한 신뢰이고 굳이 일반화한다면 나라에 대한 신뢰라고 하겠다.

食, 兵, 信은 요즘 말로는 富國, 强兵, 국가의 正體性에 대한 국민의 신뢰 이 세 가지를 말한다. 이 삼자의 관계에서 국가의 정체성에 대한 국민의 신뢰를 공자는 가장 중요하다고 말하고 있다. 가장 중요시한다는 것은 다른 것은 없어도 되지만 이것만은 꼭 있어야 한다는 의미의 중요성은 아니다. 세 가지 모두 반드시 있어야 하지만 그 중에서 얻기가 가장 어렵고 유지하기가 가장 어려운 것을 가장 중요하다고 말한 것이다. 즉, 부국을 이룩하고 강병을 양성하는 것보다도 국민의 신뢰를 얻고 이를 유지하는 것이 가장 어렵다는 뜻이다. 이렇게 이해하여야 공자의 말은 현실의 세계에서 타당성을 가진다. 이 세 가지 중 하나라도 빠지면 국가는 존립할 수 없기 때문이다. 이것은 내 나름의 이해이다.

다만, 다음과 같은 식의 이해도 일단 가능하기는 하다. 세 가지 항목 중 국민의 신뢰를 뺀 두 항목이 충분해도, 다시 말하면 식량이 풍족하고 군사력이 충분해도, 나머지 한 개의 항목인 지도층에 대한 국민의 신뢰가 사라지면 국가의 통치는 유지될 수 없다는 식으로 말이다. 그러나 이런 논리는 세 가지 항목의 모두에 대해서도 각각 가능하기 때문에 적절하지 않다. 국민의 신뢰가 비록 확고해도 식량이 없거나 군사력이 없으면 국가는 존립할 수 없기 때문이다. 결국 위에서 설명한 내 나름의 이해가 현실적으로 타당하다고 생각한다.

국민의 신뢰를 얻고 이를 유지하기가 가장 어렵다고 보는 근거는 어디에 있는가? 동서고금을 막론하고 인간에게는 恒心이 없기 때문이다. 과장해서 말한다면, 인간은 공짜를 좋아하고 편한 것을 좋아하고 놀기를 좋아하고 이해에 민감하고 강한 편을 따르고 새 것을 좋아하고 아첨을 좋아한다. 한 마디로 항심이 없다. 그러니 무슨 수로 '미친 여자, 널 뛰 듯하는' 민심을 얻고 무슨 수로 그 민심을 붙잡아 둘 수 있겠는가? 그래서 부국을 이루고 강병을 양성하기보다 이 변화무쌍한 민심을 잡아두기가 더 어렵다고 보는 것이다. 공자의 시대로 돌아가 군주의 입장에서 말한다면 항심이 있는 신하들을 만나고 항심이 있는 백성을 거느린다면 그런 군주는 더 무슨 정치를 하고 말 것이 없을 터이다. 관중에게 정사를 맡긴 제환공이 '술 마시고 여자들과 노는 일' 밖에 없었던 것과 같다. 수상(首相)에게 국무를 맡긴 대영제국의 국왕도 마찬가지인 셈이다.

부국이나 강병을 이룩한 많은 나라들이 모두 국민의 신뢰까지도 얻었기 때문에 상당히 오랫동안 존립을 유지할 수 있었던가? 물론 그렇다. 그러나 그 신뢰라는 것이 국민의 자발적 동의에 기초한 신뢰인 경우도 있지만 반대로 지배층의 강요와 기망과 폭력에 의하여 획득된 경우가 오히려 많았다. 대부분의 독재국가의 부강이 그렇다.

히틀러를 보고 스탈린을 보면 분명 그렇다. 그러나 그와 같은 강요된 신뢰로는 결코 오래 버틸 수 없다. 소련의 붕괴를 보라.

이야기가 나온 김에 좀 다른 측면으로 이 이야기를 확대하여 보자.

강요된 국민의 신뢰를 바탕으로 부국이나 강병을 이룩한 이웃 나라가 우리에게 위협을 가해 올 때 그 해결책은 무엇일까? 물론 더 튼튼한 재력과 군사력으로 맞서는 것은 당연히 必要對策이지만 이것만으로는 결코 충분치 않다. 充分 對策은 무엇인가. 상대국이 보유한 국민의 신뢰를 파괴하는 것이다. 상대국 국민을 상대로 그들의 국가가 내세우는 正體性이 허구(虛構)의 것으로 국민을 속이는 것이고 人道에 반하고 행복에 반하는 것임을 적실히 깨닫도록 선전전을 陰으로 陽으로 대대적이고 지속적으로 펼치는 것이다.

孫子는 말하기를 전쟁에 앞서 다섯 가지 사항을 비교 검토하면 전쟁의 승패를 미리 알 수 있다고 했다. 그 첫째가 道이다.

여기의 道란 무엇인가? 바로 백성과 군주의 관계이다. 도가 있으면 백성의 마음을 얻을 수 있다. 그렇게 되면 백성과 군주는 한 마음 한 뜻이 되고 생사와 환난을 함께 하며 서로를 배신하지 않는다. 한 마디로 여기의 道란 백성의 신뢰이다(리링 4−88, 91).

손자가 말하는 이와 같은 도를 공격하여 분쇄하는 것이 必要·充分 對策이다. 그렇게 되면 싸우지 않고도 이긴다. 냉전시대에 서독이 동독을 분쇄한 일, 월맹이 월남을 분쇄한 일 등이 모두 상대국 국민의 자기 나라에 대한 신뢰를 붕괴시킴으로써 얻어진 승리였다.

그러나 이런 이치는 역으로 적에 의하여 우리에게도 작용할 수 있으니 조심스러운 일이다. 백성이 "이게 무슨 나라냐?" 라고 외치는 것은 사실은 참으로 위험한 일이다.

(12-8) 虎豹之鞟

> ▶(予解) 위나라 대부 극자성이 말했다. "군자는 질박하면 그만이지 무엇 때문에 문식을 합니까?"

자공이 말했다. "애석하군요, 선생이 군자를 설명함이여! 사두마차(駟)의 빠르기도 한 치 혀를 못 따라가는 법이니 말을 신중하게 하십시오. 꾸밈(文)의 중요성은 바탕(質)과 같고 바탕의 중요성은 꾸밈(문)과 같으니 호랑이와 표범의 털 뽑은 가죽(鞹)은 개와 양의 털 뽑은 가죽과 같은 것입니다."

〈原文〉

棘子成曰: 君子質而已矣 何以文爲 子貢曰: 惜乎夫子之說君子也 駟不及舌 文猶質也 質猶文也 虎豹之鞹猶犬羊之鞹

〈字解〉

鞹 – 털 뽑은 가죽 곽.

〈解語〉

文과 質은 동등한 것이며 서로 없어서는 안 되는 것이며 만약 반드시 그 文을 모두 제거하고 홀로 그 質만 존재하여야 한다면 군자와 소인을 변별해 낼 수 없다는 말이다(주자 447).

소라이(3-28)는 다음과 같이 설명한다. 「바탕이라고 하는 것은 질박한 행실로 효도, 공손, 진실, 믿음을 말한다.

꾸밈이라고 하는 것은 예와 음악을 말한다. 따라서 바탕이 꾸밈을 이기면 촌스럽고, 꾸밈이 바탕을 이기면 호화스럽다. 효도, 공손, 진실, 믿음이라고 하는 것은 군자이든 야인이든 없을 수 없지만 예와 음악은 군자만 가지고 있는 것이다.

꾸밈이란 예와 음악이다. 예와 음악은 선왕의 도이다. 선왕의 도는 사람을 다스리는 도이다. 군자는 남을 다스리는 자이고 야인은 남에게 다스림을 받는 자이다. 그러므로 군자가 군자가 된 까닭은 꾸밈 때문이다.」

다산(3-339, 태재순)에는 「대저 忠信이란 군자의 質이고 예악이란 군자의

文이다. 그러니 극자성은 '군자는 충신으로 충분할 뿐이니 어찌 예악을 쓰겠는가' 하는 말이다.」라고 되어 있다.

결국 군자든 야인이든 質만 있으면 되지 즉, 忠信하면 충분하지 文 즉, 禮樂은 필요 없다는 것이 극자성의 생각이었는데 자공은 이를 비판하면서 군자는 충신 이외에 예악도 갖춰야 한다고 말한 것이라고 나는 이해한다. 質은 군자의 必要條件이고 文은 군자의 充分條件인 셈이다. 비유를 든 자공의 말솜씨가 역시 훌륭하다.

앞에 나온 옹야편 (6-18) 참조.

(12-9) 哀公問於有若: 생략

(12-10) 亦祗^지以異

> ▶(予解) 자장이 덕을 쌓는 일과 미혹됨을 분별하는 일에 대하여 여쭈어보자 공자께서 말씀하셨다. "충성과 믿음을 주로 하여 의를 따르는 (徙^사) 것이 덕을 쌓는 일이다. 사랑할 때는 그 사람이 살기를 원하고 미워(惡^오)지면 그 사람이 죽기를 바라는 것은 살기도 바라고 죽기도 바라는 것이니 이것이 미혹된 짓이다. '진실로 그 사람이 부유하기 때문이 아니라 역시 단지(祗^지) 색다르기 때문이다'라는 詩의 구절도 미혹됨을 가리킨다.

〈原文〉

子張問崇德 辨惑 子曰: 主忠信 徙^사義 崇德也 愛之欲其生 惡^오之欲其死 是惑也 誠不以富 亦祗^지以異

〈字解〉

徙^사―옮길 사. 祗^지―다만 지.

〈解語〉

① 숭덕 부분에 대하여는 더 보탤 필요가 없다.

② 변혹에 대하여 소라이(3-34)는 이렇게 말한다. 「사랑하면 살기를 바라고 미워하면 죽기를 바라는 것. 이 자체는 인지상정이니 이는 미혹이 아니다. 다만, 예전에는 사랑하던 사람을 지금은 미워하는 것, 이것은 나에게 일정한 견해가 없어서 대상에 의하여 (내 마음이) 현혹된 것이니 이것이 미혹이다.」

미혹은 마음의 변화에 말미암아 생기므로 마음이 변한 이유를 찾아내어 그 이유가 된 사유가 허망한 것임을 깨달아 알면 미혹에서 벗어날 수 있다는 가르침이라고 나는 생각한다.

③ 주자(451)는 변혹에 대하여 이렇게 말한다. 「애오(愛惡)는 인지상정이다. 그러나 사람의 생사는 천명이 있어 가히 하고 싶은 대로 할 수 있는 것이 아니다. 사랑하고 미워한다는 것을 근거로 그 生과 死를 선택한다면 이는 미혹된 것이다. 이미 살고자 하고 나서 다시 죽고자 한다면 미혹함이 아주 심한 것이다.」

④ '진실로 그 사람이 부유하기 때문이 아니라 역시 단지(祇) 색다르기(異) 때문이다' 라는 말은 시경 '小雅'의 我行其野라는 시의 맨 끝 구절이다. 이 시는 버림받은 아내의 원망을 그리고 있다. 이 시의 의미는 네가 나를 버렸는데, 사실 새로 맞이한 그 여자의 집이 우리 집보다 부자여서가 아니라 오직 너의 마음이 변하였기 때문이다 라는 뜻이다(리링 2-694). 결국 마음에 항심이 없어 미혹이 생긴다고 본 것이다.

주자는 이 章의 끝 구절을 이렇게 풀이한다. 「부유함을 이루기에 족하지 못하면서 도리어 괴이하다는 평가만 취하게 된다.」

참고로 이 시를 옮겨 적는다.

「   〈들판 길을 가자하니〉

들판 길을 가자 하니   북나무 우거졌네.
양쪽 부모 허락받아   여기 시집 왔던 것을
이리 쌀쌀 대하시니   우리 고장 돌아가리.

들판 길을 가다가요　　　뜯는 것은 소루쟁이.
양쪽 부모 허락받아　　　여기 와서 사는 것을
이리 무정 대하시니　　　친정으로 돌아가리.

들판 길을 가다가요　　　뜯는 것은 우엉나물.
옛 정 생각 아니하고　　　새 사람만 찾으시네.
부자 딸도 아닌 것을　　　새 것이면 그만인가.」(이원섭 248)

(12-11) 君君臣臣

▶ (予解) 제경공이 공자에게 정치에 관하여 묻자 공자께서 대답하셨다.
"임금은 임금답고, 신하는 신하답고, 아버지는 아버지답고, 아들은 아들
다워야 합니다."
　경공이 말했다. "좋은 말씀입니다. 진실로(信) 임금이 임금답지 않고 신
하가 신하답지 않고 아버지가 아버지답지 않고 아들이 아들답지 않다면
비록 곡식이 있다고 한들 내가 그것을 먹을 수 있겠습니까?"

〈原文〉

齊景公問政於孔子 孔子對曰: 君君 臣臣 父父 子子

公曰: 善哉 信如君不君 臣不臣 父不父, 子不子, 雖有粟 吾得而食諸(저)

〈字解〉

信如 — 진실로 ~하다면.

〈解語〉

　君君臣臣 등의 말은 공자가 지어낸 바는 아니고 당시의 관용어였다고 한다
(리링 2—696).
　당시 제경공은 정치를 잘못하고 있었다. 신하인 陳氏가 백성들에게 후하게

은혜를 베풀어 인심을 얻고 있었는데도 제경공은 이를 견제하지도 못하고 한편 자신의 여러 아들 가운데에서 후계자도 정하지 못하고 있었다. 진씨가 나라를 뺏을 위험이 드러나고 있었다. 군신관계와 부자관계가 모두 도를 잃고 있었다. 그래서 공자가 이 말로써 경계한 것인데 막상 제경공은 공자의 말이 훌륭하다고는 하면서도 능히 이를 施用하지는 못하였다. 그 뒤에 과연 경공이 죽고 얼마 지나지 않아 陳氏가 임금을 죽이고 나라를 뺏는 일이 벌어졌다. 雖有粟^속 吾得而食諸(저)는 공자의 말을 듣고 제경공이 장차 나라가 위태로워질 것을 깨닫고 한 말이라 한다.

(12-12) 片言可以折獄

▶ (予解) 공자께서 말씀하셨다. "송사(獄)에서 한 마디로 신속하고 명쾌하게 판결(折)을 내릴 수 있는 사람은 아마도 유(자로)이리라! 자로는 승낙을 하고나서 약속한 날에 이행을 하지 않은 채 하루를 묵히는(宿) 법이 없었다."

〈原文〉
子曰: 片言可以折獄 其由也與 子路無宿諾

〈解語〉
片言折獄을 '송사하는 사람의 한 마디 말을 듣고' 판결한다는 풀이(소라이 3-35), 한 쪽의 말 한 마디만 믿고 옥사를 결단한다는 풀이(다산 3-389), 한쪽의 말만 듣고 판결한다는 풀이(리링 2-697) 등이 있지만 이는 모두 옳지 않다. 이러한 풀이들은 모두 재판의 원칙에 어긋나기 때문이다. 재판은 양 당사자의 말 모두를 듣고 모든 증거를 잘 조사한 뒤에 판결을 하여야 한다. 한 쪽 말만 듣고 나서 성급히 판결한다든지 한 마디 말만 믿고서 판결한다든지 해서는 안 된다. 이것이 재판의 원칙이고 이는 당시에도 마찬가지였다.
따라서 내 생각에는 자로는 성격이 정직하고 결단력이 있되 또한 성질이 급해서 우물쭈물하지 않고 지체없이 한 마디로 명쾌하게 판결을 할 수 있다는 뜻으로 보아야 한다. 이로 미루어보면 자로는 용기만 대단했던 사람이 아니고 매우 똑똑한 사람이었음에 틀림이 없다. 지체 없이 한 마디로 명쾌하게 판결을 할 수 있다는 것은 여간 똑똑한 사람이 아니고는 할 수 없는 일이다. 자로는 그 용기가 너무 대단하여 이것만 자꾸 사람들의 입에 오르내리는 바람에, 그리고 그 성격이 너무 급한 바람에, 그의 똑똑함이 빛을 못 본 듯하다.

자로는 승낙을 하고나면 이를 이행하지 않은 채 하루를 묵히는 법이 없었다는 이 말은 공자의 말이 아니다. 다른 사람들의 평이다. 그러나 이 구절도 공자의 말로 보는 주해도 있다.

宿諾에 대해서 소라이(3-35)는 宿을 미리(豫)의 뜻이라고 하면서 "자로는 미리 승낙하는 일이 없었기 때문일 것이다."라고 풀이한다. 그러나 이 말은 앞의 구절과 의미가 잘 통하지 않을 뿐만 아니라 자로의 성격과 어울리지 않는다.

자로는 매우 솔직하고 과단성이 있고 약속한 것을 질질 끄는 법이 없어 세상 사람들의 신뢰가 대단했다고 한다.

(12-13) 必也使無訟

> ▶(予解) 공자께서 말씀하셨다. "송사를 듣고 판결하는 일은 나도 남과 같이 할 수 있다. 그러나 그보다는 반드시 송사가 없도록 해야 하리라."

〈原文〉

子曰: 聽訟 吾猶人也 必也使無訟乎

〈解語〉

공자의 이상은 근본적으로 소송이 일어나지 않게 하는 것이었다.

공자의 때로부터 2,500년 가까이 흘렀으나 아직 이 이상은 실현되지 않았다. 이 정도의 세월이 흘렀으면 이제는 이 이상이 잘못된 것 아닌가 하는 생각을 해보지 않을 수 없다. 공자의 이상은 예악으로써 천하를 바로잡고 백성을 편안하게 한다는 것인데 그가 수단으로 생각한 예와 악으로써는 그 실현이 불가능하다는 생각이 들지 않을 수 없다. 그러면 무엇으로써 천하를 바르게 하고 백성을 편안히 할 수 있을까? 이론의 문제로 생각할 일이 아니라 경험의 문제로 생각하여야 한다. 그렇다면 세계사의 반성을 통하여 나타나는 해답은 바로 법치라고 생각한다. 예치가 아닌 법치가 답이다. 그러나 사실 예치는 곧 법치인데 이에 관한 나의 생각은 후술하는 (21) (라) 공자의 위대한 공헌(4)를 참조할 것.

(12-14) 居之無倦

> ▶(予解) 백성을 바르게 다스리는 일(政)에 관하여 자장이 여쭈어보자 공자께서 말씀하셨다. "관청에 앉아서 사무를 볼 때에는 게으름 부리지 말고, 밖에 나가 명령을 집행할 때에는 충성으로써 하여라."

〈原文〉

子張問政 子曰: 居之無倦 行之以忠

〈字解〉

倦 – 게으를 권.

〈解語〉

다산(3–383)은 이 첫 구절은 이해할 수 없다 라고 말한다.

주자(456)는 居란 마음에 이것을 존속시킨다는 뜻이라고 말한다. 그리하여 '마음에 게으름이 없이 한다' 라고 해석한다.

한편 소라이(3–37)는 居라 함은 '仁에 居處한다' 라고 할 때의 '居處함'과 같으니 몸소 정치에 거처한다는 뜻이다 라고 말한다.

그리하여 정치에 거처하기를 게을리 하지 않아야 한다 라고 풀이한다.

류종목(402)은 관직에 있을 때는 태만하지 않고 정령을 집행할 때에는 충성으로써 하여라 라고 풀이하고 리링(2–700)도 같은 취지로 풀이한다.

내 생각으로는 居와 行의 차이점에 유의하여야 한다. 따라서 居는 관청에 앉아서 사무를 볼 때를 말하고 行은 밖에 나가서 백성을 부리거나 전쟁을 하거나 외교를 할 때를 의미한다. 그래서 ▶(予解)와 같이 해석하였다.

(12-15) 博學於文

> ▶(予解) 공자께서 말씀하셨다. "널리 文을 배우고 예로써 자신을 절제한다면 역시 道에서 벗어나지 않을 수 있을 것이다."

〈原文〉

子曰: 博學於文 約之以禮 亦可以弗畔矣夫

〈字解〉

文 – 문헌, 전적, 문물, 詩書禮樂. 弗＝不. 畔＝叛.

〈解語〉

'벗어나지 않는다' 함은 무엇에서 벗어나지 않는다는 것인가?

군자는 선왕의 도 즉, 문과 예를 배우고 실천하는 사람이니 이를 널리 배우고 행동을 절제한다면 그 선왕의 도로부터 벗어나지 않게 되리라는 뜻이다.

옹야편 (6－27)과 중복된다. (6－27)에는 博學의 앞에 君子가 들어 있다.

(12-16) 君子成人之美

> ▶(予解) 공자께서 말씀하셨다. "군자는 다른 사람의 좋은 점을 이루도록 도와주지 다른 사람의 나쁜 점을 이루도록 도와주지 않는다. 소인은 이와 반대이다."

<원문>

〈原文〉

子曰: 君子成人之美 不成人之惡 小人反是

〈解語〉

이 말은 고대의 관용어였다고 한다. 춘추 곡량전에 보면 "다른 사람의 장점이 이루어지도록 도와줄지언정 다른 사람의 단점이 더욱더 커지도록 부채질하지는 않는다." 라는 기록이 보인다고 한다(리링 2–702).

(12-17) 政者正也

▶ (予解) 계강자가 정치에 관하여 묻자 공자께서 대답하셨다. "정치란 바로잡는(正) 것입니다. 공께서 바름으로써 이끌어(帥) 가신다면 누가 감히 바르지 않을 수 있겠습니까?"

〈原文〉

季康子問政於孔子 孔子對曰: 政者 正也 子帥以正 孰敢不正

〈字解〉

帥－率과 같다. 솔로 읽는다.

〈解語〉

계강자는 노나라의 상경으로서 실권자이고 모든 신하의 우두머리이다. 노나라는 그 중엽부터 政事가 대부에게서 나왔으므로 가신들이 그 잘못을 본떠 邑을 점거하고 주인을 배반하는 등 바르지 못함이 심하였다. 그래서 공자는 당신이 먼저 똑바로 한다면 누가 감히 똑바르지 않겠느냐고 말했다.

(12-18) 季康子患盜

▶ (予解) 계강자가 도둑이 많음을 걱정하여 공자께 묻자 공자께서 대답

하셨다. "진실로(苟) 공께서 (다른 사람들의 것을 뺏는) 욕심을 내지 않으신다면 사람들이 비록(雖) 상을 준다 해도 훔치지 않을 것입니다."

〈原文〉

季康子患盜 問於孔子 孔子對曰: 苟子之不欲 雖賞之不竊

〈解語〉

季氏는 노나라의 政權을 뺏은 가문이었고 季康子는 그 가문에서 嫡子의 자리를 뺏은 사람인데다 탐심이 또한 대단한 사람이었다. 공자의 말은 언중유골이다.

(12-19) 上之風草必偃

▶ (予解) 계강자가 공자께 정치에 관하여 묻기를 "무도한 자를 죽임으로써 백성을 도가 있는 데로 나아가게(就) 한다면 어떻겠습니까?" 라고 하였다.
공자께서 대답하셨다. "공께서 정치를 하는데 어찌 살인의 방법을 쓰려 합니까? 공이 스스로 선량해지려고 노력하면 백성들은 곧 선량해질 것입니다. 군자의 덕은 바람이요 백성(小人)의 덕은 풀인바, 풀은 그 위(上)에 바람이 불면 바람을 따라 숙이는(偃) 법입니다."

〈原文〉

季康子問政於孔子曰: 如殺無道以就有道 何如
孔子對曰: 子爲政 焉用殺 子欲善而民善矣 君子之德 風 小人之德 草 草 上之風 必偃

〈字解〉

偃 — 눕다, 숙이다. 음은 언.

바람을 따라 풀이 눕는 것과 같이 정치의 핵심은 지도자가 훌륭한 모범을 보이는 데 있다. 그러나 지금처럼 아래나 위나 모두 한없이 영악해진 시대에도 이 말씀이 과연 타당할런지 의심스럽다. 생각이 달라서 숙이지 않는 풀도 많다.

(12-20) 慮以下人

▶ (予解) 자장이 묻기를 "선비는 어떻게 해야 통달했다고 이를 수 있습니까?"라고 하자

공자께서 말씀하셨다. "무슨 뜻이냐, 네가 말하는 통달이라는 것은?"

자장이 대답하기를 "제후의 조정에서 일을 해도 반드시 명성이 있고 대부의 집에서 일을 해도 반드시 명성이 있는 것입니다."

공자께서 말씀하셨다. "이것은 명성이 있는 것이지 통달한 것은 아니다. 통달했다는 것은 곧음을 바탕으로 하고 의를 좋아하며, 다른 사람의 말을 살피고 표정을 관찰하며, 사람의 심정을 헤아려 남에게 낮추는 것이다. 이렇게 하면 나라에서 일을 해도 반드시 통달하고 대부의 집에서 일을 해도 반드시 통달하게 되어 있다. 명성이 있다는 것은 안색은 (겉으로는) 인을 취하지만(가장하지만) 행실은 인을 어기면서도 스스로는 어질다고 자처하여(居) 의심치 않는 것이다. 이렇게 하면 나라에서도 일을 해도 반드시 명성은 있고 대부의 집에서 일을 해도 반드시 명성은 있다."

〈原文〉

子張問: 士何如斯可謂之達矣

子曰: 何哉爾所謂達者

子張對曰: 在邦必聞 在家必聞

子曰: 是聞也 非達也 夫達也者 質直而好義 察言而觀色 慮以下人 在邦必達 在家必達 夫聞也者 色取仁而行違 居之不疑 在邦必聞 在家必聞

〈字解〉

家 - 卿大夫의 집 또는 食邑.

〈解語〉

達士에는 두 가지 형이 있는데 하나는 德義가 사방에 이르게 된 자를 達人이라 하고 다른 하나는 名聲이 사방에 이르게 된 자를 또한 달인이라고 한다. 그래서 공자는 이 두 가지 중 어느 것을 묻는지 의심이 나서 되물은 것이다(다산 3-397).

명성은 허명 내지 소문을 말한다.

「통달은 나의 도가 세상에 실제로 행하여짐을 말한다.

質直이란 거짓으로 겉만 그럴 듯하게 꾸민 것이 아님을 말한다.

好義는 구차하게 아부하지 않는 것이다.

헤아린다는 것은 마음을 쓰는 것이 자상하고 세밀함이니 모두 마음을 쓰는 것이 겸손하고 유순하다는 뜻이다.

'행실은 어긴다'는 것은 행실이 안색과 어긋남을 말한다.」

이상은 소라이(3-42)의 설명이다

'다른 사람의 말을 살피고 표정을 관찰하며' 라고 하는 것은 남의 말을 살피고 남의 안색을 관찰하여 그 하고 싶어 하는 바를 알아서 사양하고 독차지 하지 않는다는 뜻이다(다산 3-401).

(12-21) 先事後得

▶ (予解) 제자 번지가 공자를 따라 무우 아래에서 노닐다가 "감히 덕을 높이는 일과 사악한 생각을 다스리는 일과 미혹됨을 분별하는 일에 대하여 여쭈어보겠습니다." 라고 하자

공자께서 말씀하셨다. "질문이 훌륭하구나! 일을 먼저 하고 얻기를 뒤로 돌리는 것이 덕을 높이는 것 아니겠느냐? 자기 자신의 나쁜 점을 비판하고 남의 나쁜 점을 비판하지 않는 것이 마음속의 사악함(慝)을 다스

리는(修) 것 아니겠느냐? 하루아침의 작은 분노 때문에 자신의 몸을 잊고 나쁜 짓을 하여 그 누를 자기 부모에게 미치게 하는 것이 미혹된 것 아니겠느냐?"

〈原文〉

樊遲從遊於舞雩之下 曰: 敢問崇德 修慝 辨惑

子曰: 善哉問 先事後得 非崇德與 攻其惡 無攻人之惡 非修慝與 一朝之忿 忘其身 以及其親 非惑與

〈字解〉

修－다스려 없애다. 慝－마음속에 숨긴 악. 一朝之忿－잠깐의 조그만 분노.

〈解語〉

先事後得은 먼저 일을 하고 그러고 나서 그에 대한 수확을 바라는 것으로서, 조급하게 성취를 추구하지 말라는 뜻이다.

攻其惡 無攻人之惡은 자신의 잘못에 대해 많이 반성하고 다른 사람의 잘못에 대해서는 마음에 두지 않는 것이 수특(修慝)의 좋은 방법이라는 말이다(리링 3－710).

미혹은 한 때의 감정에 따른 행동의 불행한 결과를 미리 생각하지 못하는 것을 이른다.

(12-22) 擧直錯諸枉

▶ (予解) 번지가 인에 관하여 여쭈어보자 공자께서 말씀하셨다. "사람을 사랑하는 것이다."

지혜에 대하여 여쭈어보자 공자께서 말씀하셨다. "사람을 알아보는 것이다."

번지가 미처 깨닫지 못하자 공자께서 말씀하셨다. "곧은 사람을 들어서 굽은 사람 위에 놓으면(知) 굽은 사람을 곧게 만들수 있다(仁)."

번지가 물러나와 자하를 만나서 "아까 내가 스승님을 뵙고 지혜에 관하여 여쭈어보았더니 스승님께서 '곧은 사람을 들어서 굽은 사람 위에 놓으면 굽은 사람을 곧게 만들 수 있다' 라고 하셨는데 무슨 말씀인가요?" 하고 묻자

자하가 말했다. "의미심장하군요 그 말씀은! 순임금이 천하를 차지했을 때 여럿 가운데서 선택하여 고요를 등용하니까 어질지 못한 자들이 멀어졌고, 탕임금이 천하를 차지했을 때 여럿 가운데서 선택하여 이윤을 등용하니까 어질지 못한 자들이 멀어졌지요."

〈原文〉

樊遲問仁 子曰: 愛人

問知 子曰: 知人

樊遲未達 子曰: 擧直錯諸枉 能使枉者直

樊遲退 見子夏 曰: 鄕也 吾見於夫子而問知 子曰: 擧直錯諸枉 能使枉者直 何爲也

子夏曰: 富哉言乎 舜有天下 選於衆 擧皋陶(고요) 不仁者遠矣 湯有天下 選於衆 擧伊尹 不仁者遠矣

〈字解〉

錯―둘 조. 諸―之於와 같다. 枉―굽을 왕. 鄕―지난번 향. 皋―언덕 고. 陶―즐거울 요. 皋陶(고요)―舜임금의 賢臣. 伊尹―탕임금의 현신.

〈解語〉

知人에서의 人은 현인을 말하고, 知는 현인을 알아보고 그를 쓰는 지혜를 가리킨다(소라이 3―48).

'곧은 사람을 들어서 굽은 사람 위에 놓으면 굽은 사람을 곧게 만들 수 있다'
에서 '곧은 사람을 들어서 굽은 사람 위에 놓는 것'은 知이고, 그렇게 하여 '굽
은 사람을 곧게 만드는 것'은 仁이라고 생각한다.

위정(2-19) 참조.

(12-23) 忠告而善道

> ▶(予解) 자공이 친구에 관하여 여쭈어보자 공자께서 말씀하셨다. "충
> 심으로 일러주어 잘 인도하되 안 되겠으면 그만 두어 자신이 욕을 당하
> 지 말아라."

〈原文〉

子貢問友 子曰: 忠告而善道之 不可則止 無自辱焉

〈解語〉

충고를 따르지 않으면 그쳐야 한다. 굳이 계속하면 혹 모욕을 당할 수도 있다
(다산 3-419).

'안 되겠으면 충고는 그만 두지만' 여기에서 완전히 끝내서는 안 되고 스스로
깨달을 때까지 기다려야 한다(소라이 3-51).

친구는 義로 결합된 관계이므로 선도가 불가하면 그쳐야 한다. 만약 너무 자
주하여 소원하게 되면 자신에게 욕이 되고 만다(주자 470).

충고를 만약 듣지 않으면 그만두어야지 끈덕지게 달라붙어서 사서 고생할 필
요는 없다(리링 2-715).

(12-24) 以友輔仁

> ▶(予解) 증자께서 말씀하셨다. "군자는 文(학문)으로써 친구를 모으고
> 친구를 통하여 仁의 깨달음과 실천을 서로 돕는다."

曾子曰: 君子以文會友 以友輔仁

文은 시, 서, 예, 악을 말한다. 보는 수레의 바퀴살을 도와주는 덧방나무이니 수레가 전복되지 않도록 도와주는 장치이다(다산 3-419).

(13-1) 先之勞之

▶(予解) 자로가 정치에 관하여 여쭈어보자 공자께서 말씀하셨다. "백
성들에게 시키기 전에 먼저 행하고(솔선) 백성들을 위로하는 것이다." 더
말씀해주기를 청하자 "직무를 게을리 함이 없어야 한다." 라고 하셨다.

〈原文〉

子路問政 子曰: 先之勞之 請益 曰: 無倦

〈字解〉

勞－수고할 로, 위로할 로. 倦－게으를 권.

〈解語〉

勞之에 대하여는 해석이 나뉜다.

하나는 자신이 먼저 솔선할(先之) 뿐만 아니라 자신이 수고해야 한다는 뜻으
로 보는 입장이다(주자 475; 이가원 207; 최근덕 312).

다른 하나는 자기가 솔선한 뒤에 백성에게 일을 시켜라 라고 해석한다(류종
목 415; 리링 2－719).

마지막 하나는 勞之를 위로하다 라고 풀이한다(다산 3－425; 소라이 3－55).

생각컨대 우선 先之에서 먼저 한다는 것은 勞를 먼저 한다는 것이니 선지에
는 이미 勞하는 것이 포함되어 있다. 그러므로 자기가 먼저 勞하라고 하면서
또 자기가 勞하라고 하는 것은 勞를 중복하여 말하는 셈이 되어 적절치 않다.

그렇다고 하여 백성으로 하여금 勞를 하게 한다고 풀이하는 것도 다음과 같

은 이유로 타당하지 않다. 우선 백성에게 일을 시키는 것은 어차피 전제되어 있는 사항이니 굳이 다시 얘기할 필요가 없다.

나아가, 백성을 편안하게 하는 것을 정치의 이상으로 생각하는 공자의 기본 입장에서 볼 때에 백성에게 노역을 시켜 고생하게 하는 것은 어쩔 수 없기 때문인 만큼 그 대신 첫째로는 위정자가 솔선하여 일하고 둘째로는 노역을 한 백성을 위정자가 위로해주어야 마땅하다고 생각했을 터이다. 이렇게 생각하면 勞之를 위로하다로 풀이하는 마지막 해석이 옳다고 본다.

無倦은 선지노지의 원칙을 꾸준히 지켜나가야지 중도에 흐지부지해서는 안 된다는 뜻이다(류종목 415).

(13-2) 先有司

▶ (予解) 중궁이 계씨의 가재가 되어 정치에 대하여 여쭈어보자
공자께서 말씀하셨다. "먼저 담당자에게 맡기고 작은 과실을 용서하며 현명한 인재를 유사로 등용해라."
다시 여쭈었다. "현명한 인재를 어떻게 알고 등용합니까?"
공자께서 말씀하셨다. "네가 아는 어진 사람을 등용해라. 그러면 네가 등용한 어진 사람이 네가 아직 모르는 어진 이를 그냥 버려 두겠느냐?"

〈原文〉

仲弓爲季氏宰 問政 子曰: 先有司 赦小過 擧賢才
曰: 焉知賢才而擧之
子曰: 擧爾所知 爾所不知 人其舍諸

〈字解〉

仲弓－제자 冉雍의 字. 宰－경대부의 집에서 일을 총괄하는 우두머리 관리.
有司－각각 맡은 바가 있는 屬吏. 舍－둘 사. 諸－音 저.

〈解語〉

주자(477)의 설명은 다음과 같다.

「先有司는 먼저 담당자에게 맡기고 이후에 성취와 공적을 살핀다. 유사에게 먼저 시키지 않으면 임금이 신하의 직무를 행하는 꼴이 된다.

赦小過는 형벌의 남용이 없어야 한다는 뜻이고 그렇지 않으면 아래로 온전한 사람이 없게 된다.

賢才에서 賢은 덕 있는 사람을 뜻하고 才는 능력 있는자를 뜻한다.」

다만, 선유사를 '유사에게 시키기 전에 먼저 모범을 보이고'(류종목 416) 또는 '몸소 유사를 솔선해 이끌고'(다산 3-429) 라고 해석하는 것도 있다.

문제는 人其舍諸의 해석이다. 다른 사람들이 네가 모르는 사람을 버려두겠는가 라고 해석하는 데는 모두 일치하는데 그 의미가 무엇인지에 대하여는 분명치가 않다.

'네가 모르는 사람' 이라고 하는 것이 '네가 모르는 모든 사람'이 아니라 '네가 모르는 어진 사람'인 것만은 분명하다.

그 어진 사람을 다른 데서 알아서 등용한다는 뜻일까? 아니면 그 어진 이를 아는 다른 사람이, 예컨대 내가 이미 등용한 어진 사람이, 그를 나에게 소개하여 나로 하여금 그를 알게 해주리라는 뜻일까? 나는 후자라고 생각한다.

마치 삼국지에서 유비는 방통의 현명함을 알지 못하여 그를 등용할 생각이 없었지만 이미 등용된 제갈량이 방통의 현명함을 유비에게 말해주어 유비가 마침내 방통을 등용한 바와 같다.

그래서 나는 ▶(予解)와 같이 풀이하였다.

(13-3) 正名

▶(予解) 자로가 여쭈었다. "위나라 임금이 선생님께 의지하여(待) 정치를 하려고 한다면 선생님은 무엇을 먼저 하시겠습니까?"

공자께서 말씀하셨다. "반드시 이름(명분)을 바르게 하겠다."

자로가 말하였다. "이렇군요, 선생님이 실정에 어두우심이! 난데 없이 무슨 이름을 바르게 하겠다는 말입니까?"

공자께서 말씀하셨다. "거칠구나 유(자로)는! 군자는 자기가 모르는 것에 대하여는 대체로 비워놓고(闕) 말하지 않는 법이다. 이름이 올바르지 않으면 말이 순리에 맞지 않고 말이 순리에 맞지 않으면 일이 어긋나서 되지를 않고 일이 되지를 않으면 질서가 무너져 예악을 사용할 수 없고 예악을 사용하지 못하면 형벌이 적정하지 못하고 형벌이 적정하지 않으면 백성들이 (어떻게 해야 좋을지를 몰라) 손발을 둘(措) 데가 없다. 그러므로 군자는 이름을 붙이면 반드시 그 이름에 합당한 말을 당당히 할 수 있어야 하고 말을 하면 반드시 그에 맞는 실행이 있어야 한다. 군자는 그 말이 떳떳하고 구차한 바가 없어야 할 뿐이다."

〈原文〉

子路曰: 衛君待子而爲政 子將奚先

子曰: 必也正名乎

子路曰: 有是哉 子之迂也 奚其正

子曰: 野哉由也 君子於其所不知 蓋闕如也 名不正 則言不順 言不順 則事不成 事不成 則禮樂不興 禮樂不興 則刑罰不中 刑罰不中 則民無所措手足 故君子名之必可言也 言之必可行也 君子於其言 無所苟^구已矣

〈字解〉

奚 — 무엇 해. 迂 — 멀 우. 사정에 어두움. 野 — 비속함. 闕如 — 말하지 않고 가만히 있는 모양. 苟^구 — 겨우 구. 구차스러움.

〈解語〉

衛君은 出公 괴첩이다. 그는 할아버지 생전에 세자인 아버지 괴외가 국외로 쫓겨나 있었는데 그 동안에 할아버지가 죽자 바로 자기가 임금이 되고서는 아버지의 귀국을 막았다. 그리하여 아들인 첩은 군주로 불리고 아버지인 외는 세자라고 불렸다. 명칭이 거꾸로 된 셈이다. 더구나 출공은 아버지를 아버지라 여기지 않고 할아버지 사당을 아버지 사당처럼 받들어 名과 實이 어긋났다. 그 때문에 공자가 正名을 우선으로 한 것이다.

「일이 그 순서에 맞는 것을 禮라 하고 만물이 그 和를 얻는 것을 樂이라 한다. 일이 이루어지지 못하면 질서가 없고 和하지 못한다. 그 때문에 예와 악이 흥성할 수 없는 것이다. 예와 악이 흥성하지 못하면 베푸는 정사가 모두 그 도를 잃게 된다. 그 때문에 형벌이 맞지 않게 되는 것이다.」(주자 479)

공자의 다스림은 예악을 기본 수단으로 삼는다. 그러므로 그의 正名은 예악의 흥성을 도모하기 위함이고 이로써 백성의 편안을 도모한다.

(13-4) 民莫敢不用情

> ▶(予解) (전략) 공자께서 말씀하셨다. "윗사람이 예를 좋아하면 백성 가운데 아무도 감히 그를 공경하지 않는 사람이 없을 것이고 윗사람이 義를 좋아하면 백성 가운데 아무도 감히 그에게 복종하지 않는 사람이 없을 것이고 윗사람이 믿음을 좋아하면 백성 가운데 아무도 감히 마음을 드려 충성하지 않을 수가 없을 것이다. 이렇게 되면 사방의 백성이 자기 자식을 포대기에 감싸 업고 몰려들 것이다. (후략)"

〈原文〉

(전략)子曰: 上好禮 則民莫敢不敬 上好義 則民莫敢不服 上好信 則民莫敢不用情 夫如是 則四方之民襁負其子而至矣 (후략)

〈解語〉

농사짓는 법을 가르쳐달라는 번지의 엉뚱한 요청을 거절하고 그가 나간 뒤에 공자가 탄식 끝에 한 말이다.

民莫敢不用情에 대하여 소라이(3-65)는 이렇게 설명한다. 「백성을 다스리기 어려운 까닭은 그 實情을 알 수 없기 때문이다. 그 실정을 알 수 없는 까닭은 백성이 윗사람을 의심하기 때문이다. 윗사람을 의심하는 까닭은 윗사람을 신뢰할 수 없기 때문이다. 그러므로 윗사람이 믿음을 좋아하면 백성들이 감히 실정대로 (고하지) 아니함이 없다고 한 것이다.」

그러나 이런 해설을 읽어도 역시 民莫敢不用情의 뜻이 산뜻하게 이해되지는 않는다.

民莫敢不用情을 직역하면 '백성이 감히 그에게 정을 쓰지 않을 수 없다' 라는 것이다. 여기서 정을 쓴다는 것이 무엇일까? 그 뒤에 이어지는 '사방의 백성이 자기 자식을 포대기에 감싸 업고 몰려들 것이다' 라는 것과 연결하여 생각하지 않을 수 없다. 왜 이렇게 몰려올까? 그 이유는 군주가 믿을 만하므로 백성이 그 군주를 믿고 의지하여 그 밑에서 살고 싶기 때문이다. 그러므로 군주를 믿고 그에 의지하여 살면 그 백성들은 그에 상응하여 군주에게 자연 정을 주지 않을 수 없게 된다. 정은 무엇인가? 정은 마음이고 애정이고 충성이다. 정을 쓴다는 말은 정을 준다는 말이고 정을 준다는 것은 보통의 사이에서는 마음을 주는 것이고 남녀 간에서는 애정을 준다는 것이고 백성과 군주 사이에서는 충성을 바친다는 뜻이다. 그러므로 用情은 마음을 바쳐 충성하는 것이다.

결국 이런 뜻이 아닐까? 「군주가 약속을 지키기를 좋아하여(上好信) 믿을 수 있는 사람이라면 백성이 그를 믿고 의지하여 그 밑에서 살기를 원하고 그렇게 되면 자연 군주를 따르면서 그에게 마음을 드려 충성하지 않을 수 없다.」

이래서 나는 ▶(予解)와 같이 해석하였다.

(13-5) 頌詩三百

> ▶(予解) 공자께서 말씀하셨다. "시경에 수록된 시 3백편을 암송하면서도 그에게 정사를 맡겼을 때 민심에 통달하지 못하고 사방에 사신으로 나가서도 혼자서 대처하지(專對) 못한다면 비록 시를 많이 외웠다고 한들 또 어디에 쓰겠는가?"

子曰: 頌詩三百 授之以政 不達 使於四方 不能專對 雖多亦奚以爲

〈字解〉

專 - 오로지, 마음대로.

〈解語〉

　공자가 제자들에게 시를 가르친 이유는 시에는 인심의 동향과 정서가 녹아 있으므로 이로써 민심과 민정에 통할 수 있고 언어를 간결하고 품위 있게 그리고 아름답게 활용할 수 있는 능력을 시를 통하여 배양할 수 있기 때문이었다. 그런데 실제의 정사를 처리하면서 민심의 동향을 반영하지 못하고 외국에 사신으로 나가서 외교적 언사를 적절하게 구사하지 못한다면 소용이 없지 않겠는가 하는 뜻이다.

　당시에는 다른 제후국에 사신으로 가면 서로 시의 구절을 읊어 비유로 의견을 전달하는 풍조가 있었다(주자 483).

(13-6) 其身正

> ▶ (予解) 공자께서 말씀하셨다. "위정자 자신이 올바르면 명령을 내리지 않아도 저절로 시행되고 자신이 올바르지 않으면 명령을 내려도 시행되지 않는다."

〈原文〉

子曰: 其身正 不令而行 其身不正 雖令不從

〈解語〉

　무엇을 기준으로 올바른지 여부를 판단하는가? 先王의 道에 비추어 이를 판단한다. 선왕의 도를 스스로 실천하고 있는 것이 身正이다. 身正이면 명령하지 않더라도 시행되는 것은 무엇인가? 선왕의 도이다. 身不正하면 비록 명령을 내려도 시행되지 않는 것은 역시 선왕의 도이다.

이것은 소라이(3–71)의 설명 취지를 내 나름으로 이해한 내용이다. 다른 주해에는 아무 설명이 없다.

(13-7) 魯衛之政: 생략

(13-8) 善居室

> ▶ (予解) 공자께서 衛나라 公子荊을 평하여 말씀하셨다. "(위나라 공자 형은) 집에서 검소하게 잘 지냈다. 처음으로 재산이 있게 되자 '그런대로 대강 모여졌다' 라고 하였고 조금 갖추어지자 '그런대로 대강 완비되었다' 라고 하였고 넉넉하게 되자 '그런대로 대강 아름답게 되었다' 라고 하였다."

〈原文〉
子謂衛公子荊 善居室 始有 曰: 苟合矣 少有 曰: 苟完矣 富有 曰: 苟美矣

〈字解〉
苟 – 진실로 구. 그런대로, 대충이라는 뜻이 있다.

〈解語〉
公子荊은 군자라고 칭송되는 사람이었다.

「공자는 그의 재산 모으기가 갑작스럽지 않음을 칭찬하였지 재산 모으지 않기를 칭찬하지는 않았다.」(소라이 3–73)

「合이란 마땅한 데에 합하는 것이니 절도에 맞는 것을 合이라 하고 完이란 온전하게 갖추는 것이니 모자람이 없는 것을 完이라 하며 美란 화려한 것이니 형편이 나쁘지 않은 것을 美라 한다.

그 생활이 검약하고 사치심이 없었음을 말한다.」(다산 3-487)

(13-9) 既庶富之教之

> ▶ (予解) 공자가 위나라로 갈 때 염유가 마차를 몰았다. 공자께서 "백성이 많구나"라고 하시자 염유가 "이미 많다면 거기에 또 무엇을 더하여야 합니까?"라고 말하였다. 공자께서 "부유하게 해주어야 한다."라고 하시자 염유가 "이미 부유하게 되면 또 거기에 무엇을 더하여야 합니까?"라고 말하자 공자께서 말씀하셨다. "가르쳐야 한다."

〈原文〉

子適衛 冉有僕 子曰: 庶矣哉 冉有曰: 既庶矣 又何加焉
曰: 富之 曰: 既富矣 又何加焉 曰: 敎之

〈字解〉

適－갈 적. 僕－마부 복. 庶－많을 서.

〈解語〉

富와 敎의 관계 그리고 그 순서가 참으로 의미심장하다. 부지런히 일하고 절약하여 富를 이루었으나 子弟의 敎를 못하여 자식의 代에 바로 패가망신하는 가슴 아픈 사례를 자주 보지 않는가? 집안의 경우만 그런가? 나라의 경우도 마찬가지 아닌가? 박정희 전대통령은 부지런히 일하도록 혹독하게 몰아쳐 나라는 부유하게 되었으나 그 동안 상대적으로 덜 이룩한 사람들의 불만이 평등의 바람을 타고 온 나라를 오히려 위태롭게 만드는 형국이 돼 버렸으니 前功이 참으로 哀惜하다.

그렇다면 敎를 먼저 해야 하는가?

공산주의 국가들이 그런 셈이다. 소위 사상교육 내지 사상무장을 통하여 주민들을 국가가 원하는 방향으로 가르쳐 놓으면 웬만한 가난이나 재난에는 끄떡

없이 버텨낸다. 북한을 보라.

　그러다가 가난이나 재난이 더 이상 견디기 어려운 시점 근처에 다다를 때 또는 적당한 계기를 맞은 때 富의 축적을 시작하면 나라가 큰 혼란 없이 안정 속에서 유지, 발전되는 경우를 본다. 고대 중국의 秦나라가 상앙을 채용하여 變法을 먼저 시행한 뒤 부국강병책을 써서 중국 통일의 기초를 닦은 것이 그 예라고 하겠다. 아니 그럴 것도 없이 오늘의 중국을 보라. 가난 속에서 강제로 공산주의의 이념과 체제의 교육을 받고 다시 문화대혁명의 혹독한 이념교육을 받은 뒤 등소평의 개방정책으로 부국강병을 이룩하지 않았나? 소련의 경우는 어떤가. 가난 속에서 소련이 해체되자 금방 망할 것 같던 러시아는 아직도 국가를 유지하면서 강대국의 일원으로 건재한다. 70여 년의 공산주의 이념교육의 영향 아닌가?

　가정의 경우에는 어떤가? 가난 속에서 온 몸으로 근검과 노력의 가치를 교육받은 가난한 집 어린이들이 자라서 성공하는 예가 좀 많은가?

　가난한 섬나라 영국이 대영제국을 건설한 일이라든지, 7개 언덕으로 둘러싸인 척박한 도시 로마가 대제국을 건설한 힘도 모두 先教育의 힘이 아니었을까? 나는 교육에 대한 지식이 없으므로 함부로 단언할 수는 없으나 아마도 대영제국이나 로마제국 모두 든든한 가정교육과 사회교육의 선행이 있지 않았을까 짐작한다.

　그렇다면 富가 먼저이고 敎가 다음이라는 공자의 말은 그 순서를 敎가 먼저, 다음이 富라는 순서로 바꿔야 하지 않나 하는 생각마저 든다. 그러나 또 생각해 보면 가르치는 데는 돈이 드니 역시 공자의 말씀대로 먼저 부유하게 만들고 그 다음에 가르쳐야 하는 것이 아닐까 하는 생각도 든다. "창고가 가득 차면 예절을 알고, 입을 옷과 먹을 양식이 풍족하면 영광과 치욕을 안다(倉廩實 則知禮節 衣食足 則知榮辱)." 라고 한 관중의 말(김필수 외 30)도 공자의 말과 같은 뜻일 것이다.

(13-10) 三年有成

▶(予解) 공자께서 말씀하셨다. "정말(苟) 누군가 나를 등용하는 사람이 있다면 만 일년이 지나면 그런대로(已) 괜찮아질 것이고 삼년이 지나면 이루어짐이 있을 것이다."

〈原文〉

子曰: 苟有用我者 朞月而已可也 三年有成

〈字解〉

朞―돌 기. 일주기. 朞月은 일주기가 되는 달이니 만 일년이 되는 달이다. 그러나 朞月을 만 일개월이라고 보는 설도 있다. 已―이미.

〈解語〉

治國에 대한 공자의 열망과 자신감이 드러난다.

(13-11) 善人爲邦百年

▶(予解) 공자께서 말씀하셨다. "선한 사람이 나라 다스리기를 백 년 동안 하면 역시 잔인한 사람을 교화시키고 살육의 형벌을 없앨 수 있으리라는 말이 있는데, 정말이로다 이 말이여!"

〈原文〉

子曰: 善人爲邦百年 亦可以勝殘去殺矣 誠哉是言也

〈解語〉

옛날부터 있던 이 말을 공자가 인용하였다.

지금 시대에는 아무 재주도 없고 능력도 없으면서 한갓 착한 마음만 가진 사람을 선인이라고 지칭하는 데 공자가 인용한 이 말에서는 그런 뜻이 아니다(다산 3-499).

선인은 바탕이 아름다우나 아직 배우지 못한 사람이다(주자 415). 韓愈(다산 3-243 한유)는 "선인은 성인의 다른 이름이다."라고 말한다. 리링(1-620)은 선인이 성인보다는 조금 낮은 단계의 사람이라고 분류한다.

아무튼 여기서의 선인은 일반 사람이 아니라 위정자인 선인이다(리링 2-740).

善人은 聖人의 자취를 밟지 않으며 예악의 가르침을 쓰지 않기 때문에 그 교화가 더디다(소라이 3-77).

공자는 선진편 (11-20)에서 善人에 관하여 이렇게 말하였다. 「자장이 선한 사람이 취할 도를 물으니 공자께서 말씀하셨다. "선왕의 도의 자취를 따라 단계를 밟아야 하고 그렇지 않으면 達道의 경지에 들어가지 못한다."」(11-20)에 대한 해설을 참조할 것.

「살육의 형벌을 없앤다는 것은 堯, 舜의 시대에도 할 수 없었던 일로서 지극히 어려운 바이니 去殺을 그렇게 해석할 수는 없다. 去殺은 勝殘의 뜻과 비슷하다. 백성에게 해로운 것을 제거하는 것이 去殺이다.」(다산 3-501) 살인의 범죄행위를 없도록 한다는 뜻 정도로 보면 되지 않을까?

(13-12) 如有王者

▶ (予解) 공자께서 말씀하셨다. "설사 왕도로 천하를 다스리는 聖王이 있다고 할지라도 한 세대(30년)가 지나야 백성들이 仁해질 것이다."

〈原文〉

子曰: 如有王者 必世而後仁

〈解語〉

仁하여진다 함은 예악의 교화가 세상에 두루 미침을 말한다(소라이 3-79).

앞 장에서는 善人이 100년을 다스리면 勝殘去殺이 된다 했는데 이 章에서는 王者가 다스려도 仁한 세상이 되는 데는 적어도 30년은 걸린다고 말한다.

(13-13) 苟正其身

> ▶(予解) 공자께서 말씀하셨다. "진실로(苟) 그 몸을 바르게 한다면 정치에 종사하는 데 무슨 어려움이 있겠는가? 그 몸을 바르게 하지 못한다면 남을 바르게 하는 일을 어떻게 하겠는가?"

〈原文〉
子曰: 苟正其身矣 於從政乎何有 不能正其身 如正人何

〈字解〉
如~何: ~을 어떻게 하겠는가? 라는 뜻의 관용어.

〈解語〉
身은 자기이고 人은 남이다.
爲政은 君主의 일이고, 從政은 大夫의 일이라고 하는 견해도 있다(다산 3-509).

(13-14) 政與事

> ▶(予解) 염자가 퇴조하자 공자가 "왜 늦었느냐?" 라고 하셨다. "정무가 있었습니다." 라고 대답하자
> 공자께서 말씀하셨다. "계씨의 집안 일이었겠지. 만약 나라의 정사가 있었다면 비록 나를 써주지(以) 않았지만 나도 참여하여(與) 들었을 것이다."

<原文>

冉子退朝 子曰: 何晏也 對曰: 有政 子曰: 其事也 如有政 雖不吾以 吾其與
聞之

<字解>

晏—늦을 안. 冉子—공자의 제자로 이름은 求. 魯의 정권을 쥐고 있던 季씨의
家宰.

<解語>

政은 고치고 바로잡는 일이고, 事는 일상적인 사무라고 한다(소라이 3−80).
주자는 政은 國政이고 事는 집안일이라고 한다(493).

다산(3−511)은 政과 事의 구별에 대한 의론을 상세히 소개하고 있으나 너무
번다하여 전재하지 않는다.

생각컨대 당시의 용어 구별을 지금에 와서 정확히 파악하기는 어렵다. 그러
나 공자의 뜻이 公과 私의 구별에 있지 않았을까 라고 추리해 본다면 주자의 해
석이 오히려 단순하여 이해하기가 쉽다. 그래서 ▶(予解)는 주자의 풀이를 따
랐다.

(13-15) 爲君難

▶(予解) 정공이 물었다. "한마디의 말로 나라를 일으킬 수 있는 방법을
말할 수 있다고 하는데 그런 말이 있습니까?"

공자가 대답하셨다. "그런 말은 없을 것입니다. 그러나 비슷한 말은 있
습니다. 사람들의 말에 '임금 노릇하기가 어려우며 신하 노릇하기가 쉽
지 않다' 고 하니 만약 임금 노릇하는 어려움을 알아야 한다고 말한다면
그 말은 하나의 짧은 말로 나라를 일으키는 데 가깝지 않겠습니까?"

정공이 다시 물었다. "한마디의 말로 나라를 잃을 수 있는 잘못된 일을
말할 수 있다고 하는데 그런 말이 있습니까?"

공자가 대답하셨다. "그런 말은 없을 것입니다. 그러나 비슷한 말은 있습니다. 사람들의 말에 '나는 임금 노릇하는 것을 즐거워하지 않으나 다만(唯), 내가 말을 하면 아무도 감히 거역하지 않는 것만은 즐겁다' 라고 하였는데 만약 내 말이 옳은데 아무도 그것을 거역하지 않는다면 이 또한 좋은 일이 아니겠습니까만, 만약 옳지 않은데 아무도 그것을 거역하지 않는다면 그런 상황은 한마디로 말해서 나라를 잃는 데 가까운 잘못된 일이 아니겠습니까?"

〈原文〉

定公問: 一言而可以興邦 有諸

孔子對曰: 言不可以若是 其幾也 人之言曰: 爲君難 爲臣不易 如知爲君之難也 不幾乎一言而興邦乎

曰: 一言而喪邦 有諸

孔子對曰: 言不可以若是 其幾也 人之言曰: 予無樂乎爲君 唯其言而莫予違也 如其善而莫之違也 不亦善乎 如不善而莫之違也 不幾乎一言而喪邦乎

〈字解〉

幾-가까울 기. 予-나 여.

〈解語〉

대부분의 주해가 幾를 기약한다, 바란다 라고 풀이한다. 그러나 류종목(430)과 리링(2-745)은 가깝다, 비슷하다 라고 새긴다. 공자의 말은 질문에 대한 답으로서 꼭 들어맞는 말은 없지만 그에 가까운 뜻의 말은 있다고 하는 것인데 그렇다면 류종목과 리링의 풀이가 합당하다.

(13-16) 近者說遠者來

▶ (予解) 섭공이 정치에 관하여 묻자 공자께서 말씀하셨다. "(은혜를 베

풀어) 가까이 있는 사람들이 기뻐하면 먼 데 있는 사람들이 (그 교화를 사모하여) 公에게 찾아옵니다."

〈原文〉

葉^섭公問政 子曰: 近者說^열 遠者來

〈字解〉

葉^섭公 - 초나라 섭현의 縣尹이다.

〈解語〉

주자(497)의 해석은 다음과 같다.「가까운 이들에게는 기쁨을 느끼게 하고 먼 데 있는 이들은 찾아오도록 하면 됩니다.」

주자의 풀이는 近者說과 遠者來를 서로 관계없는 별개의 구절로 이해한 셈인데 그래서는 공자가 이 두 구절을 함께 얘기한 뜻이 전혀 살아나지 않는다. 그것보다는 차라리 어떤 형식이든 서로 연결되는 의미가 되어야만 두 구절을 함께 말한 이유가 살아날 것이다. 그렇다면 소라이나 형병 식으로 "가까운 데 있는 사람들에게 은혜를 베풀어 그들을 기쁘게 해주면 그 소문을 듣고 먼 데 있는 사람들까지 그 덕화를 사모하여 찾아오게 된다."(소라이 3-82; 다산3-527 형병) 라고 풀이함이 합당하다. 說과 遠 사이에 '則'이 있는 것으로 보는 셈이다. ▶(予解)는 소라이 식의 풀이를 따랐다.

(13-17) 欲速則不達

▶(予解) 자하가 거보의 읍장이 되어서 정치에 관하여 여쭈어보자 공자께서 말씀하셨다. "빨리 하려고 하지 말고 작은 이익을 거두려 하지 말라. 빨리 하려고 들면 목적을 달성하지 못하고 작은 이익을 취하려 들면 큰 일이 이루어지지 않는다."

子夏爲莒父^거宰 問政 子曰: 無欲速 無見小利 欲速則不達 見小利 則大事不成

〈字解〉

莒父^거(거보)宰 – 거보의 읍장.

〈解語〉

　　성인은 큰 것을 알고 원대한 것을 생각하기 때문에 이렇게 가르치는데 한편 사람들은 이런 말을 들으면 보통은 말하는 이를 실정에 어둡다고 여긴다.

(13-18) 父爲子隱

> ▶ (予解) 섭공이 공자께 말하였다. "우리 고장에 행실(躬)이 곧은(直)사람이 있습니다. 아버지가 양을 훔쳤는데 아들이 그것을 고발했습니다."
> 공자께서 말씀하셨다. "우리 고장의 곧은 사람은 이와 다릅니다. 아버지는 아들을 위하여 숨겨주고 아들은 아버지를 위하여 숨겨줍니다. 그 가운데 곧음이 있습니다."

〈原文〉

葉^섭公語孔子曰: 吾黨有直躬者 其父攘^양羊 而子證之 孔子曰: 吾黨之直者異於是 父爲子隱 子爲父隱 直在其中矣

〈解語〉

　　① 直躬에서의 躬을 사람의 이름이라고 보는 풀이도 있다(다산 3–531).

　　證之는 증언한다는 뜻이 아니라 古語에서는 고발하다는 뜻이라고 한다(리링 2–749). 성백효(559)도 證에는 알리다의 뜻이 있다고 한다.

　　②「숨겨주지 않는 것 자체가 항상 直은 아니다. 경우에 따라서 직이 아닐 수

도 있다. 부자 사이에서는 효를 주로 하지 直을 주로 하지 않는다.」(소라이 3-85)

父子 사이에서는 孝와 直 가운데 孝가 우선하는 道라고 공자가 말한 것이다. 道라고 하는 큰 가치 안에 포함되는 두 개의 개별 가치 즉, 효와 직이라는 개별 가치가 서로 충돌하는 경우가 있는데 아버지와 아들 사이에서 이 충돌이 일어나면 효를 우선시켜야 한다는 것이 공자의 가르침이다.

그러나 이런 선택과 다른 선택도 있다. 아버지를 소위 '아바이 동무'라고 불러야 한다는 세계관 같은 것은 분명 이것과는 다른 선택에 속한다.

● 狀況選擇論

③ 隱은 결국 속이는 것에 해당한다. 여기서는 羊의 소유자를 속이고 사직당국을 속이는 것이다. 그런데 공자는 옹야편 (6-19)에서 "사람은 정직하게 살아야 한다. 정직함이 없이 속이면서 살아가는 것은 요행히 형벌을 면하는 것일 따름이다. 人之生也直 罔之生也幸而免"이라고 말한 바 있다. 자하는 말한다. "큰 원칙에 관하여는 그 지킬 바 법도(閑)를 넘어서는(踰) 안 된다. 작은 원칙은 임기응변으로 그 한계를 넘나들 수 있다. 大德不踰閑 小德出入可也"

그렇다면 효(孝)는 대덕이고 직(直)은 소덕이란 말인가? 그러나 人之生也直이라는 공자의 말에 비추어 直을 소덕이라고 보기는 어렵다. 等價의 德이라고 말할 수도 있다.

그렇다면 子爲父隱 直在其中矣라 하여 子爲父隱의 속임수를 허용하는 공자의 말은 어떻게 이해해야 이를 받아들일 수 있을까?

나는 이렇게 궁리해본다. 「구체적 상황에서 우위에 있는 관계를 우선 선택한다는 것은 事理의 당연한 결론이다.」 이 경우에 아들이 처한 상황은 羊의 소유자, 사직 당국, 그리고 아버지, 이렇게 삼자와의 관계이고 이 삼자와의 관계에서 아들에게 가장 중요한 관계는 아버지와의 관계이다. 왜냐하면 아버지와의 관계는 가정의 존속, 그리고 자기의 생명의 유지와 직결되기 때문이다(아버지는 家計 유지의 원천이고 상징일 경우가 많다). 그러므로 아들이 아버지와의 관계를 최우선시하는 것은 人情上 당연하다. 반대의 경우도 마찬가지이다. 父爲子隱은 아들을 자기 생명의 연장으로 파악하는 아버지로서는 역시 人情上 당연한 선택이다. 나는 이런 선택을 '狀況選擇論'이라고 우선 부른다.

상황선택론은 결국 공자가 人情을 법에 우선시키는 논리에 해당한다.

현대의 실정법은 어떤가? 우리 형법 제151조 제2항은 친족 또는 동거의 가족이 (범행을 저지른) 본인을 위하여 범죄은익의 죄를 범한 때에는 처벌하지 아니한다 라고 규정하고 있다. 친족간의 情誼를 고려한 조치라고 학설은 설명한다. 문명국가의 많은 형법이 같은 규정을 두고 있다. 현대의 법문화도 2,500년 전 공자가 선언한 논리를 수용한 셈이다.

한 마디로 人情을 고려한 조치인데 인정을 베푸는 것은 덕이므로 덕을 정직에 우선시킨 선택에 해당한다.

다만, 어찌하여 공자는 直在其中이라고 말하였을까? 정직과 덕 양자의 관계를 어떻게 본 것인가? 정직이 德가운데 있다는 것인데 본래 직과 덕은 우선 뜻이 다르지 않은가. 양자의 관계를 분석하는 일은 간단치 않을 것이다. 그래서 그런 분석에 갈음하여 나는 이렇게 간단히 생각해본다. 直이라는 말과 글자에는 원래 정직이라는 뜻이 있지만 한편 그것은 惪(=德)이라는 뜻과도 통한다. 그리하여 葉公은 直을 정직이라는 뜻으로 사용하여 공자에게 말을 건넸고, 이에 반하여 공자는 直을 惪(=德)이라는 뜻으로 사용하여 응답한 것이 아닐까?

直을 편벽하게 정직이라고만 고집할 일은 아니고 융통성 있게 넓은 차원에서 덕의 한 내용이라고 수용할 수도 있을 것이다.

공자는 태백편 (8−2)에서 "정직하면서 예가 없으면 박절하기만 하다(直而無禮則絞)."라고 말한 바 있다. 아들의 아버지에 대한 禮는 바로 孝이다. 그렇다면 直在其中은 결국 孝에 어긋나지 않는, 또는 德의 범위를 벗어나지 않는 그런 한계 안에서만 直은 가치를 지닌다는 뜻일 것이다.

(13-19) 樊遲問仁

▶(予解) 번지가 인에 관하여 여쭈어보자 공자께서 말씀하셨다. "집에서는 공손하고 일을 집행할 때에는 경건하게 하며 다른 사람을 대할 때에는 진실하게 하는 것이니 비록 오랑캐(夷狄) 땅에 가더라도(之) 이것을

버릴 수는 없다.”

<原文>

樊遲問仁 子曰: 居處恭 執事敬 與人忠 雖之夷狄^적 不可棄也

<解語>

　朱子(501)는 恭은 용모를 주로 한 말이며 敬은 일을 주로 한 말이라고 한다.
居處라 함은 집에서 앉고 누우며 기거하는 것이다(다산 -537).

　평소의 일상생활을 의미한다(류종목 434).

　雖之夷狄^적을 ‘비록 오랑캐 땅의 사람들이라도’ 라고 풀이하기도 한다(다산
3-537).

(13-20) 可謂之士

▶ (予解) 자공이 여쭈었다. “어떻게 해야 선비라고 일컬을 수 있겠습니까?”

공자께서 말씀하셨다. “몸가짐(행동)에 염치가 있고 사방에 사신으로 가서는 임금의 명을 욕되게 하지 않으면 선비라 일컬을 수 있다.”

여쭙기를 “감히 그 다음 가는 선비를 묻습니다.” 라고 하자

말씀하시었다. “그 종족들이 효성스럽다고 칭찬하고 고을에서 공손하다고 칭찬하는 사람이다.”

여쭙기를 “감히 그 다음 가는 선비를 묻습니다.” 라고 하자

말씀하시었다. “약속을 하면 반드시 지키고 행동에는 반드시 결실이 있게 한다면 융통성이 없는 소인이기는 하지만 그래도 역시 그 다음은 될 수 있다.”

여쭙기를 “지금 정사에 종사하는 자들은 어떻습니까?” 하자

말씀하시었다. “허! 도량이 좁은 사람들이니 어찌 헤아릴 것이 있겠느냐?”

〈原文〉

子貢問曰: 何如斯可謂之士矣

子曰: 行己有恥 使於四方 不辱君命 可謂士矣 曰: 敢問其次

曰: 宗族稱孝焉 鄕黨稱弟焉 曰: 敢問其次

曰: 言必信 行必果 硜硜然小人哉 抑亦可以爲次矣 曰: 今之從政者如何

子曰: 噫 斗筲之人 何足算也

〈字解〉

行己 ― 몸가짐(성백효 561). 硜硜 ― 작은 돌이 딱딱한 상태. 고집이 센 상태.

斗 ― 한 말. 筲 ― 한 말 두 되 용량의 대나무 그릇. 筲를 초라고도 읽는다. 斗筲
― 작은 양. 도량이 좁음.

噫 ― 탄식하는 소리.

〈解語〉

「士의 본래 의미는 남자와 武士이었다. 춘추 이후로 점차 출신과는 상관없이
책을 읽고 예를 익힌 자들 가운데서 관리를 뽑았기 때문에 문학과 方術 쪽 인사
에 편중되어 후세의 독서인으로서의 선비와 비슷했다. 선비는 정치에 종사하고
관리가 될 수 있는 인재였다.」(리링 3―753)

다산(3―539)과 소라이(3―88)는 士를 관리라고 번역했다.

行必果를 행동에 '과단성이 있다' 라고 풀이하는 것도 있다(류종목 435; 최근
덕 329; 이가원 219; 리링 3―753). 그러나 이 문장의 앞뒤에 나오는 말들을 종합
하여 볼 때 과단성이 있다고 하는 것은 매우 훌륭한 장점이어서 여기의 셋째 단
계에 어울리기보다 오히려 첫째 단계에 더 어울린다. '행동을 하면 죽이 되든
밥이 되든 반드시 결과를 이루어내는' 그런 융통성 없는 성격의 사람을 말한
다고 보는 것(다산 3―541; 소라이 3―88)이, 더 잘 어울린다. 그래서 ▶(予解)
는 다산 등의 풀이를 따랐다.

(13-21) 必也狂狷

> ▶(予解) 공자께서 말씀하셨다. "알맞게 행하는 군자를 얻어서 함께 할 수 없다면 반드시 뜻이 큰 사람이나 뜻이 굳센 사람과 함께 할 것이다. 뜻이 큰 사람은 진취적이고 뜻이 굳센 사람은 하지 않는 바가 있다."

⟨原文⟩

子曰: 不得中行而與之 必也狂狷乎 狂者進取 狷者有所不爲也

⟨字解⟩

狷 – 편협할 견

⟨解語⟩

주자(505)는 中行을 中道라고 풀이한다.

소라이(3-90)는 中行은 行함에 그 中을 얻을 수 있는 자라고 한다.

中道라고 풀이하면 中道라는 별개의 도가 있는 듯하여 적당치 않다. 알맞게 행동하다는 정도로 이해함이 오히려 간단하다.

광자는 조급하며 얽매임이 없으므로 능히 나아가 취할 수 있고 견자는 결백하고 협소한 면이 있으므로 능히 하지 않는 바가 있다(다산 3-547).

다산(3-551)은 이렇게 말한다.「중도를 행하는 사람을 얻지 못하면 마땅히 이와 근사한 사람을 구해야 할 터인데 공자는 그렇게 하지 않고 곧바로 광자와 견자를 구하여 함께 하려고 하였으니 그 말 가운데는 은연중에 鄕愿(향원)이라는 한 인간형을 공자가 기피하고 있음이 연상된다.

향원은 거처할 때는 공손한 척하고 일을 집행할 때는 신중히 하는 척하고 어버이 섬길 때는 효도하는 척하고 어른 섬길 때는 공경하는 척한다. 그리하여 말을 할 때는 세속에 아부하고 주장을 내세울 때는 옛것을 그르다 하며 지금 것을 옳다고 한다. 분명히 그것이 희다는 것을 알면서도 대중이 이를 검다고 하면 그들을 따라 검다 하고 분명히 그것이 곧다는 것을 알면서도 대중이 이를 굽었다고 하면 그들을 따라 굽었다 한다. 그러므로 헛된 영예가 어리석은 세속에 가득 차고 음해가 착한 부류에게 미치게 되며 또 세대가 오래일수록 이를 깨닫지 못하는 현상이 대개 있을 것이다. 공자와 맹자는 이를 절실히 미워하였다.」

공자는 알맞게 행동하는 군자와 함께 할 수 없는 경우에는 적당히 중도를 지키는 듯이 하여 겉으로는 군자처럼 보이는 사람보다는 차라리 물불을 가리지 않는 열광적인 사람(광자)이나 또는 안목은 부족하면서도 성질이 강직하여 고집스럽고 융통성 없는 사람(견자)과 함께 하기를 택한다고 한 것이다.

(13-22) 人而無恒

> ▶ (予解) 공자께서 말씀하셨다. "남쪽 나라 사람들의 말에 '사람이 한결 같은 마음(항심)이 없으면 무당이 빌어줄 수도 없고 의원이 (약으로) 고쳐 줄 수도 없다' 고 하는 말이 있는데 참 좋은 말이다. (역경에) 그 덕을 일정하게 갖지 아니하면 혹 치욕이 이르게 될 것이다." 라고 하였다.
> 공자께서 말씀하셨다. "항심이 없다면 점을 칠 필요도 없다."

〈原文〉

子曰: 南人有言 人而無恒 不可以作巫醫 善夫 不恒其德 或承之羞 子曰: 不
占而已矣
（이）

〈解語〉

남쪽 나라는 '상박초간'이나 '곽점초간'에 의하면 춘추시대의 宋나라이다(리링 2−759). 송나라는 商나라의 후예인데 상나라는 복서(卜筮) 등의 점치는 일에 무척 빠져 있었다 고 한다.

不作巫醫를 주자(505)는 무당이나 의원이 될 수 없다고 해석하였다. 그러나 오히려 '점을 쳐도 길흉을 알 수 없고 의약으로도 그 질병을 고칠 수 없다' 라고 해석하는 쪽(다산 3−553; 리링 2−759)이 더욱 의미가 통한다. 점괘의 지시하는 바는 꾸준히 이를 지켜야 나중에 시간이 지난 뒤 그 징험을 알 수 있게 되고 의

원의 지시도 이를 꾸준히 따라야 병을 고칠 수 있는 것인데 항심이 없는 사람은 점괘나 처방을 꾸준히 지킬 수가 없어 모두 효과가 없기 때문이다. 항심이 없으면 의원이나 무당이 될 수 없다는 해석은 비약이 심하다.

"그 덕을 일정하게 갖지 아니하면 혹 치욕이 이르게 될 것이다." 라고 한 것은 주역 항괘(恒卦)의 효사(爻辭)이다.

雷風恒卦의 三陽 효사는 다음과 같다. "그 덕을 항구하게 지키지 못하니 세상에 받아들여지지 못한다. 도리어 부끄럼을 당할지도 모른다. 그러한 태도를 변치 않으면 세상의 비난을 받아 빠져 나올 수 없는 난경에 빠지리라."(남만성 226)

不占而已矣에 대하여 소라이(3-93)는 다음과 같이 설명한다.

「사람이 어떤 일을 하고자 함에 점을 쳐서 점괘가 길하면 힘써 그 일을 행하여 그치지 않는다. 그것을 오래 해서 성공한 후에 점괘가 증험되는 것이니 이것이 점서를 쓰는 이유이다. 만약 혹시라도 중도에 그치고 행하지 않으면 비록 점을 쳐서 길한 괘를 얻었다 하더라도 과연 무슨 이익이 있겠는가? 그러므로 점을 치지 않을 따름이다 라고 한 것이다.」

항심이 없는 사람은 점을 칠 필요가 없다고 공자는 말한 것이다.

항심을 가진 사람에 대한 공자의 칭송은 술이편 (7-26)을 참조할 것.

(13-23) 和而不同

▶ (予解) 공자께서 말씀하셨다. "군자는 다른 사람과 뜻이 다르면 그 뜻이 조화를 이루도록 힘쓴다(和). 그러나 (뜻이 맞지 않는데도) 맞장구치지는 않는다(不同). 소인은 뜻이 달라도 이익이 있으면 맞장구를 친다. 그러나 맞장구를 친다고 해서 뜻이 맞아서 그런 것도 아니고 뜻이 조화되도록 힘쓰지도 않는다."

〈原文〉

子曰: 君子和而不同 小人同而不和

〈解語〉

和는 서로 다른 것끼리의 조화이고, 同은 雷同이다.

和와 同이 어떻게 다른가를 좌전에 실린 齊景公과 晏子의 대화를 통해 알아본다.

「和란 국을 끓이는 것과 같아서 물, 불, 초, 젓갈, 소금, 매실에다 삶은 생선이나 고기를 넣고 나무로 불을 때서 요리사가 그것들을 조화시켜 맛을 고르게 하여 모자라는 것은 더 넣고 많은 것은 덜어내어 국을 만듭니다. 그런 뒤에 군자는 이를 먹고는 기분 좋아 마음을 화평하게 가집니다. 임금과 신하 사이도 또한 그러합니다. 임금이 옳다고 한 것도 그것이 잘못되었으면 신하가 그 잘못을 말씀드려 옳게 만들어 나가고 반대로 임금이 그르다고 한 것도 그것이 옳으면 신하가 그 옳은 것을 말씀드려 틀린 것을 고쳐 나가야 합니다. 이렇게 해야 정치가 공평해져서 서로 충돌이 없고 백성들도 다투는 마음이 없어집니다. 그런데 임금이 옳다고 하면 신하도 옳다고 하고 임금이 그르다고 하면 신하도 그르다고 하니 이는 마치 물에 물을 더 타는 격이니 누가 그 음식을 먹겠으며 거문고의 한 가지 소리만 켜는 것과 같은 격이니 누가 그 소리를 듣겠습니까?」(다산 3-559)

(13-24) 鄕人皆好之

▶ (予解) 자공이 여쭈었다. "고을 사람들이 모두 그를 좋아하면 그는 어떻습니까?"

공자께서 말씀하셨다. "그것으로는 아직 좋은 이라 할 수 없다."

다시 여쭈었다. "고을 사람들이 모두 그를 미워하면 그는 어떻습니까?"

공자께서 말씀하셨다. "그것으로는 아직 나쁜 이라 할 수 없다. 고을 사람 가운데 선한 사람은 그를 좋아하고 선하지 않은 사람은 그를 미워하는 것만 같지 못하다."

<原文>

子貢問曰: 鄕人皆好之 何如

子曰: 未可也

鄕人皆惡^오之 何如

子曰: 未可也 不如鄕人之善者好之 其不善者惡^오之

(13-25) 君子易^이事

▶ (予解) 공자께서 말씀하셨다. "군자는 섬기기는 쉬워도 설득하기는
어렵다. 정당한 방법(道)으로 설득하지 않으면 설득되지 않는다. 사람을
부릴 때는 그 사람의 능력(器)에 따라 시킨다. 소인은 모시기는 어렵지
만 설득하기는 쉽다. 설득을 할 때 비록 정당한 방법에 따르지 않더라도
설득할 수 있다. 사람을 부릴 때는 한 사람에게서 완전무결함(備)을 요
구한다."

<原文>

子曰: 君子易^이事而難說^설也 說^설之不以道 不說^설也 及其使人也 器之 小人難事而
易說也 說之雖不以道 說也 及其使人也 求備焉

<解語>

군자와 소인이 구별되는 한 모습이다.

說을 옛날의 주해에서는 모두 '기쁠 열'로 풀이했으나 '말씀 설'로 읽는 것
(리링 2-765)이 낫다. 道라는 것이 기쁨을 주는 수단으로 사용되는 것보다는
설득의 수단으로 사용되는 것이 도의 성질에 더 어울리기 때문이다.

군자는 아랫사람에게 관대하므로 아랫사람이 모시기는 쉽다. 그러나 군자는
도를 따르는 사람이므로 도에 맞지 않는 말을 그에게 해서는 통하지 않는다. 소
인은 반대이다.

아랫사람에게 일을 시킬 때에도 군자는 그 사람의 기량에 맞게 일을 시키지 무리한 요구는 하지 않는다. 그러나 소인은 무리하게 완벽을 요구한다.

(13-26) 君子泰而不驕

> ▶ (予解) 공자께서 말씀하셨다. "군자는 태연하면서도 교만하지 않고 소인은 교만하면서도 태연하지 못하다."

〈原文〉

子曰: 君子泰而不驕 小人驕而不泰

〈解語〉

泰란 안이 가득 차서 밖에서 구하지 않는 것이고 驕는 안이 텅 비어 밖에다 허세를 부리는 것이다(다산 3－565). 泰와 驕는 외견상으로는 모두 여유로워 자랑하는 듯한 모습이지만 그 내심을 보면 위와 같은 차이가 있다.

比와 周가 같은 유이나 공자는 구분하여 둘로 하였고(2－14, 周而不比), 和와 同이 같은 유이나 공자는 구분하여 둘로 하였고(13－23, 和而不同), 驕와 泰가 같은 유이나 공자가 구분하여 둘로 하였으니 이는 모두 切磋琢磨하는 배움이다(다산 3－565).

(13-27) 剛毅木訥

> ▶ (予解) 공자께서 말씀하셨다. "강하고 굳세며, 질박하고 어눌함이 인에 가깝다."

〈原文〉

子曰: 剛毅木訥 近仁

리링(2-769)의 글자 풀이를 본다.

「剛^강은 강직하고 욕망에 의해 움직이지 않는 것이다.

毅는 굳센 것으로 어떤 위협에도 머리를 숙이려 하지 않는 것이다. 무력으로도 그의 의지를 꺾을 수 없는 것이다.

木은 눈빛에 생기가 없고 그 표정이 아부하거나 엄숙한 척 꾸미는 것과는 상반된다.

訥은 말이 더디고 표현이 졸렬한 것이다.」

소라이(3-26)는 다음과 같이 설명한다.

「剛毅木^눌訥은 옛날부터 있던 말로서 강하고 굳센 사람은 대체로 질박하면서 말이 어눌하다.

인에 가깝다 함은 인을 쉽게 이룬다는 말이다.

인은 힘써 행함에 달려 있으니 강하고 굳세며, 질박하고 어눌한 사람은 반드시 힘써 행할 수 있으므로 인에 가깝다고 한 것이다.」

(13-28) 切切偲^시偲

> ▶(予解) 자로가 여쭈었다. "어떠해야 선비라고 할 수 있습니까?"
>
> 공자께서 말씀하셨다. "간절하고 자상하게 권면하며(切切偲^시偲) 화락하면(怡^이怡) 선비라고 말할 수 있다. 친구 사이에 서로 간절하고 자상하며 형제 사이에 화락하여야 한다."

〈原文〉

子路問曰: 何如斯可謂之士矣

子曰: 切切偲^시偲 怡^이怡如也 可謂士矣 朋友切切偲^시偲 兄弟怡怡

〈字解〉

切切 – 情誼가 간절함. 偲 – 자세히 힘쓸 시. 怡 – 화할 이.

切切偲偲 – 공경하다는 뜻.

〈解語〉

성질이 거칠고 급한 자로에게 다른 사람과 사이좋게 지내도록 가르치는 말이었다.

切切偲偲에 대하여는 '간곡하고 자상하게 권면하다' 라는 취지(주자 512; 다산 3–569) 라고 풀이하는 것이 많다.

(13-29) 善人教民

▶ (予解) 공자께서 말씀하셨다. "선인이 칠년 동안 백성을 가르친다면 또한 전쟁에 나갈만하다."

〈原文〉

子曰: 善人教民七年 亦可以卽戎矣

〈字解〉

戎 – 전쟁 융. 卽 – 나아갈 즉. 就와 같다.

〈解語〉

善人은 통치자의 품성을 두고 하는 말이다.

술이편 (7–26)에 의하면 「善人은 덕을 이룬 사람으로서 행동함에 아무런 惡이 없는 사람이다. 선인은 바탕이 아름다우나 아직 배우지 못한 사람으로서 (주자 415) 악의 자취를 거의 없게 하여 어짐(仁)의 단계에 접근한 사람이다.」

주자(513)는 교민이란 효제충신의 행동과 務農, 講武의 법을 가르치는 것이

다 라고 하는데 오히려 단순히 군사훈련을 시키는 것이라고 보는 것이 옳을 듯
하다. 다만, 그 군사훈련 중에는 당연히 정신교육의 일환으로 忠이 포함되겠
지만 말이다.

(13-30) 以不敎民戰

> ▶(予解) 공자께서 말씀하셨다. "군사훈련을 받지 않은 백성을 전쟁에
> 쓰는(以) 것은 그들을 내버리는 것이다."

〈原文〉

子曰: 以不敎民戰 是謂棄地

제14편

憲問

(14-1) 邦無道穀恥

> ▶(予解) 원헌이 수치에 관하여 여쭈었다.
> 공자께서 말씀하셨다. "나라에 도가 있어도 벼슬하여 녹을 받고 나라에 도가 없어도 벼슬하여 녹을 받는 것이 수치이다."
> 다시 여쭈었다. "이기려 하는 것(克), 자랑하는 것(伐), 원망하는 것(怨), 욕심내는 것(欲) 등이 나라 안에서 행해지지 아니하면 仁이라고 할 수 있겠습니까?"
> 공자께서 말씀하셨다. "어려운 일이라고는 할 수 있겠으나 仁인지는 내가 모르겠다."

〈原文〉

憲問恥 子曰: 邦有道 穀 邦無道 穀 恥也 (憲問)克伐怨欲不行焉 可以爲仁矣 子曰: 可以爲難矣 仁則吾不知也

〈字解〉

憲－공자의 제자 이름. 성은 原, 자는 子思
穀－관리가 녹으로 받는 곡식

〈解語〉

① 나라에 도가 있을 때 벼슬을 하는 것이지, 나라에 도가 없을 때 벼슬하는 것은 수치이다 라고 하는 말이다.

리링(2－778)은 이렇게 설명한다. 「공자는 세상의 도가 좋으면 나와서 관리가 되고 녹봉을 받아가는 것이 당연한 이치이지만 세상의 도가 좋지 않으면 권력자에게 협력하여 녹봉을 받아가는 것은 부끄러운 짓이라고 생각했다. 공자는 조금도 어리석지 않았다. 세상의 상황이 좋은가 좋지 않은가를 먼저 시험해보고 정치에 종사할 기회가 있기만 하면 결코 포기하지 않았다. 그러나 시험해보아서 맞지 않는다는 생각이 들면 목숨을 걸고 강경하게 맞서는 것이 아니라 사람 앞에 공공연히 얼굴을 드러내지 않고, 말도 조심히 하면서 자기를 보호하는 것이다.」

② 원헌이 재차 물은 것은 자기가 克伐怨欲의 네 가지 행동을 하지 않으면 자기가 인하게 되는지를 물은 것인가, 아니면 나라 안에 그런 네 가지 짓이 없어지면 나라가 인하게 되는 것인가를 물어본 것인가? 공자가 邦에 도가 있는 것과 없는 것을 두고 대답한 것을 보면 원헌의 질문도 방을 두고 물은 것이 아닐까 하는 생각이 든다. 더구나 원헌의 처음 질문이 修身에 대해 물은 것이 아니고 政에 대해 물었다고 보이므로 분명 나라의 상태를 두고 말한 것이라고 이해함이 옳다. 다른 주해에는 이 점을 밝힌 것이 없는데 소라이(3-106)만은 나라 안에서 그 네 가지가 행해지지 않음을 말한다고 분명히 밝히고 있다.

③ 어느 정도면 방유도라고 할 수 있을까? 동서고금을 통틀어 과연 방유도인 때가 과연 있었는가? 방무도라고 해서 관리를 안 하면 선비가 어떻게 먹고 살 수 있는가?

생각하건대 현실적으로는 德治를 기준으로 할 수는 없다. 예컨대 공자와 같이 禮樂이 제대로 행하여지는가를 기준으로 하는 것은 무리이다. 결국 法治를 기준으로 할 수 밖에 없다.

법치를 기준으로 할 때 우선 원헌이 말한 바 네 가지 즉, 克, 伐, 怨, 欲을 기준으로 판단해서는 안 된다. 그런 것이 없는 상태는 불가능하기 때문이다.

법치의 실현 여부를 무엇으로 판단할 것인가? 별론으로 한다. 다만, 우선 세 가지 징표는 여기서 말할 수 있다. 첫째 법은 엄하게 집행되어야 한다, 둘째 법을 국민이 두려워해야 한다. 셋째 법은 존경을 받아야 한다. 법이 존경을 받으려면 법을 만드는 사람과 법을 집행하는 사람들이 먼저 존경을 받아야 한다. 예컨대 국회의원과 판사 및 검사가 존경을 받도록 힘써야 한다.

(14-2) 士而懷居

> ▶ (予解) 공자께서 말씀하셨다. "선비로서 가정생활의 안락만을 그리워 한다면 선비라고 하기에는 부족하다."

〈原文〉

子曰: 士而懷居 不足以爲士矣

〈字解〉

懷 — 품을 회, 생각할 회.

〈解語〉

회는 그리워함이고 거는 가정생활의 안락함이다(다산 4 – 25).

단란한 가정생활의 즐거움과 원예를 하는 전원생활의 이로움은 대개 사람들의 마음에 그리워하는 것이다. 공자가 천하를 주유하고 맹자가 제후들을 두루 순방한 것, 이를 회거하지 아니한 것이라 이른다(다산 4 – 25).

소라이(3 – 107)는 「사신으로 가는 관리로서 편안한 거처를 그리워하면 관리가 되기에는 부족하다.」 라고 풀이 하는데 공자의 뜻이 그렇게 좁게만 말하고자 하는 데 있지는 않았으리라.

「전국시대의 선비는 모두 游士로서, 특징은 바로 '游' 즉, 游學하고 游說하면서 사방으로 뛰어다녔고 또 국제적으로 어지럽게 뛰어다녔던 데 있다.」(리링 2 – 782)

인간이 어찌 가정생활의 안락을 마다하겠는가? 그러나 선비는 또한 任重道遠(태백편 8 – 7)한 그의 사명을 잊어서도 아니 되니 참된 선비가 되는 길은 참으로 어려울 것이다.

(14-3) 邦無道危行言孫

> ▶ (予解) 공자께서 말씀하셨다. "나라에 도가 있을 때에는 말과 행동을

바르게 하여야 하고 나라에 도가 없을 때에는 행실은 바르게 하되 말은
겸손하게 하여야 한다.”

〈原文〉

子曰: 邦有道 危言危行 邦無道 危行言孫

〈字解〉

危－바르게 할 위. 고상하게 할 위.

〈解語〉

言孫은 말을 겸손하게 함으로써 곧은 말에 따르는 위험을 피하라는 뜻이다.
리링(2−785)은 이렇게 말한다. 「난세에 대한 공자의 태도는 매우 현실적이
지만 더러운 패거리들과 함께 물드는 것이나 세상과 영합하는 것 등에 대하여
그는 긍정하지 않았다. 그러나 위험 속으로 뛰어든다거나, 고집스럽게 굶어 죽
는다거나, 감옥 속에 웅크리고 있거나 하는 것 등에 대해서도 그는 찬성하지
않았다.」

(14-4) 有言者不必有德

▶(予解) 공자께서 말씀하셨다. “덕이 있는 사람은 반드시 그에 맞는 훌
륭한 말을 하지만 말을 잘 하는 사람이라고 해서 반드시 덕이 있는 것은
아니다. 어진 사람은 반드시 용기가 있지만 용기 있는 사람이라고 해서
반드시 어진 것은 아니다.”

〈原文〉

子曰: 有德者必有言 有言者不必有德 仁者必有勇 勇者不必有仁

〈解語〉

　류종목(451)은 이렇게 풀이한다. 「덕망이 있는 사람이라면 저절로 덕담을 할 것이다. 그러나 입에 발린 덕담을 한다고 해서 그 사람이 꼭 덕이 있는 사람인 것은 아니다. 어진 사람이라면 위험에 처한 사람을 보고 자기도 모르게 자신의 안위를 잊고 달려가 그 사람을 구해줄 것이다. 그러나 위험에 처한 사람을 구해준다고 해서 다 어진 사람은 아닌 것이다.」

　朱子(521)는 이렇게 설명한다. 「덕 있는 자는 和順이 중심에 쌓이고 榮華가 밖으로 나타난다. (그래서 저절로 훌륭한 말을 하게 된다.) 어진 자는 마음에 사사로운 얽매임이 없고 의를 보면 반드시 행한다. (그래서 용기가 있다.)」

(14-5) 南宮适: 생략

(14-6) 君子而不仁者有

> ▶(予解) 공자께서 말씀하셨다. "군자이면서 어질지 못한 사람은 있을 테지만 소인이면서 어진 사람은 아직 없었다."

〈原文〉

子曰: 君子而不仁者 有矣夫 未有小人而仁者也

〈解語〉

　공자의 가치체계에서 인자는 군자보다 높다. 그러니 군자라고 모두 인자일 수는 없다. 더구나 여기의 군자를 형식상의 군자 즉, 벼슬하는 사람을 가리킨다면 더구나 그들 모두가 인자일 수는 없다.

　'소인이면서 어진 사람은 아직 없었다' 라고 하는 이 말에서 소인은 신분이나 지위가 낮은 사람을 말하는 것이 아니고 도덕이나 교양이 낮은 사람을 가리킨다. 이런 의미의 소인이라면 그 가운데 인한 사람이 없는 것은 당연하다. 그러나 소인이 신분이나 지위가 낮은 사람을 가리킨다면 이 말은 맞지 않는다. 신분이나 지위가 낮은 사람 가운데도 얼마든지 인에 가깝거나 인에 도달한 사람이 있을 수 있기 때문이다.

주자의 논어집주와 소라이의 논어징에는 이 章이 없다.

(14-7) 愛之能勿勞

▶ (予解) 공자께서 말씀하셨다. "사랑한다면 어떻게 그를 위해 애쓰지 (勞) 않을 수 있겠는가? 충성한다면 어떻게 그를 위해 꾀하지(誨) 않을 수 있겠는가?"

〈原文〉

子曰: 愛之 能勿勞乎 忠焉 能勿誨乎

〈字解〉

誨 − 가르칠 회.

〈解語〉

사랑을 주고 있는, 또는 충성을 드리고 있는 그 행위자에게, 그 상대(예컨대 자기의 부인이나 임금)를 위하여 수고하지 말라 또는 꾀를 내드리지 말라 라고 어찌 말하겠는가 하는 뜻이다(다산 4−47; 리링 2−791).

리링(2−791)은 「誨는 가르친다 라고 풀이하기보다는 고려하고 계획한다는 의미로서 다른 사람을 위해 생각하고 아이디어를 짜내는 것이라고 풀이하여야 한다. 전국시대에는 謀를 誨로 쓰기도 했으니 이는 모라고 읽어야 한다.」 라고 설명한다. 의미로 보아서는 옳다고 생각한다. 다만, 誨라는 글자 사용의 고대 관습에 관하여는 나로서는 확인하기 어렵다.

(14-8) 爲命: 생략

(14-9) 管仲人也

▶(予解) 어떤 사람이 자산에 관하여 여쭈어보자 공자께서 "은혜로운 사람이다." 라고 하셨다. 자서에 관하여 여쭈어보자 "그 사람이여! 그 사람이여!" 라고 하셨다.

관중에 관하여 여쭈어보자 공자께서 말씀하셨다. "어진 사람이다. 백씨의 병읍(駢邑) 삼백호를 빼앗아버려 그가 거친 음식을 먹게 되었지만 나이가 다하여(沒齒) 죽을 때까지 원망하지 않았다."

〈原文〉

或問子産 子曰: 惠人也 問子西 曰: 彼哉 彼哉 問管仲 曰: 人也 奪伯氏駢邑
三百 飯疏食 沒齒無怨言

〈字解〉

食－밥 사.

〈解語〉

류종목(456)은 다음과 같이 설명한다. 「정나라의 자산은 엄격하고 혁신적이면서도 백성들에게 유익한 정치를 하여 정나라 백성들의 추앙을 받았으므로 그가 죽었을 때 공자가 눈물을 흘렸다. 자서는 초나라의 公子로서 평왕이 죽은 뒤 소왕에게 왕위를 양보했으니 인품이 훌륭하다고 할 수 있지만 정치적 역량이 대단치 않았으며 또한 소왕이 공자를 중용하려 할 때 그것을 저지했다. 공자는 그에 대한 평가를 유보하였다.」

人也에 대하여 주자(528)는 '이 사람은' 하는 뜻이라고 한다. 리링(2-796)은 논어에서 人은 仁과 통용된다고 하면서 '어진 사람'이라고 풀이한다. 류종목(456)은 '인물이다' 라고 풀이 한다.

荀子는 관중에 대하여 다음과 같이 평가한다(다산 4-63, 순자 중니편).

「제환공은 관중이 능히 나라를 위탁할 수 있는 인물임을 알았으니 이는 천하의 큰 지혜요, 자신의 목숨을 노렸던 관중의 지난 행적을 잊고 드디어 그를 세워 중보(仲父)라고 부르며 존경하였으니 이는 천하의 큰 결단이요, 세워서 중보라고 불러 존경해도 혈연의 귀족들이 감히 투기하지 않고 그에게 고씨, 국씨라는 제나라의 명족과 같은 지위를 주었어도 조정의 舊臣들이 감히 미워하지 않고, 관중에게 서사삼백(書社三百)의 領地를 주었으나 부호들도 감히 그를 거부하지 않고, 신분의 고하나 연령의 다소에 관계없이 정연하게 환공을 따라 그를 높이고 공경하지 않음이 없었으니 이는 천하의 큰 節義이다. 백씨의 병읍 삼백호를 뺏은 것은 관중이 직접 한 일이 아니라 제환공이 뺏어서 관중에게 준 것이다.」

　　정나라의 자산은 공자가 매우 존경하는 사람이었는데 그럼에도 불구하고 그에 대해서 보다도 관중을 훨씬 더 높게 평가한 것을 보면 공자가 관중의 업적을 얼마나 위대하게 평가하였는지 알 수 있다.

　　관중을 仁하다고 보는 공자의 평가는 다음 (14−16)과 (14−17)에도 계속된다.

(14-10) 貧而無怨難

▶(予解) 공자께서 말씀하셨다. "가난하면서 원망하지 않기는 어렵고 부유하면서 교만하지 않기는 쉽다."

〈原文〉

子曰: 貧而無怨難 富而無驕易

(14-11) 孟公綽: 생략

(14-12) 子路問成人

▶(予解) 자로가 사람다운 사람이 되는 것에 관하여 여쭈어보자, 공자께서 말씀하셨다. "장무중의 지혜와 공작의 탐내지 않음과 변장자

의 용기와 염구의 재주를 예악으로 꾸민다면 그 역시 각자 사람다운 사람이라고 가히 할 만하다."

자로가 말씀드렸다. "오늘날의 사람다운 사람이야 어찌 꼭 그래야만 하겠습니까? 이익을 보면 그것이 의로운 것인지를 생각하고 위태로운 사태를 보면 목숨을 바치며 오래도록 어려움에 처하더라도 스승이나 벗이 평소에 하던 말을 잊지 않는다면 이 역시 사람다운 사람이라고 가히 할 만합니다."

〈原文〉

子路問成人

子曰: 若臧武仲之知 公綽之不欲 卞莊子之勇 冉求之藝 文之以禮樂 亦可以爲成人矣

曰: 今之成人者 何必然 見利思義 見危授命 久要不忘平生之言 亦可以爲成人矣

〈字解〉

久要 － 오래된 약속 또는 고생. 要는 약(約)으로 읽는다. 平生 － 지난날.

〈解語〉

① 成人은 논어에서 이곳 한 군데에만 나온다. 주자(531)는 成人을 全人(인격이 완비된 인물)으로 풀이한다. 다른 주해서도 대부분 그와 같다. 리링(2－1241)은 여기서 成은 缺과 상대되는 말로 완전무결하다는 의미이고 따라서 성인은 완전무결한 사람이다 라고 풀이한다.

그러나 의문이 없지 않다. 全人과 같은 높은 수준을 자로가 묻지도 않았을 터이고 공자도 그런 최고의 수준으로써 대답하지는 않았으리라고 보기 때문이다.

한편 소라이(3－114)에 의하면 「옛날에는 대개 스무 살에 관례를 하고 成人이라고 하였는데, 성인이란 그릇을 이루었다는 말과 같다.」고 한다. 이는 민법상의 성년 개념과 유산한 뜻인 듯하다.

그러므로 그저 웬만큼 사람다운 사람으로 불릴 수 있는 정도의 사람 즉, 君子보다 조금 낮은 사람을 말한다고 보아야 하지 않을까? 소라이의 풀이에 나오는 '그릇을 이룬 사람' 이라고 하는 것도 이런 뜻이 아닐까? 공자는 君子不器 라고 했으니 군자는 그릇을 이룬 사람보다 조금 높은 수준의 사람일 터이니 말이다.

무엇보다도 공자가 최고 수준의 사람으로 존경하는 인물을 지칭할 때에는 항상 聖人이란 말을 사용하였고 따라서 논어에는 그가 聖人이란 말을 사용하는 장면이 자주 나온다. 그러므로 만일 成人이라는 것이 완전한 사람을 뜻하는 것이라면 공자가 成人이란 이 말도 聖人이라는 말 못지않게 자주 언급하였을 터인데 공자는 그렇게 하지 않았다. 공자는 聖人이라고 언급할 때에는 대개 고도의 존경심이 묻어나는 어투로 언급하였고 자신은 결코 聖人이 아니라는 말과 함께 이 말을 대개 사용하였다. 그런데 이 章에서는 공자의 그런 존경심과 겸손함이 풍기지 않는다.

그래서 내 생각에는 여기의 成人이 결코 완전한 사람, 소위 全人을 의미하지는 않고 ▶(予解)와 같이 君子보다는 한 등급 아래라고 할, '사람이 된 사람' 내지 '사람다운 사람', 이라고 새기는 것이 옳지 않을까 한다.

② 이 章의 두 번째 曰 이하의 말을 공자의 말이라고 보는 견해(주자 531; 소라이 3−116)도 있고 자로의 말로 보는 견해(다산 4−77; 리링 2−803)도 있다.

생각하건대 見利思義 見危授命 久要不忘平生之言의 수준은 비록 대단히 높은 수준이기는 하지만 이 정도를 공자가 全人이라고 또는 사람다운 사람이라고 생각하지는 않았을 터이다. 그렇다면 이는 자로가 스스로 생각하는 수준의 사람다운 사람 정도임에 틀림없다. 그리고 리링(2−803)의 말대로 그 말투로 보아도 자로가 공자에게 말대꾸하는 투로 보인다. 또 내용으로 보아도 용기와 의리가 주를 이루고 있어 자로의 성격에 잘 맞는다. 그러므로 이 말은 자로의 말이라고 생각한다.

③ 또 하나, '장무중의 지혜와 공작의 탐내지 않음과 변장자의 용기와 염구의 재주' 라는 것은, 관련된 당시의 사실을 보면, 그들의 행적은 결코 공자가 칭찬하는 일이 아니었다. 따라서 이들 네 사람의 일을 들어 공자가 자로를 기롱한

것이라고 보는 주해가 있는데 그럴 듯하다. 기껏 그 정도 사람들의 수준이라면 거기에 예악으로 문식을 해야 겨우 사람다운 사람에 가깝지 않겠느냐 하고 자로를 기롱하면서 자로에게 예악을 더 힘써 배우도록 은근히 가르친 것이고 이에 자로가 꼭 예악을 더 배워야 하겠느냐 하면서 말대꾸를 한 것으로 이해된다.

④ '장무중의 지혜와 공작의 탐내지 않음과 변장자의 용기와 염구의 재주'라는 네 사람의 장점을 겸하고 거기에 예악으로 문식을 하면 성인이 되겠다는 뜻을 공자가 말했다고 주자는 그 집주에서 풀이한다(성백효 591). 물론 그럴 수도 있겠다. 하지만 위의 네 사람이 그들 각자의 재주에다 각기 예악으로 문식만 하면 그들 네 사람도 나름대로 각자 성인이 될 것이다 라는 뜻으로 단순하게 볼 수도 있을 것이다.

⑤ 久要를 해석함에 있어 옛날에는 要자와 約자가 음이 서로 통했기 때문에 공안국은 이를 '오래된 약속'이라고 해석하였다고 한다(소라이 3-117). 그러나 소라이가 지적한 대로 '오래된 약속에 평소에 하던 말을 잊지 않는다' 라고 해서는 말이 이상해진다. 그러므로 約을 '고생' 내지 '빈궁'의 뜻으로 이해하여 '오랫동안 어려운 지경에 빠져 있음에도 불구하고' 라고 풀이하고 여기에 '스승이나 벗이 평소에 하던 말을 잊지 않는다' 라고 말을 잇는 것이 의미가 자연스럽게 통한다. 그러므로 ▶(予解)는 '오래도록 어려움에 처하더라도 스승이나 벗이 평소에 하던 말을 잊지 않는다' 라고 풀이하는 리링(2-803)과 소라이(3-117)의 견해를 따랐다.

(14-13) 子問公叔文子: 생략

(14-14) 臧武仲: 생략

(14-15) 譎而不正

> ▶(予解) 공자께서 말씀하셨다. "진문공은 속임수를 잘 쓰고 바르지 않았으며, 제환공은 바르고 속이지 않았다."

〈原文〉

子曰: 晉文公譎而不正 齊桓公 正而不譎

〈字解〉

譎 − 속일 휼. 변화에 능한 것이다.

〈解語〉

진문공은 19년간의 망명생활 끝에 귀국하여 晉나라 군주가 되어 天子의 나라 周 왕실의 내란을 평정하는 데 기여하고 초나라와의 전투에서 승리하여 춘추시대 두 번째 패자가 되었다. 권모술수에 능했다.

제환공은 자기를 죽이려고 한 관중을 용서하고 오히려 재상으로 등용하여 주나라 왕실을 튼튼히 받들고(尊王) 이민족의 국경침입을 막아(攘夷) 천하를 안정시키고 춘추시대 첫 번째 패자가 되었다. 그는 권모술수를 쓰기 보다는 대의에 입각하여 정정당당하게 행보하였다. 공자가 크게 칭송하였다.

(14-16) 管仲如其仁

> ▶(予解) 자로가 여쭈었다. "환공이 공자 규를 죽였을 때 소홀은 그를 따라 죽었지만 관중은 죽지 않았습니다." 또 여쭈었다. "그는 어질지 않았던 것이지요?"
>
> 공자께서 말씀하셨다. "환공이 제후들을 불러모아 아홉 차례 회맹하면서 무력(兵車)을 쓰지 않았는데 이는 관중의 힘이다. 관중의 어짐이 이와 같다, 그 어짐이 이와 같다!"

〈原文〉

子路曰: 桓公殺公子紏 召忽死之 管仲不死 曰: 未仁乎
子曰: 桓公九合諸侯 不以兵車 管仲之力也 如其仁 如其仁

〈解語〉

　　제양공이 무도하여 나라가 어지럽자 관중과 소홀은 공자 규를 모시고 노나라로 망명하고 포숙아는 공자 소백(후일의 제환공)을 모시고 거나라로 망명했다. 공자 규와 제환공은 모두 제양공의 동생들인데 공자 규가 제환공의 이복 형이다. 제양공이 죽자 공자 규와 공자 소백 중 먼저 귀국하는 자가 후계자가 될 상황이 되었다. 이 때 관중이 공자 소백의 귀국길 중도에서 숨어 기다리다가 그에게 활을 쏘아 명중시켰다. 그러나 공교롭게 화살이 소백의 혁대 갈고리에 맞자 소백은 죽은 척하고 극비리에 귀국을 서둘러 먼저 제에 도착하여 제환공으로 등극하였다. 그 뒤 제환공은 노나라에 압력을 가하여 공자 규를 죽이게 하였다. 그러자 소홀은 절개를 지켜 자결했는데 관중은 살아남았다. 제환공은 관중을 포로로 잡아 수감했다가 관중의 친구 포숙아의 천거를 받아들여 관중을 용서하고 재상으로 발탁하여 尊王攘夷(제후들을 억눌러 周王室을 높이며 外敵의 침입을 막아서 천하를 안정시킴)의 패업을 이룩하였다. 정의감이 강한 자로는 소홀의 죽음은 의로운 것이고 관중의 행동은 부끄러운 짓이라고 생각하였다. 공자는 의견이 달랐다. 공자는 사람을 평가하면서 仁이라는 글자를 거의 쓰지 않았는데 관중에 대해서만은 仁자를 썼다. 공자는 관중을 존경하지는 않았지만 그를 매우 높이 평가하였다. 존경하지 않은 이유는, 관중이 놀라운 능력을 가지고 있고 더구나 제환공과 같은 훌륭한 군주의 전폭적인 신임을 받았으니 충분히 先王의 道를 일으켜 仁의 정치로 천하를 안정시킬 수 있었음에도 불구하고 그에 이르지 아니하고 단순히 패도정치를 하는 데 그쳤다고 해서 그러는 것 같다. 그러나 내 생각에는 이미 시대가 바뀌어 공자가 생각하는 선왕의 도에 따른 정치는 불가능한 상황이었으므로 그런 상황하에서 관중은 최선의 업적을 이루었다고 하겠다.

(14-17) 管仲相桓公

> ▶ (予解) 자공이 여쭈었다. "관중은 어진 사람이 아니지요?
> 환공이 공자 규를 죽였을 때 그를 따라 함께 죽지 못하였고 또 환공을

도왔습니다.

 공자께서 말씀하셨다. "관중이 환공을 도와(相) 제후의 패자가 되게 하고 온 천하를 한 번 바로잡았으니 백성들이 오늘에 이르기까지 그 은택을 받고 있다. 관중이 없었다면 우리는 아마 머리를 풀어서 늘어뜨리고 옷깃을 왼쪽으로 여미었을 것이다. 어찌 평범한 사람들이 작은 신의를 지킨답시고 개천가에서 스스로 목매달아 죽어도 아무도 알아주는 사람이 없는 것과 같겠느냐?"

〈原文〉

子貢曰: 管仲非仁者與 桓公殺公子糾 不能死 又相之

子曰: 管仲相桓公霸諸侯 一匡天下 民到于今受其賜 微管仲 吾其被髮左衽矣 豈若匹夫匹婦之爲諒也 自經於溝瀆而莫之知也

〈字解〉

相－도울 상. 霸－으뜸 패. 匡－바로잡을 광. 賜－은혜 사. 微－아닐 미. ～이 아니라면. 衽－옷깃 임. 被髮左衽－머리를 풀어헤치고 옷깃을 왼쪽으로 여미는 것. 匹－변변치 못할 필. 諒－믿을 량. 작은 신의. 經－목 맬 경. 溝－도랑 구. 瀆－도랑 독.

〈解語〉

 被髮左衽은 당시 중국에서 말하는 오랑캐(夷狄)의 풍습이고 중국에서는 머리를 묶고 옷깃을 오른쪽으로 여미었다고 한다. 匹夫匹婦는 보통의 백성이다.

 리링(2－814)은 이렇게 말한다. 「관중에 대한 공자의 평가는 매우 높았지만 자공은 그에 대해 이의를 제기했다. 관중이 모시고 있던 주인을 제환공이 죽였는데도 관중은 지조를 지켜 죽지 못한 것은 물론, 주인을 배반하고 오히려 제환공을 보좌하여 자신의 옛날 敵을 도왔다는 것은 말이 안 된다고 생각했다. 그러나 공자는 여전히 관중이 잘한 점을 말하면서 우리 모두는 그에게 감사해야 한다고 말했다. 만약 관중이 없었다면 우리는 머리를 풀어헤치고 옷섶을 왼쪽으로 묶어 이적(夷狄)으로 전락하고 말았을 것이라는 이유에서다. 그는 관중이 필부필부처럼 작은 신의를 지키기 위해 무책임하게 자살했어야 한다고 생각하지 않았다.」

순자의 관중에 대한 찬양에 대하여는 앞에 나온 (14-9) 참조.

공자는 대단한 이상주의자였다. 禮樂을 중심으로 하여 고대 先王의 道를 중흥시켜 이로써 천하의 안정을 도모코자 하였으니 이런 이상주의자가 어디 있겠는가? 원시공산주의를 이상으로 여기는 맑스레닌주의자들만 이상주의자인 것은 아닌 모양이다.

그럼에도 불구하고 공자는 존왕양이의 기치를 내걸고 패도를 실현한 관중을 높이 칭송한 점에서 그는 대단한 현실주의자였다.

오늘날 우리나라의 경우 존왕양이는 어떻게 하는 것일까?

尊王은 자유민주주의 수호이다. 攘夷는 우리의 영토를 노리는 주변 夷狄을 퇴치하는 일이다. 만일 우리나라의 지도자들이 자유민주주의를 수호하면서 夷狄의 침략을 물리침으로써 관중과 같은 업적을 이루어낸다 하더라도 우리나라의 이상주의자들 가운데 누가 있어 공자가 관중을 칭찬하듯 그렇게 그 업적을 칭송할 수 있을까?

(14-18) 公叔文子: 생략

(14-19) 衛靈公無道

> ▶ (予解) 공자가 위나라 영공의 무도함에 대하여 말씀하시자 계강자가 "무릇 이와 같은데도 어째서 망하지 않습니까?"라고 했다.
> 공자께서 말씀하셨다. "중숙어가 빈객의 접대를 맡고 축타가 종묘의 제사를 맡고 왕손가가 군대를 맡았습니다. 이와 같은데 어찌 망하겠습니까?"

〈原文〉

子言衛靈公之無道也 康子曰: 夫如是 奚而不喪

孔子曰: 仲叔圉治賓客 祝鮀治宗廟 王孫賈治軍旅 夫如是 奚其喪

〈字解〉

康子 — 노나라의 대부 계강자. 仲叔圉 — 위나라의 대부 공문자이다. 공자가 '敏而好學 하고 不恥下問한다'고 칭찬한 사람이다. 공야장편 (5－15) 참조. 祝鮀 — 말 재주가 매우 뛰어난 위나라의 대부. 옹야편 (6－16) 참조.

〈解語〉

인재를 적재적소에 등용하는 일의 중요성을 말한 것이다(류종목 470).

(14-20) 其言之不怍

> ▶(予解) 공자께서 말씀하셨다. "말하는 것을 부끄러워하지 않으면 그 말을 실천하기란 어렵다."

〈原文〉

子曰: 其言之不怍 則爲之也難

〈字解〉

怍 — 부끄럽게 여길 작.

〈解語〉

朱子(544)의 주해는 다음과 같다. 「큰 소리치면서 부끄러움을 모른다면 틀림없이 이를 실천하려는 뜻이 없는 것이며 스스로 그 능력의 여부도 촌탁하지 못하는 것이다. 그러니 그 말을 실천하고자 한다면 어찌 어렵지 않겠는가?」

(14-21) 孔子沐浴而朝: 생략

(14-22) 勿欺而犯之

> ▶(予解) 자로가 임금을 섬기는 일에 관하여 여쭈어보자 공자께서 말씀하셨다. "속이지 말고 얼굴을 맞대고 간해야 한다."

〈原文〉

子路問事君 子曰: 勿欺也 而犯之

〈解語〉

위험을 무릅쓰고 간쟁하는 것을 犯이라 한다(다산 4 – 163).

군주의 안색이 변하도록 간언하는 것이 犯이다.

그러나 犯은 대단히 위험한 일이다. 왕정시대라면 목숨을 잃는 것이 다반사이고 관직을 잃거나 유배나 강등에 그치면 오히려 요행이다. 오늘날에도 비록 정도에는 차이가 있지만 위험은 대체로 동일하다. 논어에서도 공자는 그 위험을 여러 차례 언급하면서 최대한 공손한 태도와 언사로 예를 지켜가면서 간언하되 지나치면 안 되고 간언이 통하지 않으면 더 이상 하지 말고 스스로 사퇴하기를 권하고 있다.

(14-23) 君子上達

> ▶(予解) 공자께서 말씀하셨다. "군자는 도에 뜻을 두어 위로 점점 발전하여 마침내 그 지극한 곳에 도달하고 백성은 아래에서 재리에 뜻을 두고 점점 익숙해져 마침내 재리의 일에 통달하게 된다."

〈原文〉

子曰: 君子上達 小人下達

〈解語〉

① 소라이(3-133)에 의하면 이것은 옛날부터 전해져 오는, 임금을 섬기는 것에 대한 말이고 앞 장과 연결된다고 하면서 "대체로 군자는 예를 가지고(즉 절차를 밟아) 임금에게 통한다. 그러므로 상달이라 한 것이고 백성은 임금에게 통하는 예가 없으므로 사사로이 안으로 통해야 하니 이것을 일러 하달이라고 한다."라고 풀이한다. 여기서 '사사로이 안으로 통한다'는 말은 비공식 경로를 통하여 재리를 수단으로 하여 통한다는 의미 같다.

그러나 임금에게 통하는 방법이 군자의 경우와 백성의 경우가 서로 다르고 그 실제적 수단이 군자의 경우는 禮이고 백성의 경우는 財利라고 함을 이르는 말이라고 한다면 이 말은 별다른 의미가 없는 하나마나한 얘기가 되고 만다. 실상이 그랬을 수밖에 없었을 터이고 이런 실상은 누구나 알고 있었을 터이므로 공자가 제자들에게 굳이 이를 가르침으로 삼아 말을 했으리라고 보이지는 않는다.

② 따라서 다음과 같은 주자(548)의 설명이 오히려 이해에 도움이 된다. 「군자는 天理를 따른다. 그 때문에 날로 高明한 데로 이른다. 그러나 소인은 사람의 욕망을 따른다. 그 때문에 날로 더럽고 낮은 쪽으로 쳐진다.」여기서 군자는 학문과 덕이 높은 사람을 이를 테고 소인은 그 반대인 사람을 이를 것이다.

그러나 천리라는 말은 논어에서 공자가 사용하는 용어는 아닌 듯하고 후대의 성리학에서 쓰는 용어이어서 공자의 뜻과 정확히 부합한다고 단언하기 어려운 데다가 백성을 너무 저급한 존재로 취급하므로 말 그대로 따르기에는 주저가 된다. 백성이 재리에 뜻을 두는 것은 너무도 당연하다. 그것을 '더럽고 낮은 것'으로 보는 것은 이치에 맞지 않는다.

③ 원래 군자는 사대부이고 소인은 서민이다(다산 4-167, 태재순).

리링(2-823)은 '군자는 위로 통한다'는 것은 천명에 통달하는 것이고 '소인은 아래로 통한다'는 것은 눈앞의 이익에 통달하는 것이라고 풀이한다.

④ 생각하건대 공자가 여기서 말하는 군자라고 하는 사람은 先王의 道를 배우고 禮樂을 익혀서 관리가 되면 백성을 편안하게 하는 도를 실천하고자 애쓰는 사람이고 소인은 일반 백성이다. 그러므로 군자는 그 뜻이 크고 높은 데 있

어 배우고 익히는 대로 점차 높아져 도에 통달하게 되고 백성은 생업의 편안함에 뜻을 두어 우선 財利에 열중하므로 점차 재리를 성취하는 일에 통달하게 된다. 대체로 이런 뜻이라고 생각한다.

(14-24) 學者爲己

▶(予解) 공자께서 말씀하셨다. "옛날의 배우는 자는 자기의 뜻을 펴기 위해서 공부했는데 지금의 배우는 자는 남에게 알려지기 위해서 공부하는구나."

〈原文〉

子曰: 古之學者爲己 今之學者爲人

〈解語〉

① 자기를 위한다는 것은, 자신의 수양을 위해서 한다는 풀이(주자 549), 자신이 군자가 되어 그 사명을 실천하기 위한 것이라는 풀이(다산 4-169; 소라이 3-134)), 자기가 흥미를 느끼는 것과 좋아하는 것을 위해 공부하는 것이라는 풀이(리링 2-824)가 있다.

② 주자의 주해는 내적인 수양에 치중하여 말하는 것인데 이것보다는 다산과 소라이의 해석이, 「시, 서, 예, 악을 배워 다른 사람을 편안하게 하고 백성을 편안하게 하는 군자의 사명을 실천하는 데 뜻을 두고 있는 공자의 일관된 가르침」에 더욱 충실하다고 생각한다.

리링의 해석은 현대인의 취향과 매우 잘 통하고 학습의 일반론과도 잘 어울리지만 공자의 군자론과는 조금 거리가 있다고 생각한다.

③ '남을 위한다'는 것은 '남을 위해서 남에게 말해주는 것'(소라이 3-135)이라고 풀이하는 것과 남의 이목을 끌기 위한 것(류종목 473) 내지 남에게 알려지기 위한 것(다산 4-169)이라는 풀이, 그리고 일자리를 찾거나 밥벌이를 위한 것(리링 2-824)이라는 풀이 등이 있다. '爲人'은 '爲己'와 일단은 대칭관계

에 있는데, 爲己를 '자기의 뜻을 펴기 위해서' 라고 해석하는 것과 연계하여 생각하면 '남에게 알려지기 위해서' 라는 해석이 보다 이치에 맞는다. 남에게 말해준다는 행위도 군자가 자기 뜻을 실천하는 구체적 방법의 하나에 결국 속한다고 보이기 때문에 '남에게 말해주기 위해서' 라는 것을 爲己와 대립되는 말로 보기는 어렵다.

(14-25) 蘧伯玉: 생략

(14-26) 不在其位不謀其政

> ▶(予解) 공자께서 말씀하셨다. "그 지위에 있지 않으면 그 정사를 도모하지 않아야 한다."
> 증자가 말하였다. "군자는 그 지위에서 벗어나지 말아야 함을 생각한다."

〈原文〉

子曰: 不在其位 不謀其政 曾子曰: 君子思不出其位

〈解語〉

직분의 구별을 존중하도록 주의한 말이다.

不在其位 不謀其政은 앞의 태백편 (8-14)에 이미 나왔다. 상세한 나의 의견은 그곳에서 말했으므로 되풀이 하지 않는다.

뒷 부분은 증자의 말이다. 대부분의 주해는 思를 名詞로 해석한다. 즉 君子之思로 읽는다. 별 차이는 없겠으나 나는 思를 ▶(予解)와 같이 動詞로 읽는 것이 자연스럽다고 생각한다.

증자의 말은 易經 艮爲山 卦의 象辭에 나오는 다음과 같은 말을 인용한 것이다. "군자는 이 괘상을 보고 자신의 신분에 넘치는 일은 생각하지 않는다(君子以思不出其位)."(남만성 240)

(14-27) 恥言而過行

> ▶(予解) 공자께서 말씀하셨다. "군자는 그 말한 것을 부끄러워하여 행실을 넉넉하게 한다."

〈原文〉

子曰: 君子恥其言而過其行

〈解語〉

주자(553)는 '而'를 '之'와 같다고 하여 "그 말이 행동보다 앞서 가는 것을 부끄러워한다." 라고 해석한다. 물론 而를 之로 해석함이 맞다면 이 말은 충분히 성립될 뿐만 아니라 매우 훌륭한 가르침이 된다. 그러나 과연 而를 之로 해석할 수 있는지 의심이 없지 않다. 문헌상 그런 용례가 있는지 궁금하다.

만일 而를 之로 해석할 수 없다면 過를 '남는다. 넉넉하다'는 뜻으로 이해하는 수밖에 없다.

사람이 살다보면 자기가 과거에 한 말이 부끄러워질 때가 있다. 예를 든다면 남에게 너무 야박하게 말하거나 각박하게 말 한 경우 등이다. 그런 때에는 그 부끄러움을 보상하는 의미에서 그 행동은 오히려 넉넉하게 또는 관대하게 취하게 되는 경향이 없지 않다. 다른 사람을 편하게 해주는 것을 행동 지침으로 삼는 군자의 경우에는 더욱 그렇다. 그래서 공자는 이렇게 가르친 것이 아닌가 하는 생각이 든다. 즉, 자기가 한 말이 너무 각박하여 부끄러울 때에는 그 대신 행동을 할 때에는 더 넉넉하게 해주어야 한다는 뜻이다.

(14-28) 仁者不憂

> ▶(予解) 공자께서 말씀하셨다. "군자의 도라는 것이 셋인데 이 가운데 내가 할 수 있는 것은 없다. 어진 사람은 근심하지 않고 지혜로운 사람은 미혹되지 않고 용감한 사람은 두려워하지 않는다."
> 자공이 말하였다. "선생님께서 스스로를 말씀하신 것이다."

〈原文〉

子曰: 君子道者三 我無能焉: 仁者不憂 知者不惑 勇者不懼

子貢曰: 夫子自道也

〈字解〉

自道－스스로를 말하다. 道는 동사, 自는 목적어.

〈解語〉

이 말은 子罕 (9－29)과 안연 (12－4)에도 나왔다. 그 설명의 일부를 다시 옮겨 적는다.

『① 이 말은 공자가 덕을 이룬 사람을 일컬은 것이다.

② 「지혜로운 사람의 소견은 분명하므로 사물에 현혹되지 않는다.

③ 仁者不憂의 뜻은 자한편 (12－4)에 나와 있다.

【(12－4) ▶(予解) 사마우가 군자에 관하여 여쭈어보자 공자께서 말씀하셨다. "군자는 걱정하지 않고 두려워하지 않는다."

(사마우가 다시 물었다) "걱정하지 않고 두려워하지 않으면 곧 군자라 할 수 있습니까?"

공자께서 말씀하셨다. "안으로 자신을 돌아보아 꺼림칙한 것이 없다면 무엇을 걱정하고 무엇을 두려워하겠느냐?(內省不疚 夫何憂何懼)"】

바로 內省不疚가 답이다. "안으로 자신을 돌아보아 꺼림칙한 것(疚)이 없다."그러므로 근심하지 않는다.

모든 군자가 인자는 아니다. 그러나 모든 인자는 군자이다. 그러므로 적어도 '不憂'하는 점에서는 인자와 군자를 같은 범위로 보아도 옳다.

④ 용감한 사람은 두려워하지 않는다는 말은 특별히 설명할 바가 없다.』

(14-29) 子貢方人

> ▶(予解) 자공이 사람을 비교(方)하자 공자께서 말씀하셨다. "사(子貢)는

> 똑똑하구나! 무릇 나는 그럴 겨를(暇^가)이 없는데."

〈原文〉

子貢方人 子曰: 賜也賢乎哉 夫我則不暇^가

(14-30) 不患人之不己知

> ▶ (予解) 공자께서 말씀하셨다. "남이 나의 재능을 알지 못함을 걱정하지 말고 다만 자기의 실력이 없음을 걱정할지니라."

〈原文〉

子曰: 不患人之不己知 患己不能也

〈解語〉

조금씩 다른 해석이 있는데 ▶ (予解)는 이가원(245)을 따랐다.

류종목(477)은 "남이 자기를 알아주지 않음을 걱정하지 말고 자기가 남을 알아주지 못함을 걱정하여라." 라고 새긴다. 이런 풀이는 학이편(1−16)의 不患人之不己知 患不知人也 라는 말 중의 '患不知人也'와 이 章의 '患己不能也'를 똑 같은 의미로 새기는 것인데 과연 어떨까?

(14-31) 不逆詐

> ▶ (予解) 공자께서 말씀하셨다. "상대방이 자기를 속일 것이라고 지레 짐작하지 말고 상대방이 나를 믿지 않으리라고 미리 억측하지 말아라. 그러나 미리 깨닫는다면 현명할 것이다."

〈原文〉

子曰: 不逆詐 不億不信 抑亦先覺者 是賢乎

〈字解〉

逆-이르지 않은 일을 미리 짐작하는 것. 億-아직 나타지 않았는데 미리 예측하는 것. 抑-그러나.

〈解語〉

① 逆과 億은 어떤 의도가 있는 것이고 覺은 그런 의도가 없이 幾微를 아는 것이다(다산 4-187).

② '不信'을 '상대방이, 내가 볼 때, 믿을 수 없는 사람임'을 가리킨다 라고 새기는 것도 있다(류종목 478; 소라이 3-141).

그러나 주자(557)와 다산(4-187)은 '상대방이 나를 믿지 않는 것'으로 새긴다.

생각하건대 詐라는 행동과 不信한다는 행동 모두 그 주어는 다른 사람이라고 보는 것이 문장의 뜻에 더 맞을 듯하다. 왜냐하면 공자의 말씀은 다른 사람의 행동에 대한 의심을 삼가라는 뜻으로 보면 충분하고, 다른 사람의 인품에 대한 의심을 삼가라는 뜻으로까지 보는 것은 지나치기 때문이다. 그래서 ▶(予解)는 상대방이 나를 믿지 않으리라고 미리 억측하지 말아라 하는 쪽을 따랐다.

③ 是賢乎를 대부분의 주해는 "미리 깨닫는다면 현명하리라!"는 긍정의 뜻으로 이해하는데 소라이만은 "먼저 깨닫는 것이 현명하겠는가" 라고 하면서 현명하지 않다는 否定의 뜻으로 보았다. 문장 전체의 뜻으로 보면 현명하다는 긍정으로 보는 것이 옳을 듯하다.

(14-32) 何爲是栖栖

> ▶(予解) 미생모가 공자에게 "丘(공자의 이름)는 무엇 때문에 이처럼 바쁘게 쫓아다니는가? 말재주를 자랑하기 위해서가 아닌가?" 라고 하자 공자께서 말씀하셨다. "감히 말재주를 자랑하기 위해서가 아니고 자신이 고루해지기 싫어서 그럽니다."

<原文>

微生畝[무]謂孔子曰: 丘何爲是栖[서]栖者與 無乃爲佞[녕]乎

孔子曰: 非敢爲佞也 疾固也

<字解>

微生畝(미생모)－공자의 고향 선배로 보이는 사람. 畝－읽기를 모, 묘, 무 등
여러 가지로 한다. 栖[서]－서성댈 서. 栖栖－바쁘게 쫓아다니는 모양. 無乃~乎
－바로~이 아닌가. 佞[녕]－말재주 녕. 疾固[질 고]－고집스러움을 싫어하다.

<解語>

　疾固는 누구의 固를 싫어한다는 것인가? 여러 가지 설명이 있다.

　자신의 고루함을 벗어나기 위해서 즉, 널리 배워 고루함을 면하기 위해서 라
는 뜻(다산 4－193)을 나는 따랐다.

　공자는 평생 배우는 자세를 가지고 살았다. 그러니 그가 자기를 알아주는 군
주를 만나기 위해서 천하를 주유하는 가운데에도 이런 배움의 자세는 결코 버
리지 않았을 것이다. 배워서 고루함을 면하겠다는 생각은 열국을 주유하면서
잠시도 그에게서 떠나지 않았으리라.

(14-33) 驥[기]不稱其力

> ▶ (予解) 공자께서 말씀하셨다. "천리마(驥[기])는 그 힘을 칭송하는 것이
> 아니라 그 덕(길들고 양순함)을 칭찬하는 것이다."

<原文>

子曰: 驥[기]不稱其力 稱其德也

천리마가 그 양순하고 길들임이 없다면 그 힘을 적절히 조절하여 주인이 원하는 바대로 움직이게 할 수 없지 않겠는가?

천리마와 같은 훌륭한 역량을 가진 인물이 있다 하여도 그에게 덕이 없다면 그는 훌륭한 일을 할 수 없고 오히려 그 재주를 나쁜 데 쓰게 되어 천하에 큰 해를 끼칠 것이다. 삼국지연의에 나오는 여포 같은 사람 말인가? 여포의 재주는 그 무예에 있었지만 덕이 없었기 때문에 동탁 같은 역신을 도와 오히려 천하에 큰 해를 끼쳤다고 하겠다. 한편 같은 삼국지연의에 등장하는 양수의 재주는 그 꾀에 있었는데 덕이 모자라 오히려 자신을 해치고 말았다.

(14-34) 以直報怨

▶ (予解) 어떤 사람이 말하기를 "원한을 덕으로 갚으면 어떻겠습니까"라고 하자 공자께서 말씀하셨다. "그렇다면 덕은 무엇으로 갚겠습니까? 원한은 곧음으로써 갚고 덕은 덕으로써 갚아야 합니다."

〈原文〉

或曰: 以德報怨 何如

子曰: 何以報德 以直補怨 以德報德

〈解語〉

이덕보덕(以德報德)은 더 보충해서 설명할 필요가 없다.

① 문제는 이직보원(以直補怨)이다. 더구나 노자가 보원이덕(報怨以德)이라고 말하여 더욱 문제가 된다.

다산(4-197)은 말한다. 「'곧음'이란 속이지 않는 것이니 원한이 있는 자에게는 속이지 않고 원한을 갚으면 그것으로 족하다.

'예기 표기'에서 공자가 말하였다. "덕을 가지고 덕을 갚는 일을 하면 백성이 덕을 기르는 데에 노력함이 있고 원한을 가지고 원한을 갚는 일을 하면 백성이 원한 맺는 짓을 하지 않고 조심할 것이다."」

소라이(3–145)는 말한다. 「이직보원은 마땅히 원망할 만하면 원망하고 마땅히 원망하지 않을 만하면 원망하지 않는 것이다.」

朱子(560)는 말한다. 「한결같이 至公으로 하여 사사로움이 없는 것이 直이다.」

② 내가 쓴 '聽江解語 제2권 노자' 라는 책에서 이 문제에 관한 나의 생각을 이렇게 피력한 바 있다. 여기에 이를 옮겨 소개한다.

「   도덕경 제63장 大小多少 報怨以德

「작은 것을 크게 여기고 적은 것을 많게 여기며	大小多少
원한을 덕으로 갚는다.	報怨以德
어려운 일은 그것이 아직 쉬울 때 도모하며	圖難於其易
큰 일은 그것이 아직 微細할 때 처리한다.	爲大於其細
천하의 어려운 일은	天下難事
반드시 쉬운 데서부터 벌어지고	必作於易
천하의 큰 일은	天下大事
반드시 미세한 데서부터 일어난다.	必作於細
무릇 가벼운 승낙은 믿음이 덜 가고	夫輕諾必寡信
많이 쉬운 일은 반드시 어려움이 많아진다.	多易必多難
그러므로 성인은 쉬운 일을 오히려 어렵게 여긴다.	是以聖人猶難之
고로 끝내 어려움이 없다.	故終無難矣」

다른 사람이 나에게 갖는 작은 원한을 그대로 두어두면 그것이 점차 쌓이고 자라서 큰 원한으로 발전할 수 있다. 그러므로 나는 그의 원한을 덕으로 갚아

그것이 더 크게 발전하지 않도록 막아야 한다.

내가 남에게 갖는 작은 원한도 그대로 두면 점점 쌓여서 더 커지는 수가 있다. 그러므로 일찌감치 이를 용서하거나 잊어버려 더 커질 소지를 없애버리는 것이 좋다. 그렇지 않으면 내게 원한을 입힌 그 사람이 오히려 이를 의식하고 보복을 걱정한 나머지 나에게 새로운 危害를 입힐 수가 있다. 그러니 타인이 내게 입힌 작은 원한도 이를 잊거나 용서하거나 오히려 더 잘 베풀어줄 필요가 있는데 이렇게 하는 행동은 결국 덕으로 원한을 갚는 셈이 된다.

만일 "눈에는 눈, 이에는 이" 하는 식으로 보복을 한다면 원한을 계속 주고 받게 되어 분쟁이 그칠 날이 없다. 이런 보복의 되풀이를 막는 데는 이덕보원이 필요하다.

그런데 공자는 以直報怨이라고 말하였다(헌문편 14-34).

노자의 말과 많이 다르다. 노자의 말은 利害打算과 計算의 결과에서 나온 정책적 발언이다. 간단히 말해 덕으로 원한을 갚는 것이 뒤탈이 없어 유리하다는 것이다. 한편 공자의 말은 有, 不利를 따지지 않은 도덕적 판단에서 나온 말이다. 오늘날로 말한다면 정직하게 사법절차에 맡기고 그 결론에 승복하는 태도 등이 이직보원에 해당하리라. 간단히 말하면 법대로 하라는 가르침이다. 개인을 위해서는 노자의 말이 유리하고 사회를 위해서는 공자의 말이 옳다. 有不利와 勝負를 중시하는 책략가들과 병법가들이 노자를 따를 수밖에 없는 이유가 이런 데서도 발견된다.

요점은 작은 것이 크게 변한다는 데 있다.

모든 작은 일은 그대로 없어지는 수도 있지만 더 커지는 수도 있다. 적은 量도 더 적어져 없어지기도 하지만 반대로 점점 더 불어나 많아지는 수도 있다. 그 작은 일, 그 적은 양이 어렵고 해로운 일이라면 그것이 작거나 적은 양이라 하여 무시하지 말고 더 커지기 전에, 더 많아지기 전에, 처리하고 해결하여야 한다. 작은 때에는 별로 힘들이지 않고 처리할 수 있는 일이 나중에 커진 뒤에는 그 해결에 엄청난 큰 노력이 필요하거나 심지어는 해결이 불가능할 경우도 있기 때문이다. 이른바 호미로 막을 일을 가래로도 막지 못하는 사태가 벌어질 수 있다. 반대로 그냥 놓아두면 시간이 가면서 저절로 없어질 수도 있는데 해결한답시고 공연히 잘못 건드렸다가 더 일이 커지는 수도 있다. 속담에 긁어 부스럼이라는 말도 있지 아니한가.

그러니 문제는 그 작은 일 또는 적은 양이 장차 어떻게 발전할지 즉, 없어질는지 아니면 더 커지거나 많아질는지를 알아내는 능력이다. 聖人이 아니면 어려울 터이다. 점쟁이가 아는 수도 있겠지만 믿을 수 없다.

결국 보통 사람으로서는 경험에 비추어 보거나, 맑은 정신으로 예리하게 관찰하여 신중하게 생각하는 수밖에 없다. 다음의 노자 도64에 나오는 "싹트기 전에 처리하고 뒤틀리기 전에 다스린다."(爲之於未有 治之於未亂) 라는 말도 같은 뜻이다.』

③ 朱子(560)는 말했다. 「한결같이 至公으로 하여 사사로움이 없는 것이 直이다.」 이러한 直을 제도적으로 보장하는 절차가 국가의 司法節次이다. 따라서 以直報怨은 결국 오늘날로 말한다면, 원한을 갚는 일은 정직하게 사법절차에 맡기고 그 결론에 승복하는 태도에 해당한다. 간단히 말하면 법대로 하라는 가르침이다.

(14-35) 知我者其天乎

> ▶(予解) 공자께서 말씀하셨다. "나를 알아주는 사람이 없구나!"
> 자공이 말하였다. "어찌 선생님을 알아주는 이가 없겠습니까?"
> 공자께서 말씀하셨다. "나는 하늘을 원망하지 않고, 다른 사람을 탓하지 (尤) 않는다. 아래에서 배워 위로 통달했으니 나를 알아주는 이는 하늘이리라!"

〈原文〉
子曰: 莫我知也夫 子貢曰: 何爲其莫知子也

子曰: 不怨天 不尤人 下學而上達 知我者其天乎

〈解語〉

① 소라이(3-146)에 의하면 "나를 알아주지 않는구나!" 하는 것은 세상의 군주 가운데 공자를 알아주는 이가 없음을 탄식하는 말이라고 한다.

그러나 '남이 알아주는 것'을 꼭 군주가 알아주는 것만을 가리킨다고 소라이처럼 좁게 해석할 일은 아니다. 군주가 알아주기를 바라는 마음이 공자에게는 물론 있었을 것이다. 자기의 배운 바를 펼쳐 천하를 안정시키는 것을 사명으로 알던 공자에게 어찌 그런 마음이 없었겠는가. 더구나 이 말 전체를 두고 보면 이 말은 공자 자신의 처지를 두고 공자가 탄식처럼 한 말이니 더욱 그렇다.

그러나 남이 자기를 알아주기를 바라는 마음은 모든 사람에게 공통된다. 그 처지가 각기 다름에도 불구하고 각자 자기의 입장에서 다른 사람의 인정을 받고자 하는 바람은 모든 사람에게 공통된다. 그러니 이 말을 공자 자신에게 한정된, 특수한 입장에만 타당한, 그런 내용으로 보지 말고 이를 일반화해서 누구에게든 해당되는 말로 이해하는 것은 충분히 가능하다. 따라서 ▶(予解)는 "나를 알아주는 사람이 없구나!" 라고 해석하였다.

② "나는 하늘을 원망하지 않고, 다른 사람을 탓하지(尤) 않는다." 라고 한 것은 시대의 흐름은 개인의 힘으로 거슬릴 수 없는 바이므로 하늘이든 사람이든 누구를 원망하지 않는다는 것이다. 이른바 天命이기 때문이다.

③ 下學而上達은 소라이(3-147)에 의하면 「'아래'는 '지금'을 말하며, 배우는 것은 '선왕의 시, 서, 예, 악'이며, 위로 통달하는 것은 '선왕의 마음'에 통달함을 의미한다.」고 한다.

다산(4-199)에 의하면 「하학은 도를 배우는 것이니 이는 人事로부터 시작하는 것이고, 상달은 공부를 쌓아올리는 것을 이르니 이는 天德에 이르러 그친다. 하학은 남이 알 수 있는 것이고 상달은 남이 알 수 있는 바가 아니다.」 라고 한다. 상달의 경지에 이르면 보통사람으로서는 이를 알 수가 없다는 뜻이다. 다산이 말하는 天德은 무엇인가? 다산의 말대로 남이 알 수 있는 바가 아닌 모양이다.

(14-36) 道之將行命也: 생략

(14-37) 賢者辟世

> ▶ (予解) 공자께서 말씀하셨다. "현명한 사람은 세상을 피하고, 그 다음 가는 사람은 위험한 곳을 피하고, 그 다음 가는 사람은 표정이 좋지 않은 사람을 피하고, 그 다음 가는 사람은 나쁜 말을 피한다." 또 말씀하셨다. "이것을 실행한 이는 일곱 사람이었다."

〈原文〉

子曰: 賢者辟世 其次辟地 其次辟色 其次辟言

子曰: 作者七人矣

〈字解〉

辟－避의 通假字. 피로 읽는다. 作者－어떤 일을 만들어 몸소 실행한 사람.

〈解語〉

① 다산(4－209)은 다음과 같이 설명한다.

「세상에 사는데도 이름을 감추고 자취를 숨기어 세상이 알지 못하게 하는 것이 피세이다.

어지러운 나라를 떠나 잘 다스려지는 나라로 가는 것이 피지이다.

안색을 보고 떠나는 것이 피색이다. 예컨대 군주의 안색이 자신을 싫어하는 빛이 있으면 거기를 떠나는 것이다.

한 마디 말을 들어보고 亂이 장차 일어나려고 함을 알고 거기를 떠나는 것이 피언이다.」

作者 七人에 대하여 공자는 그 이름을 말하지 않았다. 후세의 해석은 갖가지이다. 참고로 한 가지만 소개한다. 백이, 숙제, 우중, 이일, 주장, 유하혜, 소련, 이렇게 일곱이다(류종목 485).

이상의 일곱 사람 이름과 그들에 대한 공자의 평가는 미자편 (18－8)에 나온다.

② 作者七人矣라고 하면서 그 앞에 따로 子曰: 이 들어가 있는 것을 보면 이 말은 앞의 말과 관계없는 별도의 말이라고 하는 견해가 있다. 편집을 잘못하여 앞의 말과 함께 하나의 장에 들어간 것뿐이라는 것이다. 이런 견해에 따르면 작자 칠인은 피세와는 관계없는 創作者를 말할 것이다. 그리하여 그 일곱은 요, 순, 우, 탕, 문, 무, 주공이라고 한다.

(14-38) 知其不可而爲之者

▶(予解) 자로가 석문에서 묵었더니 아침에 성문을 여는 문지기(晨門)가 "어디서 왔소(奚自)?"라고 했다. 자로가 "공씨 댁에서요."라고 하니 그가 "안 되는 줄 알면서도 굳이 하려는 바로 그 사람 한테서요?"라고 했다.

〈原文〉
子路宿於石門 晨門曰: 奚自 子路曰: 自孔氏 曰: 是知其不可而爲之者與

〈字解〉
晨－새벽 신.

〈解語〉
晨門(신문－문지기)은 아마도 현자로서 숨어 있는 자이다.

「불가능한 줄을 알면서도 하는 것이 공자가 지극한 덕을 지닌 사람이 된 까닭이다. 문을 지키는 사람이 그것을 알았기 때문에 공자를 찬미한 것이다.」(소라이 3－151)

그 불가함을 알고도 또 하는 것은 이 백성을 버리지 못하는 자이니 三仁(殷나라 말의 미자, 기자, 비간) 같은 사람들이다(다산 4－219).

君子學道則愛人(양화편 17－4)이기 때문에 백성을 버리지 못하는가?

(14-39) 深則厲(려)

> ▶(予解) 공자께서 위나라에 계실 때 경쇠를 쳤는데 삼태기를 메고 공자의 문 앞을 지나가던 사람이 말하기를 "(도를 행할) 마음이 있구나, 경쇠를 침이여!" 라고 하더니 이어서 말했다. "비루한 신세로다, (경쇠의) 경경한 소리여! 자기를 알아주지 않으면 그만둘 따름이다. 물이 깊으면 옷을 벗어들고 건너고 물이 얕으면 아랫도리를 걷고 건널 일이거늘."
> 공자께서 말씀하셨다. "과연 그렇구나! 나무랄 말이 없도다!"

〈原文〉

子擊磬(경)於衛 有荷(하)簣(궤)而過孔氏之門者 曰: 有心哉 擊磬乎 旣而曰: 鄙哉 硜硜(갱갱)乎 莫己知也 斯已(이)而已(이)矣 深則厲(려) 淺則揭 子曰: 果哉 未之難矣

〈字解〉

磬(경)－경쇠 경. 荷(하)－멜 하. 簣(궤)－삼태기 궤. 硜(갱)－돌 소리 갱. 厲(려)－옷 벗고 건너갈 려. 揭－다리 걷고 건너갈 게. 難－나무랄 난.

〈解語〉

조금씩 다른 해석들이 있다. ▶(予解)는 주로 다산(4－221)을 따랐다.

(14-40) 高宗諒(량)陰(암): 생략

(14-41) 上好禮

> ▶(予解) 공자께서 말씀하셨다. "윗사람이 예를 좋아하면 백성을 부리기 쉽다."

<原文>

子曰: 上好禮 則民易使也

<解語>

　왜 그럴까? 이 章에 대한 주해의 설명은 별 도움이 안 된다.

　자로편 (13-4)에 나오는 다음과 같은 말이 그 설명이 될까?

　공자께서는 이렇게 말씀하신 바가 있다. "윗사람이 예를 좋아하면 백성 가운데 아무도 감히 그를 공경하지 않는 사람이 없을 것이고 윗사람이 義를 좋아하면 백성 가운데 아무도 감히 그에게 복종하지 않는 사람이 없을 것이다."

　공자는 堯舜과 같은 聖人과 그 시대의 백성을 두고 이런 말을 한 것이리라. 지금의 사람도 과연 그럴까?

(14-42) 修己以敬

▶(予解) 자로가 군자에 관하여 여쭈어보자

공자께서 "자기를 수양하여 몸가짐을 삼가라." 라고 하셨다.

자로가 다시 "이와 같을 뿐입니까?" 라고 묻자

"자기를 수양하여 다른 사람을 편안하게 해주는 것이다." 라고 하셨다.

자로가 다시 "이와 같을 뿐입니까?" 라고 하자

공자께서 말씀하셨다. "자기를 수양하여 백성을 편안하게 해주는 것이다. 자기를 수양하여 백성을 편안하게 해주는 것은 요임금과 순임금도 아마 오히려 힘들어 했으리라!"

<原文>

子路問君子 子曰: 修己以敬 曰: 如斯而已乎

曰: 修己以安人 曰: 如斯而已乎

曰: 修己以安百姓 修己以安百姓 堯舜其猶病諸(저)

〈解語〉

① 修己는 修身과 같다.

대부분의 주해는 修己以敬을 '삼감(敬)으로써, 즉 삼감을 가지고 자기를 수양한다' 라고 해석한다. 'A 以 B'의 경우에 'B를 가지고' 내지 'B를 수단으로 삼아', 'A를 한다' 라고 해석하는 형식이다. 그러나 '以'는 때로는 이와 반대로 앞에 나오는 'A라는 행동을 통하여 그 뒤에 나오는 B를 한다' 라는 뜻으로 사용되기도 한다(이른바 순접관계를 표시하는 접속사. 류종목 689). 류종목(490)은 이런 취지에서 "자기 자신을 닦아서 경건해지는 것이다." 라고 해석한다. 나도 이것이 옳다고 생각한다. 왜냐하면 修己以敬의 뒤에 이어지는 修己以安人과 修己以安百姓의 경우에는 '以'가 순접관계를 표시하는 접속사로 쓰였음이 분명하기 때문이다. 즉, 修己하여 安人하다, 또 修己하여 安百姓하다 라는 뜻이래야 말이 되기 때문이다. 따라서 세 구절 모두를 일관되게 이해하기 위하여는 류종목 선생의 방식으로 해석하여 ▶(予解)와 같이 "자기를 수양하여 몸가짐을 삼가라." 라고 풀이함이 옳겠다.

② 敬은 禮에 맞도록 자신의 행동을 절제하는 것이다. 修己以敬을 군자되기의 첫 단계라고 말한 공자의 뜻으로 미루어 볼 때 우선 '예로써 자신의 언행을 삼가는 것 또는 예로써 자신의 행동을 단속하여 삼가는 것'이 수양에 의하여 드러나는 군자로서의 첫 단계의 대외적 처신이라고 나는 생각한다.

● 禮란 무엇일까?

공자는 논어에서 예에 대하여 수 없이 말하였고 그 작용과 효용에 대하여 수 없이 설명하였다. 그러나 예의 정의(定義)라고 할 만한 것은 말하지 아니하였다. 여기까지 논어에 대한 해어 작업을 진행하면서 사실 예의 정의가 궁금하였다. 아직 정의라고 할 만한 공자의 말을 찾지는 못하였으나 막연한 느낌은 형성되었다. 그 느낌에 따르면 예는 기본적으로 두 가지 개념이 중심이 된다. 하나는 차례를 지키는 것이요, 또 하나는 삼가는 것이다. 결국 차례를 지키고 행동을 삼가는 것 이것이 예가 아닐까 싶다. 敬則禮 라고 해도 될 듯하다.

③ 군자의 다음 단계는 '자기 자신을 닦아서 다른 사람을 편안하게 해주는 것'이다. 여기의 人은 다산(4-235)에 의하면 九族과 붕우이다.

④ 군자의 최종 단계는 '자기 자신을 닦아서 백성을 편안하게 해주는 것'이다. 이것은 治國平天下와 같은 의미이다(다산 4-235).

⑤ '修' 즉 '修養'은 어떻게 하는 것인가? 공자 당시에는 인도 불교의 참선법이 아직 중국에 유행하지는 않았을 터이니 여기의 수양이 참선은 아닐 것이고 게다가 공자는 "내 일찍이 종일토록 먹지 않고 밤새도록 자지 않고 사색하였으나 유익함이 없었다. (역시) 배우는 것만 같지 못하였다."(위영공편 15-31) 라고 말씀하신 바 있었으니 확실히 참선은 아닐 터이다. 그렇다면 공자가 가리키는 수양은 아마도 시, 서, 예, 악, 역, 춘추를 배우고 익혀, 대학(大學)에서 이른 대로 격물치지(格物致知)하고 성의정심(誠意正心) 하는 그런 노력을 말하는 것이 아닐까 짐작한다.

자하도 말하였다. "군자는 배움에서 그 도를 이룩한다. 君子學以致其道"

● 공자 사상의 핵심

⑥ 이 章은 先王의 道가 무엇이고 仁이 무엇이고 君子가 무엇을 하는 사람인지를 공자가 확실히 밝힌 결정적 선언으로서 공자 사상의 핵심을 보여준다고 하겠다. 즉, 修己以敬, 修己以安人, 修己以安百姓의 세 조목이 그 핵심이다.

옹야편 (6-30) 참조.

(14-43) 老而不死是爲賊

> ▶ (予解) 원양이 걸터앉아서(夷) 기다리니(俟), 공자가 "어려서는 공손하지 못하고 자라서는 칭찬할(述) 만한 일이 없고, 늙어서는 죽지 않는 것, 이것이 바로 賊이다." 라고 하고는 지팡이로 그의 정강이를 두드렸다.

〈原文〉

原壤夷俟 子曰: 幼而不孫弟 長而無述焉 老而不死 是爲賊 以杖叩其脛

<解語>

原壤은 어릴 적부터의 공자의 친구로 매우 친한 사이였고 지팡이로 그의 정강이를 두드린 것도 장난으로 한 행동이었다.

● 老賊

그러나 老而不死 是爲賊이란 말이 참으로 가슴에 와 닿는다. 賊이란 말은 원래 남을 해치는 사람이나 행동을 가리킨다. 늙어서 병들고 고생하며 죽지 않으면 가족과 사회에 큰 짐이 되어 사람들을 힘들게 하고 해치는 존재가 되고 만다. 이것이 바로 賊이 아니고 무엇인가? 바로 나 같이 병든 노인을 가리킨다는 생각이 들어 한편으로는 주눅이 들고 한편으로는 초연해지는 길을 찾고 싶다.

(14-44) 闕黨童子

▶ (予解) 궐당의 한 동자가 손님을 안내하고 있었다. 어떤 사람이 그에 관하여 "배움에 진전이 있는 아이입니까?" 하고 여쭈어 보자 공자께서 말씀하셨다. "나는 그 아이가 버젓이 자리를 차지하고 앉아 있는 것을 보았고, 그 아이가 연장자들과 나란히 걸어가는 것을 보았습니다. 그 아이는 정진하기를 추구하는 아이가 아니라 속성하기를 바라는 아이입니다."

<原文>

闕黨童子將命 或問之曰: 益者與

子曰: 吾見其居於位也 見其與先生并行也 非求益者也 欲速成者也

<字解>

闕黨 — 공자의 고향인 궐리라는 마을.

童子는 아주 어린 아이는 아니고 반쯤은 어른이 된 젊은이라고 한다(리링 2-861).

將은 奉(받들다)과 같다. 將命 — 손님과 주인 사이에서 왔다 갔다 하면서 말을 전하는 심부름을 하다.

益―늘리다, 정진하다. 居―앉다. 先生―연장자.

〈解語〉

禮記에 의하면 나이가 다섯 살 차이가 나면 연소자는 연장자의 뒤에 약간 처져서 걸어가야 했고, 심부름하는 동자는 주인의 뒤에 서서 명령을 기다림이 예의이었다.

益者與라는 질문을 소라이(3―160)는 "유익한 자입니까" 라고 해석한다. 그러나 다른 주해들은 대부분 "배움에 진전이 있는 아이입니까?" 라는 뜻으로 해석한다. 童子를 두고 속된 의미에서 그가 유익한 자인가 여부를 묻고 답하는 것은 좀 어울리지 않는다고 생각한다. 그러므로 소라이의 해석은 적당치 않다.

제15편

衛靈公

(15-1) 軍旅之事未之學

> ▶(予解) 위영공이 공자에게 진법에 관하여 물어보자 공자께서 말씀하셨다. "예의에 관한 일(俎豆之事)은 일찍이 들은 적이 있지만 군사에 관한 일은 아직 배우지 못하였습니다."
> 그리고는 이튿날 마침내 위나라를 떠나버리셨다.

〈原文〉

衛靈公問陳於孔子 孔子對曰: 俎豆之事 則嘗聞之矣 軍旅之事 未之學也 明日遂行

〈字解〉

俎ㅡ도마 조. 陳ㅡ陣과 같다. 軍事를 의미한다.

〈解語〉

조두지사(俎豆之事)를 평화적인 회합이라고 풀이하는 것도 있다(소라이 3−167).

공자가 軍旅에 관해 대답하지 않은 이유를 다산(4−251)은 다음과 같이 설명한다.

「이 때에는 위영공이 늙어 정신이 혼미한데다가 무도해서 음탕한 사람을 불러들이고 세자를 축출하여 원망과 비방이 분분하게 일어났으며 두어 해 사이에 兵禍가 연이어져 曹나라를 치고 晉나라를 쳐서 거의 한 해도 무사한 해가 없었다. 공자가 만약 이 때에 혹시라도 군려의 일로써 衛侯에게 말하였다면 위나라에 災禍가 있을 뿐만 아니라 또한 공자 일신에도 손상이 있을 수 있었으니 이 때문에 거절하고 말하지 않은 것이다.」

공자는 군려에 관한 일을 정말 몰랐을까? 다산(4-249)은 이렇게 설명한다. 「군려의 일은 平世(잘 다스려졌던 시대)에도 오히려 감히 그 방비를 느슨하게 하지 못하는 것인데 하물며 춘추시대는 아침에 포위당하고 저녁에 침공을 당하는 난세였으니 비록 우임금과 후직 같은 성현이더라도 이 시대를 당하면 어찌 군려의 일을 강습하지 않겠는가? 공자는 노나라 정공에게 협곡의 會盟에 武備를 단단히 하라고 청하였고 진항이 제나라 간공을 죽이매 목욕하고 조회에 나가 誅討하라고 청하였으니 공자도 일찍이 兵事를 좋아함이 있었다. 그러므로 공자는 스스로 "내가 싸우면 이긴다."고 하였고(禮記-禮器篇) 또 "7년 동안 백성을 가르치면 또한 전쟁터에 나가 싸우게 할 수 있을 것이다."라 하였으며 그가 지은 易傳에서는 "활과 화살의 利器로써 천하를 威服시켰다."라고 하였으니 어찌 반드시 儒者의 옷을 입고 날마다 빈객을 맞이하고 제사지내는 예만 강습해야 바야흐로 儒者라 이를 수 있겠는가?」

공자는 왜 서둘러 떠났는가?「공자의 뜻은 禍를 두려워하는 데 있었다. 군사를 일으키고 난리를 일으켜 남의 나라를 치면 그 謀主는 위태로울 수밖에 없다. 위영공은 不義로써 군사를 사용하려고 하였기 때문에 공자는 위나라의 이런 계략의 모주가 되고 싶지 아니하여 이를 피하였다.」(다산 4-247)

(15-2) 在陳絶糧

▶ (予解) 진나라에서 양식이 떨어졌을 때 따르는 자들이 병이 나서 일어나지를 못하였다. 자로가 화가 나서(慍) 공자를 뵙고 말씀드렸다. "군자도 곤궁할 때가 있습니까?"
공자께서 말씀하셨다. "군자는 곤궁에 처해도 의연하지만(固) 소인은 곤궁하면 도리에 어긋나는 짓을 한다(濫)."

在陳絶糧 從者病 莫能興 子路慍^온見曰: 君子亦有窮乎

子曰: 君子固窮 小人窮斯濫矣

〈字解〉

斯 — '～하면'이라는 접속사.

〈解語〉

　絶糧의 경위에 대하여는 여러 설이 있지만 絶糧의 고난을 겪은 일 자체는 틀림없는 사실이다.

　固에는 변하지 아니함, 움직이지 아니함, 안정함이라는 뜻이 원래 있다. 그러므로 固窮은 비록 한 때 궁하게 됐다고 하여도 그 처신이나 태도가 흔들리지 않고 의연하다는 말이다. 濫은 넘치다는 뜻이니 분수를 지키지 않고 도리에 어긋나는 짓을 하거나 함부로 날뛴다는 뜻이다. 이렇게 보면 固와 濫이 서로 대칭이 되어 君子는 固하고 小人은 濫하는 그 모습의 차이가 잘 드러난다.

　固와 濫에 대하여 ▶(予解)와는 조금씩 다른 여러 주해가 있으나 나는 ▶(予解)와 같이 해석함이 문장의 취지에 잘 맞지 않을까 생각한다.

(15-3) 以一貫之

> ▶(予解) 공자께서 말씀하셨다. "사(자공)야! 너는 내가 많이 배워서 그것을 기억하고 있는 사람이라고 생각하느냐?"
> 자공이 "그렇습니다. 그렇지 않습니까"라고 대답했다.
> 공자께서 말씀하셨다. "아니다. 나는 처음부터 끝까지 하나로써 관통하는 것이다."

〈原文〉

子曰: 賜也 女以予爲多學而識之者與

對曰: 然 非與
曰: 非也 予以一貫之

〈解語〉

이런 말이 있다. 학식이 넓으면서도 요점이 거의 없는 것을 가리켜 "비록 흩어진 돈은 매우 많지만 그것을 꿸 만한 돈줄이 없어 아쉽다." 라고 하자 "비록 돈줄은 있지만 거기에 꿰어 넣을 흩어진 돈이 없구나." 라고 대꾸하였다는 것이다(리링 2-872).

이일관지에 대하여는 이인편 (4-15)에서 상세히 설명하였으므로 되풀이 하지 않는다.

(15-4) 知德者鮮

> ▶(予解) 공자께서 말씀하셨다. "유(자로)야, 덕을 아는 자가 드물구나!"

〈原文〉

子曰: 由 知德者鮮矣

〈解語〉

'덕을 아는 자가 드물구나' 라고 하는 것은 '덕 있는 사람을 알아보는 자가 드물구나' 라고 하는 뜻이다. 이것은 많은 사람들이 덕 있는 사람을 모른다는 말이다. 원래 사람을 아는 것은 요임금도 어렵게 여겼다고 하는 바이다(소라이 3-175).

(15-5) 無爲而治

> ▶(予解) 공자께서 말씀하셨다. "억지로 함이 없이 잘 다스렸던 이는 바로 순임금이로다. 그는 무엇을 했는가? 몸가짐을 공손히 하고 남쪽을 향

하여 똑바로 앉아 있었을 뿐이다."

〈原文〉

子曰: 無爲而治者 其舜也與 夫何爲哉 恭己正南面而已矣^이

〈解語〉

① 南面이란 옛날에 임금은 남쪽을 향해서 앉고 신하는 북쪽을 향해 서서 조회를 했다. 따라서 남면은 임금 노릇을 말한다.

② 無爲而治는 老子가 늘 하는 말이다. 그러나 노자나 道家에서만 말하는 것은 아니고 儒家도 이 말을 한다.

억지로 무리하게 일을 하지 않고 자연히 흘러가는 대로 맡겨 저절로 다스려지게 하는 것이 최상이라는 뜻으로 노자가 말하였다. 그러나 공자가 말하는 바는 능력과 덕을 갖춘 신하를 잘 선택하여 그들로 하여금 최선을 다해 다스리도록 하는 정치를 말한다.

③ 다산(4-283)은 劉向의 新書를 인용하여 다음과 같이 설명한다.

「王者는 인재를 구하는 데 애쓰고 어진 이를 얻으매 편안해진다. 순임금은 많은 현인을 등용하여 벼슬자리에 있게 함으로써 의상을 드리우고 몸을 공손히 하여 무위로써 천하를 다스렸다. 탕왕은 이윤을 기용하고 무왕은 여상을 기용하고 성왕은 주공, 소공을 기용함으로써 천하가 잘 다스려져 형벌을 그대로 내버려두고 쓰지 않았으며 병기를 사장하고 군사를 동원하지 않았으니 이는 모두 많은 현인을 기용하였기 때문이다. (그러나) 순임금은 考績을 반드시 몸소 하고 순수를 반드시 몸소 하며 형옥을 반드시 직접 듣고 교훈을 반드시 먼저 행하였으니 순임금이 어찌 무위일 수 있겠는가? 공자가 무위라고 말한 것은 순임금이 인재를 얻은 효력으로 편안해질 수 있었던 것을 극구 감탄하고 찬양하여 나온 말이다.」

사실 현명한 인재를 찾아내어 등용하고 그에게 일을 맡기는 것 이상의 큰 정치가 어디 있겠는가? 무위가 단순히 아무 것도 하지 않고 먹고 노는 무위가 아님을 유의하여야 한다.

④ 이에 반하여 노자의 무위는 공자의 그것과는 판연히 다르다.

그의 無爲至治는 「어짐을 숭상하지 않고(不尙賢—도덕경 제3장), 백성을 지식과 욕심이 없게 하고(常使民無知無欲—도덕경 제3장), 백성이 임금의 존재도 모르게 하고(太上不知有之—도덕경 제17장), 재능을 끊고 지혜를 버리며(絶聖棄智), 몸과 마음을 소박하게 하고(見素抱樸—이상 도덕경 제19장), 만물의 스스로 되어 감을 믿어 그에 의지할 뿐 굳이 나서서 억지로 하지 않는다(恃萬物之自然而不敢爲也—도덕경 제64장)」라는 것이다.

우선 불상현(不尙賢) 하나만 보아도 공자와 크게 다름을 알 수 있다. 無爲而治라는 글자가 같다 하여 내용까지 같다고 보아서는 큰 낭패다.

⑤ 순임금이 인재를 얻어 나라를 다스린 일은 書經(김관식 47) 舜傳과 사기(사마천 1—22)에 나와 있다. 거기에 보면 순임금이 나라를 다스리기 위해 시행한 여러 사업과 인재의 등용이 기술되어 있다. 우, 기, 설, 고요, 수, 익, 백이, 기, 용 등 모두 22인의 현인들을 등용하여 그들에게 직무를 분장시켰다고 한다.

(15-6) 言忠信行篤敬

▶(予解) 자장이 멀리 길을 떠나는 것과 관련하여 조언을 청하자 공자께서 말씀하셨다. "말은 진실하고 믿음이 가게하고 행동은 도탑고 공손하게 해야 한다. 그러면 비록 야만(蠻貊)의 나라에서도 통할 것이다. 말에 진실과 믿음이 없고 행동에 도타움과 공손함이 없다면 비록 큰 도시나 큰 마을(州里)이라 하더라도 통하겠느냐? 걸어 다닐 때(立)는 이 말이 눈앞에 펼쳐져 있어 그것을 보는(參) 듯이 하고 수레(輿)를 타고 갈 때에는 수레 끌채 앞 횡목(衡)에 이 말이 가로로 쓰여 있어 그것을 보는 듯이 해라. 그렇게 된 다음에야 떠나도록 해라."
자장은 그 말을 허리띠(紳)에 적었다.

〈原文〉

子張問行 子曰: 言忠信 行篤敬 雖蠻貊之邦 行矣 言不忠信 行不篤敬 雖州

里 行乎哉 立則見其參於前也 在輿則見其倚^의於衡也 夫然後行 子張書諸(저) 紳

〈字解〉

參－뵐 참. 바라보다. 가득히 있는 듯이 보인다 라는 해석과 直이라고 풀어 정면을 본다 라는 해석도 있다(최근덕 385). 倚^의－기댈 의.

〈解語〉

　주해서 마다 해석이 조금씩 다르다. ▶(予解)는 대체로 리링의 설을 따랐다.

　① '行'을 최근덕(384)은 단순히 행실이라고 했다. 리링(2－876)은 '멀리 길을 떠나는 것'이라고 했다. 소라이(3－178)는 '외교관의 품행'이라고 한다. 다산(4－285)은 '교령(敎令)의 시행'이라고 한다. 류종목(500)은 '자신의 주장이 수용되어 행해지는 것'이라고 한다. 리링의 설이 '行'의 본래 뜻에 가장 근접하고, 이어지는 나머지 말들과 잘 어울린다. 즉, '걸어 다닐 때(立)' 운운하는 것이라든지, '수레(輿)를 타고 갈 때' 운운하는 것 등과 잘 연결된다. 다른 주해는 그 근거에 대한 설명이 부족하다. 그래서 나는 리링을 따랐다.

　② 蠻貊의 만은 중국 남쪽의 소수민족, 맥^맥은 동북의 소수민족이라고 한다. 州里는 개화된 지역을 말한다.

　③ 參於前과 倚^의於衡은 그 당시 사용되던 수레의 멍에나 끌채와 관련된 것이라는 상세한 설명(다산 4－291)이 있지만 언급을 생략한다.

　④ 紳은 허리에 두르는 큰 띠에서 아래로 늘어뜨려 놓은 부분이다. 자장은 다급해서 우선 여기에 기록해 놓은 모양이다.

(15-7) 邦無道如矢

> ▶(予解) 공자께서 말씀하셨다. "곧도다. 사어여! 나라에 도가 있어도 화살(矢)처럼 곧고 나라에 도가 없어도 화살처럼 곧으니 군자로다. 거백

옥이여! 나라에 도가 있으면 벼슬하고 나라에 도가 없으면 재능을 거두어들여 이를 가슴속에 간직할 수 있었으니."

〈原文〉

子曰: 直哉史魚 邦有道 如矢 邦無道 如矢 君子哉 蘧伯玉 邦有道則仕 邦無道則可卷而懷之

〈解語〉

邦無道 如矢에는 屍諫 즉 시체가 간한다는 유명한 이야기가 있다.「위나라의 거백옥은 어진데도 영공이 등용하지 않고 미자하는 불초한데 도리어 임용했다. 사어가 자주 간하였으나 영공이 따르지 않았다. 사어가 병이 들어 죽게 되었을 때에 아들에게 명하기를 "내가 위나라 조정에 있으면서도 거백옥을 등용하지 못하고 미자하를 물리치지 못했으니 이것은 내가 살아서 임금을 바로잡지 못한 것이다. 이것은 내가 남의 신하가 되어서 그 임금을 바로잡지 못한 큰 죄이다. 살아서 그 임금을 바로잡지 못했다면 죽어서도 예법대로 장사지낼 수가 없을 것이다. 그런즉 내가 죽으면 너는 내 시체를 들창 아래에 두어라." 하였다. 그 아들이 그대로 하니 영공이 조상을 갔다가 이상하게 여겨 물었다. 그 아들이 아비의 말을 영공에게 아뢰자 영공은 깜짝 놀라 얼굴빛을 바꾸며 이것은 나의 잘못이라 하였다. 이에 명령을 해서 客位에다 빈소를 차리게 하고 거백옥을 등용해서 쓰고 미자하를 물리쳐서 멀리했다. 공자께서 그것을 듣고 말하기를 옛날에 간쟁하던 사람은 죽으면 그만이었다. 그런데 사어처럼 죽어서도 시체로써 간하여 그 임금을 감동시킨 일은 있지 않았으니 곧다고 이르지 않겠는가 하였다.」(최근덕 386)

孔子家語 困誓편(이민수 196)에 나오는 이야기이다.

(15-8) 不失人不失言

▶ (予解) 공자께서 말씀하셨다. "함께 이야기할 만한데도 이야기하지

않으면 사람을 잃는 것이고 함께 이야기할 만하지 않은데도 이야기한다면 말을 잃는 것이다. 지혜로운 자는 사람도 잃지 않고 말도 잃지 않는다."

〈原文〉

子曰: 可與言而不與之言 失人 不可與言而與之言 失言　知者 不失人 亦不失言

〈解語〉

리링(2-881)은 可與言而不與之言 失人을 "말을 해야 하는데도 말하지 않으면 사람을 잃는다." 라고 풀이하는데 이런 적극적 해석이 오히려 더 的實하게 들리는 면이 없지 않다. 계씨편 (16-6) 참조.

(15-9) 殺身成仁

▶(予解) 공자께서 말씀하셨다. "뜻있는 선비와 어진 사람은 삶을 구하여 써 인을 해치는 경우는 없으나 자신의 죽음으로 써 인을 이루는 경우는 있다."

〈原文〉

子曰: 志士仁人 無求生以害仁 有殺身以成仁

〈解語〉

殺身成仁을 가르치는 데서 공자의 가르침이 후대에 종교로 길을 잡는 단서를 본다. 殺身은 자신의 생명까지도 기꺼이 희생하는 행동이다.

(15-10) 必先利其器

▶(予解) 자공이 인을 실천하는 것에 관하여 여쭈어보자 공자께서 말씀

하셨다. "기술자가 자기 일을 잘 하려고 하면 반드시 자기 연장을 예리하게 갈아야 한다. 옛말에 '이 나라에 살려면 나라의 대부 가운데 현명한 사람을 섬기며 나라의 선비 가운데 어진 사람을 벗하여라' 라고 하였느니라."

〈原文〉

子貢問爲仁 子曰: 工欲善其事 必先利其器 居是邦也 事其大夫之賢者 友其士之仁者

〈解語〉

소라이(3-186)는 爲仁은 '자기를 단속하여 예를 실천하는 것이 인을 행하는 것이다'(克己復禮爲仁) 라고 할 때의 爲仁과 같으니 爲仁은 仁政을 행하는 것을 말한다고 한다. 소라이는 뒤에 나오는 말이, 현명하고 어진 인재를 구하여야 한다는 것이고 이는 인정을 행하기 위하여 위정자에게 필요한 일이니 이로 미루어 본다면 위인은 인정을 행하는 것이라고 보아야 한다는 취지이다. 그러나 위인을 굳이 인정을 행하는 것에 한정할 이유는 없다. 정치면에서 뿐만 아니라 개인의 수양을 비롯한 사생활면에서도 현명하고 어진 사람을 섬기고 사귀는 것은 필요한 일이기 때문이다. 오히려 군주의 경우에는 '벗을 사귄다' 云云하는 말이 해당이 안 된다. 그러므로 '인을 행하는 것' 일반을 널리 위인이라고 보면 되겠다.

居是邦也 이하의 말은 옛날부터 있어 온 말을 공자가 인용한 것이라 한다(소라이 3-188).

(15-11) 佞人殆

▶(予解) 안연이 나라 다스리는 일에 관하여 여쭈어보자 공자께서 말씀하셨다. "하나라의 달력을 쓰고 은나라의 수레를 타고 주나라의 면류관을 쓰고 음악은 소무를 연주하고 정나라의 소리를 몰아내고 아첨하는 사

람을 멀리한다. 정나라의 음악은 음란하고 아첨하는 사람(侫人)은 위험
하다."

〈原文〉

顔淵問爲邦 子曰: 行夏之時 乘殷之輅 服周之冕 樂則韶舞 放鄭聲 遠侫人
鄭聲淫 侫人殆

〈解語〉

공자는 曆法은 夏대의 것이 좋고 마차는 殷대의 것이 좋고 모자는 周대의 것
이 좋고 음악은 고전음악이 좋기 때문에 서로 다른 시기의 이런 좋은 것들을 한
곳에 모아놓는 것이 가장 좋다고 말했다.

다산(4-309)에 보면 이 장에서 언급한 달력, 수레, 모자와 음악에 대한 상세
한 비교와 설명이 나온다. 그러나 지금에 와서는 별로 소용에 닿지 않으므로 굳
이 소개하지 않는다.

다만, 음악에 대하여만 잠간 언급한다. 공자 시대에 가장 유명했던 고전음악
은 여섯 가지가 있었는데 그 가운데 공자가 가장 좋아한 것은 韶였고 그 다음이
武였다(리링 2-886). 공자는 제나라에서 소를 연주하는 소리를 듣고는 석 달
동안 고기 맛을 알지 못했다고 말했다(술이편 7-14). 정나라의 소리는 詩經 國
風 가운데 일곱 번째에 나오는 鄭風을 말하는데 雅樂과는 많이 다르다고 한다.
특히 남녀 간의 열정적인 애정에 관련된 것이 많은데 공자는 이들을 淫이라고
평가했다.

참고로 정풍 가운데 하나를 여기에 싣는다.

「   〈님이여 부탁이니(將仲子)〉
님이여, 부탁이니,
우리 마을 넘나들지 마세요.
내가 심은 개키버들 꺾지 마세요.

개키버들이 아까움은 아니나
부모님 아실까 봐 두려웁군요.
그야 님이 그립지만요,
부모님 말씀도
두려운 걸요.

님이여, 부탁이니
우리 담장 뛰어넘지 마세요.
내가 심은 뽕나무 꺾지 마세요.
뽕나무가 아까움은 아니나
오빠들이 알까 봐 두려웁군요.
그야 님이 그립지만요,
오빠들의 말씀도
두려운 걸요.

님이여, 부탁이니
우리 밭에 들어오지 마세요.
내가 심은 박달나무 꺾지 마세요.
박달나무가 아까움은 아니나
남들의 소문이 두려웁군요.
그야 님이 그립지만요,
남의 소문도
두려운 걸요.」(이원섭 113)

과연 이런 노래를 淫하다 하여 버려야 할까?
공자 자신이 말한 思無邪에 해당하지 않는가?

(15-12) 無遠慮有近憂

> ▶ (予解) 공자께서 말씀하셨다. "사람이 멀리 생각하지 않으면 반드시 가까운 근심이 있다."

〈原文〉

子曰: 人無遠慮 必有近憂

〈解語〉

遠과 近은 시간적 의미이기도 하고 공간적 의미이기도 하다. 또 생각의 깊이를 의미하기도 한다.

이 말과 관련하여 이런 인물평도 있다.

「이승만은 나라를 세운 이른바 '건국 대통령'이었고 박정희 대통령은 이른바 '한강의 기적'을 이루어 가난한 나라를 부자의 나라로 이끈 대통령이었으나 내가 보기에 멀고 깊은 생각이 모자랐던 것 같다. 이승만 대통령은 4. 19 혁명으로 하야했고 박정희 대통령은 측근으로부터 가해진 충격으로 종말을 맞이했다. 이처럼 사람은 자신이 이룬 업적에 스스로 눈이 멀어 앞날을 못 보게 되기 쉽다. 하지만 사회주의 시장경제로 가난한 중국을 부강하게 만든 등소평은 자신의 사후 100년을 생각한 사람으로 '100년 소평'이라는 별명으로 불리고 있다. 그는 은퇴하여 강택민을 후계자로 키웠고 후진타오와 현재의 시진핑으로 이어지는 전통을 세운 것이다.」(황병기 168) 생각해보면 두 분 전직 대통령은 언론이 조성하는 여론에 희생된 면도 있을 것이다.

(15-13) 未見好德如好色

> ▶ (予解) 공자께서 말씀하셨다. "끝났구나! 덕이 있는 사람을 좋아하기를 여색을 좋아하듯이 하는 사람을 나는 아직 보지 못하였다."

<原文>

子曰: 已^이矣乎 吾未見好德如好色者也

〈解語〉

▶(予解)는 소라이의 해석을 따랐다.

그러나 주자의 해석은 전혀 다르다. 주자는 공자의 입장에서, 공자 자신이 덕을 좋아하는 사람을 찾는 일을 그만 둔다는 뜻으로 해석했다. 그러나 소라이는 공자가 결국 타인(人君)에 의해서 발탁되지 못한 일을 한탄한 것으로 해석한다.

이것은 굳이 보통 사람을 대상으로 하여 하는 말이 아니라 군주를 두고 하는 말이라고 소라이는 풀이한다(2-273). 그러나 보통 사람에 대하여도 전적으로 적용될 수 있는 말임에는 틀림이 없다.

자한편 (9-18)과 중복된다.

(15-14) 臧^장文仲竊位

▶(予解) 공자께서 말씀하셨다. "장문중은 벼슬자리를 훔친 자이리라! 유하혜가 현명함을 알면서도 그와 함께 조정에 서지 않았으니."

〈原文〉

子曰: 臧^장文仲 其竊位者與 知柳下惠之賢 而不與立也

〈解語〉

유하혜는 공자가 존경하는 현인이었다. 柳下는 그가 버드나무 아래에서 살았기 때문에 얻은 호이고 惠는 시호이다. 유하를 식읍의 이름이라고 설명하는 주해도 있다.

장문중은 노나라의 대부로서 다른 사람을 등용하거나 추천할 수 있는 실세 중의 한 사람이었던 모양이다. 그는 유하혜가 현명하다는 것을 알고 있었으면

서도 유하혜에게 정사에 참여하도록 자리를 마련해주지 않았기 때문에 공자는
그를 자리를 훔친 자 라고 비난한 것이다.

(15-15) 躬自厚責

> ▶ (予解) 공자께서 말씀하셨다. "스스로(躬) 자신(自)을 엄중하게(厚)
> 책망하고 남에게는 가볍게 책망한다면 원망을 멀리하게 된다."

〈原文〉

子曰: 躬自厚(責) 而薄責於人 則遠怨矣

〈解語〉

주자(597), 최근덕(392), 류종옥(507). 리링(2－893), 소라이(3－194) 등 모두
厚는 厚(責)에서 責이 생략된 것으로 본다. 이 말의 끝에 則遠怨矣 라는 말이
나오는데 이 말에 부합되려면 躬自厚(責)이어야 맞긴하다. 그러나 厚 자체의
뜻으로 보아서는 責과는 잘 어울리지는 않는다.

(15-16) 如之何如之何

> ▶ (予解) 공자께서 말씀하셨다. "어떻게 하나(如之何), 어떻게 하나? 라
> 고 말하지 않는 자는 나도 어떻게 할 수 없을 뿐이다."

〈原文〉

子曰: 不曰 如之何如之何者 吾未如之何也已矣

〈解語〉

善을 향해 가는 사람은 학업이 전진하지 못함을 근심하고 세월이 함께 하지
않고 가는 것을 슬퍼하며 밤이나 낮이나 근심과 탄식으로 스스로 상심하고 슬

퍼하여 "어떻게 할까 어떻게 할까" 말한다. 그 분발하고 진작함이 이와 같지 않은 자는 성인도 또한 어떻게 할 수 없다(다산 4-347).

(15-17) 好行小慧

▶ (予解) 공자께서 말씀하셨다. "무리 지어 하루가 다하도록 함께 있으면서 말이 의리에 미치지 못하고 작은 은혜를 베풀기나 좋아한다면 이는 참으로 어렵도다."

〈原文〉

子曰: 群居終日 言不及義 好行小慧 難矣哉

〈解語〉

皇侃의 本에는 慧가 惠로 되어 있다.

소라이(3-196)의 설명을 본다. 「바야흐로 여럿이 거처할 때에 비록 종일토록 말을 하더라도 그 말이 선왕의 의리에 미치지 못하고 그가 일을 행하는 것을 살펴보아도 작은 은혜를 베풀기를 좋아하면서 스스로는 이것이 충분히 사람의 마음을 거두어들일 수 있다고 여긴다면 이는 仁인 것 같지만 인이 아니다. 그러나 또한 이 때문에 자못 명예와 명망이 있기도 하다. 그러므로 스스로 만족하게 여기고 다시는 도를 배우지 않으므로 (도를 이루기가) "어렵도다." 라고 한 것이다. 이것은 분명 당시의 경대부들을 지적하여 한 말이다. 여기에서의 慧자는 惠자의 잘못이다.」

다른 주해는 好行小慧를 작은 지혜를 행하기를 좋아한다 라고 대부분 해석한다. 작은 지혜는 자질구레한 재능과 지혜 즉, 잔재주를 이른다.

(15-18) 君子義以爲質

▶ (予解) 공자께서 말씀하셨다. "군자는 의로움으로써 근본(質)을 삼고

예에 맞게 행동(行)을 절제하고 겸손하게 말(出)하고 약속(信)한 일을 반드시 지킨다(成). 이래야 참으로 군자로다."

〈原文〉

子曰: 君子義以爲質 禮以行之 孫以出之 信以成之 君子哉

〈解語〉

'의로움으로써 근본(質)을 삼고'라고 하는 것은 마음속에 있는 뜻을 올바름에 두는 것이다. 즉, 뜻을 올바르게 함이다.

'예에 맞게 행동(行)을 절제하고"라는 것은 뜻을 이루고자 하는 행동 즉 의를 실천함에 있어 예에 맞게 행동을 절제한다는 뜻이다.

'겸손하게 말(出)하고'는 의를 주장하고 내세우는 말을 함에 있어 겸손하게 말한다는 뜻이다.

'信以成之'는 의를 실현하는 일을 약속했으면 그 약속(信)한 일을 반드시 지킨다(成)'는 뜻이다.

이렇게 이해한다면 禮以行之 孫以出之 信以成之의 세 곳에 나오는 '之'자의 뜻이 드러난다. 그것은 모두 하나의 '義'인 것이다. 이래야 비로소 공자의 말을 일관되게 이해할 수 있다.

주해서들은 분명하지는 않지만 대부분 이런 취지로 之자를 이해하고 있다고 생각한다.

다만, 소라이(3-198)는 그것이 義는 아니고 '卿大夫가 朝會하고 訪問하는 일'이라고 특정하여 지적하고 있다. 그러나 이런 해석은, 공자의 말을 너무 관리 위주로 제한적으로 풀이하는 것이어서 따르기 어렵다. 공자의 말은 충분히 보편적으로 타당할 수 있는 내용인데 이렇듯 관리에게만 해당되는 가르침으로 좁게 볼 이유가 없기 때문이다.

(15-19) 君子病無能

> ▶(予解) 공자께서 말씀하셨다. "군자는 자기가 재능이 없음을 병으로 여기지 남이 자신을 알아주지 않음을 병으로 여기지 않는다."

〈原文〉

子曰: 君子病無能焉 不病人之不己知也

〈解語〉

병으로 여긴다 라는 것은 근심한다, 걱정한다 라는 뜻이다.

(15-20) 君子疾名不稱

> ▶(予解) 공자께서 말씀하셨다. "군자는 종신토록 이름이 일컬어지지 못함을 싫어한다."

〈原文〉

子曰: 君子疾沒世而名不稱焉

〈解語〉

沒世에는 두 가지 뜻이 있다. 하나는 세상을 다할 때까지 라는 뜻이고 다른 하나는 죽은 이후라는 뜻이다.

리링(2-898)은 후자로 풀이한다. 류종목(510)은 전자로 풀이한다.

공자가 자기 자신에 대하여 이 말을 했다고 한다면 그의 진심은 어느 쪽에 있었을까? 추측컨대 공자가 천하 주유를 마치고 노나라로 귀국한 이후에 이 말을 했다면 아마도 후자일 듯싶다. 그러나 그 이전에도 이 말을 할 수는 있었을 터인데 그런 때라면 아마도 전자일 가능성이 더 높을 터이다.

그러나 더 생각해본다면 이 말은 공자가 자기 자신을 두고 말한 것 같지는 않고 제자들을 상대로 가르침의 말로 했을 가능성이 더 높고 그렇다면 제자들의 분발을 촉구하는 뜻으로 이 말을 했을 것이다. 그렇다면 전자의 뜻일 것이다.

(15-21) 君子求諸己

> ▶ (予解) 공자께서 말씀하셨다. "군자는 (자기 행동의 功過에 대한 책임을) 자기 자신의 결단에서 찾고 소인은 남에게서 그 책임을 찾는다."

〈原文〉

子曰: 君子求諸己 小人求諸人

〈字解〉

諸(저) – 之於와 같다.

〈解語〉

求는 무엇을 찾는다는 것인가?

류종목(511)은 '잘못'이라고 하고, 주자(603)는 '책임'이라고 하고, 다산 (4-359)은 '仁'을 구하는 것이라고 하면서도 덕을 이룰 수 있는 '힘 내지 원천' 을 자기에게서 찾는 것을 의미하는 듯하다.

이가원(263)은 求諸己를 자기의 몸을 위하여(諸己) 모든 일을 강구하고 소인 은 남의 耳目을 끌기 위하여 강구한다 라고 새기고, 리링(2-899)과 이중톈 (101)은 자기 자신에게 의지하는 것이라고 새긴다.

소라이(3-202)는 군자가 자기에게서 구하는 것은 덕을 이루기 위한 것이다 라고 말한다. 그 뜻이 애매하긴 한데 아마도 덕을 이룰 행동을 스스로 취할 것 을 자신에게 요구한다는 뜻이 아닌가 싶다.

생각하건대 소인과 군자의 차이에 유념을 하고 해석하여야만 될 일이다. 그 렇다면 자신의 모든 행동의 결단은 자기 마음에서 비롯된 것이고 따라서 그 功 過의 영광과 책임을 질 주인 또한 자기 자신이다 라는 뜻이 아닐까? 이것은 군 자의 경우이고 소인의 경우는 반대이다. 소인은 잘한 일은 자기의 공이고 못한 일은 모두 남 때문이라고 생각한다.

(15-22) 群而不黨

> ▶ (予解) 공자께서 말씀하셨다. "군자는 남을 공경하므로 싸우지 아니하며 무리를 짓되 사사로이 당파를 꾸미지는 않는다."

〈原文〉

子曰: 君子矜而不爭 群而不黨

〈解語〉

생각하건대 矜而不爭에 대하여는 '矜'에는 '함부로 하지 않는다', '삼가다', '공경하다', '敬愼하다' 라는 뜻이 있으므로 이 뜻을 취하여 "군자는 공경하므로 싸우지 않는다." 라는 뜻으로 나는 해석하고자 한다.

뒷 부분의 群而不黨에 대하여는 "화목한 마음으로 무리를 짓지만 군자는 원래 덕을 기르는 데 힘쓰는 사람이어서 사사로운 마음이 없으므로 누구를 사사롭게 편들지 않기 때문에 당파를 짓지 않는다." 라고 해석함이 좋다고 나는 생각한다.

이 章에 대한 종래의 주해를 몇 가지 소개한다.

다산(4−361)은, 장중하게 하며 스스로 몸을 단속하는 것을 矜이라 하고 자긍심이 높아 서로 다투는 것을 爭이라 하며 화목하게 모여 마음을 같이 하는 것을 群이라 하고 아첨하여 힘을 돕는 것을 黨이라 한다고 설명한다.

소라이(204)는 "군자는 禮를 지키고 예는 겸양을 귀하게 여기므로 자긍심이 있어도 다투지 아니한다. 군자는 仁에 거하고 인한 사람은 덕을 기르므로 무리를 지어서 살되 당파를 형성하지 아니한다." 라고 설명한다. 소라이의 설명 중 뒷부분을 좀 보충한다면 '군자는 덕을 기르므로 사사로운 마음이 없고 따라서 무리를 지어서 살되 사사롭게 편들거나 아첨하여 힘을 돕지 않으므로 당파를 짓지 않는다'는 뜻으로 이해된다.

이인편 (4−10) 참조

(15-23) 不以言擧人

> ▶(予解) 공자께서 말씀하셨다. "군자는 말만으로 사람을 등용하지는 않고, 사람이 나쁘다 하여 그의 (좋은) 말까지 버리지는 않는다."

〈原文〉

子曰: 君子 不以言擧人 不以人廢言

〈解語〉

사람과 말(言)은 같은 것이 아니다. 좋은 사람도 나쁜 말을 할 수 있고 나쁜 사람도 좋은 말을 할 수 있다. 동일한 사람의 말이라도 좋은 것이 있고 나쁜 것이 있다. 그러므로 말만 가지고 사람을 천거해서도 안 되고 또 사람만 보고서 그의 말을 물리쳐서도 안 된다(리링 2-902).

(15-24) 其恕乎

> ▶(予解) 자공이 여쭈었다. "평생토록 실행할 만한 말 한마디가 있습니까?"
>
> 공자께서 말씀하셨다. "아마도 恕이리라! 자기가 당하기 싫은 일을 남에게 하지 말아라."

〈原文〉

子貢問曰: 有一言而可以終身行之者乎
子曰: 其恕乎 己所不欲 勿施於人

〈解語〉

공자 사상의 핵심에 대한 공자 자신의 명백한 답변이라고 생각한다.
이인편 (4-15)에 자세한 설명이 나온다. 아울러 (12-2) (15-3) 참조.

(15-25) 誰毀誰譽

▶ (予解) 공자께서 말씀하셨다. "내가 다른 사람을 대함에 있어서 누구를 헐뜯고 누구를 칭찬하더냐? 만약 칭찬한 사람이 있었다면 그는 이미 내가 시험해본 자였을 것이다. 지금의 이 백성은 삼대(하, 은, 주)에 걸쳐 바른 도의 시행을 겪어본(以) 경험(所)이 있다."

〈原文〉

子曰: 吾之於人也 誰毀誰譽 如有所譽者 其有所試矣 斯民也 三代之所以直道而行也

〈解語〉

주자(성백효 669)는 所以를 虛辭로 보면서 斯民也 三代之所以直道而行也를, 이 백성은 삼대의 성왕들이 그들을 데리고 직도를 시행했던 바로 그 백성이다 라는 뜻으로 풀이한다.

나는 주자의 이런 풀이를 「이 백성은 삼대 즉 하, 은, 주의 우, 탕, 문, 무, 주공, 성왕들이 시행한 바른 도 즉, 사사로이 굽힘(私曲)이 없는 도를 겪어본 경험이 있다.」 라는 뜻으로 이해한다.

그러니 공자 자신도 그들에게 어찌 직도가 아닌 사사로움으로써 헐뜯거나 칭찬하거나 할 수 있겠는가 하는 말이다. 사사로움으로써 헐뜯거나 칭찬하거나 하면 백성들이 용납하지 않으리라는 뜻이다.

(15-26) 史之闕文

▶ (予解) 공자께서 말씀하셨다. "사관이 의심스러운 일은 기록하지 않고 비워두는 일, 말(馬)을 가진 사람이 남에게 빌려주어 타게 하는 일 등을 옛날에는 내가 오히려 보았는데(及) 지금은 없어지고 말았다."

子曰: 吾猶及史之闕文也 有馬者借人乘之 今亡矣夫

〈字解〉

亡 — 無로 읽는다.

(15-27) 小不忍則亂大謀

> ▶(予解) 공자께서 말씀하셨다. "예쁘게 꾸민 달콤한 말은 덕을 어지럽히고 작은 것을 참지 않으면 큰 계획을 어지럽힌다."

〈原文〉

子曰: 巧言亂德 小不忍則亂大謀

(15-28) 衆惡之必察焉

> ▶(予解) 공자께서 말씀하셨다. "많은 사람이 미워해도 반드시 살펴야 하고 많은 사람이 좋아해도 반드시 살펴야 한다."

〈原文〉

子曰: 衆惡之 必察焉 衆好之 必察焉

〈解語〉

與論도 반드시 옳은 것은 아니기 때문에 이것도 잘 살피지 않을 수 없다.

재판과 관련하여서도 사정은 마찬가지이다.

소라이(3-211)는 이런 말을 한다. "백성들이 좋아하는 것을 좋아하고 백성들이 싫어하는 것을 싫어하는 것은 仁이고(이 부분은 좀 생각해볼 여지가 있다), 여러 사람이 그를 미워하더라도 반드시 살펴보며 여러 사람이 그를 좋아하더라도 반드시 살펴보는 것은 知이다."

● 여론의 지배

권력을 가진 사람만이 대중의 여론을 지배하거나 조작할 수 있는 것은 아니다. 돈을 가진 사람도, 조직을 가진 사람도, 이데오로기를 가진 사람도, 언론매체를 지배하는 사람도, 모두 그럴 수 있다.

(15-29) 人能弘道

> ▶ (予解) 공자께서 말씀하셨다. "사람이 도를 넓힐 수 있는 것이지 도가 사람을 넓힐 수 있는 것이 아니다."

〈原文〉

子曰: 人能弘道 非道弘人

〈解語〉

무슨 뜻일까?

도의 내용은 무엇이고 도가 적용되는 범위는 어디까지인가?

도의 내용은 넓고 깊다고 한다. 과연 그것이 무엇인지, 얼마나 넓고 얼마나 깊은 것인지, 그것은 사람이 배우고 깨달아야만 알 수 있다. 도가 스스로 사람에게 가르쳐주지는 않는다. 사람이 도를 깨닫는 그만큼만 도의 내용은 알려진다.

또, 도가 실천되고 실현되는 범위는 어디까지인가? 이것도 사람이 스스로 다른 사람들에게 널리 알리고 실천케 하는 그 범위까지만이다. 즉, 도를 깨닫고 그를 실천하는 사람에게까지만 그 혜택이 미친다. 이것이 사람이 도를 넓힌다는 말의 뜻이 아닐까?

도가 스스로 나서서 사람들을 깨우치거나 도의 혜택을 받는 사람의 범위를 넓혀 나가는 일은 없다. 이것이 도가 사람을 넓히지는 않는다 는 말의 뜻이 아닐까?

그렇다면 도는 하는 일이 없으면서도 하지 않는 일이 없다는 노자의 말은 무슨 뜻인가? 노자의 이 말에 따르면 도가 사람을 넓힌다는 것인가?

노자의 말은 원래 다음과 같은 뜻이다.「도는 일부러 무슨 의도를 가지고 무엇을 하는 일은 없다. 그렇다고 하여 도가 정말 아무 일도 하지 않는 것은 아니다. 자연의 흐름에 맡겨 저절로 일하고 저절로 이루어지게 한다.」

이 말은 부분적으로는 수긍할 수 있지만 부분적으로는 수긍하기 어렵다. 예컨대 일년의 사계절의 변화는 도가 무슨 의도를 가지고 그렇게 작위하는 것은 아니고 자연히 그렇게 흘러갈 뿐이다. 이런 현상에 대하여는 노자의 말이 우선 맞다. 그러나 문화의 발전과 성숙 그리고 세계적 전파 같은 현상을 마찬가지로 볼 수는 없다. 간단히 말해서 어떤 사람이 도를 깨닫고 이를 알리기 위하여 온갖 고난을 극복해 가면서 불철주야 노력하는 것도 자연의 흐름에 따라 저절로 이루어지는 현상이라고 할 것인가? 그렇다고 수긍할 수는 없다. 결국 노자의 말은 상식으로는 수용하기 어렵다. 공자의 말대로 이런 노자의 가르침은 敬而遠之함이 옳을 것이다.

따라서 노자의 말을 가지고 非道弘人이라는 공자의 말을 의심할 필요는 없다고 생각한다.

(15-30) 過而不改是謂過

> ▶(予解) 공자께서 말씀하셨다. "지나쳤는데도 고치지 않는 것, 이를 허물이라고 이른다."

〈原文〉
子曰: 過而不改 是謂過矣

〈解語〉
보통은 "잘못을 저지르고도 고치지 않는다면 이것이 바로 잘못이다."라고 해석한다.

그러나 다산은 앞의 過는 中을 지나친 것 즉, 중용을 얻지 못한 것을 이름한 것이고, 아래의 過는 罪過를 말한다고 한다. 모르고서 잘못을 저지르는 것 또는 힘이 부족하여 미치지 못하는 것, 이런 것들은 죄과가 아니라는 뜻이다. 지나친 것을 알고나서도 고치지 않으면 그때 죄과가 된다는 뜻이다. 근대 형법상의 과실범 이론과 상통하는 면이 있다. ▶(予解)는 다산(4-385)의 풀이를 따랐다.

(15-31) 不寢以思

▶(予解) 공자께서 말씀하셨다. "내 일찍이 종일토록 먹지 않고 밤새도록 자지 않고 사색하였으나 유익함이 없었다. (역시) 배우는 것만 같지 못하였다."

〈原文〉

子曰: 吾嘗終日不食 終夜不寢以思 無益 不如學也

〈解語〉

〈荀子〉 勸學에도 같은 말이 나온다.

순자는 이렇게 말한다. "나는 일찍이 하루 종일 생각만 해본 일이 있었으나 잠깐 동안 공부한 것만 못 하였다. 나는 일찍이 발돋움을 하고 바라본 일이 있었으나 높은 곳에 올라가 널리 바라보는 것만 못하였다."(김학주 42)

공자는 위정편 (2-15)에서 學而不思則罔 思而不學則殆 즉, "배우기만하고 스스로 생각하지 않으면 남는 것이 없고, 생각만하고 배우지 않으면 위험하다." 라고 말씀하였다. 생각만하고 배우지 않는 자를 위해서 이 말을 한 것 같다.

후일 중국에서 선불교가 유행하면서 참선이 크게 성행하기 시작하였는데 이런 수행 방법은 學을 중시하는 공자의 태도와는 크게 다르다.

● 學於禪

생각하건대 일상의 생활에서 벗어나기 어려운 생활인으로서는 어차피 학에 의지할 수밖에 없다. 생활인으로서는 종일을 먹지 않고 종야토록 자지 않고 생각에만 몰두할 수는 없다. 보통의 생활인으로서는 참선은 경이원지 하면서 학에 뜻을 두어야 할 것이다.

다시 말하면 참선에 용맹정진하여 깨달음을 얻은 소수의 사람들로부터 그들의 가르침을 배우고 실천하여야 하리라.

(15-32) 君子謀道不謀食

▶(予解) 공자께서 말씀하셨다. "군자는 도를 도모하지 먹을 것을 도모해서는 안 된다. 농사를 짓는다 해도 (흉년이 들면) 굶주림(餒)이 그 가운데에 있을 수 있고 배우기만 해도 (벼슬을 하여 오히려) 굶주림을 면할 수도 있다. 그러니 군자라면 도를 배우지 못할까 근심할 일이지 가난을 근심할 일이 아니다."

〈原文〉

子曰: 君子謀道不謀食 耕也 餒在其中矣 學也 祿在其中矣 君子憂道不憂貧

〈解語〉

이 말은 단순한 이해타산으로 볼 때 學이 耕보다 유리하다는 뜻은 아니다. 어찌 항상 學이 耕보다 유리할 수 있겠는가. 때로는 경제활동에 전념하는 것이 훨씬 유리할 경우도 많다.

이것은 도를 배워 군자가 되고자 하는 사람들을 오로지 상대로 한 말이다. 두 가지를 동시에 달성할 수는 없으니 군자가 되기로 했으면 오로지 學에 전념할 것임을 가르친 말이다. 고위 공직자가 재물을 탐하거나 理財에 치중한다면 이런 가르침에 어긋난다.

현재의 미국 대통령 트럼프를 보자. 그는 경제 활동에 전념하여 큰 부자가 되었고 끝내 대통령까지 되었다. 그럴 수도 있음을 그는 몸소 증명하였다. 그는 애초에 군자가 되어 백성을 편안하게 하는 그런 권력자가 되기를 원한 것은 아니었다. 먼저 부자가 된 뒤 그것을 바탕으로 권력자가 되고자 한 사람이었다. 군인의 길을 걸어 성공하여 마침내 권력자가 된 사람도 수없이 많다. 길은 여러 가지가 있는 셈이다. 그러나 군자가 되어 정치에 참여하여 인정을 베풀고자 하는 사람이라면 군자의 길을 걸어야 할 뿐이다.

(15-33) 知及之

▶(予解) 공자께서 말씀하셨다. "지혜가 군주의 지위에 걸맞게 미치더라도 仁이 그 지위를 능히 지킬 수 없다면 비록 그 지위를 얻었더라도 반드시 잃는다. 지혜가 군주의 지위에 미치며 인이 그것을 지킬 수 있어도 장중함으로써 군주의 지위에 임하지(涖) 아니하면 백성들이 공경하지 아니한다. 지혜가 미치며 인이 지킬 수 있으며 장중함으로써 임하더라도 군주가 움직일 때 예에 맞게 하지 아니하면 좋지 못하다."

〈原文〉

子曰: 知及之 仁不能守之 雖得之 必失之 知及之 仁能守之 不莊以 涖之 則民不敬 知及之 仁能守之 莊以涖之 動之不以禮 未善也

〈解語〉

① 여기에는 之가 여러 차례 나오는데 무엇을 가리키는 글자인가? 작게는 관직의 지위이고 크게는 군주의 지위이다. 이 章에서 공자는 백성(民) 전체를 상대하는 지위를 두고 말하고 있다고 보이니 아마도 군주의 지위를 가리킨다고 보아야 하리라.

② 知及之는 '지혜가 군주의 지위에 필요한 수준의 정도에 미치고' 라는 뜻이다.

③ 仁能守之는 '仁은 능히 군주의 지위를 지킬만 하고' 라는 뜻이다.

④ 莊以涖리之는 '장중하게 군주의 자리에 임(臨)하고'라는 뜻이다.

⑤ 動之不以禮는 '군주가 행차하거나 거동할 때, 즉 제사, 조근(朝覲－제후가 천자를 뵙는 일), 정벌, 수수(蒐狩－사냥) 등으로 움직일 때 예(禮)에 어긋나게 행동한다면'이라는 뜻이다(다산 4－395, 王肅). 여기서의 之도 군주의 지위이다. 정확히는 군주의 位置를 말한다.

대부분의 주해가 動之不以禮의 動之를 백성을 부리는 것이라고 풀이 하여 이 구절을 '백성을 부릴 때 禮로써 하지 아니 하면'이라고 해석한다. 이렇게 풀이하는 것은 우선 여기의 之자가 백성을 의미함으로써 앞에 나온 다른 之자들과 뜻이 다르게 되어 부당하다. 之자를 백성이라고 풀이할 근거가 없다. 다음으로 백성을 부리는 데 예로써 부린다는 것은 뜻이 안 통한다. 왕조시대의 君王은 백성을 부림에 있어, 훌륭한 군왕은 法으로 부리거나 은혜로 부렸고 나쁜 군왕은 채찍으로 부렸다. 禮로 백성을 부린다는 것은 일찍이 없던 일이고 없던 말이다. 군주가 신하를 예로 대하고 예로 신하를 부린다는 말이 있을 뿐이다. 그러므로 이런 주해들은 따르기 어렵다.

(15-34) 君子不可小知

> ▶(予解) 공자께서 말씀하셨다. "군자는 작은 일을 맡을 수는 없으나 큰 소임을 받을 수 있고 소인은 큰 소임을 받을 수는 없으나 작은 일을 맡을 수는 있다."

〈原文〉

子曰: 君子不可小知 而可大受也 小人不可大受 而可小知也

〈解語〉

小知의 뜻이 알기 어렵다. 여러 해설이 있다. 그러나 다산(4－401)의 다음과 같은 설명이 비교적 타당하여 이를 따른다. 「'周禮'에서는 관직의 일을 관장하는 것을 본래 '知'라고 일컬었다. 과거 우리나라의 관직 이름인 知經筵, 知春

秋(또는 현재의 道知事) 등의 유례가 여기에 있다. 그러므로 소지는 작은 일에 관여하여 그 일을 맡는 것을 이른다.」

　대체로 보아, 임금이 군자에게 작은 관직을 맡겨서는 안 되고 소인에게 큰일을 맡겨서는 안 된다는 뜻이다.

(15-35) 仁甚於水火

> ▶ (予解) 공자께서 말씀하셨다. "백성에게는 물이나 불보다 仁(仁政)이 더 중요하다. 물이나 불은 매우 중요하지만 이를 사용하다가 자칫 잘못하여 죽는 자를 내가 보았으나 인(仁政)의 혜택을 보다가 죽는 사람은 내가 보지 못했다."

〈原文〉

子曰: 民之於仁也 甚於水火 水火 吾見蹈而死者 未見蹈仁而死者也

〈字解〉

蹈－밟는다는 履와 같은 뜻이다.

〈解語〉

　① 이 章에서 공자가 백성을 내세워 말하는 것을 보면, 공자가 말하고자 하는 상대방은 임금이라고 이해된다. 民之於仁也 라 함은 '인(仁政)에 대하여 백성이 느끼는 필요성 내지 중요성은' 이라는 뜻이고, 甚於水火는 '물이나 불에 대하여 느끼는 필요성이나 중요성보다 더 심하다' 라는 뜻이다. 그래서 '백성에게는 물이나 불보다 인이 더 중요하다' 고 풀이할 수 있다. 仁政의 중요성을 군주는 마땅히 알아야 하고 백성들도 또한 인의 실천이 중요함을 알아야 한다(물이나 불은 필요하기도 하지만 위험도 따른다. 그러나 인은 위험은 없고 혜택은 크다. 그러니 백성들도 인의 중요성을 알고 인의 실천에 힘써야 한다)는 가르침이다. 더 중요하다는 뜻을 왜 더 심하다는 말로 표현했을까? 물이나 불은 어느 정도까지는

스스로 조달하고 스스로 그 위험을 방비할 수 있지만 어진 군주를 만나기는 가뭄에 콩나듯 어렵고 태평한 세상은 수백 년에 한두 번 있을까 말까 해서 그렇게 표현했다고 이해한다.

② 그러나 좀 다른 해석도 있다.

「백성들은 인을 물이나 불보다 더 무서워한다. 그러나 물이나 불 속에 뛰어들었다가 죽은 자를 나는 보았지만 인을 실천하다가 죽은 자를 보지는 못했다.」(리링 2-916) 백성들에 대한 공자의 실망을 나타내는 말이라고 한다.

(15-36) 當仁不讓於師

> ▶(予解) 공자께서 말씀하셨다. "인을 행하는 것은 스승에게도 양보하지 아니한다."

〈原文〉

子曰: 當仁 不讓於師

(15-37) 貞而不諒

> ▶(予解) 공자께서 말씀하셨다. "군자는 바르고 굳건하지만 작은 신의를 고집하지는 않는다."

〈原文〉

子曰: 君子貞而不諒

〈字解〉

貞―바르고 굳은 것. 諒―是非를 가리지 않고 약속만 지키려 하는 것. 小信이라고도 함.

<解語>

① 해석이 갈린다. ▶(予解)는 다수의 견해를 따른 것이다.

그러나 소라이(3-222)는 다음과 같이 완전히 다른 해석을 한다.

「貞이라 함은 내면에 보존되어 있는 것이 변하지 않음을 말한다. 諒은 남이 믿어주기를 구하는 것이다. 그러므로 이 章은 "군자는 내면에 보존한 것을 바꾸지 않고 남이 믿어주기를 바라지 않는다." 라는 뜻이다.」

생각하건대 貞을 '내면에 보존되어 있는 것이 변하지 않음' 이라고 해석하는 것은 쉽게 수긍이 간다. 그러나 '諒'을 '남이 믿어주기를 바라는 것' 이라고 해석하는 것은 근거의 제시가 부족하다. 諒察이란 말이 '믿어주기를 바란다' 라는 뜻이라는 것을 예로 든다. 그러나 어찌 이것이 충분한 근거가 되겠는가? 옥편에 나오는 諒의 뜻 중에서는 '살펴서 안다'는 것 정도가 가장 소라이의 해석에 가깝다고나 할까? 물론 이것도 근거로는 턱없이 부족하다.

더구나 소라이(3-121) 자신도 헌문편 (14-17)에 나오는 '諒'을 '조그마한 신의'라고 해석하고 있지 아니한가?

그래서 소라이의 풀이는 따를 수 없다.

② 이 章은, 군자가 융통성이 전혀 없어서는 아니 됨을 경계한 말이다. 제환공과 왕위를 경쟁하던 공자 규가 경쟁에서 패하여 죽자 그를 보좌하던 소홀이 그를 따라 자결하였는데 공자가 이를 비판하면서 이런 행동은 작은 신의를 지키는 것 즉, '爲諒'에 불과하다고 말하였다(헌문편 14-17).

(15-38) 事君敬其事後其食

> ▶(予解) 공자께서 말씀하셨다. "임금을 섬김에 있어서는 그 맡은 일을 먼저 삼가서 처리하고 봉록 문제에 대한 관심은 뒤로 해야 한다."

<原文>

子曰: 事君 敬其事而後其食

〈解語〉

　敬其事는 고대의 관용어로서 맡은 직책에 충실하고 최선을 다한다는 의미이
고 後其食은 (일을 먼저 처리하고) 그런 다음에 녹봉 문제를 생각해야 하지 녹봉
문제를 먼저 생각하는 마음이 있어서는 안 된다는 뜻이다(리링 2-921).

(15-39) 有敎無類

> ▶(予解) 공자께서 말씀하셨다. "가르침이 있으면 그 효과에는 사람의
> 귀천 등에 따른 차이가 없다.

〈原文〉

子曰: 有敎無類

〈解語〉

　① 類는 貴賤, 貧富, 遠近, 華夷, 善惡 등의 같고 다름에 따른 구별이다.
　② 주자(621 임동석)는 가르침에는 유별(類別)함이 없어야 한다고 풀이한다.
이가원(270), 류종목(522), 리링(2-922), 소라이(3-224)도 같다.
　③ 그러나 다산(4-419)은 "가르침이 있으면 모두가 같아지니 이것이 유가
없는 것이다." 라고 풀이한다. 최근덕(405)도 "가르치고 나면 나쁜 부류가 없어
진다." 라고 하여 다산과 같은 뜻으로 보았다. 주자(682 성백효)와 이중텐(79)의
풀이도 이와 같다. 특히 이중텐은 '有A 無B' 형식의 문장을 해석하는 네 가지
문법유형을 제시하면서 이 경우에는 "A가 있으면 B가 없다." 라는 경우에 해당
한다고 논리적으로 그 이유를 설명한다. ▶(予解)는 이 논리적인 설명이 맞다
고 보아 이 견해를 따랐다.

(15-40) 道不同

> ▶(予解) 공자께서 말씀하셨다. "도가 다르면 함께 일을 도모하지 않
> 는다."

〈原文〉

子曰: 道不同 不相爲謀

〈解語〉

① 道가 다른 것은 무엇을 말하는가?

주자(622)는 善惡, 邪正의 유별 같은 것이라고 말한다.

소라이(3-225)는 이렇게 설명한다. 「도는 道術을 말하니 활쏘기와 말 몰기 및 생황이나 피리, 비파나 거문고 연주와 같은 것이다. 나에게 평소 익숙한 것이 아니면 그 일을 정밀하게 할 수 없다. 그러므로 서로 도모하지 않는 것은 그 일을 무너뜨릴까 두려워해서이다.」

다산의 설명은 이렇다. 「바라보고 그것을 말미암는 것을 도라 한다. 先王의 道를 말미암는 자도 있고 雜覇를 말미암는 자도 있고 隱怪를 말미암는 자도 있으니 그 추향(趨向)하는 바가 같지 않으면 함께 일을 도모할 수 없다.」

리링(2-923)은 이렇게 말한다. 「길이 다르다(道不同)는 것은 근본적인 원칙이 다른 것이다. 예를 들어 정치적 입장이 다르고 종교적 입장이 다르고 학술적 견해가 다른 것 등이다. 이들 가운데서 종교는 금기가 가장 많고 배타성이 가장 강하다. 종교가 있는 사람은 신앙이 다르면 근본적으로 의견의 일치를 볼 수 없고 어떤 일을 함께 할 수 없으며 따라서 그저 "함께 일을 계획하지 않을 뿐이다."」

② 생각컨대 주자의 해석은 너무나 도덕 편향적이다. 공자가 그렇게 좁은 시각으로 말하지는 않았으리라 추측된다.

근본적인 생각이 다른 것 일반을 도부동이라고 생각한다. 근본적인 생각의 방향이 다른 사람들이 함께 일을 도모한다면 성공을 기대하기가 사실상 불가능하다. 일을 망치기 십상이다. 소위 이념 위주의 정치적 지향점이 다를 경우에 특히 그러하다. 중국의 國共內戰 도중에 당시의 장개석 정부를 미국이 압박하여 모택동의 紅軍과 항일전쟁에서 연합전선을 펴도록 한 것은 공자의 이 말을 모르는 처사였다. 左右聯政은 전략적 기만일 경우가 허다하다.

③ 생각컨대 그것을 바라보고 그것을 따르는 그것을 도라고 하는데 그 도가

다르다면 함께 일할 수 없고 함께 해보아야 오히려 일을 망치는 것은 당연하다. 그렇다고 하여 서로 상대를 제거하려고까지 나서는 것은 어떤가? 같이 일을 안 하면 그 뿐이지 상대를 제거하려고까지 할 일은 아니다. 그러나 권력을 두고 도가 다르다면 얘기가 다르다. 왕정이나 전제정의 시대에는 상대를 제거하려 하였다. 민주정의 시대에는 어떤가? 선거에 의한 국민의 선택에 맡기고 선택받지 못한 정치의 道는 다음 선거의 시기까지 자중하며 기다려야 하고 선택받은 정치의 道도 상대의 원천적 제거를 기도하여서는 안 된다. 선거에서 이긴 여당이 야당의 뿌리를 뽑아 박멸을 기도한다면 민주주의는 아니다.

(15-41) 辭達而已^이

> ▶ (予解) 공자께서 말씀하셨다. "문장은 뜻만 통하면 된다."

〈原文〉

子曰: 辭達而已^이矣

〈解語〉

소라이(3 – 226)의 설명을 본다. 「말이 문장을 이룬 것을 辭라고 하니 여기서는 辭命을 이른다. 춘추시대 사명을 작성하는 사람은 대체로 헛되게 과장하는 것이 풍속이 되어버려 다투어 문장을 꾸며 서로를 높이는 바람에 양국 간의 실정이 그로 인해 전달되지 않았다. 그러므로 공자가 그렇게 말한 것이다.」

다산(4 – 423)은 이렇게 설명한다. 「辭는 使臣이 專對하는 辭이다. 대부가 이웃 나라를 방문할 때 가져가는 국서를 命이라 하고 辭와 命이 때로는 辭로 통칭될 때도 있다. 이 經文에 말한 바 辭達도 역시 大夫인 使臣이 專對하는 辭이며 그 밖의 다른 辭가 아니다.」

생각하건대 공자가 이 말을 할 당시의 辭는 다산이나 소라이가 말하는 그런 외교적 辭로 특정될 수가 있지만 이 말 자체는 현재에도 말 일반에 대하여 적용할 수 있는 보편성을 갖고 있다. 그러므로 대부분의 주해는 "말은 뜻만 통하면 되지 화려하고 현학적일 필요가 없다."라는 취지로 이해한다(주자 623; 이가원 270; 류종목; 524; 최근덕 406; 황병기 140; 리링 2-925).

(15-42) 相師之道

▶ (予解) 악사 면이 공자를 뵈러(見) 왔는데 그가 계단에 이르자 공자께서 "계단이오."라고 하시고 자리에 이르자 "자리요."라고 하셨으며 다들 자리에 앉자 그에게 "아무개는 여기에 있고 아무개는 저기에 있소."라고 일러주셨다. 악사 면이 나가고 나서 자장이 "악사와 그렇게 이야기하는 것이 도리입니까?"라고 여쭈었더니 공자께서 말씀하셨다. "그렇다. 원래(固) 악사를 돕는(相) 도리이다."

〈原文〉

師冕見 及階 子曰: 階也 及席 子曰: 席也 皆坐 子告之曰: 某在斯 某在斯
師冕 出 子張問曰: 與師言之道與 子曰: 然 固相師之道也

〈解語〉

고대에 악사는 대개 맹인이었다고 한다.

(16-1) 不患寡而患不均

> ▶(予解) (전략) …공자께서 말씀하셨다. "求야! 주임의 말에 '자신의 능력을 펼쳐서(陳力) 관리의 대열에 나아가(就列) 일을 하되 능력이 닿지 않으면 그만둔다' 라는 말이 있거니와, 위급한데도 잡아주지 않고 넘어지는데도 부축해주지 않는다면 그 보조자(相)를 어디에 쓰겠느냐? 뿐만 아니라 네 말은 잘못되었다. 호랑이와 외뿔소(兕)가 우리(柙)에서 뛰쳐나오고, 귀갑과 옥이 궤(櫝) 안에서 깨졌다면 이는 누구의 잘못이냐? (중략) …나 丘가 들은 바에 의하면 국가를 가진 사람은 재부(財富)가 적은 것(寡)을 걱정하지(患) 않고 재산의 소유가 고르지(均) 않은 것을 걱정하며 가난한 것을 걱정하지 않고 나라가 편안하지 않은 것을 걱정한다고 했다. 대체로 재산의 소유가 고르면 가난을 느끼지 않게 되고, 나라가 화목하면 재산이 적다고 느끼지 않으며, 나라가 안정되면 기울어지지 않는 법이다. 이치가 대체로 이와 같기 때문에 먼 데 사람(노나라의 屬國인 顓臾를 가리키는 듯하다)이 복종하지 않으면 文德을 닦아서 그들로 하여금 찾아오게 하고 이미 오게 했으면 그들을 편안하게 해주는 것이다. 지금 由와 求는 그 분(夫子, 계손씨)을 보필하면서(相) 먼 데 사람들이 복종하지 않는데도 그들로 하여금 찾아오게 만들지 못하며, 나라가 나눠지고(分) 무너지고(崩) 분리되고(離) 쪼개질(析) 처지에 놓였는데도 이를 수호하지 못하고 나라 안에서 무력(干戈)을 동원하려고 계획하고 있다. 나는 계손씨의 걱정거리가 밖에 있는 屬國 전유에 있지 않고 담장 안에 있을까 두렵다."

<原文>

(前略) 孔子曰: 求 周任有言曰: 陳力就列 不能者止 危而不持 顚^전而不扶 則
將焉用彼相矣 且爾言過矣 虎兕^시出於柙^합 龜^귀玉毁^훼於櫝^독中 是誰之過與 (中略) 丘
也聞有國有家者 不患寡而患不均 不患貧而患不安 蓋均無貧 和無寡 安無傾
夫如是 故遠人不服 則修文德以來之 旣來之 則安之 今由與求也 相夫子 遠
人不服而不能來也 邦分崩離析而不能守也 而謀動干戈於邦內 吾恐季孫之
憂 不在顓臾^{전 유} 而在蕭墻^{소 장}之內也

<字解>
周任－주나라의 대부라는 설과 옛날의 史官이라는 설이 있다(류종목 531).

<解語>
① 國家의 國은 제후이고 家는 경대부이다.

寡－적을 과. 보통은 백성이 적은 것을 과라고 부르는데 여기서는 국가의 財
富가 적은 것을 칭한다고 나는 생각한다.

季孫－노나라의 정치를 전횡하던 대부.

顓臾^{전 유}－노나라의 속국. 계손씨가 정벌하여 그 땅을 뺏으려고 계획하고 있었
다.

由與求－공자의 제자 자로의 이름 由와 염유의 이름 求. 두 사람 모두 당시
에 계손씨의 가재로 있었다.

文德－文敎를 통한 감화력. 또는 예악이 바르게 행하여지는 것.

干戈－武力, 전쟁

蕭墻^{소 장}－겉 담의 안쪽에 있는 낮은 담장. 內憂를 의미한다. 내우가 구체적으로
누구의 무엇을 의미하는지는 설이 나뉜다.

● 不患寡而患不均

② 不患寡而患不均 不患貧而患不安 蓋均無貧 和無寡 安無傾. 이 말은 오

늘의 시대에도 적용될 수 있는 가르침이다. 특히 不患寡而患不均(국가의 재력이 부족함을 걱정할 것이 아니라 그 재산이 고르게 분배되지 않음을 걱정하여야 한다)이라는 말과 不患貧而患不安(가난을 걱정할 일이 아니라 가난한 자가 가진 자를 질시하고, 가진 자는 가난한 자를 방치함으로 인하여 사회가 흔들리는 불안을 걱정하여야 한다.) 이라는 말은 오늘의 이 시대, 이 곳에서 더욱 절실한 문제가 되어 온 세상을 음울하게 덮쳐누르고 있다. 공자의 이 말은, 예나 지금이나 東이나 西에서나, 모두 걱정해야 하는 문제를 너무 아프게 지적하고 있다. 나라가 나눠지고 (分) 무너지고(崩) 분리되고(離) 쪼개지는(析) 위험이 밖으로부터 오는 것이 아니라 담장 안에 있을까 진실로 두렵다.

(16-2) 天下有道庶人不議

> ▶(予解) 공자께서 말씀하셨다. "천하에 도가 있으면 예악과 정벌이 천자의 결정으로부터 나오고 천하에 도가 없으면 예악과 정벌이 제후들로부터 나온다. 제후들로부터 나오면 대개 십대 안에 천자가 나라를 잃지 않는 것이 드물고(希) 대부들이 결정하면 오대 안에 제후의 정권이 망하지 않는 것이 드물고 대부의 가신이 국정을 잡으면 삼대 안에 대부가 그 권력을 잃지 않는 것이 드물다. 천하에 도가 있으면 정치권력이 대부의 손에 있지 않고 천하에 도가 있으면 서민들이 정치를 논하지 않는다.

〈原文〉

孔子曰: 天下有道 則禮樂征伐自天子出 天下無道 則禮樂征伐自諸侯出 自諸侯出 蓋十世希不失矣 自大夫出 五世希不失矣 陪臣執國命 三世希不失矣 天下有道 則政不在大夫 天下有道 則庶人不議

〈解語〉

① 예악의 제정과 시행은 대내적 권력에 속하고 정벌의 계획과 시행은 대외적 권력에 속한다. 이런 모든 권력이 천자로부터 제후에게 옮겨가는 것, 또는

제후의 권력이 경대부에게 옮겨가는 것, 또는 경대부의 권력이 그 가신에게 옮겨가는 것, 이것은 정치의 實權이 본래 있던 자리에서 그 아래의 보좌역에게 비정상적으로 옮겨가는 것을 말하고 요즘 식으로 말하면 소위 시스템의 붕괴를 말한다.

권력의 비정상적 이동이므로 대개는 윗자리의 無能과 아랫자리의 참월(僭越)이 겹친 데서 비롯된다. 그러니 윗자리의 失權과 그에 이은 파멸은 불가피한 현상이다. 그리고 이런 비정상적 권력 이동은 위에서부터 아래로 점차 모방되어 확산됨으로써 총체적인 시스템의 붕괴 즉, 천하대란과 그에 이른 왕조의 교체를 가져온다.

② 공자가 말하는 10세, 오세, 삼세라는 기간은 변화가 진행되는 기간이 오래면 10세, 빠르면 삼세라는 것으로 대략적인 표현이다. 일세는 대략 30년을 말한다.

참고로 리링(2-940)은 다음과 같은 계산을 해본다. 「예악과 정벌이 제후에게서 나온 현상은 사실상 제나라의 환공(춘추오패의 제일 번 霸者)으로부터 시작되었다. 이 때부터 공자의 죽음까지의 사이에 주나라 천자(왕)가 10명이었다. 아마도 이 열 명의 왕이 바로 공자가 말한 十世일 것이다. 五世는 노나라의 實權을 쥐고 있었던 계씨 가문의 대부들 즉, 문자, 무자, 평자, 환자, 강자의 五世代였을 것이다. 三世는 대부의 家臣이 국정을 잡는 것으로 예를 들어 노나라 계씨의 가신 양화는 무자 때 이미 계씨의 정권을 장악하고 계평자와 계환자를 섬겼으니 이것이 마침 삼세이다.」

③ 陪臣의 陪는 거듭된다는 重의 뜻으로 제후는 원래 천자의 臣이고 家臣은 바로 천자의 臣의 臣이니 바로 陪臣이다(다산 4-463).

④ 庶人不議는 정치를 위에서 잘하면 일반 백성이 정치를 비난함이 없다 라는 해석(최근덕 415)이 있는가 하면 전국시대 서민 출신의 유세객들이 제후를 유세하고 국정에 참여하여 의논하는 일 따위가 없다는 해석(다산 4-471)도 있다.

아무리 정치를 잘한다고 해도 서민이 정치를 논란하는 일이 없거나 유세객이 유세를 하지 않는 일은 없을 수 없다. 왕정시대이든 민주정 시대이든 사정은 마찬가지이다. 결국은 君君臣臣으로 즉, 임금은 임금답고 신하는 신하답게 권력이 제자리에서 제대로 작동하여 서민조차도 정치를 논란할 필요가 없을 정도로 즉, 불평이 없을 정도로 정치를 잘하여야 한다는 당위론의 제시라고 이해하여야 할 것이다. 그러나 온 국민 모두가 직업과 계층을 막론하고 정치의 시비를 논란하는 일은 매우 불길하다. 왜냐하면 이런 현상은 틀림없이 이를 부추기는 배후의 세력이 있음을 말하고 그 배후세력은 틀림없이 정권의 비정상적 탈취를 시도하는 세력일 수 있기 때문이다.

⑤ 그러나 위에서 말한 '비정상적 권력 이동이 확산됨으로써 총체적인 시스템의 붕괴 즉, 천하대란과 그에 이른 왕조의 교체를 가져오는 현상'은 긴 눈으로 역사를 볼 때 항상 바라직하지 못한 일만은 아니다. 서양의 역사에서 민주주의가 발전된 과정을 보면 이런 느낌을 갖지 않을 수 없기 때문이다.

(16-3) 祿之去公室: 생략

(16-4) 益者三友

> ▶(予解) 공자께서 말씀하셨다. "세 가지 벗은 유익하고 세 가지 벗은 해롭다. 벗이 정직하고, 벗이 신의(諒)가 있고, 벗이 견문이 넓으면 유익하다. 벗이 겉치레에만(辟) 익숙하고(便), 벗이 부드러운 안색(柔)을 잘 짓고(善), 벗이 구변(佞)에 익숙하면 해롭다."

〈原文〉

孔子曰: 益者三友 損者三友 友直 友諒 友多聞 益矣 友便辟 友善柔 友便佞 損矣

(16-5) 益者三樂

> ▶(予解) 공자께서 말씀하셨다. "좋아하는 것 중 세 가지는 유익하고,

좋아하는 것 중 세 가지는 손해가 된다. 내 행동을 예악의 절도에 맞추기를 좋아하는 것, 남의 훌륭한 점을 말하기를 좋아하는 것, 어진 벗 많음을 좋아하는 것, 이 세 가지는 유익한 좋아함이다. 방자하게 굴기(驕)를 좋아하고, 빈둥거리며(佚) 놀기를 좋아하고, 잔치(宴)를 좋아하는 것, 이 세 가지는 손해가 되는 좋아함이다."

〈原文〉

孔子曰: 益者三樂 損者三樂 樂節禮樂 樂道人之善 樂多賢友 益矣 樂驕樂 樂佚遊 樂宴樂 損矣

〈字解〉

樂 — 좋아할 요, 즐길 요.

〈解語〉

樂驕樂과 樂宴樂에서 끝머리의 樂은 모두 의미가 없는 말이다(다산 4 – 493, 태재순)

(16-6) 侍之有三愆

▶(予解) 공자께서 말씀하셨다. "군자를 모시는 데 세 가지 저지르기 쉬운 잘못이 있다. 아직 말할 게제가 아닌데도 말하면 이는 조급함이라 이른다. 말할 게제임에도 불구하고 말하지 않으면 이는 숨김이라 이른다. 안색을 살피지 않고 말하는 것을 장님이라 이른다."

〈原文〉

孔子曰: 侍於君子有三愆 言未及之而言 謂之躁 言及之而不言 謂之隱 未見

顔色而言 謂之瞽^고

〈字解〉

愆^건 – 과실, 잘못. 躁^조 – 조급할 조. 瞽^고 – 소경 고.

〈解語〉

　이것은 스승을 모시거나 어른을 모실 때의 예절이다. 군주를 모실 때의 예는 이와 다르다(소라이 3 – 240). 위영공편 (15 – 8) 참조.

(16-7) 君子有三戒

▶ (予解) 공자께서 말씀하셨다. "군자는 세 가지 경계할 일이 있다. 젊을 때는 혈기가 왕성하여 들끓으니 여색을 경계하여야 하며 장년이 되면 혈기가 한창 굳세므로 싸움을 경계하여야 하고 늙어서는 혈기가 이미 쇠약하므로 재물 얻는 것을 경계하여야 한다."

〈原文〉

孔子曰: 君子有三戒 少之時 血氣未定 戒之在色 及其壯也 血氣方剛 戒之在鬪 及其老也 血氣旣衰 戒之在得

〈解語〉

　① 예전에는 少之時는 20세 이하이고 及其壯時는 30세 이상이고 及其老는 50세 이상이라고 보았다고 한다(리링 2 – 950).

　② 少之時와 及其壯時의 경계할 일은 그런대로 수긍이 간다. 그러나 及其老也 血氣旣衰 戒之在得은 왜 그럴까?

　다산(4 – 499)의 설명은 다음과 같다.

「천지만물의 본성은 꽉 차면 새어나가기를 생각하기 때문에 매양 뿜어내고, 텅 비면 채우기를 요구하기 때문에 매양 빨아들인다. 이는 만물이 스스로 그러한 것인데도 또한 만물은 그 소이연을 알지 못한다. 젊어서는 色을 생각하고 壯年에는 싸움을 생각하니, 이는 꽉 차서 새어나가기를 생각하는 것이다. 노년에는 血이 虛하고 氣가 모자라 항상 보충하기를 생각하기 때문에, 그 심정은 음식을 좋아하고 재물에 애착을 가지는 것이니, 이는 두려워할만한 기틀이다.」

노년에는 '血이 虛하고 氣가 모자라 항상 보충하기를 생각하기 때문' 이라는 이러한 설명만으로는 흡족하게 이해가 안 된다.

● 戒之在得

생각해보면 노년에는 자기가 힘을 들여 일하고 그 대가로 수입을 얻는 세계로부터 배제된다. 바꾸어 말하면 생산력이 없어진다. 실제로 없기도 하고 또는 없는 것으로 취급되기도 한다. 공자가 '혈기가 쇠하여' 라고 말한 것은 '생산력이 없어져서' 라고 말한 것과 같은 의미가 아닐까? 그러나 죽기 전까지는 삶은 계속되므로 그 삶에 필요한 자원은 가족을 포함한 다른 사람의 공급에 의존할 수밖에 없다. 남에게서 자원을 얻어야 하는 시스템 속에 들어간다. 그러므로 기회만 되면 남에게서 얻어야 하고, 얻어놓은 것이 떨어질 때를 대비해서 저장도 해놓아야 한다. 또 자기가 젊어서 벌어놓은 것이 있다 하여도 그것이 고갈될 수도 있으므로 고갈에 대비해서 계속 채워 넣어야 하기 때문에 얻기를 힘쓰지 않을 수 없다. 그러다 보면 남의 빈축을 사는 행동을 하게도 된다. 이래서 공자는 '늙어서는 재물 얻는 행동을 경계하여야 한다' 라고 말했으리라.

그러나 이것은 너무 점잖은 풀이이다.

사람은 다른 사람에 대한 영향력을 가진다. 어릴 때는 재롱으로, 젊어서는 힘으로, 또는 성적 매력으로, 그 뒤에는 권력으로, 또는 재력으로, 또는 인격의 감화력으로, 또는 명성의 빛으로 다른 사람에게 영향력을 갖는다.

그런데 늙으면 어떻게 되는가? 위에서 말한 모든 영향력을 상실한다.

상실되지 않는 힘은 무엇일까? 부처나 공자나 위대한 철인이나 위대한 제왕이 아닌 보통 사람이 늙어서도 마지막까지 가장 확실하게 유지할 수 있고 또 행사할 수 있는 영향력은 재력이다. 사람은 다른 사람의 도움을 받고 싶어 하고 또 다른 사람을 부리고 싶어 한다. 보통 사람은 다 그렇다. 노인이 될수록 더욱 그렇다. 무엇으로 다른 사람의 도움을 얻고 무엇으로 다른 사람을 부릴 것인가? 바로 돈이다. 그래서 늙으면 돈에 더욱 집착하게 되고 그래서 역으로 가장 조심하여야 할 것이 바로 돈에 대한 집착이다. 좀 비참하긴 하지만 이것이 숨길 수 없는 적나라한 실제이다. 영향력이란 말은 과장된 말이고, 최소한 남의 도움을 받으면 그에게 합당한 사례를 할 수 있을 정도의 재력은 있어야 한다. 그래야 노년의 삶이 의연해질 수 있다.

③ 경계는 어떻게 무슨 방법으로 하는가?

주자(641)는 理致로 氣를 이겨내면 혈기에 의해 부림을 당하지 않는다고 한다. 그 말이 맞는다고 하여도 혈기가 미정이거나 방강할 때에는 그렇게 이치로 혈기를 누르면 될지 모르겠으나 노년에는 혈기가 이미 쇠해서 누르고 자시고 할 것이 없으니 이 말이 적용되기 마땅치 않다.

범조우(주자 642)는 이렇게 말한다. 「聖人이 보통사람과 같은 것은 혈기이며 보통사람과 다른 것은 志氣이다. 혈기는 결국 쇠할 때가 있지만 지기는 시간이 흘러도 쇠하는 법이 없다. 젊어서 안정되지 못하고 장년에는 강하며 늙어서 쇠하는 것은 혈기이다. 그러나 색에 경계를 두며, 싸움에 경계를 두고, 얻는 것에 경계를 두는 것은 지기이다. 군자는 그 지기를 기른다. 그러므로 혈기에 의해 움직이지 않는다. 이 때문에 나이가 많아질수록 그에 따라 덕이 높아지는 것이다.」 요컨대 志氣로써 경계하여 극복한다는 것이다.

소라이(3-241)는 '예로써 마음을 제어하는 것'이 그 방법이라고 설명한다. 나는 소라이의 설명에 공감한다.

● 戒之以禮

생각컨대 공자는 禮로써 행동을 절제한다고 늘 가르쳤다. 그렇다면 경계하는 방법도 결국 禮를 가지고 할 수밖에 없지 않을까? 예가 아니면 색을 접하지 말고 예가 아니면 鬪하지 말고 예가 아니면 得을 거절하라는 뜻이리라. 노인이 예에 따라 得을 거절한다면 그 뒤에는 어떻게 되는가? 조용히 居하다가 逝할 밖에 없지 않겠는가?

④ 공자의 이 말은 군자에게만 적용되는 것은 아니다. 소라이는 말한다. 「비록 聖人이라도 또한 그렇다. 聖人은 達磨가 아니니 어찌 막연히 木石과 같을 수 있겠는가? 군자라고 말한 까닭은 위(聖人과 임금)와 아래(庶人)로 모두 통하기 때

문이다.」

(16-8) 君子有三畏

> ▶ (予解) 공자께서 말씀하셨다. "군자는 세 가지 두려워하는 것이 있다. 천명을 두려워하며 대인을 두려워하며 성인의 말씀을 두려워한다. 소인은 천명을 알지 못하여 이를 두려워하지 않고 대인을 함부로(狎) 대하고 성인의 말씀을 업신여기어 조롱한다."

〈原文〉

孔子曰: 君子有三畏 畏天命 畏大人 畏聖人之言 小人不知天命而不畏也 狎大人 侮聖人之言

〈字解〉

狎－친압할 압, 업신여길 압, 희롱할 압.

〈解語〉

천명은 무엇인가? 보통사람으로서는 그 개인의 힘으로 어쩔 수 없는 吉凶禍福이 있다. 시대의 흐름과 변화에 따라 닥쳐오는 그런 길흉화복 같은 것 말이다. 보통사람은 그 까닭을 알 수도 없다. 옛날부터 인간은 이것을 하늘이 주재한다고 생각하였다. 그래서 이것을 天命이라고 부르고 공자는 이를 敬而遠之 즉 畏의 대상으로 여겨야 한다고 가르친다. 이것이 畏天命이라고 나는 생각한다.

대인을 주자(642)와 류종목(538)은 높은 자리에 있는 사람 즉, 권력과 해결 능력을 가진 사람이라고 하였다. 즉, 賞과 罰을 내리는 君主나 그에 버금가는 사람을 말한다.

聖人은 과거의 군주 가운데 나라를 연 先王 즉, 요, 순, 우, 탕, 문, 무의 王을 말한다고 소라이(3－243)는 보았다.

하늘이 길흉화복을 내리고, 군주가 상과 형벌을 내리고, 선왕의 말씀을 따르고 따르지 않음에 의하여 훌륭하게 되고 그렇지 않음이 결정되니, 어찌 그들을 두려워하지 않을 수 있겠는가? 소인은 그런 작용을 제대로 인식하지 못하거나 잊어버리므로 자연 그들을 두려워하지 않고 가볍게 대하게 된다.

(16-9) 生而知之

▶ (予解) 공자께서 말씀하셨다. "태어나면서부터 아는 사람은 가장 지혜로운 사람이고, 배워서 아는 사람이 그 다음이고, 통하지 못해(困) 배우는 사람은 또 그 다음이고 통하지 못하면서 배우지 않으면 백성으로서 가장 어리석다."

〈原文〉

孔子曰: 生而知之者上也 學而知之者次也 困而學之又其次也 困而不學 民斯爲下矣

(16-10) 君子有九思

▶ (予解) 공자께서 말씀하셨다. "군자는 아홉 가지 생각함이 있다. 볼 때는 분명하기를 생각하고, 들을 때는 똑똑하기를 생각하고, 얼굴빛은 온화하기를 생각하고, 태도는 공손하기를 생각하고, 말은 충실하기를 생각하고, 섬김은 공경하기를 생각하고, 의심은 물을 일을 생각하고, 분할 때는 화를 낸 뒤의 어려움을 생각하고, 이득에 대하여는 의로움을 생각한다."

〈原文〉

孔子曰: 君子有九思 視思明 聽思聰 色思溫 貌思恭 言思忠 事思敬 疑思問
忿^분思難 見得思義

<解語>

　事思敬에 대하여는 대부분의 주해가 '일할 때는 신중하기를 생각하고' 라고 풀이한다. 그러나 내 생각에는 事를 '일'로 풀이하면 敬과는 조금 거리가 느껴진다. 敬에 삼가다 라는 뜻이 없는 것은 아니다. 그러나 事를 일로 보면 일은 대체로 틀림없이 처리함을 귀하게 여기고 그러기 위하여 신중하고 꼼꼼히 다루어야 함에 중심을 두게 된다, 그렇다면 공경 내지 경건의 뜻으로 자주 쓰이는 敬자와는 조금 거리가 있다는 느낌을 받는다. 반면 事를 섬김의 뜻으로 보면 敬과 쉽게 연결된다. 그래서 ▶(予解)는 事를 섬김으로 풀이하는 쪽을 택했다.

(16-11) 見善如不及

> ▶(予解) 공자께서 말씀하셨다. "남이 선한 것을 보면 거기에 내가 미치지 못해서 안타까운 듯이 간절하게 추구하고 남이 선하지 않은 것을 보면 끓는 물을 경계하듯 조심한다고 말한다. 나는 그런 사람을 보았고 그런 말도 들었다. 벼슬을 하지 않으면(隱居) 그 뜻을 추구하고 벼슬을 하게 되면(行義) 그 도를 실천한다고 말한다. 나는 그런 말은 들었지만 그런 사람은 못보았다."

<原文>

孔子曰: 見善如不及　見不善如探湯　吾見其人矣　吾聞其語矣　隱居以求其志 行義以達其道　吾聞其語矣　未見其人也

<解語>

　見善如不及　見不善如探湯과　隱居以求其志　行義以達其道는 모두 옛말을 인용한 것인 듯하다. 앞의 두 구절은 열심히 선을 행하고 악을 멀리 하려는 조심스런 태도를 제자들에게 권면하는 말이다. 말도 들었고 사람도 보았다는 것은 그것이 가능하니 열심히 하라는 뜻이다. 뒤의 두 구절은 말은 그렇게 할 수 있으나 실천하기는 매우 어렵다는 것이다. 그러니 더욱 열심히 하여야 한다는

뜻이다.

隱居以求其志 行義以達其道에서 求其志와 達其道는 서로 대비되는 관계에 있다. 이런 대비관계를 고려하여 이해할 필요가 있다. 그러므로 현명한 군주를 만나지 못하면 은거하되 도를 배워 기회가 오면 仁政을 실현하겠다는 그 뜻을 버리지 말고 계속 추구하여야 한다는 뜻이다.

(16-12) 有馬千駟

> ▶(予解) 제경공은 말을 사천 마리나 가지고 있었으나 그가 죽던 날 백성들이 그의 덕이라고 칭송할 만한 것이 없었다. 백이와 숙제는 수양산 아래에서 굶주렸으나 백성들은 오늘에 이르도록 그들을 칭송하고 있다. 아마도(其) 이런 것(斯)을 두고 말하는 것(之謂)이리라.

⟨原文⟩

齊景公有馬千駟 死之日 民無德而稱焉 伯夷叔齊餓於首陽之下 民到于今稱之 其斯之謂與

⟨字解⟩

無德 — 無得과 같다.

⟨解語⟩

其斯之謂與는 구체적으로 무슨 뜻인지 모르겠다. '仁이 없는 부귀는 백성의 존경을 받지 못한다는 말이 아마 이런 것을 두고 말하는 것이리라' 라는 것일까?

(16-13) 君子遠其子

> ▶(予解) 진강이 백어에게 "당신은 또 남달리 들은 것이 있습니까?" 라고 묻자 "아직 없습니다. 한번은 아버님께서 홀로 서 계시는데 제가 뜰

을 종종걸음(趨)으로 지나갔더니 '시를 배웠느냐?' 라고 하시더군요. '아직 안 배웠습니다' 라고 대답했더니 '시를 배우지 않으면 말을 할 수가 없다' 라고 하셨습니다. 저는 물러나와 시를 배웠습니다. 훗날 또 혼자서 계시는데 제가 종종걸음으로 뜰을 지나갔더니 '예를 배웠느냐' 라고 하시더군요. '아직 안 배웠습니다' 라고 대답했더니 '예를 배우지 않으면 행세할 수가 없다' 라고 하셨습니다. 저는 물러나와 예를 배웠습니다. 이 두 가지를 들었습니다." 라고 대답했다.

진강이 물러나와 기뻐하며 말했다. "한 가지를 물었다가 세 가지를 얻었다. 시에 관한 이야기를 들었고 예에 관한 이야기를 들었고 또 군자가 자기 아들을 멀리함에 관한 이야기를 들었다."

〈原文〉

陳亢問於伯魚曰: 子亦有異聞乎 對曰: 未也 嘗獨立 鯉趨而過庭

曰: 學詩乎 對曰: 未也 不學詩 無以言 鯉退而學詩 他日又獨立 鯉趨而過庭

曰: 學禮乎 對曰: 未也 不學禮 無以立 鯉退而學禮 聞斯二者 陳亢退而喜曰: 問一得三 聞詩 聞禮 又聞君子之遠其子也

〈字解〉

陳亢 - 공자의 제자. 진강으로 읽는다. 伯魚 - 공자의 아들 孔鯉의 字

〈解語〉

자기 아들을 멀리한다 라는 것은 아들이라고 해서 다른 제자들과 다르게 특별히 몰래 전수해주는 바가 없다 라는 의미이다.

(16-14) 邦君之妻: 생략

제17편

陽貨

(17-1) 陽貨欲見孔子

▶ (予解) 양화가 공자를 만나고자 하였으나 공자가 만나주지 않자 공자에게 삶은 돼지를 선물로 보냈다. 공자는 그가 없는 틈을 타 찾아가 감사를 드리고 돌아오다가 길에서 그를 만났다.

양화가 공자께 "이리오시오. 내가 당신(爾)과 이야기하리다. 가슴에 보물을 품고 있으면서 나라를 혼미하게 놓아둔다면 어질다고 할 수 있겠소?"

"할 수 없지요."

"일하기를 좋아하면서 자주(亟기) 시기를 놓친다면 지혜롭다고 할 수 있겠소?"

"할 수 없지요."

"날이 가고 달이 가서 세월은 우리를 기다려(與)주지 않는다오."

공자께서 말씀하셨다. "예. 나는 장차 벼슬을 할 것입니다."

〈原文〉

陽貨欲見孔子 孔子不見 歸孔子豚 孔子時其亡也 而往拜之 遇諸塗 謂孔子
曰: 來 予與爾言 曰: 懷其寶而迷其邦 可謂仁乎 曰: 不可 好從事而亟失時
可謂知乎 曰: 不可 日月逝矣 歲不我與 孔子曰: 諾 吾將仕矣

〈字解〉

陽貨 – 陽虎라고도 불린다. 季氏의 가신으로 노나라의 실권을 장악하고 있었다. 뒤에 노나라의 정권을 아예 찬탈하려다가 실패하여 晉으로 도망하였다.

歸－(선물을) 보내다. 亡－없을 무. 諸(저)－之於와 같다. 亟－빠를 극 또는
자주 기. 여기서는 자주의 뜻이다.

〈解語〉

그 뒤로도 공자는 양화에게 벼슬한 적은 없었다.

"할 수 없지요."라는 두 번의 말은 양화의 자문자답이라고 보는 견해도
있다.

不義한 實權者를 피하려 애쓰는 공자의 모습이 한편 재미있기도 하다.

(17-2) 性相近

▶ (予解) 공자께서 말씀하셨다. "사람의 타고난 성질은 서로 비슷하지
만 습관에 따라 서로 멀어진다."

〈原文〉

子曰: 性相近也 習相遠也

〈解語〉

사람의 성에 대한 논어의 언급은 이 章과 공야장편 (5-13) 이외에는 없다.
성에 대한 논의는 맹자 이후 특히 송나라 때에 와서 두드러지게 나타난다. 그러
므로 여기의 성을 타고난 성질 정도로 이해하는 것이 적절하지 이를 더 파고드
는 것은 적당치 않다.

참고로 잠간 보면 주자는 여기의 성은 氣質을 겸하여 한 말이다 라고 하였고
정이는 여기서는 氣質之性을 말한 것이지 本然之性을 말한 것이 아니다 라고
하였다(주자 658).

(17-3) 上知與下愚不移

▶ (予解) 공자께서 말씀하셨다. "오직 가장 지혜로운 사람과 가장 어리

석은 사람만은 그 생각이 바뀌지 않는다."

〈原文〉

子曰: 唯上知與下愚不移

〈解語〉

　여기의 上과 下는 지혜를 가지고 나눈 것이다. 그러므로 不移에서의 '移'라는 것도 善惡 사이에서의 이동을 말하는 것이 아니라 지혜의 측면에서 그것이 늘고 주는 그런 이동을 말한다.

　지혜로운 사람도 배움을 게을리 하다 보면 어리석어지고 반면 어리석은 사람도 열심히 배우면 좀 더 지혜로워지는 수가 있다. 그러나 그런 이동이 안 일어나는 경우도 있으니 그것이 바로 최고로 지혜로운 사람(상지)과 최고로 어리석은 사람(하우)의 경우이다.

　결국 최고로 지혜로운 자는 그 지혜가 줄어들지 아니하고 최고로 어리석은 자는 좀처럼 그 지혜가 늘어나지 않는다는 말이다.

　그러나 千慮一失 이라는 말처럼 지혜로운 자가 아무리 많이 생각했어도 간혹은 잘못 되는 경우가 있고 아무리 어리석은 사람이라도 도 때에 따라서는 지혜로운 생각을 하는 수도 있으니 이 말은 대체적인 경향을 가지고 말하는 것뿐이다.

　그러므로 상과 하의 중간에 있는 사람들 즉, 보통사람들은 배움과 노력의 크기에 따라 지혜가 늘기도 하고 줄기도 한다. 공자가 이 章에서 한 말은 이 점에 중점이 있다고 생각한다. 上知를 찬양하는 것도 아니고 下愚를 무시하는 것도 아니다. 오로지 보통사람들에게 부지런히 배울 것을 권면하는 것이다. 이 점에 참 뜻이 있다고 하겠다.

　대부분의 주해는 상과 하를 도덕 면에서의 그것으로 풀이하고 있는데 물론 말이 안 되는 것은 아니지만 이는 후학자들의 지나친 도덕편향으로서 공자의 본 뜻과는 거리가 있다고 생각한다.

(17-4) 割鷄焉用牛刀

▶(予解) 공자께서 무성에 가셨을 때 현악기에 맞춰 부르는 노래 소리가 들려왔다. 부자께서 빙그레(莞爾) 웃으시면서 "닭을 잡는 데 어째서 소 잡는 칼을 쓰느냐?"라고 하시자

자유가 대답했다. "옛날에 저는 선생님께서 '군자가 도를 배우면 사람을 사랑하게 되고 소인이 도를 배우면 부리기가 쉽다'라고 말씀하시는 것을 들었습니다."

그러자 공자께서 말씀하셨다. "제자들아, 언의 말이 맞다. 아까 한 말은 농담이었다."

〈原文〉

子之武城 聞弦歌之聲 夫子莞爾而笑 曰: 割鷄焉用牛刀 子游對曰: 昔者偃也 聞諸夫子曰: 君子學道則愛人 小人學道則易使也 子曰: 二三者 偃之言是也 前言戲之耳

〈字解〉

子游 — 공자의 제자. 姓은 言이고 이름은 偃. 당시 武城의 邑宰였다.

〈解語〉

예악으로써 백성을 가르친다는 선왕의 도를 자유가 공자에게서 배운 대로 비록 작은 고을에서지만 이를 실천한 것이다.

學道의 道는 예악을 말한다고 한다(다산 5–119 공안국).

學道則愛人이라 하였는데 군자는 어찌하여 도를 배우면 사람을 사랑하게 될까? 도를 배우면 恕하게 되고 恕하면 다른 사람을 이해하게 되고 이해하면 나아가 사랑하게 되는 것일까?

(17-5) 公山弗擾^요

> ▶(予解) 공산불요가 비읍을 근거지로 하여 반란을 일으키고 공자를 초빙하자 공자께서 가려고 하였다. 자로가 이를 못 마땅히 여겨 "가실 곳이 없으면 그만이지 하필 공산씨에게 가려 하십니까?" 라고 하였다.
> 공자께서 말씀하셨다. "나를 부르는 사람이라면 어찌 부질없이(徒) 부르겠느냐? 나를 써주는 사람이 있다면 나는 그 나라를 동쪽의 주나라로 만들 것이다."

〈原文〉

公山弗擾^요以費畔^반 召 子欲往 子路不說 曰: 末之也已 何必公山氏之之也 子曰: 夫召我者 而豈徒哉 如有用我者 吾其爲東周乎

〈字解〉

公山弗擾^요 － 계씨의 가신으로 당시 비읍의 수장이었는데 반란을 일으킨 뒤 공자를 초빙하였다. 공자는 결국은 가지 않았다.

畔^반 － 반란하다. 叛과 같다.

之之 － 앞의 之는 목적어와 동사를 도치할 때 그 사이에 넣는 구조조사이고 뒤의 之는 '가다' 라는 뜻의 동사이다(류종목 555).

〈解語〉

　東周로 만들겠다 라는 것은 문왕, 무왕, 주공이 만든 주나라와 같은 훌륭한 나라로 만들겠다는 뜻이다.

　반란세력의 부름에까지도 응하여 도를 펴보고자 하는 공자의 仁政에 대한 열망, 그리고 점점 늙어 가는데도 알아주는 군주가 나오지 않음으로 인한 초조감 등이 가슴 뭉클하게 느껴진다.

　뒤의 (17－7)에서 보는 바와 같이 공자는 진나라에서 반란을 일으킨 필힐이라는 자의 초빙에도 응하려고 하다가 제자 자로의 핀잔을 듣고 포기하였다. 그 초조감이 피부에 와 닿는 듯하다.

(17-6) 恭寬信敏惠

▶ (予解) 자장이 공자께 인에 관하여 여쭈어보자 공자께서 말씀하셨다. "다섯 가지를 천하에서 능히 실행할 수 있다면 그것이 인을 실행하는 것이다."
"청컨대 무엇인지 여쭙습니다."
공자께서 말씀하셨다. "공손함, 관대함, 믿음직함, 민첩함, 은혜로움이다. 공손하면 모욕을 당하지 않고, 너그러우면 많은 사람들의 지지를 얻고, 믿음직하면 다른 사람이 일을 맡기고, 민첩하면 공을 세우고, 은혜를 베풀면 다른 사람을 충분히 부릴 수 있다."

〈原文〉

子張問仁於孔子 孔子曰: 能行五者於天下爲仁矣 請問之 曰: 恭寬信敏惠 恭則不侮 寬則得衆 信則人任焉 敏則有功 惠則足以使人

〈解語〉

① 선진편 (11－16)에서 공자는 자장을 두고 "사(자장)는 지나치다."라고 말한 바 있었다. 그런 말을 들을 만큼 자장은 재주가 뛰어난 제자였다. 천하를 두고 능히 인정을 베풀 수 있는 재주를 가졌다. 그래서 이런 말로 가르쳤다.

● 仁의 이면(裏面)

② 그러나 여기서 공자의 말을 이해함에는 전제할 사항이 하나 있다. 천하에 인정을 폄에 있어서 공손함, 관대함, 믿음직함, 민첩함, 은혜로움 이 다섯 가지만으로는 결코 충분하지 않다는 점이다. 공자가 말하지 않은 것이 있다. 무왕이 은나라를 타도하고 주나라로 천하를 통일할 때, 그리고 주공이 성왕의 섭정을 하면서 반란을 일으킨 동생들을 진압할 때 어찌 위의 다섯 가지만으로 그것이 가능했겠는가? 군사력과 법의 힘을 동원하지 않았겠는가? 너무도 당연할 일이

다. 인정을 행함에 있어서는 그것에 힘으로 저항하는 반대 세력을 제거하여야만 하는데 이것은 단순히 인정에 반대하는 세력을 덕이 아닌 힘으로 제압하는 측면만 있는 것이 아니라 인정을 바라고 인정을 옹호하는 백성을 힘으로 보호하는 인의 측면도 동시에 있는 것이다. 한마디로 말하여 인정을 보호하는 방패와 칼로서 법과 무력의 힘이 필수 불가결한데 이는 너무나 당연한 것이어서 공자는 언급하지 않았을 뿐이다. 오히려 통상의 군주들은 법과 무력만으로 통치가 다 되는 듯이 착각하여 인정을 등한히 하거나 무시하여 나라를 혼란에 빠뜨리고 백성을 힘들게 하고 끝내 나라를 망치는 일이 허다하므로 공자는 그 점을 깨우치려고 이 말을 했을 것이다. 보다 상세한 내용은 (21)장 (마) '공자가 말하지 아니한 것' 참조.

(17-7) 吾豈匏瓜

> ▶(予解) 필힐이 초빙하자 공자께서 가려고 하셨다. 자로가 말씀드렸다. "옛날에 제가 선생님으로부터 다음과 같이 들었습니다. '친히 자신의 몸으로 선하지 않은 짓을 하는 자들 틈에는 군자는 들어가지 않는다' 필힐은 중모를 근거지로 반란을 일으켰는데 선생님께서 그에게 가는 것은 어쩐 일이십니까?"
> 공자께서 말씀하셨다. "그렇다. 이렇게 말한 적이 있다. 그러나 '굳세도다! 갈아도 얇아지지 않네' 라고 말하지 않았더냐? 또 '희도다! 검게 물들여도 검어지지 않네' 라고 말하지 않았더냐? 내 어찌 포과와 같겠느냐? 어찌 능히 매달아 놓기만 하고 먹지 못하는 것일 수가 있겠느냐?"

〈原文〉

佛肸召 子欲往 子路曰: 昔者 由也聞諸夫子曰: 親於其身爲不善者 君子不入也 佛肸以中牟畔 子之往也如之何 子曰: 然 有是言也 不曰: 堅乎磨而不磷 不曰 白乎涅而不緇 吾豈匏瓜也哉 焉能繫而不食

佛肸 – 필힐로 읽는다. 그는 晉나라 대부 조간자의 가신으로 중모현의 수장인데 반란을 일으켰다. 親於其身爲不善者 – 佛肸을 가리킨다. 畔 – 叛과 같다. 磷 – 닳을 린. 涅 – 검게 물들이다. 緇 – 검을 치. 匏瓜 – 바가지. 또는 하늘의 별자리 이름.

〈解語〉

　공자는 결국 필힐의 부름에 응하지 않았다. (17 – 5)와 함께 공자의 초조한 마음을 드러내는 말씀들이다.

(17-8) 不學之蔽

> ▶ (予解) 공자께서 말씀하셨다. "유(자로)야! 여섯 가지 말과 여섯 가지 폐단을 들어보았느냐?" 자로가 "아직 못들었습니다." 라고 대답하자 공자께서 "앉거라(居). 내가 너(女)에게 말해주마.
> ㉮ 어짐을 좋아하면서 배움을 좋아하지 않으면 그 폐단은 어리석음이고,
> ㉯ 슬기로움을 좋아하면서 배움을 좋아하지 않으면 폐단은 까불음이고,
> ㉰ 믿음을 좋아하면서 배움을 좋아하지 않으면 폐단은 남을 해치는 패거리에 속하게 됨이고,
> ㉱ 곧음만 좋아하고 배움을 좋아하지 않으면 폐단은 야박함이고,
> ㉲ 용맹을 좋아하면서 배움을 좋아하지 않으면 폐단은 난폭함이고,
> ㉳ 굳셈을 좋아하면서 배움을 좋아하지 않으면 폐단은 마구 날뜀이다."

〈原文〉

子曰: 由也 女聞六言六蔽矣乎 對曰: 未也 居 吾語女 好仁不好學 其蔽也愚 好知不好學 其蔽也蕩 好信不好學 其蔽也賊 好直不好學 其蔽也絞 好勇不好學 其蔽也亂 好剛不好學 其蔽也狂

〈字解〉

蔽－가릴 폐. 蕩－방탕할 탕 絞^교－급할 교.

〈解語〉

㉮는 예를 들어 남에게 베풀되 그 마땅함을 잃은 것과 같다.

㉯는 예를 들어 천지 사방으로 꾀를 자랑하는 것과 같다. 마치 삼국지에서 양수가 조조의 암호 '鷄肋'이 뜻하는 바를 가벼이 발설하여 목숨을 잃은 것과 같다.

㉰는 예를 들어, 믿는 친구를 위하여 강호의 협객(중국 무협소설의 주인공 같은 사람)처럼 남을 해치는 짓을 하는 것과 같다.

㉱는 예를 들어 정직만 내세워 남의 어려운 사정을 박절하게 돌보지 않는 것과 같다.

㉲는 예를 들어 윗사람에게 함부로 덤비는 것과 같다.

㉳는 예를 들어 삼국지에 나오는 예형이 벌거벗은 몸으로 조조를 희롱하고, 황조에게는 욕을 하다가 끝내 목숨을 잃은 것과 같다.

이런 폐단을 피하기 위하여서는 모름지기 예와 악을 배워 행동을 절제할 줄 알아야 한다는 가르침이다. 그렇다면 여기의 학은 예와 악의 배움이라고 나는 생각한다.

여기 나오는 육언 육폐 자체는 옛부터 전해 내려오는 말이라고 한다.

(17-9) 詩可以興

▶(予解) 공자께서 말씀하셨다. "그대들은 왜 詩經을 배우지 않느냐? 시는 (대화의 화제를) 이끌어낼 수 있고 (풍속을) 살펴볼 수 있고 무리를 지을 수 있으며 은근히 비판할 수(怨) 있다. 가까이는 어버이를 섬길 수 있고 멀리는 임금을 섬길 수 있으며 새와 짐승과 풀과 나무의 이름을 많이 알 수 있다."

〈原文〉

子曰: 小子何莫學夫詩 詩可以興 可以觀 可以群 可以怨 邇之事父 遠之事君
多識於鳥獸草木之名

〈字解〉

邇 — 가까울 이.

〈解語〉

'무리를 지을 수 있다' 함은 빈객과 붕우의 좋아함을 유도하기 때문에 무리를
지을 수 있다는 뜻이라고 한다(다산 5177).

소라이(3−292)는 「일이 없으면 무리를 이루어 거처하면서 갈고 닦아, 외우고
읊조리며 서로를 위하면 의리가 무궁하고, 묵묵히 알면 깊이 도에 부합하니 이
것이 무리를 이루는 것이 아니겠는가?」 라고 설명한다.

'은근히 비판한다' 함은 말하는 자가 죄가 없고, 듣는 자가 노여워하지 않도
록 하는 것이다(소라이 3−292).

(17-10) 正牆面而立

▶(予解) 공자께서 백어에게 말씀하셨다. "너는 주남과 소남을 공부(爲)
하였느냐? 사람이 주남과 소남을 공부하지 않으면 담벼락을 마주보고
서 있는 것과 같으리라!"

〈原文〉

子謂伯魚曰: 女爲周南·召南矣乎 人而不爲周南·召南 其猶正牆面而立
也與

〈字解〉

伯魚－공자의 아들. 이름은 鯉이고 백어는 字이다. 周南·召南－詩經 國風의 처음 두 篇의 이름. 모두 25개의 시가 실려 있다.

〈解語〉

牆面은 面牆이 倒置된 것이다.

正牆面而立은 앞이 꽉 막혀 있어 아무 것도 보이지 않고 앞으로 한 발짝도 나아갈 수 없음을 말한다.

周南·召南의 두 편을 말한 것은 그것들이 시경의 맨 앞에 실린 시들이므로 이로써 시경 전체를 상징한 것(소라이 3－295)으로 볼 수도 있고, 다른 한편 이 두 편은 樂曲의 이름인데 그 음조가 다른 것과 아주 다르기 때문에 특히 그 연주를 잘 배워야 한다는 뜻(다산 4－183)으로 보기도 한다.

생각컨대 담벼락을 마주보고 서 있다는 것은, 그럴 경우 담벼락 너머에 무엇이 있는지 보이지도 않고 그리로 가볼 수도 없는 것처럼 詩를 배우지 않으면 사람의 말 속에 무슨 뜻이 담겨져 있는지 이해를 못하여 그 사람의 뜻을 알 수도 없고 그 사람과 적절히 대화를 나눌 수도 없어 답답하기 그지 없게 된다는 말이 아닐까 생각한다.

(17-11) 禮云禮云: 생략

(17-12) 色厲而內荏

> ▶(予解) 공자께서 말씀하셨다. "안색은 위엄(厲)이 있으면서 내심이 유약한 것은 이를 소인배에 비유한다면 벽을 뚫고 담을 넘는 좀도둑과 같으리라."

〈原文〉

子曰: 色厲而內荏 譬諸小人 其猶穿窬之盜也與

〈字解〉

諸 — 어조사 저. 荏 — 유약할 임.^임 穿 — 뚫을 천.^천 窬 — 넘을 유.^유

〈解語〉

色厲而內荏이라는 말은 마음속에 도둑질할 생각을 품고 있으면서 겉으로는 도둑이 아닌 모습을 꾸며서 사람을 속이는 것이라고 한다(다산 4−191).

그러나 이런 설명은 좀 지나치다. 대부분의 사람은 겉보기 보다는 대체로 마음이 유약하다. 겉으로는 굳세거나 엄한 듯이 보여도 실제로는 그렇지 못한 것이 보통사람이다. 이런 보통사람들을 도둑으로 모는 듯한 설명은 곤란하다. 공자의 뜻은 어디에 있을까?

주자(673)는 '실제 도둑이라는 이름은 없지만 항상 남이 알까 두려워함을 말한다' 라고 설명한다. 이 설명을 참고할 만하다.

보통사람들은 겉으로는 엄하고 씩씩한 척하지만 속으로는 마음이 약한 면이 있어 나쁜 생각을 하기도 하고 유혹에 넘어가기 쉽고 작은 잘못을 저지르는 일도 적지 않은데 남들이 그런 약한 마음과 나쁜 생각과 자디잔 잘못을 혹시 눈치챌까봐 은근히 신경을 쓴다는 말이 아닐까? 그러니 겉만 꾸미는 일이 없이 항상 진심으로 마음을 바르게 하기를 힘써야 한다는 가르침이 아닐까?

(17-13) 鄕原德之賊

▶ (予解) 공자께서 말씀하셨다. "겉으로만 점잖은 사람은 덕을 해친다."

〈原文〉

子曰: 鄕原德之賊也

〈解語〉

향원은 위선자를 가리킨다(리링 2−995). 왜 향원이라고 불렀을까? 향은 시골 마을이다. 작은 시골마을에서 근후(謹厚)하다고 소문이 난 사람이 향원이다.

비록 근후하다고 소문이 나긴 했지만 한 고을의 이목은 쉽게 속일 수 있기 때문에 그렇게 알려진 것일 뿐 실제로는 세상이 좋다고 하면 한결같이 이를 따르는 것을 주로 하고 있는 사람이다. 분명히 그것이 옳은 줄 알면서도 여러 사람이 아니라 하면 따라서 아니라 하고 분명히 그것이 검은 줄 알면서도 여러 사람이 희다고 하면 따라서 희다 한다. 작은 마을에서 아는 체하고 점잖은 체하여 덕이 있는 듯하지만 실제로는 그만한 덕이 없고 그저 시류에 영합하여 아첨하는 사람이다(다산 5-193 참조).

왜 덕을 해친다고 하는가? 유덕자(有德者)의 자리를 훔친 꼴이기 때문에 덕을 해친다고 공자는 말하였다(리링 2-995). 잘 모르는 세상 사람으로 하여금 향원이 하는 짓을 진정한 덕이라고 잘못 알게 하기 때문이다.

위선자는 시골 마을에만 있는 것은 아니다. 공자가 향원을 말한 것은 쉬운 예로 그것을 말했을 뿐이다. 위선자는 도시에도 있고 군자 가운데도 있고 정치 지도자 가운데에도 있을 수 있다.

(17-14) 道聽而塗^도說

▶(予解) 공자께서 말씀하셨다. "길에서 듣고 길(塗^도)에서 옮기면 덕을 버리는 짓이다."

〈原文〉

道聽而塗^도說 德之棄也

〈解語〉

道聽而塗^도說은 여기에서 듣고 저기에다 그 말을 옮기는 것, 입을 가볍게 놀리는 것, 진위를 확인하거나 타당성을 생각해보지 않고 그냥 옮기는 것 등을 말한다.

德之棄也는 두 가지 다른 해석이 있다. 하나는 ▶(予解)와 같이 풀이하는 것이고 다른 하나는 "덕 있는 사람이 버린다." 라고 풀이하는 것이다. (17-13)의 德之賊也와 같은 구조로 보아 ▶(予解)와 같이 해석함이 낫겠다.

(17-15) 患得之患失之

> ▶(予解) 공자께서 말씀하셨다. "비루한 사람(鄙夫)과 함께 임금을 섬길 수 있겠는가? (벼슬을) 아직 얻지 못한 때에는 얻지 못할까 걱정하고 이미 얻은 뒤에는 잃을까 걱정한다. 진실로(苟) 잃을까 걱정한다면 못하는 짓이 없을 것이다."

〈原文〉

子曰: 鄙夫可與事君也與哉 其未得之也 患得之 旣得之 患失之 苟患失之 無所不至矣

〈解語〉

'얻기를 걱정하고' 라는 것은 얻지 못할까 걱정한다는 뜻이다.

'못하는 짓이 없다' 라고 하는 것은 좋은 일 나쁜 일 가리지 않고 무슨 짓이든 다한다는 뜻이다.

(17-16) 民有三疾

> ▶(予解) 공자께서 말씀하셨다. "옛날의 백성들에게는 세 가지 병폐가 있었는데 지금은 아마 이것마저 없어진 것 같다.
> 옛날의 뜻이 높은(狂) 이는 자유분방하여 거리낌이 없었는데(肆) 지금의 뜻이 높은 이는 그저 방탕하기만 하고,
> 옛날의 긍지가 센 이는 청렴하여 위엄이 있었는데(廉) 지금의 긍지가 센 이는 화를 잘 내(忿) 사나울(戾) 뿐이고,
> 옛날의 어리석은 이는 정직했는데 지금의 어리석은 이는 속임수로 어리석은 척 할 뿐이다."

子曰: 古者民有三疾 今也或是之亡(무)也 古之狂也肆^사 今之狂也蕩 古之矜也^긍

廉 今之矜也忿戾^{분 려} 古之愚也直 今之愚也詐而已矣^이

〈解語〉

옛날보다 못해진 도덕 수준을 개탄한 말이다(류종목 571).

(17-17) 巧言令色: 생략(학이편 1-3과 중복)

(17-18) 利口覆邦

> ▶(予解) 공자께서 말씀하셨다. "자주색이 붉은 색의 지위를 차지하는
> 것, 정나라의 음악이 아악을 어지럽히는 것, 날카로운 입이 국가를 뒤엎
> 는 것, 이것을 미워한다."

〈原文〉

子曰: 惡紫之奪朱也 惡鄭聲之亂雅樂也 惡利口之覆邦家者^오

〈解語〉

다산(5-213)의 이 비유에 대한 설명은 이렇다. 「붉은 빛은 正色으로서 담백
하고 자줏빛은 간색으로서 요염하니 자색과 주색을 나란히 진열해 놓으면 자색
이 결정적으로 주색을 압도하며, 雅聲은 正樂이고 鄭聲은 음란하니 아성과 정
성을 같이 연주하면 정성이 결정적으로 아성을 압도하며, 말재주 부리는 사람
은 是非를 바꾸고 어지럽히니, 이는 바로 주색을 빼앗고 樂을 어지럽히는 것
과 대비해서 말한 것이다. 나라를 전복시킨다 라는 것은 여기에서 한 걸음 미
루어 나간 說이다.」

이 중에 색깔의 비유는 지금에 와서는 깊이 詳考할 일은 아니다.

邦家에서 邦은 제후의 나라이고 家는 卿大夫의 가문이다.

날카로운 입은 아첨하는 말을 민첩하게 잘하는 것이다. 지금의 시대로 말하면 利口는 문자 그대로 날카로운 입이라 하겠다. 利에는 날카롭다는 뜻이 있기 때문이다. 그 대표적인 예는 선동가와 비평가의 입이다. 그들의 날카로운 입 때문에 무너지고 마는 나라와 가문이 한 둘이 아님을 역사는 뚜렷이 보여준다.

이 章의 말은 올바르지 못한 자가 올바른 자의 지위를 빼앗음을 미워한다는 말이다.

이 章의 비유에 대하여는 공자가 유행을 싫어했음을 말한다는 다음과 같은 설명도 있어 참고로 소개한다.

「제나라 환공과 노나라 환공은 모두 자색을 좋아했는데 당시에 자색의 옷은 매우 비쌌다고 한다. 그러나 공자는 홍색이 바로 정색이라고 생각하여 그와 같은 유행을 매우 싫어했다. 정나라의 음악은 당시 유행하던 음악이다. 그것은 당시의 고전음악 즉, 아악과는 매우 달랐는데 공자는 역시 그것을 좋아하지 않았다. 말 잘하는 것은 당시 정치가들 사이에 유행하던 것으로 전국시대 이후로 특히 그 같은 기세를 막을 수 없었다(소진·장의 같은 유세가의 활약을 가리키는 듯하다). 입심이 안 되면 관직을 얻을 수 없었고 공자는 특히 이것을 반대했다. 유행을 반대한 것은 공자의 특색이다.」(리링 2 – 1002)

(17-19) 天何言哉

▶ (予解) 공자께서 말씀하셨다. "나는 이제 말을 하지 않으련다."
자공이 여쭈었다. "선생님께서 말씀을 아니 하시면 저희들(小子)은 어떻게 전술(述)합니까?"
공자께서 말씀하셨다. "하늘이 무슨 말을 하더냐? 그런데도 사계절이 운행하며 만물(百物)이 자라나고 있다. 하늘이 무슨 말을 하더냐?"

〈原文〉

子曰: 予欲無言 子貢曰: 子如不言 則小子何述焉 子曰: 天何言哉 四時行焉

百物生焉 天何言哉

〈字解〉

述 - 傳述. 가르침을 받아 배워 풀어냄(주자 680).

〈解語〉

　공자가 아마도 정치에 대해 몹시 실망한 나머지 말을 하고 싶지 않다고 생각한 듯하다는 설명(리링 2-1004)이 우선 있다.

　그러나 주자(680)는 「배우는 자들은 주로 언어를 기준으로 聖人을 살펴볼 뿐, 天理의 흐름이 말을 기다리지 않고도 드러나는 것임을 살피지 못한다. 제자들이 한갓 그 말만 터득할 뿐 그 말의 所以는 터득하지 못하고 있다. 그 때문에 공자가 이를 펴서 警責한 것이다.」라고 설명한다.

　소라이(3-309)의 설명은 또 다르다. 「말은 대체로 유익함이 적기 때문에 先王은 말로 가르치지 않고 예와 악으로써 백성을 가르쳤다. 당시의 사람들이 선왕이 왜 예와 악을 가르치는지 그 뜻을 몰랐다. 그래서 공자가 말로써 도를 가르치지 않고 직접 예와 악을 실습시켜 그 뜻을 밝힌 것이다.」

　생각하건대 말은 뜻을 제대로 또는 완전히 전달하기 어렵다. 오죽하면 老子는 道可道非常道 라고 하였겠는가. 때로는 실천으로, 때로는 실습으로, 도를 가르치는 것이 효과적일 수 있고 또 보조수단으로 유용할 수도 있다. 공자는 이른바 '말 없는 가르침'에도 유의하여야 한다는 뜻으로 이 말을 한 것이리라. 주자나 소라이의 설명도 그런 뜻이 아닐까?

(17-20) 取瑟而歌

▶ (予解) 유비가 공자를 뵈려 하자 공자께서 병을 핑계로 거절하셨다. 명령을 지닌(將) 자가 문을 나가자 공자는 비파를 타면서 노래를 불러 유비(之)로 하여금 이(之)를 듣도록 만드셨다(使).

〈原文〉

孺^유悲欲見^현孔子 孔子辭以疾 將命者出戶 取瑟而歌 使之聞之

〈解語〉

孺^유悲는 노나라 사람으로 애공이 그를 시켜 공자에게 士喪禮를 배우게 했다고 한다.

取瑟而歌 使之聞之는 병으로 만날 수 없다고 말은 했지만 실제 병이 있는 것은 아니고 당신을 만나기 싫어서 핑계를 댔는데 당신이 그것을 알아야 한다는 뜻을 표현하는 행동이다.

유비에게 무슨 잘못이 있었는지 그 사연은 알 수 없다. 아무튼 매우 노골적인 질책의 뜻을 표하는 거절 행동인데 항상 예를 존중하는 공자가 이런 행동을 할 때가 있다니 신기한 생각이 든다.

(17-21) 禮壞樂崩

▶(予解) 재아가 여쭈었다. "삼년상은 너무 기간이 깁니다. 군자가 삼년 동안 예를 행하지 않으면 예가 반드시 무너질 것이요, 삼년 동안 음악을 하지 않으면 음악은 분명히 무너질 것입니다. 일년이 지나면 묵은 곡식이 이미 없어지고(沒) 햇곡식이 벌써 나오며(升), 또 불씨 얻을 나무를 바꾸는 데도 일년이면 충분하니 일주기가 지나면 복상을 그만두어도(已) 될 것입니다."

공자께서 말씀하셨다. "쌀밥(稻)을 먹고 비단옷을 입는 것이 너(女)는 편안하겠느냐?"

"편안합니다."

"네가 편안하다면 그렇게 해라. 대체로 군자는 상중에는 맛있는 것(旨)을 먹어도 감미롭지 않고 음악을 들어도 즐겁지 않으며 집에 있어도 편안하지가 않다. 그래서 그렇게 하지 않는다. 지금 너는 편안하다고 하니 그렇게 하도록 해라."

재아가 나가자 공자께서 말씀하셨다. "여(재아의 이름 予)는 어질지 못하구나. 자식은 태어나 삼년이 지나야 부모의 품을 벗어난다. 대체로 삼년상은 천하에 공통된 상례이다. 여도 삼년 동안 자기 부모에게서 사랑을 받았겠지?"

〈原文〉

宰我問 三年之喪 期已久矣 君子三年不爲禮 禮必壞 三年不爲樂 樂必崩 舊穀旣沒 新穀旣升 鑽燧改火 期可已矣

子曰: 食夫稻 衣夫錦 於女安乎 曰: 安

女安則爲之 夫君子之居喪 食旨不甘 聞樂不樂 居處不安 故不爲也 今女安則爲之

宰我出 子曰: 予之不仁也 子生三年 然後免於父母之懷 夫三年之喪 天下之通喪也 予也有三年之愛於其父母乎

〈字解〉

宰我－공자의 제자. 이름은 予, 字는 子我. 鑽－뚫을 찬. 燧－부싯돌 수. 불을 얻는 나무. 改火－불을 얻는 나무의 종류를 바꾸는 풍속이 있었는데 일년이 지나면 한 차례 돌아 새로 시작하므로 개화라고 불렀다. 鑽燧改火에 대하여는 여러 해석이 있으나 이미 사라진 풍속이니 詳考할 일은 아니다.

期－만 일년. 稻－벼 도. 旨－맛있는 음식.

〈解語〉

● 三年之喪

부모의 거상 기간을 삼년으로 하는 이유에 대한 공자의 설명이 가슴에 와 닿는다. 삼년의 거상이 어려운 사정은 예나 지금이나 마찬가지 일터이다. 어쩌면 인구가 적고 물자가 귀한 옛날이 더 어려웠을 수도 있다. 이제는 삼년거상을 하는 경우가 매우 희귀하다고 할 터인데 그런 연유를 어떻게 이해하여야 하나? 나 자신도 49齋로 탈상을 했으니 말이다. 부모의 품에서 보살핌을 받는 기간으로 치면 현대가 옛날보다 더 길면 길었지 결코 짧지는 않았을 터인데 말이다. 그러고 보면 居喪의 예절만 현대의 생활양식에 맞도록 고치고 삼년의 기간 자체는 그대로 유지하여야 했었다는 후회가 든다.

고대 상례의 가장 큰 문제는 절차가 복잡하고 시간이 많이 걸리고 비용이 많이 든다는 점이다. 핵심은 제수의 준비와 참례자의 식사대접이다. 어차피 제수는 참례자의 대접에 전용(轉用)되므로 제물의 준비는 생략하고 대신 분향과 배례로써 존숭의 뜻을 표하고 참례자에 대한 식사대접은 차의 대접으로 끝내거나 원거리에서 온 사람들에 대하여는 떡이나 빵 등 찬 음식으로 가름하는 방법으로 처리하면 얼마든지 간소화할 수 있다. 대신 복장은 정중하고 깨끗한 예복을 입는 것으로 통일이 되었으면 한다. 행사 날짜는 공휴일을 이용한다. 아무리 바쁜 사람이라도 공휴일을 이용한다면 삼년상의 행사를 준수할 수 있고 사실 현대와 같이 모든 것이 급속히 바쁘게 흘러가서 정신을 차릴 수 없는 시대에는 거꾸로 이런 상례를 이용하여 잠시라도 바쁜 일상에서 벗어나 잠시 숨을 고르는 기회로 활용함이 오히려 일상의 템포를 조절하는 데 도움이 될 것이다.

(17-22) 飽食終日

> ▶ (予解) 공자께서 말씀하셨다. "하루 종일 배불리 먹고 마음을 쓰는 데가 없다면 참으로 곤란하다. 장기와 바둑이라는 것이 있지 않느냐? 그것이라도 하는 것이 오히려(猶) 하지 않는 것(已^이)보다(乎) 나을(賢) 것이다."

〈原文〉

子曰: 飽食終日 無所用心 難矣哉 不有博奕者乎 爲之 猶賢乎已^이

〈字解〉

博(박) — 장기. 奕(혁) — 바둑. 已 — 말다, 그만두다.

〈解語〉

博을 장기라고 풀이하는 것도 있고, 한편 전국시대와 진한 시기에 매우 유행한 놀이인데 오래 전에 맥이 끊겼다고 하는 설명도 있다.

소라이(319)는 말한다.「올바른 즐거움이 없으면 음란한 욕심만 잘 만들어 낸다. 그러므로 그들에게 바둑을 가르쳐 그 마음을 제어하게 한 것이다. 내가 보기에는 장기나 바둑이 靜坐나 持敬 공부보다 낫다.」

(17-23) 有勇無義爲亂

▶ (予解) 자로가 여쭈었다. "군자는 용기를 숭상합니까?"

공자께서 말씀하셨다. "군자는 의로움을 으뜸으로 삼는다. 군자가 용기만 있고 의로움이 없으면 난을 일으키고 소인이 용기만 있고 의로움이 없으면 도둑질을 한다."

〈原文〉

子路曰: 君子尙勇乎 子曰: 君子義以爲上 君子有勇而無義爲亂 小人有勇而無義爲盜

〈解語〉

자로는 용기가 대단한 사람이었다. 그래서 공자는 특히 자로에게 이 말로써 그에게 절제를 가르쳤다.

용기는 德이고 義는 道이다(소라이 3 – 320). 덕은 자기 몸에 갖추어진 주관적인 능력의 하나이고 의는 객관적으로 타당한 올바른 도리의 하나이다.

亂은 윗사람을 침범하고 사회를 혼란케 하는 짓이다.

(17-24) 君子亦有惡^오

> ▶ (予解) 자공이 여쭈었다. "군자도 또한 미워하는 것이 있습니까?"
>
> 공자께서 말씀하셨다. "미워하는 것이 있다. 남의 나쁜 점을 말하는(稱)
> 사람을 미워하고, 하류에 있으면서 윗사람을 비방하는(訕) 사람을 미워
> 하고, 용기만 있고 예의가 없는 사람을 미워하고, 과감하기만 하고 꽉 막
> 힌(窒) 사람을 미워한다."
>
> 이어 말씀하셨다. "사(자공)도 또한 미워하는 것이 있느냐?"
>
> "남의 것을 표절하여(徼) 자신의 지식으로 삼는 사람을 미워하고 불손
> 함을 용기로 여기는 사람을 미워하고 남의 결점을 들추어내는(訐) 것을
> 솔직하다고 여기는 사람을 미워합니다."

〈原文〉

子貢曰: 君子亦有惡^오乎^호 子曰: 有惡 惡^오稱人之惡^오者 惡^오居下流而訕^산上者 惡^오勇而

無禮者 惡^오果敢而窒^질者 曰: 賜也 亦有惡^오乎

惡^오徼^요以爲知者 惡不孫以爲勇者 惡^오訐^알以爲直者

〈字解〉

惡^오居下流에서 流자는 빼야 한다는 설도 있다(리링 2－1013).

徼^요는 원래 '훔치다' 라는 뜻이다. 주자(689)는 '몰래 엿보다' 라고 풀이한다. 그
러나 자전에 엿보다 라는 풀이는 없다. 그래서 남의 지식을 훔친다는 의미의
표절이 이 章의 취지에 더 어울린다고 생각한다.

(17-25) 不可近不可遠

> ▶ (予解) 공자께서 말씀하셨다. "오직 여자와 어린이는 가르치기 어렵
> 다. 가까이 하면 불손해지고 멀리하면 원망한다."

〈原文〉

子曰: 唯女子與小人 爲難養也 近之則不孫 遠之則怨

〈解語〉

소라이(3-326)는 말한다. 「小人은 가난하고 미천한 백성이다.

여자는 몸을 가지고 사람을 섬기는 자이고, 가난하고 미천한 백성은 힘을 가지고 사람을 섬기는 자이니, 모두 그 뜻이 의로움에 있지 아니하다. 그러므로 가까이 하면 불손하고 멀리하면 원망하는 것이다.」

그러나 소라이의 이 말은 잘못되었다. 왜냐하면 뜻이 '의로움에 있지 아니한 사람'은 남자나 군자에게도 너무 많기 때문이다. 어찌 여자와 소인뿐이겠는가?

소인은 군자나 선비에 대칭되는 말이다. 물론 폄훼하는 뜻이 있다. 그러나 이런 폄훼는 한 마디로 교육의 부족과 사회적 훈련의 기회가 부족했던 데서 연유한다.

그렇다면 소인이라는 이 말은 적어도 이 章의 경우에는 오늘날의 용어로는 '어린이' 정도로 풀이함이 적절하다고 생각한다. 옥편에도 小는 少와 뜻이 같다고 하면서 '어린이'의 뜻이 있다고 한다. 뒤이어 나오는 難養이라는 말 중의 '養'과도 그래야 더 잘 어울린다. '養'에는 '기르다, 다스린다' 라는 뜻 이외에도 '가르치다' 라는 뜻도 있기 때문이다.

공자의 이 말은 여성에 대한 차별이라 하여 많은 비판을 받고 있다. 다만, 공자 시대의 사회적 현상에 대한 사실적 묘사라고 이해하여 공자를 변호하는 견해도 많이 있다(리링 2-1018).

● 不可近不可遠

이 말은 여자들이 지닌 성격상 특징의 일면을 매우 정확하게 묘사했다는 것이다.

그러나 近之則不孫 遠之則怨 이라는 성격이나 태도는 앞에서 말한 것처럼 결코 여성과 소인만의 특징은 아니다. 그런 태도는 모든 인간에게 공통되는 성격에 속한다. 교육받지 못하고 사회적 훈련이 부족한 사람이면 남자건 여자건 모든 사람에게서 드러나는 태도이니 어찌 이것을 여자와 어린이만의 문제로 치부할 일이겠는가?

시대는 변하였다. 더 이상 여성을 차별하는 일은 이제 어디에서도 발을 붙이기 어렵다. 과거의 일이 되었다.

나는 2009. 5. 28. 성균관의 초청을 받고 '女性의 지위에 대한 現代儒學의 여러 觀點' 이라는 제목으로 강연을 한 적이 있었다. 그 강연 내용은 나의 저서 청강수운 제2권(2015. 계문사) 639면 이하에 수록되어 있다. 참고할 수 있도록 이 책 말미에 부록으로 싣는다. 그 강연에서 밝힌 내 생각의 요지는 다음과 같다. 『공자의 언급은 제대로 교육받지 못한 사람의 단점에 대한 지적이지 여성에 대한 무시나 차별을 말한 것은 아니다. 당시의 사회 사정으로 보아 교육은 극소수의 사람만이 받을 수 있는 것이었으므로 여자들은 교육을 받을 수 없었고 아이들 역시 완전한 교육을 받기까지는 상당한 시간이 필요했기 때문에 여자와 소인은 아직 제대로 교육받지 못한 사람의 예시에 불과한 것이다. 이 말은 결국 배우지 못한 사람은 대하기가 쉽지 않다는 뜻인 것이다. 오히려 교육의 중요성을 강조한 것이라고 보아야 할 것이다.』

그 강연을 준비하면서 서양에서도 고래로 여성을 폄하하는 말들이 많았던 것을 알았다. 참고로 일부를 옮겨 싣는다.

【한 곳에 두 여자를 놓으면 날씨가 차가워진다. ― 셰익스피어

두 여자를 화해시키느니 차라리 전 유럽을 통합시키는 것이 더 쉽겠다. ― 나폴레옹

원래 아첨이란 여자의 몸에 꼭 맞는 의상이다. ― 키에르케고르

여자는 약한 남자를 지배하기보단 강한 남자에게 지배받기를 원한다. ― 히틀러

여자란 머리카락은 길어도 사상은 짧은 동물이다. ― 쇼펜하우어

여자는 단지 자신도 시계를 가지고 있다는 것을 남에게 보이기 위해 시계를 차고 다닌다. 시계가 멈추어 있는지, 정확한지 따위는 거의 중요하지 않다. ― 칸트

여자는 생리적으로 해탈하기에는 부족한 존재이다. ― 석가모니

말수가 적고 친절한 것은 여성의 가장 좋은 장식이다. ― 톨스토이

말없는 보석이 살아있는 인간의 말보다 흔히 여자의 마음을 움직인다. ― 셰익스피어

모든 인류는 평등하다. 그가 우리 프랑스인이든, 독일인이든, 국왕이든, 노예이든, 학자이든, 귀족이든, 평민이든, 저 미개한 아프리카 원주민조차도 우리와 똑같은 천

부인권을 가지고 있다. 단 하나 여성은 예외다. 여성에게는 인권이 없다. 그러므로 교육을 시킬 필요도 없으며, 정치에 참여시켜서도 안 된다. — 루소

여성은 불완전한 남성이다. — 아리스토텔레스】

대부분은 유명한 사람들의 농담으로 보인다. 그러나 그 중에는 루소의 말처럼 좀 끔찍한 것도 있다(다만, 위 말들의 출처를 기록해두지 않았었기 때문에 지금 이를 밝힐 수 없어 유감이다).

(17-26) 年四十見惡

> ▶(予解) 공자께서 말씀하셨다. "나이가 마흔이 되어서도 남에게 미움을 받으면(見) 이는 아마도(其) 끝난(終) 일이다."

〈原文〉

子曰: 年四十而見惡焉 其終也已

〈字解〉

也已 — 단정적인 어기를 표시하는 어기조사(류종목 582). 한편 여기의 終을 사람의 한 평생이라고 보고 已를 그치다 라는 뜻의 동사로 보는 견해도 있다(성백효 750).

〈解語〉

'四十은 德을 이루는 시기인데 남에게 미움을 산다면 여기에서 끝나고 말 뿐이다. 사람은 그 때에 맞게 개과천선할 것을 권면한 것이다' 라고 주자(691)는 설명한다. 그러나 덕을 이룬 사람도, 나이가 몇이건, 때로는 남의 미움을 살 수 있는 일이니 이 말을 주자처럼 일반화함은 적당치 않다고 생각한다. 아마 무슨 사연이 있어서 나온 말일 터인데 그 누구를 두고 한 말인지는 알 수 없다(주자 691, 蘇軾).

제18편

微子

(18-1) 殷有三仁

> ▶(予解) 미자는 그를 떠나버렸고 기자는 그의 노예가 되었고 비간은
> 간하다가 죽었다.
> 공자께서 말씀하셨다. "은나라에는 세 명의 어진 사람이 있었다."

〈原文〉

微子去之 箕子爲之奴 比干諫而死 孔子曰: 殷有三仁焉

〈字解〉

之는 은나라의 紂왕을 가리킨다.

〈解語〉

① 미자는 殷나라의 마지막 왕인 紂王의 형이다. 그는 紂왕이 무도한 것을
보고 여러 차례 간했으나 소용이 없자 周나라로 가버렸다. 은나라가 망한 후
周나라 성왕이 그를 송나라의 제후로 봉했다.

기자는 은나라 紂王의 숙부로 紂王을 여러 차례 간하다가 감옥에 갇혔으나
미치광이를 가장하여 나중에 풀려났다. 周무왕이 그를 朝鮮에 봉했다.

비간은 역시 紂王의 숙부로 그의 무도함을 끝까지 간하다가 피살되었다. 비
간이 극구 간하자 紂王이 '성인의 심장에는 구멍이 일곱 개 있다고 하던데 과
연 그런지 보자'고 하면서 그의 심장을 도려내어 죽였다고 한다.

② 세 사람의 행동은 각기 달랐다. 그럼에도 불구하고 공자는 그들 모두를 똑

같이 어진 사람이라고 평가했다. 仁은 공자에게 있어서 최고의 도덕적 평가이다. 다른 사람에게 쉽게 인정해주지 않는 덕목이다.

비간은 싸웠고 기자는 피했고 미자는 도망갔다. 어떻게 모두를 인하다고 평가했는가?

주자(696)는 말한다. 「세 사람의 행동은 같지 않으나 한결같이 지성(至誠)과 측달(惻怛)의 뜻에서 나왔다. 그 때문에 사랑의 이치에 어긋남이 없이 그 마음의 덕을 온전히 할 수 있었던 것이다.」

③ 소라이는 말한다. 「천하를 편안하게 하려는 마음(安天下之心)이 있으면서 또 천하를 편안하게 하는 공(安天下之功)이 있는 것을 仁이라 말하니 관중(管仲)이 바로 거기에 해당하는 사람이다. 천하를 편안하게 하려는 마음은 있지만 천하를 편안하게 하는 공이 없으면 인이라 할 수 없다. 천하를 편안하게 하는 공은 있지만 천하를 편안하게 하려는 마음은 없는 것, 이러한 일은 없다. 세 사람과 같은 경우는 천하를 편안하게 하려는 마음은 있지만 천하를 편안하게 하는 공은 없었는데, 비록 천하를 편안하게 하는 공은 없었지만, 그러나 만약 주(紂)가 그들의 말을 따랐다면 또한 충분히 천하를 편안하게 할 수 있었을 것이다. 그러므로 그들을 일러 仁한 사람이라고 한 것이다.」

④ 기자와 미자는 주왕에게 승복하지도 않았고 협조하지도 않았으니 이것은 비협조주의이다(리링 2−1024). 그들은 또한 비간과 같이 죽음을 택하지도 않았다. 군자가 난세를 당하여 취하는 세 가지 다른 길을 보여준 셈이다. 공자는 간할 만하면 간하고 소용이 없으면 떠나야 한다고 생각하는 사람이었다. 생명은 소중한 것이다. 무익한 죽음은 피하는 것이 맞다. 공자가 세 사람과 같은 상황에 처하였다면 아마도 미자와 같은 길을 택하였으리라고 추측이 된다. 하기는 공자는 송나라 왕실의 후예라고 하지 않았던가? 앞에 말한 바와 같이 미자는 송나라의 초대 제후였다(사마천 3−155).

(18-2) 柳下惠爲士師三黜

▶ (予解) 유하혜는 사사가 되었다가 세 번 쫓겨났다(黜). 사람들이 "당

신은 가히 떠날 만 하지 않습니까?" 라고 하자 그가 말하였다. "도를 바르게 하여 남을 섬긴다면 어디에(焉) 간들 세 번 정도 쫓겨나지 않겠소? 도를 굽혀(枉) 임금을 섬길 양이면 (여기서 편안히 지낼 수 있을 터인데) 굳이 부모의 나라를 떠날 필요가 있겠소?"

〈原文〉

柳下惠爲士師 三黜 人曰 "子未可以去乎 曰:直道而事人 焉往而不三黜 枉道而事人 何必去父母之邦

〈解語〉

사사(士師)의 士는 재판을 하는 관직이고 師는 그 長이다.

柳下惠는 노나라의 대부로 공자가 존경하는 사람이다.

공자는 柳下惠를 '그 말이 윤리에 맞고 행실이 다른 사람들의 생각에 부합한다' 하여 일민(逸民)으로 평가했다(후술 18-8 참조).

보통 일민(逸民)은 학문과 덕행이 있으면서도 세상에 나서지 아니하고 묻혀 지내는 사람이다.

관직에서 쫓겨나더라도 비록 편안하게 살지는 못하더라도 내 나라에서 다른 나라로 쫓겨 떠나가야 하는 것까지는 아니다. 그러니 불편하게 될지도 모를 위험 정도는 각오하고 도를 바르게 지키겠다는 뜻을 보인 것이다.

(18-3) 齊景公待孔子

▶ (予解) 제나라 경공이 공자의 대우에 관하여 말하였다. "노나라 임금이 계손씨를 대우하듯이 할 수는 없소. 상경인 계손씨와 하경인 맹손씨의 중간으로 대우하겠소." 그러더니 다시 말하였다. "내가 늙어서 등용할 수가 없소." 라고 하였다. 그러자 공자가 떠났다.

<原文>

齊景公待孔子曰: 若季氏 則吾不能 以季·孟之間待之 曰: 吾老矣 不能用也 孔
子行

<解語>

　제경공은 공자를 중용할 뜻이 있었다. 그러나 재상 안영의 반대로 제경공은
그 뜻을 접었다. 이 점에 관한 나의 소회는 전술한 바 있다(9-13).

(18-4) 齊人歸女樂

> ▶ (予解) 제나라 사람이 미녀로 구성된 가무단을 보내니 계환자가 그것
> 을 받아들여 (이를 즐기느라) 삼일간 조회를 열지 않자 공자가 떠났다.

<原文>

齊人歸女樂 季桓子受之 三日不朝 孔子行

<字解>

歸 － 선물을 보냄. 음이 궤(饋)이다.

<解語>

　史記의 孔子 世家편(사마천 4-430)을 보면 공자를 대사구(大司寇)로 등용한
노나라가 점점 국정이 안정되고 발전하자 이웃한 제나라가 불안을 느껴 공자와
노나라 조정 사이를 이간시켜 공자를 실각시킬 목적으로 노나라에 여악을 보냈
고 노나라 군주인 정공과 실권자인 계환자가 이를 즐기느라 정사를 게을리 한
사실, 그리고 이에 실망한 공자가 노나라를 떠난 사실 등과 관련된 경과가 상세
하게 기술되어 있다. 제나라의 음모가 성공한 셈이다.
　공자는 출국하면서 다음과 같이 노래를 지어 불렀다고 한다.
　「군주가 여인의 말을 믿으면 군자는 떠나가고,

군주가 여인의 말을 너무 가까이 하면 신하와 나라는 망하도다.

유유히 자적하며 이렇게 세월이나 보내리라.」

그러나 공자의 실망과 그에 이은 출국이 너무 빨랐던 것이 아닌가 하는 의문이 나는 없지 않다.

이런 의문을 의식한 것은 물론 아니겠지만 주자(699)에는 이런 설명이 있다. 「夫子가 떠난 이유는 소위 '견기이작 불사종일(見機而作 不俟終日)' 즉 그 기미를 보고 행동해야 하며 종일 기다릴(俟) 필요가 없다는 경우에 해당하는 것이 아니겠는가?」

시쳇말로 '싹수가 노랗다'고 본 것인가? 노나라 定公이나 실권자인 삼환의 그 뒤 행적을 보면 공자의 판단이 정확했다고는 보인다. 그러나 공자가 대사구(大司寇)의 직에 있었던 때는 그의 포부를 현실의 세계에서 펼쳐 보일 수 있는 유일한 기회였는데 그 유일했던 기회를 너무 빨리 포기한 것이 아닌가 하는 아쉬움은 여전히 남는다.

(18-5) 鳳兮鳳兮

▶ (予解) 초나라의 미치광이(狂) 접여가 노래를 부르며 공자의 수레 앞을 지나가면서 말했다. "봉황이여! 봉황이여! 어찌하여 그대의 덕을 쇠퇴하게 만드느냐? 지나간 일이야 간할 수 없지만 앞으로 오는 것은 오히려 따를 수 있으니 그만 두게나(已而)! 그만 두게나! 오늘날 정치에 종사하는 것은 위태롭다네!"

공자가 내려서서 그와 이야기하려고 했으나 그가 종종걸음을 쳐서(趨) 피하는 바람에 그와 함께 이야기할 수 없었다.

〈原文〉

楚狂接輿歌而過孔子曰: 鳳兮鳳兮 何德之衰 往者不可諫 來者猶可追 已而 已而 今之從政者殆而 孔子下 欲與之言 趨而辟之 不得與之言

〈解語〉

공자가 초나라에 가는 길에 접여가 지나가며 노래를 불렀다.

接輿는 초나라의 현인으로 세상을 피하여 일부러 미치광이 노릇을 하는 사람이었다.

鳳은 세상에 道가 있으면 나타나고 도가 없으면 숨는 새라고 한다. 공자를 鳳에 비유하여 이런 난세에 정치에 참여하지 말고 피하여 숨어 지내라고 말한 것이다. 공자를 비웃은 것이라고 하는 사람도 있지만 공자를 봉에 비유한 것만 보아도 그가 결코 공자를 비웃은 것은 아니고 초나라 왕을 만나는 것이 위험하다는 경고를 하려 한 모양이다.

來者猶可追란 지금 같은 세상에는 오히려 가히 숨을 수 있다는 뜻이다.

「공자가 그와 더불어 말하려 한 것은 접여가 거짓으로 광인인 체 하는 것을 알았기 때문에 그와 더불어 말하려고 한 것이다. 그런데도 접여가 피한 것은 광인으로서의 태도를 지킨 것이다. 광인으로서의 태도를 지킨 까닭은 사람들로 하여금 그가 거짓으로 광인인 체하는 것을 알지 못하게 하기 위해서였다.」(소라이 3-336)

(18-6) 鳥獸不可與同群

▶ (予解) 장저와 걸닉이 나란히 서서 밭을 가는데 공자가 지나다가 자로를 시켜 나루터가 어디에 있는지 물어보게 하였다.

장저가 말하였다. "저 수레에서 말고삐를 잡고 있는 사람은 누구요?"

자로가 대답하였다. "공구입니다."

또 물었다. "그는 노나라의 공구인가요?"

자로가 대답하였다. "그렇습니다."

장저가 말하였다. "그는 나루터를 알 것이오."

자로가 다시 걸닉에게 물었더니 그가 "당신은 누구요?" 라고 물어서 자로가 "중유입니다." 라고 하였더니 "노나라 공구의 제자요?" 하기에 자로가 "그렇습니다." 하였다.

걸닉이 말하였다. "온 천하에 이렇게 혼탁한 물이 도도하게 흐르고 있는데 누가 그것을 바꾼단 말이오? 또 당신은 마음에 안 드는 사람(위정자)을 피하여 공자처럼 이 나라 저 나라로 돌아다니는 사람(辟人之士)을 따르느니 차라리 우리처럼 속된 세상 자체를 피하여 은거하는 사람(辟世之士)을 따르는 것이 더 낫지 않겠소?"

그러고는 쉬지 않고 곰방매로 흙덩이를 부수어 씨앗에 흙을 덮어 나갔다.

자로가 돌아가서 말씀드리자 공자께서 실의에 젖어(憮然) 말씀하셨다. "새나 짐승과 함께 살 수는 없으니 내가 이 사람들의 무리와 함께 하지 않고 누구와 함께 하겠는가? 천하에 도가 있다면 나는 세상을 바로잡는 일에 참여하여 바꾸려 하지 않을 것이다."

〈原文〉

長沮桀溺 耦而耕 (중략) 夫子憮然曰: 鳥獸不可與同群 吾非斯人之徒與而誰與 天下有道 丘不與易也

〈解語〉

장저와 걸닉은 당시의 은자들이다.

공자가 은자들과 다른 점은 세상이 어지러워질수록 더욱더 그 속에 섞여야 한다고 생각하는 점이다(리링 2-1039).

공자는 혼탁한 세상을 바로잡으려 하였고 은자들은 그것이 불가능하니 그만두라고 만류한 것이다.

(18-7) 子路遇丈人

▶(予解) 자로가 공자를 수행하던 도중에 뒤에 처져서 오다가 한 노인(丈人)을 만났는데 그는 지팡이(杖)로 삼태기(蓧)를 메고(荷) 있었다.

자로가 "당신은 우리 선생님을 보았습니까?" 하고 묻자 노인은 "사지를 부지런히 놀리지 않고 오곡을 분별하지 못하는데 누가 선생(夫子)이란 말이오?" 라고 하고는 지팡이를 땅에 꽂아놓고 김을 메었다.

자로는 공손하게 두 손을 마주잡고 서 있었다. 노인은 자로를 붙잡아 하룻밤 묵어가게 하고는 닭을 잡고 기장밥을 지어서 먹이고 그의 두 아들을 불러서 자로에게 인사시켰다. 이튿날 자로가 공자께 가서 말씀드렸더니 공자께서 "은자이다." 라고 하시고는 자로로 하여금 되돌가서 그를 만나도록 하셨다.

자로가 그곳에 이르자 노인은 나가고 없었다.

자로가 말하였다. "벼슬을 살지(仕) 않는 것은 의리가 없는 일이다. 어른과 어린이 사이의 예절을 폐지할 수 없거늘 임금과 신하 사이의 의리를 어떻게 폐지하겠는가? 그것은 자기 몸을 깨끗이 하려다가 중대한 인륜을 어지럽히는 것이다. 군자가 벼슬에 나아가는 것은 자기의 마땅히 할 바를 실천하는 것이다. 우리의 도가 행해지지 않는 줄이야 우리도 이미 알고 있었다."

〈原文〉

子路從而後 遇丈人而杖荷蓧 子路問曰: 子見夫子乎 丈人曰: 四體不勤 五穀
不分 孰爲夫子 (하략)

子路曰: 不仕無義 長幼之節不可廢也 君臣之義 如之何其廢之 欲潔其身 而
亂大倫 君子之仕也 行其義也 道之不行 已知之矣

〈解語〉

"사지를 부지런히 놀리지 않고 오곡을 분별하지 못하는데 누가 선생(夫子)이란 말이오?" 하는 말은 '사지를 부지런히 놀리지 않고 오곡을 분별하지 못하는 사람'은 누구나 선생이라고 불리는 판인데 여기 어느 사람을 가리켜 선생이라고 합니까? 라는 뜻이다.

공자를 지목하여 '사지를 부지런히 놀리지 않고 오곡을 분별하지도 못하는 사람'이 선생은 무슨 선생이냐 라고 비웃는 뜻은 아닌 듯하다.

또 이 말을 丈人이 자기 자신을 두고 한 말이라고 보는 견해도 있고 丈人이 자로를 질책하는 말이라고 보기도 한다.

子路曰: 이하의 말도 사실 누구에 대하여 말한 것인지 분명치 않다.

또한 子路曰: 이하의 말이 자로의 말인지 공자의 말인지에 대하여도 견해가 나뉜다. 공자의 말이라고 보는 설은 '子路曰:'에서 '子路'와 '曰:' 사이에 '反子'라는 두 글자가 원래 들어 있었는데 즉, '子路反子曰:'인데 '反子'의 두 글자가 빠진 것이 아닌가 의심하기도 한다(주자 705).

이 章에서 자로가 한 말은 군자나 선비가 벼슬을 하는 것 즉, 현실 참여를 하는 것이 옳다는 정당성의 근거를 당당하게 제시한 셈이니 이런 의미에서는 오히려 공자가 말했음직한 내용이라 하겠다.

군자는 나가기도 하고 은둔하기도 하지만(或出或處) 끝내 道에서 떠나지 않는 것(주자 707)이라고 주자는 생각하는 듯하다.

(18-8) 我則異於是

▶ (予解) 초야에 묻혀 사는 현인으로는 백이·숙제·우중·이일·주장·유하혜·소련이 있다.

공자께서 말씀하셨다. "자기 뜻을 굽히지(降) 않고 자기 몸을 욕되게 하지 않은 이는 백이와 숙제로다. 사람들이 유하혜와 소련을 평하여(謂) 뜻을 굽히고 몸을 욕되게 했다고들 하는데 이 두 사람은 말이 윤리에 맞고(中) 행동이 다른 사람들의 생각(慮)에 부합하는(中) 이런 정도였을 것이다(其斯而已). 사람들이 우중과 이일을 평하여 숨어 살면서 꺼리지 않고 마음대로 말했다(放言)고들 하는데 이 두 사람은 몸가짐이 청결하고 세속을 떠난 것(廢)이 시의에 적절하였다(中權). 나는 이들과는 달라서 꼭 이렇게 해야 된다거나 이렇게 해서는 안 된다거나 하는 것이 없다."

〈原文〉

逸民 伯夷, 叔齊, 虞仲, 夷逸, 朱張, 柳下惠, 少連
子曰: 不降其志 不辱其身 伯夷·叔齊與 謂柳下惠·少連降志辱身矣 言中倫

行中慮 其斯而已矣 謂虞仲·夷逸隱居放言 身中淸 廢中權 我則異於是 無可無不可

〈解語〉

① 일민(逸民)은 세속을 초월한 사람이다.

여기 나온 일민 일곱 사람의 행적에 관하여는 일부 논란이 있다. 지금 와서 굳이 상고할 일은 못된다. 다만 일곱 사람 중 '주장'에 대한 논평은 나오지 않는다. 그 이유를 다산(5–319)은 다음과 같이 설명한다. 「"왕필의 말에 주장은 자가 중궁인데 순경은 그를 공자와 같이 보았다고 했으니 이제 6인은 설명하면서 그를 뺀 것은 그의 나아가고 물러나는 진퇴가 공자와 더불어 같기 때문이다."라고 하였다(황간의 說).」

주장의 행실을 논하지 않은 것은 아마도 탈간(脫簡)이 있는 듯하다는 설명도 있다(다산 5–319, 고린사의 說).

「우중은 제후의 반열에 있었고 유하혜는 벼슬이 사사(土師)에 이르렀으니 이들을 일민이라 함은 맞지 않는다. 그러나 무왕이 일민을 기용하면서 우중을 얻었고 유하혜도 또한 초년에는 벼슬하지 못하고 벼슬길에서 버려져 있어도 원망하지 않았으니 이들을 일민이라고 이르는 것도 불가함이 없을 듯하다.」(다산 5–311)

② 주자는 이렇게 말한다(709, 사량좌).

「일곱 사람은 은둔하여 더럽히지 않은 점은 똑 같았지만 마음을 세우고 행동을 만듦에 있어서는 다르다. 백이와 숙제는 천자일지라도 그들을 신하로 삼을 수 없었고 제후도 친구로 삼을 수 없는 인물로, 대체로 이미 세상을 은둔하여 무리를 떠난 이들이다. 聖人에서 한 등급 낮춘다면 이들이 가장 높을 것이다. 유하혜·소련은 비록 뜻은 낮추었으나 자신은 굽히지 않았고 몸이 욕됨을 당한다 해도 합하기를 구하지 않았으니 그 마음에 자질구레하지 않음이 있다. 그 때문에 말이 능히 윤리에 맞았고 행동은 능히 사려(思慮)에 맞았던 것이다. 우중과 이일은 은거하면서 하고 싶은 말을 다하였으니 말이 선왕(先王)의 법에 맞지 않는 경우가 많았다. 그러나 깨끗하여 더러움이 없었고 권형(權衡)하여 의당(宜

當)함에 맞았다. 방외지사(方外之士)들이 義를 해치고 교화를 손상시키면서 대륜(大倫)을 어지럽히는 것과는 다른 부류이다. 그러므로 똑같이 일민이라 일컬은 것이다.」

③ 身이란 몸가짐이고 廢란 몸의 出處進退이다. 權은 權道를 말하고 권도는 시기와 처지에 맞추어 행동하는 것(최근덕 471)이다.

④ 無可無不可에 대하여 주자(709)는 다음과 같이 풀이한다.「맹자는 이렇게 말하였다. 공자는 벼슬할 만하면 벼슬하고, 그만둘 만하면 그만두었으며, 오래 할 만하면 오래 하고, 속히 그만두어야 할 만하면 속히 그만두었으니 바로 이 뜻이다.」

소라이(3-347)는 다음과 같이 설명한다.「이 장의 뜻은 백이 이하 일곱 사람은 모두 도가 행해지지 못해서 숨었지만 공자는 이와 다르다는 것이다. 도가 크고 덕이 넓으므로 공자에게는 도가 행해지지 못하는 세상이 없다. 그러므로 공자가 벼슬한 것은 반드시 도가 행해질 수 있었기 때문이 아니고, 또 은거한 것도 역시 반드시 행해질 수 없었기 때문도 아니다.」

소라이의 말은 무슨 뜻인가? 조금 애매하다.

소라이의 말로부터 나는 다음과 같은 이해를 도출하였다.

● 제3의 길

「군주가 공자 자기의 말을 실제 행동으로 받아들이면 벼슬을 하고 군주가 자기의 말을 받아들이지 않으면 벼슬을 사퇴한다는 뜻으로 나는 이해한다. 그러나 사퇴한다고 하여 여기에서 그치는 것이 아니다. 벼슬을 그만둔다고 하여 꼭 산속에 들어가 숨어 살거나 시중에 있더라도 이름을 숨기거나 행색을 달리 하여 미천한 사람처럼 살아야 하는 것은 아니라는 뜻이 여기에 포함되어 있다.

공자가 실제 행동한 것처럼 선왕의 도를 공부하고 이것을 제자들에게 가르치는 것도 정치를 하는 것 즉, 도를 실천하는 행동이라는 것이다. 이를테면 제3의 길도 있다는 것을 보여준 셈이다.

공자는 일찍이 위정편(2-21)에서 이런 취지로 말하였다. "꼭 벼슬을 하는 것만이 정치를 하는 것은 아니다. 부모에게 효도하고 형제간에 우애가 있고 친구 사이에 신의를 지키면 그 마음이 곧 다른 사람을 편안하게 해주는 마음이고 이렇게 마음을 쓰는 것이 바로 정치이다."」

제자를 교육하여 양성하는 것도 제3의 길의 하나임을 보여준 점에서 통상의 일민과는 다르다. 공자가 我則異於是 라고 한 말은 바로 이런 뜻이다.

(18-9) 樂士適散: 생략

(18-10) 無求備於一人

> ▶(予解) 주공이 아들 노공에게 말했다. "군자는 자기 친척을 해이하게 대하지(施) 않고 대신들로 하여금 써주지(以) 않는다고 원망하지 않게 하며 오래된 신하(故舊)는 큰 잘못(大故)이 없으면 버리지 않는다. 그리고 한 사람에게 모든 것이 다 갖추어져 있기를 바라지 않는다."

〈原文〉

周公謂魯公曰: 君子不施其親 不使大臣怨乎不以 故舊無大故 則不棄也 無求備於一人

〈解語〉

주공은 주나라 무왕의 동생이고 공자가 성인으로 추앙했다.

노공은 주공의 아들 백금이다.

이는 백금이 魯나라의 제후로 分封을 받아 떠날 때 周公이 훈계한 말이다.

君子不施其親은 봉건제도를 창시했다고 할 주공이 제시한 국가통치의 목적인 동시에 수단이다. 봉건제도에서 家는 곧 국가이다. 그러므로 가족과 친척 그리고 공신은 국가의 공동 주권자이고 공동 운영자인 셈이다. 그러므로 그들을 소홀히 대접하거나 잘못 관리하면 국가의 정체성에 문제가 생긴다. 그러나 현대의 민주국가에서는 사정이 전혀 다르다. 오늘날 우리나라에서 대통령이나 정관계 실력자들이 그 가족이나 친척, 친구의 문제로 곤경에 처하는 것은 바로 이런 봉건체재의 思惟와 慣行을 답습한 결과이다.

다만 이 章에서 無求備於一人이라는 말은 모든 사람이 모든 관계에서 반드시 깊이 유념하여야 할 보편성 있는 원칙이라고 하겠다.

(18-11) 周有八士: 생략

(19-1) 見危致命

▶(予解) 자장이 말했다. "선비는 위험을 보면 목숨을 바칠 생각을 하고 이득이 되는 것을 보면 의를 생각하고 제사에서는 공경을 염두에 두고 상사에서는 슬픔을 생각하여야 한다. 그렇게 하면 옳을 것이다."

〈原文〉

子張曰: 士 見危致命 見得思義 祭思敬 喪思哀 其可已矣

(19-2) 執德不弘

▶(予解) 자장이 말했다. "덕을 지니고 있으면서 그것을 넓히지 못하고 도를 믿으면서 그것을 돈독하게 못한다면 덕이나 도가 어찌 있다고 할 수 있으며 그렇다고 또 어찌 없다고 할 수 있겠느냐?"

〈原文〉

子張曰: 執德不弘 信道不篤 焉能爲有 焉能爲亡

〈字解〉

亡－無로 읽는다.

(19-3) 尊賢而容衆

▶(予解) 자하의 문인이 자장에게 사귐에 대하여 묻자 "자하는 무어라

고 하던가?" 라고 자장이 되물었다.

그 문인이 대답하였다. "자하께서는 가히 사귈만 하면 사귀고 불가하면 거절하라 고 하셨습니다."

자장이 말하였다. "내가 들은 것과는 다르다. 군자는 현명한 이를 존경하고 뭇 사람을 포용하며 잘 하는 이를 아름답게 여기고 잘 못하는 이를 불쌍히 여긴다. 내가 크게 어질다면 다른 사람의 무엇인들 용납하지 못할 것인가? 내가 어질지 못하다면 남이 곧 나를 거절할 것이니 어떻게 남을 거절할 것이겠는가?"

〈原文〉

子夏之門人問交於子張 子張曰: 子夏云何 對曰: 子夏曰: 可者與之 其不可者拒之 子張曰: 異乎吾所聞 君子尊賢而容衆 嘉善而矜不能 我之大賢與 於人何所不容 我之不賢與 人將拒我 如之何其拒人也

〈解語〉

자하와 자장이 한 얘기는 모두 공자로부터 들은 것인데 그 내용이 각기 달랐다.

자하는 사람을 대하는 데 관대했다. 그래서 제자가 매우 많았다. 예를 들면 위나라 문후, 전자방, 단간목, 이극, 증신, 오기, 금활리, 공양고, 곡량적, 고행자 등이 모두 그의 제자였다. 그리하여 공자로부터 사람을 가려서 사귀라는 가르침을 들었다.

한편 자장은 사람을 대하는데 각박하였다. 그래서 공자로부터 사람을 좀 포용하라는 가르침을 들었다(리링 2-1058).

何所不容에서 不容하는 주체는 나인가 남인가? 이가원(320)은 남이라고 보았고 다른 주해들은 '나'라고 보았다. 다만, 주자의 논어집주에 대한 우리말 해석에서 임동석(719)은 남이라 보았고, 성백효(780)는 나라고 보았다. ▶(予解)는 '나'라고 보는 쪽을 따랐다. 왜냐하면 이 章에 나타나는 자장의 입장은 君子

尊賢而容衆 嘉善而矜不能 하는 관대하고 포용적인 자세이므로 이런 입장에 선다면 다른 사람의 무엇인들 우선은 받아들일 수 있을 것이기 때문이다. 더구나 내가 크게 어질다는 것을 전제로 하는 말이니 더욱 그렇다.

(19-4) 小道致遠恐泥

> ▶(予解) 자하가 말했다. "비록 작은 길이라도 그리 들어서서 보면 반드시 그 속에 볼 만한 것이 있겠지만 멀리 가는 데에는 막힘(泥)이 될까 두렵다(恐), 이 까닭으로 군자는 작은 길로 들어서지 않는다."

〈原文〉

子夏曰: 雖小道 必有可觀者焉 致遠恐泥 是以君子不爲也

〈解語〉

小道라 함은 농사와 원예, 의술과 복술 같은 것이라고 한다(주자 721). 작은 기예(技藝)를 말한다(류종목 609).

致遠은 선왕의 도를 이루는 것을 말한다.

이 말은 특히 여러 가지로 재능이 많은 사람들이 유의하여야 할 점이다. 小道에 빠져 헤어나지 못 할까 두렵기 때문이다.

(19-5) 好學

> ▶(予解) 자하가 말하였다. "날마다 모르던 것을 배워 알고 달마다 자기가 잘하는 것을 잊지 않는다면 가히 배움을 좋아한다고 말할 수 있다."

〈原文〉

子夏曰: 日知其所亡 月無忘其所能 可謂好學也已

<字解>

亡 – 없을 무. 已 – 그칠 이.

(19-6) 博學切問

▶ (予解) 자하가 말했다. "배움을 널리 하고 뜻을 두텁게 하고 묻기를 간절하게 하고 생각을 가까이 하면 어짐은 그 가운데 있다."

<原文>

子夏曰: 博學而篤志 切問而近思 仁在其中矣

<解語> (2017. 9. 13)

① 篤志는 뜻을 두텁게 한다는 것이니 결국 뜻을 굳게, 단단히, 한다는 의미이다. 돈독히 한다는 것(주자 722)도 같은 의미라고 생각한다. 리링(2 – 1062)은 생각을 집중한다로 풀이하는데 조금 거리가 있어 적절치 않다.

소라이(3 – 362)는 기억하기를 돈독히 한다 라고 풀이하는데 적합치 않다. 志를 記로 본다는 것인데 그 두 글자는 뜻이 다르다. 記는 결국 암기가 중심이 되는데 공자는 결코 암기를 중심으로 하는 공부를 요구하지 않았기 때문이다. 소라이는 또 뜻을 세우는 것이 먼저이고 배우는 것이 뒤인데 여기서는 뜻을 세우기 전에. 즉 뜻이 없이 배우기를 먼저 했기 때문에 그 결과로 기억을 잘 해두지 않으면 안 된다는 뜻으로 말했다고 풀이한다. 그러나 뜻과 배움의 순서는 항상 뜻이 먼저이어야 하는 것은 아니고 경우에 따라서는 배움이 먼저일 수도 있다. 배우면서 점차 뜻이 생기고 배우면서 뜻이 점점 두터워질 수도 있다. 그러므로 뜻을 세움이 먼저라는 논리를 전제로 한 소라이의 설명은 적합지 않다.

② 간절히 묻는다는 것은 정성껏 묻는다는 뜻이다. 꼭 알고야 말겠다는 뜻으로 정성을 다해 묻는 것이다.

● 近思

③ 近思에서 思는 목적어이고 近은 동사이다. 博學, 篤志, 切問, 近思에서

그 문법상의 구조가 모두 동일하다. 博, 篤, 切, 近이 모두 동사이고 學, 志, 問, 思는 모두 그 동사의 목적어이다.

이와 달리 學, 志, 問, 思를 동사로 보고 博, 篤, 切, 近을 그 동사를 수식하는 부사로 보거나 思 등 동사의 목적어로 는 것도 물론 가능하지만 이렇게 되면 뜻이 조금씩 달라진다.

예를 들어 近思를 이런 식으로 이해하면 '가까이 생각해라' 또는 '가까운 것을 생각하라' 라고 풀이하게 되는데 무엇을 가까이 생각하라는 것인지, 또는 가까운 것 무엇을 생각하라는 것인지 모호하다. 그 결과로,

'몸에 가까운 일을 잘 생각한다.'(이가원 321),

'가까이 있는 것을 생각한다.', '가까운 것을 소홀하게 하지 않고 생각한다.' (소라이 3−363),

'類로써 미루어 나가는 것(類推)이다.'(주자 723),

'가까운 자신으로부터 생각한다.'(다산 5−363),

'가까운 것부터 생각한다.'(박기용 885),

'널리 묻되 생각하기를 멀리하면 노고롭기만 할 뿐 공이 없다.'(주자 723 소식),

'현실에 필요한 것을 생각한다.'(성백효 783)는 등 여러 해석이 나왔다.

모두 맞는 말이다. 다만, 문장의 문법적 구조를 생각하고, 學과 思의 관계에 대하여 자하의 스승인 공자가 한 말을 생각하면 이런 식의 여러 해석은 공자의 본래의 뜻과는 조금 거리가 있음을 느끼게 된다.

그러므로 학과 사의 관계에 대하여 공자가 한 말 즉, 學而不思則罔 思而不學則殆(위정 2−15) 라는 데서 그 단서를 찾아야 한다고 생각한다.

그렇다면 생각을 가까이 한다 함은 자연히 '생각을 學과 가까이 하라' 는 말이 되겠다. 또는 '學과 思를 가까이 한다' 라고 말할 수도 있다. 즉 배우기만 하고 생각함이 없으면 얻는 것이 없으니 모름지기 배우면 반드시 그것을 잘 생각해보아야 한다는 의미라고 하겠다. 소식의 해석은 비교적 이에 가깝다. 소식은 이렇게 말했다고 한다. "널리 묻되 생각하기를 멀리 하면 노고롭기만 할 뿐 공은 없다."(주자 723 소식)

근사는 결국 '생각'을 '자주', '틈틈이', '기회 있을 때 마다', '늘' 하라는 뜻이

되겠다.

조금 비약하면 데카르트의 "나는 생각한다. 그러므로 나는 존재한다(ego cogito, ergo sum)." 라든가, 파스칼의 "사람은 생각하는 갈대이다." 라든지, 로댕의 '생각하는 사람'이라는 조각 작품 등이 연상된다.

④ 仁在其中은 博學而篤志 切問而近思를 힘써 하다보면 어느덧 仁을 저절로 체득하게 된다는 뜻이다.

(19-7) 君子學而致道

▶ (予解) 자하가 말했다. "기술자들은 작업장(肆)에서 그 일을 이루고 군자는 배움에서 그 도를 이룩한다."

〈原文〉

子夏曰: 百工居肆以成其事 君子學以致其道

〈字解〉

肆—자리 사, 가게 사, 작업장.

〈解語〉

기술자가 작업장에 있지 않을 수 없듯이 군자가 도에 이르려면 배우지 않을 수 없다는 뜻이다.

(19-8) 小人之過必文

▶ (予解) 자하가 말했다. "소인의 부족함은 반드시 꾸밈에서 드러난다."

〈原文〉

子夏曰: 小人之過也 必文

<解語>

　대부분의 주해는 "소인은 잘못을 저지르면 반드시 그럴듯하게 꾸며댄다."(류종목 611) 라고 해석한다. 물론 맞을 것이다. 그러나 나는 좀 달리 보아야 한다고 생각한다. 여기서 文은 質과 대비하여 한 말이다. 質은 사람의 본바탕이고 文은 겉을 꾸미는 것이다. 군자와 소인은 대체로 본바탕에 있어서는 별 차이가 없다. 그러나 겉의 꾸밈은 큰 차이가 난다.

　博學而篤志 切問而近思하는 사람은 그 외부로 드러나는 모습도 저절로 군자답다. 그러나 그렇게 노력하지 않는 소인은 외부로 드러나는 모습도 소인답게 무언가 부족함이 있는 모습이다. 소인은 그 겉모습의 꾸밈, 즉 말이나 행동 또는 옷차림 등의 꾸밈에서 벌써 그 부족함이 드러난다는 말이다.

(19-9) 君子有三變

> ▶(予解) 자하가 말하였다. "군자에 대한 느낌은 세 번 변한다. 멀리서 바라보면 위엄을 느끼고 가까이 다가가 보면 온화함을 느끼며 그 말을 들어보면 엄정함을 느낀다."

<原文>

子夏曰: 君子有三變 望之儼然 卽之也溫 聽其言也厲^려

<解語>

　① 보통은 "군자에게는 세 가지 변화가 있다. 멀리서 바라보면 엄숙한 모습이요, 가까이 이르러 보면 온화하며, 그 말을 들어보면 엄정함이 있다(주자 725)." 라고 풀이한다. 이런 풀이는 군자의 객관적 모습에 세 가지 변화가 있다고 말하는 것처럼 들릴 우려가 있다. 그러나 이 말은 그런 뜻은 아니고 군자의 모습과 얼굴과 말로부터 화자(話者)인 내가 받는 느낌에 세 가지 변화가 있다는 말이다. 그래서 나는 ▶(予解)와 같이 해석하였다.

　② 여기서 君子는 공자를 가리킨다(다산 5-371) 라고 하지만 논어에서 제자

들이 공자에 대하여 말하면서 공자를 가리켜 군자라고 부르는 경우는 흔하지 않다. 그러므로 이 章은 공자를 마음속에 두고서 군자 일반에 대하여 한 말이라고 보아야 하리라.

(19-10) 信而後勞其民

▶ (予解) 자하가 말했다. "군자는 신뢰를 받은 뒤에 백성에게 일을 시킨다. 신뢰가 없으면 백성은 자기를 괴롭힌다(厲)고 여기기 때문이다. 신뢰를 받은 뒤에 군주를 간한다. 신뢰가 없으면 군주는 자기를 비방한다(謗)고 여기기 때문이다."

〈原文〉

子夏曰: 君子 信而後勞其民 未信則以爲厲己也 信而後諫 未信則以爲謗己也

(19-11) 大德不踰閑

▶ (予解) 자하가 말하였다. "큰 원칙에 관하여는 그 지킬 바 법도(閑)를 넘어서는(踰) 안 된다. 작은 원칙은 임기응변으로 그 한계를 넘나들 수 있다."

〈原文〉

子夏曰: 大德不踰閑 小德出入可也

〈解語〉

① 논어에서 공자 자신이 대덕, 소덕이라는 말을 사용하지는 않았다. 일부 주해서에 등장하는 대절, 소절이라는 말도 마찬가지이다.

자하는 무슨 뜻으로 이 말을 사용하였을까?

생각하건대 선왕의 도를 배우고 실행하여 자신의 몸에 그 도를 갖추어 가진 것이 덕이다. 대덕은 덕 중에서도 큰 것이니 덕 중에서 크고 중요하고 기본이 되는 덕이 아마도 대덕일 것이다. 그러므로 요즘의 말로 옮긴다면 도덕 중의 기본적인 원칙에 해당하는 것이 대덕이고 소덕은 이와 달리 비교적 덜 중요한 일상의 사소한 세부적인 규칙 같은 것이 이에 해당하리라.

예를 든다면 국가에 대한 충성, 부모에 대한 효도 같은 것이 대덕이고 친구와 놀러가기로 약속하고 만나기로 정한 시간을 지키는 것 같은 것이 소덕에 해당할 듯하다.

② 그렇다면 대덕에 관하여는 그 지켜야 할 법도를 반드시 지켜야 한다. 국가로부터 병역의무를 이행하도록 소집을 받은 국민은 반드시 이를 따라야 한다. 그러나 친구와 만날 약속시간에 뜻밖에 부모를 모시고 병원에 가야 할 일이 생겼다면 친구와의 약속을 어겨도 괜찮다고 하여야 한다.

③ 이 章의 해석으로는 우선 이 정도의 이해를 하고 넘어가고자 한다. 주해서들의 해설은 소개를 생략한다.

(19-12) 洒掃應對進退

▶ (予解) 자유가 말했다. "자하의 제자 중 어린 사람들은 물 뿌리고(洒) 비로 쓸며(掃), 손님을 응대(應對)하며, 나아가고 물러나는(進退) 예절을 차리는 것은 괜찮게 잘한다. 그러나(抑) 이는 말단일 뿐이고 근본적인 것은 없으니 어찌하겠는가?"
자하가 듣고서 말하였다. "아! 언유의 말이 지나치다. 군자의 도가 어느 것을 먼저라 하여 전수(傳)하고 어느 것을 뒤라 하여 게을리(倦) 하겠는가? 초목에 비유하면 마치 구역별로 서로 다른 것(區以別)과 같으니 (군자의 사람을 가르치는 법도 또한 이러한 것이니) 내가 군자의 도를 어찌 속일 수 있겠는가? 시작이 있고 마침이 있게(有始有卒) 순서를 정하는 것은 오직 聖人만이 할 수 있을 뿐인데!"

〈原文〉: 생략

<字解>

言游는 공자의 제자로 이름은 偃, 字는 子游이다.

<解語>

① 리링(2-1070)은 자유와 자하의 차이를 이렇게 설명한다.

「자유와 자하는 모두 문학에 뛰어 났지만 제자를 가르치는 방법에 차이가 있었다.

자유는 자하를 비평하면서 그의 교수법은 지엽적인 것만 있고 근본이 없다고 생각했다. 자하의 특징은 세세한 데 있고 세세하기 때문에 행동이 느렸다. 공자가 "복상(자하)은 미치지 못한다."(선진편 11-16)고 말한 원인도 여기에 있었다.

공자가 자하를 비판할 때 그는 감히 복종하지 않을 수 없었지만 자유의 비판에 대해서는 반박하였다. 그는 도를 배우는 것은 순서에 따라 차근차근 나아가는 것이며 중요한 것은 처음과 끝이 있는 것이라고 말했다. 시작이 없으면 끝이 없다. 사람은 모두 작은 일에서부터 시작한다. 작은 것이 없으면 어떻게 큰 것이 있겠는가?

자하는 소도를 중시했고 자유는 대도를 중시했는데 이것이 두 사람의 다른 점이다.」

② "어찌 속일 수 있겠는가?" 라고 하는 것은 「말하자면 감당하지 못할 것을 감당할 수 있을 것이라 여겨 큰 것을 가르쳐 문인·소자들로 하여금 큰 것을 함부로 말하게 하면 이는 사람을 속이는 것이다.」 라고 소라이(3-376)는 설명한다.

③ "시작이 있고 마침이 있게 순서를 정하는 것"은, '쉬운 것에서부터 큰 것으로 순서를 밟아 게으르지 않게 나가도록 함'을 말한다(소라이 3-376).

④ "오직 聖人만이 할 수 있을 뿐인데!" 라고 하는 것은, "시작과 마침의 순서를 정하는 그런 어려운 일은 공자와 같은 聖人이나 할 수 있는 일인데 그런 일을 나 자하가 마음대로 할 수 있겠는가?" 하는 뜻이다.

(19-13) 仕而優則學

> ▶(予解) 자하가 말하였다. "벼슬(仕)을 하면서 여력(優)이 있으면 배우고, 배우고 나서 남음이 있으면 벼슬을 한다."

〈原文〉
子夏曰: 仕而優則學 學而優則仕

〈解語〉

이 말에서 優는 여유가 있다는 뜻이지 우수하다는 뜻이 아니다.

참으로 남용되는 폐단이 큰 말이다. 仕而優則이면 學이라고 했는데 실무에 종사하면서 맡은 일도 제대로 처리를 못하고 남겨둔 채로 퇴근하면 바로 또는 퇴근시간도 되기 전에 부랴부랴 학원으로 또는 석사과정이나 박사과정으로 달려가서 승진시험 준비를 한다거나 경력 쌓기에 매달리면 올바른 일이겠는가?

學而優則이면 仕라고 했는데 교수가 되어 아직 연구가 쌓이기기도 전에 또는 학생을 제대로 가르칠 만큼 준비도 하기 전에 정치권에 줄을 대기 시작하면 올바른 학자의 자세이겠는가?

공자가 이 말을 한 것이 아니고 그 제자가 했다는 것이 너무도 다행스럽다. 공자 같으면 이렇게 말했을 리 없다.

다만, 이런 생각은 해볼 수 있다. 호구지책으로 공무원이 되긴 했으나 학자가 되고 싶은 초지(初志)를 버리지 못하여 자기 업무를 부지런히 처리하고 나서 없는 틈을 쪼개서 원래 하고 싶은 연구에 몰두하는 자세라면 누가 그를 탓할 수 있을까?

원래 관직을 바랬으나 실패하여 차선책으로 대학에 우선 몸을 두었다면 그런 사람이 정치권에 줄을 서기로서니 어찌 하겠는가? 혹은 학자로서 명성을 얻고 그것을 기반으로 정계 진출을 계획하는 사람도 있을 터인데 그런 사람이 정치권에 줄을 선다면 그것 자체를 무어라 하기는 어렵다. 그러나 이런 두 가지 경우에도 하나의 조건은 있다. 최소한 학생들에 대한 授業에는 최선을 다하여 스승으로서의 책임은 다해야만 한다는 조건이다. 이 조건을 충족한 사람이 정치권에 줄을 선다면 그야말로 學而優의 경우 즉 여력이 있는 경우이니 누가 그를 탓할 수 있겠는가? 그러나 겸직(兼職)은 실제로는 문제가 있다. 피하는 것이 마땅하다.

(19-14) 喪致乎哀

> ▶ (予解) 자유가 말하였다. "상사는 슬픔(哀)을 다하면(致) 거기서 그칠 뿐이다."

〈原文〉
子游曰: 喪致乎哀而止

(19-15) 子游曰: 생략

(19-16) 曾子曰: 생략

(19-17) 曾子曰: 생략

(19-18) 曾子曰: 생략

(19-19) 曾子曰: 생략

(19-20) 君子惡居下流

> ▶ (予解) 자공이 말하였다. "주왕(은나라의 마지막 임금인 紂)의 불선함이 (세상에서 일컫듯) 그처럼 심하지는 않았다. 그러므로 군자는 하류와 한 무리로 분류됨을 싫어한다. 천하의 악이 다 그의 책임으로 돌아오기 때문이다."

子貢曰: 紂之不善 不如是之甚也 是以君子 惡居下流 天下之惡皆歸焉

〈解語〉

　주왕은 폭군으로 널리 알려져 있다. 주왕 자신이 저질은 악행도 물론 있지만 여러 악인들이 주왕에게 귀의하자 주왕이 그들을 모두 받아들임으로써 그들 악인들이 벌인 악행까지 모두 주왕의 짓으로 알려졌다. 그러므로 천하의 악이 다 거기로 돌아간다고 말하는 것이다. 마치 온갖 오물이 하류로 모여드는 것과 같다. 그래서 군자는 하류로 평가될까봐 조심하게 된다.

　자공은, 천하에 없는 폭군으로 알려진 주왕에 대하여 공평하게 말했는데 이는 사실 매우 용감한 일이다(리링 2−1081).

(19-21) 君子之過

> ▶(予解) 자공이 말하였다. "군자의 허물은 일식이나 월식과 같다. 허물이 있으면 사람들이 모두 알게 되고, 고치면(更) 사람들이 모두 우러러(仰) 본다."

〈原文〉

子貢曰: 君子之過也 如日月之食焉 過也 人皆見之 更也 人皆仰之

(19-22) 仲尼焉學

> ▶(予解) 위나라 공손조가 자공에게 물었다. "중니는 어디서(焉) 배웠습니까?"

　자공이 말했다. "문왕과 무왕의 도가 아직 땅에 떨어지지 않고 사람들에게 남아 있어 현명한 사람은 그 가운데 근본에 해당하는 바를 기억하고(識), 현명하지 못한 사람은 그 가운데 소소한 바를 기억합니다. 그리하여 문왕과 무왕의 도를 지니고 있지 않은 사람이 없으니 저의 선생님 께서 어디서인들(焉) 배우지 않겠습니까? 그러니 또 어찌 일정한 스승이 있겠습니까?"

〈原文〉

衛公孫朝問於子貢曰: 仲尼焉學 子貢曰: 文武之道 未墜於地 在人 賢者識其 大者 不賢者識其小者 莫不有文武之道焉 夫子焉不學 而亦何常師之有

〈字解〉

公孫朝 - 위나라의 대부의 이름

〈解語〉

① '文武之道'는 문왕과 무왕이 백성을 편안하게 다스리기 위하여 만들어 사용한 예와 악이다(소라이 3 - 392).

주자(739)는 문왕과 무왕의 謨訓과 功烈을 말하며 아울러 주나라의 모든 예악문장(禮樂文章)이 모두 이것이다 라고 설명한다.

② '在人'이라 함은 사람이 기록한 바의 전적(典籍)에 실려 있다는 말이지 사람이 사람에게 전하여 공자의 세대에 까지 오게 된 것을 말함이 아니다(다산 5 - 417). 주자(739)는 사람들 중에 능히 이것을 기억하고 있는 자가 있음을 말한다고 설명한다.

③ 다산(415)은 '큰 것'은 성명(性命)과 덕교(德敎)이고 '작은 것'은 예악(禮樂)과 문장(文章)이라고 설명한다. 그러나 이런 설명은 문제가 있다. 공자의 도는 선왕의 도이고 선왕의 도는 예와 악을 기본으로 하는데 예와 악을 작은 것이라고 할 수는 없기 때문이다. 예와 악은 오히려 큰 것에 속하고 그 밖의 가르침 예컨대 문장과 덕교 등이 작은 것에 속한다고 본다. 성명은 공자 당시에는 별로 많이 말한 것이 없었음을 생각할 때 큰 것과 작은 것 그 어느 것에도 포함되지 않는 별도의 사항이었을 터이다.

④ '識'는 기록하다 라는 뜻이다(다산 5-415). 주자(739)는 '識'를 기억하다 라고 새긴다.

(19-23) 子貢賢於仲尼

▶(予解) 숙손무숙이 조정에서 대부들에게 말했다. "자공이 중니보다 어집니다."

자복경백이 이 말을 자공에게 일러주자 자공이 말하였다.

"집의 담장에 비유하면 저(賜)의 담은 어깨에 겨우 미쳐서 집안의 좋은 것들을 엿볼(窺見) 수 있지만 우리 선생님의 담장은 몇 길이나 되어 문을 찾아서 들어가지 않으면 종묘의 아름다움과 온갖 건물의 풍부함을 볼 수 가 없습니다. 그런데 그 문을 찾은 사람이 아마 적을 터이니 숙손무숙 선생이 그렇게 말하는(云) 것도 당연하지(宜) 않겠습니까?"

〈原文〉

叔孫武叔語大夫於朝曰: 子貢賢於仲尼 子服景伯以告子貢 子貢曰: 譬之宮 牆 賜之牆也及肩 窺見室家之好 夫子之牆數仞 不得其門而入 不見宗廟之美 百官之富 得其門者或寡矣 夫子之云 不亦宜乎

〈字解〉

叔孫武叔과 子服景伯 - 모두 노나라의 대부.
宮 - 고대에는 평민의 집도 모두 궁이라고 하였다(주자 740, 說文解字).
官 - 옛날의 館인데 여기서는 가옥을 말한다.

(19-24) 仲尼日月

▶(予解) 숙손무숙이 공자를 헐뜯자 자공이 말했다.

"그러지 마십시오. 중니는 헐뜯으면 안 됩니다. 다른 사람의 현명함은 언덕과 같은 정도라 넘어갈(踰) 수 있지만 중니는 해와 달과 같아서 넘을 수가 없습니다. 사람들이 비록 스스로 해와 달과 관계를 끊으려 한다 해도 어찌 해와 달에 손상이 있겠습니까? 다만(多), 요량(料量)을 모르는 것을 더욱 드러내 보일 뿐입니다."

〈原文〉

叔孫武叔毀仲尼 子貢曰: 無以爲也 仲尼不可毀也 他人之賢者 丘陵也 猶可踰也 仲尼 日月也 無得而踰焉 人雖欲自絶 其何傷於日月乎 多見其不知量也

〈字解〉

多—다만 다. 다만 더욱 ~할 뿐이다. '지'라고 발음한다는 견해도 있다. 量—분수나 요량을 말한다.

(19-25) 其生也榮

▶ (予解) 진자금이 자공에게 말하였다. "선생님이 공손해서 그렇지 중니가 어찌 선생님보다 어질겠습니까?"

자공이 말하였다. "군자는 말 한마디로 지혜롭다고 여겨지기도 하고 말 한마디로 지혜롭지 못하다고 여겨지기도 하니 말이란 신중하지 않으면 안 된다. 우리 선생님을 따라갈 수 없는 것은 마치 사다리를 타고 하늘에 오를 수 없는 것과 같다. 우리 선생님께서 만약 나라를 다스리셨다면 이른바 세우면 따라서 서고, 이끌면(道) 따라서 나아가고, 편안하게 해주면(綏) 따라서 따라오고, 움직이면 따라서 화합하였을 것이다. 그 삶은 영광이었고 그 죽음은 슬픔이었으니 어찌 그분을 따라갈 수 있으리오?"

〈原文〉

陳子禽謂子貢曰: 子爲恭也 仲尼豈賢於子乎 子貢曰: 君子一言以爲知 一言

以爲不知 言不可愼也 夫子之不可及也 猶天之不可階而升也 夫子之得邦家者 所謂立之斯立 道之斯行 綏之斯來 動之斯和 其生也榮 其死也哀 如之何其可及也

〈字解〉

陳子禽 - 공자의 제자. 이름은 항. 계씨(16-13) 참조. 자공보다 9살 아래로 자공의 제자로 추정되기도 함. 斯 - ~하면.
綏 - 편안히 할 수.

〈解語〉

　스승 공자에 대한 자공의 지극한 존경심이 극적으로 표현되고 있다. 자장편 23장 내지 25장에 보이는 자공의 표현은 과연 발군(拔群)이다. 공자의 사후에 나온 말이니 생전의 단순한 아부로 볼 수 없다. 다른 제자들은 공자의 삼년상을 치른 후 모두 흩어졌는데 자공만은 공자의 무덤 옆에 여막(廬幕)을 짓고 6년을 더 지키다가 떠나갔다고 하니(사기 4-453) 그 추모의 정이 정말 놀랍다. 내 생각에는 자공은 공자의 제자 중에 가장 재능이 뛰어난 사람이다. 아마 공자의 밑에서 인을 배우지 않고 다른 스승 밑에서 단순히 치국의 방략이나 법가의 학을 배웠다거나 또는 혼자서 연구라도 했다면 그는 틀림없이 관중 이상의 큰 정치가가 되었으리라 생각한다. 사기 중니제자열전(사마천 5-74)에 보면 노나라가 제의 침략을 받을 위험에 처하자 공자가 자공을 제, 오, 월, 진(晉) 등에 유세케하여 노나라의 위기를 타개한 사실이 기록되어 있다. 그 기록의 끝에서 사마천은 이렇게 썼다. 「자공이 한번 나섬에 노나라를 존속시키고 제나라를 혼란에 빠뜨렸으며 오나라가 망하고 진(晉)나라가 강국이 되었으며 월나라가 패자(覇者)가 되었으니 즉, 자공이 한번 뛰어다님으로써 국제간의 형세에 균열이 생겨 10년 사이에 다섯 나라에 각각 큰 변동이 생겼던 것이다.」
　자공을 보면 공자의 위대함이 어느 정도인지 짐작이 간다.

제20편

堯曰

(20-1) 萬方有罪 罪在朕躬

▶ (予解) 요임금은 순임금에게 왕위를 물려줄 때 말했다. "아, 그대 순이여! 하늘의 운수가 그대의 몸에 있으니 진정으로 중용을 지키도록 하라. 사해의 백성이 곤궁해지면 하늘이 내리신 복록이 영원히 끊어지리라."

순임금도 우임금에게 왕위를 물려줄 때 이렇게 말했다.

그리고 탕임금은 말했다. "저 履(탕임금의 이름)는 감히 검은색 숫소를 희생으로 삼아 위대하디 위대하신 하느님께 분명히 아뢰옵니다. 죄가 있는 사람은 감히 용서하지 않겠습니다. 하느님의 신하는 묻어두지 않을 것이오나 그것을 가려내는 것은 하느님께 달려 있습니다. 제 몸에 죄가 있다면 그것은 만방의 백성과는 무관한 일이지만 만방의 백성에게 죄가 있다면 그 죄는 저에게 있는 것입니다."

주나라에는 하느님이 내리신 커다란 하사품이 있었으니 훌륭한 인물이 참으로 풍부했다.

그리하여 무왕은 말했다. "비록 가까운 친척이 있다고 해도 어진 사람만은 못할 것이다. 백성에게 잘못이 있다면 그 죄는 나 한 사람에게 있다." 무왕은 도량형을 신중하게 다루어 착오가 없게 하고, 법도를 심의하여 이를 개선하고, 폐지한 관서를 수복하여 다시 일하게 했으므로 사방의 정사가 잘 시행되었으며, 멸망한 나라를 부흥시켜주고, 끊어진 대를 다시 이어주고, 초야에 묻힌 숨은 인재를 찾아내어 기용하였으므로 천하의 민심이 그에게로 돌아갔다.

그가 소중하게 여긴 것은 백성과 식량과 喪事와 祭祀였다. 요컨대, 관대하면 민중의 지지를 얻을 것이고, 신의가 있으면 백성들이 그를 따를 것이며, 행동이 민첩하면 공을 세울 것이고, 공평하면 백성들이 좋아할 것이다.

〈原文〉

堯曰: 咨 爾舜 天之歷數在爾躬 允執其中 四海困窮 天祿永終 舜亦以命禹 曰: 予小子履 敢用玄牡 敢昭告于 皇皇后帝 有罪不敢赦 帝臣不蔽 簡在帝心 朕躬有罪 無以萬方 萬方有罪 罪在朕躬 周有大賚 善人是富 雖有周親 不如 仁人 百姓有過 在予一人 謹權量 審法度 修廢官 四方之政行焉 興滅國 繼絶 世 擧逸民 天下之民歸心焉 所重 民·食·喪·祭 寬則得衆 信則民任焉 敏則 有功 公則說

〈解語〉

▶(予解)는 류종목(633)의 풀이를 그대로 옮긴 것이다. 요, 순, 탕의 정치적 선언 내지 업적 그리고 출처불명의 여러 글을 모아놓았는데 공자의 말이 들어 있는지 어떤지는 분명치 아니하다.

후대의 儒家들이 즐겨 인용하는 정치적 프로파간다에 해당하는 구절들이 있기 때문에 우리 정치인들은 아마 인용해보고 싶을지 모른다. 일단 참고삼아 옮겨 놓았다.

(20-2) 五美四惡

▶(予解) 자장이 공자께 "어떻게 하면 정치에 종사할 수 있습니까?" 하고 여쭈어보자 공자께서 말씀하셨다. "다섯 가지의 미덕을 존중하고 네 가지의 악덕을 물리치면 정치에 종사할 수 있다."

자장이 "무엇을 다섯 가지 미덕이라고 합니까?" 라고 하자

공자께서 말씀하셨다. "군자는 백성들에게 은혜를 베풀어주되 낭비하지 않고, 백성들에게 노동을 시키면서도 원망을 사지 않고, 원하기는 하면

서도 탐내지 않고, 태연하면서도 교만하지 않고, 위엄이 있으면서도 사납지 않다.

자장이 "무엇을 백성들에게 은혜를 베풀어주되 낭비하지 않는 것이라고 합니까?" 라고 하자

공자께서 말씀하셨다. "백성들이 스스로 이롭다고 여기는 바대로 하도록 해줌으로써 그들을 이롭게 해준다면 이것 역시 백성들에게 은혜를 베풀어주되 낭비하지 않는 것이 아니겠느냐? 노동을 시킬 만한 조건, 즉 적당한 때·장소·일·사람 따위를 골라서 노동을 시킨다면 또 누가 원망하겠느냐? 인을 원해서 인을 얻는다면 또 무엇을 탐내겠느냐? 군자는 많거나 적거나 크거나 작거나 언제나 감히 거만하게 구는 법이 없다면 이것 역시 태연하면서도 교만하지 않은 것이 아니겠느냐? 군자는 자신의 의관을 바로하고, 사물을 바라보는 자신의 태도를 존엄하게 하여, 사람들이 쳐다보기만 해도 두려워할 만큼 근엄하다면 이 또한 가만히 있어도 위엄이 있으면서 사납지 않은 것이 아니겠느냐?" 라고 하셨다.

자장이 "무엇을 네 가지 악덕이라고 합니까?" 라고 하자

공자께서 말씀하셨다. "그것을 하지 말라고 미리 가르쳐주지 않고 있다가 그것을 했다고 해서 죽이는 것을 잔학한 짓이라 하고, 미리 경계하지 않았으면서 일의 성과를 따지는 것을 난폭한 짓이라고 하고, 명령은 늦게 내리고 기한은 짧게 잡아 독촉하는 것을 사람을 괴롭히는 짓이라고 하고, 어차피 사람들에게 나누어줄 것이면서 내주기를 인색하게 구는 것을 유사(有司)와 같은 째째한 짓이라고 하는데 이것이 네 가지 악덕이다."

〈原文〉

子張問於孔子曰: 何如斯可以從政矣 子曰: 尊五美 屛四惡 斯可以從政矣 子張曰: 何謂五美 子曰: 君子惠而不費 勞而不怨 欲而不貪 泰而不驕 威而不猛

子張曰: 何謂惠而不費

子曰: 因民之所利而利之 斯不亦惠而不費乎 擇可勞而勞之 又誰怨 欲仁而
得仁 又焉貪 君子無衆寡 無小大 無敢慢 斯不亦泰而不驕乎 君子正其衣冠
尊其瞻視 儼然人望而畏之 斯不亦威而不猛乎

子張曰: 何謂四惡

子曰: 不敎而殺謂之虐 不戒視成謂之暴 慢令致期謂之賊 猶之與人也 出納
之吝 謂之有司

〈字解〉

斯 — ~하면. 屛 — 막다, 제거하다. 致 — 제한하다. 猶 — 어차피.
出納 — 추납으로 읽는다. 有司 — 실무 담당자. 小人의 치기(稚氣)를 가진 비관
(卑官)을 말한다.

〈解語〉

　백성을 다스리는 선왕의 도에 대하여 지금까지 공자가 한 말 중에서는 가장
구체성이 있고 실용성을 느끼게 하는 말들이다.

　<백성들이 스스로 이롭다고 여기는 바대로 하도록 해줌으로써 그들을 이롭
게 해준다면 이것 역시 백성들에게 은혜를 베풀어주되 낭비하지 않는 것이 아
니겠느냐?> 하는 말이라든지 <노동을 시킬 만한 조건, 즉 적당한 때·장소·
일·사람 따위를 골라서 노동을 시킨다면 또 누가 원망하겠느냐?> 는 말 같은
것은 인심에 대한 깊은 통찰을 바탕으로 한 아주 지혜로운 말씀이다. 또한 언제
든지 현실의 정치에 적용할 수 있고 또 적용하여야만 하는 그런 실용적인 가르
침이다.

　四惡도 마찬가지이다. 현실의 위정자들이 반드시 유념하여야만 할 구체적인
주의사항이 아닐 수 없다. 특히 <명령은 늦게 내리고 기한은 짧게 잡아 독촉하
는 것> 이라든지, <어차피 사람들에게 나누어줄 것이면서 내주기를 인색하
게 구는 것> 같은 짓들은 일선의 실무자들이 법을 집행함에 있어 자주 저지르
는 과오이므로 위에서 감독하는 사람들이 반드시 살펴보아야 할 점검사항이라

고 해도 마땅하다.

(20-3) 不知命

> ▶(予解) 공자께서 말씀하셨다. "천명(天命)을 모르면 군자 노릇을 할
> 수 없고 예(禮)를 모르면 세상에 나설 수 없고 말의 속셈을 모르면 그 사
> 람을 알 수 없다."

〈原文〉

孔子曰: 不知命 無以爲君子也 不知禮 無以立也 不知言 無以知人也

〈解語〉

① 논어의 시작이라고 해도 좋을 위정편 (2－4)에 나오는 ＜子曰: 吾十有五
而志於學 三十而立 四十而不惑 五十而知天命 六十而耳順 七十而從心所欲
不踰矩＞ 라는 말과 논어의 맨 끝장에 해당하는 ＜孔子曰: 不知命 無以爲君
子也 不知禮 無以立也 不知言 無以知人也＞ 라는 이 말은 수미(首尾)가 일관
되는, 또는 뜻이 관통하는 훌륭한 조화를 이루고 있다고 나는 생각한다.

② 공자는 三十而立 이라고 말했는데 나이 삼십이라면 옛날이나 지금이나
사람이 사회에 나가 일을 하면서 사람을 만나 대화하고 의논하고 함께 행동하
는 그런 시기이다. 이 때 예를 모르는 언행을 하게 되면 다른 사람과 부딪히고
오해를 일으키고 조화를 깨뜨려 일을 망치고 마는 그런 일이 자주 생기게 된다.
그래서 공자는 부지런히 예를 배워 삼십에 이르러서는 마침내 집안에서나 사회
에 나가서나, 다른 사람과의 조화를 깨뜨리는 잘못을 범하지 않고 당당하게 행
동할 수 있게 되었을 것이다. 그래서 공자는 三十而立 이라고 말했을 것이라고
나는 이해한다. 또한 이것이 不知禮 無以立也라는 말의 의미라고 생각한다

③ 공자는 위정편 (2－4)에서 五十而知天命 이라고 말했다.

나는 위 (2－4)에서 지천명에 관하여 다음과 같이 설명했다. 참고로 다시 옮
겨 적는다.

【知天命이란 말을 알기 어렵다.

 ㉠ 류종목(49), 주자(59): 쉰 살에는 천명이 무엇인지를 알았다.

 ㉡ 다산(1−167): 上帝의 법칙에 순응하여 궁하거나 통함에 대하여 의심하지 않는다. 요절하거나 장수함에 대하여 의심하지 않고 몸을 닦아 천명을 기다릴 줄 알았다(孟子 盡心 上).

 ㉢ 소라이(1−136): 쉰에 大夫가 되어 하늘이 나에게 명하여 先王의 도를 후세에 전하라고 하는 것을 알았다.

 ㉣ 리링(1−106): 자기의 역량이 어느 정도인지, 도대체 무엇을 할 수 있는지, 무엇을 하도록 운명지어졌는지 등을 아는 것이다.

 ㉤ 나는 이렇게 이해한다.

세상에는 되는 일도 있고 안 되는 일도 있지만, 현재 닥친 그 상황하에서는 달리 어떻게 해볼 도리가 없는 일도 있는데 그것은 마치 운명이 이미 정해 놓은 대로 진행되는 현상처럼 보일 때가 있다. 이런 움직임의 방향을 아는 경지가 知天命이다.

바꾸어 말하면 나아갈 때와 물러날 때, 하여야 할 때와 하지 말아야 할 때를 알아 즉, 時勢나 時流의 흐름과 변화를 알고 그에 따라 처신을 조정하는 지혜가 있음을, 천명을 안다고 일컫는다. 시세나 시류는 世上事의 커다란 흐름이다. 한 사람 힘으로 좌지우지 할 수 없는, 혼자서 당장 어떻게 그 방향을 바꿀 수는 없는 힘의 흐름이다. 이는 運命과 같다. 그래서 천명이라고 부르는 모양이리라.

리링(1−106)은 이 점에 관하여 이렇게 말한다.

「공자는 천명을 알지 못하면 군자가 될 수 없다고 말했다. 그는 학습의 목적은 군자를 육성하는 것이고 군자의 사명은 관리가 되는 것이며 책을 읽고 나서는 반드시 관리가 되어야 한다는 것에 대해서는 토론의 여지가 없지만 언제 벼슬길에 나아가고 누구의 수하에서 일을 할 것인가 하는 것 등은 전적으로 천명이 어떠한가를 보아야 한다고 생각했다.

공자의 知天命은 易을 배운 것과 관련이 있다고 한다.

공자 나이 47세 때 양화가 그에게 벼슬길에 오를 것을 제안했지만 그는 응하지 않고 양화가 다른 나라로 도망갈 때까지 기다렸다가 51세 때 비로소 벼슬에 나아가는 것을 승낙했다. 그는 역을 배웠기 때문에 자기가 관직에 나아가야만 할 때를 알고서 관직에 나아간 것이다.」

공자에 의하면 군자는 천하를 다스리는 데 동참하는 사명을 지녔으니 시세의 흐름과 변화를 몰라서는 군자 노릇을 할 수 없었으리라.】

그래서 공자는 不知命 無以爲君子也 라고 말했을 것이다.

④ 공자는 위정편 (2-4)에서 六十而耳順 이라고 말했다. 耳順은 말과 관계가 있다. 말은 마음에 있는 뜻을 표현하는 수단이다. 그러나 그 뜻을 제대로 완벽하게 표현할 수는 없다. 어차피 말과 뜻 사이에는 간격이 있게 마련이다. 노자가 말했다. 명가명비상명(名可名非常名) 이라고.

뿐만 아니라 사람은 경우에 따라서는 마음속에 있는 뜻과는 일부러 다르게 말하는 수도 있다.

그래서 이런 두 가지 사정 때문에 사람의 말만 들어서는 그 사람의 마음 속을 정확히 꿰뚫어 알기가 보통사람으로서는 매우 어렵다. '열 길 물속은 알아도 한 길 사람 속은 모른다'는 속담도 있지 아니한가?

그렇다고 관상에 의지할 수도 없고 점술에 의지할 수도 없다. 결국은 그 말에 의하여 알아내는 수밖에는 없다. 공자는 나이 육십에 이르러 이것이 가능했던 듯하다. 다른 사람의 말을 들으면 그 사람이 무슨 속셈으로 그 말을 하는지 저절로 알게 되었다는 뜻으로 六十而耳順 이라고 말했다고 나는 이해한다. 어떻게 그것이 가능하였을까? 생이지지(生而知之)는 물론 아니다. 공자가 평생 게을리 하지 않은 것은 배움이었다. 배움을 거듭하여 60에 이르러 이런 경지에 도달하였다고 할 것인데 그렇다면 무엇을 배운 것일까?

공자의 도는 忠과 恕로 以一貫之 하였다고 하니 그 해답은 忠과 恕이리라! 忠은 마음을 다하는 것이고, 恕는 내 마음을 미루어 다른 사람을 이해하는 것이다.

(21) 별론: 나의 소회(所懷)

(가) 공자의 위대한 공헌(1)-(4-3의 추록)

공자는 先王의 도를 회복시켜 주나라 초기와 같은 태평성대를 이룩하기를 원한 復古主義者로 출발하였다. 공자는 스스로 말한 바 있다. "나는 옛것을 좋아하여 힘써(敏) 그것(古)을 탐구한 사람이다(好古 敏以求之者也)." 그러나 그는 단순한 복고주의자로 끝나지 않았다. 그는 선왕의 도의 배후에 존재하는 위대한 정신을 파악하려고 애쓴 끝에 그것을 발견하여 이를 '仁'이라 이름하고 평생 이를 가르치고 실천하기 위하여 죽는 날까지 한결같이 힘쓴 사람이었다. 그가 발견하여 제창한 이 仁은 그의 사후에도 살아남아 오늘날까지 萬人의 정신을 일깨우는 위대한 가르침이 되었다. 이것은 공자가 세상에 기여한 위대한 공헌이라 아니할 수 없다.

(나) 공자의 위대한 공헌(2)-(18-8의 추록)

나는 이 (18-8) 章에 이르러 공자가 인류에게 기여한 두 번째의 위대한 공헌을 깨닫게 되었다. 그것은 바로 체계적인 교육의 발명이었다.

체계적이라고 보는 이유는 첫째로 단순한 일회적인 가르침이 아니라 다양한 연령의 제자를 두어 세대를 이어서 행해지는 교육을 시작했기 때문이고, 둘째는 시, 서, 예, 악, 춘추, 주역이라는 과목을 특정하여 그 방면으로 집중하는 교육을 행하였기 때문이고, 셋째로 문헌의 정리를 대대적으로 행하면서 그 문헌에 의하여 교육을 행하였기 때문이고, 넷째로 전국에서 신분의 귀천에 불구하고 많은 학생을 받아들였기 때문이고, 다섯째로 이론과 실천을 연결하는 교육을 행하였기 때문이다.

춘추전국시대에 제자백가가 출현하였지만 그 어느 학파보다도 공자의 가르침이 현대에 이르기까지 더욱 연면하게 이어져 오면서 지속적인 영향력을 발휘한 데에는 공자의 교육에 위에 언급한 그런 체계적인 특징이 있었기 때문이다. 체계적인 특징이 있었을 뿐만 아니라 더욱 중요한 점이 하나 더 있다. 그것은 공자가 배움에 뜻을 둔 사람들에게 관직으로 진출하는 길과 은거하여 일민(逸民)이 되는 길 이외의 제3의 길을 열어주었다는 점이다. 관료가 되어 정치를 담당하거나 아니면 은거하여 일민이 되는 것 이외에는 배움에 뜻을 둔 사람들이 달리 할 일이 없는 것으로 알고 있던 그런 시대였는데 공자는 당당하게 그리고 공공연하게 사람들로 하여금 생업에 종사하면서도 가족을 봉양하고 仁을 실천함으로써 사람답게 살 수 있는 길이 있음을 보여주고 열어준 것이다. 바로 교육에 종사함으로써 제3의 길을 갈 수 있도록 해준 것이다. 가르치는 사람이나 배우는 사람이나 모두 정치를 하지도 않고 은거를 하지 않고서도 사람답게 살 수 있는 제3의 길을 공자는 자기 스스로 모범을 보여 열어 보인 것이다.

이것은 두고두고 모든 인류에게 기여한 위대한 공헌이 아닐 수 없다.

(18-8)에서 공자가 대표적인 일민 여섯 사람을 비평하면서 "나로 말하면 이들과는 다르다."라고 명백히 선을 그으면서 나에게는 가함도 없고 불가함도 없다고 선언한 것은 바로 위에서 말한 교육이라는 제3의 길을 자신이 당당하게 걷고 있음에 근거한 것이라고 나는 생각한다.

나의 이런 이해의 연장선에서 생각을 이어가면 공문의 계승자로 물론 맹자가 있긴 하지만 한편 교육을 특히 중요시한 荀子도 공자의 제3의 길을 계승한 후계자로서 그 업적과 중요성을 제대로, 더욱 크게, 평가해주어야 마땅하리라고 생각한다.

오늘의 시대에 공자의 제3의 길을 적용한다면 제3의 길은 한 없이 넓고 깊고 끝이 없다. 교육 이외에도 군사, 과학, 종교, 상업, 그리고 새로운 업종과 예술 등에서 사람이 기꺼이 이를 생업으로 하면서 인간의 존엄을 발휘할 수 있는 길이 열려 있다. 이렇게 생각해보면 정치로 지향하는 사람의 수가 점점 줄어들고 그 비중이 점차 떨어지고 그리하여 정치인에 대한 대우도 보통 직장인의 평균 수준으로 내려 갈수록 세상은 점점 편안하게 되리라는 전망이 그려지기도 한다.

요즘 정치권에 줄을 대고 관직으로의 진출 기회를 호시탐탐 노리는 교수 내지 학자들의 행태를 많이들 비판한다. 그러나 이런 현상은 결코 오늘만의 일은 아니며 그 연원은 공문 유가의 군자 사명론(使命論)에 있다. 군자들이란 열심히 선왕의 도를 배워 자기를 편안히 하고 가족과 이웃을 편안히 하고 기회가 오면 조정에 출사하여 백성을 편안하게 다스리는 일을 그 사명으로 한다고 공자는 가르쳤다. 이런 군자의 사명론이 이천오백 여 년을 지나오면서 학문하는 사람들 대부분의 머리에 깊이 뿌리내린 결과로 학자들의 관직 추구 현상이 빚어지고 말았다. 선왕의 도와는 관계없는 다른 일을 배운 사람들이, 그리고 자기를 편안히 하지 못하고 그 가족과 이웃을 편안히 하지도 못한 사람들이, 그럼에도 불구하고 천하의 백성을 편안히 하는 일에는 여전히 줄을 대고 있다. 이런 사람들은 공자의 가르침 중에 가장 위대한 점이 바로 정치도 아니고 은거도 아니고 바로 자기의 생업 자체를 즐기면서 인을 실천하는 제3의 길에 있음을 전혀 깨닫지 못하는 사람들이다. 이런 사람들이 관직에 나아가 제대로 일할 수 있기를 바라는 것은 그야말로 緣木求魚 라고 할 것이다. 그러나 처음부터 관직에의 진출을 목표로 하면서 단지 그 진출을 위한 발판으로 삼으려고 학계로 들어온 사람들은 물론 예외이다. 그러나 학자로서 학문의 연구와 가르침 그 자체를 즐겨하고 관직에는 뜻을 두지 않는 그런 학자들도 있어야 할 것 아닌가? 그런 학자야 말로, 제3의 길에 관한 한, 진정한 공자의 후계자가 아닐까? 그런 학자도 알려지지 않아서 그렇지 많이 있을 것이다. 내가 아는 분만해도 여러분이 계시다. 예를 든다면 나의 대학 은사이신 전 서울대 민법교수 곽윤직씨, 전 서울대 철학과 교수 백종현씨, 나의 친구인 전 한양대 교수 김광규 시인 같은 분들이 그런 분들의 하나가 아닐까 생각한다.

(다) 공자의 위대한 공헌(3)-(6-22의 추록)

공자는 "귀신을 공경하되 그에 매달리지 말고 그를 멀리한다면 가히 지혜롭다고 할 수 있다(敬鬼神而遠之, 옹야편 6-22)." 라고 말하였다. 또한 그는 怪力亂神을 말하지 않았다(술이편 7-21).

敬鬼神而遠之는 사실 매우 중요한 대목이다. 어찌 보면 사람을 하늘과 귀신으로부터 분리해낸 획기적인 선언이다. 務民之義 敬鬼神而遠之는 사람을 神으로부터 독립시키고 人道를 종교로부터 분리시키는 위대한 깨달음이다. 사람들이 모두 하늘에 빌고 신에게 매달리기만 하던 기원전 5세기의 당시로써는 이런 분리와 독립은 天才만이 할 수 있는 위대한 분별이요, 聖人만이 도달할 수 있는 꿰뚫음의 경지였다. 칼 야스퍼스가 인류 역사상 소위 基軸의 時代의 위대한 사람 가운데 하나로 공자를 내세운 소이가 여기에 있다.

(라) 공자의 위대한 공헌(4)

공자는 예와 악으로 세상을 다스려야 한다고 주장하였는데 공자가 주장하는 이런 정치를 세상은 德治라고 부르고 이를 法治와 대립되는 개념으로 사람들은 이해하고 있다.

나도 이런 통념에 묻혀 지내왔다. (덕치에 대하여는 이인편 4−11 참조).

그러나 이 책의 쓰기를 마치고 난 지금 나는 생각이 바뀌었다.

공자가 이상으로 생각한 정치는 德治가 아니다. 그것은 정확한 표현이 아니다. 어쩌면 틀린 말이라고 해야 정확할지도 모르겠다. 그것은 德治가 아니라 禮治이고 말을 바꾸면 바로 法治 라고 불러야 한다.

왜냐하면 공자가 말한 禮는 바로 法이었기 때문이다. 공자가 禮와 法을 구별하지 않고 같은 의미로 썼던 이유는 당시는 周나라의 封建시대였는데 封建제도에서는 家가 곧 國이고 國이 곧 家였으므로 家를 다스리는 규율이나 國을 다스리는 규율이 모두 같은 禮로 불리었고 이것을 다른 말로 부르면 그것이 바로 法이었다.

그러다가 봉건제도가 해체되면서 家가 곧 國家라는 관념이 점차 퇴색하고 동시에 家는 私的관계로 그 범위와 권위가 축소되면서 반면 國家는 公的관계로 중심이 옮겨 가면서 그 중요성과 권력이 점차 강화되었다. 이에 따라 공자가 말한 예 중에서 공적 관계에 관한 것은 점차 法으로 분리되어 禮와는 구별되기 시작했다.

그러므로 禮와 樂으로 국가와 백성을 다스려야 한다는 공자의 주장은 바로 법과 음악으로 나라를 다스려야 한다는 주장과 다르지 않다. 결국 法治主義를 주장한 것이다. 전국시대에 이르러 공자의 후계자의 한 사람인 순자의 문하에서 유명한 법가인 한비자와 이사가 출현한 것은 결코 우연한 일이 아니라고 하겠다.

아무튼 공자가 법치주의를 창도한 것은 공자가 인류에게 기여한 또 하나의 위대한 공헌이라고 하겠다. 다만, 유감스러운 것은 공자의 법치주의가 서양에서와 같이 민주주의의 초석으로 수용되지 못하고 군주독재가 백성을 강압하는 수단으로 왜곡, 변용되었다는 점이다. 그러나 이것은 공자의 잘못이 아니라 후세의 정치가와 학자들의 잘못이다. 더 이상의 논의는 별론으로 맡긴다.

(마) 공자가 말하지 아니한 것(仁의 裏面^{이면})

위영공이 공자에게 진법에 관하여 물어보자 공자께서 말씀하셨다. "예의에 관한 일(俎豆之事^조)은 일찍이 들은 적이 있지만 군사에 관한 일은 아직 배우지 못하였습니다." 그리고는 이튿날 마침내 위나라를 떠나버리셨다.(위영공편 15-1)

나는 위에 나온 위영공편 15-1의 <解語>에서 다음과 같이 썼다.

【공자는 군려에 관한 일을 정말 몰랐을까? 다산(4-249)은 이렇게 설명한다. 「군려의 일은 平世(잘 다스려졌던 시대)에도 오히려 감히 그 방비를 느슨하게 하지 못하는 것인데 하물며 춘추시대는 아침에 포위당하고 저녁에 침공을 당하는 난세였으니 비록 우임금과 후직 같은 성현이더라도 이 시대를 당하면 어찌 군려의 일을 강습하지 않겠는가? 공자는 노나라 정공에게 협곡의 會盟에 武備를 단단히 하라고 청하였고 진항이 제나라 간공을 죽이매 목욕하고 조회에 나가 誅討하라고 청하였으니 공자도 일찍이 兵事를 좋아함이 있었다. 그러므로 공자는 스스로 "내가 싸우면 이긴다."고 하였고(禮記-禮器篇) 또 "7년 동안 백성을 가르치면 또한 전쟁터에 나가 싸우게 할 수 있을 것이다."라 하였으며 그가 지은 易傳에서는 "활과 화살의 利器로써 천하를 威服시켰다."라고 하였으니 어찌 반드시 儒者의 옷을 입고 날마다 빈객을 맞이하고 제사지내는 예만 강습해야 바야흐로 儒者라 이를 수 있겠는가?」】

공자가 성인으로 존경해마지 않는 先王 중에 탕왕과 무왕이 있다. 탕왕은 하나라의 폭군 걸을 혁명으로 내쫓고 은나라를 세웠고 무왕은 은나라의 폭군 주왕을 역시 혁명으로 내쫓고 주나라를 세웠다. 탕왕과 무왕이 사용한 것은 武力이었다. 공자가 가장 존경하는 성인인 주공(주성왕의 섭정)도 동생들(관숙과 채숙)의 반란을 무력으로 진압한 뒤 관숙을 죽이고 채숙을 귀양보냈다.

불인한 사람 또는 인을 반대하는 사람을 제거하여 백성을 편안히 하려면 즉, 인을 펼치려면 성인도 무력을 사용할 수밖에 없었다.

인에는 충과 서만이 아니라 경우에 따라서는 武가 포함된다.

武는 하루아침에 갖추어지는 것이 아니다. 평소에 미리미리 병사를 징집하여 훈련하고 무기와 식량을 비축하고 장군을 선발하여 대비하지 않으면 안 된다. 이런 준비에는 불가피하게 강제력이 동원된다. 이것은 공자가 평소에 가르친 忠과 恕 같은 仁의 방법과는 일견해도 다르다. 간단히 말해서 공자가 가르친 先王의 道에는 사실은 武가 포함되는 것이다. 공자는 드러내놓고 이런 사실을 말하지 않았을 뿐이다.

사실 생각하면 이것은 간단한 이치라고 하겠다. 仁을 실행하기 위해서는, 仁을 지키기 위해서는, 武의 사용이 불가피한 경우가 현실에는 허다하다. 왜 그런가? 인간에게는 仁을 싫어하는 습성도 있기 때문이다. 힘들여 일해서 먹을 것을 얻는 것보다, 폭력을 쓰거나 폭력으로 위협하여 남의 것을 뺏거나 훔쳐서 공짜로 먹는 것을 더 좋아하는 습성이 있기 때문이다. 말만으로 이런 습성이 고쳐지지 않는 사람들도 있다.

그런데 공자는 왜 仁만을 말하고 武는 말하지 않았는가? 그 이유는 仁을 상징하는 예와 악이 무너지고 폭력이 숭상되는 당시의 난세를 바로잡기 위해서는 무력을 숭상하는 풍조를 억제하고 예와 악을 부흥시켜 仁을 회복하여야 했기 때문이다. '仁을 회복하기 위해 부득이 武를 사용한다'는 거짓된 명분의 주장에 동참하는 꼴이 되기 싫어서였을 수도 있겠다.

오늘의 문제에 관하여 이를 적용한다면 예를 들어, 자유민주주의를 파괴하려드는 내외의 적으로부터 국가를 지켜내야 하는 마당에 일방적인 군비축소나 병력감원을 시행한다면 이는 仁과 武의 관계를 외면하는 처사가 아닐 수 없다.

(바) 공자는 중국 사람이 맞는가?

중국의 역대 통치자들을 모두 外儒內法의 사람들이라고 평가한다. 여기의 法은 전국시대의 책사들의 행동철학을 말한다. 그러니 겉으로는 공자를 내세우고 실제로 하는 짓은 패권추구의 행동이라는 뜻이다. 오늘날의 중국도 마찬가지이다. 결코 공자의 가르침을 따르는 사람들이 아니다. 이 점을 착각해서는 안 될 것이다. 공자가 과연 중국 사람이었는지 자체가 외려 의심스러울 정도이다.

<끝>

〈후기 1.〉

　내 나름의 이해(理解)라는 뜻으로 나는 해어(解語)라는 말을 찾아냈고 그래서 이 해어라는 이름의 시리즈로 노자의 도덕경과 공자의 논어에 대한 책을 쓸 생각을 했다. 처음 이 생각을 한 것은 작년 여름 졸저 흥망유수라는 책을 쓰고 난 뒤였다. 그러나 착수를 못한 채 잊고 지나던 중 작년 말 전지 요양으로 사이판에 가서 두 달 반을 지내고 나니 기력이 좀 회복된 덕인지 그동안 잊고 있던 해어 시리즈의 책 쓰기를 다시 생각하게 되었다. 삼월 초 귀국하여 노자의 도덕경에 대한 책을 먼저 쓰기로 하고 본격적으로 집필을 시작한 것은 지난 3월 말부터였다. 그 전에 책을 읽으면서 간간히 노트나 책의 여백 그리고 컴퓨터에 메모해둔 것들이 있었는데 그것들을 이용할 수 있어서 시작 할 때 큰 도움이 되었다. 예를 들면 '논어의 문법적 이해' 라는 책을 그전에 읽을 때 그 여백에 원문의 음과 훈을 옥편을 찾아 일일이 적어 놓았고, 때때로 책을 읽으면서 내가 느낀 것, 의심이 든 것, 내가 이해하게 된 것 등을 여백에 적어둔 것들이 있었는데 그것들이 이번에 크게 힘을 덜어주었다.

　더구나 도덕경은 비교적 책이 얇은 편이어서 지난 오월에 원고를 탈고하고 바로 논어의 집필을 시작할 수 있었다.

　논어는 도덕경보다 분량도 많고 읽어갈수록 이것저것 생각할 거리가 자꾸 떠올라서 예상보다 시간이 많이 걸렸다. 아무튼 지난 9월 중순 초고를 끝내고 나니 매우 기쁘다. 사실 처음 시작할 때에는 특별히 즐겁다거나 힘들다거나 하는 생각은 별로 들지 않았다. 그런데 작업을 진행하면서 점점 즐겁다는 생각이 들기 시작하더니 시간이 가면서 그 즐거움이 점점 커져갔다. 이제 대충 작업을 마치고 나니 책의 질적 완성도 여하에 관계없이 정말 큰 만족감에 가슴이 뿌듯하다. 왜 그럴까 생각을 해보는데 아마도 이것은 논어의 내용이 가진 커다란 매력 때문이 아닐까 하는 생각이 든다. 도덕경을 탈고했을 때보다 훨씬 더 큰 기쁨을 안겨준다. 그 매력의 정체는 느끼는 사람 각자에게 고유한 것일 터이라 무어라 말하지 않겠다.

사실 이 해어 시리즈를 생각한 이유는 다음과 같은 데 있었다. 논어를 제대로 접한 것은 1957년 고등학교 일학년 때 지금의 신세계백화점 자리에 있던 옛날 동화백화점 서적부에 들렀다가 이가원 선생께서 쓰신 논어신역이라는 책을 구입한 이후의 일이었다. 이후로 평생을 두고 어쩌다 논어나 도덕경을 잠깐잠깐 읽게 될 때에 그 뜻을 그 순간에는 이해하였다고 생각했던 부분들이 얼마 지나지 않아 그 뜻을 잊어버리고 마는 수가 허다하였다. 그런 경우가 자주 있다 보니 아쉬운 생각이 들었다. 그래서 지난봄부터는 아예 처음부터 끝까지 이 책들을 다시 천천히 읽어가면서 그때그때 그 이해한 바를 차근차근 적어놓는 것이 좋겠다는 생각이 들었고 이어 그럴 바에는 아예 책으로 써나가는 것도 한 방법이 되겠구나 싶어 이런 시도를 하게 되었다. 그야말로 나 자신의 기억을 보존해두려는 방편인 셈이었다. 그런데 막상 진행하다 보니 생각지 못한 즐거움을 느끼게 되었다. 건강을 위해 자주 산책을 다녀야 했지만 여름 날씨가 너무 뜨겁고 게다가 비까지 자주 와서 산책 나가기가 어려웠던 때가 적지 아니 있었다. 그래서 집에만 박혀 있기가 무료해서 부득이 책 쓰기에 매달린 측면도 없지 않았었다. 그런데 앞에서 말한 것처럼 책을 써 나가면서 뜻밖에 즐거움을 느끼게 되어 집에만 처박혀 있어도 갑갑하다는 느낌은 사라져 버리고 말았다. 노년의 여유가 오히려 고맙다는 생각이 들기도 한다.

공자의 말씀을 해석하면서는 처음에 가졌던 견해들이 책 쓰기가 진행되면서 다른 내용으로 바뀐 경우가 곳곳에 있었다. 아마도 막연하게 피상적으로만 생각했던 것들이 생각이 거듭되면서 저절로 깨달음 유사한 것들로 바뀌지 않았나 싶기도 하다.

이런 변화는 이번 책 쓰기를 끝낸 뒤에도 필시 계속되리라는 생각이 든다.

책을 쓰면서는 처음에는 한문 원문을 맨 앞에 배치하고 그 아래에 한글 해석을 붙이는 형식을 취했었는데 생각을 해보니 한문 공부를 하는 데 주목적이 있는 것이 아니라 공자 말씀의 뜻을 제대로 알아보는 데 주된 목적이 있다는 점을 깨닫고 형식을 바꾸기로 하였다. 즉, 우선 한글 해석을 앞에 놓고 한문 원문은 참고로 그 뒤에 위치시키기로 하였다.

해석을 하면서는 내가 가지고 있던 여러 주해서들의 해석을 읽고 나서 거기에 내 이해를 보태어 해석의 방향을 정하였다. 그리고 나의 이런 이해에 대한 설명이 필요한 때에는 이를 <해어>란에 기술하였다.

그러므로 읽는 분들로서는 한글 해석을 먼저 읽고나서 그 해석에 별 문제가 없다 싶으면 원문이나 해어를 읽을 필요는 없고 바로 다음 장으로 넘어가면 될 터이다.

이번 작업을 하면서는 원래 내가 가지고 있던 몇 개 안 되는 책들만을 이용하였고 새로 책을 구입하지는 않았다. 다만, 후배 변호사 이재원씨가 성백효 선생의 논어집주 역해를 지난 9월초에 선물로 보내주어 많은 참고가 되었다. 이변호사님에게 고마움을 전한다. 다른 책들을 더 구입하지 않은 이유는 내가 가진 책들의 내용을 보면 이미 과거에 나온 주석서들의 내용이 상세히 소개되어 있어서 굳이 내가 그 원문을 확인하지 않아도 되겠구나 하는 생각이 들었기 때문이다. 특히 다산의 논어고금주에는 인내심 없이는 읽기 어렵다고 느낄 정도로 과거의 주해들이 상세하게 소개되어 있다. 다만 최근의 주해들을 제대로 접하지 못했다는 아쉬움은 남아 있다.

내 작업에 도움이 된 자료와 관련하여 한 가지 더 밝힐 것이 있다. 주자학의 틀을 벗어나 새로운 관점을 가지고 논어를 주석한 오규 소라이의 '논어징'이라는 책을 몇 년 전에 소개해준 내 친구 정태기 선생에 대한 고마움이다.

논어징은 이번 작업에서 나의 생각을 많이 넓혀주었다. 정태기 선생에게 고마움을 표한다.

책 초고를 마치면서는 공자가 이 세상을 위하여 커다란 공헌을 하였구나 하는 감동이 절로 우러나왔다. 이 소회를 책의 맨 끝(요왈 제20장)에 제21장으로 묶어 별론이라는 제목으로 적어놓았다.

나는 논어를 전문적으로 연구하는 사람이 아니어서 사실 이 책에서 내가 취한 해석< ▶(予解)>과 나의 이해<解語>에는 많은 오류가 틀림없이 있을 터이지만 아마추어의 무모함이라 여기고 양해 있으시기 바란다.

끝으로 이 책을 출판해주신 박영사 안종만 회장님 그리고 조성호 이사님과 편집부장 김선민님을 비롯한 편집부의 여러분께 깊이 감사를 드린다. 아울러 저자의 수다한 요청을 편집부에 전하느라 애쓰신 기획부의 김상윤 대리께도 고마움을 표한다.

2017. 9. 저자 권성

〈후기 2.〉

2017. 9. 17. 09:00 마침내 해어 논어편의 초고 집필을 끝냈다. 지난 6월 20일에 시작했으니 한 4개월 정도 걸렸다. 앞으로 계속 수정하고 보완할 일이 남았다. 처음 시작할 때와 끝낼 때의 생각이 많이 달라졌다. 공자에 대한 좀 더 깊은 이해가 생겼다. 총체적으로 생각할 때 주자학적인 유교는 공자의 원래 유학과는 많이 다르다. 공자의 유학은 실용적이며 정치의 비중이 매우 높다. 주자의 그것은 매우 사변적이고 도덕 위주의 색조가 강하다.

노자와 논어를 원래는 별책으로 출판할 생각이었으나 어차피 노자의 출판이 늦어졌으니 논어와 함께 한 책으로 출판하기로 했다.

공자의 말과 노자의 말은 서로 다른 점이 많아 한 책에서 이 둘을 대비해 보는 것도 나름 의미가 있을 것이다. 끝으로 책의 출판을 지원해주신 임성규 변호사님께 이 자리를 빌어 깊이 감사를 드린다.(2017. 11. 17)

부록 1

女性의 지위에 대한 現代儒學의 여러 觀點

성균관 특강
2009년 5월 28일

1. 孔子의 관점

가. 論語

논어에는 여성에 대한 직접적 언급이 두 군데 있다고 한다. 고봉진 씨의 수필 '공자의 여성관'에서 인용해 본다.

① 唯女子與小人爲難養也, 近之則不遜, 遠之則怨(陽貨)

그 중 하나가 '공자 가라사대' 하고 친히 언급한 것으로 기술되어 있는 저 유명한 '여자와 소인(小人)만은 다루기 어렵다. 가까이 하면 불손해지고 멀리 하면 원을 품는다'는 어귀다. 이 말이 뒤에 돌고 돌아 아녀자라는 모멸에 찬 호칭이 생겨나기까지 만든 것 같다.

여자와 아이들을 같은 수준의 한 통속으로 간주하였음을 뜻한다. 그러나 공자가 직접 그러한 군집 명사를 사용한 기록은 어디에도 남아 있지 않고, 여자의 힘을 그렇게 가소롭게 평가하지도 않았던 것 같다. 왜냐하면 여(女)자가 나오는 나머지 한 곳은 여자의 가공할 파괴적인 힘에 대한 기술이다.

② 齊人歸女樂 季桓子受之 三日不朝 孔子行(微子)

'제(齊)나라 사람들이 여악(女樂)을 보내 왔다. 계환자(季桓子)가 이를 받고서는 사흘이나 조회를 열지 않자, 공자는 떠났다'는 구절이다. 논어에서의 기술은 이렇게 간단하다. 그러나 사기(史記)에는 이 이야기를 좀 더 자세하게 전하고 있다. 노나라에서 공자가 지금으로 말하면 총리급의 대사구(大司寇)라는 관직에 올라 권신(權臣) 삼환씨(三桓氏)들을 눌러서 정공(定公)의 지위를 공고히 하는 것으로 국력을 키워갔다. 이에 위협을 느낀 이웃 제나라에서 공자를 제거하기 위한 술책의 하나로 미녀 80명을 뽑아 음악과 무용을 익히도록 하여 단체로 보내와 선심을 쓰는 척했다. 색을 좋아하는 계환자가 나서서 정공이 그 여인들에 빠져 정사를 돌보지 않도록 만들고 말았다. 공자는 이때 벼슬자리를 내놓고 '여자 입놀림은 피할 수밖에 없고, 여자가 졸라대면 모두가 망한다. 얽매이지 말고 일생이나 마치자'며 노(魯)나라를 떠났다고 한다. 여자에 홀려 그 말에 놀아나게 되면 누구나 모든 것을 그르치게 된다는 그의 확고한 신념이 읽혀지는 곳이다.

나. 孔子家語

論語 이외에 공자가어에는 다음과 같은 글이 있다.

哀公이 다시, 그러면 정치를 하는 데는 어떻게 하면 됩니까? 하고 묻자 孔子는, '남편과 아내는 분별이 있어야 하며, 남자와 여자는 서로 친절해야 하며, 임금과 신하는 믿어야 하는 것이니 이 세 가지를 모두 바른 道로 한다면 여러 가지 일들이 따라서 옳게 될 것입니다' 라고 대답하였다.

哀公이 다시, 寡人이 한 마디 물어보겠습니다. 비록 그렇더라도 면류관을 쓰고 친히 가서 맞는다는 것은 너무나 지나치지 않습니까? 하고 묻자 孔子는 얼굴빛을 변하고, 두 姓이 좋게 합쳐서 先王의 뒤를 이어 천하에 宗廟와 社稷의 주인이 되는데 이것을 너무 지나치다고 하십니까? 이리하여 孔子는 이에 대하여 자세히 설명한다.

하늘과 땅이 합하지 않으면 만물이 생겨나지 못하는데 大婚은 萬世를 이어나갈 대사입니다. 그런데 임금께서는 어찌 지나치다고 말씀하십니까?

孔子의 말은 더 계속된다. 옛날 三代 때의 밝은 임금은 아내와 자식에게도 공경하도록 하는 데 힘썼습니다. 왜그러냐 하면 아내는 어버이의 주장이며 자식이란 어버이의 뒤를 잇는 자이니 어찌 감히 공경하지 않겠습니까? 이런 까닭으로 君子는 공경하지 않을 것이 없습니다. 공경이란 자기 몸을 공경하는 것이 제일 큰 일인데 여기에 몸이란 것은 부모의 가지(枝)이니 감히 공경하지 않을 수 있겠습니까? 자기 몸을 공경하지 않는다면 이것은 그 부모를 傷하게 하는 것이며 그 근본을 傷하게 하는 것이니 그 근본을 傷하게 한다면 가지도 따라서 망하게 됩니다. 이 세 가지, 즉 자기 몸과 아내와 자식은 백성들의 法象인 것입니다. 자기 몸은 자기 몸대로, 자식은 자식대로, 아내는 아내대로 각각 자기의 職分을 어김없이 행해야 하는 것이며 임금으로서 이 세 가지를 닦게 되면 큰 風化가 천하에 꽉 찰 것이니 이것은 바로 太王의 道입니다. 이같이만 하고 보면 온 국가가 화순하게 될 것입니다.

다. 공자에 대한 오해

① 대만 동해대학 철학과 교수 謝仲明의 저서 유학과 현대세계(번역본) 372면 이하를 우선 인용하여 설명한다.

남성 중심주의자들은 일정한 정도까지는 여성을 존중해 주기는 하나, 관념상으로나 행동상으로나 종국적으로는 여성을 남성의 보좌역으로 보며 자신 및 자신의 일을 표준이요 주된 것으로 여긴다. 남성 우월주의자들은 여성을 천대하는 태도를 지닌다. 이들은 여성을 '한 등급 낮은 존유' 내지는 '열등한 존유'로 보면서, 여성은 지력(知力)과 도덕 방면에서 큰 결함이 있고, 의지력과 체력에서 나약하며, 감정과 욕망 방면에서는 자제력이 떨어지는 것으로 생각한다. 이때문에 여성은 남성을 위해 봉사하도록 태어났으며 남성은 언제나 여성을 잘 보살펴 주어야 한다는 것이 남성 우월주의자들의 사고방식이다.

서양에서 여성에 대한 차별은 그 문화적 및 역사적 연원을 갖고 있다. 여성은 등급이 떨어지는 열등 존유(inferior being)라는 생각은 서양 문화에서는 하나의 신념으로 되어 있다. 이 신념은 공개적으로 거론되어 왔고, 합리적인 것으로 인정되어 왔다. 플라톤, 아리스토텔레스, 헤겔, 쇼펜하우어 등등의 위대한 철학자들이 모두 확실하게 이 신념을 표명하였고, 결코 불합리한 것으로 여기지 않았다. 아리스토텔레스는 여성에 대하여 다음과 같이 기술한다.

여성은 남성에 비교하면 다음과 같다. 상대적으로 정신이 뒤떨어지고 … 심성이 나약하며 … 더 심술궂고, 더 복잡하고, 더 충동적이다. … 남자의 본성이 더 원융적이고 완전한 것은 사실이고, 따라서 위에서 지적한 성질들이나 능력은 남성에게서야 그 각각의 극치(perfection)를 볼 수 있다. 이상 나열한 것들에 근거하여 말하건대, 여자는 … 더 시기가 심하고, 더 불평이 많고, 더 악담을 잘하고, 더 공격적이며 … 쉽게 풀이 죽어 희망을 버리며 … 더 뻔뻔하고 자존심이 약하며, 더 황당한 소리를 잘 하고, 더 속임수를 잘 쓰며 … 더 의기소침해 하고, 더 제멋대로 행동한다.

아리스토텔레스의 기술은 결코 여성에 대하여 있을 수 있는 한 개인의 태도에 그치는 것이 아니다. 우리는 플라톤에게서도 유사한 태도를 확인해 볼 수 있다. 플라톤은 다음과 같이 말한다.

우리가 지금 그들이 훌륭한 남자임을 입증하려고 하는 그 사람들이 여자를 흉내 내는 일이 있으리라 기대해서는 안 되겠네. 젊은 여자든 늙은 여자든 남편과 다투는 여자나, 하늘을 두려워하지 않는 여자, 큰소리로 자랑을 떠벌리는 여자나, 제 딴에는 행복하다고 우쭐대는 여자, 반대로 팔자타령하며 슬픔에 젖어 비통해 하는 여자를 흉내 내지 못하게 해야 함은 물론이고, 여자의 아픈 모습이나 사랑에 빠진 모습, 힘쓰는 모습을 흉내 내는 일까지도 허락해서는 안 되네.

플라톤의 이러한 태도 표명은 예술에 대한 비평을 하는 가운데, 즉 예술에 관하여 토론하는 가운데 나온 것이다.

유학에서는 공자의 다음 한 마디가 논란이 되어 왔다. "여자와 소인은 다루기가 어렵다. 친근하게 대해 주면 불손해지고, 소원하게 대해 주면 원망한다." (唯女子與小人爲難養也, 近之則不遜, 遠之則怨) 많은 사람들이 이 말을 다음의 뜻으로 이해하여 왔다. 여자와 소인은 대하기가 매우 어려운데, 좀 친근하게 대해 주면 존중할 줄을 모르고, 다소 소원하게 대하면 원망을 한다. 이 말에 대한 이런 이해를 잠시 긍정하기로 하자. 이러한 이해가 공자의 본의였다 할지라도, 단지 이것만으로 여성에 대한 공자의 차별관이 충분이 입증될 수 있는가? 이러한 이해를 긍정한다 해도 이 말만 가지고 여성 차별관을 입증하기는 어렵다. 왜냐하면, 공자의 이 말은 생활 중에 있을 수 있는 특정의 상황에 한정하여 나온 말이지, 결코 남성과의 상관관계 하에 있는 여성을 대상으로 하여 한 말이 아니기 때문이다. 설령 여자를 대하기란 정말로 미묘해서 너무 소원히 대해 줘도 안되고 너무 친근히 대해 줘도 안 되는 것이 사실이라 할지라도(가정하여 하는 말임), 이것이 남성에 비하여 여성이 열등함을 의미하는 것은 결코 아니다. 생활 속에 일어나는 일들에 나아가 말한다면, 우리는 얼마든지 그와 유사한 말들을 할 수 있다. 예를 들면, "상사를 모시기란 너무 어렵다. 그저 고분고분하게 순종하면 얕잡아보고, 옳고 그름을 따져 말씀 올리면 화내기 일쑤다." 라든가, "노인과 같이 살기는 참으로 어렵다. 말씀을 너무 존중해 드리면 상관하지 않는 것이 없게 되고, 딱딱하게 대하면 불손하다고 생각한다." 등이 그런 말에 해당된다. 또 이런 말도 가능하다. "총각과 함께 지내기는 정말로 어렵다. 좀 잘해 주면 맘이 있어서 그런 줄 알고 엉뚱한 생각을 하고, 좀 멀게 대하면 별의별 소문을 다 퍼뜨리고 다닌다." 이런 말들은 모두 일상생활 가운데 일어나는 일을 놓고 하는 말들이고, 또 그런 일들은 생활하는 가운데 실제로 흔히 일어난다. 그런데 이런 말을 하는 것이 반드시 해당되는 사람들에 대한 차별을 표시하는 것은 아니다. 앞의 공자의 말은 생활하는 가운데 일어나는 일을 놓고 말한 것이지, 결코 남과 여의 상관관계 속에 있는 여성을 대상으로 하여 말한 것은 아니다. 공자의 말과 위에 인용한 아리스토텔레스의 여성에 대한 기술을 비교해 보면, 사람에 대해서 하는 말과 생활 중의 일에 대하여 하는 말이 어떻게 다른지를 확연하게 구별해 낼 수 있다. 우리가 늘 사용하는 일상 언어의 논리(용법을 가리킴)에 의거할 때, 만일 어떤 사람이 "박 아무개(또는 특정인들을 지칭하면서)와 같이 생활하기는 매우 힘들다."고 말했다 해서 우리가 그의 이 말로부터 '박 씨(또는 그 사람들)는 열등한 존유이다'는 명제를 추론해 내는 것을 불가능하다. "(아무개)와 ~하기는 참 힘들다."는 말은 우리의 일상 대화에서 흔하게 듣는 말이다. 이 말을 하는 사람이 본래부터 그 아무개를 인격적으로 무시하는 마음을 갖고 있어서 이런 말을 하는 경우도 있을 수는 있다.

그러나 대부분의 경우에는 그러한 차별 의식 없이 그저 힘들다는 것을 나타내는 경우들이다. "(아무개)와 ~하기는 참 힘들다."는 말이 반드시 전자의 의미를 함의한다는 논리적 필연성은 전혀 확보되지 않는다.

② 참고로 여성에 대한 서양 사람들의 평가를 열거하면 다음과 같다.

한 곳에 두 여자를 놓으면 날씨가 차가워진다. — 셰익스피어

두 여자를 화해시키느니 차라리 전 유럽을 통합시키는 것이 더 쉽겠다. — 나폴레옹

원래 아침이란 여자의 몸에 꼭 맞는 의상이다. — 키에르케고르

여자는 약한 남자를 지배하기보단 강한 남자에게 지배받기를 원한다. — 히틀러

여자란 머리카락은 길어도 사상은 짧은 동물이다. — 쇼펜하우어

여자는 단지 자신도 시계를 가지고 있다는 것을 남에게 보이기 위해 시계를 차고 다닌다.

시계가 멈추어 있는지, 정확한지 따위는 거의 중요하지 않다. — 칸트

여자는 생리적으로 해탈하기에는 부족한 존재이다. — 석가모니

말수가 적고 친절한 것은 여성의 가장 좋은 장식이다. — 톨스토이

말 없는 보석이 살아있는 인간의 말보다 흔히 여자의 마음을 움직인다. — 셰익스피어

모든 인류는 평등하다. 그가 우리 프랑스인이든, 독일인이든, 국왕이든, 노예이든, 학자이든, 귀족이든, 평민이든, 저 미개한 아프리카 원주민조차도 우리와 똑같은 천부인권을 가지고 있다. 단 하나 여성은 예외다. 여성에게는 인권이 없다. 그러므로 교육을 시킬 필요도 없으며, 정치에 참여시켜서도 안 된다. — 루소

여성은 불완전한 남성이다. — 아리스토텔레스

③ 이제 본인의 생각을 차례로 말해 본다.

공자의 첫 번째 언급은 제대로 교육받지 못한 사람의 단점에 대한 지적이지 여성에 대한 무시나 차별을 말한 것은 아니다. 당시의 사회 사정으로 보아 교육은 극소수의 사람이 받을 수 있는 것이었으므로 여자들은 교육을 받을 수 없었고 아이들 역시 완전한 교육을 받기까지는 상당한 시간이 필요했기 때문에 여자와 소인은 아직 제대로 교육받지 못한 사람의 예시에 불과한 것이다. 이 말은 결국 배우지 못한 사람은 대하기가 쉽지 않다는 뜻인 것이다. 오히려 교육의 중요성을 강조한 것이라고 보아야 할 것이다.

④ 두 번째 언급은 퇴폐적인 일을 하는 여성에 대한 언급일 뿐 정상적인 여성 일반에 대한 무시나 차별적 언급은 아니다.

⑤ 공자가어에 나오는 공자의 언급에는 여성에 대한 차별이나 무시의 내용은 전혀 없다. 오히려 이 부분은 사회구조의 모순에 대한 조절의 시도임이 분명하다. 당시의 사회구조를 그대로 반영하면 자칫 부인을 피지배자로 취급하거나 무시하게 되는데 이것은 잘못이라는 것을 지적하고 부인을 존경하고 친절히 대할 것을 강조하고 있기 때문이다.

⑥ 여성에 대한 과거의 차별은 당시 사회구조의 반영이지 공자의 가르침이나 유교의 이론 때문에 그러한 것은 아니다. 이점은 뒤에서 다시 설명한다.

2. 현대유학의 관점 제1: 陰陽相成論

가. 周易의 理致

앞에서 본 謝仲明의 저서 유학과 현대세계 376면 이하를 역시 인용하여 설명한다.

현재까지의 우리 사회에서 남과 여의 지위가 불평등하다는 것은 사실임을 우리는 인정해야 한다. 단, 이 사실은 우리의 문화와 사회 안에서만 사실로 존재하는 것은 아니고, 전세계의 거의 모든 문화와 사회 안에서 사실로 존재한다. 예를 보자. 고대 중국 사회에서의 여자에게는 '삼종'(三從: 집에서는 아버지를 따르고, 출가해서는 남편을 따르며, 남편이 죽으면 아들을 따라야 한다.)이 요구되었다. 잘라 말해서 여자의 일생은 언제나 남자에 '순종하는' 것이었다. 남성을 중심으로 하는 것은 한국이 되었든 외국이 되었든 전통 사회에서는 사실이었다. 그러나 이것이 사실이었다는 것이 이 사실이 합리적임(도리에 합당함)을 의미하는 것은 아니다. 유학의 이론이 이 사실을 합리화하려 시도한 일은 없다. 반대로, 우리는 이 사회적 사실이 '유교의 도리'에 부합되지 않아서, 그래서 이제 유교의 도리에 근거하여 바른 진로를 제시하여야 한다.

이 문제에 관련한 유학의 이론을 '음양상성론'(陰陽相成論)이라 부르겠다. 이 이론에는 다음과 같은 형이상학적 근거가 있다. ≪주역≫에 의하면 우주의 생성 변화는 음과 양이 교류하는 방식으로 진행된다. '음'과 '양'은 각각 한 가지씩의 작용을 상징하며, 우주 내 사물의 생성 및 변화는 두 작용이 서로 밀고 끌고, 서로 도와 완성시킴에 의해 이루어진다.

한갓 음만으로는 아무것도 이루지 못하며, 한갓 양만으로 무엇을 낳는 것도 불가능하다.

음과 양이 교류하고 서로 도와 완성시키는 가운데 사물이 생겨난다.

≪주역≫ <계사전>에 말하기를 "건(乾: 양과 같음)은 사물의 창조를 맡고, 곤(坤: 음과 같음)은 사물의 완성을 맡는다. 건은 지극히 평이함으로 만물을 낳고, 곤은 지극히 단순함으로 사물을 완성시킨다. … 평이함과 단순함을 통하여 우리는 우주 모든 것의 이치를 장악할 수 있다. 우주모든 것의 이치를 장악한다면, 각 사물을 그 지위에 맞게 완성시키는 일은 그 가운데 이미 들어 있다."(乾

知大始, 坤作成物. 乾以易知, 坤以簡能 … 易簡, 而天下之理得矣. 天下之理得, 而成位乎其中矣) 고 한다. 사물을 생성시키고 변화시키는 천도의 활동은 '한 번 음하고 한 번 양하는'(一陰一陽) 방식으로 진행된다. 그래서 "한 번 음하고 한 번 양하는 것을 도라 한다."(一陰一陽之謂道) 라고 말한다. 자연계와 인간사의 생성 변화를 이 '일음 일양'의 원리로 이해하는 것을 간단히 '음양상성 원리' 라 부른다.

음양상성 원리가 언명하는 것은, 사물을 성취시키는 과정에 음과 양의 두 작용 또는 역량이 상호 보완할 것을 요구하는 점이다. 음은 한편의 작용을 대표하고, 양은 다른 한편의 작용을 대표한다.

≪주역≫<계사전>에 말하기를 "건은 사물의 창조를 맡고, 곤은 사물의 완성을 맡는다.

건은 지극히 평이함으로 만물을 낳고, 곤은 지극히 단순함으로 사물을 완성시킨다. 평이하면 누구나 할 줄 알고, 단순하면 누구나 따르기 쉽다. 누구나 할 줄 알면 [사람들이] 쉽게 친밀해지고, 누구나 따르기 쉬우면 [사람들이 힘쓴] 성과가 쌓인다. 친밀해지면 오래가고, 성과가 쌓이면 위대해진다."(乾知大始, 坤作成物. 乾以易知, 坤以簡能. 易則易知, 簡則易從. 易知則有親, 易從則有功. 有親則可久, 有功則可大) 고 하고, 또 "건은 고요한 상태에 있을 때는 전일(專一)하게 온전함을 유지하고, 움직일 때는 막힘이 없이 곧바르다. 이렇게 해서 위대한 것을 낳는다. 곤은 고요한 상태에 있을 때는 닫고, 움직일 때는 열어 놓는다.

이렇게 해서 광대한 것을 낳는다."(夫乾, 其靜也專, 其動也直, 是以大生焉. 夫坤, 其靜也翕, 其動也闢, 是以廣生焉) 라고 한다. 이것은 우주(자연과 인간사를 포괄함)의 생성 변화 과정에서 서로 다른 작용인 음과 양, 양자가 상호 보완하면서 기여함을 의미한다. 음과 양의 구분은 가치상의 높고 낮음이나 중요하고 중요하지 않음의 구별을 함의하지 않는다.

≪주역≫에 음과 양 중 어느 하나가 더 가치 있다거나 더 중요하다는 언급은 전혀 없다.

사물의 생성과 관련할 때 음과 양은 동등하게 중요하고 동등한 가치를 갖는다.

≪주역≫ 곤괘의 단전(彖傳)에 말하기를 "지극하도다, 곤원이여! 만물이 그 것에 바탕하여 생겨난다.

[곤원]은 본래 하늘에 철저히 따르기 때문이다. 곤은 두터워 만물을 다 싣는 다. 곤의 덕은 무한히 합치된다. 그것은 모든 것을 감싸고, 모든 것을 빛나게 한 다. 모든 개체는 곤을 통해야 성취를 이룰 수 있다."고 하고, 건괘의 단전에는 말하기를 "위대하도다, 건원이여! 만물이 그것에 근거하여 시작되고, 하늘을 통괄한다. 구름이 지나가면서 비를 내리니 각 개체 사물들이 모양을 갖춘다. [성인이] 시작과 끝을 환히 밝히니, 6위가 제때에 맞춰 이루어진다."고 한다. 이것은 음·양의 작용에 대한 우주론적 기술이다. 음과 양은 각기 다른 작용을 하며, 따라서 각자가 맡아야 할 책임 역시 다르지만, 양자는 공동의 목적을 달 성하기 위하여 협력한다. 바로 이 의미에서 음과 양의 가치와 지위는 서로 평등 하다.

음양상성 원리는 형이상학상의 한 원칙으로, 그것은 자연 현상 및 인간사의 생성 변화가 지켜야 하는 규칙을 총괄적으로 설명해 준다. 이 원리를 구체적인 개별 사물에 적용하면, 잡다한 개별 사물들이 두 범주로 나뉜다. 음에 속하는 것들은 수용성·정감·온순·유화(柔和)·피동성·내향성·인내·자상·겸양· 응집 등의 성질을 가지며, 양에 속하는 것들은 상대적으로, 진취성·이지(理 智)·강직·쾌활·주동성·외향성·급속·엄준·자부심·발산 등의 성질을 갖 는다. 음양의 이 성질들은 본래는 사람의 성질이지만, 여기서는 모든 존재하는 것들에 다 적용된다. 인간사에는 남편과 아내, 고용주와 피고용인, 정부와 국민 등등의 구분이 있고, 자연계에도 더위와 추위, 해와 달, 맑음과 흐림, 삶과 죽 음, 차가움과 따뜻함, 자웅 등의 구분이 있다. 음양상성의 원리에 의하면 이러 한 구분은 대립 투쟁의 관계가 아니며, 또 그런 관계여서도 안 된다. 양자는 상 반된 입장이면서도 상호 협조하며 서로의 성취를 돕는 상반상성(相反相成)의 관계이거나, 또는 그런 관계여야만 한다. '상반상성'이란 하나의 사물이 완성되 려면 두 종류의 서로 다른 역량 또는 작용이 있어야 하며, 두 가지가 서로 협력 하였을 때 그 완성이 가능함을 의미한다. 상반상성의 원리가 갖는 중요한 의의 는 다음과 같다. (가) 어떠한 사물이든 그것이 성취되려면, 동등한 가치를 갖는 두 종류의 역량 또는 힘이 필요하다. (나) 이때 양자는 상호 평형(平衡)을 유지하여야 한다. (다) 양자는 서로 입장은 다르지만, 협력하여야 한다. 이상은 단독의 역량이나 작용만으로는 사물이 완성될 수 없다는 것과 음과 양 중 한쪽이 다른 한쪽을 동화시켜 버리거나 흡수하거나 덮어 가리거나 눌러 버리거나 하여 다른 쪽의 작용이 드러나지 못하게 한다면 사물의 완성이 불가능하다는 것, 그리고 양자가 협력하지 않으면 역시 사물이 완성될 수 없다는 것을 함축하고 있다.

≪주역≫의 음양상성 원리는 기술성(記述性)에 그치는 것은 아니고 동시에 규범성(normative)을 갖추고 있다. 다시 말해서 이 원리는 자연 및 인간사가 그러하다는 것을 기술하는데 그치는 것이 아니라 자연 및 인간사가 마땅히 그러해야만 하고, 만일 그렇게 하지 않는다면 어떠한 일도 성취될 수 없고 어떠한 사물도 생겨날 수 없다는 규범 역시 분명히 한다. 우리가 음양상성 원리를 긍정한다면 이 원리가 갖는 위의 세 가지 의의에 주의해야 한다.

간단한 실례 하나를 들어 이 음양상성의 원리를 응용해 보고 그 구체적 의미를 설명해 보겠다. 예컨대 우리가 길을 잘 걸어가려 한다면, 우리는 이 '길을 가는' 일을 완성시켜야 한다. 음양상성의 원리에 따른다면 우리는 첫째, 좌우의 양쪽 다리를 가지고 있어야 한다. 여기서 '좌'와 '우'는 서로 다른 역량을 의미한다. 둘째, 좌우의 두 다리는 평형을 유지하여야 한다. '평형(balance)'이란 서로 반대되지만 대등함을 뜻한다. 가령 한쪽 다리가 다른 쪽보다 길거나 짧다면 길을 잘 걸을 수가 없다. 셋째, 좌우의 두 다리는 '길을 잘 걷는다'는 공동의 목적을 달성하기 위하여 협조하여야 한다. 만약 서로 협조하지 않는다면 잘 걸을 수가 없다. 이 예는 매우 간단하고 어쩌면 얄팍한 것같이 보일 수도 있다. 그러나 실례를 들어 말하면 이처럼 간단하지만, 이 예로서 나타내고자 하는 음양상성 원리는 매우 깊은 의미를 담고 있다. 이 예가 평이한 예라면 이번에는 비교적 수준이 높은 예를 들어 보겠다. 가령 우리가 원만한 한 가정을 만들어 보려 한다고 해 보자(가정의 어떤 상태를 '원만하다'고 하느냐에 대해서는 개인에 따라 의견이 다를 수 있다). 음양상성 원리에 따르면 우리는 첫째, 한 사람의 남편과 한 사람의 부인이 필요하다. 분명한 것은, 남편이 없이 부인이 있을 수는 없고, 부인이 없이 남편이 있을 수는 없으며, 또 일부이처나 이부일처로는 '원만한' 가정을 이루기가 지극히 어렵다는 사실이다. 둘째, 남편과 부인은 평형을 유지하여야 한다. 만일 한쪽이 다른 한쪽을 눌러버려 그 다른 한쪽의 작용이나 역량이 발휘되지 못한다면 이 가정이 원만해지기는 어렵다. 이 경우, 가정의 주된 성원 중한 사람이 항상 억압감에 눌려 불유쾌하게 살아가는 점, 또는 가정의 한쪽이 '부속 존재'로 바뀜으로써 가정을 위해 적극적으로 역량을 발휘할 수 없는 점이 이 가정의 결함으로 지적될 수 있겠다. 셋째, 두 역량을 대표하는 남편과 부인은 원만한 가정을 건립하려는 공동 목적을 달성할 수 있도록 서로 협력하여야 한다. 만약 양자의 역량이 상호 부응하지 못하고 협력하지 않는다면, 가정은 분열하게 되어, '원만하다'고 말할 것이 없게 될 것이다. 이 예는 근본적으로 하나의 상식에 속한다. 그러나 이 상식의 배후에는 이상과 같은 하나의 형이상의 원리가 숨어 있다.

나. 여권 운동에 대한 유교의 입장
앞에서 인용한 책의 380면 이하를 다시 인용한다.
음양상성 원리에 근거할 때, 유교는 남성 중심의 이론이나 행동에 반대한다. 남성 중심론에 따르면, 가치의 관련(reference) 및 일의 처리상에 있어서 여성이 확정짓는 가치와 결정은 남성이 확정지은 가치와 결정을 근거로 하여야 한다. 여기서 성 차별이 생겨난다.
가치의 확정이란 본래 합리적이냐 불합리하냐, 또는 높으냐 낮으냐는 기준의 의거해야 하는 것이고, 남성이냐 여성이냐의 성별과는 관련이 없기 때문이다. 일의 결정 역시 합리적이냐 불합리하냐, 또는 성공할 수 있느냐 그렇지 못하느냐가 기준이어야 하고 성별과는 관련이 없다. 음양 상성의 원리는 결코 양 중심도 아니고 음 중심도 아니다. 그것은 음과 양이 서로 중심이 되어, 또는 다른 말로는 함께 일체가 되어, 일을 성사시키는 원리이다.
"서로 중심이 된다."는 말은 '음과 양의 교류'의 다른 표현이다. 이것은 하나의 역동적인 평형이다. 만약 일방적으로 남성만을 중심으로 삼는다면 평형은 깨어지고, 음양상성 원리의 두 번째 의미를 어기는 것이 된다.

남성 우월주의는 음양상성의 원리를 위반하는 정도가 남성 중심론보다 더 심하다. 왜냐하면 첫째, 남성 우월주의는 여성을 억눌러 버리는데, 이것은 양성의 작용이 음성의 작용을 덮어 버림으로써 음성이 거의 작용을 할 수 없게 만들어 버리기 때문이다. 이런 상황에서는 전체의 평형이 유지될 수 없다. 음성의 작용이 억압당하는 것은 양성의 역량이 단독으로 작용하는 것과 같다. 만약 이렇게 된다면, 사물이 생겨난다 해도 성취될 수가 없다. 둘째, 남성 우월주의는 여성을 열등한 존재로 간주하면서 경시하는 태도를 갖고 있다. 음양상성 원리는 음과 양을 등가의 두 가지 작용으로 여기지 결코 어느 한쪽을 더 우위로 간주하는 일이 없다. 음성의 작용을 경시하는 것은 사실은 알고 보면 양성의 작용이 자아를 부정하는 것이 된다. 왜냐하면 양성의 작용 가운데 어느 특성, 어느 기능이 되었든 만약 그것과 대조되는 음성의 작용이 없다면 곧바로 그 자신이 존재하지 않는 것이 되어 버리기 때문이다. 예컨대, '유'(柔)가 없다면 '강'(剛) 역시 존재할 수 없다. '피동성'이 없다면 '주동성' 역시 있을 수 없다. '정'(靜)이 없다면 '동'(動) 역시 있을 수 없다. 음과 양은 상호 의존하는 관계에 있다. 서로 맞대하면서 존재하는 점으로 말할 때 음의 가치와 양의 가치는 동등하다. 이상이 남성 우월주의가 음양상성의 원리에 위배되는 내용이다.

여권 운동에 대하여 유학은, 자연적인 것이 되었든 인위적인 것이 되었든 남녀 간의 일체의 차별을 제거하려는 극단주의자들의 주장에 반대한다. 유교의 윤리에서는 남성은 남성대로의 직분과 지위를 갖고 여성 역시 고유의 직분과 지위를 가지며, 양측에 서로 다른 책임이 부여된다. 이 직분과 지위가 반드시 '남성은 바깥일을 맡고 여성은 안살림을 맡아야 한다'와 같이 못박아 확정되어 있는 것은 아니다. 다만 이 가운데 '안'과 '밖'의 구분은 형이상의 근거가 있는 구분이다. 이것 역시 음과 양의 두 기능의 특수 표현인 것이다. 그러나 그 '밖'의 분야를 반드시 남성이 맡아야 하고 그 '안'의 분야를 반드시 여성만이 맡아야 한다는 주장의 근거를 유교 안에서 찾아내지는 못한다. 유교가 분명히 하는 것은 안과 밖의 구분이다. 바깥에 주력하는 사람이 있으면 안에 주력하는 사람이 있고, 안에 주력하는 사람이 있으면 바깥에 주력하는 사람이 있음은 형이상학의 필연성에 근거한다. 바꿔 말하면, 일체의 인간사의 활동에는 음과 양의 두 역량 또는 직분 및 지위의 양분이 필연적으로 있다. 만약 이 직분과 지위의 분별을 없애 버린다면, 즉 음과 양의 분별을 없애버린다면, 이것은 천도의 운행 방식을 어기는 것이 된다. 물론 음양상성의 원리를 근본적으로 어기는 것이기도 하다. 극단적인 여권주의자들은 음성의 작용이 전체에 그 무엇도 대신할 수 없는 공헌을 한다는 점을 간과하고 있으며, '평등'을 '획일화'로 오해하고 있다.

그들의 주장은 사실상 일체의 음성작용을 양성화하려는 주장과 다를 바 없다. 여성으로부터 여성에게 고유한 일체의 특성을 없애는 것은 '여성' 자신을 소멸시키는 것과 다를 바 없다. 극단적인 여권주의자들의 주장을 일관되게 끝까지 밀고 나간다면, 그 결과는 자아부정이다. 남성 우월주의자들의 주장도 마찬가지이다. 왜냐하면 우리의 형이상의 원리에 의하면, 음과 양 중 어느 한쪽의 쇠퇴는 곧 다른 한쪽의 쇠퇴를 초래하기 때문이다. 이로 보면, 극단의 여권주의와 남성 우월주의는 모두 자기 파괴적(self-defeating)이다. 그들이 추구하는 목적이 바로 그들의 이론에 의하여 부정된다.

남과 여 사이의 현실상의 불평등에 대하여 유학은 온건한 여권 운동 — 만약 이 운동이 다시 숙고하여 여성의 자존과 자기 신뢰 및 가치의 평등을 긍정한다면 — 에 찬성한다. 여성의 고유한 특성에 대하여, 그리고 여성에 맡겨지는 임무와 여성이 해내는 역할에 대하여 유교는 결코 경시하거나 폄하하는 태도를 갖지 않는다. 남과 여로 나누어 작업을 분담하는 것은 단지 작업상의 분별일 뿐이지, 결코 남성 여성의 높고 낮음이나 우열의 분별이 아니다. 맡는 작업은 다르나 가치는 평등하다. 이것은 음양상성 원리가 함의하는 것 중의 하나이다. 유교의 원리를 제대로 지키는 유교인이라면 여성 고유의 특성에 대하여 폄하하는 태도를 가질 수 없으며, 여성이 맡은 임무에 대하여 경시하는 마음을 가질 수도 없다.

나아가 유학의 인성론으로 보면, 인간의 기본 요소와 인간의 전체적 가치는 인심 인성(仁心仁性)에 있지, 남성이냐 여성이냐에 있지 않다. 인간의 기본 요소 및 가치와 남성이냐 여성이냐와는 전혀 상관이 없다. 인심 인성은 보편적인 것이고, 사람은 누구나 똑같이 그것을 가지고 있어. "누구나 요순이 될 수 있다."(人人皆可以爲堯舜). 여성은 제외된다는 말은 있을 수 없다. 만약 "누구나 요순이 될 수 있다."에서 여성은 제외된다고 한다면, 유학은 처음부터 다시 건립되어야 한다. 바꿔 말하면, 유학의 전부가 무너진다. 유학의 이론에 투철한 유교인이라면 '남녀의 가치는 평등하다'는 이 관념을 긍정할 수밖에 없다. 언행이 일치하는 유교인이라면 실천 상으로 반드시 남성과 여성을 '다 같은 인간'으로 보아야만 하고, '다 같은 인(仁)의 존재'로 보아야만 한다.

음양상성의 원리에 따른다면, 구체적 작업을 분배함에 있어 남성의 고유 특성이나 여성의 고유 특성이 분배의 기준이 되어서는 안 되고 '적합성'이 분배의 기준이 되어야 한다.

음성의 능력이어야 성취될 수 있는 작업에 대해서는 '음성의 능력을 갖고 있는 사람'이 그 작업을 맡는 것이 합당하다. 마찬가지로, 양성의 능력이어야 추진할 수 있는 작업에 대해서는 '양성의 능력을 갖고 있는 사람'이 그 작업을 맡는 것이 합당하다. 한편, 어느 쪽이 맡아도 되는 작업이 있다. 이때는 양성인과 음성인 중 어느 쪽이 그 작업을 맡든 합당하다. 작업의 분배는 능력의 적합성을 기준으로 해야지, 성별이 기준이 되어서는 안 된다는 데 우리는 주의해야 한다. 예를 들어 보자. 우리가 만약 출산이라는 작업을 성취하려고 한다 하자. 자연적 사실에 의하면, '여성에게는 이 임무를 맡을 수 있는 능력이 있는 반면에 남성에게는 그런 능력이 없다'. 이것에 근거하여 말하면, 이 작업은 여성이 맡는 것이 합당하다. 같은 이치로, 만약 적과 대치하고 있는 외딴섬에서 언제라도 적과 전투를 벌일 대비를 하고 있어야 하는 임무를 누군가가 맡아야 할 경우 우리는 이 일에 적합한 능력을 갖춘 사람을 찾아야 하는데, 전투 임무를 수행하기에 적합한 사람과 관련한 우연적 사실은 '대부분 남성이 적합하다'이다. 어떤 일을 누가 맡느냐에 대해 구체적인 지침을 제시해줄 수 있는 선천적(先天的) 원리는 없다. 남성과 여성의 작업 분배는 경험과 사실을 근거로 하여야 한다. 음양상성 원리로부터, 예컨대 '남자는 주방에 가서 설거지를 해서는 안 된다'는 특수한 결론을 도출해 낼 방법 역시 없으며, 예컨대 '여자는 왕이 될 수 없다'는 특수한 결론을 도출해 낼 방법 역시 없다. 다시 말해서, 남성은 이러이러한 것만을 해야 하고 저러저러한 것은 해서는 안 된다든가 여성은 이러이러한 것만을 해야 하고 저러저러한 것은 해서는 안 된다 규정의 선험적(a priori) 근거는 없다. 단,

'양성의 능력을 가진 사람은 양성의 작업을 해야 한다'와 '음성의 능력을 가진 사람은 음성의 작업을 해야 한다'는 선험적으로 유효하다. 왜냐하면, 이것은 음양상성의 원리로부터 도출될 수 있기 때문이다. 이때, '양성 능력을 가진 사람'이란 어떤 사람이고, '음성 능력을 가진 사람'이란 어떤 사람이며, '양성의 작업'이란 어떤 작업이고 '음성의 작업'이란 어떤 작업을 말하는지는 사실과 경험의 문제이므로, 반드시 사실과 경험으로부터 결정되어야 한다.

총결지어 말하면, 유교는 음과 양의 직분(role)의 구분을 견지하며, 남성과 여성은 각기 고유한 특징과 능력을 가지고 있으므로, 두 성이 두 직분에 적합하도록 분담하여야 한다는 입장이다. 기능과 역할의 차이에 나아가 말할 때, 남성과 여성 간에 '서로 다른'면이 있음이 긍정되지만, 작업을 분담하고 이익을 분배함에 있어서는 평등의 전제위에 남성과 여성 양쪽에 동등한 자유가 주어진다. 그 기능 가치와 도덕적 본래 가치(intrinsic worth)에 있어서도 양쪽은 완전 평등하다. 유교의 이러한 관점을 우리는 '근원적 성별론'(primitive sexism)이라 부를 수 있다. 왜냐하면 그 관점은 하나의 형이상의 원리에 근거하여 세워지기 때문이다.

3. 현대유학의 관점 제2: 進化論의 收容

가. 自然選擇論

앞에서 본 사중명 교수의 설명은 周易의 原理에서 도출된 것이다. 이제 본인은 이러한 관점과는 달리 진화론의 입장에서 이 문제에 한번 접근하여 보고자 한다.

남녀 간의 직분 구별 내지 부부간의 역할 분담은 그 기원이 어디에 있는가. 이를 진화론의 관점에서 보면 자연선택의 결과라고 보아야 한다.

여성은 임신, 출산, 육아의 긴 과정 동안 자기를 보호해주고 식량을 공급해줄 남성이 필요하였고 남성은 출생한 아이가 자기의 아이임을 확신할 때에만 이런 부담을 기꺼이 수용하였던 것이다. 이로 인하여 본래 일시적이었던 남녀의 특정한 결합이 점차 장기화되고 이어서 이것은 일부일처제로 까지 발전하게 되었다. 이러는 과정을 거치는 동안 남성의 도움을 받는 여성과 그 여성이 낳은 아이가 살아남을 확률이 그렇지 못한 여성이나 아이에 비하여 현저히 높을 수밖에 없게 되었다. 이것은 자연의 이치이다. 이런 현상이 오랜 세월에 걸쳐 반복되고 계속되는 동안 남녀간의, 부부간의 직분 구별이 자연스럽게 형성되었다. 이런 설명이 바로 다윈의 진화론에서 도출되는 適者生存, 自然選擇의 이론이다. 이것은 헬렌 휘셔라는 미국의 여성 인류학자가 '性의 契約'이라는 그의 저서에서 밝힌 주장이고 이는 학계에서 대체로 수용되고 있는 이론으로 보인다. 이러한 이론에 비추어 보면

부부간의 직분구별이라는 것은 오랜 세월에 걸쳐 자연적으로 선택된 사회현상이지 특정한 종교나 학설 내지 이데올로기에 의하여 이루어진 것은 아니라고 보아야 한다. 그렇다면 夫婦有別이라는 것이 공자의 주장 때문에 형성되었다거나, 또는 유학의 기본원리로부터 당연히 도출되어 형성된 것이 아님은 더욱 분명하다. 오히려 공자는 앞에서 보았듯이 부부 상호 간의 친절과 존경을 강조함으로써 자칫하면 부부의 관계가 억압에 의한 지배 및 피지배의 관계로 발전하는 것을 방지하여 조화를 이루도록 하려고 노력하였던 것이다.

여성에 대한 존중, 이것이 유학의 진정한 이념이라고 보아야 할 것이다.

다시 말하면 공자가어에서 말하는 이른바, "아내는 어버이의 주장이며 자식이란 어버이의 뒤를 잇는 자이니 어찌 감히 공경하지 않겠습니까?" 라고 하는 이것이 現代儒學의 올바른 觀點이라고 하지 않을 수 없다.

나. 姓氏 문제에의 적용

① 진화론의 관점에서 보면 성씨문제도 자연스럽게 설명된다. 남편이 억압하여 出生子의 성씨를 자기의 것을 따르도록 한 것은 결코 아니다. 출생한 아이의 어머니가 누구인가 하는 것은 장기간의 임신상태, 거의 공개적으로 이루어지는 해산과정, 장기간의 수유과정, 그 뒤의 더욱 장기간에 걸치는 육아과정을 거쳐 객관적으로 확인이 되어 버린다. 그러나 그 아이의 生物學的 아버지가 누구인가 하는 문제에 이르러서는 상황이 달라진다. 그것은 해산한 여자만이 알 수 있는 것이고 만일 여자의 성생활이 문란한 경우라고 한다면 때로는 여자 자신도 알 수 없는 일이 벌어진다. 남자는 아이가 자신의 씨를 받은 것이라는

확신이 없으면 부양과 보호를 거부하거나 회피하게 된다. 이것은 여자에게는, 적어도 과거의 시절에는, 치명적인 일이다. 이런 치명적인 불이익을 피하는 방법은 여성이 특정한 남자와의 성관계만을 지속적으로 유지하고 그 사실을 남자에게 확신시키는 것이다. 이렇게 되어 일부일처제가 형성되었고 여성의 貞節義務가 탄생된 것이다. 한 걸음 더 나가 대외적으로, 사회적으로, 그 아이의 생물학적 아버지가 누구인가를 공개하는 방법으로 고안된 것이 바로 성씨제도인 것이다. 다시 말하면 생물학적 아버지의 정체를 사회적으로 공개, 선언하는 것이 성씨의 부여인 것이다. 남편이 아이를 자기의 家籍에 올린다고 하는 것은 여성 쪽의 공개적 선언에 동의한다는 본질을 갖는 것이다. 이렇게 되면 성씨의 부여는 여성에게 더욱 필요하고 더욱 이익이 되는 제도라고 할 것이다. 이것 역시 適者生存을 위한 자연의 선택인 것이다.

이러한 입장에서 보면 우리의 民法이 子의 姓은 父의 그것을 따른다고 규정한 것은 자연스러운 사회적 현상을 반영하는 당연한 이치를 따른 것이다. 이러한 규정을 개정하여 생물학적 부의 성이 아닌, 다른 성씨를 택할 수 있도록 한 것은, 적어도 현재의 시점에서는, 잘못된 것이다.

위와 같은 주장을 하면서, 적어도 현재의 시점에서는, 이라고 하는 단서를 붙인 이유를 분명히 이해하여야 할 것이다.

본인이 위에서 설명한 성씨제도의 기원은 오랜 옛날부터 현재까지의 자연적, 환경적, 사회적, 경제적 여건 하에서 자연적으로 선택된 결과인 것이다. 그러나 선택의 전제가 된 제반 여건이 달라진다면 자연의 선택은 다시 달라질 수밖에 없다. 여건의 변화는 지금 도처에서 발견된다.

여성의 경제적 능력의 비약적 상승, 국법질서와 치안의 현저한 개선, 전쟁의 감소, 전쟁기술의 질적 변화 이런 변화들은 여성으로 하여금 더 이상 남성의 보호와 부양을 필요로 하지 않게 되었고, 그 결과로 과거와 같은 남녀 간의 직분 구별을 여성이 받아들이지 않게 되었다. 더구나 과학기술의 놀라운 발전은 여성으로 하여금 출산을 얼마든지 회피하거나 조절할 수 있게 하고 더 나가 人工子宮의 발명까지도 거론하게 만들고 있다. 이렇게 되어 여성이 임신과 출산의 부담으로부터 까지도 해방이 되게 되면 상황은 획기적으로 변하게 되고 그때는 남녀의 관계는 새로운 선택이 불가피하게 될 것이다.

그러나 이러한 변화가 비록 도래하고 있고 또 그 속도가 점차 빨라지고 있다고는 하지만 아직은 그 변화가 완성된 것은 아니고 이제 겨우 그 변화가 시작되고 있는 단계일 뿐이다. 이러한 단계에서 벌써부터 子의 姓을 生物學的 아버지의 姓이 아닌 다른 것으로 정할 수 있도록 하는 것은 분명 時機尙早일 뿐만 아니라, 환경의 변화에 따라 평화롭고 순조롭게 自然選擇이 이루어지는 것을 방해하는 것이다. 더구나 子의 姓을 마음대로 바꿀 수 있게 하는 것이 마치 儒學의 잘못된 굴레를 打破하는 것인 양 주장하는 것은 더욱 잘못된 일이다.

② 그러나 한편 여성의 경제적 독립 또는 안전보장상의 독립이 바로 출생자의 성씨를 남편의 그것으로부터 독립시킬 수 있게 하는 것과 직접 연결되는 것은 물론 아니다. 경제적으로, 그리고 안전상으로 독립된 여성이라고 할지라도 그 아이로 하여금 남편의 성을 갖게 하기를 원하는 경우가 얼마든지 있을 수 있기 때문이다.

여기서 출생자에게 생물학적 아버지의 성을 부여하는 것, 이것을 우선 顯姓이라고 부르기로 한다면 이러한 현성의 필요성이 무엇인지 다시 한 번 생각할 필요가 있다. 그 필요는 세 가지이다. 하나는 앞서 논의한 것처럼 여성이 남성의 부양과 보호를 요청하는 데 있어 현성이 절대적으로 유리하다는 것이다. 둘째는 생물학적 부의 존재 자체는 움직일 수 없는 객관적 사실인 이상 그 진실을 그대로 밝히는 것이 혼란을 피하는 데 도움이 된다는 것이다. 이것은 결국 진실의 공표라는 문제가 된다. 셋째는 남성도 자기의 씨를 받은 후손의 생존에, 즉 종족의 보존에 지극한 관심을 갖기 때문에 출생한 아이가 자기의 후손인 것을 확인하고 그 아이에게 애정을 쏟아 보호 양육하기를 원한다. 여기서 자기 후손의 확인의 표시로 자기의 성씨를 부여하고자 하는 경향이 자연적으로 선택되어 등장하게 된다. 비유하자면 마치 자기 소유물에 대한 확인의 표시로 표찰을 부치는 것과 비슷하다고 볼 수 있다.

이러한 세 가지의 필요 때문에 출생자의 성씨는 그 아버지의 성을 따르게 된 것이다.

그렇다면 비록 여성의 경제적 능력이 향상되고 안전보장이 국가의 치안에 의

하여 해결됨으로써 이제 여성이 그 아이의 성씨를 남편의 그것에 따를 세 가지의 필요성 중에 하나가 현저히 약화되었다 하더라도 두개 이상의 다른 필요성들은 여전히 남아있기 때문에 여성운동의 일부 급진주의자들의 주장대로 아이의 성씨를 아버지의 그것 이외의 것으로도 임의로 정하게 하는 것은 앞에서 말한 것처럼 여전히 시기상조이고 매우 불합리한 일이 아닐 수 없다. 굳이 말한다면 어머니의 성을 따라지은 다른 이름 하나를 더 갖는 것은 무방할 것이다. 그러나 그럴 필요는 매우 적지 않을까 생각된다. <끝>

부록 2
憲法裁判과 政治

한국공법학회 제121회 학술발표회 기조강연
2005. 4. 30.

1. 政治와 混沌

다음과 같은 이야기가 있습니다.

의사와 건축가, 철학자, 정치가 등 네 사람이 서로 자신의 직업이 가장 오래되었다며 입씨름을 벌이고 있었다.

먼저 의사가 자신의 주장을 폈다.

"저는 제 직업이 다른 어느 직업보다 앞서 시작되었다고 생각합니다. 최초의 인간인 아담의 갈비뼈 하나를 들어내고, 또 그것으로 이브를 만든 일, 그것이 바로 의료행위가 아니겠습니까?"

그러자 건축가가 반박하며 나섰다.

"하지만 아담이 태어나기 전에 우주를 창조하고 유기적으로 조직하기 위한 작업이 있었습니다. 그 작업이 곧 건축행위 아니겠습니까?"

건축가의 말을 듣고 이번에는 철학자가 나섰다.

"뭘 오해하고 계신 듯합니다. 우주를 창조하기에 앞서 하느님께서는 大混沌을 앞에 놓고 먼저 구체적이고 치밀한 思惟를 펼치지 않을 수 없었을 것입니다."

세 사람의 주장을 듣고 있던 政治家가 빙긋이 웃으며 반문하였습니다.

"그렇다면 세 분께서는 도대체 누가 그 大混沌을 창조했다고 생각하십니까?"[1]

---

1 이형식, 농담, 궁리출판, 2004, 31

이것은 政治의 否定的 측면을 농담으로 빗댄 이야기입니다.

政治가 개인의 自由를 伸張하고 創意를 啓發하며 사회 공동의 평화와 번영을 증진하는 긍정적인 기능을 수행한다는 것은 물론 틀림없는 사실입니다. 다만 오늘의 논의 주제인 헌법재판은 헌법의 기본이념인 민주주의가 損傷될 때 그 손상된 부위를 治癒하는 하나의 절차이므로 민주주의에 손상을 가져오는 정치권력의 부정적 측면이 자연 헌법재판의 주된 대상으로 등장하지 않을 수 없습니다. 그러므로 정치의 긍정적 측면은 헌법재판을 이야기하는 오늘의 논의 범위에서 제외하는 것이 적절하고 그렇게 하여 그 부정적 측면만을 조명하여 본다면 政治人이 混沌을 제조한다고 하는 농담은 부분적으로 사실이라고 할 수 있습니다. 정치인을 混沌의 제조자로 비유하는 데서 조금 더 부풀린다면 정치는 바로 混沌 그 자체라고까지 비유할 수도 있습니다.

혼돈은 오만과 편견에서 비롯됩니다. 혹은 독선과 아집에서 생긴다고 말할 수도 있습니다. 오만과 편견 혹은 독선과 아집은 모두 인간의 자만함, 아니면 우매함에서 나오는 것입니다.

스웨덴 국왕 구스타프 아돌프 아래서 재상을 지냈고 구스타프의 딸 크리스티나가 여왕에 즉위한 뒤에는 섭정으로써 국정의 실권을 쥐었던 악셀 옥센세르나 백작은 일생의 경험을 토대로 이렇게 유언했다고 합니다. "내 아들아, 이 세상을 얼마나 하찮은 자들이 다스리는지 똑똑히 알아두거라."[2]

어리석은 자들 또는 교만한 자들의 다스림으로부터 일어나는 혼돈, 그것이 바로 정치의 부정적 측면이라고 할 것입니다.

世襲의 君主 중에, 그리고 그 측근들 중에 우매한 사람들이 얼마나 많이 있었는지 그리고 그들이 빚어낸 愚行과 奇行으로 얼마나 많은 사람이 희생되고 얼마나 많은 국가가 쇠망하였는지 하는 것은 역사가 잘 보여주고 있습니다.

'바보들의 행진'이라는 책을 쓴 바바라 터크먼은 이렇게 말합니다.

독선은 권력의 부산물이다. 우리는 끝없이 되풀이된 액턴卿(영국의 역사가 1834~1902년)의 금언 "권력은 부패한다."를 알고 있다.

---

2 바바라 터크먼, 독선과 아집의 역사(원제 THE MARCH OF FOLLY : FROM TROY TO VIETNAM) 1, 조민. 조석현 옮김, 자작나무, 1997, 23

그러나 권력이 독선을 낳고, 국민에게 명령하는 힘을 가지면 안하무인이 되고, 권력을 행사하는 폭과 깊이가 늘어남에 따라 권력에 따르는 책임은 점점 엷어진다는 사실을 자각하지 못하고 있다. 권력의 총체적인 책임이란, 국가와 국민에게 이익이 되도록 가능한 한 이성적으로 통치하는 것이다. 이 과정에서의 의무란 충분히 상황을 통찰하고 정보에 주의를 기울이고 지성과 판단력을 공정하게 지니고 경솔하게 행동하지 않도록 둔감함의 마력에 저항하는 것이다. 만일 어떤 정책이 국민에게 이익이 되기보다 해가 된다는 것을 알 만큼 마음이 열려있고, 그것을 분명히 인정할 수 있을 만큼 자신감이 있고, 그 정책을 뒤집을 만큼 현명하다면 그것이 최고의 통치이다.[3]

이렇게 보면 현명하지 못한 권력이 독선을 낳고 독선이 혼돈을 낳게 되므로 결국 현명하지 못한 권력이 바로 혼돈의 제조자임을 알게 됩니다.

민주주의는 간단히 말해서 첫째로, 어리석은 사람이 세습으로 군주의 지위를 차지하는 대신 국민의 선거로 현명한 사람을 지도자로 선출함으로써 어리석은 지도자로 인한 혼란의 발생을 막는 것이고, 둘째로, 선거로 선출된 지도자의 경우에도 권력의 남용과 독선으로부터 완전히 자유로울 수는 없다는 인간의 본성에 주의하여 이를 막는 방법으로 법치주의라는 시스템을 채택함으로써 권력의 남용과 독선 및 그로 인한 혼돈을 법의 시스템에 의하여 막는 제도라고 할 수 있습니다.

法은 混沌 즉, 카오스(chaos)를 극복하고자 합니다. 法은 질서라는 형식에 信義라는 내용을 담고 있는 것이어서 본질적으로 混沌을 극복의 대상으로 여깁니다. 그러므로 法과 政治(정치를 混沌 그 자체라고 비유하는 것을 전제로 합니다. 이하 같습니다)의 사이에는 자연히 긴장관계가 형성됩니다.

정치는, (權力만을 중심으로 파악할 때) 권력의 쟁취와 유지 그리고 그 행사를 위한 조직적인 활동입니다. 정치는 法을 통하여 권력을 행사하고 유지하며 때로는 法이 정한 절차를 이용하여 권력을 쟁취하기도 합니다. 여기서 정치는 끊임없이 法을 이용하고, 또 이용하려고 시도하며, 法은 수없이 권력에 이용당하

---

3 바바라 터크먼, 앞의 책, 63-64

기도 합니다. 하지만 法은 이렇게 정치에 일방적으로 이용당하기만 하는 것이 아니라 오히려 정치가 궤도를 이탈하지 않도록 규율하는 기능을 수행하게 되고 결국에는 그것이 法의 가장 중요한 소임의 하나가 되고 맙니다.

이것은 政治와 法의 이용관계 내지 긴장관계를 보여 줍니다.

法과 政治 사이의 여러 가지 관계 중에서 나는 양자 사이의 긴장관계만을 염두에 두고 오늘의 논의를 풀어가고자 합니다. 왜냐하면 憲法裁判은 앞에서 언급한 바와 같이 원래가 政治權力의 부정적 측면을 주로 재판의 대상으로 하기 때문에 헌법재판과 정치는 불가피하게 상호 긴장관계에 놓일 수밖에 없고 이러한 긴장관계가 오늘의 주제와 연관되기 때문입니다.

2. 政治的 混沌의 극복

"우리는 정치의 민주적 실행이 전쟁과 스포츠의 중간 지점에 놓여 있다는 것을 깨닫는다. 즉 전쟁보다는 덜 위협적이지만 스포츠보다는 훨씬 공정하지 않다."[4] 라는 말이 있습니다.

민주주의적인 정치조차도 스포츠보다는 훨씬 공정하지 않다고 하는 마당에 민주주의적이 아닌 정치에 있어서는, 독선과 아집의 무대에서 일어나는 그 혼란은 말할 것도 없습니다.

政治的 混沌의 극복은 세 가지 방법으로 가능합니다. 하나는 힘에 의한 극복이고 그 둘은 德에 의한 것이고 그 셋은 法에 의한 것입니다.

가. 힘에 의한 극복

독일의 법학자 Rudolf von Jhering이 그의 저서 '로마법의 정신' 제1권 제1면의 첫머리에서 Roma는 세 번 세계를 통일하였다고 말하면서 그 통일의 맨 처음 수단으로 지적한 것이 바로 Roma의 武力이었습니다. 확실히 힘에 의한 混沌의 극복은 가장 효과적입니다.

그러나 그 효과는 일시적이어서 法에 의한 뒷받침이 없으면 그 효과는 지속

---

4 장 마리 펠트 지음, 한정석 옮김, 정글의 법칙, 이끌리오, 2005, 191.

되지 않는 것이 세상의 이치인 것입니다. 이른바 馬上에서 얻은 天下를 馬上에서 다스릴 수 없다고 한 것은 이러한 이치를 가리킵니다.

莊子(應帝王 第七)에는 다음과 같은 寓話가 있습니다.

南海의 임금을 숙(儵)이라 하고 北海의 임금을 홀(忽)이라 하며, 중앙의 임금을 混沌이라 한다. 숙과 홀이 때마침 混沌의 땅에서 만났는데 混沌이 매우 융숭하게 그들을 대접했으므로 숙과 홀은 混沌의 은혜에 보답할 의논을 했다. "사람은 누구나 〔눈·귀·코·입의〕 일곱 구멍이 있어서 그것으로 보고 듣고 먹고 숨 쉬는데 이 混沌에게는 그것이 없다. 어디 시험 삼아 구멍을 뚫어 주자." 〔그래서〕 날마다 한 구멍씩 뚫었는데 7일이 지나자 混沌은 〔그만〕 죽고 말았다.[5]

철학적 의미와는 별론으로 이 우화는 다음과 같은 것을 상징합니다.

混沌은 認識器官의 不在狀態이고 이러한 認識의 不在는 오만과 편견을 상징합니다.

또한 숙과 홀은 善意 혹은 野心, 힘, 急進 등을 상징합니다.

불쌍한 混沌을 도와주고자 한 점에서는 善意를 상징하지만 中原을 제패하려는 내심이 감추어진 것이라면 이는 야심을 상징합니다. 또 사람의 얼굴에 구멍을 내는 수술을 하면서 의사를 부르지 않고 자기들 힘만을 사용하였으니 이는 힘에 대한 의지를 상징하고, 사람의 얼굴에 七竅를 내면서 하루에 하나씩 하여 7일이라는 짧은 시간에 끝을 냈으니 이는 과격한 急進을 상징합니다. 그밖에 이 우화는 뒤에 말하는 바와 같이 外勢의 간섭을 또한 상징하지만 이 점은 나중에 다시 언급할 것입니다.

아무튼 이 우화에서 혼돈이 7일 만에 죽었다고 하는 것은 힘에 의한 混沌의 극복이, 그 善意에도 불구하고, 결국에는 소용이 없다는 것을 상징합니다.

나. 德에 의한 치유

儒敎의 王道政治思想은 德으로 혼돈을 치유하려고 시도한 대표적인 노력입

---

5 金東成 譯, 莊子, 을유문화사, 1964, 70; 안동림 역주, 莊子, 현암사, 2000, 235.

니다.

儒敎理想의 하나는 바로 內聖外王입니다.

그러나 德으로 君主를 敎化하고 권력을 醇化하고자 하는 노력은 거의 모두 실패하였습니다. 역사는 그러한 실패의 사례로 가득 차 있습니다.

內聖外王이 안 되는 이유는 어디에 있겠습니까. 인간은 상당한 정도의 性惡的 존재이기 때문이고 이 性惡의 품성을 설득만으로 교화하는 것은 매우 어렵기 때문입니다.

타고난 성품이 德으로 빛나는 그런 위인들, 예컨대 世宗大王이나 周公 같은 분들이 권력을 쥔 희귀한 경우에나 德에 의한 권력의 통제는 겨우 가능하였을 따름입니다. 입으로 말하는 것만큼 그렇게 도덕적이지도 아니한 국민들이 사는 오늘의 이 세상에서 무슨 수로 內聖外王의 권력자를 찾아낼 수 있겠습니까.

더구나 다른 사람을 감화시키려는 순수한 의도를 가지고 德을 행위의 기준으로 내세우는 것이 아니라 다른 사람의 도덕적 결함을 찾아 그를 정치적으로 공격하기 위하여 德을 내세우는 것을 더 많이 보게 되는 이 세상에서는 德을 내세우는 것이 오히려 혼돈을 더욱 助長하고 만다는 딱한 逆說的 현상까지 등장하게 됩니다.

德의 완성은 참으로 어려운 것이어서 도덕적 비난을 받아 초래되는 파멸로부터 벗어나 제대로 살아남기 어려운 것이 보통의 인간이고 이러한 파멸을 당한 사람은 다시 逆襲을 도모하기 때문에 파멸의 악순환이 거듭되게 마련입니다. 德은 자기를 수양하는 거울이 되어야 하지, 남을 공격하는 劍이 되어서는 안 될 것입니다.

다. 法에 의한 극복

마지막으로 남은 것이 法에 의한 극복입니다.

共和政時代의 古代 Roma, 古代 Greece의 Athene, 近代 西歐의 민주주의 국가들이 집정관과 원로원 사이, 행정관과 민회의 사이, 국왕과 의회 사이, 대통령과 의회 사이의 권력분리를 통하여 달성한 민주주의의 발전은 法에 의할 때에만 혼돈이 성공적으로 극복될 수 있음을 웅변으로 증명하고 있습니다.

중국과 한국이 고대 이래로 덕에 의한 왕권의 순화에 치중한 나머지, 법을 통한 권력의 분리를 시도하지 못한 것은 참으로 애석한 일이 아닐 수 없습니다.

法에 의한 정치권력 통제의 방법은 행정소송 등 여러 가지가 있지만 그중에서 가장 깊숙이 정치권력의 민감한 本體에 까지 손길이 미치는 것이 바로 오늘날의 彈劾審判, 違憲法律審判(그리고 政黨解散審判, 憲法訴願審判, 權限爭議審判) 등의 憲法裁判임은 물론입니다.

그러한 의미에서 미국 聯邦大法院이 발전시킨 違憲法律審判制度는 인류문화를 한 걸음 진보시킨 위대한 창조의 하나입니다. 그것이 비록 미국의 민주주의를 바로 탄생시킨 主役은 물론 아니었지만 미국의 민주주의를 수호.발전시킴에 있어서는 지대한 공헌을 하였기 때문입니다.

사실 정치권력에 대한 法의 통제를 가장 극명하게 보여주는 상징적이면서도 실질적인 조치가 바로 헌법의 제정입니다. 헌법은 쉽게 말해서 정치권력을 규율하는 법인 것입니다. 왕의 권력을 분할하여 그 일부를 의회에 맡기고 다시 司法의 권한을 별도의 독립된 법원에 맡겨서 서로 견제하고 균형을 이루게 하는 권력의 분리(이른바 삼권분립)를 맨 처음 법으로 완성한 나라는 영국입니다. 그들은 법에 의한 권력의 분리에 성공하였지만 이를 하나의 단일한 성문의 헌법전으로 표시하지는 아니하였으므로 세상에서는 이를 불문의 헌법이라고 합니다. 이러한 권력의 분리를 맨 처음 성문의 헌법전으로 완성한 나라는 미국입니다. 결국 영국과 미국은 헌법을 통하여 정치권력의 통제를 일응 달성하였다고 할 것인데 이것은 법으로 혼돈을 극복하였다는 것을 의미합니다. 먼저 영국이 그리고 뒤이어 미국이 세계를 제패하여 팩스 브리타니카 또는 팩스 아메리카나를 운위할 수 있게 된 것도 그들 사회의 혼돈이 법에 의하여 성공적으로 극복되고 그로부터 폭발적인 국가 에너지가 분출되었기 때문이라고 생각합니다.

법에 의한 혼돈의 극복은 理性에 의한 극복을 의미합니다. 인간에게는 知性으로 상황을 개선해 나갈 힘이 있는 것이고 인간이 스스로 이를 확신할 때[6] 理性에 의한 혼돈의 극복은 출발하고 성공한다는 것을 미국의 헌법을 제정한 그

---

6 바바라 터크먼, 앞의 책, 41 참조

건국의 아버지들이 보여주고 있습니다.

3. 民主主義에 대한 損傷과 憲法裁判

정직한 사람을 사람답게 대접하는 그런 사회에서 사람이 살 수 있도록 하여 주는 것이 제대로 된 民主主義의 政治 라고 한다면 이것은 정치권력을 억제하여 기본권을 보장하고 이로써 인간의 존엄을 지켜내고자 하는 헌법의 목표와 다를 수가 없습니다. 그렇기 때문에 정치현실에서 때로 민주주의를 손상하는 일이 벌어지면 그것은 바로 헌법에 대한 침해 여부의 쟁론을 일으켜 결국 헌법재판에 의한 混沌의 치유가 요청되는 상황으로 발전합니다.

헌법이 정치권력으로 하여금 민주주의를 손상하는 일이 없도록 하기 위하여 이를 억제하는 방법으로 채택한 원칙은 크게 보아 다음 다섯 가지를 들 수 있습니다.

하나는 權力分立의 원칙, 그 둘은 議會主義, 그 셋은 法治主義, 그 넷은 平和主義, 그 다섯은 文民優位의 원칙입니다.

이러한 여러 원칙을 손상하는 상황을 차례로 살펴보면서 이러한 상황들이 헌법재판으로 비화되는 모습을 살펴보겠습니다.

다만 시간관계상 문민우위의 원칙에 대한 언급은 이를 생략합니다.

가. 權力分立

권력분립은 민주주의를 유지하기 위한 절대적인 헌법상의 요청입니다. 그러므로 이 원칙에 어긋나는 정부나 의회의 조치는 특별한 사정이 없는 한 일단 위헌의 의심을 받아야 합니다.

이 원칙에 대한 커다란 위협적 요소의 하나는 정당을 통한 정부와 의회의 통합입니다.

이러한 현상이 비록 불가피한 측면이 있음을 인정한다고 하더라도 정부를 의회 소속의 집행기구로 전락시키거나 議員을 정부의 擧手機로 만드는 것과 같은 극단적인 제도는 명백히 헌법의 권력분립원칙에 어긋납니다. 그러므로 그러한 현상을 제도적으로 유도하고 보장하는 立法이나 조치가 행하여진다면 이는 민주주의를 손상하는 것으로서 헌법재판에 서 위헌적 상황으로 고려되어야 마땅합니다.

정부와 의회가 정당에 의하여 사실상 통합되는 경우에는 의회의 입법절차는 형식적인 通過儀禮가 되고 말 우려가 있습니다. 견제와 균형이라는 의회의 기능은 冬藏되든지 密室에서의 談論과정이 되어 有名無實하게 됩니다.

그러므로 이러한 損傷的 상황으로부터 권력분립을 회복하기 위하여서는 우선 다음과 같은 몇 가지 사항이 보장되어야 합니다.

첫째로 司法府獨立이 多面的으로 확보되어야 합니다.

나치스시대에 이루어졌던 재판에 대한 간섭을 예로 들어 보겠습니다. 司法摠監으로서 나치스 독일의 法制指導者인 한스 프랑크 박사는 1936년 法官들에게 다음과 같이 말하였습니다. "국가사회주의 이데올로기는 당의 강령이나 총통의 연설에서 특히 설명되고 있는 대로 모든 基本法의 기반이다."

그리고 프랑크 박사는 그것이 어떤 뜻인가를 계속 소상하게 설명하였습니다. "국가사회주의에 대립하는 法의 독립이란 것은 없다. 여러분은 판결을 내리려 할 때마다 '총통이 자기의 입장이라면 어떤 판결을 내릴 것인가' 하고 스스로 반문해 보아야 한다. 판결할 때마다 '이 판결은 독일 국민의 국가사회주의 관념과 맞는가 어떤가'를 자문하는 것이다.

그리고 비로소 여러분은 국가사회주의 인민국가의 불변성과 영원한 아돌프 히틀러의 의지에 결부된 제3제국의 권위의 뒷받침이 되는, 여러분 자신의 결정 권한을 주는 확고한 철의 기반을 가지게 될 것이다. 그리고 이것은 언제까지나 그래야만 하는 것이다."[7]

司法權의 독립이 민주주의의 수호를 위하여 중요한 것임을 새삼 강조할 일은 물론 아닐 것입니다.

그러나 앞에서 본 것처럼 정당에 의하여 정부와 의회가 사실상 통합될 경우에는 억제와 균형이라는 권력분립 본연의 기능을 수행할 수 있는, 남아있는 유일한 기구가 헌법재판소와 법원이기 때문에 그 독립의 중요성을 새삼 강조할

---

7 윌리엄. L. 샤이러, 제3제국의 흥망, 에디터, 426면이 인용한 에벤슈타인의 「나치스 국가」 중의 일부를 재인용

필요가 있습니다.

헌법재판소와 법원이 재판을 하면서 "총통이 자기의 입장이라면 어떤 판결을 내릴 것인가." 또는 "이 판결은 국민의 관념과 맞는가." 하는 식의 반문을 스스로 해 보아야 한다면 어떻게 되겠습니까. 헌법재판소와 법원이 물어볼 곳은, 헌법과 법률 그리고 자기의 양심 이외에는 없어야 합니다. 총통도, 국민의 정서도, 상급자도, 그 누구나, 그 무엇도, 여기에 대신 들어설 수 없는 것입니다.

만일 誤導된 일부 세론이 직접민주주의의 이름으로 재판에 대한 간섭을 시도한다면 이는 배격되어야 합니다. 나아가 사법행정담당자가 사법행정의 이름으로 재판에 대한 간섭적 효과를 작출한다면 이것 역시 그 한계가 분명히 규명되어야 합니다.

둘째로 집권당에 반대하는 정당이 의회 내에 건재하고 집권당과 반대당 사이의 공개토론이 실질적으로 이루어지고 이 과정이 절대로 생략되어서는 안 됩니다. 집권당과 반대당 사이의 실질적이고 절대적이며 필수적인 공개토론, 이것이 政黨國家的 현실에서 의회와 정부 사이의 권력분립을 보장하는 필요불가결의 요소임을 강조하지 않을 수 없습니다.

집권당과 반대당 사이에 의회 내에서 실질적인 토론이 공개적으로 이루어져야 한다는 원칙이, 委員會나 本會議의 어느 수준에서, 어떤 사항에 관하여, 어느 정도로, 관철되어야 하는가 하는 점은 논의의 여지가 있지만 중요한 법률안 등에 관하여 이러한 과정이 사실상 완전히 무시된 것과 같은 상황이 존재한다면 이는 헌법적으로 묵과하기 어려운 문제가 될 것입니다.[8] 헌법재판으로 이 문제가 넘겨진다면 헌법재판소와 의회 그리고 정부 사이에는 상당한 긴장이 형성됩니다.

셋째로 의회 내에서의 표결은 반드시 의원의 記名으로 이루어져야 합니다. 의원이 단체의 뒤에 숨어서 자기의 책임과 명예를 저버리는 일을 막지 않으면 의회주의와 대의주의는 유명무실해지기 때문입니다. 고도의 자존심과 명예의식 그리고 책임감을 가진 의원만 이 의회주의의 정신을 살릴 수 있습니다.

---

8 헌법재판소 1997. 7. 16. 96헌라2, 판례집 9—2, 154; 2000. 2. 24. 99헌라1, 판례집 12—1, 115; 2001. 6. 28. 2000헌라1, 판례집 13—1,1218 등 참조

넷째로 大衆의 組織化를 주목하여야 할 것입니다. 制度化된 정치권력이 犯할 수 있는 傲慢과 무책임을 匡正할 수 있는 직접민주주의의 순기능을 부인할 사람은 아무도 없을 것입니다. 다만, 모든 일에는 그늘이 있게 마련이므로 대규모로 대중이 조직화되고 그 대중이 일시적 世論에 휩쓸려 자기들의 불합리한 주장을 의회와 정부 그리고 법원에서 그대로 수용하도록 압력을 행사한다면 이는 권력분립과 代議制를 골간으로 하는 민주주의를 크게 손상할 수 있습니다. 의회와 정부, 법원과 헌법재판소 그리고 국민 모두가 이 점을 경계하여야 할 것입니다. 헌법재판에서는 憲法制定에 반영된 진실한 국민의 의사를 기준으로 삼아서, 일시적이고 단기적인 세론에 의하여 헌법의 원칙이 손상되는 것을 막아야 합니다.

오늘날에는 대중의 조직화가, 인구의 증가에 불구하고 어느 면에서는, 과거에 비하여 더욱 용이하게 되었습니다. 경제력의 신장에 따른 여유시간의 증가, 통신기술의 발전, 언론매체의 발전과 확산 등에 따른 자연스러운 현상이긴 하지만 그만큼 세론의 안정적 분별력이 더욱 요청되는 것입니다.

홍위병과 같은 세력의 등장, 그들을 이용하는 정치적 조작, 이러한 것들은 언제 어디서나 일어날 수 있는 것이고 따라서 이러한 조짐에 대한 경계와 대책이 긴요합니다.

다섯째로 권력분립을 감시하는 언론의 역할을 다시 확인하여야 합니다. 정당을 통한 의회와 정부의 통합된 힘에다가 조직된 대중의 힘이 가세한다면 그 가중된 힘은 집권세력에 반대하는 비판여론을 침묵시키고 싶은 유혹에 이끌리기 쉽습니다. 만일 이러한 유혹에 빠지는 상황이 벌어진다면 민주주의는 손상되고 이로 말미암아 언론의 자유에 대한 헌법적 보장의 문제가 제기됩니다. 동시에, 이념적으로 偏向된 言論이 민주주의에 끼치는 부정적 영향을 경계하여야 합니다. 그러한 언론은 민주주의의 가치를 의심하게 만드는 분위기를 퍼뜨려 자칫 민주주의를 고사시키는 데까지도 이용되기 때문입니다. 언론의 自由市場에서 편향된 언론을 가려내는 국민의 성숙된 사고가 필요하고 헌법재판에서도 이를 분별하는 慧眼이 필요합니다.

끝으로 정당을 통한 의회와 정부의 통합은 정당의 최고 지도자인 대통령의 사실상의 권한을 크게 증폭시킵니다. 대통령을 군왕으로 여기는 일부 국민들의 불합리한 정서에 대중의 조직된 세론까지 더하여진다면 권력의 분립은 크게 손상될 우려가 있습니다. 억제와 균형이라는 권력분립의 본래적 기능이 진실로 작동하지 않으면 안 될 상황인 것입니다.

이렇게 본다면 2004년 봄에 있었던 대통령에 대한 彈劾審判事件9은 그 의미가 자못 심대한 것이었습니다. 탄핵절차의 진행 때문에 나라가 금방이라도 무너질 것처럼 느끼던 일부 국민의 불합리한 정서적 동요를 진정시키고, 世論의 無常 無爲함과 多數黨의 정치적 책임의 무거움을 알게 하여주고, 정치권력의 憲法遵守責任과 側近監督責任을 규명하여, 의회민주주의와 권력의 분립을 다시 확인할 수 있는 역사적인 계기가 되었기 때문입니다.

나. 議會主義

동양에서 의회주의가 생기지 못한 점 역시 매우 안타까운 일의 하나입니다. 덕을 갖춘 현명한 지도자, 예컨대 堯舜 임금과 같은, 그러한 군왕의 출현에 대한 기대가 너무 컸기 때문일 것입니다.

英國에서는 John 王의 자의적인 징세와 징병에 반대하는 귀족들의 이기적인 결집이, 우여곡절은 있지만, 결국 의회의 형태로 발전한 것과 대비하여 볼 때 동양에서도 그와 유사한 상황과 계기가 없었던 것이 아님에도 불구하고 영국에서와 같은 방향으로 역사가 진전되지 못한 것은 법적 시스템의 효용에 대한 기대보다 덕치에 대한 환상이 너무나 컸기 때문이 아닌가 하는 생각이 듭니다. 아쉬운 일입니다.

아무튼 앞에서 말한, 집권당과 반대당 사이의 실질적이고 절대적이며 필수적인 공개토론은 議會主義의 관점에서도 그 보장이 요청됩니다.

議員들의 자유로운 공개토론이 보장되지 않는다면 의회는 정부권력에 대한 억제기능을 수행할 수 없을 뿐만 아니라 議會 그 자체가 하나의 寡頭的 독재권력이 되어 민주주의는 형식에 그치고 말게 됩니다.

---

9 헌법재판소 2004. 5. 14. 2004헌나1, 판례집 16—1, 609

정당의 당원으로서의 議員의 책임을 부정하는 것은 아니지만 그러한 책임이, 정부나 집권당 또는 議會 자체의 권력남용을 억제하여 민주주의를 유지하여야 할 國民代表로서의 책임을 면제하는 것은 아닙니다.

정당을 통하여 의회와 정부가 통합되는 현실 그리고 직접민주주의의 이름으로 권력의 행사에 동참을 요구하는 대중의 압력이 날로 거세지는 현실 등을 감안할 때 의회주의는 상당한 어려움에 봉착하고 있습니다. 여기에다 選擧市場의 일부 亂調가 쉽게 바로 잡히지 않는 현실까지를 고려하면 그 어려움을 가볍게 볼 수만은 없을 것입니다.

이러한 상황 아래에서 헌법이 요구하는 의회주의의 원칙이 보장되기 위하여서는 앞에서 말한 집권당과 반대당 사이의 자유로운 공개토론이 충분히 이루어져야 하고, 정당의 당원으로서의 책임을 초월하는 議員 개개인의 國民代表性이 보장되어야 하고,10 정당 내부에서의 민주적 절차가 보장되어야 하며, 단기적인 세론의 부당한 압력으로부터 議員의 독립이 보장되어야 하고, 선거시장의 일부 난조가 시정되어야 할 것입니다.

따라서 의회 내에서의 공개토론, 議員의 국민대표성, 정당 내부의 민주적 절차, 선거운동의 공정 등이 보장되지 않는다면 이는 의회주의 원칙과 관련하여 헌법재판에서 당연히 문제가 될 수 있을 것입니다.

이러한 문제가 제기되면 헌법재판소와 일부 의원들과의 사이에 긴장이 초래됩니다. 그러나 이러한 긴장은 의회주의를 보장하고자 하는, 그리하여 의원 자신의 국민대표로서의 소임수행이 가능하도록 보장하고자 하는, 헌법재판소 본연의 헌법적 사명을 知悉함으로써 마땅히 해소되어야 할 것입니다.

다. 法治主義

법치주의는 節次主義라고 불러야 할 정도로 절차 내지 시스템을 중시하는 것이고 따라서 이를 준수하면 시간이 걸리게 마련이고 이러한 의미에서 그것은

---

10 헌법재판소 2003. 10. 30. 2002헌라1, 판례집 15-2(하), 17. 이것은 상임위원회에서 당론을 따르지 아니한 의원을 소속당의 대표의원의 요청에 따라 국회의장이 의원 자신의 의사를 무시하고 다른 상임위원회 소속으로 변경 배정한 사안에 관한 결정임.

時間的 熟成을 요구하는 원칙입니다.

따라서 절차를 무시하거나 부당하게 생략하는 것은 법치주의에 어긋나고 따라서 헌법에 위반될 소지가 있습니다. 나아가 時間的 熟成을 도외시하는 과격한 急進主義도 마찬가지로 법치주의에 친하지 않은 것이고 양자는 서로 경원하는 관계에 서게 됩니다.

급진주의의 극단적 실행이 혁명이라는 사실을 상기하면, 헌법이 왜 혁명과의 相容을 거부하는 것인지 쉽게 이해하게 됩니다.

히틀러는 횃불시위를 하는 대중의 열기를 동원하여 집권에 성공하고 라이히스타크(국회의사당) 放火사건을 틈타 의회를 협박하여 1933년 3월 23일 소위 授權法을 통과시키고 그 후 그의 명령에 法이라는 포장을 씌워 독일을 통치하였습니다. 그는 法으로 통치하였다고 주장하지만 이를 법치주의라고 인정할 수는 없습니다. 그 이유는, 法의 내용은 차치하고, 우선 형식의 면에서도 그의 法은 議會立法이라는 절차를 완전히 무시한 것이고 時間的 熟成을 배제한 急進의 것이어서 이를 法이라고 부를 수 없기 때문입니다.

그러므로 민주적 입법절차는 법치주의에서 반드시 지켜져야 되는 것이고 그 중에서도 헌법개정절차는 가장 중요한 법치주의적 절차에 속합니다.

법치주의 아래서의 재판에서는, 적용하여야 할 법의 발견이 특히 중요한 의미를 갖는 수가 있습니다. 법이 없다고 하여 재판을 거부할 수는 없기 때문입니다.

2004년 가을에 있었던 수도이전특별법에 대한 헌법재판소의 위헌선고[11]는 이러한 맥락에서 볼 때 매우 중요한 사건이었습니다. 우선 이 사건에서는 慣習憲法이 처음으로 적용되었습니다. 見解에 따라서는 慣習憲法의 발견과 적용을 비판하지만 헌법재판에 적용할 法의 발견은 헌법재판소의 권한과 책임인 것이므로 사실인 관습과 규범인 慣習法을 구별하고 慣習法 중에서 다시 慣習憲法을 발견하는 것은 헌법재판소가 당연히 하여야 할 일인 것입니다. 어떤 규범이 장기간 준수된 나머지 그것이 이윽고 사실인 관습의 모양을 얻게 되는 현상,

---

11 헌법재판소 2004. 10. 21. 2004헌마554등, 판례집 16-2(하), 1

그리고 반대로 오랜 세월 반복된 사실이 규범으로 승화되는 현상을 인류의 社會史는 되풀이 하여 보여주고 있습니다. 전자의 경우에는 규범이 사실로 전화되었다고 하여도 그 규범성은 소멸되는 것이 아닙니다. 다만 규범력을 굳이 내세울 필요가 없을 정도로 그 규범이 준수된 상태가 장기간 계속되고 사회일반이 이 상태를 당연한 사실로 인식하고 있기 때문에 그 규범은 그 칼날을 접고 사실의 배후에서 休眠하고 있는 것일 뿐입니다. 사실의 外樣 밑에서 휴면하던 규범은 우연한 사정으로 이와 관계되는 분쟁이 발생할 때 그 규율을 위하여 휴면상태에 있던 규범력을 다시 드러내고 法으로서 기능하는 것입니다.

기본적인 헌법사항에 관한 관습규범은 관습헌법이므로 이러한 관습헌법에 의하여 규율되는 중요한 헌법사항을 변경하려면 헌법개정절차에 따라야 하는데 수도이전특별법은 그렇게 하지 아니한 잘못을 범하였으므로 위헌의 판정을 받은 것입니다. 수도의 분할도 마찬가지입니다.

라. 平和主義

戰爭은 정부권력의 肥大化와 남용을 초래하고, 平和는 이것 없이는 인간의 존엄이 유지될 수 없으므로 국가 간의 평화는 헌법이 당연히 요청하는 원칙입니다.

그런데 카오스는 두개의 측면에서 평화에 대하여 위험요인이 됩니다.

우선 정치적 카오스는 외세의 간섭을 유발하고 이는 전쟁의 위험으로 연결될 수 있습니다. 앞에서 언급한 혼돈의 우화에서 숙과 홀이 혼돈의 얼굴에 七竅를 만들어 주겠다고 나서는 상황이 이를 상징합니다.

다음으로 카오스의 본질인 認識의 不在는 오만과 편견으로 연결되고 오만과 편견은 자칫 妄自尊大를 결과하여 국제간의 信義와 同盟을 가볍게 여기고 때로 孤立을 名譽로 착각하는 폐단을 가져올 수도 있습니다. 원래 國家의 평화는 國力과 同盟으로 유지되는 것이므로 동맹의 이완, 폐기, 변경은 전쟁의 위험을 고조시킬 수 있습니다. 莫强한 軍事力을 가졌던 Roma조차도 동맹국 없이 단독으로 전쟁의 위기에 대처한 일이 거의 없었다는 역사적 사실, 近代 西歐 列强이 동맹에 의한 세력균형을 필사적으로 추구하였던 사실 등은 이러한 사정을 잘 설명하여 줍니다. 그러므로 카오스는 평화에 대한 위험요인이 되는 것입니다.

그렇지만 이 문제에 관하여 헌법재판이 관여할 수 있는 영역의 범위는 현재로서는 다른 문제에 비하여 상대적으로 협소한 것이 사실입니다. 따라서 헌법상의 평화주의를 수호·관철할 책임의 태반은 다른 데로 넘어갈 수밖에 없습니다. 헌법이 요청하는 평화의 유지와 증진을 위하여 헌법재판이 기여할 수 있는 길이 있는지, 있다면 그 범위는 어디까지인지 하는 문제는 앞으로의 연구과제라고 생각합니다.

4. 憲法裁判의 이념적 기준으로서의 自由와 共和의 원칙

정치권력이 조성할 수 있는 민주주의에 대한 몇 가지 損傷的 상황을 앞에서 살펴보았거니와 이러한 상황들이 헌법에 미치는 영향을 헌법재판에서 판단하게 될 때 나는 다음과 같은 '自由와 共和'의 원칙을 하나의 이념적인 판단기준으로 삼을 수 있다고 생각합니다.

사람은 평화로운 사회에서 자유롭게 자기의 발전과 번영을 추구할 수 있을 때 비로소 인간으로서의 존엄을 누릴 수 있습니다. 인간의 존엄을 위해서는 個人의 自由가 第一義的원칙으로 인정되어야 합니다. 그 어느 것도 자유 이상의 가치와 중요성을 갖지는 않습니다. 이 점을 분명히 하지 않으면 많은 誤解와 歪曲, 欺瞞이 난무하게 됩니다. 다음으로 개인의 자유를 전제로 한 共同의 平和와 繁榮이 없이는 인간의 존엄은 보장되지 않습니다. 따라서 개인의 자유를 전제로 한 공동의 평화와 번영을 共和[12]라고 부른다면, 自由와 共和는 정치권력으로부터 인간의 존엄을 지켜주는 것을 목적으로 하는 헌법의 지도적 이념이 되어야 하고 따라서 헌법재판에 있어서 중요한 판단기준이 되어야 합니다. 개인의 자유를 침해하고 사회 구성원 공동의 평화와 번영을 흔들어대는 권력행위는 민주주의를 손상합니다. 이러한 행위는 불가피하게 混沌을 조장하므로 法

---

12 공화는 평등과는 차원이 다른 것이고 주권이 국민에게 있다는 것 이상의 의미를 갖는다. 헌법 제1조 제1항의 공화에는 이러한 의미가 추가되어야 할 것이다. '共和'의 漢字語 語源에 관하여는 정범진 외 역, 사기본기(주본기) 까치, 1995, 92 참조

治에 의하여 치유되어야 합니다. 그러므로 자유와 공화를 침해하는 정치권력의 권력적 행위는 그 자체로서 일단 이념적으로 위헌의 의심을 받아야 할 것입니다. 공화의 개념에 들어 있을 풍부한 내용과 그로부터 도출될 실천적 원리들의 발견은 앞으로의 연구과제에 속할 것입니다.

5. 結語

앞에서 인용한 混沌의 寓話에 등장하는 南海의 임금 이름인 儵(숙)이라는 글자는 어떤 현상이 재빨리 나타나는 현상을 가리키고 北海의 임금 이름인 忽(홀)이라는 글자는 반대로 어떤 현상이 재빨리 사라지는 모양을 가리킨다고 합니다.[13] 대중의 세론은 숙이나 홀과 같은 것입니다. 識이 不在하고 責任이 無하고 그러면서 勢에 의지하는 樣態가 兩者에서 똑같이 나타납니다. 이들을 믿거나 의지하여서는 안 됩니다. 헌법에 규정되어 있는 원칙들은 헌법을 제정한 국민이 理性的 결단으로 채택한 普遍妥當한 진리에 속합니다. 이러한 보편타당한 진리를, 숙과 홀에 휩쓸림이 없이, 헌법 속에서 발견·확인하고 이를 방어하여 헌법을 수호하는 것은 헌법재판의 임무이고 헌법재판의 이러한 임무는 결과적으로 政治를 政治답게 만드는 보장책이 되는 것입니다. 국민의 기본권을 보장하고 사회를 통합시켜 그 안전과 발전을 보장하는 것, 즉 自由와 共和의 보장이 政治의 진정한 역할이라고 할진대 그러한 역할은 헌법이 준수될 때에만 그 수행이 가능하기 때문입니다.

그러나 헌법으로 결단된 국민의 진정한 의사를 확인하는 것은 말처럼 쉽지 않을 때가 많습니다. 그것은 많은 연구와 경험을 요하는 것입니다. 그럼에도 불구하고 많은 사람들이 헌법에 대하여 거침없이 이야기하고 대담하게 단정하기를 서슴지 않습니다.

일찍이 Immanuel Kant는 다음과 같이 탄식한 일이 있었습니다.

「여타의 모든 학문에서는 (전문가가 있겠거니 하고) 조심성 있게 침묵으로 관망하는 사람들도 형이상학[철학]적 문제에 관해서는, 다른 학문에 비해 그들의

---

13 안동림, 앞의 책, 236.

무식이 뚜렷이 드러나지 않음을 기화로, 대가인양 지껄이고 대담하게 단정한다.」[14]

일부 世人들이 요즈음 헌법에 대하여 大家인 양 말하고 대담하게 단정하는 것을 보게 되면 칸트의 탄식을 떠올리지 않을 수 없습니다. 칸트의 탄식은 헌법에 대하여도 똑같은 내용의 탄식으로 통할 수 있을 것입니다.

정치인들이 국민과 더불어 오랜 세월 노력한 끝에 쟁취한 민주주의의 위대한 업적 가운데 하나가 바로 우리나라의 헌법재판제도라는 것은 이미 國內外의 누구도 의심할 수 없는 역사적 사실이 되었다고 생각합니다. 세계에 자랑할 수 있는 이 귀중한 헌법재판제도를 앞으로 더욱 굳건하고 빛나는 존재로 키워나갈 사명은, 이 제도를 탄생시킨 政治人과 學界와 國民, 그리고 이 제도의 실무를 맡고 있는 헌법재판소 모두의 공동노력에 의하여서만 성공적으로 수행될 수 있을 것입니다.

樂園도 없고 寧日도 없는 이 세상에서 상황을 진정으로 개선해 나갈 수 있는 힘은 바람(風)이 아니라 오직 理性이라는 것을 다시 한 번 확인하여야 하겠습니다. 理性의 힘에 의지하는 자세, 이것이 진정한 進步이고 理性의 所産을 믿는 것, 이것이 진정한 保守입니다. 감사합니다. <끝>

---

14 백종현, 칸트〈실천이성비판〉 논고, 성천문화재단, 1998, 19.

부록 3.
우리 집 제사절차의 변경

아버님께 고하는 글

아버님 제사를 당하여 감히 한 말씀 더 올리나이다.

그동안 조카 용득이가 아버님과 두 분 어머님 그리고 할아버님과 두 분 할머님의 제사를 모실 때마다 정성을 다하여 천안에서 잘 모셔 왔습니다. 조카 며느리의 고생이 많았고 그 공이 매우 컸습니다.

그러나 조카 내외가 가게 일을 하면서 어린 아이 세 명을 키우느라 고생을 많이 했는데 그러면서도 제사 때마다 조카 며느리가 혼자서 제사 준비를 하고 손님을 모시느라 고생을 많이 하는 것을 보고 마음이 아팠습니다.

그래서 조카의 형편이 더 나아질 때까지는 제가 제사를 대신 모시기로 결심을 하고 제사를 서울로 모시고 왔습니다. 어언 15년이 흘렀습니다.

그런데 유감스럽게도 제가 4년 전 중풍에 걸려 그 후유증으로 반신이 온전치 못한 병고를 치루고 있습니다. 저의 안 사람이 저의 간병과 보호에 시간을 많이 뺏기고 있습니다. 게다가 둘째 아들 내외를 데리고 사는데 그들이 맞벌이를 해서 아침 새벽에 출근하여 밤 11시나 되어야 돌아오니 그들 소생 어린 손자녀 셋을 모두 저의 아내가 먹이고 키우며 공부를 돌보고 있습니다.

며느리가 셋이 있지만 행인지 불행인지 모두 똑똑해서 직장을 가지고 있어 제사 때마다 저의 아내 혼자서 대부분의 준비를 하고 있습니다.

아직은 조상님의 은덕으로 제 아내가 건강하여 그럭저럭 이상의 모든 일을 잘 해내고 있습니다만 이제 제 아내도 칠순을 지내고 보니 그 건강을 미리 살펴야 할 때가 되었습니다. 더 늦기 전에 보살펴야 되겠습니다. 아내가 건강해야 그래야 저도 자식들의 짐이 덜 되는 상태로 그나마 여생을 지낼 수 있지 않겠습니까.

다행히 조카 용득이의 아이들이 모두 잘 성장하여 건강하게 잘 지내고 있습니다. 생활도 크게 부자가 되지는 못했습니다만 조카 며느리의 헌신과 희생, 인내로 그런대로 안정된 삶을 유지하고 있습니다.

그리하여 이제는 제사를 제가 그만 모시고 조카 용득이에게 원래대로 넘기기로 결심하고 이 뜻을 아버님 영전에 삼가 아뢰는 바입니다. 굽어 살펴주시기 바랍니다.

저는 이제 아내의 부축을 받아 국내로, 해외로 절을 찾아 참선, 수행의 길을 다니고자 합니다. 아버님의 가호를 빕니다.

용득이가 제사를 모심에 있어서는 모든 절차를 박정희 대통령이 일찍 정해주신 대로 가정의례준칙에 따르겠습니다.

첫째로 제주 용득이로부터 2대조까지만 기제사를 지냅니다. 즉 제주 용득이의 아버지와 할아버지까지만 지낸다는 뜻입니다. 더없이 죄송스럽습니다만, 이번 가을에 오는 할아버지 할머니의 제사는 더 이상 모시지 못하게 되었습니다. 용서를 빕니다.

둘째로 제수는 밥과 국, 고기 한 접시, 나물 한접시, 과일은 사과 한 가지 이렇게 간소하게 합니다.

셋째로 기제사는 아버지의 기일에 어머니의 제사를 함께 한 번만 지내고, 할아버지의 기일에 할머니의 제사까지 함께 한번만 지냅니다. 즉, 일년에 두 차례가 됩니다.

넷째로 제사의 절차는 가정의례준칙에 정한 순서대로 합니다.

즉, (1) 제주가 분향한 다음 모사에 술을 붓고 참사자 일동이 신위 앞에 두 번 절한다.

(2) 술잔은 제주가 한 번만 올린다.

(3) 축문은 생략한다.

(4) 참사자 일동이 신위 앞에 두 번 절하고 끝낸다.

　다섯째로 제사는 장손의 집에 함께 모여 지내지 않고 지손들은 각 가정 별로 그 어른 집에서 따로 지낸다. 제사를 지내는 장소는 각 가정의 어른의 지시에 따른다. 각 가정의 어른이 따로 제사를 지내지 않겠다고 하면 강제할 방법은 없다.
　추석과 설의 차례도 기제사와 똑 같이 합니다. 이번 추석의 차례부터 이 새로운 절차에 따르겠습니다. 각 가정별로 지내도록 합니다.
　설차례를 각 집에서 지낸 후에 세배를 다니는 것은 각 자손이 형편에 따라 판단하여 처리하기 바랍니다.

　이상과 같이 제사와 차례의 주관자, 장소, 절차를 바꾸고자 하오니 헤아려 주시기 바랍니다.

　아울러 조상의 분묘 관리는 분묘의 소재지에 가장 가까운 곳에 거주하는 용득이가 우선 통상적인 관리는 담당하되 분묘의 수리와 시제에 드는 비용은 38대의 결혼한 남자 가정별(용득, 성훈, 용현, 준영, 준석, 내건 등 6인)로 똑같이 나누어 분담하고 분묘의 처리에 관한 결정은 위 6인의 합의로 결정한다. 다음 세대도 마찬가지로 이 원칙에 준하여 처리하도록 한다.

　이제 시대가 바뀌어 삼천년 전 중국 주나라시대의 종법제에 따른 제사와 분묘관리의식을 그대로 따르기 어렵게 되었습니다. 종법제라는 것은 적장자(본처의 맏아들)가 제사와 재산을 모두 상속하고 나머지 자손은 적장자의 재산 일부를 빌려서 소작하고 도지를 바치고 그 나머지로 생활하고 적장자의 일을 노력 봉사로 돕는 의무를 지는 제도였습니다. 이 종법제를 벗어나 이 시대에 맞도록 제 나름대로 우리 집안의 제례를 정하는 것입니다.
　부디 조상님들의 가호를 빌어마지 않습니다.
　재배.

2016. 5. 6. 작성, 낭독.

<별첨>
향후 제사 등 거행 방법(총 4회, 차례, 설날, 제사 2번)

* 제사 등 행사 일정
  - 양력1월 설날차례
  - 양력5월 초순경 할아버지 제사(음4월1일 전날)
  - 양력9월 말경 추석(음8월15일)
  - 양력11월 중순경 중조할아버지제사(음10월20일)
* 제사 등 행사 장소
  - 큰 형 집

가. 취지
  - 전통의 취지와 정신을 기억하면서도, 변화된 현실에 맞춰 실현 가능하고 가족간 정의(情宜)를 도모할 수 있는 방법으로 진행.

나. 차례(당장 2016년 추석 차례부터 실시)
  - 각자 아침을 먹고 9시~9시 30분에 집합, 10시 내지 10시 30분부터 시작.
  - 제수는 남지 않고 딱 먹을 정도의 맛있는 송편 세 개씩 여섯 그릇, 제철 과일 2~3종 세 접시, 애들 좋아하는 케익 및 빵 2종 세 접시, 차 또는 주스.
  ※ 송편 외 다른 떡은 맞추지 않음.
  - 제수는 차례 끝나고 나누어 먹는 것.
  - 술 대신 차나 주스를 올리고, 절 두 번 하고 마침.
  - 점심은 각자 알아서 집에 가서 먹는 것을 원칙. 상황에 따라 모인 사람끼리 같이 사먹을 수는 있음.

다. 설날
  - 양력 1월 1일

— 차례와 같은 방식, 다만 송편 대신 떡국만 준비.

라. 제사

— 각자 저녁을 먹고 큰 형 집에 모여 진행.

— 주중에 모이는 것은 무리가 있으므로 제사가 있는 주의 前 주말에 진행. (토요일이 나은지 일요일이 나은지는 몇 번 해보면서 결정)

— 대상: 증조할아버지, 증조할머니, 전 증조할머니, 할아버지, 할머니, 전 할머니 여섯분이나, 증조할아버지 제사 때 증조할머니 두분, 할아버지 제사 때 할머니 두분의 제사를 함께 지냄.(결국 1년에 총 2번의 제사)

마. 제수 준비 및 비용

— 제수는 차례와 똑같다. 다만, 송편이나 떡국 대신 조상께서 즐겨 드신 음식을 올린다.(카스테라 등) 세부적인 사항 등은 큰 형수가 어머니와 상의해서 결정한다.

— 결정된 제수는 삼형제가 균분하여 준비하고, 그와 관련된 사항은 큰 형수가 결정한다. 음식을 삼형제에게 배분하여 준비하든, 큰 형수가 혼자 준비하고 그 비용을 균분시키든 큰 형수가 결정하여 통지한다.

바. 기타

— 국외에 나가 있는 사람이 있으면 나가 있는 사람은 각자 현지에서 실정에 맞추어 지내고, 국내에 있는 자손은 선순위 자손의 집에서 같은 방식으로 실시 (장남이 나갔으면 차남, 차남도 나갔으면 삼남).

— 복장은 한복일 필요는 없으나, 최소한 정장을 착용한다.

— 사진 대신 지방이 바람직할 것으로 보임.

이상은 2016. 5. 6. 아버지께서 작은 아버지, 작은 어머니와 고모님들 세분, 용득이형 내외, 준석네 내외, 그밖의 친척들(아버지의 고종사촌 형제들), 그리고 우리 삼형제 내외 앞에서 참석자 모두의 동의를 얻어 발표하신 내용을 준영이 정리하였음.

부록 4.
공자의 제자 색인

성명	字 및 다른 호칭	공자와의 나이 차	직책 기타	색인
고시	자고	30	비재	11−18, 11−25
공백료	자주			14−36
공서적	자화	42		5−8, 6−4
공야장	자장 자지			5−1
금뢰	자개			8−7
남궁괄	자용			14−5
단목사	자공	31	언어과	1−10, 1−15, 2−13, 3−17, 5−4, 5−9, 5−12, 5−13, 5−15, 6−8, 6−30, 7−15, 9−6, 9−13, 11−3, 11−13, 11−16, 11−19, 12−7, 12−8, 12−23, 13−20, 13−24, 14−17, 14−28, 14−29, 14−35, 15−3, 15−10, 15−24, 17−19, 17−24, 19−20, 19−21, 19−22, 19−23, 19−24, 19−25
담대멸명	자우	39		6−14
무마시	자기	30		7−31
민손	자건	15	덕행과	6−9, 11−3, 11−5, 11−13, 11−14
번수	자지 번지	36		2−5, 6−22, 12−21, 12−22, 13−4, 13−19
복불제	자천	30(혹은49)		5−3
복상	자하	44	문학과 거보재	1−7, 2−8, 3−8, 6−13, 11−3, 11−16, 12−5, 12−22, 13−17, 19−3, 19−4, 19−5, 19−6, 19−7, 19−8, 19−9, 19−10, 19−11, 19−12, 19−13,
사마경	자우			12−3, 12−4, 12−5
신정	주			5−11
안무요	로	6	안회의 부친	11−8

안회	자연 안자	30	덕행과 32세에 요절	2−9, 5−9, 5−26, 6−3, 6−7, 6−11, 7−11, 9−11, 9−20, 9−21, 11−3, 11−4, 11−7, 11−8, 11−9, 11−10, 11−11, 11−19, 11−23, 12−1, 15−11
언언	자유	45	문학과 무성재	17−4, 19−12
염경	백우		덕행과	6−10, 11−3,
염구	자유, 염유, 염자	29, 정사과	계씨재	3−6, 6−4, 6−12, 7−15, 11−3, 11−13, 11−22, 11−24, 13−9, 14−12, 16−1
염옹	중궁	29	덕행과	5−5, 6−1, 6−2, 6−6, 11−3, 12−2, 13−2,
원헌	자수 원사	36	공자재	6−5, 14−1
유약	자유	43(혹은 33)		1−2, 1−12, 1−13, 12−9
재여	자아 재아		임치대부 언어과	3−21, 5−10, 6−26, 11−3, 17−21
전손사	자장	48		2−18, 2−23, 5−19, 11−16, 11−18, 11−20, 12−6, 12−10, 12−14, 12−20, 14−40, 15−6, 15−42, 17−6, 19−1, 19−2, 19−3, 20−2
중유	자로 계로	9	계씨재, 포대부 정사과	2−17, 5−7, 5−8, 5−14, 5−26, 6−8, 6−28,7−11, 7−19, 7−35, 9−12, 9−27, 10−27, 11−12, 11−13, 11−15, 11−18, 11−22, 11−24, 11−25, 11−26, 12−12, 13−1, 13−3, 13−28, 14−12, 14−16, 14−22, 14−36, 14−38, 14−42, 15−2 15−4, 16−1, 17−5, 17−7, 17−8, 17−23, 18−6, 18−7
증삼	자여	46		1−4, 1−9, 4−15, 8−3, 8−4, 8−5, 8−6, 8−7, 11−18, 12−24, 14−26, 19−16, 19−17, 19−18, 19−19
증점	석		증삼의 부친	11−26
진항	자금 자원	40		16−13, 19−25,
칠조개	자개 자약	40		5−6

부록 5.

공자 연보(이 부분은 최근덕 역주 한글 논어 부록 1. 孔子年譜를 사본함)

1세 주령왕 21년(노양공 22년) ― B.C. 551년

　　노나라 추읍 창평향(현재 곡부성 동남방의 니산부근)에서 출생.

　　생일은 夏曆으로 8월27일(周曆 10월27일, 양력 9월28일)

3세 주령왕 23년(노양공 24년) ― B.C. 549년

　　부친 숙량흘 돌아가시다. 방산에 장사지냄(곡부성 동쪽, 숙공림이라 부름).

　　모친 안징재 공자를 업고 곡부성으로 이사함.

6세 주령왕 26년(노양공 27년) ― B.C. 546년

　　모친의 교육 아래 호학의 습관을 기르심.

　　제기를 갖추고 禮容을 꾸미는 놀이 등으로 예의를 연습하심.

7세 주령왕 27년(노양공 28년) ― B.C. 545년

　　노나라에 계심.

　　주령왕이 사망하고 경왕이 왕위를 계승하다.

8세 주경왕 원년(노양공 29년) ― B.C. 544년

　　노나라에 계심.

　　오나라 공자 계찰이 주례를 보기 위해 노나라에 오다.

　　(노나라는 주공단의 封地로 천자의 예악을 사용.)

9세 주경왕 2년(노양공 30년) ― B.C. 543년

　　노나라에 계심.

　　자산이 집정하여 정나라가 크게 다스려짐.

　　후일 공자님께서 자산의 공적을 높게 평가하여 "惠人"이라고 칭하시다.

10세 주경왕 3년(노양공 31년) — B.C. 542년

노나라에 계심.

노양공이 사망하고 노소공이 계승하다.

14세 주경왕 7년(노소공 4년) — B.C. 538년

노나라에 계심.

훗날 "내가 어린시절 가난하여 비루한 일에 능하다." 라고 어린시절에 여러 가지 어려운 일들을 많이 해보셨음을 밝히시다.

15세 주경왕 8년(노소공 5년) — B.C. 537년

노나라에 계심.

후일 "내가 열다섯 살부터 학문에 뜻을 두었다." 고 말씀하신 바와 같이 학문에 뜻을 세우고 전념하시다.

17세 주경왕 10년(노소공 7년) — B.C. 535년

노나라에 계심.

모친 안징재 돌아가시다.

19세 주경왕 12년(노소공 9년) — B.C. 533년

노나라에 계심.

송나라 올관씨의 딸과 혼인하시다.

20세 주경왕 13년(노소공 10년) — B.C. 532년

노나라에 계심.

아들을 낳으시다. 왕이 이를 축하하기 위하여 잉어를 선물로 보내주시니 이로 인해 아들의 이름을 "리" 라고 지으시다(아들 공리의 자는 백어이다).

'위리'를 시작으로 관직에 나가시다.

21세 주경왕 14년(노소공 11년) — B.C. 531년

노나라에 계심.

'승전'이 되시다.

29세 주경왕 22년(노소공 19년) — B.C. 523년

노나라에 계심.

처음으로 노나라의 제사에 참가하시다.

30세 주경왕 23년(노소공 20년) − B.C. 522년

노나라에 계심.

후일 "三十而立(삼십이립)"이라고 자칭하심.

私學을 열어 제자를 양성하기 시작하시다.

31세 주경왕 24년(노소공 21년) − B.C. 521년

노나라에 계심.

제나라 경공이 안영과 함께 와서 정치를 묻다.

34세 주경왕 2년(노소공 24년) − B.C. 518년

남궁괄과 주에 가서 노담에게 예를 물으시다.

35세 주경왕 3년(노소공 25년) − B.C. 517년

노나라가 혼란하여 제나라로 떠나는 도중 태산 부근에서 "가혹한 정치가 사나운 범보다 무섭다."라고 개탄하시다.

36세 주경왕 4년(노소공 26년) − B.C. 516년

제나라에 계심.

제경공이 정치를 묻자 "君君臣臣父父子子"라고 대답하시다.

韶樂을 들으시고 삼 개월 동안 고기맛을 알지 못했을 정도로 감명을 받으시다.

37세 주경왕 5년(노소공 27년) − B.C. 515년

제나라에 계심.

경공이 품구의 읍을 제공하려 하자 이를 사양하고 노나라로 돌아오시다.

40세 주경왕 8년(노소공 30년) − B.C. 512년

노나라에 계심.

"四十而不惑"으로 인생관이 확립되는 시기라고 하시다.

41세 주경왕 9년(노소공 31년) − B.C. 511년

노나라에 계심.

진후는 유랑하는 소공을 노나라에 보내려 하나 소공이 응하지 않음.

42세 주경왕 10년(노소공 32년) − B.C. 510년

노나라에 계심.

겨울에 소공이 사망하고 계손씨가 소공의 동생인 공자 송을 즉위시키다. 이가 곧 정공이다.

43세 주경왕 11년(노정공 원년) − B.C. 509년

노나라에 계심.

여름에 소공의 영구가 진나라에서 돌아와 장사지냄.

정공이 즉위하다.

45세 주경왕 13년(노정공 3년) − B.C. 507년

노나라에 계심.

^주邾나라 장공이 사망하고 은공이 즉위하는 데 사람을 파견하여 대관식의 예를 묻다.

46세 주경왕 14년(노정공 4년) − B.C. 506년

노나라에 계심.

노환공의 묘를 참관하여 제기를 관찰하시다.

47세 주경왕 15년(노정공 5년) − B.C. 505년

노나라에 계심.

양호가 뵙기를 청했으나 보지 않으시다.

48세 주경왕 16년(노정공 6년) − B.C. 504년

노나라에 계심.

양호의 책동으로 노나라가 정나라를 침범하다.

50세 주경왕 18년(노정공 8년) − B.C. 502년

노나라에 계심.

말씀하시기를 "오십 세는 천명을 아는 때"라고 하시다.

양호가 계손씨를 살해하려다 실패하자 반란을 일으키다.

공산불요가 공자님을 초청하였으나 제자들의 반대로 가지 않으시다.

51세 주경왕 19년(노정공 9년) − B.C. 501년

노나라에 계심.

중도의 재상으로 임명되어 훌륭한 정치를 베푸시다.

6월에 노나라에서 양호를 정벌하자 양호가 제와 송을 거쳐 진나라로 도피하다.

52세 주경왕 20년(노정공 10년) − B.C. 500년

노나라에 계심.

노나라 중도의 재에서 승진하여 사공이 되고 다시 대사구가 되어 魯相의 일을 섭행하시다.

여름에 제나라 협곡의 회맹에서 노나라 정공을 수행하여 제나라가 노나라의 항복을 받으려 하는 것을 저지시키시다.

53세 주경왕 21년(노정공 11년) − B.C. 499년

노나라에 계심.

공자님께서 국정을 관장하신 지 3개월이 지나자 노나라가 크게 다스려지다.

54세 주경왕 22년(노정공 12년) − B.C. 498년

노나라에 계심.

국가행정을 바로잡기 위하여 三都를 함락시킬 것을 건의하여 두 곳의 성을 함락시켰으나 맹손씨의 반대로 성읍은 함락시키지 못하시다.

55세 주경왕 23년(노정공 13년) − B.C. 497년

송사를 잘 처리하셨으며, 소정묘를 죽여 정치기강을 바로잡으시다.

노나라가 잘 다스려지자 제나라에서 이를 방해하기 위해 80명의 女樂을 보내 정공을 유혹하다. 이에 정공이 여색과 樂에 빠져 정사를 게을리하자 공자님께서는 크게 실망하시어 관직을 버리고 제자들과 함께 노나라를 떠나 위나라로 가시다.

이로써 주유천하의 생활이 시작된다.

위나라를 떠나 진나라로 가시던 중 광에서 다른 사람으로 오인받아 닷새간이나 고초를 겪으시고 다시 위나라로 돌아오시다.

56세 주경왕 24년(노정공 14년) − B.C. 496년

위나라에 계심.

57세 주경왕 25년(노정공 15년) ─ B.C. 495년

위나라에 계심.

노정공이 사망하고 그 뒤를 이어 애공이 즉위하다.

58세 주경왕 26년(노애공 원년) ─ B.C. 494년

위나라에 계심.

59세 주경왕 27년(노애공 2년) ─ B.C. 493년

위나라를 떠나 晉나라로 향하여 가시던 중 황하 부근에 이르렀을 때 조간자
가 현인 두 사람을 죽였다는 말을 들으시고는 위 나라로 다시 돌아오시다.

후에 다시 위나라를 떠나 송나라로 가시다.

제자들과 함께 송나라로 가시던 도중 사마환퇴의 박해를 받고 정나라로
가셨다가 다시 陳나라로 가시다.

위영공이 죽고 그 뒤를 이어 출공이 즉위하다.

60세 주경왕 28년(노애공 3년) ─ B.C. 492년

陳나라에 계심.

스스로 耳順^{이순}이라 하여 시비의 판단에 막히지 않으시다.

63세 주경왕 31년(노애공 6년) ─ B.C. 489년

陳나라에 계시던 중 오나라가 陳나라를 침략하여 크게 혼란스러워지자
陳나라를 떠나 채를 거쳐 부함으로 가시던 중 길이 막혀 7일간 굶으시다.

부함에 당도하시어 섭공이 예로써 대우하고 초나라의 소왕이 공자님을 중
용하려 하였으나 간신배들의 반대로 이루어지지 않다.

64세 주경왕 32년(노애공 7년) ─ B.C. 488년

부함을 떠나 위나라로 돌아오시다.

65세 주경왕 33년(노애공 8년) ─ B.C. 487년

위나라에 계심.

3월에 오나라가 노나라를 침입했지만 오나라가 크게 패함. 이 싸움에서
제자 유약이 큰 공을 세움.

67세 주경왕 35년(노애공 10년) ─ B.C. 485년

위나라에 계심.

부인 올관씨 돌아가시다.

68세 주경왕 36년(노애공 11년) ─ B.C. 484년

봄에 제나라가 노나라를 침범하자 제자 염유가 우군을 통솔하여 승리함.

계강자가 폐백을 보내 초청하니 13년간의 천하유세를 종결하시고 노나라로 돌아오시다.

노나라 애공과 계강자를 도와 국정을 자문하셨으나 끝내 벼슬에는 나아가시지 않으시고 제자들을 교육하고 고전을 정리하는 데에만 전념하시다.

69세 주경왕 37년(노애공 12년) ─ B.C. 483년

노나라에 계심.

아들 리 사망하다.

70세 주경왕 38년(노애공 13년) ─ B.C. 482년

노나라에 계심.

말씀하시기를 "從心所慾不踰矩^{종심소욕불유구}"라 하여 모든 생각과 행동이 인을 벗어나지 않는 성인의 경지에 오르시다.

71세 주경왕 39년(노애공 14년) ─ B.C. 481년

노나라에 계심.

춘추를 지으시다.

제가 안회가 죽자 몹시 애통해하시다.

72세 주경왕 40년(노애공 15년) ─ B.C. 480년

노나라에 계심.

겨울 위나라에 정변이 발생하여 제자 자로가 죽다.

73세 주경왕 31년(노애공 16년) ─ B.C. 479년

夏曆 2월 11일(周歷 4월 11일, 양력 5월 11일) 세상을 떠나시다.

노성(현재의 공부) 북쪽에 장사지내다.

노나라 애공이 제문에서 공자님을 '尼父'라고 존칭하다. <끝>

부록6.
名句 색인

※ 敬, 恕, 禮, 仁, 孝에 관하여는 그 글자가 언급되는 모든 章을 특별히 색인으로 만들었다.

可與言而不與之言, 失人(15-8)
可者與之, 其不可者拒之(19-3)
剛毅木訥, 近仁(13-27)
居無求安(1-14)
居之無倦(12-14)
擧直錯諸枉, 能使枉者直(12-22)
擧直錯諸枉, 則民服 (2-19)
見利思義, 見危授命(14-12)
見善如不及, 見不善如探湯(16-11)
見小利, 則大事不成(13-17)
見義不爲, 無勇也(2-24)
狷者有所不爲也(13-21)
見賢思齊焉, 見不賢而內自省也(4-17)
堅乎磨而不磷(17-7)
敬(2-7, 20)(3-4, 26)(4-3, 18)(15-16, 17)(6-2, 22)(9-16)(12-2, 5)(13-4, 19, 28)(14-42)(15-6, 22, 33, 38)(16-10)(19-1) 총 23개장
敬鬼神而遠之(6-22)
姑舊無大故, 則不棄也(18-10)
觚不觚, 觚哉, 觚哉(6-25)

古者言之不出, 恥躬之不逮夜(4－22)

告諸往而知來者(1－15)

古之學者爲己(14－24)

困而學之又其次也(16－9)

攻其惡, 無攻人之惡, 非修慝與 (12－21)

工欲善其事, 必先利其器(15－10)

恭而無禮則勞(8－2)

攻乎異端, 斯害也已(2－16)

過猶不及(11－16)

過而不改, 是謂過矣(15－30)

過則勿憚改(1－8, 9－25)

觀其所由(2－10)

寬則得衆(17－6, 20－1)

狂者進取(13－21)

巧言亂德(15－27)

巧言令色, 鮮矣仁(1－3, 17－17)

九思(16－10)

苟患失之, 無所不至矣(17－15)

君君, 臣臣, 父父, 子子 (12－11)

君使臣以禮(3－19)

君子固窮(15－2)

君子求諸己(15－21)

君子矜而不爭, 群而不黨(15－22)

君子名之必可言也(13－3)

君子謀道不謀食(15－32)

君子務本, 本立而道生(1－2)

君子無終食之間違仁(4－5)

君子博學於文, 約之以禮(6－27)

君子病無能焉, 不病人之不己知也(15－19)

君子不重則不威(1－8)

君子不可小知, 而可大受也(15－34)

君子不器(2－12)

君子不以言擧人, 不以人廢言(15－23)

君子思不出其位(14－26)

君子成人之美, 不成人之惡(12－16)

君子食無求飽(1－14)

君子信而後勞其民, 未信則以爲厲己也(19－10)

君子惡居下流, 天下之惡皆歸焉(19－20)

君子欲訥於言而敏於行(4－24)

君子憂道不憂貧(15－32)

君子喩於義(4－16)

君子有勇而無義爲亂(17－23)

君子義以爲上(17－23)

君子義以爲質 禮以行之 孫以出之 信以成之(15－18)

君子易事而難說也(13－25)

君子貞而不諒(15－37)

君子尊賢而容衆, 嘉善而矜不能(19－3)

君子周而不比(2－14)

君子之過也 如日月之食焉(19－21)

君子之德 風(12－19)

君子之於天下也 無適也 無莫也 義之與比(4－10)

君子疾沒世而名不稱焉(15－20)

君子恥其言而過其行(14－27)

君子坦蕩蕩(7－37)

君子泰而不驕(13－26)

君子何患乎無兄弟也(12－5)

君子學道則愛人(17-4)

君子學以致其道(19-7)

君子惠而不費(20-2)

君子和而不同(13-23)

君子懷德(4-11)

君子懷刑(4-11)

躬自厚 而薄責於人 則遠怨矣(15-15)

均無貧(16-1)

克己復禮爲仁(12-1)

近思(19-6)

近之則不孫(17-25)

今之學者爲人(14-24)

今之孝者 是謂能養(2-7)

及其老也 血氣旣衰 戒之在得(16-7)

及其壯也 血氣方剛 戒之在鬪(16-7)

驥不稱其力 稱其德也(14-33)

己所不欲 勿施於人(12-2, 15-24)

旣往不咎(3-21)

己欲立而立人 己欲達而達人(6-30)

其爲人也孝弟而好犯上者, 鮮矣(1-2)

其知可及也 其愚不可及也(5-21)

樂而不淫(3-20)

內省不疚 夫何憂何懼(12-4)

老而不死是爲賊(14-43)

勞而不怨(20-2)

老而不死 是爲賊(14-43)

老者安之(5-26)

多聞闕疑 愼言其餘 則寡尤(2-18)

微管仲 吾其被髮左衽矣(14-17)

未能事人 焉能事鬼(11-12)

未成一簣, 止, 吾止也(9-19)

未之思也 夫何遠之有(9-31)

未知生 焉知死(11-12)

民可使由之 不可使知之(8-9)

敏於事而愼於言(1-14)

敏而好學(5-15)

敏則有功 (17-6, 20-1)

博學於文 約之以禮(12-5)

博學而篤志 切問而近思 仁在其中矣(19-6)

飯疏食飮水 曲肱而枕之 樂亦在其中矣(7-16)

發憤忘食 樂以忘憂(7-19)

邦無道 富且貴焉 恥也(8-13)

邦無道, 危行言孫(14-3)

邦有道 穀 邦無道 穀 恥也(14-1)

邦有道 貧且賤焉 恥也(8-13)

邦有道 危言危行(14-3)

邦有道則仕 邦無道則可卷而懷之(15-7)

邦有道則知 邦無道則愚(5-21)

百工居肆以成其事(19-7)

白乎涅而不緇(17-7)

汎愛衆而親仁(1-6)

鳳兮鳳兮 何德之衰(18-5)

富貴在天(12-5)

父母唯其疾之憂(2-6)

父母在 不遠遊 遊必有方(4-19)

父沒 觀其行(1-11)

富與貴, 是人之所欲也, 不以其道得之, 不處也(4-5)

父爲子隱, 子爲父隱, 直在其中矣(13-18)

富而無驕(1-15)

富而無驕易(14-10)

富而好禮(1-15)

夫人不言,言必有中(11-14)

夫子之道 忠恕而已矣(4-15)

夫子之不可及也 猶天之不可階而升也(19-25)

夫子之牆數仞 不得其門而入 不見宗廟之美 百官之富(19-23)

父在 觀其志(1-11)

不在其位, 不謀其政(8-14 14-26)

不知老之將至云爾(7-19)

不知禮, 無以立也(20-3)

不知命, 無以爲君子也(20-3)

不知言, 無以知人也(20-3)

不知爲不知(2-17)

忿思難(16-10)

糞土之牆不可杇也(5-10)

不可與言而與之言 失言(15-8)

不戒視成謂之暴(20-2)

不敎而殺謂之虐(20-2)

不念舊惡, 怨是用希(5-23)

不仕無義(18-7)

不語怪力·亂神(7-21)

不如鄕人之善者好之 其不善者惡之(13-24)

不逆詐 不億不信 抑亦先覺者 是賢乎(14-31)

不憂不懼(12-4)

不怨天 不尤人(14-35)

不爲酒困(9-16)

不義而富且貴 於我如浮雲(7-16)

不仁者不可久處約, 不可以長處樂(4-2)

不遷怒 不貳過(6-3)

不踐迹 亦不入於室(11-20)

不恥下問(5-15)

不學禮 無以立(16-13)

不學詩 無以言(16-13)

不好犯上而好作亂者 未之有也(1-2)

不患寡而患不均(16-1)

不患莫己知 求爲可知也(4-14)

不患無位 患所以立(4-14)

不患貧而患不安(16-1)

不患人之不己知 患己不能也(14-30)

不患人之不己知 患不知人也(1-16)

朋友數, 斯疎矣(4-26)

朋友切切偲偲(13-28)

非其鬼而祭之 諂也(2-24)

非禮勿視 非禮勿聽 非禮勿言 非禮勿動(12-1)

譬諸草木, 區以別矣(19-12)

譬之宮牆 賜之牆也及肩 窺見室家之好(19-23)

貧與賤 是人之所惡也 不以其道得之 不去也(4-5)

貧而樂(1-15)

貧而無怨難(14-10)

貧而無諂(1-15)

事君數斯辱矣(4-26)

辭達而已矣(4-26)

使民以時(1-5)

色思溫(16−10)

生, 事之以禮(2−5)

生而知之者上也(16−9)

恕(4−15)(6−30)(12−2)(15−3, 24) 총 5개장

逝者如斯夫(9−17)

先事後得 非崇德與(12−21)

善人敎民七年 亦可以卽戎矣(13−29)

善人(7−26, 11−20, 13−11, 13−29)

先之勞之(13−1)

先行其言 而後從之(2−13)

誠不以富 亦祇以異(12−10)

成事不說(3−21)

性相近也 習相遠也(17−2)

成於樂(8−8)

歲寒 然後知松柏之後彫也(9−28)

小德出入可也(19−11)

小不忍則亂大謀(15−27)

小人驕而不泰(13−26)

小人求諸人(15−21)

小人難事而易說也(13−25)

小人同而不和(13−23)

小人不可大受 而可小知也(15−34)

小人比而不周(2−14)

小人喩於利(4−16)

小人有勇而無義爲盜(17−23)

小人長戚戚(7−37)

小人之過必文(19−8)

小人之德, 草(12−19)

我不欲人之加諸我也 吾亦欲無加諸人(5-12)

我非生而知之者(7-20)

哀而不傷(3-20)

愛之欲其生 惡之欲其死(12-10)

言寡尤 行寡悔 祿在其中矣(2-18)

言及之而不言 謂之隱(16-6)

言未及之而言 謂之躁(16-6)

言思忠(16-10)

言性與天道不可得聞((5-13)

言之必可行也(13-3)

言忠信 行篤敬 雖蠻貊之邦 行矣(15-6)

予所否者 天厭之(6-28)

如切如磋 如琢如磨(1-15)

年四十而見惡焉 其終也已(17-26)

說而不繹 從而不改 吾末如之何也已矣(9-24)

禮(1-12, 13, 15)(2-3, 5, 23)(3-3, 4, 8, 9, 15, 17, 18, 19, 22)(4-13)(6-27)(7-18)(8-2, 8)(9-3, 11)(11-1)(12-1, 15)(13-3)(14-12)(15-18, 33)(16-2, 5, 13)(17-11, 21, 24)(20-3) 총 36개장

禮樂不興 則刑罰不中(13-3)

禮與其奢也, 寧儉(3-4)

禮之用, 和爲貴(1-12)

惡居下流而訕上者(17-24)

惡果敢而窒者(17-24)

吾豈匏瓜也哉(17-7)

五美(20-2)

吾未見能見其過而內自訟者也(5-27)

吾未見好德如好色者也(9-18, 15-13)

惡不孫以爲勇者(17-24)

吾不試, 故藝(9-7)

吾嘗終日不食 終夜不寢以思 無益 不如學也(15-31)

五十而知天命(2-4)

惡訐以爲直者(17-24)

惡徼以爲知者(17-24)

惡勇而無禮者(17-24)

惡利口之覆邦家者(17-18)

吾日三省吾身(1-4)

惡稱人之惡者(17-24)

溫故而知新 可以爲師矣(2-11)

往者不可諫 來者猶可追(18-5)

畏聖人之言(16-8)

畏天命(16-8)

樂驕樂 樂佚遊 樂宴樂 損矣(16-5)

樂節禮樂 樂道人之善 樂多賢友 益矣(16-5)

欲潔其身 而亂大倫(18-7)

欲速, 則不達(13-17)

勇而無禮則亂(8-2)

勇者不懼(9-29 14-28)

勇者不必有仁(14-4)

友直 友諒 友多聞 益矣(16-4)

友便辟 友善柔 友便佞 損矣(16-4)

遠之則怨(17-25)

爲君難 爲臣不易(13-15)

危而不持 顚而不扶 則將焉用彼相矣(16-1)

威而不猛(20-2)

爲人謀而不忠乎(1-4)

爲政以德 譬如北辰(2-1)

有教無類(15-39)

唯女子與小人 爲難養也(17-25)

有德者必有言(14-4)

有朋自遠方來 不亦樂乎(1-1)

有殺身以成仁(15-9)

唯上知與下愚不移(17-3)

由也升堂矣, 未入於室也(11-15)

有言者不必有德(14-4)

幼而不孫弟, 長而無述焉, 老而不死, 是爲賊(14-43)

惟仁者能好人 能惡人(4-3)

惟酒無量 不及亂(10-8)

六十而耳順(2-4)

六言六蔽(17-8)

允執其中(20-1)

隱居以求其志 行義以達其道(16-11)

殷有三仁焉(18-1)

疑思問(16-10)

以道事君, 不可則止(11-24)

以不敎民戰 是謂棄地(13-30)

以約失之者鮮矣(4-23)

里仁爲美(4-1)

以直補怨 以德報德(14-34)

匿怨而友其人(5-25)

益者三樂(16-5)

益者三友(16-4)

仁(1-2, 3, 6)(3-3)(4-1, 2, 3, 4, 5, 6)(5-5, 8, 19)(6-7, 22, 23, 26, 30)(7-6, 30, 34)(8-2, 7, 10)(9-1, 29)(12-1, 2, 3, 20, 22, 24)(13-12, 19, 27)(14-1, 4, 6, 16, 17, 28)(15-9, 10, 33, 35,

36)(17-1, 6, 8, 21)(18-1)(19-6)(20-1, 2) 총 54개장

人潔己以進 與其潔也 不保其往也(7-29)

人能弘道 非道弘人(15-29)

人無遠慮 必有近憂(15-12)

因民之所利而利之 斯不亦惠而不費乎(20-2)

人不知而不慍 不亦君子乎(1-1)

人而無恒 不可以作巫醫(13-22)

人而不仁 如樂何(3-3)

人而不仁 如禮何(3-3)

仁者不憂(9-29, 14-28)

仁者先難而後獲(6-22)

仁者壽(6-23)

仁者安仁(4-2)

仁者樂山(6-23)

仁者靜(6-23)

仁者必有勇(14-4)

人之過也 各於其黨(4-7)

人之生也直(6-19)

人之將死 其言也善(8-4)

一簞食 一瓢飮 在陋巷(6-11)

一言以蔽之(2-2)

日月逝矣 歲不我與(17-1)

以一貫之(4-15, 15-3)

一朝之忿 忘其身 以及其親 非惑與(12-21)

一則以喜 一則以懼(4-21)

日知其所亡 月無忘其所能 可謂好學也已(19-5)

任重而道遠(8-7)

臨之以莊則敬 孝慈則忠 擧善而敎不能則勸(2-20)

聽江解語 (2)

老子

권성 풀어 씀

청강해어

노자

박영사

이태백

이 그림은 牛村 선생이 그린
詩仙 이태백의 모습이다.

聽江 解語

제 2 권

———

老　　子

머리말

노자에 대한 책을 처음으로 구입한 때가 1958. 1. 21.이었다. 신현중씨가 쓴 국역 노자라는 134페이지 짜리 얇은 책인데 4290년 12월 15일에 청우출판사에서 발행하였다. 나는 새로 책을 사면 첫 장이나 끝 장에 산 날짜와 장소를 기록하는 습관이 있는데 매번 꼭 지키지는 못했지만 대체로는 지키고 있었다. 이 책 끝 장 아래쪽에 "1958. 1. 21. 開學記念 於 鐘路書館" 이라고 펜으로 써놓았고 윗 편에는 "京畿高等學校 第一學年 五班 權 誠" 이라고 쓴 글씨가 아직도 선명하게 남아 있다. 책은 종이가 조금 바랬고, 표지가 떨어져서 언젠가 이것을 스카치 테이프로 붙여 놓긴 했지만 아직은 멀쩡하게 남아 있다.

어린 나이에 '道' 라는 말에서 신비한 道術을 연상하고 아마 호기심에 끌려 산 듯한데 막상 사놓고는 내용을 이해도 못 한 채 간간이 들춰보았을 뿐이다.

그로부터 근 60년이 지난 오늘, 노자에 관한 작은 책을 쓰게 되니 자못 감회가 깊다.

노자를 제대로 이해하지 못하는 점은 지금도 그때와 별반 다를 바가 없다.

그런데 지난해 어느 날 우연히 '上善若水' 라는, 세상에 널리 알려진 말의 해석이 잘못되었구나 하는 나름의 발견이 있었다. 세상에 알려진 해석 즉, "최고의 선은 물과 같다." 라고 하는 풀이가 그런대로 뜻이 안 통하는 바는 아니지만 그렇게 푼다면 문법 구조가 다른 구절들의 그것과 일관되지 못하고 그 결과, 노자의 의도한 바 즉, "도는 물과 같이 처신함을 옳게 여긴다." 라는 뜻이 제대로 전달이 되지 않는다는 그런 발견이었다. 헌법재판관직을 은퇴한 뒤로 벌써 여러 해가 지난 터라 한가하기도 하고 해서 이런 해석상의 문제가 있는 곳이 혹시 더 있지 않을까 여겨 노자를 때때로 읽어 보면서 이리저리 추리하고 궁리를 해 보았다. 그렇게 하다 보니 그 알맹이가 모여 이 작은 책자로 꾸려지게 되었다.

무슨 일을 하는 데는 먼저 자료를 철저히 수집하고 세밀히 분석한 뒤 일에 착수하는 방법이 있지만, 학자가 아닌 나로서는 그렇게 하기에는 역부족이다. 그래서 나는 뒤에 소개하는 노자에 관한 책 십여 권을 겨우 읽고 나서 여기에 나의 궁리를 보태어, 조용한 숲길을 산책하듯이 가벼운 마음으로 책을 썼다. 부족한 줄 알지만 日暮途遠하니 어쩔 수 없다.

책은 다음과 같은 구상으로 편집하였다.

제1편 총론

노자의 중심 화제는 "無와 有" 그리고 "無爲와 有爲"라고 할 수 있다. 나아가 그의 논란은 儒家에 대한 비판, 그리고 文明에 대한 비판으로 방향을 잡고 있다. 그래서 제1편에서는 總論이라는 이름으로 위의 4개 항목에 대한 나의 이해를 隨想式으로 써서 담았다.

제2편 해석론

해석론에서는 앞에서 잠깐 말한 바와 같이 노자의 문장에 대한 종래의 해석과는 다르게 내가 이해하는 바를 해석론이라는 이름으로 소개하였다.

제3편 道用論

노자를 읽다 보니 그 주장의 當否와는 별도로, 사람들이 세상을 살면서 이렇게 처세하는 것이 때로는 도움이 되겠구나 라고 느껴지는 대목들이 다수 있었다. 그래서 그런 부분들을 모아서 제3편으로 하고 그 제목을 道의 運用 내지 道의 쓰임이라는 뜻으로 '道用'이라고 하였다. '體用論'이라고 할 때의 用이라는 개념에서 '用'이라는 글자를 빌려왔다.

道를 凡人들의 세상살이에 적용할 때 나타나는 여러 利害得失의 모습이 처세술이라고 한다면, 도를 깨달아 실현하는 聖人의 모습은 과연 어떠할까 하는 생각이 대칭적으로 떠오른다. 그래서 聖人의 모습에 대한 노자의 묘사를 한 데 모아 제3편에 제2장으로 함께 수록하고, 앞에 말한 처세술 부분은 제1장으로 편집하였다.

제4편 國家論

한편 儒家의 학문은 간단히 말해서 국가를 위한 經世致用의 學이라고 말할 수 있는 부분도 많다. 따라서 이런 儒學을 비판하는 노자의 입장에서는 당연히 그 나름의 국가론이 없을 수 없다. 노자 제80장의 '小國寡民'의 주장이 그 대표적인 예이다. 그래서 제4편으로 국가론이라는 제목을 달아 이에 해당한다고 볼 만한 노자의 말들을 모아 보았다.

제5편 補論

이 책은 노자의 사상에 대한 이해와 비판을 중심으로 한다. 그래서 노자라는 인물과 그가 지은 도덕경의 저술 시기에 대한 상세한 언급이 꼭 필요하지는 않으리라고 생각한다. 그러나 책의 체재상 그런 언급을 완전히 생략할 수는 없어서 이를 간단히 소개하는 내용을 제5편 補論에 실었다. 이 부분은 사실 장구한 세월 동안 수없이 많이 논란된 사항이어서 여기서 이를 詳論하는 것이 적당치 않았기 때문에 이렇게 간단히 처리하기로 하였다. 이 부분에 관심이 있는 분들은 다른 책을 더 보아야만 한다.

끝으로 도의 본체를 언급하는 부분을 補論의 말미에 두었다.

體用論에서 體는 본질 내지 본체를, 用은 작용을 각기 의미한다고 할 때 그 중의 用에 대한 이야기가 이미 제3편 道用論에 일부라도 나온 이상에는 體 즉, 道의 본체에 대하여도 말해야만 균형이 맞는다고 할 수 있다. 그러나 도의 본체에 대하여는 내가 감히 무슨 이해를 제대로 하고 있다고 도저히 말할 수 없다. 그것은 나의 한계를 넘는 일이다. 그저, 도의 모습을 설명하는 노자의 말로부터 도의 겉모습에 대한 희미한 느낌을 얻고 있을 뿐이다. 그래서 도의 모습에 대한 언급이라고 생각되는 노자의 말들을 한 데 모아서 제5편 보론의 끝에 두기로 했다. 본격적인 논의를 펼칠 형편이 못되기 때문에 이런 방편을 취한 셈이다.

책의 제목에 나오는 解語라는 말은 "경전에 나오는 말에 대한 나의 이해" 라는 뜻으로 사용했다. 가능만 하다면 "解語 제2권"으로 "論語편"이나 "荀子편"도 쓰고 싶지만 과연 어떨까 싶다.

淺學非材임을 모르지 않으나, 조금 노력은 하였으니 독단이 있더라도 讀者
諸賢의 너그러운 양해 있기를 빈다.

출판을 맡아주신 박영사 안종만 회장님 그리고 조성호 이사님과 편집부장 김
선민 님을 비롯한 편집부의 여러분께 깊이 감사드린다.

2017. 5. 31 초고 쓰기를 마치고

鴨鷗精舍에서 聽江 權 誠 씀

일러두기

1. 도7; 도덕경 제7장 이라는 뜻의 줄임

2. 여배림의 책; '도덕경에 대한 두 개의 강의, 여배림 지음
   박종혁 편역, 1998, 서해문집'을 가리킴

3. 남희근의 책; '노자타설, 남희근 지음 설순남 옮김,
   2013, 부키'를 가리킴

4. 『──────』; 이 부호는 노자의 원문을 인용한 표시임

5. 노자; 어떤 때는 노자라는 사람을 가리키고 어떤 때는 老子의 저서 道德
   經을 가리킨다. 어느 경우인가 하는 점은 문맥상 자연히 드러난다.

6. 「".............."라는」, 또는 「".............."라고」 하는 경우에 나는 이 책
   에서 통상의 띄어쓰기 문법과 달리 「".............."✓라는」, 또는
   「".............."✓라고」 식으로 띄어쓰기를 한다. 그래야 의미 전달이 더
   분명하다고 생각해서이다.

책 소개

(가) 주로 읽은 책

1. 국역 노자, 신현중 지음, 4290, 청우출판사
2. 도덕경에 대한 두 개의 강의, 여배림 지음 박종혁 편역, 1998, 서해문집
3. 중국철학사상사, 전목 저 김경탁 편저, 1955, 경문사
4. 큰 글자 책 노자 도덕경, 황병국 옮김. 2011, 범우
5. 중국철학사(고대편), 노사광 저 정인재 역, 1986, 탐구당
6. 중국철학사(상), 풍우란 저 박성규 옮김, 1999, 까치글방

(나) 참고한 책

1. 한비자, 김원중 옮김, 2008, 현암사
2. 한비자Ⅰ, 이운구 옮김, 2011, 한길사
3. 노자타설 상, 남희근 지음 설순남 옮김, 2013, 부키
4. 노자타설 하, 남희근 지음 설순남 옮김, 2013, 부키
5. 노자강의, 야오간밍 지음 손성하 옮김, 2013, 김영사

차례

제1편
총론

제1장　無와 有

노자는 無를 말한다. 有와 대비해서 말한다.

그러면 무는 무엇인가.

무와 유의 관계는 무엇인가.

무는 없다는 뜻인데 무엇이 없다는 말인가.

유는 있다는 뜻인데 무엇이 있다는 말인가.

무는 없다는 것이고 유는 있다는 것인데 이런 의미의 무와 유를 따로 떼어 놓고 말하면, 무와 유 그 자체로서는 '없음'과 '있음'을 각각 가리키는 외에는 별다른 의미가 없다. 유와 무, 무와 유, 이렇게 두 개를 같이 연결하여 관계를 지을 때 비로소 무와 유는 노자의 사상에서 의미를 갖는다.

그런데 유와 무의 관계와 같은 모든 對稱的 개념은 우선 어떤 장소와 경우를 먼저 전제로 하고 그 의미를 생각해야 한다. 그러므로 무와 유의 관계도 그에 관한 노자 자신의 설명과 그에 대한 학자들의 註釋에 현혹되지 말고 凡人의 입장에서, 먼저 어떤 장소와 경우를 전제해 놓고 그 의미를 생각해 보아야 한다.

예를 들어 어떤 房(Room)을 전제로 해보자. 그 방 안에 아무런 가구가 없어 방이 텅 비어 있다. 그러면 바로 이것이 無이다. 여기에 장롱을 하나 들여 놓았다는 경우를 전제해보자. 그러면 이것이 바로 有이다. 이 때 무에서 유가 생겨났다고 말하는 형식이 가능한데 그렇다고 해서 정말 물리적으로 방이라는 無가 장롱이라는 어떤 실제의 존재 즉 有를 만들어 내놓았다거나 無가 有로 변화했다고 생각하면 오산이다. 방이 비어 있으니 즉 無한 상태이니 장롱이라는 유를 들여 놓을 수 있었다는 것에 불과하다.

有에서 無가 생긴다하고 하는 말도 마찬가지이다. 장롱을 방의 밖으로 들어내면 有에서 無가 생겼다 라고 말할 뿐이다. (2016. 10. 7)

위에서 나는 어떤 방이 하나 있다고 전제하고 그것을 예로 들어 무와 유의 관계를 나름대로 설명하였다. 그때 내가 방을 예로 든 일은 우연히 그렇게 됐다고 생각하고 그 우연에 대하여 별다른 생각을 하지 아니하였다. 그러다 오늘(2017. 5. 25), 우연히 노자의 책을 여기저기 펼쳐 보다가 도11장에 이르러 다음과 같은 구절이 눈에 띄었다. 즉, 「그릇은 속이 비어 있어야 그릇으로 쓸모가 있고 방은 비어 있어야 방으로 쓸모가 있다. 있음이 이로운 것은 없음이 작용하기 때문이다. (當其無 有器之用 當其無 有室之用 故有之以利 無之以爲用)」라고 하는 부분이다.

노자를 몇 번 읽었으니 이 구절도 틀림없이 과거에 읽었을 터이다. 아하! 그래서 내가 의식은 안 했지만 무의식중에 이 구절이 떠올라서 빈 방을 예로 들었구나 하고 깨달았다.

사실 이 때까지는 빈 방을 예로 들어 무와 유의 관계를 설명한 방식이 좀 지나치게 단순하고 유치한 설명이 아닌가 싶어 좀 마음이 개운치 아니하였다. 그러나 노자의 이 구절을 오늘 새삼 발견하고는 나의 설명이 전혀 근거 없는 억지는 아니었구나 싶어 다소 자신이 회복되는 느낌을 갖게 되었다.(2017. 5. 25)

노자 도6章에 나오는 '谷神'을 여자라고 나는 해석하고 있거니와 남자와 여자의 관계에서도 여자가 아이를 낳는 일을 비어있던 자궁 즉, 무에서 아기 즉, 유가 나온다고 비유할 수 있다.

이것을 정리하면 有와 無, 虛와 實, 陰과 陽 같은 대칭적 관념은 相互喚起性을 갖는다고 말할 수 있다. 바로 "이것이 있으므로 저것이 있다." 라는 관계를 말한다. 이런 관계는 實際의 물리적, 자연과학적 因果關係를 의미하지는 않는다. 관념적 互發性의 관계를 추상으로 표현한 셈이다. 이렇게 정리하고 보면, 노자는 간단한 이치를 매우 어렵고 현묘하게 탈바꿈시켜놓았음을 알 수 있다. 이것이 바로 노자이다.

相互喚起의 관계를 실제의 물리적 생성, 소멸로 비약시키면 안 되리라. 무리한 비약이나 확장은 하지 말아야겠다.(2016. 10. 7)

그러나 빈 방과 가구의 관계로 무와 유를 설명하는 나의 이해가 너무 유치해

서 무엇인가 잘못되지 않았나 하는 의구심이 아직도 마음 한구석에는 남아있
긴 하다.

제2장 無爲

(가) 무위란 무엇인가.

無爲는 노자 사상의 핵심이다. 노자의 無爲는 有爲에 상대되는 개념이다. 무위를 따로 떼어놓고 생각하지 말고, 유위와 관계 지어 말한다면 한마디로 말해서 무위는 유위가 필요 없다는 의미이다.

유위는 무엇인가.

유위는 인간이 만든 秩序를 의미하고 이 질서에는 법과 예절, 제도, 문물 등이 포함된다. 이런 예절 등을 만드는 행위, 이런 법 등을 집행하는 행위, 이런 제도 등에 참여하는 행위들 또한 유위에 해당한다. 아무튼 노자는 이런 유위를 배척하는 뜻으로 무위를 주장한다.

그렇다면 무위는 인간이 만든 秩序 즉, 법과 예절, 제도 등이 없어야 한다는 뜻이다. 그 대신 自然의 '스스로 그러함'을 본받고 따라야 한다고 주장한다. 그래서 無爲自然이라고 말한다.

하지만 알고 보면 노자가 배척하는 그 유위의 질서가, 사실은 자연의 질서 즉 노자가 찬양하는 무위의 질서를 본받으려 하는 노력임을 노자는 간과하거나 호도하고 있다.

물론 유위의 질서 중에 지나치게 자연의 섭리에 반하는 억지스러운 강압적인 질서가 있다면 그것은 무위의 질서에 反한다. 그러므로 그런 부분은 노자의 주장대로 배척받을 만하다.

그러나 역시 문제는 남는다. 무엇이 자연의 섭리에 맞는 질서이고 어떤 것이 억지스러운 질서인가 하는 것은 관점과 이해의 정도에 따라 다를 수 있기 때문이다.

(나) 小國寡民

　유위의 질서가 필요 없는 사회로 노자는 小國寡民의 사회를 생각하고 있다.

　小國寡民의 사회에는 억지스러운 질서 즉, 유위가 필요 없고 따라서 무위로
다스릴 수 있으므로 인류의 理想社會라고 노자는 생각한다(노자 도80장 참조).
사실 여기서 노자가 묘사하는 그런 소국과민의 사회가 가능하다면 얼마나 평화
롭고 안락하겠는가.

　그러나 현실의 사회에서 소국과민의 사회는 이제 더 이상 존재하기 어렵다.
그 이유는 굳이 설명이 필요 없다. 소국과민의 사회는 한마디로 존립이 불가능
하기 때문이다.

　우선 다른 집단의 사회가 침략하여 병탄해버린다. 大國은 절대로 이웃의 小
國을 그대로 놓아두지 않는다. 노예사회나 屬國이 되기 십상이다. 중국을 보아
라. 그리고 러시아를 보아라.

　스위스 같은 나라를 보자. 소국과민으로 태평성대의 나라가 되어 있다지만
이것은 무위의 결과가 아니다. 엄청나게 軍備를 축적하고, 기술의 연구와 발전
에 끊임없이 투자하고 그리고 부지런히 노동하여 富를 축적한 결과이다. 노자
의 무위를 실천한 결과가 아니다.

　또한 소국과민의 사회는 자연재난 앞에 무력하다. 질병, 맹수의 습격, 가뭄,
홍수, 지진, 화산폭발 등의 자연재난을 극복하지 못하여 결국 인구가 감소하다
가 종내 소멸된다. 설혹 소국과민이 한동안 유지된다 한들 이 역시 태평은 아니
다. 왜냐하면 끊임없이 발생하는 천재지변, 인종갈등, 야수의 습격, 질병의 만
연 등 위기를 소국과민으로는 버텨내기 힘겨워 하루도 편할 날이 없다.(2016.
3. 24)

　뿐만 아니라 자연재난이 없다고 하더라도, 이번에는 인간의 종족보전의 욕망
과 충동으로 인구는 자연상태에서도 즉 무위에서도 늘어날 수밖에 없다. 소국
과민은 이래저래 결국은 불가능하다. 노자의 말을 문자 그대로 신봉할 일은 되
지 못한다.(2016. 10. 7)

(다) 자연의 섭리와 무위

자연의 섭리에 맞는 질서를 바로 무위라고 한다면 小에서 大로 향하여 合하고, 다시 大에서 나뉘어 小가 되는 현상, 이런 순환의 經路를 밟는 행위도 자연의 섭리가 아니겠는가? 또한 이런 순환의 경로를 追求하고 이를 따르려는 인간의 推動 역시 無爲에 맞지 않는가. 다시 말해 이런 유위까지 억지스러워 잘못이라고 하여 배척해서 되겠는가.

노자는 말한다. 「하늘과 땅은 어질지 않다. 그들에게 있어서 만물은 짚으로 만든 개와 같다. 성인도 어질지 않다. 그에게 있어서 백성들은 짚으로 만든 개와 같다(天地不仁 以萬物爲芻狗, 聖人不仁 以百姓爲芻狗).」老子 도5章에 나오는 말이다.

여기서 '추구'는 짚으로 만든 개의 인형인데 제사 때 잠간 쓰고는 내버리는 물건이었다.

천지는 불인하고 성인도 불인하여 만물 중에 사람이라고 하여, 또 사람 중에 아주 훌륭한 사람이라고 하여, 특별히 아끼고 보호하거나 살려주는 대상이 아니라는 말이다. 따라서 아주 공평무사하다고 하는데 화산폭발, 지진, 해일, 약육강식 같은 자연재해 앞에 인간이나 非人間을 막론하고 모두 희생되고 훌륭한 사람이나 불초한 사람 가리지 않고 피해를 입는 일을 생각하면 바로 그 의미가 이해된다.

천지불인은 자연의 섭리의 하나인데 그렇다고 해서 이 不仁의 攝理 부분을 본떠서 질서를 만들어 집행하는 조치가 인간사회의 태평을 만들어 유지하는 데 과연 무슨 도움이 되겠는가. 그것은 독재자가 다스리는 노예의 사회가 아닐까. 노자는 백성의 愚民化를 주장하는데(뒤의 제4편 제2장 참조) 혹시 愚民化는 이런 불인의 질서와 맥을 같이 하는 것은 아닐까.

(라) 상조상생(相助相生)의 자연섭리

서로 돕지 않고 各自圖生하는 냉정함이 태평성대를 어찌 만들고 유지하겠는가? 오히려 멸망하기 쉽다.

결국 천지불인만이 자연의 섭리는 아니고 자연의 섭리에는 다른 이치도 있다는 데 착안해야 한다. 生을 소중히 하고 弱者를 돕고 서로 협력하는 그런 측면도 있다. 원시인들이 자연상태에서도 스스로 가정을 꾸리고 사회를 이루어 가족들끼리 그리고 사회구성원들끼리 서로 협력하고 상호 구조하는 그런 협동을 하여온 현상을 보면 자연에는 스스로 협동하는 그런 성향도 틀림없이 있다. 원시인들만 그렇지는 않다. 다른 야생의 생물 가운데에도 자연의 상태에서 스스로 협동하여 생을 유지하는 종들이 많이 있다고 알려져 있다. 자연의 그런 측면을 본받아야 오히려 사회가 유지되고 태평성대도 가능할 수 있다.

결국 노자가 말하는 자연섭리의 모방과 존중이라는 요청은, 인간과 자연의 본성에 맞지 않는 억지스럽고 지나치게 자유를 속박하고 번잡한 그런 질서와 제도에 대한 반대와 경계를 의미한다고 좋게 이해하여야 하지 않을까. 그렇게 되면 예컨대 공산주의 국가들이 추구하는 집단농장이나 계획경제 등이 노자의 반대 대상이 될 터이다. 그러므로 그의 無爲 내지 無라는 말에 지나치게 집착할 일은 아니라고 생각한다. 현실의 인위적인 일부 제도와 질서의 부작용을 지속적으로 관찰하여 이를 좀 더 자연스러운 방향으로 끝임 없이 수정해 나가야 한다는 요청으로 이해하면 충분하다. 이렇게 좋은 의미로 이해되는 무위를 정책으로 채택하여 크게 효과를 보았다는 역사적 실례도 있다. 한나라의 제3대 황제인 文帝와 제4대 황제인 景帝는 당시 黃老學으로 불리던 노자의 가르침에 따라 세금을 대폭 줄이고 규제를 완화하고 백성들을 쉬게 하며 자유롭게 살게 하면서 국가의 간섭을 최대한 줄였다고 한다. 그 결과, 진시황의 사망 후 발발한 초한전쟁 5년 동안에 대폭 줄었던 인구가 크게 늘어나 戰前 수준으로 회복되고 농업생산력도 완전히 회복되어 후세에 文景之治라고 칭송되는 태평성대가 되었다고 한다.

결국 자연의 섭리를 이해하고 인간의 행동과 심리를 이해하는 측면에서는 노자의 言說은 유용하지만 거기에도 한계는 있다. 그래서 노자의 일부 언설이 후세에 兵家와 法家로 이어지게 되었고 더 내려가서 하나의 處世術 이론으로까지 폄하되기에 이른 현상을 이해할 만도 하다. (2016. 7. 17)

노자는 도36장에서,

『   (前略)

장차 빼앗고자 하면   將欲奪之

반드시 먼저 주어라.   必固與之

이것을 일러 치밀한 계획을 교묘하게   是謂微明

숨기는 것이라 한다.

겉으로 부드럽고 약한 척 해야

굳세고 강한 척 뻐기는 것을 이긴다.   柔弱勝剛強』

라고 말하고 있고(이 책 제3편 제1장 ⑭모략병법 참조) 또 여러 곳에서 輕敵必敗라고 주의를 주고 있는데 이런 가르침들은 그 자체가 모두 兵法의 白媚라고 할 수 있다. 후세에는 병법을 黃帝와 老子의 가르침이라고 하여 黃老學이라고까지 불렀다.

유명한 법가인 韓非는 그의 저서 韓非子에서 '解老'와 '喩老'의 두 편을 두어 역사상 최초로 老子의 註解를 만들었다.

근세에 들어서는 中國哲學史라는 유명한 책을 쓴 풍우란이 그의 책 제1편 제8장에서 노자의 가르침을 설명하면서 그 제6절의 제목을 '處世의 방법'이라고 이름을 붙였다. 이것을 보면 나만이 독단으로 노자의 가르침 일부를 처세술이라고 이해하는 것은 아닌 듯하다.

세상의 이치와 인심의 기미를 파악하여 처세에 도움을 주는 가르침이긴 한데 처세술이라고 폄하해서 부르기에는 좀 더 차원이 높은 측면이 있다. 그래서 처세훈 내지 처세도라고 부르는 것이 우선은 적당할 듯하다.(2017. 4. 2)

(마) 신비한 道術?

노자가 은둔을 위하여 靑牛를 타고 函谷關을 벗어날 때 關令 尹喜의 간청에 응하여 잠깐 동안에 5,000여 글자의 문장을 남기고 표연히 떠났다고 전해진다. 그래서 그런지 노자의 문장은 매우 짧고 간결하다. 게다가 형식도 韻文式이어서 呪文처럼 자주 되풀이 되고 비유가 많고 설명이 많이 생략되어 아주 함축적이다. 후세의 註解者들에 따르면 同音借字나 同意異字가 많다고 하고 후세에 전해지면서 수 없이 많은 誤記와 異本이 발생했다고 한다. 그러므로 문장의 구조를 전체에 걸쳐 합리적으로 분석하고, 앞과 뒤의 의미상 연결을 살펴서 상식과 논리로 그 생략된 설명을 궁리해냄으로써 합리적으로 그 문장을 이해함이 필요하다.

결국 신비한 道術의 세계에 대한 暗示로 가득 찬 著作이라고 볼 일은 결코 아니다.

전문적인 연구자가 아닌 凡人들로서는 앞에서 언급한 바와 같이 안정적인 처세와 保身에 대한 助言 그리고 편안한 국가경영에 대한 일부 조언을 담고 있는 상식적인 책으로 보아도 무방하리라.(2017. 5. 18)

제3장 反儒敎論

(가) 大道廢 有仁義①

노자는 도18장에서 이렇게 말한다.

『큰 도가 무너지자	大道廢
仁義가 생겨나고	有仁義
지혜가 나오자	慧智出
큰 거짓이 생겨나고	有大僞
가족이 불화하자	六親不和
효도와 자애가 있게 되고	有孝慈
나라가 혼란해지자	國家昏亂
충신이 있게 되었다.	有忠臣』

노자의 반유교론이 시작된다.

원래 국가가 잘 다스려지면 평화가 도래하고, 평화가 계속되면 엘리트계층이 확대되고, 엘리트계층이 확장되면 같은 量의 富를 나누어 갖는 엘리트의 수가 늘어나 그들의 수입이 감소된다. 그들의 수입이 감소되면 그들 간에 富의 쟁탈을 위한 투쟁이 벌어져 평화가 깨어지고 전쟁이 벌어진다(이 부분은 피터 터친 지음 윤길순 옮김, 제국의 탄생, 2011, 웅진씽크빅 참조).

평화의 시대에는 六親이 화목하고 자식은 부모에게 효도하고 신하는 임금에게 충성한다. 전쟁의 시대가 오면 효도와 仁義, 충성은 뒷전으로 물러나고 弱肉强食의 경쟁에서 우선 살아남아야 하므로 큰 거짓이 나타나 횡행하게 된다 (兵不厭詐와 같은 兵家의 주장을 보라). 그러나 이런 상태가 오래 계속되면 사회는 다시 평화의 회복을 원하게 되고 그래서 효도와 인의, 충성을 부르짖고 그를 실현하려는 운동을 일으킨다. 여기까지가 노자가 말한 大道廢 有仁義(노자 제18장)의 국면이다.

평화의 시대에는 효도와 인의, 충성에 대한 요구는 굳이 사회의식의 표면에 등장할 필요가 없어 안으로 內在된 상태로 조용히 존재한다. 평화가 깨지면 안으로 조용히 내재하고 있던 효도와 인의, 충성을 불러내어 이를 사회구성원이 실현할 것을 점점 강력하게 요구하게 된다. 평화의 사회로 가기 위하여서는 그러한 의식의 실현과 顯在化가 절실히 필요하기 때문이다. 그리하여 국가에 평화가 도래하면 인의 등을 요구하는 소리는 점차 잦아들고 드디어는 내면으로 가라앉는다.

이것이 전쟁과 평화의 순환에 수반하는 仁義의 「顯在와 潛在」사이의 순환원리이다.

노자가 말하는 大道가 행하여지는 시기에는 仁義의 顯在化가 굳이 주창될 필요가 없다. 바로 周나라의 전성시대가 이 시기에 해당한다. 따라서 大道는 바로 仁義를 가리킨다고 말할 수 있다. 다만 잠재되어 있을 뿐이다.

대도가 폐하여 인의가 등장했다고 노자가 말하는 그 시대는 바로 周나라가 쇠퇴하고 春秋戰國時代가 되어 孔子나 孟子 등 儒家들이 인의를 주창하게 되는 시대이다.

만일 주나라 이전의 아주 옛날의 원시시대를 대도가 행하여진 시기로 보는 관점이라면 주나라의 시대는 대도가 폐하여져 인의가 생긴 시대라고 하여야 할 것이다. 儒敎의 聖人으로 추앙받는 周文王과 周公이 바로 이 시대에 禮樂의 文物을 제정하지 않았는가. 이렇게 되면 노자의 주장은 반유교론 정도가 아니라 反文明論의 차원에 해당한다. 실제로 노자의 주장 중에는 반문명론이라고 보아야 할 대목도 곳곳에서 발견된다.

이렇게 이해한다면 노자가 대도와 인의를 다른 것으로 구별하여 대도는 자연의 無爲상태의 섭리라고 보고 인의는 그보다 차원이 얕은 거짓, 즉 大僞로 본것은 문제가 아닐 수 없다. 또한 大僞(전쟁시대) 다음에는 다시 인의(평화시대)의 시대가 도래하는 사회의식 순환의 이치를 간과한 점도 문제가 아닐 수 없다.

근본적으로는 사회가 평화롭고 인간관계가 인의로 유지되기를 원하는 것도 인간이 본래 타고난 자연스러운 본성의 하나임을 노자는 간과하거나 무시한 잘못을 범한 것이 아닌가 싶다.(2017. 4. 7)

(나) 大道廢 有仁義②

큰 道가 없어지자 仁義가 생겨났다 라고 하는 이 구절은 道家에서 儒家를 공격하는 第一番 槍에 해당한다.

노자는 道는 좋은 것, 최고의 것이고 인의는 잘못된 것, 좋지 못한 것, 하위의 것이라고 주장한다. 이것을 전제로 하고 검토해 보자

우선 大道라 함은 노자의 이른바 道임은 더 설명이 필요 없다. 廢라 함은 없어지다, 무너지다 라는 뜻이다. 그런데 도라는 것은 노자에 따르면, 보이지도 않고 만질 수도 없는 것이지만 영원한 존재로서 결코 없어질 수 없는 것이고 인위적으로 무너뜨리거나 폐지하거나 할 수 있는 것이 아니라고 한다. 그런데 어찌 大道 廢라고 말할 수 있는가. 우선 이 점이 곤란하다.

다음으로 道가 없어진 뒤에 仁義가 생겼다고 하는데 그러면 道가 없어진 뒤에는 이른바 無인 상태이고 이 無에서 도가 작용하여 有 즉, 仁義가 생겼으니 이 仁義는 道가 만들고 道가 변하여 생긴 價値라 할 수 있다(노자는 道가 만물을 만들고 변화시킨다고 한다). 그렇다면 어떻게 道가 만들고 道가 변하여 된 仁義를 나와서는 안 될, 잘못된, 나쁜 價値라고 바로 말하는가. 이 점에서도 이 구절은 理由不備의 문제가 있다고 하겠다.

굳이 이 구절에 합리적 의미를 부여한다면 儒家에서 주장하는 仁義라는 德目의 구체적 내용은 도에 부합되지 않고 도에 어긋나고 도에서 벗어났다는 주장이라고 이해하는 방법이다. 왜냐하면 노자는 이미 天地不仁 聖人不仁(도5

장) 이라고 말한 바 있고 이것은 道의 내용에 관한 하나의 설명에 해당하므로 유가의 仁義는 이런 도의 내용 즉, '不仁'에 어긋나기 때문이다.

그렇다면 大道 廢라고 말할 것이 아니라 도를 깨닫지 못하여 즉, 大道 沒覺이라고 말했어야 하고 그렇게 해석하여야 할 것이다. 오랜 시간 老子의 著作이 模寫, 傳承되면서 誤記나 改作이 거듭된 탓이라고 볼 수도 있다.

이렇게 이해하면 그 다음의 여러 구절도 자연스럽게 이해가 가능하여진다.

즉, 慧智出 有大僞(지혜가 나온 연후에 큰 거짓이 있게 된다) 라 함은, 지혜 있는 사람이 道를 깨닫지 못하면 道에 어긋나는 큰 속임수를 쓰게 된다는 뜻이고,

六親不和 有孝慈(家族이 불화한 연후에 효도와 자애가 있게 된다) 라 함은, 가족이 道를 깨닫지 못하면 화목하게 지내지 못하므로 道에 맞게 효도와 자애를 강조하게 되고,

國家昏亂 有忠臣(나라가 혼란하여진 연후에 충신이 생겨 나게 된다) 이라 함은, 君主와 臣民이 道를 깨닫지 못하면 도에 어긋나는 행위를 자행하게 되고 그러면 혼란을 극복하기 위하여 도에 맞는 올바른 정치를 위해 애쓰는 충신이 나오기를 기다리게 되고 그에 따라 충신이 나오기도 한다는 뜻이다.

결국 大道가 행하여져 太平聖代가 계속되면 사람들이 懶怠해져 혼란이 생기고 혼란이 극에 달하면 여기에 시달린 사람들이 이를 극복할 도덕과 정의를 찾아 그 실현을 위해 노력하고 그리하여 도덕과 정의가 실현되면 다시 大道가 회복되는데 이러한 변화 국면의 進行은 循環的으로 계속된다. 이것이 노자가 말하는 도의 본질이고 도의 순환하는 모습이다. 노자는 이 구절에서 이러한 道의 循環을 말하고자 하는 데 그 眞義가 있었다고 나는 이해한다.(2017. 5. 2)

(다) 禮者忠信之薄 而亂之首
노자는 도38장 중에서 다음과 같이 말하고 있다.
『그러므로 도를 잃은 뒤에 덕이 있고   故失道而後德
덕을 잃은 뒤에 인이 있고   失德而後仁
인을 잃은 뒤에 의가 있고   失仁而後義

의를 잃은 뒤에 예가 있다.	失義而後禮
예는 충성과 믿음이 엷어진 것이요	夫禮者忠信之薄
어지러움의 시작이다.	而亂之首』

결국 道가 최고의 가치요 진리이고 德과 仁과 義와 禮는 차례 차례로 그 下位의 덕목이다. 그러므로 예는, 마음속에 충성과 믿음이 없이 겉모습만 꾸미는 짓이니 어지러움의 시초이다 라고 한다. 인과 의와 예를 최고의 덕목으로 치고 이를 다스림의 시작이라고 주장하는 유가를 정면에서 반대한다. 그러나 진실한 마음 없이 겉으로만 인, 의, 예를 꾸밀 수 있는 사람이라면 道인들 꾸밀 수 없겠는가. 거짓에 대한 반대는 옳지만 거짓이 儒家에만 있는 양 주장한다면 옳지 않다. 세상에는 거짓 선비도 많지만 거짓 도사 또한 많지 아니한가.

유가를 비판하는 논리로서는 적절치 않다.(2017. 5. 18)

(라) 反文明論

노자가 말하는 大道가 행하여지는 시기는 仁義의 顯在化가 굳이 주창될 필요가 없던 周나라의 전성시대이었고 따라서 大道는 바로 仁義를 가리킨다고 앞에서 말하였다.

대도가 폐하여 인의가 등장했다고 노자가 말하는 그 시대는 바로 周나라가 쇠퇴하고 春秋戰國時代가 되어 孔子나 孟子 등 儒家들이 인의를 주창하게 되는 시대라고도 역시 앞에서 말하였다.

그런데 만일 노자가 주나라 이전의 아주 옛날의 文明 以前의 原始時代를 大道가 행하여진 시기로 보는 견해라면 禮樂의 文物과 宗法제도를 만든 周나라의 시대(또는 周 以前의 夏, 殷까지 포괄하는 三代의 시대)는 대도가 폐하여져 인의가 생긴 시대에 해당한다. 이렇게 되면 노자의 주장은 반유교론 정도가 아니라 反文明論의 차원에 들어간다. 이 점도 앞에서 이미 말하였다.

그러나 원시시대를 보는 관점은 두 가지 서로 다른 입장이 있을 수 있다. 하나는 天下太平의 時代라고 보는 입장이고 다른 하나는 弱肉强食의 시대라고 보는 입장이다. 후자의 입장이 좀 더 과학적이고 진실에 가깝다고 나는 생각한다. 전자의 입장은 原始共産主義 사회를 理想社會로 전제하는 사람들이 취하기 쉬운 비현실적이고 夢想的인 입장이다.

　나와 같은 입장이라면 원시공산사회는 결코 대도가 행하여진 시기라고는 볼 수 없고 오히려 약육강식의 시대였고 따라서 원시공산사회로부터 周나라로의 이행을 대도가 폐하여졌기 때문에 인의가 생겨나는 시대적 변화의 과정이라고는 볼 수 없다. 오히려 대도가 행하여지기 시작하는 시대로 옮겨가는 변화의 과정이라고 보아야 한다. 노자의 반문명론은 옳지 않다고 나는 생각한다.(2017. 5. 18)

제2편

解釋論

통상의 해석과는 달리 해석해야 마땅하거나 그 의미하는 바를 달리 보아야 한다고 내가 생각하는 곳 여러 군데를 소개한다. 생각을 계속한다면 더 여러 곳을 발견할 수 있으리라 여기지만 우선 지금까지 찾아낸 그런 문장들을 이하에 싣는다.

제1장 上善若水(도8)

(가) 원문

『최상의 선은 물과 같다.	上善若水
물은 만물을 이롭게 하고 다투지 아니한다.	水善利萬物不爭
모두가 싫어하는 곳에 고인다.	處衆人之所惡
그러므로 도에 가깝다.	故幾於道
낮은 곳에 처신하고	居善地
연못처럼 마음쓰고	心善淵
조건 없이 베풀고	與善仁
말은 진실되고	言善信
정치는 치적을 이루고	政善治
일은 효과 있게 하고	事善能
행동은 때맞추어 한다.	動善時
다투지 않기에	夫唯不爭
허물이 없다.	故無尤』

(나) 위의 한글 풀이는 여배림의 책(도덕경에 대한 두 개의 강의, 여배림 지음 박종혁 편역, 1998, 서해문집)에 나온 대로이다.

이 책뿐만 아니라 내가 본 모든 책은, 비록 몇 권 안 되지만, 상선약수의 上善을 最高의 善이라고 해석하고 있다. 이 말을 인용하는 사람들도 모두 이런 뜻으로 이해하고 이 말을 사용한다.

그런데 이 章에 나오는 13개의 구절 중에 네 개를 제외한 아홉 개의 구절에 善자가 나오는데 그 품사를 따져보면 첫 번째의 '上善' 할 때의 善은, 통상의 해석을 따르면, 명사로서 주어에 해당한다. 최고 라는 뜻의 上에 의하여 꾸밈을 받는 명사이다. 그런데 나머지 8개 구에서는 善이 "옳게 여긴다" 또는 "좋게 여긴다" 또는 "좋아한다"는 뜻의 동사로서 술어에 해당한다고 나는 이해한다. 8개 모두 그렇다.

물론 8개의 '善'을 동사가 아닌 형용사로 보고 그 뒤에 나오는 地, 淵, 仁, 信 등을 꾸미는 말로 해석할 수도 있다. 그러나 그것보다는 동사로 보는 것이 이 章 전체의 뜻의 흐름이나 운율에 맞는다. 또한 노자의 기본 생각 즉, 몸을 낮추어야 한다, 겸손하여야 한다, 부드러움을 지켜야 한다, 항상 변화해야 한다, 담박하여야 한다는 등의 생각과도 흐름이 맞는다.(2017. 4. 13)

(다) 제1구인 上善若水 이것은 하나의 비유이다. 上善을 최고의 선이라고 해석한다면, 上善이 若水가 아니라 若鐵일 경우도 얼마든지 있을 수 있다는 현실이나 현상과는 맞지 않는다. 처세에 있어 겸손함, 꾸준함, 인내 등의 중요성을 말하고자 하면서 물을 비유로 든 경우이지만, 쇠와 같은 단단하고 굳셈이 중요하고 필요한 때도 얼마든지 있지 아니한가?

오늘(2016. 10. 7) 새벽 잠자리에서 이런 저런 생각을 하던 끝에 통상의 이해와는 다른, 다음과 같은 상선약수의 본래 뜻을 비로소 알게 됐다.

上은 가장 높은 것 또는 가장 좋은 것 또는 최고의 것을 말하므로 그것은 道이다. 上은 名詞로서 主語이다.

善은 '좋다고 인정한다' 또는 '옳게 여긴다' 라는 뜻의 他動詞이고 약수若水 두 글자가 합쳐서 하나의 목적어가 된다. 그렇다면 이것은 "道는 물과 같음을

(물과 비슷함을) 옳게 여긴다(좋다고 인정한다)."라고 해석되어야 한다.

　　종래의 모든 이해와는 완전히 다르다. 포인트는 이 구절 전체의 善을 이렇게 他動詞로 보아야 뜻이 일관된다는 점에 있다. 그리고 上을 善의 형용사로 보지 말고 主語로 보면 이 구절 전부가 道에 관한 言明으로 살아난다.

　　(라) 도8장의 나머지 부분을 이런 맥락에서 해석하면 다음과 같다.
「道는 (사람이) 물처럼 처신함을 옳게 여긴다.
　물은 萬物을 이롭게 하여 다투지 아니해서 좋고,
　사람들이 보통 싫어하는 곳에도 기꺼이 處한다.
　그러므로 도에 가깝다.
　사람의 居所는 (높은 하늘이나 깊은 물보다) 땅이 좋고,
　마음은 깊은 연못처럼 고요하고 깊어야 좋고,
　더불어 지내는 데는 어진 사람과 같이 해야 좋고,
　말은 믿음이 있어야 좋고,
　정치는 질서를 세워야 좋고,
　일은 능력 있는 사람이 해야 좋고,
　움직임이 때를 잘 맞추어야 좋다.
　그러면 다툼이 없어 잘못이 없다.」(2016. 10. 22)

　　상선약수는, 사람이 물과 비슷하게 행동하는 것을 도가 좋아한다는 뜻이다.
　　居善地의 居는 명사로서 주어이고 地는 땅이 하늘보다 낮고 물보다는 높아서 거소로서 안전하다는 데에 의미를 두고 있고 善은 타동사이다.
　　與善仁에 대하여는 "누구에게 주는 데 있어서는 어질게 행동하는 것이 좋고"라고 하여 與를 준다는 뜻으로 해석하는 견해도 있다(노자타설 상, 남희근 지음 설순남 옮김, 2013, 부키 참조).
　　政善治는, 정치는 질서를 세우는 통치라야 좋다는 뜻인데 사실 이 말은 인위적 질서의 수립을 배척하는 노자의 생각과는 맞지 않아 후세의 가필로 볼 수도 있다.

事善能이라는 말도 노자의 생각과는 거리가 있다. 노자는 능률이나 현명함을 배척하기 때문이다.(2016. 10. 21)

끝머리의 夫唯不爭에서 夫唯를 不唯의 誤記라고 전제하면 "다툼이 없을 뿐만 아니라" 라고 해석할 수도 있다. 한 때 그것이 옳겠다는 생각도 해보았다. 그러나 夫唯에는 "대저 ...하기 때문에" 라는 의미가 원래 있으므로 夫唯를 不唯의 오기라고 굳이 전제할 필요는 없겠다.(2017. 4. 13)

제2장 道法自然(도25)

『사람은 땅을 따르고,　　　　　　人法地
땅은 하늘을 따르고,　　　　　　地法天
하늘은 道를 규범으로 하고,　　　天法道
道는 自然을 규범으로 삼는다.　　道法自然』

老子 도25장의 마지막 구절이다. 너무나 유명한 말이다.

여기의 道는 動詞로서 "規範으로 삼는다", "본받다", "따르다"의 뜻이다.

그러나 생각해 보면 사람이 땅의 무엇을 본받는다는 말인가. 또 땅은 하늘의 무엇을 본받고 하늘은 도의 무엇을 본받으며 도는 자연의 무엇을 본받는다는 말인가?

자연은 두 개의 뜻이 있다. 하나는 우주, 천지, 만물 등 모든 존재를 가리킨다.

다른 하나는 "저절로 그러하다"는 추상적인 뜻을 가진다.

사람이 땅을 규범으로 삼는다는 것은 결국 땅의 조건에 맞추어 산다는 의미라고 나는 생각한다. 사는 곳이 山이냐, 平野냐, 바다냐, 都市냐, 시골이냐, 砂漠이냐 등등의 조건에 맞추어 산다, 또는 살 수밖에 없다는 그런 뜻이다.

땅이 하늘을 본받는다는 말 또한 마찬가지이다. 하늘이 변화하는 조건에 맞추어 땅은 형성되고 변화할 수밖에 없다. 天體 日月의 변화에 따라 지각이 변동되고, 지진이 나고, 해일이 발생하고, 가뭄이 오고, 홍수가 나고 그래서 桑田

이 碧海가 되고 草原이 砂漠으로 바뀌는 등등의 현상이 그 예이다.

天은 道를 따른다는 말은 하늘의 변화 즉, 기후조건이나 기상조건의 변화, 천체일월의 운행의 변화는 멋대로, 또는 누구의 마음대로, 이리저리 일어나는 것은 아니고 규칙에 맞추어 즉 道에 따라 일어난다는 뜻이다.

다만, 그 道라는 것은, 우리가 아직은 정확히 파악하지 못하고 무어라 정확히 이름짓지 못하지만, 萬事, 萬象의 존재와 운행은 틀림없이 어떤 일정한 법칙에 따라 일어나는 현상이라고 老子도 믿고 우리도 믿는데, 노자는 이를 도라고 이름하여 부르고 우리도 노자를 따라 이렇게 부르는 바로 그것이다.

결국 하늘은 이 도에 따라 변화하고 운행한다는 의미이다.

사람은 땅에 맞추어 살고 땅은 하늘에 맞추어 형태를 짓고 하늘은 도에 맞추어 운행한다면 결국 사람과 땅과 하늘, 즉 우주만물 일체가 도를 따른다는 것인데 그렇다면 그와 같은 道의 正體는 무엇인가? 그 대답으로 노자가 제시한 바가 道法自然 즉, 도는 자연을 본받는다는 말이다. 다시 말하면 도의 정체는 바로 자연이라고 선언하고 있다.

여기서의 自然은 物로서의 自然일 수도 있고 物이 아닌 추상적 개념으로서의 自然일 수도 있다. 물로서의 자연이라면 자연에 내재되어 있는 그 생성, 변화, 운행의 원리를 도가 본받는다는 뜻이 된다.

만일 物로서의 자연이 아니라 추상적 개념으로서의 自然이라면 즉, "저절로 그러하다" 내지 "원래 그러하다", 또는 "스스로 그러하다" 라는 뜻이라고 한다면 도는 저절로 그러한, 원래 그러한, 스스로 그러한 어떤 규칙인데 말로 표현하기 어렵고 이름짓기 어려운 그 어떤 내용 자체라는 뜻이 된다.

어느 쪽이든 간에 그러한 도의 본질과 작용을 비유와 암시를 동원하여 이리저리 설명하고 있는 책이 바로 노자라는 책이다.

만물이 존재하기 시작한 태초 이전에서부터 존재하여 그에 따라 만물이 생성되었고 이후 만물이 그에 따라 영원히 운행과 변화를 계속하는 그 어떤 법칙, 이것이 우리가 일단 도라고 부르는 그 어떤 내용이라고 나는 이해한다.

노자는 이러한 뜻을 세 글자나 네 글자 또는 그 이상의 글자로 된 몇 개 구절의 운문으로 표현하고 때로는 비유를 반복함으로써 대단히 신비롭고 현묘하고 알쏭달쏭한 분위기를 연출한 셈이 되었다. 사실 도법자연 이전의 세 개 구절은 논리에 꼭 부합하는 표현은 아니다. 없어도 그만인 표현이라고 본다. 다만, 도법자연의 전주곡으로 이들을 등장시킨 셈이다.(2017. 4. 7)

제3장 大器晚成(도41)

大器晚成은 큰 그릇은 이루어짐이 없다 라는 뜻인데 보통은 큰 그릇은 늦게 만들어진다 라는 뜻으로 알려져 있다.

"큰 그릇은 늦게 만들어진다." 라는 뜻의 大器晚成은 너무도 유명한 말이다. 실패를 거듭하는 젊은이들을 격려하면서 큰 포부를 갖도록 희망을 주는 말로 자주 쓰이고 있다. 나도 大器晚成을 이런 뜻으로 알고 사용하여왔다. 그러나 10여 년 전 여배림의 책(202p. 참조)을 보고나서 世間에 전해진 해석이 잘못된 것임을 깨달았다.

마침 노자를 다시 읽게 되는 게재에 이 부분을 조금 분명히 정리해 둔다.

우선 大器晚成이라는 구절의 앞뒤 원문 일부를 옮겨쓴다.

	『前略
밝은 길은 어두운 것 같고	明道若昧
	中略
넓은 덕은 부족한 것 같고	廣德若不足
	中略
	大方無隅
	大器晚成
	大音希聲
	大象無形
道는 숨어 있어 이름이 없다.	道隱無名
대저 道이기 때문에	夫唯道

잘 베풀어주고 잘 이루어 준다.　　　　　善貸且成』

　　道라고 하는 것이 겉으로 보아서는 고정된 무슨 특정의 형태를 항상 갖고 있다고 말할 수는 없다. 또한 그 형태에 상응하는 어떤 내용을 항상 갖고 있는 존재구나 라고 사람들이 생각하기 쉽지만 실제로는 오히려 그 형태와는 반대의 내용을 갖기도 한다. 도무지 형태와 내용을 무어라 한 두 마디로 꼬집어 말할 수 없다. 이것이 道에 대한 노자의 기본적인 주장이다.

　　대체로 실질적인 내용과는 서로 어긋나는 겉모습을 道가 보여주는 경우가 많다는 얘기이다. 그와 같이 겉과 속이 一見 相反되는 道의 현상을 比喩的으로 표현한 말들이 이 章의 韻文的 敍述이다. 즉, 道에 대한 이해를 돕고자 하는 比喩的 설명이다.

　　이런 이해를 바탕으로 이 章의 문장을 읽어볼 때 大器晚成부분을 뺀 나머지의 '大'로 시작되는 세 개의 구절은,

　　「'大方無隅' 큰 네모는 너무 커서 끝이 어디인지 알 수 없으므로 마치 모서리가 없는 듯하고,

　　'大音希聲' 큰 소리는 너무 커서 오히려 사람의 귀에는 들리지 않는 듯하고, (希는 無의 뜻이라고 한다. 地球가 自轉할 때 엄청나게 큰 소리가 나는데 그 크기가 너무 커서 사람의 귀로 들을 수 있는 可聽범위를 넘어서므로 우리는 이를 듣지 못한다고 하는 점을 참고할 만하다.)

　　'大象無形' 큰 형상은 너무 커서 끝과 가(갓)를 알 수 없으니 마치 형태가 없는 듯하다.」

　　라고 읽을 수 있어 상호간에 비유가 相應되고 뜻이 일관되게 통한다.

　　그리고 더구나 여기의 大方, 大音, 大象 등이 모두 道를 상징한다는 것을 알아채면 더욱 그 의미가 貫通한다.

　　그렇다면 이 章의 大器晚成에서의 '大器'도 道를 상징한다고 볼 때 이 구절을 "큰 그릇은 이루어짐이 늦고"라고 해석한다면, 그 앞뒤의 다른 구절과 관통되지 않는 즉, 어울리지 않는 엉뚱한 말이 끼어든 꼴이 된다. 그러므로 여기의 '晚'을 늦다 라고 해석할 것이 아니고 당연히 '無'라고 해석하여야 한다. 그래

야만 앞뒤의 구절과 상응하고 이 章 전체의 뜻, 그리고 老子의 뜻과 부합한다.

그런데 마침 '晚'은 '免'의 假借(빌려 씀)이고 뜻이 無와 통한다고 하니 더욱 그렇다. 이것은 원래 陳柱라는 사람의 견해였다(여배림의 책 202p 참조). 나는 이 견해가 합당하다고 생각한다.

그렇다면 이 구절은 "큰 그릇 즉, 道는 너무 크고 넓고 깊고 다양한 쓰임새라 어떤 일정한 형태나 용도에만 맞게 고정된 형태나 내용으로 만들어진 그런 물건이 아니다(이루어지는 일이 없다)." 라고 해석할 일이다.

한 걸음 더 나아가 볼 때, 道가 만들어진 무슨 물건이라면 누구인가 만든 사람이 있을 터이지만, 노자의 기본 관념에 의하면 道는 누가 만든 물건이나 규칙이 아니라 자연히 존재하고, 시작도 없이 太初 이전부터 끝없이 영원토록 존재하므로, "이루어짐(형성됨)이 없다"고 말하는 표현은 아주 자연스럽다. 無成이라는 老子의 말은 아마도 이런 뜻이리라.(2017. 4. 14)

제4장 谷神不死(도6)

『골짜기 신은 죽지 않는다.　　　　　谷神不死
이를 신령스러운 암컷이라 부른다.　是謂玄牝』

노자는 性의 陰陽만을 직접 주제 삼아 말한 일은 없다. 그러나 노자 역시 陰陽에 터 잡아 그 깨달음을 전개하였다고 나는 이해한다. 노자가 살았던 시대에도 조금만 예리하게 자연과 인간의 현상을 관찰한다면 모든 것의 관계는 陰과 陽의 관계이고 모든 일은 끊임없이 변화하고 있다는 현상 정도는 충분히 파악할 수 있었으리라 본다.

자연히 對稱과 변화 즉, 相對性을 道라고 생각하지 않을 수 없었으리라.

그 단서 중의 하나가 바로 곡신(谷神)이다. 도6장에 나오는 谷神不死의 구절이 그것이다.

有는 남자이고 無는 여자이다. 현상적으로 보면 남자의 성기는 突出이 있으므로 유라고 할 것이고 여자의 그것은 돌출이 없으므로 무에 해당한다.

谷神不死의 곡신은 바로 여자이다. 谷은 여자의 음부가 골짜기 같은 형상이라 하여 谷에 비유한 것이므로 곡신은 子宮 내지 女子이다.

여자는 한 달에 한번 월경을 한다. 즉 卵子를 생산한다. 끊임없이 卵子를 생산한다고 과장할 수 있다. 여자는 끊임없이 후손을 출산한다. 이것이 바로 谷神不死이다.

이렇게 이해하면 이 도6장의 구절이 모두 쉽고 단순하게 이해된다. 뿐만 아니라 이렇게 음과 양, 남성과 여성의 이치를 가지고 노자를 읽으면 노자의 5,000言 대부분이 단순하고 쉽게 이해된다.

노자는 비유와 迂廻로 대부분 얘기를 했는데 이것을 어렵고 깊은 뜻이 있는 것으로 지레 짐작하고 이런 지레 짐작을 전제로 이해를 하려고 대들면 오리무중에 빠진다. 간단하고 뻔한 세상 이치를 멀리 돌려서 또 두루뭉술하게 얘기했을 뿐이다. 이것이 노자를 읽는 방법이다. 쉽게 말해서 노자의 말은 처세술 내지 처세도에 관한 가르침이다(후술 제3편 제1장 참조).(2016. 10. 7)

제5장 天地不仁(도5)

『하늘과 땅은 어질지 않아　　　　天地不仁

만물을 추구로 여기며　　　　　　以萬物爲芻狗

성인은 어질지 않아　　　　　　　聖人不仁

백성을 추구로 여긴다.　　　　　　以百姓爲芻狗』

생각건대 天地不仁은 맞지만 聖人不仁은 맞지 않는다.(2017. 5. 8)

천지불인을 먼저 보자. 화산폭발, 쓰나미, 큰 지진, 대홍수, 긴 가뭄, 폭설과 대형산불, 극한의 추위와 더위, 이런 자연재해는 사람과 동식물, 성인과 범인, 남자와 여자, 君子와 小人, 좋은 사람과 나쁜 사람, 어린이와 어른과 노인, 잘사는 나라와 가난한 나라, 부자와 빈자, 강자와 약자를 가리지 않고 무참하게 덮쳐 온다. 살아남는 자는, 自然淘汰를 피하고 自然選擇을 향해 의식 무의식

간에 늘 준비하는, 그리하여 適者生存에 합격한 사람과 생물들뿐이다. 다른 私情은 일체 봐주지 않는다.

사계절의 순환도 마찬가지이다. 봄이 되어 따뜻해지면서 얼음이 녹고 꽃이 피고 새싹이 터서 호시절이 와서 좋다고 하지만 그것도 잠시, 이윽고 무더위가 찾아오고, 다시 서늘해지는가 하자 그것도 잠깐 다시 꽁꽁 얼어붙는 겨울이 오지 않는가. 천지가 인자하다면 봄과 가을만 계속되어야 할 터인데 여름과 겨울은 어쩐 일인가. 꽃피고 五穀 百果가 풍성한 그런 나라와 지역이 있는가 하면 풀 한 포기 살지 못하는 사막과 極地는 또 어이하여 존재하는가.

이를 어찌 인자하고 자애로운 處事라 말할 수 있는가. 그러므로 천지불인은 맞다고 하겠다.

聖人不仁은 어떤가. 성인은 지혜와 덕이 뛰어나 길이길이 우러러 받들어 본받을 만한 사람이라고 한다. 한마디로 仁이 최고의 수준에 이른 사람이다. 개념상 聖人＝仁人이라고 할 만하다. 그런데 聖人이 不仁하다니. 이것은 개념상 안 맞는 얘기이다. 儒家는 仁을 최고의 가치로 숭상하지만 노자는 인을 차원이 얕은 하위의 가치로 보고 인을 최고로 치는 儒者를 조롱하곤 한다. 성인은 인과 같은 그 정도의 낮은 가치를 닦은 사람이 아니라 보다 높은 최고의 가치 즉 도를 닦은 사람이라고 노자는 평가하는 입장이다. 그렇다면 大는 小를 포함한다는 논리에 따라 道는 仁을 포함하게 된다. 그렇게 되면 聖人은 仁人이면서 여기에 그밖의 다른 가치까지를 더 보태어 體化한 사람일 터이니 聖人은 최소한 仁人임에는 틀림이 없다고 해야 논리에 맞는다.

따라서 성인은 단순히 불인하다고 말해서는 아니 되고 "聖人은 仁하다. 그러나 仁 以上이다."라고 말해야 한다(공자는 "聖人＝仁＋權力"이라고 여겼다).

이상은 순수한 논리와 이론에 따른 고찰이다. 그러나 노자가 이런 말을 한 이유는, 仁과 道의 이론적 관계를 따져 내린 결론이 그렇기 때문이 아니다. 현실 세계에 넘쳐나는 거짓된 聖人들의 잔인하고 포악하고 탐욕스런 행태를 지적하고 이런 거짓된 성인들에게 그럴듯한 명분과 논리를 제공해주는 儒家들을 성토하기 위해서 한 주장이라고 보아야 옳을 터이다. 중국 前漢의 皇位를 찬탈했다가 끝내 커다란 內戰을 일으켜 수 없이 많은 사람들을 죽게 한 王莽을 俗儒들이 얼마나 성인이라고 칭송했던가.

보라. 현실세계에는 수 없이 많은 권력자, 정치인, 장군, 종교인, 商人, 학자 등이 입으로는 聖人처럼 말하면서 실제의 행동으로는 탐욕과 포학을 얼마나 저지르고 있는지! 이들의 행동을 美化하는 데 얼마나 많은 지식인들이 봉사하고 있는지. 여러 예를 살필 것도 없다. 오늘의 역사에서 한 가지만 예를 들어보자. 貧者를 불쌍히 여기고 富者들에게 분노하여 仁의 세계를 만들겠다고 한 칼 맑스와 레닌, 그리고 스탈린과 같은 그 후계자나 추종자들이 실제로는 혁명과 전쟁과 숙청과 투옥의 과정에서 얼마나 많은 사람들을 무참히 죽게 만들었는가. 굳이 하나 더 예를 찾아보자면 教皇의 聖地收復 요청에 따라 시작된 十字軍戰爭 과정에서 얼마나 많은 사람이 무참하게 죽었는가.

노자는 이 章의 끝머리에서 多言數窮 不如守中(말이 많으면 변명하기에 자주 궁색해진다) 이라고 말함으로써 수없이 仁義를 외쳐대는 儒家들을 비판하고 있다. 거짓 聖人에 대한 비판과 맥을 같이 한다고 볼 수 있다. 노자의 유가에 대한 이러한 비판은, 貧者에의 평등한 복지를 요구하는 일부 지식인에게도 적용될 수 있다.

第6章 道盅 而用之或不盈(도4)

(가) 여기서 도충은 도를 主語, 충을 補語로 해석하여야 한다. 그러므로 "도는 빈 그릇이다." 라고 풀어야 한다. 물론 하나의 비유이다.

노자에서는 "비운다" 라는 말이 자주 등장한다. 무엇을 비운다는 뜻이냐? 욕심, 탐욕, 이것을 비우고 버린다는 뜻이다. 욕심, 私心이 없음이 도의 본체이다. 사심은 무엇인가. 내 이익을 먼저, 다른 무엇보다도 앞서, 챙기는 마음이다. 그러므로 마음에서 욕심을 버리면, 즉 마음에 私된 욕심이 없으면 마음이 도와 합체된다.(2016. 10. 21)

도의 본체는 빈 그릇이다. 빈 그릇의 본체는 비어 있음이다. 비어 있어야 用이 나온다. 빈 그릇은 무엇을 담아서 보관하거나 무엇을 담아서 옮기는 것이 그 용도이다. 가득 차 있으면 새로이 무엇을 담아서 보관하거나 옮길 수 없다. 그래서 빈 그릇의 體는 비어 있음이고 用은 채우고 옮기는 작용이다. 도라고 하는 것의 본체는 비어있음 즉, 無이고 用은 채움이나 옮김 즉, 무엇이든 성취하는 작용 즉, 有이다. 노자는 제11장에서 말하였다. 當其無 有器之用이라고. 즉, 그릇은 비어 있어야 쓸모가 있다고.

而用之或不盈에 대하여는 "그래서 아무리 이것을 사용해도 즉, 그 안에 들어있는 무엇을 퍼내도 항상 다시 채울 필요가 없다 즉, 그 안에 들어있는 어떤 것이 스스로 차올라 밖에서 집어넣어 채울 필요가 없다." 라고 해석하는 방법도 있다. 이 해석은 "늘 차 있어 계속 쓸 수 있다." 라는 뜻인 모양이다. 없어지지 않고 항상 이용할 수 있다 라는 셈이다. 여기의 或은 "늘, 언제나"의 뜻이라고 한다(황병국의 책 33면 이하). 이렇게 해석하여도 뜻은 그런대로 통하기는 한다.

그러나 或이라는 글자를 과연 그런 뜻으로 사용했을까 다소 의심스럽다. 그뿐만 아니라 이 해석은 생각하기에 따라서는 말이 안 된다. 쓰지만 늘 비어 있다니! 보관의 용도라면 무엇이든 들어 있을 때가 있고 이동의 용도라고 하여도 일단은 담아야 하니 적어도 그 순간은 들어 있지 아니한가? 늘 비어 있다고는 말할 수 없다.

또 "늘 비어 있다" 라는 상태와 "다시 채울 필요가 없다" 라는 행동 사이의 연결이 잘 되지 않는다. 늘 비어 있다면 다시 채울 필요가 늘 있지 않겠는가.

(나) 오히려 이렇게 보는 방법은 어떨까.

或은 "이상하게 여긴다, 괴이쩍어 한다" 라는 뜻이 있다. 그래서 도충과 연결하여 직역하면 "도는 빈 그릇이다. 이것을 쓰면서 그 그릇이 가득 차지 않음을 이상하게 여긴다."이고 이것을 의역하면 "도는 아무 것도 들어 있지 않은 빈 그릇과 같아서 그 내용은 형체가 없어 보이지 않는 어떤 것"이다.

그런데도 그것이 작용을 하여 온갖 일을 이루어내는데, 한편 그 그릇을 보면 아무 것도 채워져 있지 않아 마치 아무 일도 하지 않은 듯 하고 아무리 넣어 채워도 다 차지 않아서 계속 넣을 수 있으니 이상하게 여기게 된다." 라는 의미라고 풀이하는 방식이다. 道는 無爲로 일을 한다 라는 노자 사상의 한 표현에 해당한다.(2016. 10. 21)

(다) 道盅 而用之或不盈에 대하여 다시 생각한다.

道는 빈 그릇이니 이를 써도 가득 차지 않는다 라는 말인데 여기의 用은 빈 그릇을 쓰는 것을 말하고 빈 그릇을 쓴다 함은 그 용도에 따라 즉 어떤 물건을 담는 일을 가리킨다. 옮기는 데 쓰려 한다고 해도 우선은 그릇에 담아야 하지 않는가. 그러니 기본 용도는 무엇을 담는 일이다. 이 용도에 따라 쓴다면 그릇은 그에 따라 가득 채워지기 마련인데 이 도라는 그릇은 아무리 담아도 결코 차지 않는다 함이 不盈의 의미이다. 그 까닭은 그 道라는 그릇이 워낙 크고 깊어서 무엇을 아무리 담아도 결코 가득 차는 일이 없고 따라서 항상(或을 항상의 뜻으로 해석한다. 字典에 보면 항상이라는 뜻이 있다) 비어 있는 상태라서 계속 무엇이든 담을 수 있기 때문이다. 결국 아무리 써도 결코 가득 채워지지 않아 한 없이 쓸 수 있다 라는 뜻이다. 이런 풀이가 가장 단순하면서도 의미가 잘 통한다.

이런 관점에서 高亨이라는 사람은 不盈을 不盡으로 새겨야 한다고 주장했다 (여배림의 책 p.61). 일리가 있다. 나의 나중 설명과 같은 의미이다. 하기는 盈字와 盡字의 모양이 비슷하기도 한 점을 보면 盈은 盡의 誤字일지도 모른다. 筆寫를 거듭하여 傳來되는 과정에서 충분히 발생할 수 있는 일이다(2016. 10. 28).

(라) 道盅 而用之或不盈의 뒷 부분은 다음과 같다.
『(도는) 깊고 깊은 연못이로다.   淵兮似萬物之宗
마치 만물의 시초와 같다.

(도를 사용하면 또는 도를 따르면)   挫其銳
날카로움이 무디어지고,

어지러움이 풀리고,	解其紛
밝은 빛이 흐릿하게 부드러워져,	和其光
티끌에 덮힌 세속과 道의 體現이	同其塵
구별이 안 되고,	

물이 깊고 깊이 괴어 있어 마치	湛兮似或存
그 안에 무엇이 있는지 의심스러운	
것과 같다.	
도가 누구의 아들인지	吾不知誰之子
(道를 있게 한 것이	
또는 도를 만들어 낸 것이 무엇인지)	
나는 모르니	

太古의 帝王보다도 먼저 존재한 것	
같으니 그 시작이 언제 적의	
무엇이었는지 이름할 수 없다.	象帝之先』

象은 似와 같다고 한다(신현중의 책 28p.).

제7장 治人事天 莫若嗇(도59)

『사람을 다스리고 하늘을 섬기는

데에는 아껴 씀만 한 것이 없다.　治人事天莫若嗇』

事天을 修身의 뜻으로 보는 견해도 있으나 너무 무리하다.

事天은 하늘을 받드는 의식이니 종교행사이거나 아니라면 天子를 받드는 일
이겠다.

嗇에 대한 해석은 어렵다. 여러 가지 있을 수 있으나 그나마 '아껴 씀'으로 보

아 莫若嗇을 "아껴 씀만 한 것이 없다" 라고 하는 것이 그중 의미가 통한다.

　백성을 위한답시고 무슨 祝祭를 여는 데 돈을 펑펑 쓰거나 또는 이런저런 종교행사 예컨대, 후세의 漢武帝가 하늘에 제사를 지내는 封禪을 한답시고 먼 데 있는 泰山에 수많은 인원을 동원하여 행차하는 것과 같은 일에 막대한 돈을 낭비하는 짓을 비판하는 의미가 아닐까. 武帝가 5년에 한 번씩 泰山에 가서 봉선을 하는데 한 번은(BC 110년) 그 행차에 동원된 騎兵만도 18만, 이어진 깃발이 1,000리, 행차 거리가 1만 8천 리에 이르는 大旅程이었다니(漢武의 帝國, 이중톈 지음 한수희 옮김, 2016, 글항아리, 221p. 참조) 그 비용이 얼마나 많이 들었을까.

　만일 이런 뜻이라면 古今을 막론하고 백성들을 즐겁게 해주는 祝祭라든지 국가의 안녕을 기원하는 종교행사 등에 정부가 너무나 많은 國庫를 낭비하는 현상을 볼 수 있고 그런 행사가 과연 타당한 일인지 의심이 들 때가 있는데 노자는 바로 이 점을 지적하지 않았을까.(2017. 5. 15)

제8장　寵辱若驚 貴大患若身(도13)

　2016. 12. 21.에 연당과 함께 싸이판 섬에 가서 두 달 반을 지내고 2017. 3. 3에 귀국했다. 다시 이 解語 작업을 시작한다.

　『총애나 모욕은 곧 놀래킴이다　　　　寵辱若驚
　큰 근심은 바로 몸이다.　　　　　　　貴大患若身』

　여기서의 若은 則 또는 乃 또는 至 등의 여러 가지로 해석한다(여배림의 책 98p. 참조). 나는 則 또는 乃로 해석함이 좋다고 생각한다. '곧', '바로', '이에'라는 뜻으로 보아야 의미가 살고 자연스럽게 통한다.

　그렇게 되면 이 구절은 다음과 같은 뜻으로 해석된다.

　"(권력자로부터의 예상치 않은 또는 과분한) 총애나 (예상치 않은 또는 매우 부당한) 모욕은 곧 놀래킴이다(사람을 놀라게 한다).

　(총애나 모욕이 가져오는) 큰 근심은 바로 몸이다. 총애나 모욕이 몸에 큰 근심

을 가져올까, 이르게 할까 두렵다(여기서 貴는 두려워 한다는 뜻)."(2017. 3. 29)

貴가 두 번 나오는데 한번은 두려워 하다 라고 새기고 다른 한번은 귀하게 여기다 라고 달리 해석하는 것은 노자의 본 뜻이 아니리라.

그래서 이렇게 어렵게 해석하지 말고 좀 쉬운 풀이도 가능한데 나는 이 쉬운 풀이가 노자의 뜻에 부합한다고 생각한다.

우선 貴를 귀하게 여기다 라는 한 가지 뜻으로 해석한다.

즉, 다음과 같이 意譯해 본다.

『총애를 얻어 기뻐서 놀라고 총애를 잃어 모욕을 느끼고   寵辱若驚
낙담하여 놀래니 총애나 모욕은 바로 사람을 놀래키는
일이다.
총애를 얻으려 애쓰고 총애를 잃지 않으려 애쓰는 일   貴大患若身
은 사실 큰 거정거리로서 우환 덩어리일 뿐인데 이런
총애를 얻거나 잃지 않는 것 즉, 우환 덩어리를 몸이
놀랄 정도로 기뻐하니 이는 곧 큰 우환을 내 몸 같이
귀히 여기는 짓이다.
왜 큰 근심거리를 몸처럼 귀하게 여긴다고 말하는가.   何謂貴大患若身
내게 몸이 있기 때문이다(총욕이 바로 내 몸의 富貴榮華   爲吾有身
나 生死, 病弱에 바로 영향을 미치기 때문이다).
몸이 없다면   及吾無身
내게 무슨 근심이 있겠는가.   吾有何患
이 소중한 내 몸을 아끼지 않고 헌신적으로 이 몸을   故貴以身爲天下
天下에 바쳐 천하 위하기를 귀히 여기는 사람도 있다.
(老子에 의하면 虛靜을 修練하여 無爲로 樂道함이 중요하
지 억지로 자기 몸을 희생해가며 천하를 위한다고 애쓰는
것은 無益하고 내 몸에 오히려 해로운 일이다. 부귀영화라
는 것도 空虛한 것이다. 그럼에도 불구하고 자기 몸을 희생
해 가면서 천하를 위하여 일함을 귀중하게 여기고(貴) 좋아

하는(愛) 사람이 있다.)

만약 그러한 사람이 있다면 그런 사람에게는 천하를   若可寄(託)天下
맡길 수 있으리라.(자기 스스로 좋아서 그 짓을 택해서 하
는 것이니 그로 인하여 큰 해를 입어도 딱할 것이 없다는 逆
說的 비판일까.)』

이런 해석이 오히려 노자의 기본 사상에 부합한다. (2017. 5. 8)

제9장 夫唯不盈 能蔽而新成(도15)

도15장의 끝머리 구절은 다음과 같다.

『이 도를 제대로 지키는 사람은   保此道者
가득 채우려 하지 않는다.   不欲盈
무릇 채우지 않으므로   夫唯不盈
헌 것을 버리고 새롭게 이룬다.   能蔽而新成』

이 장 전체의 해석은 뒤의 '제3편 道用論 제2장 聖人의 모습 (다)'에 나오므
로 여기서는 끝머리 부분의 해석에 대해서만 잠시 말한다.

처음에는 夫唯를 不唯의 오기라고 생각했었다. 夫唯不盈을 '채우지 않을
뿐만 아니라' 라고 해야 말이 된다고 생각했었기 때문이다. 不唯에는 '...하지
않을 뿐만 아니라' 라는 뜻이 있는 까닭이었다.

그러나 夫唯는 문법상 "바로....하기 때문에" 라고 해석하는 법이므로(여배림
의 책 p.165 참조), 이 문법에 따라 "이 도를 온전히 보존한 사람은 가득 채우려
하지 않는다. 채우려 하지 않기 때문에 옛것을 버리고 새롭게 바꿀 수 있다."라
고 해석하면 충분히 말이 된다. 그러므로 夫唯를 不唯의 오기로 볼 필요는 없
다.(2017. 4. 9)

夫唯는 이 章의 첫 머리에도 이미 나온다.

즉, 古之善爲道者 微妙玄通 深不可識 夫唯不可識 故强爲之容 이라고 하

였다. 이 글의 深不可識 夫唯不可識 故强爲之容이라는 부분은 "그 깊이를 알수 없다. 알 수 없으므로 사람들은 억지로 그것을 형용하고자 한다." 라는 뜻이다.

판본에 따라서는 故能蔽而新成에서 而를 不로 표기한 것이 있다. 이는 오기라고 생각한다.(2017. 4. 2)

제10장 太上 不知有之(도17)

反국가론이고 비현실적인 담론이다.

원문은 아래와 같다.

『가장 뛰어난 임금은　　　　　　　太上
백성들이 그가 있는 줄도 모르고　　不知有之
그 다음 가는 임금은　　　　　　　其次
백성들이 그를 가까이 하고 예찬하며　親而譽之
그 다음 가는 임금은 백성들이　　　其次
그를 두려워 하고　　　　　　　　畏之
그 다음 가는 임금은 백성들이　　　其次
그를 업신 여긴다　　　　　　　　侮之』

판본에 따라서는 不知有之에서 不을 下로 써서 "백성이 그저 임금이 있다는 것을 알 뿐"이라고 해석한 것도 있다. 문장 전체의 뜻으로 보아서는 不보다는 下가 낫다고 하겠다.

아무튼 이 구절 자체는 물론 일리가 있다.

그러나 현실의 세계에서는 위 언급과는 달리 백성들이 두려워하는 임금이 사실 가장 뛰어난 임금인 경우가 많다. 박정희 대통령과 조선조의 태종, 漢의 武帝와 唐의 太宗을 보면 알 수 있다.

두 번째로 뛰어나다고 노자가 말하는 임금 즉, 백성들이 親譽하는 임금은 백성들이 두려워 하는 임금이 먼저 나온 뒤에라야 나오기가 쉽다. 그 直前이든 또는 그 前前이든 恐怖의 대상인 임금이 先行하여야 나오기가 쉽다. 세종대왕의 앞에 태종이라는 무서운 임금이 있었던 것과 같다. 청나라의 건륭황제 앞에 옹정황제라는 무서운 임금이 있었지 않았던가. 일종의 아이러니라고도 할 수 있다. 때로는 恐怖의 대상인 임금이 나오면 그 전까지는 별 볼일 없던 과거의 임금이 새롭게 칭송을 받는 일도 있다.

아마 東西古今의 역사를 샅샅이 살펴보면 이런 사례를 많이 찾아볼 수 있으리라.

내가 이렇게 주장하는 근거는 인간의 心理에 있다. 먼저 '쪼임과 위협'을 받고 나서 그 뒤에 '쪼임과 위협'을 덜 하는 윗 사람을 만나면 그 사람에게 인간은 비로소 고마움을 느끼는 심리를 원래 가지고 태어났기 때문이다. '쪼임과 위협'을 가한 윗 사람이 실제로는 아무리 큰 혜택을 주었어도 그에게는 고마움을 결코 안 느끼는 존재가 인간이다. 마찬가지로 인간은 위로부터 '쪼임과 위협'을 받지 않다가 새로이 그런 '쪼임과 위협'을 가하는 윗 사람을 만나면 전에는 무시했던 윗 사람을 새삼 그리워 하고 칭송한다. 트럼프 미국 대통령이 등장한 이후 전임 오바마 대통령이 더욱 칭송을 받는 현상도 그런 예이리라.

그러므로 백성들이 그의 존재도 모르는 임금, 또는 백성들이 그를 가까이 하고 예찬하는 임금이라고 많은 識者들이 당대에 평가하는 그런 임금들은 사실은 좀 달리 보아야 하는 경우도 적지 않다. 실제로는 實權을 행사하는 권력자들이 겉으로는 군주를 聖君이라고 칭찬하면서 내면으로는 군주를 허수아비로 만들기도 한다. 그렇게 성군이라고 불리는 군주 가운데는 실제로는 무능한 임금인 경우도 많았다.

노자의 이런 생각은 그의 反國家的 사상에 기인한다. 국가가 존재하기 전의 原始共産主義 사회 같은 체재를 理想으로 내세우고 小國寡民을 주장하는 그의 사상에서 당연히 도출되는 생각이다. 소국과민의 사회에서는 군주는 있는 것도 아니고 없는 것도 아닌 그런 존재이어야 한다. 그러므로 조금 과장하여 말한다면 소국과민이 아닌 현실의 세계와는 맞을 수 없는 담론에 불과하다. 그러나 이런 이야기는 暴君을 바로 聖君이라고 주장하는 말은 결코 아니다. (2017. 4. 8)

제11장 不出戶 知天下(도47)

『문밖을 나서지 않아도   不出戶

천하를 알며   知天下

창밖을 엿보지 않아도   不窺牖

천도를 안다.   見天道

멀리 나가면 나갈수록   其出彌遠

아는 것은 더욱 적어진다.   其知彌少

그러므로 성인은   是以聖人

나가지 않고도 알고   不行而知

보지 않고도 이름 지을 수 있으며   不見而名

행동하지 않으면서도 이루어낸다.   無爲而成』

이 말 역시 제대로 득도한 사람이 아니면 그 진부를 알 수 없다. 범인으로서는 聖人이나 天才의 말을 믿을 수밖에 없다.

"문밖을 나서지 않아도 천하를 어느 정도는 아는 듯한" 사람이 조금은 있지 않나 하는 생각이 범인으로서도 들기는 한다. 예를 든다면 소설 삼국지에 나오는 제갈량 같은 사람 말이다.

그러나 "문밖을 나서지 않아도 천하를 아는 사람"에 관한 이야기는 대개는 誇張이거나 詐欺라고 하겠다.

현실에서는 널리 경험하고 널리 배우고 깊이 생각하는 사람만이 천하를 조금 알 수 있을 뿐이다. 물론 예외는 있다. 그런 능력을 나면서부터 가지고 태어난 위대한 천재와 영웅도 더러는 있기 때문이다. (2017. 5. 3)

문제는 "문밖을 나서지 않아도 천하를 아는 사람"이 있을 수 있다 한들 어떻게 해야 凡人이 후천적으로 그런 사람이 될 수 있는가 하는 점인데 그런 방법에 관하여 노자는 구체적인 언급이 없다. 아마도 虛와 靜을 여러 차례 강조하고 있는 것을 보면 心身을 虛靜의 상태에 머무르게 하는 수련을 하는 것이 그 방법임을 암시하는 것이 아닌가 하는 추측은 든다. 아니면 다음 제3편에 모아보는 처세도에 그 방법이 숨겨져 있지 않나 하는 생각도 들지만 처세를 잘 하는 사람이 그런 성인의 경지에 이르리라고는 기대하기 어렵다. 결국 타고난 천재가 아니면 불가능하지 않을까.(2017. 5. 4)

제12장 含德之厚 猛獸不據(도55)

『德을 두텁게 간직한 이는   含德之厚
마치 갓난아이에 비할 수 있나니   比於赤子
사나운 짐승도 덤비지 않는다.   猛獸不據』

도50장에서 섭생을 잘 하는 사람은 육지를 다녀도 외뿔소나 호랑이를 만나지 않고 전쟁터에 나가도 武器의 해를 입지 않는다(善攝生者 陸行不遇兕虎 入軍不被甲兵) 라고 한 말과 같다.

과연 그럴까? 반드시 그렇다고 말하기 어려울 듯하다. 많은 훌륭한 지도자가 암살당하거나 불의의 사고로 비명횡사하는 사례를 본다든지 전도유망한 뛰어난 젊은이가 전쟁에 나가 목숨을 잃는 일을 보면 과연 이런 말이 맞는지 의심이 든다.

그러나 노자의 도를 제대로 깨닫지 못한 사람으로서는 혹은 攝生을 실제로 잘 하지 못한 사람으로서는 이 말의 眞否를 실험해 볼 수 없으니 凡人으로서는 그저 이 말을 믿을 수밖에 없으리라.(2017. 5. 4)

그러나 이 말대로라면 悲運에 간 많은 훌륭한 지도자들 예컨대 金九 선생이나 인도의 간디 또는 미국의 애이브라함 링컨 같은 사람들은 非含德之厚 즉, 덕을 두텁게 쌓지 못한 사람들이고, 나쁜 짓을 많이 하고도 운이 질겨 오래 살아남아서 大業을 성취하고 부귀영화를 누리다가 천수를 다한 사람들 예컨대 중국의 則天武后나 소련의 스탈린 같은 이들은 오히려 含德之厚 즉, 덕을 많이 쌓은 사람에 해당한다는 이상한 결론이 된다. 그러니 그대로 믿기도 어렵다. 결국은 덕을 쌓기를 권고하는 말이리라.(2017. 5. 9)

제13장 天下皆知美之爲美(도2)

『천하 모든 사람이   天下皆知

아름다움을 아름답다고 여기는데   美之爲美

이것은 추한 것이다.   斯惡已

모두 착함을 착하다고 여기는데   皆知善之爲善

이것은 착한 것이 아니다.   斯不善已』

여기의 爲美는 아름답다고 여겨지는 현상이나 상태 또는 까닭이고 爲善은 착하다고 여겨지는 현상이나 상태 또는 까닭이다. 앞의 천하개지의 천하는 보통의 세상 사람들이라는 뜻이다.

이 구절은 보통,

「천하 사람들이 아름다운 것을 보고 아름답다고 아는데 그것은 사실 추한 것이고, 착한 것을 보고는 착하다고 아는데 사실 그것은 착한 것이 아니다.」라고 해석한다.

결국 보통사람들이 아름답다거나 착하다고 평가할 때에는 그와 상반되는 추한 존재나 악한 존재가 있게 마련인데, 어느 것이 정말 아름다운 것이고 착한 것인가를 보통사람들은 겉만 보고서 잘못 판단하기 쉽다 라는 뜻이다. 이렇게 이해하는 것이 보통의 해석이고 이런 해석은 그 다음에 이어지는 故有無相生과 잘 어울린다.

그러나 이 해석은 知를 인위적인 평가라는 뜻으로 이해해야만 말이 된다. 그러나 어찌 세상 사람들이 美라고 평가하는 대상이 사실은 모두 醜한 것이고 善이라고 평가하는 대상이 사실은 모두 不善인 것이라 할 수 있는가? 이것은 무리한 말이다.

그러므로 이런 이해보다는 여기의 爲를 僞라고 해석하는 것이 有爲를 僞로 보아 배척하고 無爲를 숭상하는 노자 전체의 철학과 더 잘 어울린다. 대칭관계의 설파는 이미 앞에서 다 말했으니 여기서 다시 말하지 않아도 된다.

이렇게 본다면

「아름답다고 하는 것 중에 어거지로 꾸민 아름다움은 나쁜 것이란 사실을 세

상 사람들이 모두 알고,

착하다고 하는 것 가운데 어거지로 꾸민 착한 행동이 사실은 착하지 못한 것임을 모두 안다.」라고 해석할 수 있다.

여기의 斯는 '則', '그렇다면'의 뜻이다.

또는 이렇게 이해할 수도 있다.

「세상 사람들이 미라고 알고 있는 것은

어거지로 부자연스럽게 꾸며서 만든 미이고

이것은 나쁜 것이다.

세상 사람들이 선이라고 알고 있는 것은

어거지로 부자연스럽게 꾸민 행동이므로

이것은 사실은 불선이다.」

이 때의 斯는 이것 此라는 뜻이다.

이 해석이, 자연스러운 無가 좋고 인위적인 有는 그만 못하다고 하는 노자 전체의 사상과 더 잘 어울린다.

앞의 해석은 위미와 위선을 천하 사람이 모두 안다고 하는 점에서 적당치 않다. 세상 사람은 위미와 위선에 속기 마련인데 어찌 다 안다고 하는가 이 점에서 무리하다.

그러므로 이렇게 띄어 읽는 것이 옳다고 이해한다.

『천하가 모두 미를 안다.　　　　　　天下皆知美

그러나 이것은 거짓된 미이다.　　　　之爲美

그러므로 이는 나쁘다.　　　　　　　斯惡已

천하가 모두 선을 안다.　　　　　　　皆知善

그러나 이것은 거짓된 선이다.　　　　之爲善

그러므로 이는 진정한 선이 아니다.　斯不善已』

다만 之가 지시대명사로서 단어나 문장의 서두에 쓰이는 용례가 있는지 여부가 궁금하다.(詩經에는 보인다. 之子于歸. 권중구 지음, 한문대강, 2011, 보고사,

167p. 참조)

다음에 나오는 故有無相生은 美醜相生, 善惡相生. 難易相成, 長短相形 등을 유도하고 동시에 총괄하는 말이다.

萬物作焉而不辭는 만물을 묵묵히 지을 뿐 말하지 않는다(또는 수고로움을 사양하지 않는다 또는 그만두지 않는다)는 뜻.

爲而不恃에서 恃는 기댄다, 자랑한다는 뜻.

未唯弗居의 미유는 不唯, 非獨과 같은 것으로 "...뿐만이 아니라"의 뜻이다(위 한문대강 79p.). 弗은 不과 같다. 居는 차지한다는 뜻. 그러므로 未唯弗居 是以不去는 "차지하지 아니할 뿐만 아니라 그 덕분에 내쫓기지도 않는다." 라는 뜻이다.(2016. 10. 21)

그러나 판본에 따라서는 未唯弗居(황병국의 책 30p.)가 아니라 夫唯弗居(여배림의 책 51p.; 신현중의 책 25p.)라고 되어 있다.

夫唯는 "바로...하기 때문에" 라고 해석하는 것이 문법이므로(여배림의 책 165p. 참조) 이에 따르면 "머물지 아니 하므로" 라는 뜻이 된다. 이쪽이 더 의미가 통한다.

是以不去에서 去는 내쫓다 라는 뜻.

위의 설명에 따라 제2장 전체를 해석하면 다음과 같다.

『천하가 모두 미를 안다. 그러나 이것은 거짓된 미이다. 그러므로 이는 나쁘다.　　天下皆知美 之爲美 斯惡已

천하가 모두 선을 안다. 그러나 이것은 거짓된 선이다. 그러므로 이는 진정한 선이 아니다.　　皆知善 之爲善 斯不善已.

그러므로 있음과 없음은 서로 비교해보아야 그렇게 말할 수 있고　　故有無相生

어려움과 쉬움은 서로 비교해 보아야 그 말을 할 수 있고	難易相成
길음과 짧음은 서로 비교해 보아야 모양에 관해 그렇게 말할 수 있고	長短相形
높음과 낮음은 서로 비교해 보아야 어느 쪽으로 기운다고 말할 수 있고	高下相傾
음과 성은 서로 함께 소리를 내 보아야 어울리는지 어떤지 말할 수 있고	音聲相和
앞과 뒤는 서로 같이 따라가야만 누가 앞이고 누가 뒤인지를 말할 수 있다.	前後相隨
이러하므로 성인은 무위로 일을 처리하고 말 없는 가르침을 행한다.	是以聖人處無爲之事 行不言之敎
만물을 만들고도 묵묵히 떠벌리지 않으며	萬物作焉而不辭
낳고도 소유하지 않으며	生而不有
하고도 자랑하지 않으며	爲而不恃
공을 세우고도 거기에 머물지 않는다.	功成而不居
머물지 아니하므로	夫唯不居
내쫓기지 않는다.』(2017. 5. 14)	是以不去

제3편

道用論

제1장　處世論

(가) 老子의 말

도의 작용에 관한 노자의 말 중에서 범인들이 그 처세와 관련하여 생각해 볼 만한 부분들을 모았다.

①도2 功成而不居

『만물을 만들고도 묵묵히 있으며	萬物作焉而不辭
낳고도 소유하지 않으며	生而不有
자기가 하고서도 자랑하지 않으며	爲而不恃
공을 이루고도 차지하지 않는다.	功成而不居
그렇다. 거기에 머물지 않으므로	夫唯弗居
쫓겨나지 않는다.	是以不去』

*많이 알려져 있는 功成身退와 비슷하지만 약간은 다르다. 功成身退는 身退에 의미의 중점이 있는 바면 功成而不居는 내 공이라고 자랑하지 않는 마음가짐에 중점이 있다.

前漢 때의 霍光은 외척으로서 대사마 대장군까지 되어 권력을 독점하고 일가친척이 모두 영달하여 부귀가 극에 달하였다. 그러나 그의 사후 얼마 지나지 아니하여 반역죄로 몰려 일가친척이 모두 도륙되었다.

전한의 王莽 역시 외척으로 권력의 정상에 올라 마침내 강제로 선양을 받아 황제가 되고 新이라는 왕조까지 열었다. 그러나 끝내 반군에게 살해되고 왕조는 망하고 일족은 몰살되었다.

後漢末 曹操는 난세를 평정하고 승상이 되어 권력을 독점하였다. 이윽고 그

아들 조비가 강제로 선양을 받아 황제가 되고 위나라를 개국하였으나 司馬씨 일족의 찬탈로 나라는 망하고 일족은 참살되었다.

司馬懿 역시 조조와 비슷하다. 위나라의 승상으로 권력을 잡고 끝내 그 손자 사마염이 위나라를 엎고 진나라를 세워 천하를 통일하였지만 얼마 지나지 않아 다시 내란이 일어나고 이윽고 五胡十六國時代와 南北朝時代라는 대혼란시대를 불러왔다. 모두 功成而不居 하라는 도에 어긋난 경우이다.

그러나 한편 달리 생각해보면 이들은 모두 권력의 정상에서 내려오기 어려운 소위 騎虎之勢의 입장인지라 만일 권력을 내려놓는다면 그 일족과 일당이 죽음을 도저히 면할 수 없는 상황이었다. 그래서 달리 다른 길을 찾기 어려웠음이 사실이었다. 功成而不居는 왕조시대에는 참으로 어려운 일이었다. 周나라의 周公 旦이 거의 유일한 예외가 아닐까. 그는 어린 조카가 왕(周成王)이 되자 그의 섭정으로 나라를 다스리다가 조카가 성년이 되자 섭정에서 자진하여 물러나고 권력을 평화롭게 조카에게 반환하였으니 말이다. 권력이 선거를 통하여 평화적으로 교체되고, 피의 보복이 뒤따르지 않는, 문자 그대로의, 자유민주주의 시대는 功成而不居할 수 있으니 얼마나 다행한 시대인가.(2017. 5. 20)

②도5 多言數窮

『말이 많으면 해명하기 궁색해지는   多言數窮
때가 자주 생기니
도를 지키느니만 같지 못하다.   不如守中』

*말이 많은 것은 좋지 않다는 뜻이다. 노자는 제23장에서도 希言自然이라고 하여 자연 즉, 도는 말이 없다 라고 하여 말이 많음을 경계하고 있다.

그러나 자기홍보와 설득이 중요함은 과거나 현대나 다 마찬가지 아닌가. 그러니 이 충고는 때와 장소를 잘 가려서 그 수용 여부를 결정해야 한다.(후술 ③ 참조)

③도7 後其身而身先

『성인은 그 몸을 다른 사람의 뒤로   聖人後其身而身先
돌리지만 도리어 제 몸이
남보다 앞서게 되고
그 몸을 아끼지 않지만 도리어   外其身而身存
제 몸이 잘 보존되는데
그것은 私가 없기 때문이 아니겠는가.   非以其無私也
그러므로 도리어 내가 이루어진다.   故能成其私』

*겸손과 양보를 권하는 말이다. 그러나 노자의 본의와는 달리 겸손과 양보가
도리어 유리하다는 영악한 타산에 따른 작전으로 이를 행할 수도 있다. 현실의
세계에서는 종종 있는 일이다.

그러나 도5장의 多言數窮 不如守中과 여기 제7장의 後其身而身先이나 다
음 제8장의 上善若水 모두 그것이 현실에서 효과를 볼 수 있는 있는 경우는 사
실은 제한되어 있다.

현명한 권력자가 자기의 관찰과 판단으로 인재를 선택할 수 있는 경우에는
이러한 처세훈은 모두 효과를 볼 수 있다. 하지만 이것도 권력자가 어리석은 경
우에는 효과가 없다.

한편 국민이 선거를 통하여 적임자를 선택하는 경우에는 이러한 처세술은 대
부분 효과를 보기 어렵다. 국민 또는 대중은 대부분의 경우 후보들의 능력과 인
품에 대한 충분한 정보를 갖기 어렵고 설사 그런 정보를 갖고 있다 해도 이를
제대로 평가할 안목이 부족하다. '民心이 곧 天心이다' 라고 하지만 이것은 정
치인들의 대중에 대한 아첨에 불과할 경우가 많다. 정치적 쟁론에서 자기편의
주장이 정당하다고 내세우기 위한 명분으로 흔히 이용되는 말이다.

그러므로 대중이 선거로 적임자를 뽑는 이러한 상황하에서는 남을 제치고 맨
앞에 나서야 대중의 눈에 띄고, 참이든 거짓이든 우선 말을 많이 해야 똑똑하고
능력 있다고 보이고, 물처럼 부드러운 외양과 자기를 낮추는 겸손한 태도를 보
여야 대중의 호감을 사서 투표에서 선택받을 가능성이 당장은 커진다. 그러니

이런 범위에서는 노자의 이 말을 따르는 것은 효과가 없다고 하겠다.

④도8 上善若水

『道는 사람이 물과 비슷하게 행동해야   上善若水
옳다고 여긴다.

물은 萬物을 이롭게 하면서도 다투지   水善利萬物而不爭
아니해서 좋고

많은 사람들이 싫어하는 곳에도   處衆人之所惡
기꺼이 處한다.

그러므로 도에 가깝다.   故幾於道

(도에 가까운 사람의 경우에는)

그 거소는 (하늘이나 물보다) 땅이 좋고   居善地

마음이 깊은 연못처럼 고요하고   心善淵
깊어서 좋다.

더불어 지내는데 어진 사람과   與善仁
같이 해서 좋고

말은 믿음이 있어서 좋고   言善信

정치는 질서를 세워서 좋고   政善治

일은 능력 있는 사람이 해서 좋고   事善能

움직임은 때를 잘 맞추어서 좋다.   動善時

그러면 다툼이 없어   夫唯不爭

허물이 없다.   故無尤』

*이 章에 대한 해석 문제는 '제2편 해석론 제1장'에서 자세히 설명하였다.
上善若水! 사실 너무도 유명한 말이지만 그 동안 이 구절에 대한 통상의 해
석은 약간 잘못되었다는 나의 생각(上은 道를 의미하고 名詞로서 主語이며 善은
좋아한다는 뜻의 타동사로서 술어에 해당한다는 요지)은 앞에서 이미 말하였다. 아
무튼 물의 부드러움, 자기를 낮춤, 남과 다투지 아니 함, 수시로 형태를 바꿈 등

의 性狀을 道의 모습이라고 비유적으로 설명하고 있다. 맞는 말이라는 생각이 물론 든다. 그러나 그것은 도의 한 측면만을 지적하는 말은 혹시 아닌가. 千變萬化하는 도의 모든 측면을 노자는 과연 모두 파악할 수 있었을까. 노자 스스로도 도를 말로 제대로 표현하기는 어렵다고 하지 않았는가(道可道非常道. 도를 표현하는 말들은 결코 완벽치가 않다). 물을 비유로 들어 도를 묘사한 이 구절은 과연 도의 몇 퍼센트에나 해당할까. 도를 실제로 깨닫지 못한 범인들로서는 참으로 忖度하기 어렵다. 훌륭한 사람의 말이니 우선은 믿어야 하리라. 그러나 비유는 항상 適合性에 한계가 있다는 점만은 분명히 유념하여야 하겠다. 물은 때로는 흐리멍텅하고 우유부단함을 비유적으로 상징하기도 하는데 만일 명철하게 판단하여 단호하게 결단할 상황에 처하여서도 흐리멍텅하고 우물쭈물 결단을 내리지 못한다면 이를 과연 도에 맞는다고 말할 수 있겠는가.(2017. 5. 9)

⑤도9 持而盈之 不如其已

『이미 가지고 있는데 또 채우는 것은　　　持而盈之

그만 두느니만 같지 못하고　　　　　　　不如其已

칼날을 갈아서 너무 날카로워지면　　　　揣而銳之

길이 보존할 수 없다.　　　　　　　　　不可長保

금과 보옥이 집에 가득하면　　　　　　　金玉滿堂

능히 지킬 수 없고　　　　　　　　　　　莫之能守

부귀하여 교만해지면　　　　　　　　　　富貴而驕

스스로 허물을 남기게 된다.　　　　　　　自遺其咎

공을 이루면 물러나는 것이　　　　　　　功成身退

하늘의 도이다.　　　　　　　　　　　　天之道』

*만족함을 알아 더 이상 욕심을 내지 말라는 전형적인 교훈의 하나이다. 많이들 알고는 있으나 실천은 어렵다. 왜냐하면 욕심은 생명의 본질이고 원동력이므로 이것을 버리기는 참으로 어렵다. 욕심을 버렸다느니 마음을 비웠다느니

하는 말을 너무들 쉽게 하는 경향이 있다. 眞情과는 거리가 있는 정치인들의 언행을 모방해서 나오는 현상이다. 특히 행동의 진정을 추구해야 할 젊은이들로서는 조심할 일이다.(2017. 5. 10)

⑥도10 爲而不恃
『만물을 낳고 기르는데　　　　　生之畜之
낳고도 가지지 않으며　　　　　生而不有
하고도 자랑하지 않으며　　　　爲而不恃
키우고도 지배하지 않는다.　　長而不宰』

*도2장에서 이미 나온 말이 반복되고 있다.

⑦도19 見素抱樸
『외양은 소박하게 차리고　　　　見素抱樸
내심은 질박하게 가져라.
사심을 적게 하고 욕심을 줄여라.　少私寡欲』

*몸과 마음 모두를 담백하게 가져라. 그러면 이기심과 욕심이 줄리라.

⑧도22 曲則全
『구부러지면 온전할 수 있고　　　曲則全
욕심이 적으면 얻을 수 있다.　　　少則得』

*상황에 따라 유연하게 굽힐 줄 알면 安身立命할 수 있다.
욕심이 적으면 오히려 많이 얻는 경우도 있다.
曲則全, 좋은 충고이기는 하지만 하늘이 무너져도 정의는 세워야 한다고 말하는 이념 과잉의 연장선에 선다면 동의하기 어려우리라. 그러나 이런 이념과잉은 대개는 작전으로 하는 짓이다. 속셈이 따로 있을 때가 많다.

⑨도23　驟雨不終日

『회오리바람은 하루 아침을 넘기지 못하고　　　飄風不終朝
소나기도 온종일 오는 법이 없다.　　　　　　驟雨不終日』

*부자연스런 일 또는 비정상적인 사태는 오래가지 못한다. 그런 일을 당해서
는 그것이 지나갈 때까지 꾹 참고 기다려야 한다.

⑩도24　自誇者不長

『스스로 뽐내는 사람은 오래가지 못한다.　　　自誇者不長』

*自誇하면 남들은 싫어하고 스스로는 태만해지기 때문이다.

⑪도29　去甚去奢去泰

『성인은 지나침을 피하고　　　　　去甚
사치를 버리며　　　　　　　　　去奢
교만을 떠난다.　　　　　　　　　去泰』

*지나침, 사치, 교만은 모두 도에 어긋나기 때문이다.

⑫도30　果而勿强

『성공했으면 그것으로 됐지 더 이상　　　果而勿强
지나치게 강해지지 말라.
사물이란 지나치게 강성하면　　　　　物壯則老
곧 쇠퇴하게 마련이다.
지나친 强盛은 도가 아니니　　　　　是謂不道
도가 아니면 금방 그쳐야 한다.　　　不道早已』

*物壯則老, 是謂不道, 不道早已의 세 구절은 제55장에도 나온다.

아무튼 성공하면 관성의 법칙에 따라 계속 그 길로 나아가 그 과실을 취득하고 그 성공에 따르는 혜택을 누리려 하는 것이 인간의 심리이다. 성공의 기세를 확장하고자 하는 것이 자연의 법칙이다. 물리학에는 慣性의 법칙도 있다.

관성의 법칙에 맞추어 기세를 확장하려는 것이 자연의 법칙이라면 이런 측면에서는 일단 성공하면 그 길로 계속 나아가 성공의 결과를 누리려 함은 자연스러운 일로 도에 합치한다고 볼 수 있다.

그러나 노자는 다른 곳에서 말하였다. 즉 되돌아 오는 움직임, 이것이 바로 도의 움직임(도40장 反者 道之動) 이라고. 또 말하였다. 커지면 떠나고 떠나면 멀어지고 멀어지면 바뀐다(도25장 大曰逝 逝曰遠 遠曰反) 라고. 그렇다면 성공하더라도 그 결과를 오래 누리려 하지 말고 너무 늦기 전에 적당한 때를 보아 물러나야만 도에 맞으리라.

어느 때가 적당한 때인가. 頂上을 지나면 내리막길이듯 성공의 정점을 지나면 도는 떠나기 시작한다. 그러므로 道에 따라 勢가 떠나기 전의 시점이 스스로 물러나는 적당한 때라고 하겠다. 왜냐하면 勢에 밀려 떠나기보다는 스스로 떠나는 행동이 더 영광스럽고 보기 좋기 때문이다. 어쩌면 정상에서 오래 머물지 않고 스스로 정상에서 빨리 떠나기 보다는 아예 정상에 오르지 말고 정상의 아래에서 오래 머무는 처신이 더 좋을지도 모른다. 그러나 정상의 아래 위치에서도 그렇게 한없이 오래 머물 수는 없을 터이니 과연 어느 선택이 더 유리할까? 알지 못케라.(2017. 5. 14)

⑬도33 自知者明

『남을 아는 사람은 지혜롭고	知人者智
자기를 아는 사람은 밝으며	自知者明
남을 이기면 힘이 세지만	勝人者有力
자신을 이긴다면 더욱 강한 사람이다.	自勝者强
만족할 줄 알면 그것이 바로 부유함이고	知足者富
도를 힘써 행하는 사람은 도를	强行者有志

지키려는 뜻이 있는 사람이다.

자신의 분수를 잃지 않으면   不失其所者久

오래 누릴 것이요,

비록 죽었어도 그 이름이 잊혀지지   死而不亡者壽

않으면 장수하는 셈이다.』

*亡은 忘과 통한다. 그러므로 도를 깨달아 힘써 지켜 이름이 남으면 영원히 사는 셈이다.

不亡을 '얼이 없어지지 않는다', '死力을 다하여 생의 길을 찾는 노력을 그치지 않는다', '몸은 죽어도 도가 생겨나는 이치는 없어지지 아니한다' 등으로 새기는 견해도 있다. 비록 뜻은 그러할지라도 일단은 '비록 죽었어도 그 이름이 잊혀지지 않으면' 이라고 풀어보면 이해에 더 도움이 되지 않을까?

(2017. 5. 12)

⑭도36 謀略兵法

『장차 줄이려 하거든   將欲歙之

반드시 먼저 넓게 펴주어라.   必固張之

장차 약하게 만들려면   將欲弱之

반드시 먼저 강하게 해주어라.   必固强之

장차 무너뜨리고자 하면   將欲廢之

반드시 먼저 일으켜주어라.   必固擧之

장차 빼앗고자 하면   將欲奪之

반드시 먼저 주어라.   必固與之

이것을 일러 치밀한 계획을 교묘하게   是謂微明

숨긴다고 한다.

겉으로 부드럽고 약한 척 해야 굳세고   柔弱勝剛强

강한 척 뻐기는 자를 이긴다.

물고기는 연못을 벗어나지 말아야 하고   魚不可脫於淵

나라의 날카로운 무기는	國之利器
이를 남에게 보여서는 안 된다.	不可以示人』

*魚不可脫於淵은 군주가 그 권력을 남에게 내주거나 빌려주어서는 안 된다는 뜻이고, 國之利器不可以示人에서 國之利器는 단순히 뛰어난 무기라기 보다는 군주가 가진 生死與奪과 賞罰의 권한 및 그 행사의 요령이나 술책을 가리킨다고 볼 수도 있다.

여기 나오는 노자의 말들은 노자가 兵家의 元祖로 추앙받는 이유를 알게 해주는 대목들이다.

상대를 제압하기 위해서는 치밀한 계획을 숨긴 채 오히려 반대로 상대를 도와주는 행동을 해서 상대를 안심시킨 뒤 상대가 방심한 틈을 타서 불의에 상대를 공격해라.

나는 겉으로는 부드럽고 약한 척 하면서 실제로는 상대보다 강한 힘을 길러 놓고 그러면서 상대를 나보다 강하다고 계속 추켜세워 상대가 교만해져 방심하거든 그 틈을 타서 공격하면 이긴다.

자기가 상대를 제압할 수 있는 유리한 상황과 기회를 놓치지 말라.

상대를 제압할 수 있는 자기의 뛰어난 수단과 힘을 결전의 시간이 올 때까지 상대가 알지 못하게 잘 감추어 두어라. 대략 이런 취지이다. 가히 모략의 진수를 보여준다.

匈奴의 최전성기를 만들어 대제국을 건설한 묵돌선우는 그의 집권 초기에 東胡의 추장이 천리마를 달라고 하고 이어 묵돌의 애첩까지 달라고 요구하자 신하들의 반대를 무릅쓰고 그 요구를 모두 선선히 들어주었다. 묵돌이 아직 기반을 튼튼히 하지 못한 때에 트집을 잡아 공격할 구실을 만들려고 하는 상대를 안심시키고 자기를 약하게 보이기 위해서였다. 얼마 후 묵돌이 은밀하게 기반을 다지고 병력을 갖추었을 때 이를 알지 못한 동호의 추장이 다시 국경 근처의 땅을 내놓으라고 하자 이번에는 묵돌이 한밤을 틈타 동호를 기습하고 그 왕을 사로잡아 목을 베고 그 두개골을 자기의 요강으로 삼았다고 한다. 상대가 원하는 것을 주어 그를 안심시킨 뒤 기습으로 상대를 제압하고 원하는 것을 뺏어온 실례의 하나이다.(2017. 5. 18)

⑮도39 至譽無譽

『최고의 명예를 받을 만한 사람은   至譽無譽
세상 사람들이 명예로운 사람이라고
일컫는 일이 없다.

아름다운 옥처럼 빛나려 하지 말고   不欲琭^록琭如玉
흔하디 흔한 돌처럼 평범하여라.   珞^락珞如石』

*대단히 높은 德의 경지가 아닐까 싶다.
도42장과 56장에 나오는 和其光 同其塵과 같은 뜻이리라.

⑯도41 大器晚成

『상류 인사는 도를 들으면   上士聞道
부지런히 실행하고   勤而行之
중류 인사는 도를 들으면   中士聞道
있을까 없을까 반신반의하고   若存若亡
하류 인사가 도를 들으면   下士聞道
크게 비웃는다.   大笑之
밝은 길은 어두운 것 같고   明道若昧
나아가는 길은 물러가는 것 같고   進道若退

평탄한 길은 울퉁불퉁한 것 같고   夷道若纇^뢰
높은 덕은 빈 골짜기 같고   上德若谷
아주 깨끗한 것은 더러운 것 같고   大白若辱
넓은 덕은 부족한 것 같고   廣德若不足

강건한 덕은 나태한 것 같고   建德若偸^투

진실한 덕은 텅 빈 것 같다.	質德若渝 ^투
큰 공간은 모퉁이가 없고	大方無隅
큰 그릇은 어떤 고정된 모양을 이루는 일이 없고	大器晚成
큰 소리는 귀에 들리지 않고	大音希聲
도는 형체가 없다.	大象無形
도는 숨어 있어 이름이 없다.	道隱無名』

*해석상의 문제에 대하여는 '제2편 해석론 제3장'에서 이미 말하였다.

無限大로 큰 것은 어디를 중심이라 할 수도 없고 어디를 구석이라 할 수도 없고 어떤 모양이라 할 수도 없고 어떤 소리라고 할 수도 없다. 도는 숨어 있어 보통 사람은 알기 어렵고 겉보기와 실제는 반대인 경우가 많다.

處世訓으로서는 겉만 보고 가벼이 판단해서는 속거나 틀릴 수가 있으니 신중히 판단해야 할 때가 있다는 의미가 되리라.

⑰도42 萬物負陰而抱陽

『만물은 음을 등에 지고 양을 껴안고 있어	萬物負陰而抱陽
사물은 손해를 보는 것이 이익이 되기도 하고	物或損之而益
혹은 이익을 보는 것이 손해가 되기도 한다.	或益之而損
강포한 사람은 제 명에 죽지 못한다.	强梁者不得其死』

*매사 양면성이 있음을 유의하라. 강포하지 말라.

⑱도43 至柔勝至堅

『천하에 가장 부드러운 것이	天下之至柔

천하에 가장 강한 것을 부린다.　　　　馳騁天下之至堅

형체가 없으니 틈이 없는 곳도 들어간다.　無有入無間

그래서 나는 무위의 유익함을 안다.　　吾是以知無爲之有益』

*부드러움이 강함을 이긴다는 주장의 반복이다. 楚漢戰爭에서 강한 힘을 가진 力拔山 氣蓋世의 項羽가 부드러운 외양의 건달 劉邦에게 패한 것이 그 예가 될 것이다. 어찌 그것만이 승패를 좌우했겠는가 만은 일견 그럴듯한 예가 될 만하다.

⑲도44 知足不辱 知止不殆

『명예와 몸의 안전 중 어느 것이　　　　名與身孰親
더 소중한가.

몸의 안전과 재물 중 어느 것이　　　　身與貨孰多
더 소중한가.

얻음과 잃음 중 어느 것이 더 해로운가.　得與亡孰病

그러므로 심하게 애착하면 반드시　　　是故甚愛必大費
크게 허비하고

재물을 많이 간직하면 반드시　　　　　多藏必厚亡
크게 잃는다.

만족할 줄 알면 욕되지 않고　　　　　知足不辱

그칠 줄 알면 위태롭지 않아　　　　　知止不殆

오래도록 편안할 것이다.　　　　　　可以長久』

*무엇이든 욕심을 줄이면 안전하고 편안하다.

⑳도45 大成若缺

『크게 이루어진 것은 오히려 어딘가　　大成若缺

좀 모자란 듯 보이지만

그 쓰임은 다 떨어지는 일이 없고   其用不弊

크게 충만된 것은 오히려 비어있는 듯   大盈若沖
보이지만

그 쓰임은 막히는 일이 없고   其用不窮

크게 곧은 것은 오히려 굽은 듯 보이고   大直若屈

크게 교묘한 것은 오히려 서투른 듯   大巧若拙
보이고

크게 말을 잘 하는 사람은 오히려   大辯若訥
말을 더듬는 것처럼 보인다.

고요함은 시끄러움을 이기고   靜勝躁

추위는 더위를 이기니   寒勝熱

맑고 고요함이 천하의 올바른 길이다.   淸靜爲天下正』

*大成, 大盈, 大直, 大巧, 大辯은 모두 도에 통한 상태를 상징한다. 도에 통한 사람은 그 행동이나 모습이 오히려 반대로 부족한 듯 보이고 조용하며 고요하다.

그러므로 우리들 범인으로서는 부족한 듯 보이고 조용하며 고요한 사람을 정말 부족한 사람으로 여겨 가볍게 보지 않도록 주의하여야 하리라. (2017. 5. 14)

㉑도46 知足之足 常足

『불행은 만족을 모르는 마음보다 더   禍莫大於不知足
큰 것이 없고

허물은 얻고자 탐내는 마음보다 더   咎莫大於欲得
큰 것이 없다.

그러므로 만족의 만족스러움을
알아야 언제나 만족하게 된다.   故知足之足 常足』

*만족을 알고 더 이상 욕심을 내지 않아야 불행을 막고 허물을 짓지 않을 수 있다.

그러나 어느 선에서 더 이상의 욕심을 내지 않고 그 상태에 만족해야 하는가. 그 한계는 어디인가. 沮止線은 어디인가. 알 수 없다. 현재 내게 무리 없이 자연스럽게 허용되는 線? (2017. 5. 13)

危機는 무리 없이는 돌파할 수 없는 경우가 많다는 점, 사람은 욕망의 덩어리이고 욕망은 생명의 원동력이라는 점, 크고 작은 욕망이 문명을 이끌어온 발전의 원동력이라는 점 등을 고려한다면 무리하지 않고 현재에 만족해서는 발전은 차치하고 생명과 안전조차 지킬 수 없는 때가 있다. 어떻게 해야 하나.

결국 도를 통하지 못한 범인들로서는 상식에 따라 실용주의적인 中道의 선에서 해결하여야 한다. 즉, 평상시에는 ㉠무리하지 말고 ㉡다른 사람에게 해를 끼치지 말고 ㉢천천히 ㉣현재 자기 능력으로 할 수 있는 선까지만 ㉤하고 싶은 일과 하여야 할 일을 하는 마음 자세를 가져야 한다.

한편 자기나 일정한 타인의 생명과 안전에 위협을 받는 위기의 경우라면 그 극복을 위하여 ㉠다른 사람에 대한 피해를 최소화하는 범위에서 ㉡신속하게 ㉢생각나는 모든 일을 해야 하고 ㉣위기가 지나면 즉시 평상시로 복귀하여야 한다. 말로는 이렇지만 실제의 상황에서 이런 기준대로 행동하기는 어려운 일이다.(2017. 5. 14)

㉒도50 善攝生

『들건대 섭생을 잘 하는 사람은   蓋聞善攝生者

육지를 다녀도 외뿔소나 호랑이를   陸行不遇 兕虎
만나지 않고

전쟁터에서도 병장기에 상하지
않는다고 한다.   入軍不被兵甲』

*도에 따라 養生을 잘 하여 도에 통한 사람은 위험한 일을 당하지 않는다는

말인데 범인으로서는 시험하여 경험해볼 수 없는 일이다.

㉓도51 爲而不恃

낳고도 소유하지 않고	生而不有
하고도 자랑하지 않고	爲而不恃
기르고도 지배하지 않는다.	長而不宰
이를 그윽한 덕이라 한다.	是謂玄德

*반복되는 가르침이다.

㉔도52 塞其兌 終身不勤

『욕망의 구멍을 막고	塞其兌^색
욕망의 문을 닫으면	閉其門
평생토록 근심이 없다.	終身不勤
욕망의 구멍을 열고	開其兌
욕심을 부려 일을 더 하면	濟其事
종신토록 구제받지 못한다.	終身不救
부드러움을 지키는 것이 强이다.	守柔曰强』

*욕망을 끊으라는 거듭된 충고. 부드러움의 예찬.
부드러움이 필요함은 틀림없으나 때로는 강함도 필요하다. 그러므로 能柔能强하여야 하리라.

㉕도56 和光同塵

『아는 자는 말하지 않고	知者不言
말하는 자는 알지 못한다.	言者不知
빛을 부드럽게 하고	和其光
티끌 속에 섞인다.	同其塵』

*제대로 도를 통한 사람은 그것을 실행하기에 바빠 말할 겨를이 없고 도를 통하지 못한 사람은 자기를 과시하려 쓸데없이 말하기에 바빠 점점 도에서 멀어진다.

도를 통한 사람이나 크게 성공한 사람은 원래 화려하게 빛이 나게 되어 있다. 그야말로 각광을 받기에 바쁘다. 그러나 그 빛을 부드럽게 하고서 낮은 세상의 티끌에 함께 섞이어 그 빛을 감추어야 한다. (和其光 同其塵)
이 和其光 同其塵의 두 구절은 도4장에도 나오는 너무도 유명한 말이다. 보통은 和光同塵이라고 줄여 인용한다. 득도한 사람의 경지라고 한다. 조금 도에 근접하거나 약간 성공한 사람들이 본받아야 할 자세라고 사람들이 말한다.
현실에서는 사람들 눈을 속이려고 하는 정치인이나 종교인들이 가끔 쓰는 수법이기도 하다.

㉖도58 禍福相倚 光而不燿

『불행이여, 복이 옆에 기대어 있구나.　　禍兮福之所倚
복이여, 불행이 그 속에 숨어 있구나.　　福兮禍之所伏

곧다고 멋대로 하지 말고　　　　　　　　直而不肆

빛난다고 남을 눈부시게 하지 말라.　　　光而不燿』

*화와 복은 언제 어떻게 반대로 바뀔지 알 수 없으니 불행하다고 너무 좌절하지 말고 용기를 가지고 이겨내야 한다. 복이 많다고 너무 교만하지 말고 겸손하게 근신하여야 한다.
자기가 옳다고 해서 너무 방자하게 굴면 남들이 시기하고 싫어해서 배척받거나 해침을 당한다. 또는 자기가 지금은 옳다고 여기는 일도 그것이 나중에 어떻게 잘못이라고 밝혀질지도 모른다. 그러니 옳다고 해서 그것을 믿고 너무 방자하게 굴지 말고 항상 근신하여야 한다.
자기가 성공하여 화려하게 빛을 낼 수 있다고 해도 언제 다시 실패하여 어둠에 잠길지 모르고, 성공했다고 해서 화려함을 지금 너무 자랑하면 남들이 시기하고 불편해 하여, 자기를 멀리하거나 덮어버리거나 해치려드니 항상 삼가야 한다.

㉗도63 大小多少 報怨以德

『작은 것을 크게 여기고 적은 것을   大小多少
많게 여기며
원한을 덕으로 갚는다.   報怨以德
어려운 일은 그것이 아직 쉬울 때   圖難於其易
도모하며
큰 일은 그것이 아직 微細할 때   爲大於其細
처리한다.
천하의 어려운 일은   天下難事
반드시 쉬운 데서부터 벌어지고   必作於易
천하의 큰 일은   天下大事
반드시 미세한 데서부터 일어난다.   必作於細
무릇 가벼운 승낙은 필히 믿음이 덜 가고   夫輕諾必寡信
많이 쉬운 일은 반드시 어려움이   多易必多難
많아진다.
그러므로 성인은 쉬운 일을 오히려   是以聖人猶難之
어렵게 여긴다.
고로 끝내 어려움이 없다.   故終無難矣』

*㉑다른 사람이 나에게 갖는 작은 원한을 그대로 두어두면 그것이 점차 쌓이고 자라서 큰 원한으로 발전할 수 있다. 그러므로 나는 그의 원한을 덕으로 갚아 그것이 더 크게 발전하지 않도록 막아야 한다.

내가 남에게 갖는 작은 원한도 그대로 두면 점점 쌓여서 더 커지는 수가 있다. 그러므로 일찌감치 이를 용서하거나 잊어버려 더 커질 소지를 없애버리는 것이 좋다. 그렇지 않으면 내게 원한을 입힌 그 사람이 오히려 이를 의식하고 보복을 걱정한 나머지 나에게 새로운 危害를 입힐 수가 있다. 그러니 타인이 내게 입힌 작은 원한도 이를 잊거나 용서하거나 오히려 더 잘 베풀어줄 필요가 있는데 이렇게 하는 행동은 결국 덕으로 원한을 갚는 셈이 된다.

만일 "눈에는 눈, 이에는 이" 하는 식으로 보복을 한다면 원한을 계속 주고 받게 되어 분쟁이 그칠 날이 없다. 이런 보복의 되풀이를 막는 데는 이덕보원이 필요하다.

⑭그런데 공자는 以直報怨이라고 말하였다.(論語 14-34)

노자의 말과 많이 다르다. 노자의 말은 利害打算과 計算의 결과에서 나온 정책적 발언이다. 간단히 말해 덕으로 원한을 갚는 것이 뒤탈이 없어 유리하다는 것이다. 한편 공자의 말은 有, 不利를 따지지 않은 도덕적 판단에서 나온 말이다. 오늘날로 말한다면 정직하게 사법절차에 맡기고 그 결론에 승복하는 태도 등이 이직보원에 해당하리라. 간단히 말하면 법대로 하라는 가르침이다. 개인을 위해서는 노자의 말이 유리하고 사회를 위해서는 공자의 말이 옳다. 有不利와 勝負를 중시하는 책략가들과 병법가들이 노자를 따를 수밖에 없는 이유가 이런 데서도 발견된다.

⑮요점은 작은 것이 크게 변한다는 데 있다.

모든 작은 일은 그대로 없어지는 수도 있지만 더 커지는 수도 있다. 적은 量도 더 적어져 없어지기도 하지만 반대로 점점 더 불어나 많아지는 수도 있다. 그 작은 일, 그 적은 양이 어렵고 해로운 일이라면 그것이 작거나 적은 양이라 하여 무시하지 말고 더 커지기 전에, 더 많아지기 전에, 처리하고 해결하여야 한다. 작은 때에는 별로 힘들이지 않고 처리할 수 있는 일이 나중에 커진 뒤에는 그 해결에 엄청난 큰 노력이 필요하거나 심지어는 해결이 불가능할 경우도 있기 때문이다. 이른바 호미로 막을 일을 가래로도 막지 못하는 사태가 벌어질 수 있다. 반대로 그냥 놓아두면 시간이 가면서 저절로 없어질 수도 있는데 해결한답시고 공연히 잘못 건드렸다가 더 일이 커지는 수도 있다. 속담에 긁어 부스럼이라는 말도 있지 아니한가.

그러니 문제는 그 작은 일 또는 적은 양이 장차 어떻게 발전할 지 즉, 없어질지 아니면 더 커지거나 많아질지를 알아내는 능력이다. 聖人이 아니면 어려울 터이다. 점쟁이가 아는 수도 있겠지만 믿을 수 없다.

결국 보통 사람으로서는 경험에 비추어 보거나, 맑은 정신으로 예리하게 관찰하여 신중하게 생각하는 수밖에 없다. 다음 도64장에 나오는 "싹트기 전에 처리하고 뒤틀리기 전에 다스린다."(爲之於未有 治之於未亂)는 말도 같은 뜻이다. 도64장의 이 말은 원래는 도63장 중에 나와야 할 말인데 후세에 잘못 편집되어 도64장에 들어간 듯하다.(2017. 5. 16)

㉘도64 愼終如始

『사람들이 일을 할 때   民之從事
항상 거의 다 되어 갈 때에 실패한다.   常於幾成而敗之
끝을 삼가기를 처음처럼 한다면   愼終如始
실패하는 일이 없다.   則無敗事』

*거의 다 돼서 잠깐 방심하는 사이에 실패한다면 너무 아깝지 아니한가.

㉙도66 善下之

강과 바다가 모든 하천의 왕자가   江海所以能爲百谷王者
될 수 있는 까닭은
아래에 머물기를 잘 하기 때문이다.   以其善下之』

*겸손의 강조이다. 범인으로서는 취하기 어려운 행동이다. 삼국지연의에 나오는 유비의 三顧草廬 같은 것도 이에 해당하리라.

㉚도67 不敢爲天下先

『나에게 세 가지 보배가 있다.   我有三寶
하나는 자애이고   一曰慈
둘째는 검약이고   二曰儉

셋째는 감히 천하의 앞에	三曰不敢爲天下先
서지 않는 처신이다.	
자애로우므로 용감할 수 있고	慈故能勇
검약하므로 널리 베풀 수 있고	儉故能廣
감히 천하에 앞서지 않으므로	不敢爲天下先
만물의 으뜸이 될 수 있다.	故能成器長』

*㉮"자애로우므로 용감할 수 있다"는 말은 위기에 처한 사람의 생명을 불쌍히 여겨 자기 몸을 돌보지 않고 그 사람을 구하려고 위험을 무릅쓰는 그런 사람의 용기를 두고 하는 말이리라.

㉯"검약하므로 널리 베풀 수 있다"는 말은 검약을 통해 재물을 많이 모으고 그 모은 재산으로 널리 사람들에게 베풀 수 있음을 두고 하는 말일 터이니 쉽게 그 말의 뜻을 이해할 수 있다.

㉰"不敢爲天下先하면서 오히려 만물의 으뜸이 된다"고 하니 不敢爲天下先은 전술적 조치로서의 효용을 갖는 셈이다.

도7장 중에서 이미 後其身而身先이라고 말하지 않았던가.

"聖人은 그 몸을 다른 사람의 뒤로 돌리지만 도리어 제 몸이 남보다 앞서게 된다(聖人後其身而身先)"라고 하였으니 그렇다면 不敢爲天下先은 대단한 효용을 갖는 전술일시 분명하다.(2017. 5. 16)

㉛도69 禍莫大於輕敵

『적을 가볍게 보는 것보다

더 큰 재앙은 없다.　　　　　　禍莫大於輕敵』

*兵法 제1조라고 할만큼 중요한 원칙이다. 輕敵必敗라고 하지 않는가. (2017. 5. 18)

㉜도70 被褐懷玉

『성인은 겉에는 굵은 베옷을 걸쳤지만
속에는 옥을 품고 있다. 聖人被褐懷玉』

*겉보기에는 허름해도 실제로는 높은 도를 깨달아 간직한 훌륭한 사람도 있는 법이다. 겉만 보고 사람을 판단해서는 틀릴 수 있다.(2017. 5. 18)

㉝도71 知不知上

『도를 알면서도 알지 못한다고 知不知上
여기는 것이 가장 좋고
도를 모르면서도 아는 척 하는 것은
병이다. 不知知病』

*㉮도를 알면서도 알지 못한다고 여기는 사람은 더욱 알기 위해서 분발할 것이고 또한 제대로 알지 못한다고 여겨 늘 겸손하게 행동하게 되니 그래서 가장 좋다고 할 수 있다.

그러나 모르면서도 아는 척 하는 것은 물론 병통이다.

㉯한편, 知不知上을 '알면서도 모르는 척 해야 가장 좋다' 라고 해석하는 견해도 있다. 만일 그 해석이 옳다면 왜 知不知를 최고라고 하는가? 속임수를 단순히 좋다고 하는 말은 아닐 터인데 무슨 이유인가. 좋게 생각하면 이렇다. 도라고 하는 것이 원래 끝이 없어 영원히 알 수 없는 것이니 어찌 도를 완전히 알았다고 말할 수 있겠는가. 완전히 알았다고 한다면 그것은 착각일시 분명하다. 그러므로 아직 다 알지 못한다고 여기고 계속, 끊임없이 정진하여야 한다. 이와 같이 이해한다면 이것은 매우 좋은 일이다.

㉰다른 한편 이 말을 나쁘게 생각하면, 알면서도 모른다고 하여 상대를 속여야 상대가 착각에 빠지고 그래야 내가 안전하고 상대를 내 생각대로 움직일 수 있다는 뜻일 수도 있다. 상대와 生死를 겨루는 경우가 아니라면 이렇게 속임수를 쓰는 행동은 원칙으로는 나쁜 일이다.

㉒또 한편 생각해보면 여기서 알았다고 하는 대상이 道라고 단정하기는 어렵다. 노자는 이 책에서 도에 대하여 주로 강론했으므로 이 부분에서도 도에 대해 말했으리라고 추론하는 해석은 그럴 듯은 하다. 그러나 이 문장 자체에는 도라고 지적한 바가 전혀 없다. 따라서 도가 아닌 속세의 세상살이 일반에 대하여 이 말을 했다고 한다면 어떻게 될까?

어떤 일을 알면서도 모른다고 해라 라고 했어도 항상 그렇게 하라는 뜻은 물론 아님이 분명하다. 경우에 따라서 모른다고 해야 좋을 때는 그렇게 하라는 뜻일 터인데 그렇다면 이 말은 별다른 의미가 있는 가르침에는 해당하지 않는다. 왜냐? 알면서도 모른다고 말하는 행동이 좋을 때는 언제인가, 그것은 무엇을 기준으로 판단하는가 라고 하는 일반적인 도덕문제에 이것은 귀착하기 때문이다. 결국 도에 대해 말했다고 보아야 한다.

㉞도74 夫代大匠斲^착者

『대개 목수 대신 나무를 깎는 사람치고   夫代大匠斲^착者
손을 다치지 않는 사람이 드물다.   希有不傷其手矣』

*권력자를 대신하여 다른 사람을 해치우는 것은 마치 뛰어난 목수를 대신하여 서툴게 나무를 깎다가 손을 다치는 것과 같다.

漢 景帝 때 어사대부 晁錯^조이 황제를 위하여 제후들의 영지를 축소하는 削藩을 주장, 시행하다가 제후들이 반란(소위 7국의 亂)을 일으키자 경제가 우선 이를 무마할 목적으로 조착을 사형에 처하여 희생시킨 일 등이 이에 해당하리라.

㉟도76 木强則折

『사람이 살아서는 부드럽고 약하지만   人之生也柔弱
죽어서는 뻣뻣해지고 굳어진다.   其死也堅强
그러므로 굳고 강함은 죽음의 무리요   故堅强者 死之徒
부드럽고 약함은 삶의 무리이다.   柔弱者 生之徒

그러므로 군대가 강하면   是以兵强則不勝
이기지 못하고
나무가 강하면 부러진다.   木强則折』

*柔勝强을 비유를 들어 설명한다. 兵强은 강하다고 오만을 부리는 軍隊를
말한다.

㊱도78 天下莫柔弱於水

『천하에 물보다 더 부드럽고   天下莫柔弱於水
약한 것은 없다.
그러나 굳고 강한 것을 치는 데 있어 而攻堅强者
능히 물보다 나은 것이 없다.   莫之能勝
약함이 강함을 이기고   弱之勝强
부드러움이 굳셈을 이긴다.   柔之勝剛』

*반복되는 부드러움의 예찬(2017. 5. 19)

㊲도79 天道無親

『덕이 있는 사람은 채무자처럼   有德司契
남에게 주는 일을 하고
덕이 없는 사람은 세금을 걷는   無德司徹
사람처럼 남에게 받는 일을 한다.
하늘의 도는 사사롭게 누구를   天道無親
사랑하지는 않지만
언제나 착한 사람을 도와준다.   常與善人』

*司契는 계약상의 채무자 역할이고 司徹은 세금의 관장자이다.
도가 항상 착한 사람을 도와준다고 말하는 데에서 노자의 가르침이 종교로

발전하는 단서의 하나를 볼 수 있다.

㉚도81 天之道 利而不害

『믿을 수 있는 말은 아름답지 아니하고　　信言不美
아름다운 말은 믿기 어렵다.　　　　　　　美言不信
착한 사람은 말이 화려하지 않고　　　　　善者不辯
말이 화려한 사람은 착하지 않다.　　　　辯者不善
깊이 아는 자는 널리 알지 못하고　　　　知者不博
널리 아는 자는 깊이 알지 못한다.　　　　博者不知
성인은 재물을 모아두지 아니하고　　　　聖人不積
이미 남을 위해 다 썼건만　　　　　　　旣以爲人己餘有
자기는 여유가 있고
이미 남에게 다 주었건만　　　　　　　旣以與人己愈多
자기는 더욱 많아졌네.
하늘의 도는　　　　　　　　　　　　　天之道
이로울지언정 해롭지 아니하고　　　　　利而不害
성인의 도는　　　　　　　　　　　　　聖人之道
위해줄지언정 다투지 않는다.　　　　　爲而不爭』

(2017. 4. 23)

*전반부는 사람이 그 겉보기와 속이 다를 수 있음을 경고한 말이다.

　후반부 聖人不積 이하는 道 그리고 道를 터득한 聖人이 사람을 이롭게 한다
는 말이다. 맨 앞의 도5장에서 天地不仁 聖人不仁이라고 한 선언과는 정반대
의 결론을 내렸다. 天地不仁 聖人不仁이지만 도를 터득하여 도를 따르고 도를
실행하는 사람들은, 도79장에서 말한 바처럼 비록 天道無親이지만 常與善人
하므로, 해를 받지 않고 이롭게 된다고 하는 뜻이리라.

　노자는 도덕경의 첫머리에서 道可道非常道라고 하였다. 생각해보면 지극히
옳은 말이다. 그러나 처음에 들으면 무슨 말인지 알쏭달쏭하고 조금 더 있다 보

면 신비스런 느낌을 받는다. 그러다 결국 도덕경의 끝머리에 와서는 "하늘의 도(天之道)는 이로울지언정 해롭지 아니하고(利而不害) 성인의 도(聖人之道)는 위해줄지언정 다투지 않는다(爲而不爭)."라고 선언하여 사람들에게 희망을 가지고 道에 귀순하도록 권한다. 그러므로 노자의 가르침이 道敎라고 하는 종교로 후세에 발전하게 된 所以를 여기서도 찾아볼 수 있다. (2017. 5. 20)

(나) 핵심
노자 처세도의 핵심은 다음 몇 가지이다.

① 몸과 마음을 부드럽게 가져라.

많은 정치인과 일부 종교인들이 늘 미소를 짓는 이유이기도 하다. 그러나 때때로 사람들이 웃음 속에 칼을 감추고 있고(笑裏藏刀), 말은 꿀 같은데 뱃속에는 칼을 숨기고 있다(口蜜腹劍).

② 속여라.

손자병법을 해설한 중국의 리링 교수에 의하면 속이는 것은 兵法의 유일한 규칙이라고 한다. 그러나 덮어놓고 아무데서나 함부로 속이는 짓을 하면 敗家亡身할 뿐이다.

③ 겸손해라

道는 물처럼 낮은 곳으로 흐른다.

④ 변해라

부드러운 물은 펄펄 끓기도 하고 싸늘하게 얼기도 한다.

⑤ 승부에서 이기면 관대하라.

영국의 처칠 수상이 그의 제2차 세계대전 회고록의 맨 앞장에 쓴 글귀 중의 하나이기도 하다.

제2장 聖人의 모습
도를 제대로 깨달아 실천하는 사람을 聖人이라고 부르는데 그 모습을 묘사한 노자의 말 가운데 대표적인 것 몇 장을 모았다.

(가) 도4 和光同塵

빛을 부드럽게 낮추고 和光同塵
세속에 함께 섞인다.

(나) 도8 上善若水

성인의 자세는 물과 같다. 上善若水

(다) 도15 若冬涉川

옛날에 도를 잘 행하는 성인은 古之善爲道者
미묘하고 그윽히 통하여 微妙玄通
그 깊이를 헤아릴 수 없다. 深不可識
대저 헤아릴 수 없으므로 夫唯不可識
억지로 그것을 형용하려 한다. 故強爲之容
삼가기는 마치 겨울의 언 강을 豫兮若冬涉川
건너는 듯 머뭇거리고
조심하기는 마치 사방의 이웃을 猶兮若畏四隣
두려워하는 듯 하고
공손하기는 마치 손님과도 같고 儼兮其若客
푸석푸석 흩어지기는 마치 얼음이 渙兮若冰之將釋
풀리려 하는 것과 같고
질박하기는 마치 다듬지 않은 敦兮其若樸
원목과 같고
텅 비어 있기는 마치 깊은 曠兮其若谷
계곡과 같고
흐리멍텅하기는 마치 탁류와 같다. 混兮其若濁
이 도를 지니고 있는 사람은 保此道者不欲盈
가득 채우려 하지 않는다.

(라) 도16 致虛極

虛에 이르기를 지극히 하고	致虛極
靜을 지키기를 돈독히 한다.	守靜篤

(마) 도20 我獨泊兮

나 홀로 담박하여 욕망의 조짐도 없으니	我獨泊兮其未兆
갓난아이가 아직 웃을 줄 모르는 것과 같다.	如嬰兒之未孩
지치고 게으른 모습은 돌아갈 곳이 없는 듯하다.	儽儽兮若無所歸
많은 사람들이 다 여유가 있는데	衆人皆有餘
나만 부족한 듯하다.	而我獨若遺
내 마음은 어리석구나.	我愚人之心也哉
흐리멍텅하도다.	沌沌兮
세상 사람들은 밝고 환한데	俗人昭昭
나 혼자 어둡고	我獨昏昏
세상 사람들은 밝고 자세한데	俗人察察
나만이 희미하구나.	我獨悶悶
담박하기 바다와 같고	澹兮若其海
막힘이 없듯 높은 데 부는 바람이로다.	飂兮若無止
사람들은 모두 일이 있어 부산한데	衆人皆有以
나 홀로 둔하고 촌스럽구나.	而我獨頑且鄙
나 홀로 남들과 달리	我獨異於人
식모 즉 도를 귀하게 여긴다.	而貴食母

(바) 도41 大方無隅

큰 네모는 너무 커서 끝이 어디인지　　大方無隅
알 수 없으므로 마치 모서리가 없는
듯하고

큰 그릇 즉, 道는 너무 크고 넓고　　大器晩成
깊고 다양한 쓰임새라 어떤 일정한
형태나 용도에만 맞게 고정된
형태나 내용으로 만들어지지
않는다(이루어지는 일이 없다).

큰 소리는 너무 커서 오히려　　大音希聲
사람의 귀에는 들리지 않는 듯하고

큰 형상은 너무 커서 끝과 가(갓)를　　大象無形
알 수 없으니 마치 형태가
없는 듯하다.

*여기의 大方, 大器, 大音, 大象 등은 모두 道를 상징할 뿐만 아니라 한 걸음 더 나아간다면 道를 깨달아 體現한 사람 즉, 성인을 동시에 상징한다.

(사) 도45 大辯若訥

크게 이루어짐은 마치 모자라는 듯하고　　大成若缺
크게 가득참은 마치 빈 듯하고　　大盈若沖
크게 교묘함은 마치 서투른 듯하며　　大巧若拙
크게 잘 하는 말은 마치 어눌한 듯하다.　　大辯若訥

*여기의 大成, 大盈, 大巧, 大辯 등도 모두 도 또는 성인을 상징한다.

(아) 도58 光而不耀

곧지만 멋대로 하지 않는다.   直而不肆

빛나지만 남을 눈부시게 하지 않는다.   光而不耀

(자) 도70 被褐懷玉

그러므로 성인은 겉에는 베옷을   是以聖人被褐懷玉

걸쳤지만 속에는 옥을 품고 있다.

*영화나 드라마에 많이 나오는 도사나 도승의 모습이다. 여기의 玉은 道를
상징한다.

제4편

국가론

治國에 관한 것도 한번 모아본다.

뒤에서 자세히 말하겠지만 이 부분은 대개는 비현실적이고 논리가 맞지 않아 따르기 어렵다.(2017. 4. 23)

제1장 小國寡民論

노자는 소국과민을 理想社會로 여겼다.

도80장에서 다음과 같이 말하였다

『나라가 작고 백성은 적다.   小國寡民

무기는 많아도 쓸 필요가 없다.   使有什伯之器而不用

백성들로 하여금 생명을 소중히   使民重死而不遠徙
하도록 하여 먼 곳으로 이주하는
일이 없도록 한다.

비록 배와 수레가 있어도   雖有舟輿

타고 나갈 일이 없다.   無所乘之

비록 갑옷과 무기가 있어도   雖有甲兵

陣을 치고 내보일 기회가 없다.   無所陳之

노끈을 매어 계약을 하던   使民復結繩而用之
문자 이전의 고대로 백성을 되돌린다.

거친 음식도 달게 먹게 하고   甘其食

헤어진 의복도 아름답게 여기게 하고   美其服

누추한 거처도 편안히 여기게 하고   安其居

순박한 풍속을 즐기게 한다.	樂其俗
이웃 나라가 서로 바라다 보이고	鄰國相望
닭 울고 개 짖는 소리가 서로 들려도	鷄犬之聲相聞
늙어 죽을 때까지 서로	
왕래할 일이 없다.	民之老死不相往來』

*什伯은 무기, 甲兵은 갑옷과 무기를 말한다.

小國寡民의 사회에는 억지스러운 질서 즉, 유위가 필요 없고 따라서 무위로 다스릴 수 있으므로 인류의 이상사회라고 노자는 생각한다. 사실 여기서 노자가 묘사하는 그런 사회가 가능하다면 얼마나 평화롭고 안락하겠는가.

그러나 앞에 나온 제1편 제2장 (나)에서 설명한 대로 현실의 사회에서 소국과민의 사회는 이제 더 이상 존재하기 어렵다. 우선 다른 집단의 사회가 침략하여 병탄해버린다.

대국의 이웃에 있는 소국과민의 사회는 노예사회나 속국이 되기 십상이다. 또한 대규모의 가뭄이나 홍수 같은 자연재난을 극복하지 못하여 결국 인구가 감소하다가 종내 소멸된다.

소국과민은 불가능할 뿐만 아니라 태평성대를 위한 해결책이 못 된다. 노자의 말을 문자 그대로 믿어서는 안 된다.

제2장 愚民論

노자는 도65장에서 이렇게 말한다.

『옛날에 도를 잘 행한 사람은	古之善爲道者
백성을 약게 하지 않고	非以明民
길이 어리석게 만들었다.	將以愚之
백성을 다스리기 어려운 이유는	民之難治
그 지혜가 많기 때문이다.	以其智多
그러므로 지혜로 나라를 다스리면	故以智治國

나라를 해치게 되고	國之賊
지혜로 나라를 다스리지 않아야	不以智治國
나라가 복을 받는다.	國之福
이 두 가지가 바로 법칙임을 알라.	知此兩者亦稽式
언제나 법칙을 알면	常知稽式
만물과 더불어 자연으로 돌아간다.	與物反矣
그러한 뒤에야 완전히 자연에	
순응하게 된다.	然後乃至大順』

(2017. 5. 22)

*지혜로 나라를 다스리지 않아야 백성이 순박해지고 그래야 자연에 돌아가 도를 따름으로써 태평하게 된다는 뜻이다.

또 이렇게 말하였다.

『항상 백성을 지식이 없게 하고	常使民無知無欲(도3)
욕심이 없게 한다.	
배움을 끊으면 근심이 없다.	絶學無憂(도20)
배움을 위주로 하면 날로	爲學日益(도48)
지식과 욕심이 늘어난다.	
정치가 덮어두는 듯하면	其政悶悶
백성은 순박해진다.	其民淳淳
정치가 따져드는 듯하면	其政察察
백성은 각박해진다.	其民缺缺(도58)
세상 사람들이 배우지 않는 배움	
즉, 도를 배운다.	學不學(도64)』

*모두 愚民化를 지향하는 말이다.

순박한 우민! 참으로 태평성대의 백성답다.

오늘날의 여러 민주주의 국가를 보면 民之難治 以其智多 라는 노자의 말은 그대로 맞다. 국민 계몽을 지향하는 대중교육과 이곳저곳 가리지 않는 언론의 비판으로 국민들이 날로 영악해지는 이 시대에 위정자들은 국민들을 거의 다스릴 수 없게 되었다.

위정자들은 노자의 우민화를 그리워할지 모른다. 아마 그래서 鐵의 帳幕이나 竹의 장막, 또는 언론의 장악이나 통제 등을 생각해냈는지 모른다.

그러나 아무리 우민화에 성공한다 하더라도 재난을 극복하고 안전을 도모하기 위하여서는 지식과 지혜가 절대적으로 필요할 수밖에 없다. 그런 지식과 지혜를 가진 자 내지 더 많이 가진 자들만이 自然淘汰에서 벗어나 생명을 유지하고 안전 속에서 더 많은 후손을 둘 수 있기 때문이다. 국가도 마찬가지이다. 자연도태와 適者生存은 자연법칙의 하나이다. 이런 법칙은 배우지 않고도 자연히 알게 되어 있다. 그러니 어떻게 백성들이 더 약아지려고 하고 더 밝아지려고 하지 않겠는가.

결론은 분명하다. 우민화는 옳은 방향이 아니다. 실현도 불가능하다.

올바른 방법은 백성들이 더 약아지고 그러면서도 덜 교활해지는 길 뿐이다. 智와 德을 함께 기르는 이런 中道와 實用의 길로 국가는 국민을 이끌어야 한다. 이것은 孔子의 길이 아닌가.

노자가 이런 이치를 몰랐을 리 없다. 그러면 왜 노자는 우민화를 주장했는가. 중국이 戰國時代에 들어서면서 사람들이 날로 교활해지는 현상을 보고는 그것을 저지하기 위해서 逆으로 復古를 내걸면서 上古時代의 순박한 사람들을 愚民으로 美化하지 않았을까.

현실적으로는 지와 덕을 함께 기르는 이런 中道와 實用의 방향으로 가는 수밖에 없다. 노자의 본심도 이런 길을 반대하는 뜻은 아니었으리라. (2017. 5. 22)

제3장 福祉論

  『하늘의 도는   天之道

  남는 데서 덜어 모자라는 데에 보탠다.   損有餘而補不足

  사람의 도는 그렇지 아니하여   人之道 則不然

부족한 자한테서 덜어

남는 자를 받든다.   損不足以奉有餘(도77)』

*損不足以奉有餘는 하늘의 도에 어긋난다는 것이다. 오늘의 민주복지국가
들은 이미 損有餘而補不足을 하고 있으니 도에 합당하다고 하겠다. 이 점에서
는 노자의 이상론에 접근하고 있는 셈이다. 그러나 이런 접근이 소국과민이나
우민화 또는 무위에 의하여 달성된 결과가 아니고 적극적인 국가의 福祉 시책
과 사회의 계몽 그리고 자본주의에 의한 富의 축적 즉, 有爲에 의하여 이루어
지고 있음이 오히려 아이로니컬하다.(2017. 5. 26)

제4장 避戰論

노자는 전쟁을 피하라고 강력히 권고한다. 그러나 방어적인 전쟁까지 기피하
라고 하지는 않는다.

오히려 전쟁이 일어나면 반드시 이길 수 있도록 여러 가지 전략적 전술적 조
치를 할 수 있는 지혜를 암시한다. 兵法家들이 주목하는 대목이다.

특별한 내용은, 전쟁에서 이기더라도 잔인한 짓을 절대 하지 말고 지나치게
강해지려고 하지 말라는 충고를 하고 있는 점이다.

① 도30 不以兵强天下

『도로써 임금을 보좌하는 사람은   以道佐人主者

武力으로 천하를 강제하지 않는다.   不以兵强天下

그 일은 쉽게 보복을 당하기 때문이다.   其事好還

군사가 주둔했던 곳은   師之所處

가시밭으로 변한다.   荊棘生焉

큰 전쟁 뒤에는   大軍之後

반드시 흉년이 든다.   必有凶年

잘 싸우는 사람은 이기면 그만일 뿐   善者果而已

감히 더 이상 강해지려 하지 않는다.	不敢以取强
만물은 강해지면 노쇠해진다.	物壯則老
이기고도 더 이상 강해지려 하는 짓은	
도가 아니라고 이른다.	是謂不道
도가 아니면 빨리 끝난다.	不道早已』

② 도31 勝而不美

『승리하고도 뽐낼 것 없으니	勝而不美
승리를 뽐낸다면	而美之者
사람 죽이기를 즐기는 것이다.	是樂殺人
무릇 살인을 즐기면	夫樂殺人
천하에 뜻을 펼 수 없다.	則不可得志於天下矣
사람을 많이 죽였으니	殺人之衆
슬픈 마음으로 울어주고	以悲哀泣之
승전해도 상례로써 임해라.	戰勝以喪禮處之』

③ 도61 大者宜爲下

『암컷은 늘 고요함으로 수컷을 이기고	牝^빈常以靜勝牡^모
고요함으로 아래에 머문다.	以靜爲下
그러므로 큰 나라가 작은 나라에게 낮추면	故大國以下小國
작은 나라의 마음을 얻을 수 있고	則取小國
작은 나라가 큰 나라에 낮추면	小國以下大國
큰 나라의 마음을 얻을 수 있다.	則取大國
둘 다 바라는 대로 얻게 되지만	夫兩者各得所欲
큰 것이 마땅히 아래가 되어야 한다.	大者宜爲下』

*왜 대국이 마땅히 아래가 되어야 하는가.
대국이 겸손하면 천하를 영도할 수 있고 소국이 겸손하면 자기를 보전할 수

있다. 그런데 천하를 영도하는 대국의 이익이 자기를 보전하는 데 그치는 소국의 이익보다 훨씬 크기 때문이다. 이렇게 여배림의 책은 해설한다. 그러나 내 생각은 좀 다르다. 대국이 겸손하면 국제간의 평화가 유지되지만 대국이 겸손하지 못하면 대체로 전쟁이 발생하여 큰 재앙이 찾아온다. 노자는 전쟁을 배척하고 평화를 소중히 생각하므로 그로서는 당연히 대국의 겸손을 요청할 수밖에 없을 것이다.

④ 도67 慈戰則勝

『자애를 가지고 싸우면 이기고　　　　　　慈以戰則勝
그것으로 지키면 견고하다.　　　　　　　以守則固』

⑤ 도68 善士不武

『훌륭한 무사는 무용을 과시하지 않는다. 善爲士者不武』

⑥ 도69 哀者勝矣

『나는 감히 먼저 공격하지 않고　　　　吾不敢爲主而爲客
응전만 한다.
적을 가볍게 여기는 것보다　　　　　　禍莫大於輕敵
큰 화는 없다.
군사를 일으켜 서로 싸울 때는　　　　　抗兵相加
어쩔 수 없는 살상을
슬퍼하는 쪽이 이긴다.　　　　　　　　哀者勝矣』

⑦ 도73 不爭善勝

『하늘의 도는 다투지 않아도 잘 이긴다.　不爭而善勝』

⑧ 도76 兵强不勝

『사람이 살아서는 부드럽고 무르지만　　人之生也柔弱

죽어서는 **뻣뻣**하고 굳어진다.	其死也堅强
만물초목도 살아서는	萬物草木之生也柔脆
부드럽고 무르지만	
죽어서는 마르고 시든다.	其死也枯槁
그러므로 굳고 강함은 죽음의 무리요	故堅强者死之徒
부드럽고 약함은 삶의 무리이다.	柔弱者生之徒
그러므로 군대가 강하면 이기지 못하고	是以兵强則不勝
나무가 강하면 부러진다.	木强則折
나무둥치 같이 강하고	强大處下
큰 것은 아래로 처지고	
나뭇가지나 잎 같이 부드럽고	
약한 것은 위에 놓인다.	柔弱處上』

⑨ 도80 小國寡民

『나라가 작고 백성이 적으면	小國寡民
비록 갑옷과 무기가 있어도	雖有甲兵
陣을 치고 이를 내세울 일이 없다.	無所陳之』

(2017. 5. 26)

*兵强則不勝은, 二次世界大戰을 시작한 히틀러의 막강한 군대가 결국 지고 말았던 사실을 생각나게 한다.

역사를 보면 많은 경우에 전쟁을 먼저 시작한 쪽이 끝내는 전쟁에 지는 경우를 보게 된다. 不敢爲主而爲客이라는 노자의 말을 생각케 한다. 北韓의 先軍主義라는 것은 敢爲主를 노리는 意圖의 준비에 다름 아니다.

노자는 되도록 전쟁을 피하고, 불가피하게 전쟁을 하면 이겨야 하지만, 이기면 그것으로 족하지 더 이상 강해지려 하지 말고, 이겼다고 하여 무력으로 상대를 강압하면 안 된다고 한다. 자애로운 마음으로 최대한 살상을 억제하여야 한다고 한다. 그래야 상대의 보복을 피할 수 있고 그래야 오래 안전할 수 있다고 한다. 모두 지극히 옳은 말이다.

 그러나 자칫 간과해서는 안 될 사항이 하나 있다. 이상의 모든 일은 전쟁의 대비가 사전에 충분히 있어야만 가능하다는 점이다. 노자는 전쟁의 대비 자체를 배척한 일은 없다. 오히려 雖有甲兵이라고 말한 것을 보거나 輕敵必敗라고 말하고 있는 것을 보면 전쟁에 대한 충분한 대비를 당연히 전제하고 있음을 알 수 있다. 의당 그럴 일이 아니겠는가.

 다만, 전쟁에 대한 대비를 오래 하고 또 잘 해놓다 보면 슬그머니 그 준비된 무력을 시험해보고 싶은 유혹을 느낄 수 있다. 북한의 지도자들이 이런 유혹에 빠질 위험이 있다. 인간의 약점이다.

 지도자나 국민 모두의 엄격한 자제심과 제도상의 통제절차가 절실히 요청되는 고비라고 하겠다. 그런 제도상의 통제절차나 자제심이 결여된 정권이 있다면 그 위험은 참으로 크다.(2017. 5. 27)

제5장 無爲至治論(2017. 5. 22)

 ① 도3 不尙賢

『어짐을 숭상하지 않으면	不尙賢
백성을 다투지 않게 할 수 있고	使民不爭
얻기 어려운 재화를 귀하게	不貴難得之貨
여기지 않으면	
백성을 도둑질하지 않게 할 수 있고	使民不爲盜
욕심낼만한 것을 보이지 않으면	不見可欲
백성의 마음을 어지럽게	使民心不亂
하지 않을 수 있다.	
그러므로 성인이 다스리면	是以聖人之治
지혜와 욕심을 버려 마음을 비우게 하고	虛其心
딴 욕심을 내지 않게 배불리 먹여 주고	實其腹
지혜를 찾고 욕심을 내는 헛된 뜻을	弱其志

약하게 하고

튼튼한 몸으로 즐거이 일할 수 있게　　　　强其骨

뼈를 강하게 한다.

항상 백성을 지식과 욕심이 없게 하고　　　常使民無知無欲

지혜로운 척 하는 자가 있어도　　　　　　使夫智者不敢爲也

감히 나서지 못하게 한다.

무위로써 다스리면　　　　　　　　　　　爲無爲

다스려지지 않는 것이 없다.　　　　　　　則無不治』

*백성으로 하여금 헛된 지식과 헛된 욕심을 버리게 하고 지혜로운 척 하는 사람을 배척하면 백성은 순박하게 되어 일부러 다스리지 않아도 저절로 다스려진다는 뜻이다.

그렇게만 된다면 오죽이나 좋으랴. 그러나 시대는 이미 너무나도 멀리 가버려서 무위로는 뒤따라가기 어렵게 되어버리고 말았으니 어이하리오.

② 도10 治國能無爲

『백성을 사랑하고 나라를 다스림에　　　　愛民治國能無爲乎

능히 무위로써 할 수 있는가.

모든 이치에 통달하면서도

무위로써 할 수 있는가.　　　　　　　　　明白四達能無爲乎』

③ 도17 太上不知

『가장 뛰어난 임금은 백성이　　　　　　　太上 不知有之

그의 존재도 모르고

그 다음 가는 임금은 백성이　　　　　　　其次 親而譽之

그를 가까이 하고 칭찬하며

그 다음 가는 임금은 백성이　　　　　　　其次 畏之

그를 두려워하며

그 다음 가는 임금은 백성이	其次 侮之
그를 업신여긴다.	
공이 이루어지고 일이 잘 되어도	功成事遂
백성은 모두 이렇게 말한다.	百姓皆謂
"내가 스스로 이렇게 만들었다."	我自然』

*제2편 제10장 참조

④ 도19 絶聖棄智

『재능을 끊고 지혜를 버리면	絶聖棄智
백성의 이익은 백배가 되고	民利百倍
인을 끊고 의를 버리면	絶仁棄義
백성은 효도와 자애로 돌아가게 되고	民復孝慈
기교를 끊고 이익을 버리면	絶巧棄利
도적이 없게 된다.	盜賊無有
재능과 지혜, 인과 의, 기교와 이익,	此三者
이 셋은	
겉을 장식하는 것이므로	以爲文不足
세상을 다스리는 데 부족하다.	
몸과 마음을 소박하게 하고	見素抱樸
사사로운 이익 앞세우기를 적게 하고	
욕심을 줄여야 한다.	少私寡欲』

*유교가 내세우는 聖智와 仁義, 그리고 세상 사람들이 쫓고 있는 기교와 이익 이런 것을 모두 버리고 見素抱樸하고 少私寡欲하는 무위로 돌아가야 세상이 제대로 다스려진다는 뜻이다.

⑤ 도29 聖人去甚

『장차 천하를 다스리는데 유위로
조작한다면

그것이 불가능할 뿐임을 나는 본다.

천하는 신비스런 그릇이라

유위로 조작할 수 없고

고집할 수도 없다.

유위로 하면 무너지고

고집하면 잃는다.

성인은 극심한 것을 버리고

사치를 버리고

교만을 버린다.

將欲取天下而爲之

吾見其不得已

天下神器

不可爲也

不可執也

爲者敗之

執者失之

聖人去甚

去奢

去泰』

⑥ 도30 不以兵强天下

『도로써 임금을 보좌하는 자는
무력으로 천하를 강제하지 않는다.
그런 짓은 쉽게 보복을 부른다.
만물은 지나치게 강하면 쇠퇴한다.

以道佐人主者

不以兵强天下

其事好還

物壯則老』

⑦ 도37 不欲以靜

『도는 언제나 하는 일이 없지만
안 하는 일이 없다.
욕심을 내지 않고 고요해지면
천하는 장차 저절로 안정되리라.

道常無爲而無不爲

不欲以靜

天下將自定』

⑧ 도48 爲道日損

『인의예악 등 유위의 배움을 추구하면
지식과 욕심이 날로 늘어나고

爲學日益

도를 실천하면 지식과 욕심이	爲道日損
날로 줄어든다.	
그것이 줄고 또 줄어	損之又損
무위에 이른다.	以至於無爲
무위에 이르면 못하는 일이 없다.	無爲而無不爲
천하를 다스림에 마땅히 무위로써 해야지	取天下常以無事
만약 유위로 한다면	及其有事
천하를 다스리기에 부족하다.	不足以取天下』

⑨ 도57 無爲而民自化

『천하에 금령이 많으면	天下多忌諱
백성은 더욱 가난해지고	而民彌貧
조정에 권모술수가 많으면	朝多利器
국가는 점점 혼란해지고	國家滋昏
사람들의 교묘한 재주가 많으면	人多伎巧
기이한 물건이 점점 생겨나고	奇物滋起
법령이 점점 밝게 드러나면	法令滋彰
도적이 많아진다.	盜賊多有
그러므로 성인은 말하였다.	故聖人云
내가 억지로 안 해도 백성은 저절로	我無爲而民自化
교화하고	
내가 고요함을 좋아하면 백성은 저절로	我好靜而民自正
바르게 되고	
내가 백성을 자유롭게 놓아두면	我無事而民自富
백성은 저절로 부유해지고	
내가 욕심이 없으면 백성은	
저절로 순박해진다.	我無欲而民自樸』

⑪도60 若烹小鮮

『큰 나라를 다스리는 것은 　　　　　　　　治大國

작은 물고기를 굽는 것과 같아

너무 자주 뒤집으면 안 된다. 　　　　　　若烹小鮮』

*너무 이리저리 들쑤시고 간섭하지 말라는 뜻.
인간의 본성에 맞지 않는 禁令이 많아지면 사람들을 모두 犯法者로 만든다.
위장전입을 보라.

⑫도64 恃萬物之自然

『만물의 스스로 되어감을 믿어 　　　　　　恃萬物之自然

그에 의지할 뿐 굳이 나서서

억지로 하지 않는다. 　　　　　　　　　　而不敢爲也』

*일이 자연의 이치치대로 돌아가도록 맡겨두면 힘들이지 않고 저절로 이루
어진다. 어거지로 사람의 지혜를 동원하여 일하면 성과는 적고 힘만 낭비한다
라는 뜻이다. 선진국의 市場經濟를 보면 맞는 말이다. 그러나 오랜 세월 인류
의 지혜를 동원하여 공들여 이룩한 정책이나 기술들의 집적이 오늘날 놀라운
성과를 내고 있는 사실을 보면 노자의 말이 다 맞는다고 할 수는 없다. 일종의
反文明論이다.

⑬ 도72 夫唯不厭

『백성이 가혹한 법령을 두려워하지 않으면 　民不畏威

반란을 일으킨다. 　　　　　　　　　　　則大威至

백성의 거처를 속박하지 말고 　　　　　　無狎其所居

백성의 생활을 압박하지 말라 　　　　　　無厭其所生

백성을 압박하지 않으므로 　　　　　　　夫唯不厭

백성도 미워하지 않는다. 　　　　　　　是以不厭』

*가혹한 법령으로 백성을 압박하거나 간섭하지 말라는 뜻.

⑭도74장 代大匠斲^착

『목수 대신 나무를 깎는 사람치고   夫代大匠斲^착者
손을 다치지 않는 자가 드물다.   希有不傷其手』

*백성을 죽이는 것은 하늘만이 할 수 있는 일인데 가혹한 법령에 반항한다고
해서 군주가 백성을 처형하는 것은 마치 서툰 일꾼이 뛰어난 목수를 대신하여
나무를 자르다가 자기 손을 다치는 것과 같아서 더 큰 반항에 직면하여 결국 자
기를 해치게 된다. 대체로 이런 의미라고 보인다.

⑮도75 民之饑

『백성이 굶주리는 것은   民之饑
위정자가 세금을 많이   以其上食税之多
받아먹기 때문이다.
백성을 다스리기 어려운 까닭은   民之難治
위정자의 쓸데없는 억지 간섭 때문이다.   以其上之有爲』

*백성의 굶주림이 어찌 위정자의 苛斂誅求 한 가지 때문일까만 그것도 한
원인인 경우가 군주정 시대에는 허다하였다. 노자는 이것을 경계한 것이다.
　有爲로 국가를 다스려서는 안 되고 無爲로 다스려야만 한다는 점을 다시 강
조하고 있다.
　그러나 무위로는 오늘의 복잡한 시대를 더 이상 꾸려 나갈 수 없다. 유위가
필요한데 다만, 그 내용이 문제일 뿐이다.

제5편
補論

제1장 노자는 누구인가

孔子가 老子에게 禮를 물었다고 한다. 그러나 다음 제2장에서 보는 바와 같이 노자라는 책은 전국시대 말기에 등장했다고 보는 것이 오늘날 대체로 인정되는 바이므로 이것은 지어낸 얘기라고 하겠다.

오늘날 학자들은 대체로 노자를 전국시대 말기의 隱者라고 본다. 초나라 사람이고 성은 李, 이름은 耳, 자는 聃으로 실존 인물이며 전설 속의 老聃과는 다른 사람이라고 한다.

제2장 노자의 저작시기

老子 道德經에는 仁義와 禮를 주장하는 유교에 대한 비판이 많은데 막상 論語에는 道德經의 주장에 대한 비판이 없다.

孟子에는 제자백가에 대한 치열한 비판이 많지만 막상 도덕경의 주장에 대한 언급은 전혀 없다.

孔子는 仁과 義 두 개념을 모두 사용하였지만 인과 의를 붙여서 하나의 개념으로 仁義라는 말을 사용하지는 아니하였다. 그러면서 仁을 義의 上位概念으로, 義를 仁의 下位概念으로 파악하였다. 인과 의를 동등한 개념으로 파악하고 나아가 仁과 義를 붙여 仁義라는 하나의 개념으로 사용한 것은 孟子이다(신동준 지음 순자론, 2007, 인간사랑, 126p. 이하 참조). 이런 이해에 따르면 노자가 그의 책에서 인의라는 개념을 자주 사용한 것만 보아도 이 노자라는 저작은 적어도 맹자 사후에 비로소 등장한 것임을 알 수 있다.

맹자 이후에 활약한 荀子는 당시 중국 최고의 학문 토론장이었던 제나라의 稷下學宮에서 젊었을 때 稷下學士로 20여 년간 공부하였다. 다시 늙어서 직하학궁으로 돌아가 老師로서 좨주(祭主)를 10여 년간에 세 번이나 역임하면서 제자백가의 학문 토론을 주관하였다. 그런데도 순자라는 책에는 다른 諸子百家에 대한 비판은 많이 나오지만 老子를 擧名하여 언급한 것은 단 한 군데에 두 줄이 있을 뿐이다. 즉, "노자는 굽히는 것만 알고 뻗는 것은 알지 못하였으며……굽히는 것만 알고 뻗는 것을 모른다면 귀하고 천한 신분이 구별되지 않을 것이며"라고 한 것이 유일하다(김학주 옮김, 순자, 2011, 을유문화사, 583p.; 신동준 지음, 순자론, 2007, 인간사랑, 670p.) 이것을 보면 老子라는 책은 맹자 死後(BC 289년 추정)의 荀子 시대(BC 298년~BC 238년)에 즉, 전국시대 말기에 익명의 저자가 쓴 책일시 분명하다. 그리고 여러 사람이 實名을 감추고 匿名으로 또는 노자를 假託하여 조금씩 가필한 듯하다.

다만 논어 제14편 제34장에는 「어떤 사람이 "덕으로 원한을 갚는 것(以德報怨)이 어떻습니까"라고 말하자 공자가 "그렇게 한다면 덕은 무엇으로 갚겠는가? 정직으로 원한을 갚고 덕으로 덕을 갚아야 한다"」라고 하는 말이 나온다. 여기서 以德報怨을 말하면서 그것이 노자의 말이라고는 전혀 나타내고 있지 않다. 생각컨대 당시에 이미 이 以德報怨이라는 말은 상당히 많이 논란되는 말이어서 어떤 사람이 그 當否를 공자에게 물었지 않았나 추측된다. 그렇다면 이 以德報怨이라는 말은 노자라는 책에 그 말이 나와서 세상에 비로소 알려진 것이라고 하기 보다는 이미 세상에서 회자되는 말을 노자가 그 책에서 인용했다고 볼 수도 있다. 따라서 논어에 以德報怨이라는 말이 등장한다고 해서 노자라는 책이 공자 이전부터 존재했다는 증명은 될 수 없다고 나는 생각한다.

노자의 저작 시기에 관하여는 이미 상세한 연구가 많다고 한다. 앞에서 내가 말한 바와 결론이 대체로 동일하다. 굳이 그 내용을 소개할 필요는 없다. 다만, 앞에서 내가 말한 바는 내 나름의 소견을 밝혀 덧붙힌 것뿐이다.

제3장 道體

노자를 읽고 나서 내게 남아 있는 道의 모습 또는 聖人의 모습은 다음과 같다.

도는 보이지 않고 들리지 않고 냄새도 없고 만져지지도 않는다.

그러나 존재함을 사람들은 어렴풋이 안다.

일정한 모양이 없이 항상 변한다.

커지면 떠나고 떠나면 멀어지고 멀어지면 변한다.

하는 일이 없는데 나중에 알고 보면 안 한 일이 없다.

만물을 만들고도 소유하지 않는다.

하고도 자랑하지 않는다.

성인은 이런 도를 제대로 깨달아 알고 따르는 사람이다. 성인은 겉보기와 속이 완전히 다를 때가 많다.

겉보기에는 어리숙하고 모자란 듯하다.

겸손하고 부드럽기가 물과 같다.

말이 없다.

나가서 보지 않고도 세상일을 모두 안다.

그렇다면 도는 무엇인가.

나의 짐작은 이렇다. 우선 道는 규칙이라는 뜻이다.

그 道의 본질은 靜態에서는 相對 그리고 비교이다.

陰陽처럼 짝이 있음을 의미한다. 짝으로 존재하고 짝으로 만들고 짝으로 움직인다.

비교에서 절대균형은 없다. 균형추는 계속 움직인다. 서로 당기고 서로 밀어낸다.

動態에서는 變化이다. 大, 逝, 遠, 反이다.

反者道之動에서의 反은 동태에서의 변화를 의미한다.

反은 勢의 변화를 의미한다. 勢는 氣의 움직임이다.

反은 보통은 되돌아간다는 말이지만 왔던 길을 그대로 밟아 되돌아간다는 의미는 아니다. 오히려 변화와 변용 그리고 때로는 형태상의 소멸을 의미한다. 上下, 左右, 大小, 遠近, 剛柔, 陰陽, 盈虛, 動靜, 生死 등의 문제에서 방향이 달라진다.(2017. 5. 24)

한 가지 의문이 남는다. 이 시대의 우리는 이른바 인간의 自由意志라는 말을 알고 있다. 도는 인간의 자유의지를 허용하는가(自由論). 아니면 부정하는가(決定論).

허용한다면 어느 정도를 허용하는가. 철학적 소양이 부족한 탓에 이 의문에 대한 더 이상의 추론은 나의 사고의 범위를 넘는다.

그러나 만일 도가 인간의 자유의지를 허용하지 않는 教說이라면 이것은 매우 곤란하다. 도의 노예라고 하는 셈이기 때문이다. 상식에 맞지 않아 도저히 따라갈 수 없는 가르침이다. 도가 인간의 자유의지를 전혀 허용하지 않는 것이라고는 믿지 않는다. 노자와 같은 天才가 그렇게 터무니없는 생각을 했으리라고는 믿을 수 없기 때문이다. 노자는 少私寡欲이라고 했지 無私無欲이라고는 하지 않았다. 私와 欲까지도 어느 정도는 인정한 셈이니 자유의지를 전혀 인정하지 않았다고는 말할 수 없으리라. (2017. 5. 24)

아마도 도를 따르고 안 따르고의 선택은 인간이 그 自由意志로 결정할 수 있음을 노자는 전제하고 있었다고 나는 이해한다. (2017. 6. 7)

제4장 도의 모습에 대한 묘사

도의 모습을 묘사하는 노자의 말을 간추려 모아본다. 괄호 속의 첫 번째 수자는 도덕경의 장수를 표시하는 것이고, 두 번째 수자는 그 장에서 引用된 구절의 총 개수 중 인용의 차례를 표시한다.

(1-1) 도에 대한 설명은 완벽할 수가 없다.　　　　道可道非常道
(1-2) 도라는 이름도 완벽한 이름이 아니다.　　　　名可名非常名
(1-3) 無는 천지가 시작되는 곳의 이름이다.　　　　無 名天地之始
(1-4) 有는 생겨난 만물의 이름이다.　　　　有 名萬物之母
(2-1) 유와 무는 상대적으로 생겨난다.　　　　有無相生
(2-2) 도는 만물을 낳고도 제 것이라 하지 않는다.　　　生而不有
(2-3) 일을 하고도 자랑하지 않는다.　　　　爲而不恃

(2-4) 공을 세우고도 그 공을 차지하지 않는다. 功成而不居

(4-1) 도는 텅 비어 있지만 그 작용은 언제나 끝이 道沖而用之或不盈
없다.

(4-2) 도는 깊고 깊어 만물의 근원과 같다. 淵兮似萬物之宗

(4-3) 성인은 빛을 부드럽게 감싸고 和其光

(4-4) 세속의 티끌과 함께 뒤섞여 있다. 同其塵

(4-5) 도는 깊이 숨겨져 있어 보이지 湛兮似或存
않지만 늘 존재하는 듯하다.

(4-6) 도가 누구의 아들인지 나는 모르지만 吾不知誰之子

(4-7) 조물주보다 먼저인 것 같다. 象帝之先

(6-1) 곡신 즉, 女性은 영원불멸하다. 谷神不死

(6-2) 이를 신령한 여성이라 한다. 是爲玄牝

(6-3) 아무리 작용해도 다함이 없다. 用之不勤

(7-1) 道는 물처럼 처신함을 옳게 본다. 上善若水

(11-1) 진흙을 빚어 그릇을 만드는데 埏埴以爲器

(11-2) 그 속이 비어 있어야 當其無

(11-3) 그릇으로서 쓸모가 있고 有器之用

(11-4) 문과 창을 뚫어 방을 만듦에 鑿戶牖以爲室

(11-5) 빈 곳이 있어야 當其無
방으로 쓸모가 있다. 有室之用

(11-6) 그러므로 있음이 이로운 것은 故有之以利

(11-7) 없음이 용도로 쓰이기 때문이다. 無之以爲用

(14-1) 보아도 보이지 않는 것을 이(夷)라하고 視之不見名曰夷

(14-2) 들어도 들리지 않는 것을 희(希)라 하고 聽之不聞名曰希

(14-3) 잡아도 잡히지 않는 것을 미(微)라 한다. 搏之不得名曰微

(14-4) 이 셋은 끝까지 분별하여 밝힐 수 없으니 不可致詰

(14-5) 서로 섞여 하나 즉, 도가 된다. 故混而爲一

(14-6) 위에 있어도 밝지 않고 　　　　　　其上不皦

(14-6) 아래에 있어도 어둡지 않다. 　　　　其下不昧

(14-7) 노끈처럼 길게 이어져 이름 지을 수 없고 　繩繩不可名

(14-8) 아무 것도 없는 곳으로 되돌아간다. 　　復歸於無物

(14-9) 이것을 일러 형상 없는 형상이라 하고 　是謂無狀之狀

(14-10) 형체 없는 모양이라고 한다. 　　　　無物之象

(14-11) 마주 보아도 머리를 볼 수 없고 　　　迎之不見其首

(14-12) 뒤따라가도 그 꼬리를 볼 수 없다. 　　隨之不見其後

(25-1) 어떤 것이 뒤섞여 이루어졌는데 　　　有物混成

(25-2) 하늘과 땅보다 먼저 생겼다. 　　　　先天地生

(25-3) 소리도 없고 형체도 없건만 　　　　寂兮寥兮

(25-4) 홀로 서서 영원히 변치 않으며 　　　獨立而不改

(25-5) 두루 운행하여도 지치지 아니하여 　　周行而不殆

(25-6) 천하의 어머니라 할 수 있다. 　　　可以爲天下母

(25-7) 억지로 이름지어 크다 라고 한다. 　　强爲之名曰大

(32-1) 도는 영원한 이름이 없다. 　　　　道常無名

(32-2) 천하에 대하여 도를 비유한다면 　　譬道之在天下

(32-3) 마치 내와 골짜기가 흘러드는 　　　猶川谷之與江海
　　　　강과 바다와 같다.

(34-1) 언제나 무욕의 상태에 있으므로 　　常無欲

(34-2) 작다고 부를 수 있지만 　　　　　可名於小

(34-3) 만물이 그에게 돌아가되 주인이 되지 않으니 萬物歸焉而不爲主

(34-4) 크다고 부를 만 하다. 　　　　　　可名爲大

(37-1) 도는 언제나 억지로 　　　　　　道常無爲而無不爲
　　　　하는 일이 없지만 안 하는 일이 없다.

(40-1) 돌아오는 운행은 도의 움직임이요 　反者道之動

(40-2) 약한 형세는 도의 쓰임으로 인하여 　弱者道之用
　　　　나타난 모습이다.

(41-1) 도는 너무 커서 마치 큰 네모에   大方無隅
　　　 모퉁이가 없는 듯한 바와 같고

(41-2) 도는 너무 커서 마치 큰 그릇이   大器晚成
　　　 이루어지는 일이 없는 듯한 바와 같고

(41-3) 도는 너무 커서 마치 큰 소리가   大音希聲
　　　 들리는 바가 없는 듯한 바와 같고

(41-4) 도는 너무 커서 마치 지극히 큰   大象無形
　　　 코끼리가 그 형태를 알 수 없는 듯
　　　 한 바와 같다.

*앞의 제2편 해석론 제3장에서는 大象無形을 "큰 형상은 너무 커서 끝과 가(갓)를 알 수 없으니 마치 형태가 없는 듯하다."라고 새겼으나 여기서는 象을 코끼리라고 보고 달리 해석을 해보았다. 그래도 의미는 충분히 통한다고 본다.
　盲人 여러 명이 코끼리를 만져보고 난 뒤 저마다 다르게 그 형상을 묘사한다는 불경의 말이 생각난다.

제6편
마무리

　여기까지 정리를 하고보니 내 마음속에 자연스럽게 다음과 같은 생각이 떠오른다.

　노자의 道는 無爲自然이라고들 하지만 내 생각은 좀 다르다. 그것만은 아닌 듯하다. 道를 자동차에 비유하면 有爲는 加速裝置 즉, 액셀러레이터이고 無爲는 制動裝置 즉, 브레이크이다. 그러므로 유위와 무위는 같이 있어야 한다. 道는 유위와 무위를 함께 포함한다. 兩面을 갖는 존재이다. 유위로 일하고 무위로 쉬게 한다. 이것이 道이다. 노자가 무위를 강조하다 보니 마치 道則無爲라고 오해하게 된 것뿐이다.

　유위와 무위가 같이 있다 함은 새의 두 날개와 같이 두 가지가 균형을 이뤄야 한다는 뜻이다. 균형을 이룬다 함은 중심의 軸이 있어야만 가능하다. 무위와 유위는 무엇을 축으로 하여 균형을 이루어야 하는가. 내 생각에는 實用 내지 實用主義가 축이 되어야 한다.(2017. 6. 2)

　왜 하필이면 實用이 축이 되어야 하는가? 사실 잘 모르겠다. 그러나 잠시 궁리해 보면 알 듯도 하다.

　무위나 유위나 다 살자고 하는 일이다. 삶은 곧 實用이다. 삶을 위주로 하는 생각, 이것이 바로 실용주의 아닌가. 그러므로 유위나 무위는 모두 실용을 축으로 하여 균형을 이루어야 한다는 생각이 들은 듯하다.

　오늘의 시대는 싫든 좋든 競爭의 시대이다. 그러나 경쟁만으로는 살 수 없다. 좀 쉬어야 한다. 경쟁에서 쉰다함은 바로 讓步이다. 그러니 양보도 필요하다. 양보는 무위 아닐까? 무위를 강조한 노자가 오늘날 살아 있다면 아마도 양보를 권하면서 좀 쉬엄쉬엄, 쉬어 가라고 충고하지 않을까?

　무위와 유위의 균형은, 새로운 표현으로는, 競爭과 讓步의 均衡이라고 하겠다. 사람들이 양보를 못하고 양보를 꺼리는 이유는 무얼까? 그 이유는 한번 양보하면 계속 양보하게 되어 결국 경쟁에서 패배하는 것으로 종결되지 않을까 염려하기 때문이다. 그러나 노자에 의하면 한 발 양보하면 다음에는 다시 한 발 앞서게 되는 것이 도라고 한다. 이것이 틀림없고 이것을 확신할 수만 있다면 양보가 그렇게 어렵지는 않을 것이다.

잠시 巨視의 세계로 가보자. 크게 우주를 두고 말한다면 지금의 시대는 빅뱅(Big Bang) 이후 우주가 점점 확대되면서 무서운 속도로 팽창하여 대폭발 지점으로부터 점점 더 멀어지는 시대라고 한다. 그러면 지금은 우주가 유위를 행하고 있는 시대에 해당하여 점점 커지는 방향으로 나가고 있는 형국이다. 그렇다면 과연 언제 그 확대의 정점에 도달하여 다시 축소의 방향으로 되돌아올까? 도의 운행 법칙 즉, 大·逝·遠·反이 여기에도 적용되는가. 아니면 영원히 확대만 계속되는가.

한편 우주가 아니라 微視的으로 작게 인간의 세계를 두고 말하면, 아니 더 작게 개인의 일생을 두고 말하면, 大·逝·遠·反이라는 도의 운행은 어떻게 되는가. 生體의 측면에서 보면 이 법칙이 적용되는 것은 틀림이 없다. 이 때에는 비유하자면 反은 죽음이 될 것이다. 운명의 盛衰라는 측면에서는 어떨까? 지금이 유위의 시대라고 하지만 인생이 유위만 계속하지는 않을 터이고 유위와 무위가 번갈아 작용하지는 않을까? 만일 운명의 盛을 유위라고 보고 운명의 衰를 무위라고 보면 여기에도 大逝遠反이 작용함은 틀림이 없다. 그럴 경우 그 교대하는 시간의 길이는 어떻게 되는가. 그 길이를 측정은 할 수 있는가. 위대한 天才의 출현을 기다려야만 짐작의 단서라도 찾을 수 있지 않을까.(2017. 5. 29)

저자 경력

권 성

1941년 충남 조치원읍 침산동 출생

1963년 학적 보유자 조기귀휴로 육군 제대

1966년 서울대학교 법과대학 제18회 졸업

1969년 판사

2000년~2006년 헌법재판소 재판관

2008년~2014년 언론중재위원회 위원장

2008년~2011년 인하대학교 로스쿨 원장

2008년~2016년 성균관 이사

2016년~2018년 3월 헌법을 생각하는 변호사모임 前회장

상훈

2006년 대한민국 청조근정훈장

2007년 한국법률문화상(대한변호사협회)

2008년 자랑스러운 경기인상(경기고등학교 동창회)

2010년 자랑스러운 서울법대인상(서울법대 동창회)

2016년 자랑스러운 공중인상(공주중학교 동창회)

저서

사례해설 가처분의 연구(공저, 박영사, 1994)

물권법 강의보충서(인하대학교 출판부, 2010)

가등기 · 대물변제(박영사, 2012)

결단의 순간을 위한 권성 전 헌법재판관의 판결읽기(공저, 청람, 2012)

변호사 권성의 余滴, 聽江水雲(계문사, 2014, 비매품)

흥망유수 – 역사에 묻힌 국가흥망의 비밀 – (청람, 2016)

주요논문

1973년 가등기의 효력(사법논집 4집, 법원행정처)

1980년 영국의 County Court(재판자료 6집, 법원행정처)

1981년 제3취득자의 저당권소멸청구권(민사판례연구 3권, 박영사)

1982년 해제조건부 부동산매매(법조 31권 1호, 법조협회)

1986년 근저당권설정계약의 해지(민사판례연구 8권, 박영사)

1989년 미국연방집행관(U.S. Marshal) 제도의 현황(공저, 법원행정처 제출 보고서)

1994년 남상고 여과를 위한 심리불개시제도(공저, 법조 451호)

1994년 사법제도개혁의 방향과 문제점(서울대 법학 35권 1호)

1995년 대물변제의 법률적 성질 - 의사표시의 분석을 통한 접근 - (민법학논총, 1995)

1995년 법의 흠결과 법률의 법관유보(경사 이회창 선생 회갑기념논문집, 박영사, 1995)

청강해어 논어 · 노자

초판발행   2018년 4월 30일

지은이   권 성
펴낸이   안종만

편 집   김선민 · 김상윤
기획/마케팅   조성호
표지디자인   김연서
제 작   우인도 · 고철민

펴낸곳   (주) **박영사**
              서울특별시 종로구 새문안로3길 36, 1601
              등록 1959. 3. 11. 제300-1959-1호(倫)

전 화   02)733-6771
f a x   02)736-4818
e-mail   pys@pybook.co.kr
homepage   www.pybook.co.kr
ISBN   979-11-303-0577-6   93140

정 가   50,000원